EXAMPRESS

\ 2026 /
年版

福祉
教科書

社会福祉士

完全合格

問題集

社会福祉士試験
対策研究会 著

SHOEISHA

福祉年表＆要点まとめ

■ 高齢者福祉

西暦	和暦	日本		国際社会
1895	明治28	聖ヒルダ養老院設立		
1935	昭和10		米	社会保障法
1956	31	家庭養護婦派遣制度		
1962	37	全国老人クラブ連合会が発足	仏	ラロック報告
1963	38	老人福祉法		
1965	40		米	メディケア，メディケイド
1971	46	中高年齢者雇用促進法（現：高年齢者雇用安定法）		
1972	47	老人医療費支給制度		
1973	48	福祉元年　老人医療費無料化		
1980	55		スウェーデン	社会サービス法
1982	57	老人保健法		
1987	62	老人保健法改正（老人保健施設創設等）		
1988	63		英	ワグナー報告，グリフィス報告
1989	平成元	ゴールドプラン（高齢者保健福祉推進10か年戦略）		
1990	2	老人福祉法等の一部を改正する法律（福祉関係八法改正）	英	国民保健サービス及びコミュニティケア法
1992	4		スウェーデン	エーデル改革
1993	5	福祉用具の研究開発及び普及の促進に関する法律		
1994	6	新ゴールドプラン（高齢者保健福祉推進10か年戦略の見直しについて）	独	介護保険法
1995	7	高齢社会対策基本法		
1996	8	高齢社会対策大綱		
1997	9	介護保険法		
1999	11	ゴールドプラン21（今後5か年間の高齢者保健福祉施策の方向）	国連	国際高齢者年
2000	12	「介護予防・生活支援事業」創設（介護予防・地域支え合い事業）	英	ケア基準法
2001	13	新たな高齢社会対策大綱		
		高齢者住まい法（高齢者の住居の安定確保に関する法律）		
2002	14		スウェーデン	新社会サービス法
2003	15	「2015年の高齢者介護」報告		
2004	16	高齢者雇用安定法改正（継続雇用制度導入等）		
2005	17	高齢者虐待防止法（高齢者虐待の防止，高齢者の養護者に対する支援等に関する法律）		
		介護保険法改正（地域支援事業創設等）		
2006	18	バリアフリー法（高齢者，障害者等の移動等の円滑化の促進に関する法律）		
2008	20	高齢者医療確保法（高齢者の医療の確保に関する法律）		
		介護従事者等の人材確保のための介護従事者等の処遇改善に関する法律		
2009	21	介護報酬改定（初のプラス）		
2010	22		米	医療保険改革法
2011	23	高齢者住まい法改正（サービス付き高齢者向け住宅創設等）		
		介護保険法改正（複合型サービス創設等）		
2012	24	高齢者雇用安定法改正（継続雇用制度対象拡大等）		
2014	26	医療・介護総合確保推進法		
		介護保険法改正（自己負担割合引き上げ等）		
2015	27	介護報酬改定（9年ぶりにマイナス）		
2017	29	介護保険法改正（介護医療院，共生型サービスの導入等）		
2020	令和2	介護保険法改正（介護人材確保，データ基盤整備，社会福祉連携推進法人制度の創設等）		
2021	3	介護報酬改定（自立支援，重度化防止の推進，アウトカム評価の導入）		
2023	5	介護保険法改正（介護情報を管理する基盤の整備等）		
		認知症基本法（共生社会の実現を推進するための認知症基本法）		

■ 障害者福祉

西暦	和暦	日本		国際社会
1948	昭和23		国連	世界人権宣言
1949	24	身体障害者福祉法		
1950	25	精神衛生法（現：精神保健福祉法）		
1955	30		ILO	障害者のリハビリテーションに関する勧告
1959	34		デンマーク	1959年法
1960	35	精神薄弱者福祉法（現：知的障害者福祉法）		
		身体障害者雇用促進法（現：障害者雇用促進法）		
1964	39	重度精神薄弱児扶養手当法（現：特別障害児扶養手当法）		
1966	41	特別児童扶養手当法	国連	国際人権規約採択
1970	45	心身障害者対策基本法（現：障害者基本法）		
1971	46		国連	知的障害者の権利宣言
1975	50		国連	障害者の権利宣言
1979	54		国連	国際障害者年行動計画
1980	55	国際障害者年日本推進協議会が発足	WHO	国際障害分類（ICIDH）
1981	56		国連	国際障害者年
1982	57	障害に関する用語の整理に関する法律	国連	障害者に関する世界行動計画
1983	58		国連	国連・障害者の10年（～1992年）
1987	62	障害者の雇用の促進等に関する法律（旧・身体障害者雇用促進法）		
		精神保健法（旧・精神衛生法）		
1990	平成2		米	障害をもつアメリカ人法（ADA）
1993	5	障害者基本法（旧・心身障害者対策基本法）	スウェーデン	LSS（身体障害者に対する援助とサービス法）
			国連	障害者の機会均等化に関する標準規則
			国連	障害者対策に関する新長期計画
			国連	アジア太平洋障害者の10年（～2002年）
1995	7	障害者プラン～ノーマライゼーション7か年戦略～		
		精神保健及び精神障害者福祉に関する法律（旧・精神保健法）		
2001	13			国際生活機能分類（ICF）
2002	14	身体障害者補助犬法		
		新障害者プラン（重点施策5か年計画）		
2003	15	支援費制度	国連	アジア太平洋障害者の10年（～2012年）
		医療観察法（心神喪失等の状態で重大な他害行為を行った者の医療及び観察等に関する法律）		
2004	16	障害者基本法改正（差別禁止規定等）		
		発達障害者支援法		
2005	17	障害者自立支援法		
2006	18	バリアフリー法（高齢者,障害者等の移動等の円滑化の促進に関する法律）	国連	障害者権利条約採択
2007	19	障害者の権利に関する条約への署名		
		新たな重点施策実施5か年計画		
2010	22	障害者自立支援法改正（応能負担等）	米	医療保険改革法
2011	23	障害者虐待防止法（障害者虐待の防止,障害者の養護者に対する支援に関する法律）		
		障害者基本法改正（国民の責務規定等）		
2012	24	障害者総合支援法（障害者の日常生活及び社会生活を総合的に支援するための法律）		
		障害者優先調達推進法		
2013	25	障害者基本計画（第3次）	国連	アジア太平洋障害者の10年（～2022）
		障害者差別解消法（障害を理由とする差別の解消の推進に関する法律）		
2014	26	障害者権利条約の批准		
		難病の患者に対する医療等に関する法律		
		障害者総合支援法改正（ケアホームがグループホームに一元化等）		
2018	30	障害者総合支援法改正（自立生活援助の創設等）		
		障害者基本計画（第4次）		
2019	令和元	障害者雇用促進法改正（障害者の活躍の場の拡大に関する措置等）		
2020	2	障害者雇用促進法改正（事業主に対する給付制度の創設等）		
2021	3	障害者総合支援法改正（報酬改定）		
2023	5	障害者基本計画（第5次）		
2024	6	障害者総合支援法改正（障害者等の地域生活の支援体制の充実等）		
		障害者差別解消法改正（民間事業者の合理的配慮の提供義務化等）		

■ 児童福祉

西暦	和暦	日本		国際社会
1874	明治7	岩永マキが浦上養育園を創設		
1883	16	池上雪枝が池上感化院を創設		
1885	18	高瀬真卿が東京感化院を創設		
1887	20	石井十次が岡山孤児院を設立		
1890	23	小橋勝之助が博愛社を創設		
		赤沢鐘美が日本初の託児所である保育施設を創設		
1891	24	石井亮一が滝乃川学園を設立		
1897	30	原胤昭が免囚保護所を創設		
1899	32	留岡幸助が家庭学校を設立		
1900	33	野口幽香が二葉幼稚園を設立		
1909	42		米	第1回ホワイトハウス会議
1924	大正13		国連	児童の権利に関するジュネーブ宣言
1932	昭和7	高木憲次が光明学校を設立		
1933	8	児童虐待防止法, 少年教護法		
1942	17	高木憲次が整肢療護園を設立		
1946	21	糸賀一雄が近江学園を設立		
1947	22	教育基本法		
		児童福祉法		
1948	23	少年法		
1951	26	児童憲章		
1959	34		国連	児童権利宣言
1961	36	児童扶養手当法		
1963	38	糸賀一雄がびわこ学園を設立		
1964	39	母子福祉法		
1965	40	母子保健法		
1971	46	児童手当法		
1979	54		国連	国際児童年
1981	56	母子及び寡婦福祉法		
1989	平成元		国連	児童の権利に関する条約
1990	2		国連	子どものための世界サミット
1994	6	エンゼルプラン 児童の権利に関する条約を批准		
1997	9	児童福祉法改正		
1999	11	少子化対策推進基本方針（新エンゼルプラン）		
		児童買春・児童ポルノ禁止法		
2000	12	児童虐待の防止等に関する法律		
2002	14	少子化対策プラスワン		
2003	15	次世代育成支援対策推進法		
		出会い系サイト規制法		
		少子化社会対策基本法		
2004	16	少子化社会対策大綱 子ども・子育て応援プラン		
2006	18	認定こども園法		
2010	22	子ども・子育てビジョン		
		子ども手当（2012年に児童手当）		
2012	24	子ども・子育て関連三法		
2013	25	子どもの貧困対策法		
		いじめ防止対策推進法		
2014	26	児童福祉法改正		
		母子及び父子並びに寡婦福祉法		
2016	28	児童福祉法改正		
2017	29	子育て安心プラン		
2019	令和元	子どもの貧困対策法の一部改正		
		児童福祉法の一部改正		
2020	2	新子育て安心プラン		
2022	4	成人年齢を20歳から18歳に引き下げ		
		こども基本法		
2023	5	こども家庭庁発足		
		こども大綱		
		こども未来戦略		

■ 社会保障（年金・医療）

西暦	和暦	日本	国際社会	
1883	明治16		独	疾病保険法
1911	44		英	国民保険法
1919	大正8		独	ワイマール憲法
1922	11	健康保険法		
1935	昭和10		米	社会保障法
1938	13	国民健康保険法（任意設立・任意加入）	ニュージーランド	社会保障法
1939	14	職員健康保険法（1942年に健康保険法と統合） 船員保険法		
1941	16	労働者年金保険法（現：厚生年金保険法）		
1942	17		英	ベヴァリッジ報告
			ILO	「社会保障への途」
1944	19	厚生年金保険法		
1945	20		仏	ラロック・プラン
1946	21	旧生活保護法		
1947	22	労働者災害補償保険法 失業保険法（現：雇用保険法）		
1948	23	医療法	国連	世界人権宣言
			英	NHS（国民保健サービス）実施
1949	24	社会保障制度審議会が設置される		
1950	25	生活保護法 社会保障制度に関する勧告（50年勧告）		
1952	27		ILO	社会保障の最低基準に関する条約
1958	33	新国民健康保険法（市町村国保は強制設立に）		
1959	34	国民年金法		
1961	36	国民皆年金・国民皆保険 児童扶養手当法		
1962	37	社会保障制度の総合調整に関する基本方策についての答申および社会保障制度の推進に関する勧告（62年勧告）	仏	ラロック報告
1965	40		米	メディケア，メディケイド
1971	46	児童手当法		
1973	48	福祉元年		
1974	49	雇用保険法		
1982	57	老人保健法		
1985	60	年金制度改革（基礎年金の導入）		
1991	平成3	学生の国民年金強制加入		
1994	6		独	介護保険
1995	7	社会保障体制の再構築に関する勧告（95年勧告）		
1997	9	介護保険法		
1999	11		韓	国民皆年金
2001	13	確定拠出年金法 確定給付企業年金法		
2002	14	健康増進法		
2004	16	年金制度改革（マクロ経済スライドの導入）		
2006	18	医療制度改革（高齢者医療制度，協会けんぽの実施）		
2008	20	後期高齢者医療制度		
2010	22	子ども手当（2012年に児童手当）	米	医療保険改革法
2012	24	社会保障・税一体改革		
2013	25	社会保障制度改革国民会議報告書		
2015	27	被用者年金制度の一元化		
2018	30	医療制度改革（都道府県も国民健康保険の保険者に）		
2021	令和3	高齢者医療確保法改正（後期高齢者医療制度で，所得が一定以上ある人の自己負担割合を2割に引き上げ）		

■ 公的扶助

西暦	和暦	日本	国際社会	
1601	慶長6		英	エリザベス救貧法
1722	享保7		英	労役場（ワークハウス）テスト法
1782	天明2		英	ギルバート法
1795	寛政7		英	スピーナムランド制度
1834	天保5		英	新救貧法
1852	嘉永5		独	エルバーフェルト制度
1874	明治7	恤救規則		
1886	19		英	ロンドンの生活調査
1899	32	行旅病人及行旅死亡人取扱法	英	ヨーク市調査（1901年，ラウントリー『貧困一都市生活の研究』）
1908	41	中央慈善協会		
1909	42		英	救貧法及び失業救済に関する勅命委員会
1917	大正6	岡山県済世顧問制度		
1918	7	大阪府方面委員制度		
1929	昭和4	救護法		
1936	11	方面委員令		
1938	13	社会事業法		
1942	17		英	ベヴァリッジ報告
1945	20	GHQ「救済ならびに福祉計画の件」に基づき「生活困窮者緊急生活援護要綱」		
1946	21	GHQ「社会救済に関する覚書」（福祉4原則）をもとに旧生活保護法		
1948	23		英	国民扶助法
1950	25	社会保障制度に関する勧告（50年勧告）		
		生活保護法		
1951	26	社会福祉事業法		
1962	37	社会保障制度の総合調整に関する基本方策についての答申および社会保障制度の推進に関する勧告（62年勧告）		
1996	平成8		米	個人責任・就労調停法
1998	10	「社会福祉基礎構造改革について」		
2000	12	社会福祉法（社会福祉事業法改正）		
		生活保護法改正		
2002	14	ホームレスの自立の支援等に関する特別措置法		
2004	16	生活保護制度の在り方に関する専門委員会報告書		
2005	17	自立支援プログラムの導入		
2013	25	生活保護法改正		
		生活困窮者自立支援法		
2025	令和7	生活困窮者自立支援法改正		

■ その他

西暦	和暦	日本	国際社会	
1819	文政2		英	隣友運動
1844	天保15／弘化元年		英	キリスト教青年会（YMCA）設立
1869	明治2		英	慈善組織協会（COS）設立
1872	5	東京府養育院を創設		
1878	11		英	救世軍設立
1884	17		英	バーネットがトインビーホール設立
1886	19		米	セツルメント運動
1888	21	金原明善が静岡県出獄人保護会社を設立（日本の更生保護施設の祖）		
1891	24	アダムス，A. P. 岡山博愛会を創設		
1894	27	矢嶋楫子が慈愛館を創設		
1895	28	山室軍平が日本救世軍を設立		
1897	30	片山潜がキングスレー館（隣保館）を創設		
1899	32	横山源之助『日本之下層社会』		
1905	38	執行猶予制度の導入		
1909	42	賀川豊彦がセツルメント運動を開始		
1912	45／大正元年	鈴木文治が友愛会を設立		
1917	6		米	リッチモンド『社会診断』
1918	7		米	コミュニティ・チェスト
1921	10	大阪市民館（日本最初の公設セツルメント）		
1922	11	起訴猶予制度の導入		
		旧少年法が成立		

西暦	和暦	日本		国際社会
1923	12	『社会事業綱要』発刊	米	ミルフォード会議
1947	昭和22	地方自治法	米	ニューステッター『インターグループワーク論』
		労働基準法		
1948	23	民生委員法		
1951	26	社会福祉事業法		
		中央社会福祉協議会の設立（全国社会福祉協議会）		
1952	27	日本赤十字社法		
1953	28	牧賢一『社会福祉協議会読本』		
1959	34	最低賃金法	英	ヤングハズバンド報告
		保健福祉地区組織育成中央協議会の設立		
1960	35		米	バイステック『ケースワークの原則』
1962	37	社会福祉協議会基本要項策定		
1965	40		国連	あらゆる形態の人種差別の撤廃に関する国際条約
1967	42	住民基本台帳法		
1968	43		英	シーボーム報告
1970	45		英	地方自治体社会サービス法
			米	バートレット『ソーシャルワーク実践の共通基盤』
1972	47	労働安全衛生法		
1975	50		国連	国際婦人年
1978	53		英	ウォルフェンデン報告
1979	54	全国社会福祉協議会『在宅福祉サービスの戦略』	国連	女子に対するあらゆる形態の差別の撤廃に関する条約
1982	57	全国社会福祉協議会『社協基盤強化の指針―解説・社協モデル』	英	バークレイ報告
1983	58	社会福祉事業法改正（市町村社会福祉協議会の法制化）		
1985	60	労働者派遣法		
1987	62	社会福祉士及び介護福祉士法		
1988	63	消費税法	米	勤労機会基礎技術訓練事業（JOBS）
1990	平成2	社会福祉関係八法改正		
1993	5	社会福祉事業に従事する者の確保を図るための措置に関する基本的な指針		
		短時間労働者の雇用管理の改善等に関する法律		
1997	9	精神保健福祉士法成立		
1998	10	特定非営利活動促進法		
1999	11	地方分権の推進を図るための関係法律の整備等に関する法律		
		民法改正（2000年，成年後見制度創設）		
		後見登記等に関する法律		
		任意後見契約に関する法律		
2000	12	消費者契約法		国際ソーシャルワーカー連盟（IFSW）のソーシャルワークの定義（カナダ・モントリオールの総会）
		社会福祉法成立		
2001	13	DV防止法		
2003	15	個人情報保護法		
2005	17	医療観察法（心神喪失等の状態で重大な他害行為を行った者の医療及び観察等に関する法律）		
2006	18	高齢者，障害者等の移動等の円滑化に関する法律（バリアフリー新法）		
2007	19	更生保護法		
		労働者派遣法改正		
		労働契約法		
		「これからの地域福祉のあり方に関する研究会」設置		
		住宅確保要配慮者に対する賃貸住宅の供給の促進に関する法律（住宅セーフティネット法）		
2012	24	最低賃金法改正		
		労働契約法改正		
		認定社会福祉士認証・認定機構が設立		
2014	26	短時間労働者の雇用管理の改善等に関する法律改正		国際ソーシャルワーカー連盟（IFSW）のソーシャルワークのグローバル定義（オーストラリア・メルボルンの総会）
2015	27	労働安全衛生法改正		国連 持続可能な開発のための2030アジェンダ（SDGs）
		労働基準法改正		
2016	28	社会福祉法改正（社会福祉法人改革）		
		成年後見制度の利用の促進に関する法律		
2017	29	社会福祉法改正（地域福祉計画の努力義務化）		
2018	30	働き方改革関連法		
2020	令和2	社会福祉法改正（重層的支援体制整備事業の創設）		
2022	4	困難女性支援法（困難な問題を抱える女性への支援に関する法律）		

第1章　医学概論

■ 脳の構造と機能

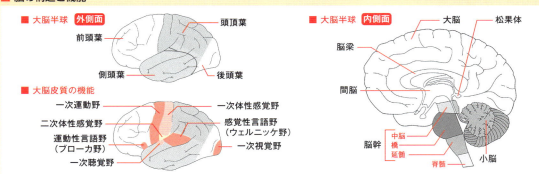

■ ICFの構成要素間の相互作用

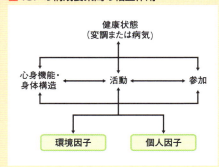

■ スキャモンの発育・発達曲線

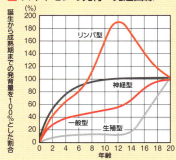

一般型	身長, 体重, 呼吸器や消化器, 肝臓などの発育
神経型	脳や脊髄, 視覚器など運動機能の発達
リンパ型	胸腺やリンパ組織など免疫機能の発達
生殖型	精巣, 卵巣, 前立腺など生殖器の発達

第2章　心理学と心理的支援

■ マズローの欲求段階説

■ 動機づけ

動機づけの種類	定義
外発的動機づけ	外部からの賞罰による動機づけ 例）ご褒美が欲しくて手伝う, 叱られないように勉強する
内発的動機づけ	内部からの知的好奇心（興味・関心など）による動機づけ 例）興味のある活動に参加する, 関心のある本を読む

■ ストレス対処法（コーピング）

コーピングの種類	定義
問題焦点型コーピング	ストレッサーやストレスフルな環境そのものを直接的に変革することで, ストレスに対処しようとする方法
情動焦点型コーピング	ストレッサーによって引き起こされるストレス反応を統制・軽減することで, ストレスに対処しようとする方法

■ 集団における行動

集団行動	概要
同調行動	集団規範から逸脱しないようにと自他の圧力がかかると, 意見や行動を合わせてしまう
内集団バイアス	内集団には好意的な態度を取り, 外集団には差別的な態度をとる（内集団ひいき）
社会的促進	周囲の他者の存在によって, 人々の行動が起こりやすくなる
社会的抑制	周囲の他者の存在によって, 人々の行動が起こりにくくなる。他者の存在によって援助行動が抑制される現象を傍観者効果という
社会的手抜き	集団作業の成果が個人に問われない場合, 個人の作業への遂行量・努力が低下する
社会的補償	集団作業の成果が個人に重要な意味を与える場合, 個人の作業への遂行量・努力が向上する
集団極性化	個人による決定よりも, 集団での決定がより極端なほうに傾く。リスクが高いほうに傾くこともあれば, より慎重なほうに傾くこともある

第3章　社会学と社会システム

■ ヴェーバーによる行為の4類型

目的合理的行為
外界の事象や人間の行動に予想をもち，この予想を自分の目的のために条件や手段として利用する行為

価値合理的行為
ある行動の独自の絶対的価値そのものへの結果を度外視した意識的信仰による行為

感情的行為
直接の感情や気分による行為

伝統的行為
身についた習慣による行為

■ 役割の概念

役割期待：相互関係の中で，認知されている役割に対して，特定の行為を期待すること

役割行動：期待される行為を実際にすること

役割形成：既存の役割の枠を超えて新しい役割を果たすことにより，他者からの期待を変化させること

役割交換：夫婦や親子など相互で役割を交換することにより，相手の立場や考え方を理解すること

役割演技：一定の場面にふさわしく見える自分を演技によって操作すること

役割葛藤：役割期待と行為する者の保有する複数の役割間の矛盾や対立から心理的緊張を感ずること

役割距離：他者の期待と少しずらした形で行動すること。相手の期待に拘束されない自由と自己の自立性が確保できている場合にとる行動

期待の相補性：二者の間で，相手が期待通りの役割を遂行していると相互で認識されることにより関係が安定すること

■ 集団の類型

理論家	概念	例
テンニース『**ゲマインシャフトとゲゼルシャフト**』（1887年）	**ゲマインシャフト**（共同社会）	家族，近隣，村落，仲間
	ゲゼルシャフト（利益社会）	企業，大都市，国家
クーリー『**社会組織**』（1909年）	**第一次集団**（プライマリー・グループ）	家族，近隣，仲間
	第二次集団（セカンダリー・グループ）	企業，組織
マッキーヴァー『**コミュニティ**』（1917年）	**コミュニティ**	地域社会（村落，都市）
	アソシエーション	**家族**，企業，国家，ボランティア・グループ

第4章　社会福祉の原理と政策

■ イギリス救貧史上の重要人物

ブース（Booth, C.）の調査
- 1886～1902年『ロンドン民衆の生活と労働』（**ロンドン調査**）
- 市民の**3割超**が貧困線以下
- その主要因は，順に，不安定就労，低賃金等の社会経済的要因，貧困を生むような生活習慣
- ➡ 制度改正（1908年の無拠出老齢年金法の成立）に貢献

ラウントリー（Rowntree, B. S.）の調査
- 1899年「貧困－都市生活の研究」（**ヨーク調査**）
- 市民の約3割が貧困線以下，極貧状態の市民が約1割存在
- その主要因は社会環境

ウェッブ夫妻（Webb, S. & B.）
- 救貧法の解体を主張し，ナショナルミニマムの理念に基づく新しい救済制度の創設を主張（少数派報告）
- 『産業民主制論』（1897年）

ベヴァリッジ（Beveridge, W.）
- 『社会保険と関連サービス』通称「ベヴァリッジ報告」（1942年）で，戦後の公的所得保障制度の確立を提唱
- 基本的ニーズには社会保険で対応し，特殊なニーズには公的扶助で対応すべきと考えた

■ イギリス社会福祉の現代的課題

タウンゼント（Townsend, P.）
- 社会で奨励、是認されている、あるいは慣例化しているような生活水準と比較して、特定の人々、集団、地域の生活水準がそれを大きく下回る状態を、「相対的剥奪」（relative deprivation）という概念から説明

ルイス（Lewis, O.）
- 貧困の世代間連鎖を「貧困の文化」という考え方から説明

第5章　社会保障

■ 社会保障制度の体系

	仕組み・制度		主な給付やサービス
社会保険	年金保険（国民年金、厚生年金保険）		老齢年金　障害年金　遺族年金等
	医療保険（健康保険、国民健康保険など）		療養の給付　傷病・出産手当金　出産育児一時金等
	介護保険		居宅サービス　施設サービス　福祉用具購入・貸与等
	雇用保険		失業等給付（求職者給付　教育訓練給付等）　育児休業等給付　雇用保険二事業
	労働者災害補償保険		療養補償給付　休業補償給付　障害補償給付等
社会扶助	公的扶助（生活保護）		生活扶助　教育扶助　住宅扶助等
	社会手当		児童手当　児童扶養手当等
	社会福祉	児童福祉	保育所　児童相談所　児童養護施設等
		障害者福祉	介護給付　訓練等給付　自立支援医療等
		老人福祉	老人福祉施設　生きがい・生活支援施策等
		母子父子寡婦福祉	日常生活支援　母子父子寡婦福祉資金貸付等

■ 国民皆保険体制（医療保険）

被保険者		制度	保険者
被用者	一般被用者	健康保険	全国健康保険協会（協会けんぽ）
			健康保険組合
	船員	船員保険	全国健康保険協会
	公務員・私立学校教職員	共済組合	共済組合・事業団
非被用者	農業者・自営業者・被用者保険の退職者等	国民健康保険	都道府県及び市町村
			国民健康保険組合（国保組合）
75歳以上（一定の障害者は65歳以上）		後期高齢者医療制度	後期高齢者医療広域連合（都道府県単位）

■ 介護保険の被保険者と受給者

	第1号被保険者	第2号被保険者
対象者	65歳以上の者	40歳以上65歳未満の医療保険加入者
受給権者	要支援者と要介護者	特定疾病を原因とする要支援者と要介護者

■ 公的年金制度の体系図

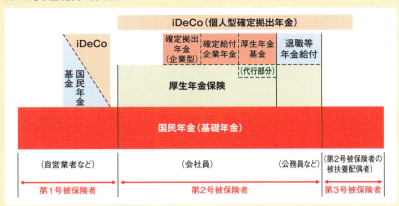

第6章　権利擁護を支える法制度

■ 成年後見制度の概要

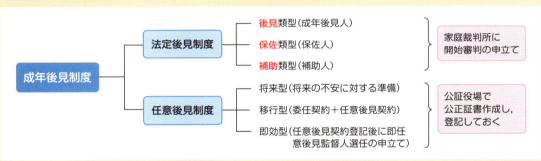

		補助	保佐	後見
要件	対象者	判断能力が**不十分**な者	判断能力が**著しく不十分**な者	判断能力に**欠ける**者
開始の手続き	申立人	本人，配偶者，4親等以内の親族，検察官，市町村長，任意後見受任者，任意後見人，任意後見監督人，補助人，補助監督人，保佐人，保佐監督人		
	本人の同意	必要	不要	
同意権・取消権	付与の対象	申立ての範囲内で家庭裁判所が定める**特定の法律行為**	民法13条1項所定の行為	日常生活に関する行為以外の行為
	付与の手段	補助開始の審判＋同意権付与の審判＋本人の同意	保佐開始の審判	後見開始の審判
	取消権者	本人・補助人	本人・保佐人	本人・成年後見人
代理権	付与の対象	申立ての範囲内で家庭裁判所が定める**特定の法律行為**		**財産管理**と**身上監護**におけるすべての法律行為
	付与の手続き	補助開始の審判＋代理権付与の審判＋本人の同意	保佐開始の審判＋代理権付与の審判＋本人の同意	後見開始の審判
	本人の同意	必要		不要

第 7 章　地域福祉と包括的支援体制

■ 民生委員・児童委員

> **民生委員の主な職務**
> - 住民の生活状態を必要に応じて適切に把握する
> - 援助を必要とする者が福祉サービスを適切に利用するために必要な情報提供その他の援助
> - 社会福祉を目的とする事業を経営する者又は社会福祉に関する活動を行う者と密接に連携し，事業又は活動を支援する

■ 民生委員・児童委員の配置基準

区分	配置基準
東京都区部及び指定都市	220から440世帯までの間のいずれかの数の世帯ごとに民生委員・児童委員1人
中核市及び人口10万人以上の市	170から360世帯までの間のいずれかの数の世帯ごとに民生委員・児童委員1人
人口10万人未満の市	120から280世帯までの間のいずれかの数の世帯ごとに民生委員・児童委員1人
町村	70から200世帯までの間のいずれかの数の世帯ごとに民生委員・児童委員1人

■ 地域包括ケアシステム

> - 地域の実情に応じて，高齢者が可能な限り住み慣れた地域で，その有する能力に応じて自立した生活を送れるよう，日常生活の支援が包括的に確保される体制
> - 住まい，医療，介護，予防，生活支援が一体的に提供されるシステム構築を目指す
> - 24時間365日，常に提供される，生活を保障することができるシステムとして想定

第 8 章　障害者福祉

■ 法制度による「障害」「障害者」の定義

障害者基本法 障害者差別解消法	身体障害，知的障害又は精神障害（発達障害を含む。）その他の心身の機能の障害がある者であって，障害及び社会的障壁によって，継続的に日常生活又は社会生活に相当な制限を受ける者
障害者総合支援法	身体障害者福祉法4条に規定する身体障害者，知的障害者福祉法にいう知的障害者のうち18歳以上である者，精神保健及び精神障害者福祉に関する法律5条に規定する精神障害者のうち18歳以上である者，並びに治療方法が確立していない疾病その他の特殊な疾病であって政令で定める程度が厚生労働大臣が定める程度である者であって18歳以上である者
身体障害者福祉法	別表（身体障害者障害程度等級表）に該当する身体上の障害がある18歳以上の者であって，都道府県知事から身体障害者手帳の交付を受けた者
知的障害者福祉法	知的障害者の定義は設けられていない。知的障害児（者）基礎調査等では，「知的機能の障害が発達期（おおむね18歳まで）に現れ，日常生活に支障が生じているため，何らかの特別の援助を必要とする状態にある者」としている
精神保健福祉法	統合失調症，精神作用物質による急性中毒又はその依存症，知的障害その他の精神疾患を有する者
発達障害者支援法	【発達障害】自閉症，アスペルガー症候群その他の広汎性発達障害，学習障害，注意欠陥多動性障害（ADHD），その他これに類する脳機能の障害であってその症状が通常低年齢において発現するもの 【発達障害者】発達障害がある者であって発達障害及び社会的障壁により日常又は社会生活に制限を受ける者
障害者雇用促進法	身体障害，知的障害又は精神障害（発達障害を含む）その他の心身の機能の障害があるため，長期にわたり，職業生活に相当の制限を受け，又は職業生活を営むことが著しく困難な者
児童福祉法	【障害児】身体に障害のある児童，知的障害のある児童，精神に障害のある児童（発達障害児を含む）又は治療方法が確立していない疾病その他の特殊の疾病のある児童（ただし，障害の程度が厚生労働大臣の定める程度である児童）

■ 介護給付の概要

サービス	主な内容	分類
居宅介護	居宅での食事や排泄，入浴などの介護や掃除，買い物などの介護を提供する	訪問
重度訪問介護	常時介護を必要とする障害者に対して，居宅で食事や排泄，入浴などの介護，外出時の移動中の介護を総合的に提供する	訪問
同行援護	視覚障害により，移動に著しい困難を有する障害児・者について，外出時に同行し，移動に必要な情報提供とともに移動の援護等を行う	訪問
行動援護	常時介護を必要とする障害児・者に対して，行動時の危険回避に必要な援護や外出中の介護等を行う	訪問
重度障害者等包括支援	介護の必要性が高い障害者に対して，様々なサービスを組み合わせて，包括的に提供する	訪問
療養介護	常時介護が必要で医療が必要な人に対して，病院や施設で機能訓練や療養上の管理，看護などを行う	日中活動
生活介護	障害者支援施設等で食事や排泄，入浴などの介護や創作的・生産活動の機会を提供する	日中活動
短期入所（ショートステイ）	居宅での介護者が病気などで介護できないときに，障害者支援施設などにて，食事や排泄，入浴などの介護を行う	居住支援（夜間）
施設入所支援	障害者支援施設などにおいて，食事や排泄，入浴などの介護を行う	居住支援（夜間）

第9章　刑事司法と福祉

■ 仮釈放

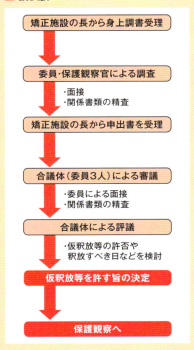

■ 保護観察

指導監督	・面接等により保護観察対象者と接触を保ち，その行状を把握する ・保護観察対象者が遵守事項を守り，生活行動指針に即して生活・行動するよう，必要な指示・措置をとる ・特定の犯罪傾向を改善するための専門的処遇を実施する
補導援護	・適切な住居等を得たり，そこへ帰住することを助ける ・医療，療養，職業補導を受けることを助ける ・就職を助ける ・生活環境の改善・調整，社会適応に必要な生活指導等を行う
実施機関	保護観察所（保護観察官が配属される）
一般遵守事項	保護観察対象者全員が守らなければならない
特別遵守事項	一般遵守事項の他に特に必要と認められる事項があるときに保護観察所の長又は地方更生保護委員会が具体的に定める
保護観察官	医学，心理学，教育学，社会学その他の更生保護に関する専門的知識に基づき，保護観察，調査，生活環境の調整その他犯罪をした者及び非行のある少年の更生保護並びに犯罪の予防に関する事務に従事する。（更生保護法31条） ・保護観察対象者の行状を面接等で把握し，遵守事項等の厳守を促し指導する ・特定の犯罪傾向があるものに対しては専門処遇を実施する ・必要に応じて住居や職業の確保などの援助を保護司とともにあたる
保護司	保護司は，保護観察官で十分でないところを補い，地方委員会又は保護観察所の長の指揮監督を受けて，保護司法の定めるところに従い，それぞれ地方委員会又は保護観察所の所掌事務に従事するものとする。（更生保護法32条） ・地域の篤志家から選ばれるが，身分は非常勤の国家公務員 ・活動中に災害にあった場合は「国家公務員災害補償法」が適用される ・交通費等の実費支給はあるが無報酬

xiii

第 10 章　ソーシャルワークの基盤と専門職

■ 社会福祉士の役割と意義

- 専門職は職務を行う場合に**倫理綱領**に従うことが義務づけられている
- 社会福祉士及び介護福祉士法における社会福祉士の義務には，**誠実義務**，**信用失墜行為**の禁止，**秘密保持義務**，**福祉サービス関係者等との連携**の保持，**資質の向上**などがある
- 社会福祉士の資格に**更新制度はない**
- 社会福祉士でないものは，社会福祉士の名称を使用してはいけない
- 社会福祉士になるには**国家試験合格後**，指定登録機関に必要事項を**登録**する必要がある
- 社会福祉士には，クライエントの主治医との関係性についての規定はない
- 国民・住民の生活課題のニーズの変化に伴い，社会福祉士の援助活動は高齢者，障害者に限らず，就労支援，受刑者の刑務所出所後の支援，ニートやワーキングプアへの支援，外国からの移住者への支援など，広範化・多様化している

■ 相談援助の概念と範囲

- 1930～40年代のアメリカでは，相談援助（ソーシャルワーク）の理論において**診断主義**学派と**機能主義**学派が激しく対立した
- **アドボカシー**（権利擁護）とは，寝たきりや認知症，障害などで自ら権利を主張するのが困難な人を**代弁・弁護**して，その権利を守ることで，**ケースアドボカシー**，**クラスアドボカシー**，**シチズンアドボカシー**，**セルフアドボカシー**，**リーガル**アドボカシー等がある
- **ノーマライゼーション**とは，誰もが当たり前に，ありのままに，生活したい場所で生活するという考えである
- **倫理的ジレンマ**とは，クライエント支援において複数の価値や義務が存在し，ワーカーにとって判断に迷いが生じ葛藤することをいう
- ソーシャルワークには**マクロ**（制度，政策を含む社会の変革，改善），**メゾ**（集団組織，地域住民），**ミクロ**（個人，家族）の各レベルでの支援実践がある
- セツルメント運動は**社会改良主義**，COSは**道徳主義**を理念とした
- **メアリー・リッチモンド**は今日のソーシャルワークの礎をつくり，**ケースワークの母**といわれた
- **ジェネラリスト・ソーシャルワーク**は，ケースワーク，グループワーク，コミュニティ・オーガニゼーション（コミュニティワーク）など主要な方法論を**一体化・統合化**しようとする流れの中で確立した
- 2014年7月にオーストラリアのメルボルンで開催された国際ソーシャルワーカー連盟（IFSW）と国際ソーシャルワーク学校連盟（IASSW）の総会・合同会議で，新たに以下の**ソーシャルワークのグローバル定義**が採択された
- 社会福祉士の倫理綱領のキーワード：**社会正義**，**人権**，**集団的責任**，**多様性尊重**，**全人的存在**，**社会変革**，**社会的包摂**，**対話的過程**

■ ソーシャルワーク専門職のグローバル定義（2014 年）

　ソーシャルワークは，**社会変革**と社会開発，社会的結束，および人々の**エンパワメント**と**解放**を促進する，実践に基づいた専門職であり学問である。社会正義，人権，集団的責任，および**多様性尊重**の諸原理は，ソーシャルワークの中核をなす。ソーシャルワークの理論，社会科学，人文学，および地域・**民族固有の知**を基盤として，ソーシャルワークは，生活課題に取り組み**ウェルビーイング**を高めるよう，人々やさまざまな構造に働きかける。**この定義は，各国および世界の各地域で展開してもよい。**

	【注釈】 注釈は，定義に用いられる中核概念を説明し，ソーシャルワーク専門職の中核となる任務・原則・知・実践について詳述するものである。
中核となる任務	・ソーシャルワーク専門職の中核となる任務には，**社会変革・社会開発・社会的結束**の促進，および人々の**エンパワメントと解放**がある。 ・不利な立場にある人々と連帯しつつ，この専門職は，貧困を軽減し，脆弱で抑圧された人々を解放し，社会的包摂と社会的結束を促進すべく努力する。 ・社会変革のイニシアチブは，人権および経済的・環境的・社会的正義の増進において人々の主体性が果たす役割を認識する。 ・経済成長こそが社会開発の前提条件であるという従来の考え方には**賛同しない**。
原則	ソーシャルワークの大原則は，人間の内在的価値と尊厳の尊重，危害を加えないこと，**多様性の尊重**，人権と社会正義の支持である。
知	・ソーシャルワークは，**複数の学問分野**をまたぎ，その境界を超えていくものであり，**広範な科学的諸理論および研究**を利用する。 ・多くのソーシャルワーク研究と理論は，**サービス利用者との双方向性のある対話的過程**を通して共同で作り上げられてきたものであり，それゆえに特定の実践環境に特徴づけられる。 ・植民地主義の結果，**西洋の理論や知識**のみが評価され，**地域・民族固有の知**は，西洋の理論や知識によって過小評価され，軽視され，支配された。この定義は，世界のどの地域・国・区域の先住民たちも，その独自の価値観および知を作り出し，それらを伝達する様式によって，科学に対して計り知れない貢献をしてきたことを認めるとともに，そうすることによって西洋の支配の過程を止め，反転させようとする。

| 実践 | ・ソーシャルワークは，できる限り，「人々のために」ではなく，「人々とともに」働くという考え方をとる。
・ソーシャルワークの実践は，さまざまな形の**セラピー**や**カウンセリング・グループワーク・コミュニティワーク，政策立案**や**分析，アドボカシー**や**政治的介入**など，広範囲に及ぶ。
・この定義に表現された価値や原則を守り，高め，実現することは，世界中のソーシャルワーカーの責任である。 |

出典：日本ソーシャルワーカー連盟ホームページ（http://jfsw.org/definition/global_definition/）より抜粋

第11章　ソーシャルワークの理論と方法

■ 主な実践モデル・アプローチと提唱者

モデル・アプローチ名	主な提唱者	主な支援の焦点
治療モデル	リッチモンド	原因・直接的因果関係
生活モデル	ジャーメイン，ギッターマン	環境との接点・交互作用
ストレングス・モデル	サリービー，ラップ，ゴスチャ	主体としての強さ・能力
心理社会的アプローチ	ホリス，ハミルトン	パーソナリティ・状況の中の人
機能的アプローチ	ランク，タフト，ロビンソン，スモーリー	意志・潜在的可能性
問題解決アプローチ	パールマン	動機づけ・ワーカビリティ
行動変容アプローチ	トーマス	学習・問題行動
課題中心アプローチ	リード，エプスタイン	問題解決行動・短期課題
危機介入アプローチ	リンデマン，キャプラン，ラポポート	混乱した心理・恒常性
エンパワメント・アプローチ	ソロモン，グディエレス，コックス	抑圧状況・潜在能力
実存主義アプローチ	クリル	疎外感・自己肯定感
ナラティブ・アプローチ	ホワイト，エプストン	語るストーリー・再構築
解決志向アプローチ	バーグ，シェザー	解決イメージ・可能性
認知アプローチ	アドラー，エリス，ベック	認知のゆがみ・情動

第12章　社会福祉調査の基礎

■ 量的調査の方法

		面接調査	電話調査	留置調査	郵送調査	集合調査	インターネット調査
調査方法概要	配布と回収の方法	調査員が訪問	電話	調査員が訪問	郵送	調査員が訪問	インターネット
	自記式／他記式	他記式	他記式	自記式	自記式	自記式	自記式
	回収率の目安	高い	非常に低い	高い	2～3割	高い	―
無作為抽出の可否		可能	RDD法では不可	可能	可能	個人の抽出は不可	不可
調査可能条件	調査者が入手すべき情報	住所 or 住宅地図	電話番号	住所 or 住宅地図	住所と氏名	―	―
	調査対象者の在宅	必要	（固定電話の場合）必要	（原則）必要	不要	―	不要
調査コスト	必要人員数	とても多い	中程度	多い	少ない	1人でも可	1人でも可
	必要経費	大きい（交通費・人件費）	中程度（電話代・人件費）	大きい（交通費・人件費）	小さい（郵送料）	小さい（交通費・人件費）	ほぼなし
	実査にかかる時間の目安	2～4週間程度	1～3日	2～4週間程度	2週間程度	数日	1日～2週間程度（調査者の設定次第）
調査票	質問数	調査対象者の特性次第	数問	ある程度多くても良い	ある程度多くても良い	10分以内が目安	ある程度多くても良い

回答の信頼性	社会的に望ましくない質問に対する嘘の回答の可能性	高い	高い	中程度	低い	中程度	低い
	記入漏れ・誤記入の可能性	低い	低い	高い	高い	高い	低い
	記入漏れ・誤記入のチェック	可能	可能	可能	不可	不可	可能
	調査員の質問の仕方等による影響	大きい	大きい	中程度	なし	一律	なし
その他備考			回答拒否の数が膨大		郵送費自体は小さいが, 住民基本台帳の複写費用は膨大	学校や企業などでの調査向き	

第13章　高齢者福祉

■ 地域支援事業

介護予防・日常生活支援総合事業	一般介護予防事業		介護予防普及啓発事業／介護予防活動支援事業／介護予防一般高齢者施策評価事業等
	介護予防・生活支援サービス事業		**訪問型サービス／通所型サービス**／その他の生活支援サービス／**介護予防ケアマネジメント（第1号介護予防支援事業）**
包括的支援事業	地方包括支援センターの運営	総合相談支援事務	相談を受け, 高齢者の心身の状況や家族の状況等についての実態把握や地域におけるネットワーク構築など総合的な支援を行う
		権利擁護事務	高齢者などの権利擁護を図るための事業や虐待防止, 早期発見に関する事業等を行う
		包括的・継続的ケアマネジメント支援事務	介護支援専門員への日常的個別指導や相談, 支援困難事例等への指導・助言, 地域での介護支援専門員のネットワーク構築等
	社会保障の充実	在宅医療・介護連携推進事業	在宅医療と介護サービスを一体的に提供する体制構築の推進
		認知症総合支援事業	**認知症初期集中支援チーム**や**認知症地域支援推進委員**を配置し, 認知症の人が住みやすい地域の構築を推進
		地域ケア会議推進事業	地域ケア会議を通じて地域のネットワーク構築, ケアマネジメント支援, 地域課題の把握等を推進
		生活支援体制整備事業	**生活支援コーディネーター**の配置や協議体の設置等によるサービスの開発等
任意事業	介護給付等費用適正化事業		介護給付費の適正化を図りながら, よりサービスが適切に提供できるように環境の整備等を行う
	家族介護支援事業		家族介護教室や認知症高齢者見守り事業など家族支援の取り組みを行う
	その他の事業		成年後見制度利用支援事業／福祉用具・住宅改修支援事業／地域自立生活支援事業

第14章　児童・家庭福祉

■ 児童福祉法による主な福祉施設

乳児院		乳児を入院させ，これを養育し，併せて退院した者について相談その他の援助を行う
母子生活支援施設		配偶者のいない女子又はこれに準ずる事情にある女子及びその者の監護すべき児童を入所させて，保護するとともに，自立の促進のためにその生活を支援し，併せて退所した者について相談その他の援助を行う
保育所		保育を必要とする乳児又は幼児を日々保護者のもとから通わせて保育する
幼保連携型認定こども園		満3歳以上の幼児に対する教育，及び保育を必要とする乳児・幼児に対する保育を一体的に行う
児童養護施設		保護者のない児童，虐待されている児童その他環境上養護を必要とする児童を入所させて，これを養護し，併せて退所した者に対する相談その他の自立のための援助を行う
障害児入所施設	福祉型	障害児を入所させて，保護，日常生活の指導及び独立自活に必要な知識技能の付与を行う
	医療型	障害児を入所させて，保護，日常生活の指導，独立自活に必要な知識技能の付与及び治療を行う
児童発達支援センター		地域の障害児の健全な発達において中核的な役割を担う機関として，障害児を日々保護者のもとから通わせて，高度の専門的な知識及び技術を必要とする児童発達支援を提供し，あわせて障害児の家族，指定障害児通所支援事業者その他の関係者に対し，相談，専門的な助言その他の必要な援助を行う
児童心理治療施設		家庭環境，学校における交友関係その他環境上の理由により社会生活への適応が困難となった児童を短期間，入所させ，又は保護者のもとから通わせて，社会生活に適応するために必要な心理に関する治療及び生活指導を主として行い，あわせて退所した者について相談その他の援助を行う

第15章　貧困に対する支援

■ 最低生活費の体系（2021（令和3）年4月）

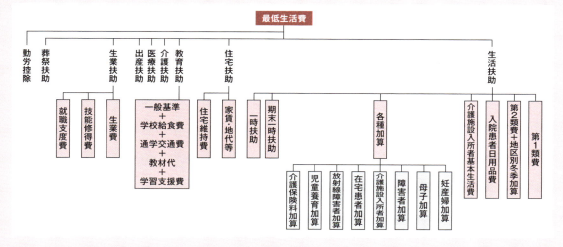

■ 被保護世帯数・被保護人員・保護率の推移

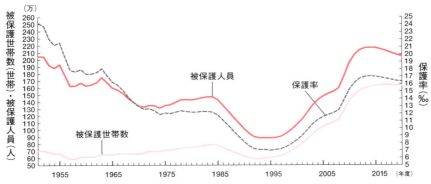

出典:「生活保護制度について 令和3年4月27日」厚生労働省 社会・援護局保護課

第 16 章　保健医療と福祉

■ 医療ソーシャルワーカー業務指針

業務の範囲	(1) 療養中の心理的・社会的問題の解決,調整援助	入院,入院外を問わず,生活と傷病の状況から生ずる心理的・社会的問題の予防や早期の対応を行うため,患者やその家族からの相談に応じ,解決・調整に必要な援助を行う
	(2) 退院援助	生活と傷病や障害の状況から退院・退所に伴い生ずる心理的・社会的問題の予防や早期の対応を行うため,相談に応じ,解決・調整に必要な援助を行う
	(3) 社会復帰援助	退院・退所後において,社会復帰が円滑に進むように,復職,復学,転院,退院,退所後の心理的・社会的問題の解決を援助する
	(4) 受診・受療援助	入院,入院外を問わず患者やその家族等に対し,医療の受け方,病院・診療所の機能等の情報提供等を行う。患者が治療を拒否する場合,その理由となっている心理的・社会的問題について情報収集し,問題解決を援助する
	(5) 経済的問題の解決,調整援助	入院,入院外を問わず,患者が医療費,生活費に困っている場合に,社会福祉,社会保険等の機関と連携を図りながら,福祉,保険等関係諸制度を活用できるように援助する
	(6) 地域活動	患者のニーズに合致したサービスが地域において提供されるよう,関係機関,関係職種等と連携し,地域の保健医療福祉システムづくりに参画する
業務の方法	(1) 個別援助に係る業務の具体的展開	患者,家族への直接的な個別援助では,面接を重視し,継続的なアセスメント,援助目標の設定,援助計画の作成と実施,モニタリングの過程で実施する
	(2) 患者の主体性の尊重	患者が主体性をもって予防や治療及び社会復帰に取り組めるよう,患者の積極的な関わりの下,患者自身の状況把握や問題整理を援助し解決方策の提示等を行う
	(3) プライバシーの保護	社会的に求められる守秘義務を遵守し,高い倫理性を保持する。個人情報の収集は援助に必要な範囲に限る。第三者との連絡調整で,本人の状況を説明する場合,本人の了解なしに個人情報を漏らさない
	(4) 他の保健医療スタッフ及び地域の関係機関との連携	医師の医学的判断を踏まえ,また,他の保健医療スタッフと常に連携を密にする
	(5) 受診・受療援助と医師の指示	患者,家族から直接に受診・受療についての相談を受けた場合や,医療ソーシャルワーカーが自分で問題を発見した場合,医師に相談し,医師の指示を受けて援助を行う
	(6) 問題の予測と計画的対応	実際に問題が生じ,相談を受けてから業務を開始するのではなく,生活と傷病の状況から生ずる問題を予測し,予防的,計画的な対応を行う
	(7) 記録の作成等	問題点を明確にし,専門的援助を行うために患者ごとに記録を作成する。記録をもとに医師等への報告,連絡を行い,また関係機関,関係職種等への情報提供を行う。記録をもとに,業務分析,業務評価を行う

第 17 章　ソーシャルワークの基盤と専門職（専門）

■ ソーシャルワークのミクロ・メゾ・マクロの実践レベル

ミクロレベル	メゾレベル	マクロレベル
課題を抱える個人，家族への直接支援	集団，組織，地域住民，団体で対人関係があり，クライエントに影響するシステムの変容を目指す	国家，国内外，国際システム等の社会問題に対応するため，社会全体の変革や向上を目指す

ミクロ・メゾ・マクロは一体的であり，相互に関連して実践が行われる。

■ ピンカスとミハナンの 4 つのシステム

ワーカー・システム（チェンジ・エージェント・システム）	ワーカー自身，ワーカーの所属組織，ワーカーの専門職団体
クライエント・システム	課題を抱えるクライエントと家族の支援
ターゲット・システム	クライエントの課題解決のため，目標となる人々，団体，組織，政策等への働きかけ
アクション・システム	ワーカーと協力をしていく人々，他の専門職，専門職団体，組織，政党，政治家への働きかけ

■ 認定社会福祉士

- 2012（平成24）年，認定社会福祉士認証・認定機構により，社会福祉士のキャリアアップの仕組みとして「認定社会福祉士」「認定上級社会福祉士」の認定制度が制定（社会福祉士及び介護福祉士法との直接的な関係はない）
- 認定社会福祉士の取得には，社会福祉士の5年以上の実務経験が要件
- 認定社会福祉士には5年に一度の更新が必要

第 18 章　ソーシャルワークの理論と方法（専門）

■ バイステックの 7 原則

原則	概要
①個別化の原則（利用者を個人として捉える）	クライエント自身や抱えている課題は，類似したものであっても，各々異なるため，それらを同じものとして決めつけたり判断したりせずに，個別のケースとして捉え，対応するという原則
②意図的な感情表出の原則（利用者の感情表現を大切にする）	課題を抱えているクライエントは，独善的な考えや否定的な感情などをもちやすいが，そうした感情も含めてありのままを表出してもらうことが大切であるとする原則
③統制された情緒的関与の原則（援助者は自分の感情を自覚して吟味する）	クライエントの感情や抱える課題などによって，ワーカー自身が影響を受けて偏った判断や感情とならないよう，自らの感情を統制して接していくという原則
④受容の原則（受け止める）	クライエントの考えや個性などについて，決して初めから否定したり判断したりせずに，ありのままを受け入れ，理解するという原則
⑤非審判的態度の原則（利用者を一方的に非難しない）	クライエントの行動や思考に対して，ワーカーが善悪の判断を一方的に行わないとする原則。問題解決の方法についての判断も，クライエント自身が行っていけるようにすることが大切である
⑥利用者の自己決定の原則（利用者の自己決定を促して尊重する）	問題を解決していくための行動を決定する主体はあくまでもクライエント自身であるため，ワーカーはその行動を尊重するという原則
⑦秘密保持の原則（秘密を保持して信頼感をつくりあげる）	クライエントについて知り得た個人的な情報やプライバシーについて漏らしてはならないという原則

第 19 章　福祉サービスの組織と経営

■ 社会福祉法人

定義	社会福祉法22条 社会福祉事業を行うことを目的として，社会福祉法の定めるところにより設立された法人
所轄庁（平成28年4月から）	・主たる事務所の所在地の都道府県知事 ・2つ以上の地方厚生局の管轄区域内で事業を実施する場合：厚生労働大臣 ・主たる事務所が当該市内にあり，当該市内のみでその事業を実施する場合：市長（特別区の区長を含む） ・主たる事務所が指定都市の区域内で，1つの都道府県において2つ以上の市町村で事業を実施する場合：指定都市の長
設立	認可主義（登記により成立）
役員	理事6人以上，監事2人以上
機関・組織	評議員会（必置，評議員は理事の員数を超える数），理事会，監事
税制	・社会福祉事業，公益事業に対する法人税や事業税等は非課税 ・収益事業は，原則として課税
経営の原則他	・自主的に経営基盤の強化を図るとともに，提供する福祉サービスの質の向上及び事業経営の透明性の確保を図らなければならない ・日常生活又は社会生活上の支援を必要とする者に対して，無料又は低額な料金で，福祉サービスを積極的に提供するよう努めなければならない ・現況報告書，財産目録，貸借対照表など，利害関係人からの請求があれば閲覧に供しなければならない（インターネットでの公表義務） ・事業を行うに当たり，理事，監事，評議員，職員その他の関係者に対し特別の利益を与えてはならない ・一定規模を超える社会福祉法人は会計監査人を設置しなければならない ・社会福祉法人は，毎会計年度，その保有する財産について，事業継続に必要な財産を控除したうえ，再投下可能な財産（社会福祉充実残額）を算定しなければならない ・社会福祉充実残額（社会福祉法人が保有する財産について，事業継続に必要な財産の額を控除したもので，その法人が再投下可能な財産）が生じる場合には，社会福祉充実計画を作成し，その実施費用に充てなければならない ・社会福祉充実計画を策定し，所轄庁の承認を得たうえで，当該財産を既存事業の充実または新規事業の実施などに活用する ・その経営する社会福祉事業に支障がない限り，公益事業又は収益事業を行うことができる ・社会福祉法人は，他の社会福祉法人と合併できる（登記によって効力を生じる） ・基本財産は，みだりに売却，廃棄などの処分ができない

■ 特定非営利活動法人

定義	特定非営利活動促進法2条2項 特定非営利活動を行うことを主たる目的とし，特定非営利活動促進法の定めるところにより設立された法人
所轄庁	・都道府県知事（2つ以上の都道府県に事務所を置く法人については，主たる事務所の所在地の都道府県知事） ・1つの政令指定都市の区域のみに事務所を置く法人については，政令指定都市の長
設立	認証主義（登記により成立）
役員	理事3人以上・監事1人以上
機関・組織	社員総会（10名以上）・理事会
税制	・法人税・事業税は原則非課税（法人税法上の収益事業による所得には課税） ・都道府県民税・市町村民税・不動産取得税・固定資産税は課税
経営の原則他	・特定非営利活動の範囲は，「保健，医療又は福祉の増進を図る活動」「社会教育の推進を図る活動」「まちづくりの推進を図る活動」など20分野に限定されている ・営利を目的としないものであること ・社員の資格について，不当な条件をつけないこと ・宗教活動や政治活動を主目的としないこと ・特定非営利活動法人は，その行う特定非営利活動にかかわる事業に支障がない限り，当該特定非営利活動にかかわる事業以外の事業を行うことができる ・特定非営利活動法人は，他の特定非営利活動法人と合併することができる ・事業報告書などの情報公開が義務づけられている（当該法人事務所又は所轄庁にて閲覧可能）

目次

福祉年表＆要点まとめ ii
本書の使い方 xxvi
資格・試験について xxx

第❶章　医学概論　　1

ライフステージにおける心身の変化と健康課題 2
健康及び疾病の捉え方 4
身体構造と心身機能 6
疾病と障害の成り立ち及び回復過程 8
公衆衛生 18

第❷章　心理学と心理的支援　　19

人の心の基本的な仕組みと機能 20
人の心の発達過程 28
日常生活と心の健康 30
心理学の理論を基礎としたアセスメントと支援の基本 32

第❸章　社会学と社会システム　　35

社会学の視点 36
社会構造と変動 38
市民社会と公共性 42
生活と人生 46
自己と他者 48

第❹章　社会福祉の原理と政策　　51

日本の社会福祉の歴史的展開 52
欧米の社会福祉の歴史的展開 54
社会福祉の思想・哲学 56
社会福祉の理論 56

xxi

社会福祉の論点 56
社会福祉の対象とニーズ 58
社会問題の構造的背景 60
福祉政策の概念・理念 62
福祉政策の構成要素 66
福祉政策の包括的支援 68
関連政策 72
福祉利用過程 74
福祉政策の国際比較 76

第❺章 社会保障   79

社会保障制度 80
社会保障制度の概念や対象及びその理念 82
社会保障と財政 84
社会保険と社会扶助の関係 86
社会保障制度の体系 88
諸外国における社会保障制度 104

第❻章 権利擁護を支える法制度   107

相談援助活動と法との関連 108
民法の理解 108
行政法の理解 114
成年後見制度 116
日常生活自立支援事業 122
権利擁護活動にかかわる組織・団体の役割と活動の実際 124

第❼章 地域福祉と包括的支援体制   125

地域福祉の基本的な考え方 126
福祉行財政システム 132
福祉計画の意義と種類，策定と運用 138
地域社会の変化と多様化・複雑化した地域生活課題 144
地域共生社会の実現に向けた包括的支援体制 144
地域共生社会の実現に向けた多機関協働 148
災害時における総合的かつ包括的な支援体制 150
地域福祉と包括的支援体制の課題と展望 150

第8章 障害者福祉 155

国際生活機能分類（ICF） 156
障害者福祉制度の発展過程 156
障害者の生活実態 158
障害者に対する法制度 158
障害者と家族等の支援における関係機関と専門家の役割 168
障害者と家族に対する支援の実際 170

第9章 刑事司法と福祉 175

少年司法 176
更生保護制度 176
生活環境の調整 176
仮釈放 178
保護観察 178
団体・専門職等の役割と連携 182
医療観察制度 184
関係機関・専門職等の役割と連携 186

第10章 ソーシャルワークの基盤と専門職 189

社会福祉士の定義・義務 190
ソーシャルワークのグローバル定義 192
アドボカシー 194
自立支援 194
ノーマライゼーション 196
慈善組織協会（COS） 198
セツルメント活動 198
メアリー・リッチモンド 198
ソーシャルワークの形成過程 200
ソーシャルワークの統合化 200
倫理的ジレンマ 202

第11章 ソーシャルワークの理論と方法 205

ソーシャルワークの理論・実践モデルとアプローチ 206
ソーシャルワークの過程 214

xxiii

集団を活用した支援（グループワーク） 224

ソーシャルワークにおける関連技術 228

第12章 社会福祉調査の基礎　235

社会福祉調査の意義と目的 236

社会福祉調査における倫理と個人情報保護 238

量的調査の方法 240

質的調査の方法 248

第13章 高齢者福祉　255

高齢者を取り巻く社会情勢と高齢者保健福祉制度の発展 256

高齢者保健福祉制度の概要 256

介護保険制度の概要 262

介護の概念や過程，技法 274

第14章 児童・家庭福祉　279

子ども家庭福祉制度の発展過程 280

子ども家庭福祉の理念と権利保障 280

子ども家庭福祉の法制度 282

子ども家庭福祉制度における組織・団体 288

子ども家庭福祉の専門職 294

第15章 貧困に対する支援　299

貧困観の変遷 300

貧困に対する制度の発展過程 300

生活保護法 300

生活困窮者自立支援法 306

低所得者対策 308

ホームレス対策 310

福祉事務所の役割 310

貧困に対する支援の実際 312

第16章 保健医療と福祉　317

保健医療に係る政策・制度・サービスの概要 318

診療報酬の概要 320

医療施設の概要 322

保健医療対策の概要 322

保健医療領域における専門職の役割と連携 326

保健医療領域における支援の実際 328

保健医療に係る倫理，自己決定権の尊重 330

第17章 ソーシャルワークの基盤と専門職（専門） 333

専門職の成立の条件 334

認定社会福祉士制度 334

社会福祉士の様々な職域 336

福祉事務所の専門職 336

ミクロ・メゾ・マクロのソーシャルワーク 338

4つの基本的なシステム 338

ジェネラリスト・アプローチ 340

多職種チーム 340

第18章 ソーシャルワークの理論と方法（専門） 343

ソーシャルワークにおける援助関係の形成・面接技術 344

ソーシャルワークにおける社会資源・関連技法 350

第19章 福祉サービスの組織と経営 361

福祉サービスに係る組織や団体の概要と役割 362

福祉サービスの組織と運営に係る基礎理論 364

福祉サービス提供組織の経営と実際 370

福祉人材のマネジメント 374

本試験問題 社会福祉士国家試験 第37回（令和6年度） 377

〈共通科目〉― 問題 378

〈専門科目〉― 問題 406

〈合格基準〉 422

〈共通科目〉― 正答・解説 423

〈専門科目〉― 正答・解説 456

購入者特典データのご案内 478

本書の使い方

福祉教科書シリーズの『完全合格テキスト』や『出る! 出る! 要点ブック』と本書を併用することで，より効果的に学習することができます。テキスト等で学習したら，本書で過去問題を解き，知識を確認し，定着させましょう。

■科目別問題（第1章～第19章）

過去問題（基本的には第22回（平成21年度）～第36回（令和5年度））から精選し，第37回試験から適用された新出題基準の構成に基づいて分類しました。

● **頻出度**
過去問題を分析し，出題頻度の高い順に★★★，☆☆，☆の3段階で示しています。

● **Note**
出題されたキーワードなどに対してもう一歩進んだ解説や補足説明などを記しています。

● **メモ欄**
注意点など書き込めるようにメモ欄をご用意しました。

● **重要ポイント**
問題と絡めて理解又は暗記しておきたい関連事項や，覚えるコツなどを説明しています。

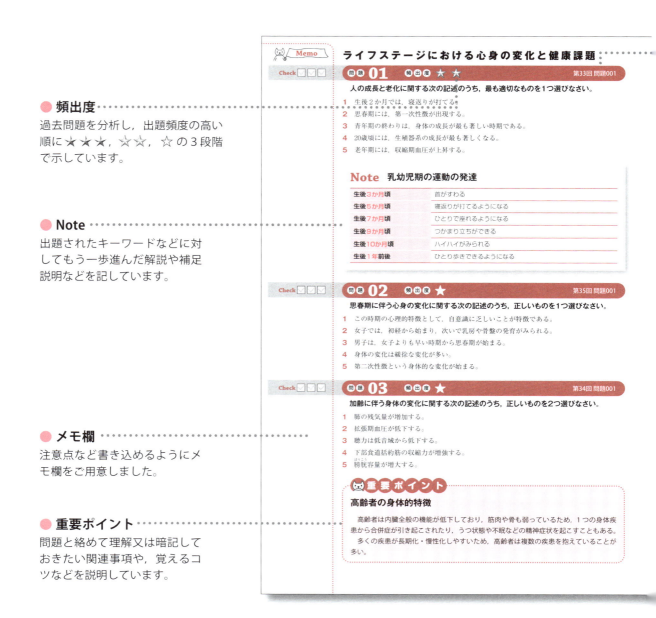

■本試験問題

第37回（令和6年度）の試験問題を掲載し，解答と解説を付けました。

問題 01 解説 人の成長と老化

1 × 寝返りが打てるようになるのは，生後5か月頃からである。生後3か月頃から首がすわり，寝返りが打てるようになった後，生後7か月頃からひとりで座れるようになる。

2 × 思春期に出現するのは，第二次性徴である。性徴とは男女の判別の基準となる生物学的な特徴のことであり，胎児のときに出現する生殖腺及び内外生殖器の性差が第一次性徴，思春期に出現する性器以外の身体の各部位にみられる性差のことを第二次性徴という。

3 × 青年期の終わりには，身体の成長が緩やかになる。個人差はあるが男子は13歳頃，女子は11歳頃が発育または成長スパートであり，その後は緩やかな発育を経てやがて発育停止に至る。

4 × 生殖器系の成長が最も著しくなるのは，思春期である。スキャモン（Scammon, R. E.）の発達曲線によると，13歳頃から急激に発達する。

5 ○ 老年期には，収縮期血圧が上昇する。血管の老化から動脈が硬くなり，心臓から強い圧力で血液を押し出さなければならないため収縮期血圧が高くなる。

POINT!
乳幼児期から老年期にみられる身体の機能的な変化について整理しておこう。

問題 02 解説 思春期に伴う心身の変化

1 × 思春期は自意識が強まることが特徴であり，自意識と社会の実態との違いに葛藤しやすい時期でもある。自意識とは自己意識ともいい，自分自身についての意識や自分への関心のことをいう。

2 × 女子の第二次性徴は，乳房発育から始まり，次いで初経が出現する。

3 × 女子は，男子よりも早い時期から思春期が始まる。一般的に女子のほうが男子より身体成熟のテンポが速いため，より早く思春期を迎えることになる。

4 × 思春期における身体の変化には，急激な変化が多い。思春期は，身長の急激な伸びや体型の変化，第二次性徴を含む性成熟が特徴である。

5 ○ 思春期には，第二次性徴という身体的な変化が始まる。性徴とは男女の判別の基準となる生物学的な特徴のことであり，胎児のときに出現する生殖腺及び内外生殖器の性差が第一次性徴，思春期に出現する性器以外の身体の各部位にみられる性差のことを第二次性徴という。

POINT!
WHO（世界保健機関）は思春期を第二次性徴の出現から性成熟（性機能が成熟する18～20歳頃）までの段階と定義している。

問題 03 解説 加齢に伴う身体の変化

1 ○ 加齢に伴い肺活量が低下して，肺の残気量が増加する。肺活量とは肺に空気を深く吸い込み，できる限り吐き出したときの量のことで，残気量とは吐ききった後に肺内に残る空気の量のことである。

2 ○ 加齢に伴い拡張期血圧（最低血圧）が低下し，収縮期血圧（最高血圧）が上昇する。そのため，収縮期血圧と拡張期血圧の差（脈圧）が拡大する傾向がある。

3 × 加齢に伴い，聴力は高音域から低下する。次第に会話の音域，低音域へと広がっていき，語音明瞭度（語音の分別能力）も低下すると，聞き返すことが多くなる。

4 × 加齢に伴い，下部食道括約筋の収縮力が低下する。下部食道括約筋が正常に機能しないと，胃液や胃の内容物の食道への逆流が起きやすくなる。

5 × 加齢に伴い，膀胱容量が減少する。膀胱筋肉の筋力が低下するため，膀胱に十分な量の尿をためることができなくなる。膀胱容量の減少は，夜間の排尿回数が増える夜間頻尿の原因になる。

POINT!
加齢に伴う身体変化については，特に高音が聞き取りにくくなる加齢性難聴などの聴覚における変化が繰り返し出題されている。

正解 問題01……5　　問題02……5　　問題03……1, 2

● 出題回・問題番号
出題された回・問題番号を示しています。

● 赤シート対応
○×や要点を赤シートで隠しながら確認できます。

● POINT!
問題ごとに解き方のコツや覚えておくべきポイントを記しています。

● 正解
各問題の答えを示しています。

「合格にもっと近づく」ための おすすめテキスト

合格のために必要な知識が無駄なく身につく！

わかりやすさに徹底的にこだわったテキストです

こんな方に特におすすめ！

1) 問題集を解いてみて，苦手科目がある方

多くの受験生がつまずくポイントに重心をおいて解説しているから，問題集でわからなかった内容が理解でき，苦手科目を克服できます！

2) どんな問題にも対応できる応用力を身につけたい方

スペースの都合で問題集では取り上げられなかった項目や周辺知識を体系立てて紹介しているから，万全の準備で試験を迎えられます！

3) スキマ時間を有効に使って学習したい方

付録の赤シートを使えば，解説部分が穴埋め形式の問題集に早変わり。問題集よりも一回り小さいA5サイズで持ち運びにも便利！

【本書の特徴】

- **「これなら覚えられる！」理解しやすく覚えやすい紙面構成**
    - 読みやすく覚えやすい箇条書きスタイルで解説
    - 覚えにくい項目は，わかりやすい図表で知識を整理
    - 多くの受験生がつまずく箇所は，補足解説で徹底フォローアップ

- **「覚えた知識を試験の得点につなげる」ための工夫も満載**
    - 過去の出題をもとにして，覚えるべきポイントを明示
    - 重要な過去問を，解き方のヒントとともにわかりやすく解説

① 簡潔でわかりやすい解説

各科目のプロフェッショナルが，背景から簡潔にわかりやすく解説します。だから，合格に必要な知識がすっと頭に入ってきます。

② 知識が整理できる！図表

文章だけでは覚えにくい内容をイメージできるよう，わかりやすい図や表にしてまとめています。

③ かゆいところに手が届く！補足解説

多くの人がつまずく箇所の補足や覚え方のコツ，頻出ポイントなどを可愛らしいキャラクターが紹介します。

④ 解き方がわかる！過去問解説

重要過去問を解き方のヒントとともに解説。覚えた知識を使って，どのように正解を導けばいいのかがよくわかります。

こちらもおすすめ！

福祉教科書
社会福祉士 出る！出る！一問一答 第6版
☞ ポケットサイズで，スキマ時間にもどんどん問題が解ける！

福祉教科書
社会福祉士 出る！出る！要点ブック 第5版
☞ 全19科目の頻出箇所だけを集めて約300ページにギュッと凝縮！直前対策にも！

※いずれも 2025 年 5 月末刊行予定

資格・試験について

社会福祉士は，「社会福祉士及び介護福祉士法」を根拠法とする国家資格であり，福祉分野における最上位の資格です。求められる知識は高度で幅広く，社会福祉士は専門職として水準の高さを示すことができます。

● 社会福祉士の職務内容

■ 社会福祉士とは

社会福祉士は，高齢者や障害者，児童など社会的に弱い立場にある人がサポートを必要とするときに，まず相談に応じ，次に地域に働きかけ関係者と連携し，また社会資源を活用してニーズに合った援助を行うソーシャルワーカーです。

根拠法の「社会福祉士及び介護福祉士法」によると，社会福祉士とは「専門的知識及び技術をもつて，身体上若しくは精神上の障害があること又は環境上の理由により日常生活を営むのに支障がある者の福祉に関する相談に応じ，助言，指導，福祉サービスを提供する者又は医師その他の保健医療サービスを提供する者その他の関係者との連絡及び調整その他の援助を行うことを業とする者をいう。」とされています。

■ 社会福祉士の職場

社会福祉士のもつ専門的知識と技術は幅広く，活躍の場は多岐にわたり，行政機関（地方自治体や社会福祉協議会）や各種福祉関係施設，医療施設，民間企業など様々あります。また，地域包括支援センターへの配置が義務づけられたり，受刑者の高齢化が問題となっている刑務所への配置が決まったりなど，社会福祉士の活躍の場は着実に広がっています。

超高齢社会の日本では，単身高齢世帯が増加し，成年後見人の需要が高まることが予想されています。このため独立して個人事務所を構える人も増えると考えられます。

● 社会福祉士になるには

社会福祉士になるには，厚生労働大臣によって毎年１回行われる社会福祉士試験に合格する必要があります。

■ 受験資格

試験は誰でも受けることができるわけではありません。受験資格が必要です。受験資格は，福祉系大学・短大で「指定科目」を履修したかなど，細かく12のルートに分かれています。福祉系大学で「指定科目」を修めていない場合は，相談援助の実務経験や，養成施設での研修の修了が求められます。この実務経験の施設や職種，また養成施設については，試験センターのホームページに一覧表があります。

■ 社会福祉士資格取得ルート

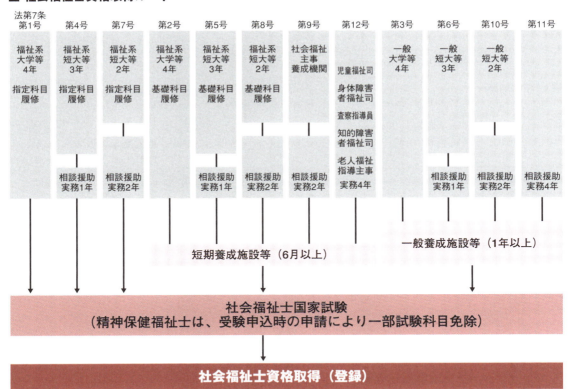

■ 社会福祉士の登録について

　社会福祉士試験に合格したら，厚生労働省の社会福祉士登録簿への登録を受けなければなりません。ここに登録すると，社会福祉士登録証が交付され，社会福祉士を名乗ることができるようになります。

● 試験の実施方法

受験手続の詳細は受験要綱で確認してください。受験要綱は，（公財）社会福祉振興・試験センターのホームページ（https://www.sssc.or.jp/）などで確認することができます。

■ 試験の場所

試験は，年に一度，第37回試験では，次の24の都道府県で行われました。

北海道，青森県，岩手県，宮城県，埼玉県，千葉県，東京都，神奈川県，新潟県，石川県，岐阜県，愛知県，京都府，大阪府，兵庫県，島根県，岡山県，広島県，香川県，愛媛県，福岡県，熊本県，鹿児島県，沖縄県

■ 出題方式

出題は5つの選択肢から1つ又は2つを選択する方式で，解答はマークシート方式で行われます。

■ 出題数

第38回（令和7年度）試験で予定されている科目ごとの出題数は，表の通りです。また，配点は1問1点です。

	科目	問題数	計
共通	医学概論	6	84問
	心理学と心理的支援	6	
	社会学と社会システム	6	
	社会福祉の原理と政策	9	
	社会保障	9	
	権利擁護を支える法制度	6	
	地域福祉と包括的支援体制	9	
	障害者福祉	6	
	刑事司法と福祉	6	
	ソーシャルワークの基盤と専門職	6	
	ソーシャルワークの理論と方法	9	
	社会福祉調査の基礎	6	
専門	高齢者福祉	6	45問
	児童・家庭福祉	6	
	貧困に対する支援	6	
	保健医療と福祉	6	
	ソーシャルワークの基盤と専門職（専門）	6	
	ソーシャルワークの理論と方法（専門）	9	
	福祉サービスの組織と経営	6	
	合計		129問

「共通科目」は，精神保健福祉士試験と同じであり，この精神保健福祉士の資格を持っている人が社会福祉士試験を受験する場合，申請によって共通科目が免除されます。

■ 試験時間

第38回試験の試験時間は刊行時点では公開されていません。なお，試験時間を含む試験内容の詳細については，2025（令和7）年8月上旬頃に公表が予定されている社会福祉士振興・試験センターの「受験の手引」を必ず確認してください。

● 試験日・受験者数・合格発表

■ 試験日

　毎年，1月下旬～2月上旬に実施されています。第38回試験は，2026（令和8）年2月上旬が予定されています。

■ 受験申込書類の提出期間

　毎年9月上旬～10月上旬に予定されています。試験センターから受験申込書類「受験の手引」を取り寄せたら，書類をそろえて期間内に提出します。

　なお，第38回試験の「受験の手引」は，2025（令和7）年8月上旬頃に公表が予定されています。

■ 受験手数料

　第37回試験の受験手数料は以下の通りでした。

・社会福祉士のみ受験する場合：　　　　　　　　　　　19,370円
・社会福祉士と精神保健福祉士を同時に受験する場合：　36,360円（＝社会16,840円＋精神19,520円）
・社会福祉士の共通科目免除により受験する場合：　　　16,230円

■ 合格発表

　毎年，3月中旬に試験センターに掲示され，合格者には合格証書が，不合格者にはその旨の通知が郵送されます。また，試験センターのホームページに期間限定で，合格者の受験番号と合格基準点，正答が公開されます。

〈受験資格が「見込み」の場合〉

　大学等の卒業見込み又は実務経験を満たす見込みで受験した場合は，後日，受験資格となる証明書を提出する必要があります。合格証書はこの証明書が確認された日以降に郵送されます。また，証明書を提出しなかった場合は，今回の試験は無効となります。

■ 受験者数・合格率

　過去15回の受験者数，合格者数，合格率を示します。

回（年）	受験者数（人）	合格者数（人）	合格率
第23回（平成23年実施）	43,568	12,255	28.1%
第24回（平成24年実施）	42,882	11,282	26.3%
第25回（平成25年実施）	42,841	8,058	18.8%
第26回（平成26年実施）	45,578	12,540	27.5%
第27回（平成27年実施）	45,187	12,181	27.0%
第28回（平成28年実施）	44,764	11,735	26.2%
第29回（平成29年実施）	45,849	11,828	25.8%
第30回（平成30年実施）	43,937	13,288	30.2%
第31回（平成31年実施）	41,639	12,456	29.9%
第32回（令和2年実施）	39,629	11,612	29.3%
第33回（令和3年実施）	35,287	10,333	29.3%
第34回（令和4年実施）	34,563	10,742	31.1%
第35回（令和5年実施）	36,974	16,338	44.2%
第36回（令和6年実施）	34,539	20,050	58.1%
第37回（令和7年実施）	27,616	15,561	56.3%

本書内容に関するお問い合わせについて

このたびは翔泳社の書籍をお買い上げいただき，誠にありがとうございます。弊社では，読者の皆様からのお問い合わせに適切に対応させていただくため，以下のガイドラインへのご協力をお願いしております。下記項目をお読みいただき，手順に従ってお問い合わせください。

●お問い合わせされる前に

弊社Webサイトの「正誤表」をご参照ください。これまでに判明した正誤や追加情報を掲載しています。

正誤表　https://www.shoeisha.co.jp/book/errata/

●お問い合わせ方法

弊社Webサイトの「書籍に関するお問い合わせ」をご利用ください。

書籍に関するお問い合わせ　https://www.shoeisha.co.jp/book/qa/

インターネットをご利用でない場合は，FAXまたは郵便にて，下記"(株)翔泳社 愛読者サービスセンター"までお問い合わせください。
電話でのお問い合わせは，お受けしておりません。

●回答について

回答は，お問い合わせいただいた手段によってご返事申し上げます。お問い合わせの内容によっては，回答に数日ないしはそれ以上の期間を要する場合があります。

●お問い合わせに際してのご注意

本書の対象を越えるもの，記述個所を特定されないもの，また読者固有の環境に起因するお問い合わせ等にはお答えできませんので，予めご了承ください。

●郵便物送付先およびFAX番号

　　送付先住所　　〒160-0006　東京都新宿区舟町5
　　FAX番号　　　03-5362-3818
　　宛先　　　　　（株）翔泳社 愛読者サービスセンター

●免責事項
※著者および出版社は，本書の使用による社会福祉士国家試験の合格を保証するものではありません。
※本書の記載内容は，2025年2月現在の法令等に基づいています。
※本書の出版にあたっては正確な記述につとめていますが，著者および株式会社翔泳社のいずれも，本書の内容に対してなんらかの保証をするものではなく，内容やサンプルに基づくいかなる運用結果に関してもいっさいの責任を負いません。
※本書に記載されたURL等は予告なく変更される場合があります。
※本書に記載されている会社名，製品名はそれぞれ各社の商標および登録商標です。
※本書では™，®，©は割愛させていただいております。

第 1 章

＜共通科目＞
医学概論

Check □	1回目	月	日	／25問
Check □	2回目	月	日	／25問
Check □	3回目	月	日	／25問

ライフステージにおける心身の変化と健康課題

問題 01 頻出度 ★★ 第33回 問題001

人の成長と老化に関する次の記述のうち、最も適切なものを1つ選びなさい。

1 生後2か月では、寝返りが打てる。
2 思春期には、第一次性徴が出現する。
3 青年期の終わりは、身体の成長が最も著しい時期である。
4 20歳頃には、生殖器系の成長が最も著しくなる。
5 老年期には、収縮期血圧が上昇する。

乳幼児期の運動の発達

生後3か月頃	首がすわる
生後5か月頃	寝返りが打てるようになる
生後7か月頃	ひとりで座れるようになる
生後9か月頃	つかまり立ちができる
生後10か月頃	ハイハイがみられる
生後1年前後	ひとり歩きできるようになる

問題 02 頻出度 ★ 第36回 問題001

成熟時の発達を100％としたスキャモン（Scammon, R.）の臓器別発育曲線に関する次の記述のうち、正しいものを1つ選びなさい。

1 25歳を100％として表している図である。
2 身長など一般型はS字型カーブを示す。
3 リンパ型は12歳頃に約90％となる。
4 神経型は12歳頃に最も発達する。
5 生殖型は12歳頃に70％となる。

問題 03 頻出度 ★ 第34回 問題001

加齢に伴う身体の変化に関する次の記述のうち、正しいものを2つ選びなさい。

1 肺の残気量が増加する。
2 拡張期血圧が低下する。
3 聴力は低音域から低下する。
4 下部食道括約筋の収縮力が増強する。
5 膀胱容量が増大する。

高齢者の身体的特徴

高齢者は内臓全般の機能が低下しており、筋肉や骨も弱っているため、1つの身体疾患から合併症が引き起こされたり、うつ状態や不眠などの精神症状を起こすこともある。
多くの疾患が長期化・慢性化しやすいため、高齢者は複数の疾患を抱えていることが多い。

問題 01 解説　人の成長と老化

1　✕　寝返りが打てるようになるのは，生後5か月頃からである。生後3か月頃から首がすわり，寝返りが打てるようになった後，生後7か月頃からひとりで座れるようになる。

2　✕　思春期に出現するのは，第二次性徴である。性徴とは男女の判別の基準となる生物学的な特徴のことであり，胎児のときに出現する生殖腺及び内外生殖器の性差が第一次性徴，思春期に出現する器官以外の身体の各部位にみられる性差のことを第二次性徴という。

3　✕　青年期の終わりには，身体の成長が緩やかになる。個人差はあるが男子は13歳頃，女子は11歳頃が発育または成長スパートであり，その後は緩やかな発育を経てやがて発育停止に至る。

4　✕　生殖器系の成長が最も著しくなるのは，思春期である。スキャモン（Scammon, R. E.）の発達曲線によると，13歳頃から急激に発達する。

5　○　老年期には，収縮期血圧が上昇する。血管の老化から動脈が硬くなり，心臓から強い圧力で血液を押し出さなければならないため収縮期血圧が高くなる。

> **POINT!**
> 乳幼児期から老年期にみられる身体の機能的な変化について整理しておこう。

問題 02 解説　スキャモンの臓器別発育曲線

1　✕　20歳を100%として表している図である。成熟時（20歳）の発達を100%とした発達の度合い（%）を縦軸に，年齢（0歳〜20歳）を横軸にして，4つの型の発達過程をグラフで示している。

2　○　一般型は，身長や体重，筋肉，骨格などの発達を示している。乳幼児期と思春期に伸びが大きくなり，曲線は緩やかなS字型カーブを示す。

3　✕　リンパ型は，胸腺などのリンパ組織の発達を示している。発達のピークは12歳頃で約190%となり，成人のレベルより高くなる。その後，曲線は徐々に下がっていき，20歳頃には100%になる。

4　✕　神経型は，脳や脊髄，感覚器系の発達を示している。神経型は乳幼児期に最も発達する。出生直後から曲線は急上昇して，4歳頃には約80%，6歳頃には90%となる。

5　✕　生殖型は，第二次性徴にかかわる臓器などの発達を示している。生殖型は思春期に最も発達する。12歳頃までは約10%だが，14歳頃から曲線が急上昇して，18歳頃に約70%となる。

> **POINT!**
> スキャモンの臓器別発育曲線とは，器官や臓器の発達パターンを4つの型（一般型，リンパ型，神経型，生殖型）に分けて，それぞれの発達過程をグラフに示したものである。スキャモンの発達曲線とも呼ばれている。

問題 03 解説　加齢に伴う身体の変化

1　○　加齢に伴い肺活量が低下して，肺の残気量が増加する。肺活量とは肺に空気を深く吸い込み，できる限り吐き出したときの量のことで，残気量とは吐ききった後に肺内に残る空気の量のことである。

2　○　加齢に伴い拡張期血圧（最低血圧）が低下し，収縮期血圧（最高血圧）が上昇する。そのため，収縮期血圧と拡張期血圧の差（脈圧）が拡大する傾向がある。

3　✕　加齢に伴い，聴力は高音域から低下する。次第に会話の音域，低音域へと広がっていき，語音明瞭度（語音の分別能力）も低下すると，聞き返すことが多くなる。

4　✕　加齢に伴い，下部食道括約筋の収縮力が低下する。下部食道括約筋が正常に機能しないと，胃液や胃の内容物の食道への逆流が起きやすくなる。

5　✕　加齢に伴い，膀胱容量が減少する。膀胱筋肉の筋力が低下するため，膀胱に十分な量の尿をためることができなくなる。膀胱容量の減少は，夜間の排尿回数が増える夜間頻尿の原因になる。

> **POINT!**
> 加齢に伴う身体変化については，特に高音が聞き取りにくくなる加齢性難聴などの聴覚における変化が繰り返し出題されている。

正解　問題01……5　　問題02……2　　問題03……1, 2

健康及び疾病の捉え方

問題 04　頻出度 ★★★　第35回 問題002

国際生活機能分類（ICF）に関する次の記述のうち，正しいものを1つ選びなさい。

1. 対象は障害のある人に限定されている。
2. 「社会的不利」はICFの構成要素の一つである。
3. 「活動」とは，生活・人生場面への関わりのことである。
4. 仕事上の仲間は「環境因子」の一つである。
5. その人の住居は「個人因子」の一つである。

Note　ICFによる定義

心身機能	身体系の生理的機能（心理的機能を含む）
身体構造	器官・肢体とその構成部分などの，身体の解剖学的部分
機能障害（構造障害を含む）	著しい変異や喪失などといった，心身機能または身体構造上の問題
活動	課題や行為の個人による遂行
活動制限	個人が活動を行うときに生じる難しさのこと
参加	生活・人生場面へのかかわりのこと
参加制約	個人が何らかの生活・人生場面にかかわるときに経験する難しさ

問題 05　頻出度 ★★★　第36回 問題002

事例を読んで，国際生活機能分類（ICF）のモデルに基づく記述として，最も適切なものを1つ選びなさい。

〔事例〕
　Aさん（78歳，男性）は脳梗塞を発症し左片麻痺となった。室内は手すりを伝って歩いている。外出時は車いすが必要で，近隣に住む長女が車いすを押して買物に出かけている。週1回のデイサービスでのレクリエーションに参加するのを楽しみにしている。

1. 年齢，性別は「心身機能」に分類される。
2. 左片麻痺は「個人因子」に分類される。
3. 手すりに伝って歩くことは「活動」に分類される。
4. 近隣に長女が住んでいるのは「参加」に分類される。
5. デイサービスの利用は「環境因子」に分類される。

問題 06　頻出度 ★　第33回 問題003

健康の概念と健康増進に関する次の記述のうち，正しいものを1つ選びなさい。

1. WHOは，健康を身体的，精神的，社会的，スピリチュアルに良好な状態と定義した。
2. 「健康日本21」は，一次予防を重視している。
3. 健康増進法は，生活習慣病対策を含まない。
4. 健康増進は，一次予防には該当しない。
5. 健康寿命とは，平均寿命を超えて生存している期間をいう。

4

問題 04 解説　国際生活機能分類（ICF）

1 ×　国際生活機能分類（ICF）は人間の健康状態を生活機能で捉えており，障害のある人だけでなく，すべての人を対象としている。
2 ×　「社会的不利」は国際障害分類（ICIDH）の構成要素であり，国際生活機能分類（ICF）の構成要素には含まれない。
3 ×　「活動」とは，課題や行為の個人による遂行のことである。生活・人生場面への関わりは「参加」である。
4 ○　「環境因子」とは，物的な環境や人的環境，制度的環境などのその人を取り巻く環境すべてを構成する因子のことである。仕事上の仲間は人的環境に含まれるため，「環境因子」の1つである。
5 ×　「個人因子」とは，その人固有の特徴のことであり，年齢や性別など基本的な特徴に加えて，学歴，職歴といった社会的状況や人生体験，その人の価値観や嗜好，ライフスタイルなども含まれる。その人の住居は「個人因子」ではなく「環境因子」の1つである。

POINT!
国際生活機能分類（ICF）に関する問題は頻出である。健康状態，心身機能・身体構造，活動，参加，個人因子，環境因子などの構成要素の定義は必ず覚えておこう。

問題 05 解説　国際生活機能分類（ICF）

1 ×　年齢，性別は「個人因子」に分類される。個人因子とは，個人的な特徴の影響力のことである。
2 ×　左片麻痺は「心身機能と身体構造」に分類される。心身機能とは身体系の生理的機能のことであり，身体構造とは器官・肢体とその構成部分などの身体の解剖学的部分のことである。
3 ○　手すりに伝って歩くことは「活動」に分類される。活動とは，課題や行為の個人による遂行のことである。なお，個人が活動を行うときに生じる難しさは活動制限と表現される。
4 ×　近隣に長女が住んでいるのは「環境因子」に分類される。環境因子とは，物的環境や社会環境，人々の社会的な態度による環境の特徴が持つ影響力のことである。
5 ×　デイサービスの利用は「参加」に分類される。参加とは，生活・人生場面へのかかわりのことである。なお，個人が生活や人生場面にかかわるときに経験する難しさは参加制約と表現される。

POINT!
事例に示された情報が，国際生活機能分類（ICF）の構成要素にどのように分類されるのかを問う問題が繰り返し出題されている。

問題 06 解説　健康の概念と健康増進

1 ×　WHOは，健康を身体的，精神的，社会的に良好な状態と定義しており，スピリチュアルは含まれていない。
2 ○　「健康日本21（第二次）」は健康寿命の延伸，健康格差の縮小，健康を支え守るための社会環境の整備などを基本方針としており，一次予防を重視している。
3 ×　健康増進法は国民の健康の増進の総合的な推進を図るための基本事項を示し，「健康日本21」を推進するものとして2003（平成15）年に施行された。基本事項には，生活習慣病の発病予防と重症化予防の徹底が含まれている。
4 ×　健康増進は，一次予防に該当する。クラーク（Clark, G.）とリーベル（Leavell, H. R.）は疾病予防の考え方として，一次予防を健康増進，発病予防，二次予防を疾病の早期発見と早期治療，三次予防を再発予防，リハビリテーションとしている。
5 ×　健康寿命とは，健康上の問題で制限されることなく生活ができる期間のことをいう。

POINT!
「健康日本21」とは2000（平成12）年度より始まった「21世紀における国民健康づくり運動」のことで，2013（平成25）年度からの取り組みが「健康日本21（第二次）」である。なお，2024（令和6）年度からは「健康日本21（第三次）」が開始された。期間は2035（令和17）年度までの12年間の予定である。

　問題04……4　　問題05……3　　問題06……2

身体構造と心身機能

問題 07 頻出度 ★★★ 第32回 問題001

人体の構造と機能に関する次の記述のうち，正しいものを1つ選びなさい。

1 視覚は，後頭葉を中枢とする。
2 腸管は，口側より，空腸，回腸，十二指腸，大腸の順序である。
3 肺でガス交換された血液は，肺動脈で心臓へと運ばれる。
4 横隔膜は，消化管の蠕動に関わる。
5 副甲状腺ホルモンは，カリウム代謝をつかさどる。

問題 08 頻出度 ★★ 第33回 問題002

心臓と血管の構造と機能に関する次の記述のうち，正しいものを1つ選びなさい。

1 肺と右心房をつなぐのは，肺静脈である。
2 左心房と左心室の間には，大動脈弁がある。
3 血液は，左心室から大動脈へと流れる。
4 上大静脈と下大静脈は，左心房に開口する。
5 血液は，大動脈から肺に流れる。

問題 09 頻出度 ★ 第36回 問題004

目の構造と病気に関する次の記述のうち，最も適切なものを1つ選びなさい。

1 眼球の外層にある白目の部分は角膜である。
2 白内障は水晶体が混濁してものが見えにくくなる。
3 緑内障は眼圧が下がって視野障害を来す。
4 加齢黄斑変性症では視力は保たれる。
5 糖尿病性網膜症では失明は起こらない。

Note 代表的な目の病気

疾患	病態	特徴的な症状	原因
白内障	・目の水晶体が白く濁り，見えにくくなる	・視力の低下 ・霧視（かすみ） ・羞明（まぶしさ）など	・加齢による老人性白内障が多い ・その他，先天性や外傷性の白内障もある
緑内障	・眼圧が上昇し視神経が障害され，視野障害が起こる ・進行すると，失明する	・視野狭窄（視野が狭くなる） ・視野欠損（部分的に見えない）など	・原因がはっきりしない原発緑内障が多い ・その他，炎症やケガ，隅角の発育不全で発症する
加齢黄斑変性症	・網膜の中心である黄斑部に萎縮や変性が生じる ・高齢者の失明原因の1つ	・視力の低下 ・変視症（ゆがんで見える） ・中心暗点（見ようとするものの中心が欠ける）など	・加齢による網膜の機能低下

問題 07 解説 人体の構造と機能

1 ○ 大脳の表面を覆っている大脳皮質は，前頭葉，頭頂葉，側頭葉，後頭葉に分けられ，部位によって異なった機能が備わっている。後頭葉は視覚の中枢であり，視覚情報の処理に関与している。

2 ✕ 腸管は，口側より，十二指腸，空腸，回腸，大腸の順序である。十二指腸，空腸，回腸は小腸であり，小腸に続いて大腸がある。大腸は，盲腸，虫垂，上行結腸，横行結腸，下行結腸，S字結腸，直腸に区分される。

3 ✕ 肺でガス交換された血液は，肺静脈で心臓へと運ばれる。血液は，全身を巡る体循環と，肺を巡る肺循環を交互に繰り返しながら体内を巡り続けている。肺循環では，心臓から肺動脈に送り出された血液は，肺で二酸化炭素と酸素を取り換えるガス交換が行われ，肺静脈を経て心臓へと戻る。

4 ✕ 横隔膜は，呼吸運動に関わる。横隔膜は肺の下に位置し，吸気時には収縮して下降して，呼気時には弛緩して挙上する。

5 ✕ 副甲状腺ホルモンは，血液中のカルシウムの濃度を上昇させる役割がある。

POINT!
人体の構造と機能に関する問題は毎回必ず出題されている。各器官の構造（解剖学）は，機能（生理学）と結びつけて学習すると理解が深まる。

問題 08 解説 心臓と血管の構造と機能

1 ✕ 肺静脈は，肺と左心房をつないでいる。肺循環において，肺で二酸化炭素と酸素を取り換えるガス交換を終えた血液は，肺静脈を経て左心房に戻る。

2 ✕ 左心房と左心室の間には，僧帽弁がある。大動脈弁は，左心室と大動脈の間にある。

3 ○ 体循環では，血液は心臓の左心室から大動脈に送り出されて末梢臓器に到達し，全身に酸素や栄養分を運ぶ。代わりに二酸化炭素や老廃物を受け取り，小静脈，静脈から大静脈に集められ，右心房に返ってくる。

4 ✕ 上大静脈と下大静脈は，右心房に開口する。

5 ✕ 血液は，肺動脈から肺に流れる。肺循環では，右心房に返ってきた血液は，右心室から肺動脈に送り出されて肺に流れる。肺でガス交換を終えた血液は，肺静脈を経て左心房に戻る。

POINT!
動脈と静脈は心臓を基準に定義され，心臓から出ていく血管を動脈，心臓に入る血管を静脈という。

問題 09 解説 目の構造と病気

1 ✕ 眼球の外層にある白目の部分は強膜である。角膜は眼球の黒目の部分で，光は角膜を通過して，虹彩の中央部にある瞳孔から眼球内部に入る。

2 ○ 白内障は眼球の水晶体が混濁することで，ものが見えにくくなる疾患である。加齢が原因となる老人性白内障が多く，主な症状には，視力の低下，霧視（かすみ）や羞明（まぶしさ）などがある。

3 ✕ 緑内障は眼圧が上がって視神経が障害され，視野狭窄（視野が狭くなる）や視野欠損（部分的に見えなくなる）などの視野障害が起こる。失明の危険性が高い疾患である。

4 ✕ 加齢黄斑変性症では，網膜の中心である黄斑部に萎縮や変性が生じることで，視力が低下する。原因は加齢による網膜の機能低下で，変視症（ゆがんで見える）や中心暗点（見ようとするものの中心がかけて見えない）などの症状が特徴的である。

5 ✕ 糖尿病性網膜症は，糖尿病の3大合併症の1つである。糖尿病が原因で，網膜に損傷が生じて視力が低下する。症状が進行して重症化すると，失明の危険がある。

POINT!
視覚機能の障害を伴う目の病気として，白内障，緑内障，加齢黄斑変性症などの特徴的な症状を整理しておこう。

正解 問題07……1 問題08……3 問題09……2

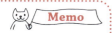

疾病と障害の成り立ち及び回復過程

問題 10　頻出度 ★★　第35回 問題004

次のうち，2021（令和3）年における，がん（悪性新生物）の主な部位別にみた死亡数で女性の第1位として，正しいものを1つ選びなさい。

1. 大腸がん
2. 胃がん
3. 膵臓がん
4. 乳がん
5. 肺がん

Note　がん（悪性新生物）の死亡者数（2023（令和5年））

	1位	2位	3位	4位	5位
男女計	肺	大腸	膵臓	胃	肝臓
男性	肺	大腸	胃	膵臓	肝臓
女性	大腸	肺	膵臓	乳房	胃

出典：厚生労働省「人口動態統計」

問題 11　頻出度 ★　第34回 問題004

骨・関節疾患及び骨折に関する次の記述のうち，正しいものを1つ選びなさい。

1. 骨粗鬆症は女性より男性に多い。
2. 関節リウマチでみられる手指のこわばりは夕方に多い。
3. 腰部脊柱管狭窄症は若年者に多い疾患である。
4. 大腿骨近位部骨折は保存治療が優先される。
5. 変形性関節症の中で最も多いのは，変形性膝関節症である。

問題 12　頻出度 ★　第35回 問題005

パーキンソン病の原因と症状に関する次の記述のうち，正しいものを2つ選びなさい。

1. 小脳の異常である。
2. 脳内のドーパミンが増加して発症する。
3. 安静時に震えが起こる。
4. 筋固縮がみられる。
5. 大股で歩行する。

問題 10 解説 がん（悪性新生物）の部位別死亡数

1 ○ 女性のがんの死亡者数の第1位は，大腸がんである。

2 × 胃がんは，女性のがんの死亡者数では第5位である。

3 × 膵臓がんは，女性のがんの死亡者数では第3位である。

4 × 乳がんは，女性のがんの死亡者数では第4位である。

5 × 肺がんは，女性のがんの死亡者数では第2位である。

POINT!

この問題は第35回に出題されたため，2021（令和3）年における，がん（悪性新生物）の部位別死亡数が問われている。なお，2023（令和5）年も，女性の第1位は大腸がん，第2位は肺がん，第3位は膵臓がん，第4位は乳がん，第5位は胃がんとなっているが，受験前には最新の統計数値を必ず確認しておこう。

問題 11 解説 骨・関節疾患及び骨折

1 × 骨粗鬆症は男性より女性に多い。骨粗鬆症は骨量が減少し骨の構造が悪化して，骨折の危険が増した状態のことである。原因には加齢やカルシウム摂取不足，ビタミンD不足，運動不足，閉経による女性ホルモン分泌低下などがあり，閉経後の女性に発症率が上昇する。

2 × 関節リウマチでみられる手指のこわばりは朝方（起床時）に多い。関節の発赤・腫脹と疼痛，手指のこわばり，症状の進行に伴い拘縮・変形，関節可動域制限，歩行障害，握力低下などを特徴とする。

3 × 腰部脊柱管狭窄症は中高年に多い疾患である。立つ，歩くなど運動をするときの足の痛みやしびれ，間欠性跛行などを特徴とし，重症になると足の麻痺，排尿障害，排便障害が出現する。

4 × 大腿骨近位部骨折は手術による治療が優先される。寝たきりになる可能性が高い骨折であるため，手術をすることで臥床期間の短縮を目指す。

5 ○ 変形性関節症の中で最も多いのは，膝に起こる変形性膝関節症である。立ち上がり動作や歩行での膝関節痛，階段や坂の昇降での疼痛，腫脹，膝関節の運動制限，関節変形（O脚）などを特徴とし，中高年の女性に多い。

POINT!

骨・関節疾患については，主な症状や原因，発症の傾向（性別や年代など）を整理しておこう。

問題 12 解説 パーキンソン病の原因と症状

1 × パーキンソン病の原因は，中脳の神経細胞の変性である。

2 × パーキンソン病は，脳内のドーパミンが欠乏して発症する。

3 ○ 静止時に，手や足，身体全体に震えが起こる症状のことを安静時振戦という。安静時振戦は，パーキンソン病の4大徴候の1つである。

4 ○ 筋肉の緊張が高くなりこわばる症状を筋固縮，あるいは筋強剛といい，パーキンソン病の4大徴候の1つである。パーキンソン病の人が無表情になるのは顔の筋肉が固縮するためであり，まばたきが減って表情が乏しくなる状態のことを仮面様顔貌と呼ぶ。

5 × パーキンソン病の人は，小刻み歩行やすくみ足が特徴的である。これは，パーキンソン病の4大徴候の1つである姿勢反射障害によるものである。バランスがとりづらくなり，姿勢を維持することが難しくなるため，パーキンソン病の人は前屈みの姿勢になりやすい。

POINT!

パーキンソン病の症状には，安静時振戦，筋固縮，無動・寡動，姿勢反射障害の4大徴候のほかに，嚥下障害，起立性低血圧，便秘，排尿障害などもみられる。

正解 問題10……1　問題11……5　問題12……3, 4

問題 13　頻出度 ★　　第35回 問題006

事例を読んで，Aさんの症状として，最も適切なものを1つ選びなさい。

〔事例〕

　Aさん（55歳）は，出勤途中に突然歩けなくなり，救急病院に運ばれた。脳梗塞と診断され，治療とリハビリテーションを受けたが，左の上下肢に運動麻痺が残った。左足の感覚が鈍く，足が床についているかどうか分かりにくい。歩行障害があり，室内は杖歩行又は伝い歩きをしている。呂律が回らないことがあるが，会話，読み書き，計算は可能である。食事は右手で箸を持って問題なく食べることができる。尿便意はあるが，自分でトイレに行くのが難しいため，間に合わず失禁することがある。

1　失語症
2　対麻痺
3　感覚障害
4　嚥下障害
5　腎臓機能障害

問題 14　頻出度 ★ ★　　第34回 問題003

感染症に関する次の記述のうち，正しいものを1つ選びなさい。

1　ノロウイルスの潜伏期間はおよそ14日である。
2　インフルエンザは肺炎を合併することがある。
3　肺炎はレジオネラ菌によるものが最も多い。
4　疥癬の原因はノミである。
5　肺結核の主な感染経路は飛沫感染である。

大腸型感染性下痢症

　腸管出血性大腸菌による感染症で，激しい腹痛と頻回の下痢が特徴である。代表的な腸管出血性大腸菌であるO-157は酸性に強く，口から入った細菌の大部分は胃の酸にも負けずに生き残るが，熱には弱いため加熱処理が有効である。

問題 15　頻出度 ★　　第36回 問題003

次のうち，身体障害者手帳の交付対象となる内部障害として，正しいものを1つ選びなさい。

1　視覚障害
2　そしゃく機能障害
3　平衡機能障害
4　ヒト免疫不全ウイルスによる免疫機能障害
5　体幹機能障害

問題 13 解説 感覚障害

1 ✕ **失語症**とは，言語にかかわる機能（聴覚的理解，視覚的理解，発話，書字）のすべてに何らかの低下がみられる状態のことである。Aさんは呂律が回らないことがあるが，会話や読み書きは可能であることから失語症とは考えられない。

2 ✕ **対麻痺**とは，両下肢の麻痺のことをいう。Aさんは左の上下肢に運動麻痺が残っているため，Aさんの症状は対麻痺ではなく**片麻痺**である。

3 ◯ **感覚障害**とは，視覚，聴覚，触覚，味覚，嗅覚などに異常反応が生じることをいう。感覚過敏，感覚鈍麻，感覚脱失，異常感覚，錯感覚，神経痛などの症状がある。脳梗塞の後遺症として，感覚が鈍くなる，しびれが生じるなどが起こりやすい。

4 ✕ **嚥下障害**とは，食べ物を上手に飲み込めない状態のことであり，食事中にむせる，固形物をかんで飲み込めなくなる，などの症状がある。Aさんは問題なく食べることができるため，嚥下障害とは考えられない。

5 ✕ **腎臓機能障害**とは，腎機能が低下した状態のことである。事例の中には，腎臓機能障害の症状である手足や顔の浮腫（むくみ），夜間尿（特に夜間に尿の量が増える）などの症状に関する記述がないことから腎臓機能障害とは考えられない。

POINT!

麻痺が両側下肢に起こると対麻痺，両側上下肢に起こると四肢麻痺，片側の上下肢に起こると片麻痺，一側の上肢または下肢（の一部）のみに起こると単麻痺と呼ぶ。

問題 14 解説 感染症

1 ✕ ノロウイルスの潜伏期間はおよそ**1〜2日**である。

2 ◯ インフルエンザは肺炎を合併することがある。インフルエンザウイルスが気道に侵入して，感染することによって起こる肺炎のことを**ウイルス性肺炎**という。

3 ✕ 肺炎は**肺炎球菌**によるものが最も多い。肺炎は細菌のほか，ウイルスなどの病原微生物が感染して肺に炎症を起こす病気である。

4 ✕ 疥癬の原因は**疥癬虫（ヒゼンダニ）**である。疥癬は皮膚に接触することで感染する**接触感染**だけでなく，寝具や肌着からも感染するため，共同生活においては寝具・衣類の消毒が必要になる。

5 ✕ 肺結核の主な感染経路は**空気感染**である。咳やくしゃみで空気中に放出された病原菌（結核菌）が空気中を漂い，その空気を吸い込むことで感染する。

POINT!

ノロウイルスは手指や汚染された二枚貝（カキ，アサリ，シジミなど）を介して経口で感染するほか，ノロウイルスの含まれた飛沫を吸い込む飛沫感染も起こることがある。

問題 15 解説 内部障害

1 ✕ 視覚障害とは，**視力**の障害や**視野**の障害のことである。身体障害者手帳の交付対象となる内部障害に，視覚障害**は含まれない**。

2 ✕ そしゃく機能障害とは，そしゃく機能の**著しい障害**や**喪失**のことである。身体障害者手帳の交付対象となる内部障害に，そしゃく機能障害は**含まれない**。

3 ✕ 平衡機能障害とは，**体の姿勢を調節する機能**の障害のことである。身体障害者手帳の交付対象となる内部障害に，平衡機能障害は**含まれない**。

4 ◯ ヒト免疫不全ウイルスによる免疫機能障害は，身体障害者手帳の交付対象となる内部障害に**含まれる**。

5 ✕ 体幹機能障害とは，体幹（頸部，胸部，腹部，腰部）の異常や損傷による障害のことである。身体障害者手帳の交付対象となる内部障害に，体幹機能障害は**含まれない**。

POINT!

身体障害者手帳の交付対象となる内部障害には，ヒト免疫不全ウイルスによる免疫機能障害のほか，心臓，腎臓，呼吸器，膀胱・直腸，小腸，肝臓の機能障害も含まれる。

正解 問題13……**3**　　問題14……**2**　　問題15……**4**

問題 16 頻出度 ★　　第32回 問題006

次のうち，脳血管性認知症の特徴的な症状として，適切なものを2つ選びなさい。

1 パーキンソン症状
2 まだら認知症
3 幻視
4 感情失禁
5 常同行動

問題 17 頻出度 ★　　第29回 問題006

レビー小体型認知症に関する次の記述のうち，最も適切なものを1つ選びなさい。

1 成人になってから発症する。
2 こだわりは強くない。
3 幻覚がみられる。
4 常同的な行動は認められない。
5 相手の気持ちを理解することが苦手である。

問題 18 頻出度 ★ ★　　第36回 問題005

自閉スペクトラム症（ASD）に関する次の記述のうち，最も適切なものを1つ選びなさい。

1 成人になってから発症する。
2 こだわりは強くない。
3 幻覚がみられる。
4 常同的な行動は認められない。
5 相手の気持ちを理解することが苦手である。

Note　自閉スペクトラム症の診断基準

社会的コミュニケーションおよび相互関係における持続的障害

1. 社会的・情緒的な相互関係の障害
2. 他者との交流に用いられる非言語的コミュニケーション（ノンバーバル・コミュニケーション）の障害
3. 年齢相応の対人関係性の発達や維持の障害

限定された反復する様式の行動，興味，活動

1. 常同的で反復的な運動動作や物体の使用，あるいは話し方
2. 同一性へのこだわり，日常動作への融通のきかない執着，言語・非言語上の儀式的な行動パターン
3. 集中度・焦点づけが異常に強くて限定的であり，固定された興味がある
4. 感覚入力に対する敏感性あるいは鈍感性，あるいは感覚に関する環境に対する普通以上の関心

問題 16 解説 脳血管性認知症

1 × パーキンソン症状は，レビー小体型認知症の特徴的な症状である。体全体の動きが悪くなる，足がすくみ最初の一歩が踏み出しにくい，小刻みな歩行になるなどの症状がみられる。

2 ○ まだら認知症は，脳血管性認知症の特徴の1つである。脳血管性認知症は脳血管疾患を原因として起こるため，疾患が生じた脳の部位によって症状は異なり，症状の現れ方にもムラがみられる。

3 × 幻視は，レビー小体型認知症の特徴的な症状である。現実感があって，しかも詳細な内容で「存在しない人やもの」を繰り返し見てしまう幻視の訴えがある。

4 ○ 感情失禁は，脳血管性認知症の特徴的な症状である。ささいなことで泣き出したり，怒り出したりする感情調節の障害のことである。

5 × 常同行動は，前頭側頭型認知症の特徴的な症状である。同じ行動を繰り返すことをいい，単純な動作を繰り返す，好きになった食べ物を食べ続ける，毎日同じ時間に同じ行動パターンを繰り返すなどの行動がみられる。

POINT!

脳血管性認知症の特徴的な症状が理解できていれば，すぐに解答できる問題である。アルツハイマー型認知症，レビー小体型認知症，前頭側頭型認知症などについても，主な症状や特徴を確認しておこう。

問題 17 解説 レビー小体型認知症

1 × レビー小体型認知症は，日本の小阪憲司らによって報告された疾患である。

2 × レビー小体とは神経細胞にできる特殊なタンパク質のことで，脳の大脳皮質や脳幹に蓄積する。

3 ○ 身体全体の動きが悪くなる，足がすくみ最初の一歩が踏み出しにくい，小刻みな歩行になる，前かがみの姿勢になるなど，パーキンソン病に似た症状がみられる。

4 × 幻覚症状の中では幻視が最も多い。現実感のある幻視は，レビー小体型認知症の特徴的な症状の1つである。

5 × 前頭側頭型認知症は前頭葉と側頭葉が萎縮して起こる認知症である。同じことを繰り返す常同行動や，衝動をコントロールできない脱抑制，自己中心的な行為や反社会的行動，人格の著しい変化が特徴である。

POINT!

レビー小体型認知症では，現実感のある幻視が出現しやすく，パーキンソン症状が見られることが特徴である。

問題 18 解説 自閉スペクトラム症（ASD）

1 × 自閉スペクトラム症の症状は発達早期に出現する。ただし，症状が現れる時期は障害の程度によって異なり，後になって明らかになるものもある。

2 × 強いこだわりは，自閉スペクトラム症の特徴である。DSM-5の診断基準「限定された反復する様式の行動，興味，活動」には，同一性へのこだわりが含まれている。

3 × 幻覚は，自閉スペクトラム症の特徴ではない。DSM-5の診断基準には，幻覚は含まれていない。

4 × 常同的な行動は，自閉スペクトラム症の特徴である。DSM-5の診断基準「限定された反復する様式の行動，興味，活動」には，常同的で反復的な運動動作や物体の使用，あるいは話し方が含まれている。

5 ○ 相手の気持ちを理解することが苦手なのは，自閉スペクトラム症の特徴である。DSM-5の診断基準「社会的コミュニケーションおよび相互関係における持続的障害」には，社会的・情緒的な相互関係の障害が含まれている。

POINT!

精神疾患の診断・統計マニュアル（DSM-5）における自閉スペクトラム症の診断基準には，「社会的コミュニケーションおよび相互関係における持続的障害」と「限定された反復する様式の行動，興味，活動」がある。

正解 問題16……2, 4　　問題17……3　　問題18……5

問題 19　頻出度 ★★　第36回 問題006

次のうち，精神疾患の診断・統計マニュアル（DSM-5）において，発達障害に当たる「神経発達症群／神経発達障害群」に分類されるものとして，正しいものを1つ選びなさい。

1. 神経性無食欲症
2. 統合失調症
3. パニック障害
4. 適応障害
5. 注意欠如・多動症（ADHD）

問題 20　頻出度 ★　第34回 問題005

次のうち，双極性障害の躁状態に特徴的な症状として，最も適切なものを1つ選びなさい。

1. 体感幻覚
2. 作為体験
3. 日内変動
4. 誇大妄想
5. 思考途絶

問題 21　頻出度 ★　第30回 問題006

精神疾患の診断・統計マニュアル（DSM-5）において，「統合失調症」と診断するための5つの症状に含まれているものはどれか。正しいものを1つ選びなさい。

1. まとまりのない発語
2. 観念奔逸
3. 強迫行為
4. 抑うつ気分
5. 不眠または過眠

重要ポイント

うつ病の症状

うつ病（大うつ病性障害）では，抑うつ気分，興味，喜びの著しい減退，体重減少または増加，不眠または過眠，精神運動焦燥または制止，疲労感または気力の減退，無価値観または罪責感，思考や集中力の減退，死についての反復思考または自殺念慮・自殺企図などの症状が見られる。

DSM-5の診断基準では，これらの症状のうち5つ（またはそれ以上）が2週間の間に存在し，そのうち少なくとも1つは抑うつ気分あるいは興味または喜びの喪失とされている。

問題 **19** 解説　神経発達症群/神経発達障害群

1 ✕　神経性無食欲症は，食行動障害および摂食障害群に分類される。そのほかに，異食症，反芻症，回避・制限性食物摂取症，神経性過食症，過食障害がこの分類に含まれる。

2 ✕　統合失調症は，統合失調症スペクトラム障害および他の精神病性障害群に分類される。そのほかに，統合失調症に密接に関連した諸障害などがこの分類に含まれる。

3 ✕　パニック障害は，不安症群／不安障害群に分類される。そのほかに，分離不安症，選択性緘黙，限局性恐怖症，社交不安症，広場恐怖症，全般不安症がこの分類に含まれる。

4 ✕　適応障害は，心的外傷およびストレス因関連障害群に分類される。そのほかに，反応性アタッチメント障害，脱抑制型対人交流障害，心的外傷後ストレス障害，急性ストレス障害がこの分類に含まれる。

5 〇　神経発達症群/神経発達障害群には，注意欠如・多動症（ADHD）のほか，知的能力障害群，自閉スペクトラム症（ASD），限局性学習症，コミュニケーション症群，運動症群が分類されている。

> **POINT!**
>
> 精神疾患の診断・統計マニュアル（DSM-5）では，発達障害に当たる分類を神経発達症群/神経発達障害群と呼んでいる。

問題 **20** 解説　双極性障害の躁状態

1 ✕　体感幻覚は，統合失調症やアルコール依存症，薬物依存症に特徴的な症状である。身体に感じる幻覚のことで，「たくさんの虫が足に這い上がってくる」と手で払う動作をしたり，ケガをしていないのに痛みを訴えたりする。

2 ✕　作為体験は，統合失調症に特徴的な症状である。自分の行動や考えなどが，誰かによって支配されていると感じる自我障害であり，させられ体験ともいう。

3 ✕　日内変動とは，うつ病やレビー小体型認知症に特徴的な症状である。1日の中で時間帯によって症状の程度が変化することをいう。

4 〇　誇大妄想は，躁状態の特徴的な症状である。妄想とは思考内容の異常であり，客観的には誤った内容を本人は事実であると確信している状態をいう。誇大妄想では自分や自分の能力などを実際より過大に評価する。

5 ✕　思考途絶は，統合失調症に特徴的な症状である。突然，思考の流れが途切れてしまう思考の障害であり，統合失調症の初期や急性期にみられる陽性症状の1つである。

> **POINT!**
>
> 双極性障害の躁状態では，自尊心の肥大または誇大，睡眠欲求の減少，多弁，観念奔逸，注意散漫などの症状がみられるほか，快楽的活動や目標志向性の活動が増加する。

問題 **21** 解説　統合失調症

1 〇　まとまりのない発語は，統合失調症と診断するための5つの症状に含まれる。

2 ✕　観念奔逸とは躁病でみられる症状である。考えが非常に促進され，偶然的な思いつきが次々に浮かぶ。

3 ✕　強迫行為とは強迫性障害でみられる症状である。強迫観念に基づいて，特定の行為を繰り返す。

4 ✕　抑うつ気分とはうつ病でみられる症状である。気分が沈んで，憂うつな状態をいう。

5 ✕　不眠または過眠は様々な精神疾患でみられる症状であるが，統合失調症と診断するための5つの症状には含まれていない。

> **POINT!**
>
> 精神疾患の診断・統計マニュアル（DSM-5）において，統合失調症と診断するための5つの症状とは，1. 妄想，2. 幻覚，3. まとまりのない思考（発語），4. ひどくまとまりのない，または緊張病性の行動，5. 陰性症状（情動表出の減少と意欲欠如）である。

正解　問題19……5　　問題20……4　　問題21……1

問題 22 頻出度 ★★　　　　　　　　　　　　第32回 問題007

近年のリハビリテーションに関する次の記述のうち，適切なものを1つ選びなさい。

1　がんは，リハビリテーションの対象とはならない。
2　内部障害は，リハビリテーションの対象とはならない。
3　脳卒中のリハビリテーションは，急性期，回復期，生活期（維持期）に分けられる。
4　リハビリテーションは，機能回復訓練に限定される。
5　リハビリテーションを担う職種には，言語聴覚士は含まれない。

重要ポイント

リハビリテーションの目的

　リハビリテーションの目的は生活機能の回復だけにあるのではなく，身体の健全な部分の能力を向上させたり，適切な道具を用いて実用面での能力を向上させたり，様々な人的支援サービスを利用したりして，その人の人間らしく生きる権利を回復していくことである。したがって，リハビリテーションの対象者の範囲は多岐にわたる。

問題 23 頻出度 ★★　　　　　　　　　　　　第34回 問題007

リハビリテーションに関する次の記述のうち，最も適切なものを1つ選びなさい。

1　リハビリテーションに関わる専門職に管理栄養士は含まれないとされている。
2　嚥下障害のリハビリテーションは視能訓練士が行う。
3　障害者の就労支援はリハビリテーションに含まれないとされている。
4　フレイルはリハビリテーションの対象に含まれる。
5　先天性の障害はリハビリテーションの対象に含まれないとされている。

問題 24 頻出度 ★　　　　　　　　　　　　第36回 問題007

廃用症候群に関する次の記述のうち，正しいものを1つ選びなさい。

1　若年者にも生じる。
2　数日間の安静では，筋力低下は起こらない。
3　長期臥床により筋肉量が増加する。
4　骨粗鬆症は安静臥床により改善する。
5　予防することはできない。

問題 22 解説　リハビリテーション

1 × がんは、リハビリテーションの対象になる。がんと診断された時から、がんそのものや治療に伴う後遺症や副作用による障害の予防や緩和、能力の回復や維持を目的にリハビリテーションが行われる。
2 × 内部障害は、リハビリテーションの対象になる。内部障害のある人に対するリハビリテーションでは、在宅復帰、復職、機能障害増悪や疾患再発の防止、生命予後の延長などを目的とする。
3 ○ 脳卒中のリハビリテーションは、3つの区分に分けられる。発症から約1か月が急性期リハビリテーション、その後の約3か月が回復期リハビリテーション、それ以降が生活期（維持期）リハビリテーションである。
4 × リハビリテーションは、機能回復訓練に限定されない。機能回復訓練を行う医学的リハビリテーションのほか、社会的、教育的、職業的なリハビリテーションもある。
5 × リハビリテーションを担う職種に、言語聴覚士（ST）は含まれる。言語聴覚士は、音声機能や言語機能の障害、聴覚障害、摂食・嚥下障害のある人に対して、発声、発音、聴覚、嚥下などの機能回復を行う。

POINT!
リハビリテーションには、医師や看護師、理学療法士、作業療法士、言語聴覚士など多くの専門職がかかわっている。それぞれの専門職が、どのような役割を担っているのかを整理しておこう。

問題 23 解説　リハビリテーション

1 × リハビリテーションに関わる専門職に管理栄養士は含まれる。栄養士の役割に加えて、傷病者の症状や体質を考慮した栄養指導や特別な配慮を必要とする給食管理などを行い、生活習慣病の予防や治療のための栄養指導を行う。
2 × 嚥下障害のリハビリテーションは言語聴覚士が行う。言語聴覚士（ST）は、音声機能や言語機能の障害、聴覚障害、摂食・嚥下障害のある人に対して、発声、発音、聴覚、嚥下などの機能回復を行う。
3 × 障害者の就労支援はリハビリテーションに含まれる。
4 ○ フレイルはリハビリテーションの対象に含まれる。フレイルとは加齢により心身が衰えた状態のことをいう。多くの高齢者がフレイルの時期を経て徐々に要介護状態になるため、フレイルは健常から要介護状態に移行する中間の段階と考えられており、予防的リハビリテーションの対象に含まれる。
5 × 先天性の障害はリハビリテーションの対象に含まれる。

POINT!
リハビリテーションの対象が、疾患や障害のある人だけに限定されるものではないことに注意しよう。

問題 24 解説　廃用症候群

1 ○ 動かない状態や動けない状態が続くと、若年者にも廃用症候群が生じる。手術後の安静や治療のために運動できない状態が長引くと、高齢者だけでなく、若年者にも廃用症候群が起こりやすくなる。
2 × 安静臥床して過ごすと、数日間であっても筋力は低下する。
3 × 長期臥床により筋肉がやせ衰えて萎縮し、筋肉量は減少する。
4 × 安静臥床により骨量が減少し、骨がもろくなって骨粗鬆症が進行する。
5 × 廃用症候群の発症は、急性期リハビリテーションで離床を早期から行うことで予防することができる。

POINT!
廃用症候群とは、過度の安静や長期臥床による生理的機能の不活用の結果生じる一連の症候のことである。心身の機能を使わないことで、筋力の低下や関節の拘縮、心肺機能の低下、骨粗鬆症、起立性低血圧、意欲・精神機能の低下などが起こる。生活不活発病とも呼ばれている。

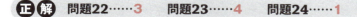
正解　問題22……3　　問題23……4　　問題24……1

公衆衛生

問題 25　頻出度 ★★　　　　　　　　　　　　　　　　第35回 問題003

次のうち，疾病の予防に関する記述として，正しいものを1つ選びなさい。

1　特定健康診査は一次予防である。
2　糖尿病予防教室は一次予防である。
3　ワクチン接種は二次予防である。
4　リハビリテーションは二次予防である。
5　胃がんの手術は三次予防である。

問題25 解説　疾病の予防

1　×　特定健康診査は**二次予防**である。健康診査によって，疾病を早期に発見して早期に治療することを目指す。
2　○　糖尿病予防教室は**一次予防**である。疾病を予防するための教育によって，適切な食生活や運動習慣を心がけたり，生活習慣を改善したりして，発病しないことを目指す。
3　×　ワクチン接種は**一次予防**である。予防接種によって，疾病の発生を予防する。
4　×　リハビリテーションは**三次予防**である。機能回復をはかることによって，一度発病した疾病の再発を予防する。
5　×　胃がんの手術は**二次予防**である。適切な医療によって，疾病の重症化を予防したり合併症への対策をしたりする。

POINT!
クラーク（Clark, G.）とリーベル（Leavell, H.R.）は疾病予防の考え方として，一次予防を健康増進，発病予防，二次予防を疾病の早期発見と早期治療，三次予防を再発予防，リハビリテーションとしている。

正解　問題25……2

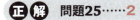

18

第2章

<共通科目>
心理学と心理的支援

Check ☑	1回目	月	日	／22問
Check ☑	2回目	月	日	／22問
Check ☑	3回目	月	日	／22問

人の心の基本的な仕組みと機能

問題 01 頻出度 ★   第29回 問題008

次の記述のうち，大脳の前頭葉の説明として，最も適切なものを1つ選びなさい。

1 計画，判断，評価，創造などの高次精神活動に関係する。
2 身体位置の空間的認識に関係する。
3 聞こえた音を識別する聴覚機能に関係する。
4 視覚と眼球運動に関係する。
5 情動調節や記憶形成に関係する。

問題 02 頻出度 ★   第29回 問題009

気分に関する次の記述のうち，最も適切なものを1つ選びなさい。

1 生起した原因は曖昧である。
2 はっきりした生理的な反応を伴う。
3 急激に生起し数秒間で消失する。
4 典型例は怒りである。
5 表情にはっきりと表れやすい。

問題 03 頻出度 ★★   第35回 問題008

次の記述のうち，内発的動機づけとして，最も適切なものを1つ選びなさい。

1 大学の入試の要件となっているため，英語外部検定を受検した。
2 叱責されないように，勉強に取り掛かった。
3 授業中，寒いので，窓を閉めた。
4 お腹が減ったので，席を立って食事に行った。
5 投資に偶然興味を持ったので，勉強した。

Note 外発的動機づけと内発的動機づけ

外発的動機づけ	内発的動機づけ
外部からの賞罰に基づく動機づけ	内部からの知的好奇心や自発性に基づく動機づけ
賞を得る，あるいは罰を避けることが目標であり，その行動は目標のための手段である	その行動こそが目標であり，行動自体に楽しさがある
例 ・ご褒美が欲しくて手伝う 　・叱られないように勉強する	例 ・興味のある活動に参加する 　・関心のある本を読む

問題 01　解説　大脳の前頭葉

1 〇　計画，判断，評価，創造などの高次精神活動に関係するのは，大脳皮質の前頭葉である。大脳皮質は大半球の表面を覆っており，前頭葉，側頭葉，頭頂葉，後頭葉に分けられる。この4つのうち最も大きいのが前頭葉であり，容積の約3分の1を占めている。

2 ×　身体位置の空間的認識に関係するのは，大脳皮質の頭頂葉である。

3 ×　聞こえた音を識別する聴覚機能に関係するのは，側頭葉である。

4 ×　視覚と眼球運動に関係するのは，後頭葉である。

5 ×　情動調節や記憶形成に関係するのは，大脳辺縁系である。大脳皮質周辺には，大脳辺縁系のほか，運動機能と関係のある大脳基底核が存在している。

POINT!

大脳の働きは，情報を識別して，それに応じた運動を指令することである。大脳の表面を覆っている大脳皮質は，前頭葉，頭頂葉，側頭葉，後頭葉に分けられ，部位ごとに異なる機能を担っている。

問題 02　解説　気分

1 〇　気分（mood）とは，感情（feeling）の中でも，一定の状態で長時間持続する心的作用である。生起した原因は曖昧であることが多く，身体的状態や環境的条件によって影響される。

2 ×　はっきりした生理的な反応を伴うのは，情動である。情動あるいは情緒（emotion）とは，感情の中でも，動悸や血圧の上昇，発汗などの生理的な反応を伴う比較的激しい心的作用である。

3 ×　急激に生起し数秒間で消失するのは，情動である。情動は瞬間的に強く発せられる特徴がある。

4 ×　怒りを典型例とするのは，情動である。怒りのほか，悲しみや恐れなどの感情は急激に生起し，一過性であることが多い。

5 ×　表情にはっきりと表れやすいのは，情動である。表情の変化などの身体的表出のほか，血圧の上昇や発汗などの生理的な反応を伴うことが多い。

POINT!

喜怒哀楽などの感情には，「気分」と「情動（情緒）」が含まれる。それぞれの心理学的な定義や特徴を整理しておこう。

問題 03　解説　内発的動機づけ

1 ×　設問文は，外発的動機づけの例である。英語外部検定を受検したのは大学の入試の要件となっているためであり，興味・関心などによる行動ではない。

2 ×　設問文は，外発的動機づけの例である。勉強に取り掛かったのは叱責されないようにするためであり，興味・関心による行動ではない。

3 ×　設問文は，生理的欲求による動機づけの例である。窓を閉めたのは寒かったためであり，興味・関心による行動ではない。

4 ×　設問文は，生理的欲求による動機づけの例である。食事に行ったのはお腹が減ったためであり，興味・関心による行動ではない。

5 〇　設問文は，内発的動機づけの例である。勉強したのは投資に偶然興味を持ったからであり，興味・関心によって内発的に動機づけられた行動である。

POINT!

内発的動機づけとは，内部からの知的好奇心（興味・関心など）による動機づけのことである。外部からの賞罰による外発的動機づけとの違いについて，具体例とともに理解を深めておこう。

正解　問題01……1　　問題02……1　　問題03……5

Check ☑☑☑ 問題 **04** 頻出度 ★★　　　　　　　　　　　　第33回 問題008

マズロー（Maslow, A.）による人間の欲求階層又は動機づけに関する理論について，次の記述のうち，最も適切なものを1つ選びなさい。

1 　階層の最下位の欲求は，人間関係を求める欲求である。
2 　階層の最上位の欲求は，自尊や承認を求める欲求である。
3 　階層の下から3番目の欲求は，多くのものを得たいという所有の欲求である。
4 　自己実現の欲求は，成長欲求（成長動機）といわれる。
5 　各階層の欲求は，より上位の階層の欲求が充足すると生じる。

Check ☑☑☑ 問題 **05** 頻出度 ★★　　　　　　　　　　　　第36回 問題008

知覚に関する次の記述のうち，大きさの恒常性の事例として，最も適切なものを1つ選びなさい。

1 　形と大きさが同じ図形は，空間内でまとまっているように知覚される。
2 　電光掲示板で表示されている絵や文字が動いて，大きさが変化して見える。
3 　同じ人物が遠くにいる場合と近くにいる場合とでは，距離の違いほどに人の大きさが違って見えない。
4 　線遠近法を使った絵画では，奥行きを感じることで書かれている物の大きさの違いが知覚される。
5 　月を見ると，建物の上など低い位置にあるときは，天空高くにあるときよりも大きく見える。

Note　知覚の特徴

特　徴	概　要
知覚の選択性（選択的注意）	個人に関係する刺激や注意を向けている刺激のみを選択抽出して知覚する働き（カクテルパーティ現象など）
知覚の恒常性	物理的刺激が変化しても，そのものの性質（大きさ，形，色）を保とうとする働き
錯視	実際には同じ大きさや長さのものが，異なっているように知覚される現象（目の錯覚）
知覚の補完	物理的情報が部分的に欠けていても，その情報が補われて知覚される働き（主観的輪郭，盲点における充填知覚，仮現運動など）
知覚の体制化	まとまりある全体として秩序づけ，意味づける働き（図と地の分化など）
群化	図がまとまりをつくり，単純化されて知覚される働き（近接の要因，類同の要因，閉合の要因など）

Check ☑☑☑ 問題 **06** 頻出度 ★　　　　　　　　　　　　第36回 問題011

職場でうまく適応できない原因に関する相談者の次の発言のうち，ワイナー（Weiner, B.）による原因帰属の理論に基づき，安定し，かつ外的な原因による例として，最も適切なものを1つ選びなさい。

1 　自分の能力不足が原因だと思います。
2 　最近の体調不良が原因です。
3 　業務内容が難しかったことが原因です。
4 　たまたま運が悪かったのが原因です。
5 　自分の努力不足が原因だと感じています。

問題 04 解説　マズローの理論

1 × 階層の最下位の欲求は，生命の維持を求める欲求である。生命を維持するために必要な栄養や水分，酸素などを求める欲求を生理的欲求という。
2 × 階層の最上位の欲求は，自己実現を求める欲求である。自分がもつ能力を発揮して，可能性や理想を実現することを求める欲求を自己実現欲求という。
3 × 階層の下から3番目の欲求は，所属と愛の欲求である。集団に属したい，他者とかかわりたいという欲求のことである。
4 ○ マズローの理論において最も高次に位置づけられている自己実現の欲求は，人間的成長を求め続ける成長欲求（成長動機）である。
5 × 各階層の欲求は，下位の階層の欲求が充足すると生じる。

POINT!
マズローは人間の5つの欲求（動機）を階層序列化し，最も基礎的な欲求である生理的欲求を底辺に，下から2番目に安全への欲求，3番目に所属と愛の欲求，4番目に承認の欲求を位置づけ，これらの欲求が充足されると最も高次の自己実現欲求が生じると考えた。

問題 05 解説　大きさの恒常性

1 × 形と大きさが同じ図形が，空間内でまとまったように知覚されるのは，知覚の体制化（群化）の事例である。
2 × 電光掲示板で表示されている絵や文字が動いて知覚されるのは，仮現運動の事例である。
3 ○ 同じ人物でも，遠くにいる場合は小さく見えて，近くにいる場合はより大きく見える。しかし，その人物の実際の大きさが変化したとは考えずに同一性を知覚するのは，大きさの恒常性が働くためである。
4 × 線遠近法を使った絵画に奥行きを感じるのは，奥行き知覚の事例である。
5 × 建物の上など低い位置にある月のほうが，天空高くにある月よりも大きく見えるのは，月の錯視の事例である。

POINT!
知覚の恒常性とは，知覚されたものの性質が常に安定していることをいう。大きさの恒常性のほかにも，形の恒常性や明るさの恒常性，色の恒常性などがある。

問題 06 解説　原因帰属

1 × 自分の能力不足は，内在性次元では内的，安定性次元では安定的な原因の例である。
2 × 最近の体調不良は，内在性次元では内的，安定性次元では不安定的な原因の例である。
3 ○ 業務内容の難しさは，内在性次元では外的，安定性次元では安定的な原因の例である。
4 × 運の悪さは，内在性次元では外的，安定性次元では不安定的な原因の例である。
5 × 自分の努力不足は，内在性次元では内的な原因の例である。安定性次元では，普段からの努力不足は安定的な原因の例になるが，一時的な努力不足であれば不安定的な原因の例になる。

POINT!
原因帰属とは，あることが起こったときに，その原因が何かを考えることをいう。ワイナーらは，内在性次元（内的：自分に原因があると考える，あるいは外的：自分以外に原因があると考える）と，安定性次元（安定的：時間的に安定したものと考える，あるいは不安定的：一時的なものと考える）で原因を分類した。この理論にはのちに統制可能性（行為者に統制可能か，あるいは統制不可能か）が加えられて，3次元での分類になった。

　問題04……4　　問題05……3　　問題06……3

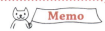

問題 07　頻出度 ★★★　第36回 問題009

次の記述のうち，オペラント条件づけの事例として，最も適切なものを1つ選びなさい。

1. 電車に乗っているときに事故にあってしまい，それ以降電車に乗るのが怖くなってしまった。
2. 以前に食べたときに体調が悪くなった食品を見ただけで，気分が悪くなってしまった。
3. 犬にベルの音を聞かせながら食事を与えていると，ベルの音だけで唾液が分泌するようになった。
4. 人に迷惑をかけるいたずらをした子どもを叱ったら，その行動をしなくなった。
5. 病院で受けた注射で痛い経験をした子どもが，予防接種のときに医師の白衣を見ただけで怖くなって泣き出した。

問題 08　頻出度 ★★★　第36回 問題010

記憶に関する次の記述のうち，ワーキングメモリー（作動記憶）について，最も適切なものを1つ選びなさい。

1. 自転車の運転など，一連の動作に関する記憶である。
2. 休みの日に外出したなど，個人の経験に関する記憶である。
3. カラスは鳥であるなど，一般的な知識に関する記憶である。
4. 感覚器が受け取った情報を，長期間そのまま保持する記憶である。
5. 暗算をするときなど，入力された情報とその処理に関する一時的な記憶である。

問題 09　頻出度 ★★　第32回 問題011

前期高齢者（65～74歳）における認知機能や知的機能の一般的な特徴について，適切なものを1つ選びなさい。

1. 作動記憶の機能は，加齢による影響が顕著にみられる。
2. エピソード記憶の機能は，加齢による影響がほとんどみられない。
3. 意味記憶の機能は，加齢による影響が顕著にみられる。
4. 流動性知能は，加齢による影響がほとんどみられない。
5. 結晶性知能は，加齢による影響が顕著にみられる。

Note　記憶の種類と加齢の影響

種　類		加齢の影響
短期記憶		ほとんど受けない
長期記憶	意味記憶	ほとんど受けない
	手続き記憶	受けにくい
	エピソード記憶	顕著
作動記憶（ワーキングメモリ）		顕著

問題 07 解説 オペラント条件づけ

1 × 設問文は，古典的条件づけの事例である。事故に対する恐怖が，電車に乗ることと条件づけられたことで，電車に乗ること自体が怖くなったと考えられる。

2 × 設問文は，古典的条件づけの事例である。体調が悪くなったことが，その食品と条件づけられたことで，その食品を見ただけで気分が悪くなったと考えられる。これを，味覚嫌悪学習と呼ぶ。

3 × 設問文は，古典的条件づけの事例である。食事をするときの唾液分泌が，ベルの音と条件づけられたことで，ベルの音を聞くだけで唾液分泌するようになったと考えられる。これは，パブロフ（Pavlov, I. P.）が行った古典的条件づけの実験内容である。

4 ○ 設問文は，オペラント条件づけの事例である。子どもがその行動をしなくなったのは，いたずらしたという子どもの自発的な行動に対して，叱られるという環境の変化が生じたことが影響したからである。

5 × 設問文は，古典的条件づけの事例である。痛い経験に対する恐怖が，医師の白衣と条件づけられたことで，白衣を見ただけで怖くなり泣き出すようになったと考えられる。

POINT!

オペラント条件づけとは，自発的な行動によって生じた環境の変化が，後の行動に影響を与える学習のことをいう。古典的条件づけとの違いを必ず理解しておこう。

問題 08 解説 ワーキングメモリー（作動記憶）

1 × 一連の動作に関する記憶は，手続き記憶である。

2 × 個人の経験に関する記憶は，エピソード記憶である。

3 × 一般的な知識に関する記憶は，意味記憶である。

4 × 目や耳などの感覚器が受け取った情報は，感覚記憶に数秒保持される。選択的注意が向けられた情報のみ短期記憶に転送され，数秒から数分間保持される。さらに，リハーサルを繰り返すことにより，その情報は長期記憶へと転送されて，長期間保持することが可能となる。

5 ○ 入力された情報とその処理に関する一時的な記憶は，ワーキングメモリー（作動記憶）である。ワーキングメモリーは，計算途中の数値のように，情報の保持だけでなく情報の操作や処理を行う機能にも焦点を当てた概念である。

POINT!

記憶の種類に関する問題は頻出である。記憶の種類とともに，それぞれの記憶における加齢の影響などが繰り返し出題されている。

問題 09 解説 高齢者の認知機能と知的機能

1 ○ 作動記憶は，作業記憶，ワーキングメモリとも呼ばれる。計算途中の数値のように，情報の記憶と処理を同時に行うことを求められる記憶であり，加齢による影響が顕著である。

2 × エピソード記憶とは，個人が経験した事実に関する時間空間的情報（「いつ」「どこで」の情報）が伴う記憶のことであり，加齢による影響が顕著である。

3 × 意味記憶とは，一般的な概念や知識に関する記憶のことであり，加齢による影響が少ない。

4 × 流動性知能とは，新しい環境に適応するために働く知的能力のことであり，加齢による低下が認められる。

5 × 結晶性知能とは，教育，学習，経験などによって獲得された知的能力のことであり，高齢期になっても比較的よく維持される。

POINT!

人間の認知機能や知的機能，感覚機能に関する基礎と，それらの機能が加齢によってどのような影響を受けるのかを整理しておこう。

正解 問題07……4　　問題08……5　　問題09……1

問題 10　頻出度 ★　　第35回 問題009

次の記述のうち，性格特性の5因子モデル（ビッグファイブ）の1つである外向性の特徴として，最も適切なものを1つ選びなさい。

1 ささいなことで落ち込みやすい。
2 新しいことに好奇心を持ちやすい。
3 他者に対して親切である。
4 他者との交流を好む。
5 責任感があり勤勉である。

Note　5因子モデル（ビッグファイブ）の5つの特性

英語名／日本語名	特　徴
Neuroticism／神経症傾向，情緒安定性	感情が不安定，心配性，傷つきやすい
Extraversion／外向性	ポジティブ思考，上昇志向，社交的
Openness／開放性，知的好奇心	頭の回転が速い，変化や新奇を好む
Agreeableness／協調性，調和性	社会や共同体への志向性，穏和，親切
Conscientiousness／誠実性，勤勉性，良識性	几帳面，計画的，秩序を好む

問題 11　頻出度 ★★★　　第33回 問題010

社会的関係において生じる現象に関する次の記述のうち，最も適切なものを1つ選びなさい。

1 初対面の人の職業によって，一定のイメージを抱いてしまうことを，同調という。
2 相手に能力があると期待すると，実際に期待どおりになっていくことを，ハロー効果という。
3 頻繁に接触する人に対して，好意を持ちやすくなることを，単純接触効果という。
4 外見が良いことによって，能力や性格など他の特性も高評価を下しやすくなることを，ピグマリオン効果という。
5 集団の多数の人が同じ意見を主張すると，自分の意見を多数派の意見に合わせて変えてしまうことを，ステレオタイプという。

問題 12　頻出度 ★　　第35回 問題010

集団における行動に関する次の記述のうち，傍観者効果の事例として，最も適切なものを1つ選びなさい。

1 作業をするときに見学者がいることで，一人で行うよりも作業がはかどった。
2 革新的な提案をチームで議論したが，現状を維持して様子を見ようという結論になってしまった。
3 路上でケガをしたために援助を必要とする人の周囲に大勢の人が集まったが，誰も手助けしようとしなかった。
4 チームで倉庫の片付けに取り組んだが，一人ひとりが少しずつ手抜きをした結果，時間までに作業が完了せず，残業になってしまった。
5 リーダーがチームの目標達成を重視しすぎることで，チームの友好的な雰囲気が損なわれ，チームワークに関心がないメンバーが増えてしまった。

問題 10 解説　性格特性の5因子モデル（ビッグファイブ）

1 ×　ささいなことで落ち込みやすいのは，神経症的傾向の特徴である。神経症的傾向は，感情面や情緒面で不安定な傾向を意味する。
2 ×　新しいことに好奇心を持ちやすいのは，開放性の特徴である。開放性とは，好奇心が旺盛で，広範囲の情報を知ったり，体験したりすることに強い関心をもつ傾向を意味する。
3 ×　他者に対して親切なのは，協調性の特徴である。協調性とは，バランスを取り協調的な行動を取る傾向を意味する。
4 ○　他者との交流を好むのは，外向性の特徴である。外向性とは，興味関心が自分の内面ではなく，外界に向けられる傾向を意味する。
5 ×　責任感があり勤勉なのは，誠実性の特徴である。責任感があり勤勉で真面目な傾向を意味する。

POINT!
5因子モデルの5つの特性には，さまざまな日本語訳が用いられているため，それぞれがどのような傾向を意味しているのかを覚えておこう。

問題 11 解説　社会的関係において生じる現象

1 ×　初対面の人の職業によって，一定のイメージを抱いてしまうことをステレオタイプという。過度に一般化された認知と定義され，職業に限らず，さまざまな集団やその集団の成員に対して抱く典型的なイメージのことをいう。
2 ×　相手に能力があると期待すると，実際に期待どおりになっていくことをピグマリオン効果という。
3 ○　接触回数が増えるほど，好印象を持つようになる現象を単純接触効果という。ザイアンス効果とも呼ばれる。顔見知りになった人に親しみを感じるのは，この現象によるためである。
4 ×　外見が良いことによって，能力や性格などの特性も高評価を下しやすくなることを，ハロー効果という。
5 ×　集団の多数の人が同じ意見を主張すると，自分の意見を多数派の意見に合わせて変えてしまうことを同調という。

POINT!
社会的関係において生じやすい現象（ハロー効果，ピグマリオン効果，単純接触効果など）や，集団において生じやすい現象（同調，内集団バイアス，社会的促進など）について整理しておこう。

問題 12 解説　傍観者効果

1 ×　設問文は，社会的促進の事例である。社会的促進とは，周囲の他者の存在によって，人々の行動が起こりやすくなったり，一人で行うよりも作業がはかどったりする現象のことをいう。
2 ×　設問文は，集団極性化の事例である。集団極性化とは，個人による決定よりも，集団での決定がより極端なほうに傾く現象のことをいう。リスクが高いほうに傾くこともあれば，より慎重なほうに傾くこともある。
3 ○　設問文は，傍観者効果の事例である。傍観者効果とは，他者の存在によって援助行動が抑制される現象のことであり，傍観者が多いほどその効果は高くなる。傍観者効果は，周囲に他者がいると行動が起こりにくくなる社会的抑制の1つである。
4 ×　設問文は，社会的手抜きの事例である。社会的手抜きとは，共同作業をするときに集団の他のメンバーの力に頼ってしまい，個人が自分の力を十分に発揮しない現象のことである。
5 ×　設問文は，PM理論におけるPm型のリーダーシップの事例である。PM理論では，リーダーシップの2つの機能としてP（Performance）機能とM（Maintenance）機能があり，Pm型のリーダーは目標達成や課題遂行を重視するP機能が強い一方で，集団を維持強化するM機能が弱いため，メンバーの意欲や満足度は低い。

POINT!
集団における行動については，傍観者効果のほか，社会的促進，社会的抑制，同調行動などもよく出題されている。

　問題10……4　　問題11……3　　問題12……3

人の心の発達過程

問題 13　頻出度 ★★　第35回 問題011

子どもの発達に関する次の記述のうち，最も適切なものを1つ選びなさい。

1. 共同注意とは，他者との友情を構築することを示す。
2. 初語を発する時期になると，喃語が生起する。
3. 社会的参照は，新奇な対象に会った際に，養育者などの表情を手掛かりにして行動を決める現象である。
4. アニミズムとは，自分や他者の行動を予測し，説明する力を指す。
5. 物体が隠れていても存在し続けるという「対象の永続性」は，3歳以降に理解できるようになる。

問題 14　頻出度 ★★　第34回 問題010

ピアジェ（Piaget, J.）の発達理論に関する次の記述のうち，最も適切なものを1つ選びなさい。

1. 感覚運動期には，「ごっこ遊び」のようなシンボル機能が生じる。
2. 前操作期には，元に戻せば最初の状態になることが理解され，可逆的操作が可能になる。
3. 前操作期には，自分の行動について，手段と目的の関係が理解できるようになる。
4. 具体的操作期には，コップから別の容器に水を移したときに液面の高さが変化しても，量は変わらないことが理解できる。
5. 形式的操作期には，思考の自己中心性が強くみられる。

問題 15　頻出度 ★★　第34回 問題011

エリクソン（Erikson, E.）の発達段階説における各発達段階の課題に関する次の記述のうち，最も適切なものを1つ選びなさい。

1. 乳児期では，自発性の獲得である。
2. 幼児期後期では，信頼感の獲得である。
3. 学童期（児童期）では，親密性の獲得である。
4. 青年期では，自律感の獲得である。
5. 老年期では，統合感の獲得である。

Note　エリクソンの発達段階説

発達段階（年齢の目安）	発達課題	心理社会的危機
乳児期（0～1歳頃）	基本的信頼の獲得	不信
幼児期前期（～3歳頃）	自律性の獲得	恥・疑惑
幼児期後期（～6歳頃）	自発性の獲得	罪悪感
児童期（～11歳頃）	勤勉性の獲得	劣等感
青年期（～20歳頃）	同一性の獲得	同一性拡散
成人期前期（～30歳頃）	親密性の獲得	孤立・孤独
成人期後期（～65歳頃）	生殖性の獲得	停滞
老年期（65歳頃～）	自我の統合	絶望

問題 13　解説　子どもの発達

1　✕　**共同注意**とは，他者と一緒に外界の同じものに注意を向け，一緒に見ようと意識を向ける現象のことである。共同注意は，**生後9か月以降**にみられるようになる。

2　✕　喃語が生起するのは**生後6か月頃**からであり，初語を発するのは**1歳頃**である。

3　◯　**社会的参照**とは，養育者などの表情を手掛かりにして行動を決める現象のことである。**生後1年前後**から，初対面の人と会ったときや，初めて何かを体験するときなどに，養育者の表情や反応を確かめながら行動するようになる。

4　✕　**アニミズム**とは，無生物にも意識や生命があると考えることをいう。ピアジェの発達理論によると，アニミズムは**前操作期**の特徴である。

5　✕　**対象の永続性**とは，ものが隠されて目の前から消えても，そのもの自体が消えてなくなるのではなく，どこかで存在し続けていると捉えることをいう。ピアジェの発達理論によると，対象の永続性が獲得されるのは**感覚運動期**である。

> **POINT!**
> 言語の発達は「うー」「あー」などの**クーイング**から始まり，「ま，ま，ま」などの**喃語**が生起してから，意味のある単語を**初語**として発するようになる。

問題 14　解説　ピアジェの発達理論

1　✕　「ごっこ遊び」のようなシンボル機能（象徴機能）が生じるのは，**前操作期**である。

2　✕　元に戻せば最初の状態になることが理解され，可逆的操作が可能になるのは，**具体的操作期**である。

3　✕　自分の行動において手段と目的の関係が理解できるようになるのは，**感覚運動期**である。

4　◯　コップから別の容器に水を移したときに液面の高さが変化しても，量は変わらないと捉えることを**保存の概念**という。具体的操作期に保存の概念が獲得できると，外観が変化しても本質そのものは変わらないことが理解できるようになり，見かけの変化に左右されなくなる。

5　✕　思考の自己中心性が強くみられるのは，**前操作期**である。自己中心性とは，自己以外の視点に立って物事を考えることができないこと，及び，自分とは異なる他者の視点があることに気づいていないことをいう。

> **POINT!**
> ピアジェの発達理論は，人間の認知や思考の発達を4つの段階で整理したものである。ピアジェは出生から2歳頃までを感覚運動期，2～7歳頃までを前操作期，7～11，12歳頃を具体的操作期，11，12歳以降を形式的操作期と呼んでいる。

問題 15　解説　エリクソンの発達段階説

1　✕　乳児期の発達課題は，**信頼感**の獲得である。養育者が乳児の発したサインに適切に応えることにより，乳児は養育者や他者への基本的信頼を獲得する。自発性の獲得は，**幼児期後期**の課題である。

2　✕　幼児期後期の発達課題は，**自発性**の獲得である。自分で考えて行動することが増加して，自発性や積極性を身につける。信頼感の獲得は，**乳児期**の課題である。

3　✕　学童期（児童期）の発達課題は，**勤勉性**の獲得である。目的を達成するために努力する経験を通して，勤勉性を身につける。親密性の獲得は，**成人期初期**の課題である。

4　✕　青年期の発達課題は，**同一性**の獲得である。「自分は何者か」「自分は何に向いているのか」などを考えて，自我同一性（アイデンティティ）を確立する。自律感の獲得は，**幼児期前期**の課題である。

5　◯　老年期の発達課題は，**統合感**の獲得である。心身の老化や社会的な変化による様々な喪失体験を受け入れて，これまでの人生を振り返り肯定的に受け止めることで，一人の人間として自分を統合する。

> **POINT!**
> エリクソンの発達段階説は，人間の生涯を8つの段階に区分して，心理・社会的側面からそれぞれの段階における発達課題をまとめたものである。

正解　問題13……3　　問題14……4　　問題15……5

日常生活と心の健康

問題 16　頻出度 ★★　　第34回 問題012

ストレスに関する次の記述のうち，最も適切なものを1つ選びなさい。

1. 汎適応症候群（一般適応症候群）における警告反応期とは，ストレス状況にうまく適応した時期のことである。
2. 汎適応症候群（一般適応症候群）における抵抗期とは，外界からの刺激を長期間受け，生体のエネルギーが限界を超えた時期のことである。
3. ホメオスタシスとは，外的内的環境の絶え間ない変化に応じて，生体を一定の安定した状態に保つ働きのことである。
4. タイプA行動パターンには，他者との競争を好まないという特性がある。
5. 心理社会的ストレスモデルでは，ある出来事がストレスになり得るかどうかに，個人の認知的評価が影響することはないとされている。

問題 17　頻出度 ★★　　第36回 問題012

心的外傷後ストレス障害（PTSD）の症状に関する次の記述のうち，回避症状の事例として，最も適切なものを1つ選びなさい。

1. ささいな事でもひどく驚いてしまうようになった。
2. 事故が起きたのは全て自分のせいだと考えてしまう。
3. つらかった出来事を急に思い出すことがある。
4. 交通事故にあった場所を通らないようにして通勤している。
5. 大声を聞くと虐待されていたことを思い出し苦しくなる。

Note　心的外傷後ストレス障害（PTSD）の症状

再体験	外傷体験が繰り返し思い起こされる（フラッシュバック）
回避	外傷体験に関する刺激を持続的に避けようとする
覚醒亢進（過覚醒）	外傷体験の後，過剰な驚愕反応を示す。過剰な警戒心や集中困難などがみられる
否定的感情と認知	怒りや罪悪感などのネガティブな感情が続く。物事への興味や関心が薄れ，感情が麻痺しているかのように鈍くなる

問題 18　頻出度 ★★★　　第35回 問題012

次の記述のうち，問題焦点型ストレス対処法（コーピング）の事例として，最も適切なものを1つ選びなさい。

1. 介護ストレスを解消してもらおうと，介護者に気晴らしを勧めた。
2. 困難事例に対応できなかったので，専門書を読んで解決方法を勉強した。
3. 仕事がうまくはかどらなかったので，週末は映画を観てリラックスした。
4. 育児に悩む母親が，友人に話を聞いてもらえて気分がすっきりしたと話した。
5. 面接がうまくいかなかったので，職場の同僚に相談し，ねぎらってもらった。

問題 16 解説　ストレス

1 ×　設問文は，汎適応症候群（一般適応症候群）における抵抗期の説明である。警告反応期とは，外界からの刺激が加えられた直後で，刺激に対する警告を発して内部環境を準備する時期のことである。
2 ×　設問文は，汎適応症候群（一般適応症候群）における疲弊期の説明である。抵抗期とは，ストレス状況にうまく適応した時期のことである。
3 ○　ホメオスタシスとは恒常性維持とも呼ばれ，外的内的環境の絶え間ない変化に応じて，生体を一定の安定した状態に保つ働きのことをいう。例えば，外界の温度の変化にかかわらず，人間の体温が一定に保たれているのはホメオスタシスの働きによるものである。
4 ×　タイプA行動パターンには，他者との競争を好みそれに熱中するという特性がある。
5 ×　心理社会的ストレスモデルでは，ある出来事がストレスになり得るかどうかは，個人の認知的評価によって判断されるとしている。個人の認知的評価とは，個人の主観的な解釈による評価のことを意味する。

POINT!
汎適応症候群（一般適応症候群）とは，ストレッサーが引き起こす生理的反応のことである。外界からの刺激に対する身体の適応状態の様子から，警告反応期，抵抗期，疲弊期の3段階に分類される。

問題 17 解説　心的外傷後ストレス障害（PTSD）

1 ×　ささいなことでもひどく驚いてしまうのは，覚醒亢進（過覚醒）の症状である。物音に過敏反応したり，過剰な警戒心や集中困難がみられたりする。
2 ×　事故が起きたのは全て自分のせいだと考えてしまうのは，否定的感情と認知の症状である。罪悪感や怒りなどの否定的な感情が続いたり，自己認識が過剰に否定的なものになったりする。
3 ×　つらかった出来事を急に思い出すのは，再体験の症状である。出来事が反復的に意識せず想起されることをフラッシュバックという。
4 ○　交通事故にあった場所を通らないようにするのは，回避の症状である。外傷体験を思い出させるような事物や状況を回避しようとしたり，外傷体験に関して考えたり話をしたりすることを避けようとする。
5 ×　大声を聞くと虐待されていたことを思い出し苦しくなるのは，再体験の症状である。

POINT!
心的外傷後ストレス障害（PTSD）は，災害，事故，犯罪被害などの心の傷になる体験（心的外傷体験：トラウマ）を直接体験あるいは目撃したり，近親者や友人の体験を伝聞したりすることで発症する。

問題 18 解説　問題焦点型ストレス対処法（コーピング）

1 ×　気晴らしを勧めるのは，ストレス反応を統制・軽減するための情動焦点型コーピングである。
2 ○　専門書を読んで解決方法を勉強することで，困難事例に対応できるようになろうとするのは，問題焦点型コーピングである。
3 ×　映画を観てリラックスするのは，ストレス反応を統制・軽減するための情動焦点型コーピングである。
4 ×　友人に話を聞いてもらうのは，ストレス反応を統制・軽減するための情動焦点型コーピングである。
5 ×　職場の同僚にねぎらってもらうのは，ストレス反応を統制・軽減するための情動焦点型コーピングである。

POINT!
ストレス対処法には，問題焦点型コーピングと情動焦点型コーピングがある。前者はストレッサーやストレスフルな環境そのものを直接的に変革していこうとする対処法のことであり，後者はストレッサーによって引き起こされるストレス反応を統制，軽減しようとする対処法のことをいう。

正解　問題16……3　問題17……4　問題18……2

心理学の理論を基礎としたアセスメントと支援の基本

問題 19　第35回 問題013

心理検査に関する次の記述のうち、最も適切なものを1つ選びなさい。

1. 乳幼児の知能を測定するため、WPPSIを実施した。
2. 頭部外傷後の認知機能を測定するため、PFスタディを実施した。
3. 投影法による人格検査を依頼されたので、東大式エゴグラムを実施した。
4. 児童の発達を測定するため、内田クレペリン精神作業検査を実施した。
5. 成人の記憶能力を把握するため、バウムテストを実施した。

Note　ウェクスラー式知能検査

種類	対象年齢
WAIS-Ⅳ（成人用）	16歳～90歳11か月
WISC-Ⅴ（児童用）	5歳～16歳11か月
WPPSI-Ⅲ（低年齢児用）	2歳6か月～7歳3か月

問題 20　第36回 問題013

次のうち、小学校就学前の5歳児を対象とできる心理検査として、最も適切なものを1つ選びなさい。

1. 矢田部ギルフォード（YG）性格検査
2. 田中ビネー知能検査Ⅴ
3. ミネソタ多面人格目録（MMPI）
4. 文章完成法テスト（SCT）
5. WAIS－Ⅳ

問題 21　第35回 問題014

心理療法に関する次の記述のうち、最も適切なものを1つ選びなさい。

1. ブリーフセラピーは、クライエントの過去に焦点を当てて解決を目指していく。
2. 社会生活技能訓練（SST）は、クライエントが役割を演じることを通して、対人関係で必要な技能の習得を目指していく。
3. 来談者中心療法は、クライエントに指示を与えながら傾聴を続けていく。
4. 精神分析療法は、学習理論に基づいて不適応行動の改善を行っていく。
5. 森田療法は、クライエントが抑圧している過去の変容を目指していく。

問題19 解説 心理検査

1 ○ WPPSIとは，ウェクスラー式知能検査幼児用の略称である。2017（平成29）年に出版された日本版WPPSI-Ⅲは，2歳6か月〜7歳3か月を検査対象としている。

2 ✕ PFスタディ（絵画欲求不満検査）は投影法による人格検査であり，欲求不満場面における反応内容から人格をアセスメントする。頭部外傷後の認知機能の測定に，PFスタディを実施するのは不適切である。

3 ✕ 東大式エゴグラムは質問紙法による人格検査であり，新版TEG3では53の質問項目への回答から自我状態を測定する。投影法の人格検査を依頼された際に，東大式エゴグラムを実施するのは不適切である。

4 ✕ 内田クレペリン精神作業検査は作業検査法による人格検査であり，連続した加算作業を行ったときの作業量の変化や計算の正確度などから人格をアセスメントする。児童の発達の測定に，内田クレペリン精神作業検査を実施するのは不適切である。

5 ✕ バウムテストは投影法による人格検査であり，1本の実のなる木を描いてもらい人格をアセスメントする。成人の記憶能力を把握するために，バウムテストを実施するのは不適切である。

POINT!
ウェクスラー式知能検査には，16歳から90歳11か月までの人を対象とした成人用（WAIS-Ⅳ），5歳から16歳11か月を対象とした児童用（WISC-Ⅴ）もある。

問題20 解説 心理検査

1 ✕ 矢田部ギルフォード（YG）性格検査は，質問紙法による人格検査である。対象年齢を小学2年〜成人としている。

2 ○ 田中ビネー知能検査Ⅴとは，ビネー式知能検査のことである。対象年齢を2歳〜成人としている。なお，2024（令和6）年には，改訂版である田中ビネー知能検査Ⅵが出版されたが，対象年齢は2歳〜成人のままである。

3 ✕ ミネソタ多面人格目録（MMPI）は，質問紙法による人格検査である。対象年齢を15歳〜成人としている。

4 ✕ 文章完成法テスト（SCT）は，文章を利用した投影法による人格検査である。対象年齢を小学生〜成人としている。

5 ✕ WAIS-Ⅳとは，ウェクスラー式知能検査成人用のことである。対象年齢を16歳から90歳11か月としている。5歳児を対象としたウェクスラー式知能検査には，WISC-Ⅴ（児童用：5歳から16歳11か月を対象）とWPPSI-Ⅲ（低年齢児用：2歳6か月から7歳3か月を対象）がある。

POINT!
矢田部ギルフォード（YG）性格検査やミネソタ多面人格目録（MMPI）などの質問紙法による人格検査や，文章完成法テスト（SCT）のように短文を書いてもらう人格検査では，被験者に文字の読み書きが求められるため，小学校就学前の子どもに適さないことが理解できる。

問題21 解説 心理療法

1 ✕ ブリーフセラピーは，クライエントの現在と未来に焦点を当てて解決を目指していく療法である。ブリーフセラピーでは，なるべく短い期間で効果的で効率的な治療を行う。

2 ○ 社会生活技能訓練（SST）では，クライエントが役割を演じるロールプレイングや，他者の見本となる行動を観察するモデリングなどを通して，対人関係で必要な技法の習得を目指していく。

3 ✕ 来談者中心療法は，クライエントに指示を与えずに，傾聴を続けていく心理療法である。来談者中心療法では，クライエント自身の成長に向かう力を重視し，カウンセラーが無条件の肯定的配慮，共感的理解，純粋性（自己一致）の3つの態度で傾聴することでクライエントの自己実現を目指していく。

4 ✕ 精神分析療法は，フロイトが創始した精神分析に基づいて，無意識下に抑圧された心的葛藤を意識化することを目指していく療法である。学習理論に基づいて不適応行動の改善を行っていくのは行動療法である。

5 ✕ 森田療法は，あるがままを受け入れて，本来の欲求を目覚めさせ行動することを目指していく療法である。森田療法では1週間の絶対臥褥期を経て，心身の不調や症状がある状態のまま自発的な作業に取り組んでいく。

POINT!
心理療法に関する問題は頻出である。代表的な心理療法の特徴をキーワードとともに整理しておこう。

正解 問題19……1　　問題20……2　　問題21……2

問題 22　頻出度 ★ ★　　第36回 問題014

クライエント中心療法に関する次の記述のうち，最も適切なものを1つ選びなさい。

1　クライエントの話を非指示的に傾聴していく。
2　解決に焦点をあわせ，クライエントの強みを発展させる。
3　クライエントの家族関係を変容しようとする。
4　クライエントの意識を無意識化していく。
5　クライエントの認知や行動に焦点を当てていく。

問題 22 解説　クライエント中心療法

1　〇　クライエントへの非指示的なかかわりと傾聴は，クライエント中心療法の特徴である。
2　×　解決に焦点をあわせ，クライエントの強みを発展させようとする心理療法は，解決志向アプローチ(ソリューション・フォーカスト・アプローチ)である。
3　×　クライエントの家族関係を変容しようとする心理療法は，家族療法である。
4　×　クライエント中心療法では，クライエントの意識を無意識化しようとする働きかけはしない。
5　×　クライエントの認知や行動に焦点を当てていく心理療法は，認知行動療法である。

POINT!

ロジャーズ(Rogers, C)によって開発されたクライエント中心療法は，クライエント自身の成長に向かう力を重視した心理療法である。クライエントの話を非指示的に傾聴し続けることで，クライエントが自ら成長することを援助し，クライエントの自己実現を目指していく。

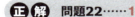

正解　問題22……1

第 3 章

<共通科目>

社会学と社会システム

Check ☑	1回目	月	日	／21問
Check ☑	2回目	月	日	／21問
Check ☑	3回目	月	日	／21問

社会学の視点

問題 01　頻出度 ★★★　第35回 問題016

社会変動の理論に関する次の記述のうち，最も適切なものを1つ選びなさい。

1 ルーマン（Luhmann, N.）は，社会の発展に伴い，軍事型社会から産業型社会へ移行すると主張した。
2 テンニース（Tonnies, F.）は，自然的な本質意志に基づくゲマインシャフトから人為的な選択意志に基づくゲゼルシャフトへ移行すると主張した。
3 デュルケム（Durkheim, E.）は，産業化の進展に伴い，工業社会の次の発展段階として脱工業社会が到来すると主張した。
4 スペンサー（Spencer, H.）は，近代社会では適応，目標達成，統合，潜在的パターン維持の四つの機能に対応した下位システムが分出すると主張した。
5 パーソンズ（Parsons, T.）は，同質的な個人が並列する機械的連帯から，異質な個人の分業による有機的な連帯へと変化していくと主張した。

問題 02　頻出度 ★★★　第32回 問題015

次のうち，ヴェーバー（Weber, M.）の合法的支配の説明として，正しいものを1つ選びなさい。

1 伝統や慣習により正当化される支配
2 正当な手続により制定された法に従うことで成立する支配
3 支配者のリーダーシップや資質，魅力によって正当化される支配
4 絶対的な権力者が定めた法に基づいて行われる支配
5 少数の卓越した能力を持つ者たちによって行われる支配による有機的な連帯へと変化していくと主張した。

問題 03　頻出度 ★★★　第27回 問題016

法と社会，そこに成立する秩序との関係に関する次の記述のうち，最も適切なものを1つ選びなさい。

1 ホッブズ問題とは，人々の私的利益の追求こそが，万人の万人に対する闘争状態を克服することを明らかにした議論のことをいう。
2 合法的支配とは，形式的に正しい手続きを経て定められた法に基づいていることを理由に，人々がその支配を受け入れていることをいう。
3 抑圧的法とは，支配者が被支配者を抑圧し黙らせるための手段として用いられるが，支配者自身もその法の支配を受けなければならないものをいう。
4 応答的法とは，法が政治から分離され，社会のメンバーすべてが等しく従うべき普遍的なルールとして形式化され，体系化されたものをいう。
5 自律的法とは，普遍性を維持しつつも社会の要請に応えるために，より柔軟で可塑的な運用を可能にする新たな法のあり方のことをいう。

問題 01 解説　社会変動，近代社会，テンニース

1 ✕ 軍事型社会から産業型社会へ移行すると主張したのはスペンサーである。

2 ○ テンニースは近代化の過程を，本質意志に基づくゲマインシャフトから選択意志に基づくゲゼルシャフトへの移行と捉えた。前者には家族・村落など，後者には企業・国家などが該当する。

3 ✕ 工業社会から脱工業社会への移行を説明したのはベル（bell, D.）である。

4 ✕ 近代社会では適応，目標達成，統合，潜在的パターン維持の4機能に対応し，政治・経済・社会共同体などの下位システムが機能分化すると考えたのはパーソンズである。

5 ✕ 社会的分業の進展について機械的連帯から有機的連帯への移行を説明したのはデュルケムである。

> **POINT!**
> 社会変動をどのように捉えているかという点に関する理論と該当する学者を一緒に覚えておく必要がある。頻出テーマである。

問題 02 解説　支配の3類型

1 ✕ 伝統や慣習により正当化される支配は，伝統的支配である。もっとも純粋な形としては家父長制的支配がある。

2 ○ 形式的で正当な手続きにより制定された法に従うことで成立する支配が，合法的支配である。非人格的・合理的規則による支配であり，典型が官僚制的支配である。

3 ✕ 支配者のリーダーシップや資質，魅力によって正当化される支配が，カリスマ的支配である。

4 ✕ 合法的な支配は，正当な手続きにより制定された法に基づく。ただし，その正当な手続きによる法の制定自体が，絶対的な権力者によるものかどうかについては限定されていない。

5 ✕ 記述は，カリスマ的支配に関する説明である。カリスマ的支配は，個人的資質（パーソナリティ）と非日常的な資質の持ち主による支配である。

> **POINT!**
> ヴェーバーの支配の三類型は，頻出のテーマである。本問では合法的支配の理解が問われたが，伝統的支配やカリスマ的支配もあわせて覚えておこう。

問題 03 解説　法と社会，社会秩序

1 ✕ ホッブズは『リヴァイアサン』の中で，人々が社会において各自の目的と手段を自由に選択しつつ，自己利益を追求した場合，「万人の万人に対する闘争」という「自然状態」が生じると主張した。そして，解決策として，人々が自然権を放棄し，権力を専有する国家にすべてを委ねるという契約で問題が解決し，秩序が成立するとした。

2 ○ 合法的支配とは非人格的，合理的規則によって支配することであり，形式的に正しい手続きを経て定められた法によって物事が進められていることをいう。伝統的支配，カリスマ的支配とともに覚えておこう。

3 ✕ 抑圧的法では独裁者の恣意により，立法される。人々の人権や法の普遍性は認められない状態となる。支配者自身も法の支配を受けるかどうかについては，法は支配者の恣意に委ねられる。

4 ✕ 記述は自律的法の説明である。応答的法はより柔軟で可塑的な運用を可能にする新しい法のあり方をいう。

5 ✕ 記述は応答的法の説明である。自律的法は法が社会から独立し，社会のメンバーすべてが等しく従うべきとされる。社会の要請には応えることができない。

> **POINT!**
> 法と秩序に関する問題である。頻出のノネとセルズニックによる法の3類型とともに，パーソンズの「ホッブズ問題」とヴェーバーの「支配の3類型」はしっかり理解しておく必要がある。

正 解　問題01……**2**　　問題02……**2**　　問題03……**2**

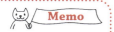

社会構造と変動

問題 04 頻出度 ★★★ 第34回 問題015

社会階層と社会移動の諸概念に関する次の記述のうち，最も適切なものを1つ選びなさい。

1 純粋移動とは，あらかじめ定められたエリートの基準に見合う者だけが育成され，エリートとしての地位を得ることをいう。
2 構造移動とは，産業構造や人口動態の変化によって社会的地位の移動を余儀なくされることをいう。
3 業績主義とは，本人の努力によって変更することができない要素によって社会的地位が与えられることをいう。
4 属性主義とは，個人の能力や成果に応じて社会的地位が与えられることをいう。
5 世代間移動とは，一個人の一生の間での社会的地位の移動のことをいう。

問題 05 頻出度 ★★★ 第36回 問題017

次のうち，人々が社会状況について誤った認識をし，その認識に基づいて行動することで，結果としてその認識どおりの状況が実現してしまうことを指す概念として，最も適切なものを1つ選びなさい。

1 予言の自己成就
2 創発特性
3 複雑性の縮減
4 ホメオスタシス
5 逆機能

問題 06 頻出度 ★★★ 第36回 問題018

「第16回出生動向基本調査結果の概要（2022年（令和4年））」（国立社会保障・人口問題研究所）に関する次の記述のうち，最も適切なものを1つ選びなさい。

1 「いずれ結婚するつもり」と回答した未婚者の割合がこれまでの出生動向基本調査の中で最も高かった。
2 第1子の妊娠が分かった時に就業していた妻が，子どもが1歳になった時も就業していたことを示す「就業継続率」は，2015年（平成27年）の調査の時よりも低下した。
3 「結婚したら子どもを持つべき」との考えに賛成する未婚者の割合は，2015年（平成27年）の調査の時よりも上昇した。
4 未婚男性がパートナーとなる女性に望む生き方として，結婚し，子どもをもつが，仕事も続ける「両立コース」が最も多く選択された。
5 子どもを追加する予定がほぼない結婚持続期間15〜19年の夫婦の平均出生子ども数（完結出生子ども数）は，2015年（平成27年）の調査の時よりも上昇した。

問題 04 解説　社会階層と社会移動

1　✗　純粋移動とは，本人の努力如何によって地位達成がなされることをいう。

2　○　構造移動は，産業構造や人口動態の変化によって親の職業とは異なる職業や地位に就くことを余儀なくされることである。

3　✗　業績主義は，本人の能力と努力によって社会的地位が与えられる能力主義のことである。

4　✗　属性主義とは，本人の努力で変更することができない属性によって地位が与えられることで，例えば，性別，人種，血縁，門閥などによって地位が決まることである。

5　✗　世代間移動とは，親と本人の間での階層的地位の移動のことをいう。一個人の一生の間での地位の移動は世代内移動という。

POINT!

社会的資源の配分原理や，階層間の移動に関する概念を理解する必要がある。属性主義と業績主義，世代間移動と世代内移動，構造移動（強制移動）と純粋移動を覚えておこう。

問題 05 解説　社会システム，予言の自己成就

1　○　マートン（Merton, R. K.）は，状況が誤って定義されたにもかかわらず，その定義を信じる人々によって結果として現実のものとなる現象を「予言の自己成就」と呼んだ。

2　✗　社会システムが単なる要素の寄せ集めではなく，システム全体としての特性を有することを「創発特性（emergent property）」という。

3　✗　ルーマン（Luhmann, N.）は，社会システムに含まれる諸要素を選択的に秩序づけ実現させるというシステムの中心的な機能を「複雑性の縮減」と呼んだ。

4　✗　「ホメオスタシス（homeostasis）」とは，生態環境を一定に保ち続けようとする動きのことで，恒常性とも呼ばれる。キャノン（Cannon, W. B.）の理論では，社会システムが正常な状態を維持する仕組みをもっていると指摘した。

5　✗　システムに対する貢献やシステムの存続発展という観点からみて，マイナスの効果をもたらす場合を「逆機能（dysfunction）」という。

POINT!

社会を「社会システム」として捉える社会システム論の主要な概念を覚えておく必要がある。その中でも予言の自己成就は頻出テーマである。

問題 06 解説　出生動向基本調査，ライフコース

1　✗　「いずれ結婚するつもり」と回答した未婚者の割合は，前回の調査よりも未婚男性・未婚女性ともに，顕著に低下した。結婚意欲は全体的に低下しつつある。

2　✗　第1子の妊娠がわかったときに就業していた妻が，子どもが1歳のときも就業していたことを示す就業継続率は5年間で5割台から7割に上昇した。子どもが産まれても就業を継続する女性たちは増加する傾向にある。

3　✗　「結婚したら子どもを持つべき」に賛成する未婚者の割合は，女性では67.4%から36.6%に，男性では75.4%から55.0%へ減少した。

4　○　パートナーに「両立コース」を望む男性の割合は増加し，ほぼ4割（39.4%）で最多となった。一方で「専業主婦コース」を望む割合は10.1%から6.8%に減少した。

5　✗　結婚持続期間15〜19年の夫婦の完結出生子ども数は，2002年（第12回）調査までは2.2人前後で安定的に推移していたが，その後低下し，第16回の調査では1.90人となり最低値を更新した。

POINT!

出生動向基本調査（結婚と出産に関する全国調査）の動向を把握しておく必要がある。人々の生活や価値観の変化に関する動向をある程度，常識として理解しておけば難しい問題ではない。

正解　問題04……2　　問題05……1　　問題06……4

問題 07 頻出度 ★★★ 第31回 問題018 改

人口に関する次の記述のうち，正しいものを1つ選びなさい。

1 人口転換とは，「多産多死」から「少産多死」を経て「少産少死」への人口動態の転換を指す。
2 世界人口は，国連の予測では，2025年以降減少すると推計されている。
3 第二次世界大戦後の世界人口の増加は，主に先進諸国の人口増加によるものである。
4 日本の人口は，高度経済成長期以降，減少が続いている。
5 人口ボーナスとは，人口の年齢構成が経済にとってプラスに作用することをいう。

問題 08 頻出度 ★★ 第32回 問題017

次のうち，コンパクトシティに関する記述として，最も適切なものを1つ選びなさい。

1 拡散した都市機能を集約させ，生活圏の再構築を図る都市
2 出身地域の異なる外国人住民の多様なコミュニティから形成される都市
3 文化や芸術，映像などの産業をまちづくりの中核に据える都市
4 先端技術産業を軸として，地方経済の発展を目指す都市
5 世界中の金融・情報関連産業が集積する都市

問題 09 頻出度 ★★★ 第33回 問題017

社会集団などに関する次の記述のうち，最も適切なものを1つ選びなさい。

1 準拠集団とは，共同生活の領域を意味し，地域社会を典型とする集団を指す。
2 第二次集団とは，親密で対面的な結び付きと協同によって特徴づけられる集団を指す。
3 内集団とは，個人にとって嫌悪や軽蔑，敵意の対象となる集団を指す。
4 ゲマインシャフトとは，人間が生まれつき持っている本質意志に基づいて成立する集団を指す。
5 公衆とは，何らかの事象への共通した関心を持ち，非合理的で感情的な言動を噴出しがちな人々の集まりを指す。

問題 07 解説　人口転換，人口ボーナス

1 ×　人口転換とは，人口の自然増加の構図が「多産多死」から「多産少死」を経て「少産少死」へと変化することである。
2 ×　2024年時点での世界人口は約82億人であるが，2080年代半ばには103億人とピークを迎えると予測されている。したがって，2025年以降に増加すると予測されている。
3 ×　第二次世界大戦後の人口増加は，主に発展途上国の人口増加によるものである。人口減少が問題となっている日本とは異なり，世界的には今なお，人口増加が課題になっている。
4 ×　日本の人口は，高度経済成長期以降も増加していた。国勢調査で人口減少が確認されたのは，2015（平成27）年の調査時が最初である。
5 ○　人口ボーナスとは，生産年齢人口（15〜64歳）がそれ以外の人口を上回り，一国の経済成長にとって有利な人口構造となる状態を指す。

POINT!
日本の人口に関しては減少局面に入り，出生数の減少（少子化）に対して高齢者が多く亡くなる社会（多死社会）になっていることが新聞等でも伝えられている。一方，世界的には発展途上国の人口増加が問題になっている。

問題 08 解説　コンパクトシティ

1 ○　設問文は，コンパクトシティについての説明である。コンパクトシティは，郊外化の進行や都市機能の分散，中心市街地の空洞化への対策として，都市活動の密度を高め，一定の範囲内に産業や生活機能を集中させるという効率的な空間利用を目指す。
2 ×　設問文は，国際人口移動の増加に伴う地域のグローバル化，地域におけるエスニシティの多様化に関する説明である。
3 ×　設問文は，クリエイティブ・シティについての説明である。
4 ×　設問文は，高度技術集積都市（テクノポリス）についての説明である。
5 ×　設問文は，世界都市（グローバルシティ）に関する説明である。

POINT!
都市化や地域社会についての問題である。持続可能な都市経営への関心が高まり，コンパクトシティやクリエイティブ・シティといった概念が注目されるようになってきた。それぞれ理解しておこう。

問題 09 解説　社会集団の種類と機能，ゲマインシャフト

1 ×　準拠集団（reference group）とは，個人の行動や価値観に強い影響を与える集団のことを指す。
2 ×　親密で対面的な結び付きは第一次集団に関する説明である。クーリーによると，近代化に伴って合理性と非対面的な関係に基づく第二次集団が台頭した。
3 ×　内集団とは，個人がそれに帰属感を持つ集団である。それに対し，外集団は敵意の対象となる集団である。
4 ○　ゲマインシャフトは本質意志に基づく有機的集団を意味し，家族や村落などが該当する。これに対し，ゲゼルシャフトは選択意志に基づく機械的集団を意味し，企業，大都市，国家などが挙げられる。テンニースは，近代化の過程をゲマインシャフトからゲゼルシャフトへの移行ととらえた。
5 ×　設問文は「群集」に関する説明である。「公衆」は，衝動的な群衆・群集とは対照的に，理性的な市民社会の担い手を意味する。

POINT!
社会集団に関する知識を問う問題である。テンニース（Tönnies, F.）によるゲマインシャフトとゲゼルシャフトの概念，クーリー（Cooley, C. H.）による第一次集団と第二次集団などの概念を覚えておく必要がある。

　問題07……5　　問題08……1　　問題09……4

3　社会学と社会システム

問題 10　頻出度 ★★　　第36回 問題016

次の記述のうち，ウェルマン（Wellman, B.）のコミュニティ解放論の説明として，最も適切なものを1つ選びなさい。

1. 特定の関心に基づくアソシエーションが，地域を基盤としたコミュニティにおいて多様に展開しているとした。
2. 現代社会ではコミュニティが地域という空間に限定されない形で展開されるとした。
3. 人口の量と密度と異質性から都市に特徴的な生活様式を捉えた。
4. 都市の発展過程は，住民階層の違いに基づいて中心部から同心円状に拡大するとした。
5. アメリカの94のコミュニティの定義を収集・分析し，コミュニティ概念の共通性を見いだした。

問題 11　頻出度 ★★★　　第36回 問題020

次のうち，信頼，規範，ネットワークなどによる人々のつながりの豊かさを表すために，パットナム（Putnam, R.）によって提唱された概念として，正しいものを1つ選びなさい。

1. ハビトゥス
2. ソーシャルキャピタル（社会関係資本）
3. 文化資本
4. 機械的連帯
5. 外集団

市民社会と公共性

問題 12　頻出度 ★★★　　第35回 問題020

次の記述のうち，ハーディン（Hardin, G.）が提起した「共有地の悲劇」に関する説明として，最も適切なものを1つ選びなさい。

1. 協力してお互いに利益を得るか，相手を裏切って自分だけの利益を得るか，選択しなければならない状況を指す。
2. 財やサービスの対価を払うことなく，利益のみを享受する成員が生まれる状況を指す。
3. 協力的行動を行うと報酬を得るが，非協力的行動を行うと罰を受ける状況を指す。
4. それぞれの個人が合理的な判断の下で自己利益を追求した結果，全体としては誰にとっても不利益な結果を招いてしまう状況を指す。
5. 本来，社会で広く共有されるべき公共財へのアクセスが，特定の成員に限られている状況を指す。

問題 10 解説 地域，コミュニティ

1 ✕ 設問文はマッキーバー（MacIver, R. M.）による理論である。彼は，ある共通の関心の追求のために設立されたアソシエーションが，コミュニティ（社会的存在の共同生活の焦点）において展開しているとした。

2 ○ ウェルマンのコミュニティ解放論は，通信技術の発達により，コミュニティが地域という空間に限定されない形で展開されるとした。

3 ✕ 設問文はワース（Wirth, L.）のアーバニズム論に関する説明である。

4 ✕ 設問文はバージェス（Burgess, E.）による同心円地帯理論に関する説明である。

5 ✕ 設問文はアメリカの社会学者ヒラリー（Hillery, G. A.）に関する説明である。ヒラリーによるコミュニティ概念の共通性には，①諸個人間の社会的相互作用の存在，②地域的空間の限定性，③共通の絆（共同性）の存在があげられる。

> **POINT!**
> 地域や地域社会を論じる際に欠かせない概念がコミュニティである。ウェルマンのコミュニティ解放論を含め，アーバニズム論，同心円地帯理論など代表的なコミュニティ論を覚えておこう。

問題 11 解説 社会関係資本

1 ✕ ブルデュー（Bourdieu, P.）は，過去の経験や所与の特定の環境の中で形成され，身についたものの見方や思考，ふるまい方を「ハビトゥス（Habitus）」と呼んだ。

2 ○ 「ソーシャルキャピタル（社会関係資本）」は，経済学的な意味での資本ではないが，信頼関係や人的ネットワークを資本とし，それらが蓄積されることで相互協力を生み出すものである。

3 ✕ 社会的に高い価値があるとされる文化の保有が資本として機能するときにそれを「文化資本」という。例えば，教養や学歴，技能，趣味などが含まれる。

4 ✕ 機械的連帯／有機的連帯は，デュルケム（Durkheim, E.）が提起した社会的連帯の二類型である。機械的連帯は，分業が進んでいない社会での連帯の形態である。社会的分業の進展に伴って，同質的な人々の機械的連帯から，異質的な人々の有機的連帯に移行するとした。

5 ✕ サムナー（Sumner, W. G.）が用いた概念で，内集団は個人が帰属意識を持つ集団であり，外集団は「他者」としてみる集団のことである。

> **POINT!**
> 個人と社会の関係に注目した社会学理論や概念を覚えておく必要がある。ソーシャルキャピタル（社会関係資本）以外にも，ブルデューのハビトゥスや文化資本は社会学分野で重要な概念であり，常識として覚えておこう。

問題 12 解説 共有地の悲劇／社会的ジレンマ

1 ✕ 設問文は「囚人のジレンマ」の説明である。囚人のジレンマにおいては，お互いの協力が互いの利益につながるにもかかわらず，相手の選択を事前に知ることができないため，非協力への個人的誘因が存在する。

2 ✕ 設問文は，「フリーライダー」の説明である。

3 ✕ 「選択的誘因」に関する説明である。選択的誘因はジレンマを解消する方策の1つで，協力的行動を選択するほうが個人にとっても合理的になる（＝「報酬を得る」）ようにする方法である。

4 ○ 設問文は，ハーディンの「共有地の悲劇」に関する説明である。

5 ✕ 「共有地の悲劇」は，個人の利己的選択が全体として不利益をもたらす状況であって，公共財へのアクセスが特定の成員に限られるというものではない。

> **POINT!**
> 社会的ジレンマは近年の頻出テーマである。共有地の悲劇は，それぞれの牧夫が利益を増やそうと牛を増加した結果，共有して利用していた牧草地が荒れ果て使えなくなったというストーリーである。「選択的誘因」「フリーライダー」「囚人のジレンマ」の概念も理解しておこう。

正解 問題10……**2**　　問題11……**2**　　問題12……**4**

問題 13　頻出度 ★★★　第35回 問題021

次の記述のうち，ラベリング論の説明として，最も適切なものを1つ選びなさい。

1. 社会がある行為を逸脱とみなし統制しようとすることによって，逸脱が生じると考える立場である。
2. 非行少年が遵法的な世界と非行的な世界の間で揺れ動き漂っている中で，逸脱が生じると考える立場である。
3. 地域社会の規範や共同体意識が弛緩することから，非行や犯罪などの逸脱が生じると考える立場である。
4. 下位集団における逸脱文化の学習によって，逸脱が生じると考える立場である。
5. 個人の生得的な資質によって，非行や犯罪などの逸脱が生じると考える立場である。

問題 14　頻出度 ★★★　第34回 問題021

他者や社会集団によって個人に押し付けられた「好ましくない違いを表わす印」に基づいて，それを負う人々に対して様々な差別が行われることをゴッフマン（Goffman, E.）は指摘した。次のうち，この「好ましくない違いを表わす印」を示す概念として，最も適切なものを1つ選びなさい。

1. 自己成就的予言
2. マイノリティ
3. スティグマ
4. クレイム申立て
5. カリスマ

問題 15　頻出度 ★★★　第33回 問題021

次のうち，マートン（Merton, R. K.）が指摘したアノミーに関する記述として，最も適切なものを1つ選びなさい。

1. ある現象が解決されるべき問題とみなす人々の営みを通じて紡ぎ出される社会状態を指す。
2. 下位文化集団における他者との相互行為を通じて逸脱文化が学習されていく社会状態を指す。
3. 文化的目標とそれを達成するための制度的手段との不統合によって社会規範が弱まっている社会状態を指す。
4. 他者あるいは自らなどによってある人々や行為に対してレッテルを貼ることで逸脱が生み出されている社会状態を指す。
5. 人間の自由な行動を抑制する要因が弱められることによって逸脱が生じる社会状態を指す。

問題 13　解説　ラベリング論

1 ○ 設問文は，構築主義的な考え方に基づいたラベリング論の説明である。

2 ✕ ラベリング論は，社会問題自体が構築されるという立場である。

3 ✕ ラベリング論は，逸脱行為へ誘因する環境を説明する理論ではない。

4 ✕ 設問文は，犯罪・逸脱に誘う文化的誘因によって逸脱が生まれるという「文化学習理論」の説明である。

5 ✕ 構築主義によると，犯罪の本質はそれを解釈しようとする我々の概念の中にあり，社会問題を客観的実体としてではなく，クレイム申立の結果であるととらえるため，個人の生得的資質に逸脱の要因を求めるものとはかけ離れている。

POINT!

逸脱行為，犯罪行為などの社会問題の捉え方への理解を問う問題である。ラベリング論は最も基礎的で重要な理論の1つであり，ある行為を逸脱と規定すること，他者から社会的スティグマを付与することによって逸脱行為が生まれるという構築主義的な考え方である。他に，文化学習理論や社会緊張理論もしっかり覚えておこう。

問題 14　解説　スティグマ／社会問題の捉え方

1 ✕ マートンは，状況を誤って定義すればその定義を信じる人々によって結果として現実のものとなる現象を「予言の自己成就」と呼んだ。

2 ✕ 「マイノリティ」は，少数派，少数者という意味であるが，主に社会的弱者という文脈で使われる。例えば，人種的マイノリティや性的マイノリティなどが該当する。

3 ○ 「スティグマ」は，社会的烙印という意味で，ゴッフマンの『スティグマの社会学』の中心概念である。差別や偏見の対象となる他者に対して押し付ける否定的な評価を表す言葉である。

4 ✕ 「クレイム申立て」は，構築主義の立場で注目されるもので，構築主義的観点から「社会問題」は客観的に実在するものではなく，クレイム申立ての結果である。

5 ✕ 「カリスマ」は，超自然的・非日常的な資質や能力を意味するものである。ヴェーバーはどのような根拠に基づいて秩序が正当なものと考えられるかという議論（『支配の諸類型』）において超人的な指導力や魅力による支配を「カリスマ的支配」と呼んだ。

POINT!

ゴッフマンによる「スティグマ」の概念の理解を問う問題である。社会問題の捉え方に関する他の様々な理論も把握しておこう。

問題 15　解説　マートンのアノミー

1 ✕ 設問文は，構築主義の立場からとらえた「社会問題」に関する説明である。構築主義は，「社会問題」を客観的な実体としてではなく，クレイム申立の結果であるととらえる。

2 ✕ 設問文は，犯罪・逸脱を説明する理論の中で，文化学習理論の立場による説明である。犯罪・逸脱行為に少年たちを引き込むプル要因を説明している。

3 ○ マートンは，貧しい階層の人々の犯罪・逸脱行為の要因について，経済的豊かさの実現を促す文化的目標は大きいのに対し，それを実現するための手段が追いつかないためであるとし，そのような状態をアノミーという概念で説明した。

4 ✕ 設問文は，ラベリング理論の説明である。社会的スティグマを付与された者が，その適応行動として，逸脱的なパーソナリティを形成し，逸脱行動を呼び起こすという理論である。

5 ✕ マートンのアノミー概念によると，目標と手段の乖離が大きいため，非合法な手段を用いてでも目標を叶えようとする時に逸脱が生じる。特に自由を抑制する要因が弱められるということとは関係がない。

POINT!

マートンのアノミー概念に対する理解を問う問題だが，その他にも社会問題の捉え方に関する理論を知っておく必要がある。また，デュルケム（Durkheim, É.）のアノミー概念とは区別して覚えておく必要がある。

正解　問題13……1　　問題14……3　　問題15……3

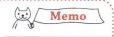

問題 16　頻出度 ★★　第31回 問題015

次のうち，社会の福祉水準を測定する社会指標として，最も適切なものを1つ選びなさい。

1 失業率
2 GDP
3 消費者物価指数
4 幸福度指標
5 財政力指数

Note　社会問題の4つのアプローチ

規範主義	・多くの人々に共有されている規範に反する事象や者が社会問題となる
機能主義	・19世紀の科学方法論。実体概念を排斥し，要素間の相互作用から対象を機能的に把握する ・社会問題は社会システムの目標達成にとってはマイナスに働く事象であり，他の社会と比べて「目標達成」が低い場合は社会の組織不全（社会解体）を起こしていると考え，この状態を社会問題とした
構築主義	・キッセとスペクターが，1977年に著書『社会問題の構築』で提唱した ・人々が社会問題と主張する問題が社会問題となる。社会問題は客観的に存在するのではなく，危機として社会的に構築されるという考え方
リスク社会論	・社会問題は専門家が社会問題と定義する問題のことである ・リスクに対して指摘し，このリスクへの対策を講じていかないとシステムの危機になっていく

生活と人生

問題 17　頻出度 ★★★　第36回 問題019

次の記述のうち，ライフサイクルについての説明として，最も適切なものを1つ選びなさい。

1 個人の発達の諸段階であり，生物学的，心理学的，社会学的，経済学的な現象がそれに伴って起きることを示す概念である。
2 生活を構成する諸要素間の相対的に安定したパターンを指す概念である。
3 社会的存在としての人間の一生を，生まれた時代や様々な出来事に関連付けて捉える概念である。
4 個人の人生の横断面に見られる生活の様式や構造，価値観を捉えるための概念である。
5 人間の出生から死に至るプロセスに着目し，標準的な段階を設定して人間の一生の規則性を捉える概念である。

問題 16 解説　社会指標

1 ✕ 失業率は，「労働力調査」によって把握されている失業に関する指標である。失業も福祉と深い関係があるが，直接的な福祉水準を示す指標とは言いがたい。ちなみに，「労働力調査」に出てくる主な用語の定義については確認しておこう。

2 ✕ GDPは国内総生産（Gross Domestic Product）の略称で，「国内で一定期間内に生産されたモノやサービスの付加価値の合計」（内閣府）を意味し，景気や経済力を測る指標となっている。GDPは「国内」の生産を対象とするため，日本企業が海外支店等で生産したモノやサービスの付加価値は含まない（かつて使用されていたGNPと混乱しないように注意）。

3 ✕ 消費者物価指数（CPI）は，「全国の世帯が購入する家計に関する財及びサービスの価値等を総合した物価の変動を時系列に測定するもの」（総務省統計局）であり，毎月公表されている。この結果が各種の経済施策や年金の改定に利用されている。

4 ◯ 幸福度指標は，他の選択肢にあった客観的指標ではなく，主観的指標も統合した指標である。国連から「世界幸福度報告書」が公表されており，GDP，社会保障等の要素から構成されている。したがって，幸福度指標が福祉水準を示す指標と考えることができる。

5 ✕ 財政力指数とは，地方公共団体の財政状況を示す指数であり，地方交付税の配分等に用いられている。

POINT!
様々な社会指標の意味を問う問題である。新聞などのニュースでも頻繁に言及されているので，日頃から関心を持っておこう。

問題 17 解説　ライフサイクル

1 ✕ 乳幼児期，少年期，青年期，成人期など，個人の発達の諸段階を示す概念は，ライフステージである。

2 ✕ 設問文は生活構造に関する説明である。個人と社会構造を媒介する相対的に安定したパターンをなすものであり，生活を構成する諸要素には，時間，人間関係，家計などがある。

3 ✕ 設問文はコーホートに関する説明である。一般的には一定の時期に共通の経験を持つ人々の集合のことである。出生の時期を同じくする「出生コーホート」を指す。

4 ✕ 設問文はライフスタイルに関する説明である。

5 ◯ ライフサイクルは，生活周期・人生周期とも訳される。人間の出生から死に至るプロセスに着目し，人間の一生の規則性を捉える概念である。

POINT!
生活と人生の捉え方は頻出テーマである。ライフサイクルの他に，ライフコース，ライフステージ，家族周期，ライフスタイル，コーホート，生活構造などの概念を覚えておこう。

正解　問題16……4　　問題17……5

問題 18　頻出度 ★★　第27回 問題018

家族と世帯に関する次の記述のうち、正しいものを1つ選びなさい。

1. 世帯とは、主として家計と住居を同じくする人々からなる集団である。
2. 世帯には非親族員は含まない。
3. 国勢調査の調査単位は、世帯ではなく家族である。
4. 同一家族メンバーが、複数の世帯に分かれて暮らすことはない。
5. 家族と暮らしていない単身者は、準世帯と定義される。

Note　家族に関する理論・研究のポイント

パーソンズの**家族機能**（核家族の2機能説）	家族が小さくなっても残る機能は「子どもの社会化」と「成人のパーソナリティの安定化」
リトウォクの**修正拡大家族**	産業化で崩壊したのは「古典的拡大家族（農民家族的）」であり、居を異にするが近い距離の親族関係である修正拡大家族の機能は維持されている
ラウントリーの**家族周期研究と貧困調査**	労働者家族の結婚、出産の生活周期と貧困との相関関係を発見し、最低生活費としての「**貧困線**」という概念を提示した。19世紀末のイギリスで行われた研究

自己と他者

問題 19　頻出度 ★★★　第34回 問題019

社会的行為に関する次の記述のうち、最も適切なものを1つ選びなさい。

1. パーソンズ（Parsons, T.）は、相互行為における無意識的、習慣的な行為に着目し、そうした行為において利用される個人の文化的な蓄積を「文化資本」と呼んだ。
2. ハーバーマス（Habermas, J.）は、個人に外在して個人に強制力を持つ、信念や慣行などの行為・思考の様式、集団で生じる熱狂などの社会的潮流を「社会的事実」と呼び、社会学の固有の領域を定式化した。
3. ブルデュー（Bourdieu, P.）は、相互行為が相手の行為や期待に依存し合って成立していることを「ダブル・コンティンジェンシー」と呼んだ。
4. ヴェーバー（Weber, M.）は、社会的行為を4つに分類し、特定の目的を実現するための手段になっている行為を「目的合理的行為」と呼んだ。
5. デュルケム（Durkheim, E.）は、言語を媒介とした自己と他者の間で相互了解に基づく合意形成を目指す行為を「コミュニケーション的行為」と呼んだ。

問題 20　頻出度 ★★★　第35回 問題019

社会的役割に関する次の記述のうち、最も適切なものを1つ選びなさい。

1. 役割距離とは、個人が他者からの期待を自らに取り入れ、行為を形成することを指す。
2. 役割取得とは、個人が他者との相互行為の中で相手の期待に変容をもたらすことで、既存の役割期待を超えた新たな行為が展開することを指す。
3. 役割葛藤とは、個人が複数の役割を担うことで、役割の間に矛盾が生じ、個人の心理的緊張を引き起こすことを指す。
4. 役割期待とは、個人が他者からの期待と少しずらした形で行為をすることで、自己の主体性を表現することを指す。
5. 役割形成とは、個人が社会的地位に応じた役割を果たすことを他者から期待されることを指す。

問題 18 解説 家族，世帯

1 ○ 世帯とは，主として家計と住居を同じくする人々からなる集団である。

2 ✕ 家計と住居を同じくする非親族員は世帯に含まれる。

3 ✕ 国勢調査の調査単位は，家族ではなく世帯である。

4 ✕ 同一家族とは，配偶者関係，血縁関係による親族である。単身赴任の夫や下宿している子供など，同一家族メンバーが複数の世帯に分かれて暮らすこともある。

5 ✕ 準世帯とは単身の下宿人，間借り人，雇い主と同居している単身の住み込み従業員や寄宿舎や旅館等の住宅以外の建物に住む単身者またはそれらの人々の集まりをいう。なお，1980（昭和55）年までの国勢調査では準世帯の区分が使用されていたが，1985（昭和60）年以降の国勢調査では，世帯を「一般世帯」と「施設等の世帯」に区分しており，「準世帯」という区分は使用されなくなった。

> **POINT!**
>
> 家族や世帯に関する出題で，家族や世帯の意味や違いを知っていれば解答を導き出せるだろう。

問題 19 解説 社会的行為

1 ✕ 「文化資本」はブルデューによる概念である。

2 ✕ 「社会的事実」に関する理論を展開したのはデュルケムである。

3 ✕ 「ダブル・コンティンジェンシー」（二重の条件依存性）はパーソンズによる概念である。

4 ○ ヴェーバーは，社会的行為を「目的合理的行為」「価値合理的行為」「感情的行為」「伝統的行為」の4つに分類した。自分の目的のための手段となっている行為を「目的合理的行為」と呼ぶ。

5 ✕ 「コミュニケーション的行為」を導入したのはハーバーマスである。

> **POINT!**
>
> 社会的行為は出題頻度が非常に高いテーマである。社会的行為に関する議論と該当する学者を覚えておこう。

問題 20 解説 社会的役割／役割葛藤

1 ✕ 他者からの期待を取り入れる役割行為を役割取得（role taking）という。ミードによる概念である。

2 ✕ 相手の期待に変容をもたらすことで既存の役割期待を超えた新たな行為を展開するのは，ターナーが提唱した役割形成（role making）である。

3 ○ 役割葛藤は複数の役割期待に対し，それらを行為者一人が処理しきれない場合に生じる心理的葛藤を指す。

4 ✕ 役割から距離をおくことで主体性を表現することは，ゴッフマンによる役割距離（role distance）の概念である。

5 ✕ 社会的地位に応じた役割を期待されるのは，役割期待（role expectation）である。

> **POINT!**
>
> 社会的役割は頻出テーマである。ミード（Mead, G.）やゴッフマン（Goffman, E.），ターナー（Turner, R.）による役割理論についてしっかり覚えておこう。

正解 問題18……1　　問題19……4　　問題20……3

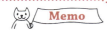

問題 21 頻出度 ★★★ 　　　　　　　　　　　　　　　　第32回 問題019

次のうち，パーソンズ（Parsons, T.）の社会的行為論として，正しいものを1つ選びなさい。

1　コミュニケーション的行為論
2　交換理論
3　集合行動論
4　象徴的相互作用論
5　主意主義的行為理論

問題 21 解説　社会的行為論

1　✗　コミュニケーション的行為論は，ハバーマス（Habermas, J.）の理論であり，「言語を媒介とし，自己と他者の間で相互了解を目指して行われる相互行為」である。
2　✗　社会学における交換理論は，経済財以外の主観的なものの交換を考慮して社会のあり方を解く。代表的な論者として，ホマンズ（Homans, G.）やブラウ（Blau, P.）などが挙げられる。
3　✗　集合行動論は，社会において人間が集合して行動する様々な社会現象に注目し，それらが発生するメカニズムや社会条件などを説明する理論である。代表的な論者として，ル・ボン（Le Bon, G.）やスメルサー（Smelser, N.）などが挙げられる。
4　✗　象徴的相互作用論は，行為者の主観を重視して人間の相互行為を明らかにしようとする理論である。ブルーマー（Blumer, H. G.）が提唱した。
5　○　主意主義的行為理論は，行為者を規範的指向に基づいて，一定の条件下で適切な手段を用い，目的を追求する者ととらえ，パーソンズ（Parsons, T.）の行為理論である。

POINT!

人々の行動を理解するための理論を問う問題である。代表的な社会学者とその理論の概念をそれぞれ把握しておく必要がある。

正解　問題21……5

第4章

<共通科目>
社会福祉の原理と政策

Check		1回目	月	日	／31問
Check		2回目	月	日	／31問
Check		3回目	月	日	／31問

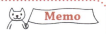

日本の社会福祉の歴史的展開

問題 01　頻出度 ★★★　第34回 問題025

戦前の社会事業に関する次の記述のうち，正しいものを1つ選びなさい。

1. 方面委員制度は，社会事業の確立によって済世顧問制度へと発展した。
2. 第一次世界大戦末期に発生した米騒動の直後に，社会事業に関する事項を扱う行政機関として厚生省が設立された。
3. 救護法は市町村を実施主体とする公的扶助義務主義を採用したが，要救護者による保護請求権は認めなかった。
4. 国家総動員体制下において，人的資源論に基づく生産力・軍事力の観点から，戦時厚生事業は社会事業へと再編された。
5. 社会事業法の成立により，私設社会事業への地方長官（知事）による監督権が撤廃されるとともに，公費助成も打ち切られた。

問題 02　頻出度 ★★★　第35回 問題025

近代日本において活躍した福祉の先駆者に関する次の記述のうち，最も適切なものを1つ選びなさい。

1. 石井十次は岡山孤児院を設立した。
2. 山室軍平は家庭学校を設立した。
3. 留岡幸助は救世軍日本支部を設立した。
4. 野口幽香は滝乃川学園を設立した。
5. 石井亮一は二葉幼稚園を設立した。

問題 03　頻出度 ★★★　第35回 問題026

福祉六法の制定時点の対象に関する次の記述のうち，最も適切なものを1つ選びなさい。

1. 児童福祉法（1947（昭和22）年）は，戦災によって保護者等を失った満18歳未満の者（戦災孤児）にその対象を限定していた。
2. 身体障害者福祉法（1949（昭和24）年）は，障害の種別を問わず全ての障害者を対象とし，その福祉の施策の基本となる事項を規定する法律と位置づけられていた。
3. （新）生活保護法（1950（昭和25）年）は，素行不良な者等を保護の対象から除外する欠格条項を有していた。
4. 老人福祉法（1963（昭和38）年）は，介護を必要とする老人にその対象を限定していた。
5. 母子福祉法（1964（昭和39）年）は，妻と離死別した夫が児童を扶養している家庭（父子家庭）を，その対象外としていた。

52

問題 01 解説　方面委員／戦時厚生事業／保護請求権

1 ✕ 1917(大正6)年に岡山県知事の笠井信一が済世顧問制度を作り，1918(大正7)年に大阪府知事が小河滋二郎とともに方面委員制度を作った。ともにドイツのエルバーフェルトシステムの影響を受けているといわれる。

2 ✕ 厚生省は，1938(昭和13)年1月に内務省衛生局，社会局などの仕事を統合して発足した。米騒動は1918(大正7)年である。また，1947(昭和22)年9月に労働省が発足し，2001(平成13)年1月の中央省庁再編により厚生省と労働省が廃止され，厚生労働省が発足した。

3 ○ 「素行不良」などの欠格条項が廃止され，無差別平等に保護請求権が認められたのは1950(昭和25)年に制定された新生活保護法である。

4 ✕ 国家総動員体制下において社会事業法が制定され，社会事業が戦時厚生事業へ再編された。

5 ✕ 社会事業法6条において，地方長官(知事)による私設(民間)社会事業への監督の権限が定められた。

POINT!

戦前の社会事業に関する出題である。公的扶助や民生委員の歴史については「低所得者に対する支援と生活保護制度」や「地域福祉の理論と方法」など他の科目でも頻出である。

問題 02 解説　石井十次／留岡幸助／石井亮一

1 ○ 小舎制，委託制，満腹主義など，岡山孤児院を設立した石井十次の考え方は後世の児童養護施設の在り方に多大な影響を与えた。

2 ✕ 山室軍平は，救世軍日本支部を設立した。社会福祉事業，公娼廃止運動(廃娼運動)，純潔運動などに従事し，終生にわたり婦人救済に力を注いだ。

3 ✕ 留岡幸助は非行少年への懲罰的処遇に反対の立場をとり，更生を目指す家庭学校を設立した。

4 ✕ 野口幽香は華族出身であったが，貧民地域で子どもが幼稚園や学校へ行かずに下のきょうだいや家事の手伝いをしているのを目の当たりにし，貧富の分け隔てなく子どもが通える幼稚園の設立を志した。森島美根とともに二葉幼稚園を設立した。

5 ✕ 石井亮一は，濃尾大震災の際に自宅を解放して孤児を保護した際，発達等が他の子どもと著しく違う子どもの存在に気づき，現代でいうところの知的障害児の問題に強い関心を抱いた。妻の石井筆子の多大なる協力のもと，滝乃川学園を設立した。

POINT!

児童福祉の歴史に関する頻出項目ばかりである。詳細な内容には触れず，人物と施設名の組み合わせを問う平易な出題であるため，確実に得点しておきたい。

問題 03 解説　社会福祉六法／戦災孤児／傷痍軍人／欠格条項

1 ✕ 戦災孤児の窮状がきわめて深刻であったために児童福祉法の制定が急がれたのは事実だが，同法の対象は18歳未満のすべての児童であり，対象を限定するような記載はない。

2 ✕ 設問文は，どちらかというと現代の障害者総合支援法の説明に近い。身体障害者福祉法はあくまでも身体障害者を対象としている。傷痍軍人のサポートのために，戦後，児童福祉法に次いで速やかに制定された。

3 ✕ 生活保護制度の前身である恤救規則，救護法，(旧)生活保護法までは，素行不良者を救済しない等の欠格条項が存在したが，(新)生活保護法において撤廃され，現在に至る。

4 ✕ 老人福祉法2条に「老人は，多年にわたり社会の進展に寄与してきた者として，かつ，豊富な知識と経験を有する者として敬愛されるとともに，生きがいを持てる健全で安らかな生活を保障されるものとする」という理念が明記されており，同法の対象は要介護老人に限定されない。

5 ○ 母子福祉法において，父子家庭は対象外とされた。1981(昭和56)年に同法が「母子及び寡婦福祉法」に改称された際も，父子家庭は引き続き対象外であった。2014(平成26)年に，「母子家庭」を「母子家庭等(母子家庭及び父子家庭)」という表記へ改め，父子家庭を対象に加えるとともに，「母子及び父子並びに寡婦福祉法」に改正された。

POINT!

戦後の福祉六法の制定に関する出題である。なぜこの順番で整備されたのか，どのようなペルソナを対象としていたかについて，時代背景とともに押さえておきたい。

正解　問題01……3　問題02……1　問題03……5

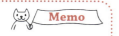

欧米の社会福祉の歴史的展開

問題 04 頻出度 ★★★ 第34回 問題026

イギリスにおける貧困に関する次の記述のうち，正しいものを1つ選びなさい。

1. ラウントリー（Rowntree, B.）は，ロンドンで貧困調査を行い，貧困の主たる原因が飲酒や浪費のような個人的習慣にあると指摘した。
2. ベヴァリッジ（Beveridge, W.）による『社会保険および関連サービス』（「ベヴァリッジ報告」）は，「窮乏」（want）に対する社会保障の手段として，公的扶助（国民扶助）が最適であり，社会保険は不要であるとした。
3. エイベル-スミス（Abel-Smith, B.）とタウンゼント（Townsend, P.）は，イギリスの貧困世帯が増加していることを1960年代に指摘し，それが貧困の再発見の契機となった。
4. タウンゼント（Townsend, P.）は，等価可処分所得の中央値の50％を下回る所得しか得ていない者を相対的剥奪の状態にある者とし，イギリスに多数存在すると指摘した。
5. サッチャー（Thatcher, M.）が率いた保守党政権は，貧困や社会的排除への対策として，従来の社会民主主義とも新自由主義とも異なる「第三の道」の考え方に立つ政策を推進した。

問題 05 頻出度 ★★★ 第31回 問題024

イギリスにおける福祉政策の歴史に関する次の記述のうち，正しいものを1つ選びなさい。

1. エリザベス救貧法（1601年）により，全国を単一の教区とした救貧行政が実施された。
2. 労役場テスト法（1722年）は，労役場以外で貧民救済を行うことを目的とした。
3. ギルバート法（1782年）は，労役場内での救済に限定することを定めた。
4. 新救貧法（1834年）は，貧民の救済を拡大することを目的とした。
5. 国民保険法（1911年）は，健康保険と失業保険から成るものとして創設された。

Note よく出題されるイギリスの主な報告書

報告の通称	時期	主な内容
ベヴァリッジ報告	1942年	5つの巨悪を敵に見立てて，社会保険制度を中心とする社会保障体制を打ち出した
ヤングハズバンド報告	1955年	ソーシャルワーカーの雇用拡大の必要性を提唱
シーボーム報告	1968年	単一の部局による包括的なアプローチが目指された
エイブス報告	1969年	ボランティアには新しい社会サービスを開発する役割があるとした
ウェルフェンデン報告	1978年	ボランタリー組織の将来の在り方について検討。福祉多元主義を提唱
バークレイ報告	1982年	コミュニティを基盤としたカウンセリングと社会的ケア計画を統合した実践であるコミュニティソーシャルワークを提唱
グリフィス報告	1988年	地方自治体ごとにコミュニティケア計画を策定することなどを提唱

問題 04 解説　ラウントリー／ブース／ベヴァリッジ／タウンゼント

1 ✕ **ブース(Booth, C.)**は，ロンドンで貧困調査を行い，貧困の主たる原因が飲酒や浪費のような個人的習慣にあると指摘した。ラウントリーは**ヨーク市調査**を行った人物であり，国試で頻出である。

2 ✕ **ベヴァリッジ報告**は，社会保険を中心とする戦後のイギリスの社会保障制度の基礎となったものである。同報告に関しては，5つの巨悪，すなわち**窮乏(want)**，**疾病(disease)**，**無知(ignorance)**，**不潔(squalor)**，**怠惰(idleness)**も有名であるため，あわせて覚えておきたい。

3 ○ エイベル-スミスとタウンゼントは，『**貧困者と極貧者(The Poor and the Poorest)**』において公的扶助基準以下の所得で生活している人々の数が増大していると指摘した。

4 ✕ タウンゼントの**相対的剥奪**は，皆が当たり前と考えているような生活を送ることができない層が一定数存在し，その数はある所得水準以下になると大幅に増加する，という主観的な貧困と客観的な貧困の双方から貧困を捉えようとする概念である。「等価可処分所得の中央値の半分未満」は現代の**相対的貧困率**の定義である。

5 ✕ サッチャーは，民営化できる事業はどんどん民営化するなど，「**小さな政府**」を志向する新由主義経済政策を行っていたことで有名である。「第三の道」は，**ブレア**政権下で，彼のブレーンであった**ギデンズ(Giddens, A.)**が打ち出した概念である。

POINT!

イギリスの公的扶助の歴史は複数科目において最頻出事項である。確実に得点できるよう，問題04〜問題06を何度も復習しておきたい。

問題 05 解説　エリザベス救貧法／新救貧法

1 ✕ エリザベス救貧法(1601年)が教区を単位に実施されていたのは間違いないが，教区とは，教会を中心とした地域の自治体であり，行政上の区分けとは異なる。「全国を単一の教区」という表現は誤りで，**国内には複数の教区**が存在していた。

2 ✕ 労役場テスト法(1722年)，別名ナッチブル法は，労働可能貧民の労働意欲を労役場(ワークハウス)でテストし，**労役場で労働に従事**させた。自由を束縛し，管理的・懲罰的な労働環境で貧民に恐怖心を与え，**労役場以外の救済への申請意欲を削ごう**とした。

3 ✕ ギルバート法(1782年)及びスピーナムランド制度(1795年)は，エリザベス救貧法下で膨らみ続ける救貧予算の削減を目的に**院外救済**を認めたことで有名な制度である。背景には労役場における非人道的な処遇への批判もあった。その後，新救貧法(1834年)ができて，再び**院内救済**中心の施策に戻った。

4 ✕ 新救貧法下(1834年)では**院内救済**が復活し，救済対象は縮小された。

5 ○ 国民保険法(1911年)は，ドイツのビスマルク(Bismarck, O.)による社会保険制度を参考に，**健康保険**，**失業保険**など，今では基本的と思われている各種の社会保険を実現させた法律である。

POINT!

院内救済から院外救済を経て再び院内救済へと回帰したという一連の流れがわかっているかがポイントである。その他の選択肢もごく基本的な事項である。

正解　問題04……**3**　　問題05……**5**

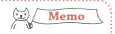

社会福祉の思想・哲学

問題 06 頻出度 ★ 　第34回 問題028

人権に関する次の事項のうち，国際条約として個別の条文に規定されるに至っていないものとして，最も適切なものを1つ選びなさい。

1 性的指向及び性自認に基づく差別の禁止
2 障害者への合理的配慮の提供
3 自己の意見を形成する能力のある児童が自由に自己の意見を表明する権利
4 同一価値労働同一賃金の原則
5 人種的憎悪や人種差別を正当化する扇動や行為を根絶するための措置

社会福祉の理論

問題 07 頻出度 ★ 　第34回 問題022

次の記述のうち，1970年代後半の「福祉の見直し」が提唱された時期に示された「新経済社会7カ年計画」の内容として，正しいものを1つ選びなさい。

1 社会保障制度を「すべての国民が文化的社会の成員たるに値する生活を営むことができるようにすること」と新たに定義した。
2 社会保障を，所得階層の観点から「貧困階層に対する施策」「低所得階層に対する施策」「一般所得階層に対する施策」に区分した。
3 社会福祉施設への需要の増加を踏まえて，5か年程度の期間の社会福祉施設緊急整備計画の樹立とその実施を求めた。
4 個人の自助努力と家庭や近隣・地域社会等との連携を基礎とした「日本型ともいうべき新しい福祉社会の実現を目指す」ことを構想した。
5 要介護高齢者の増加を背景に，介護サービス見込量の集計を踏まえ，訪問介護等の介護サービスの具体的数値目標を定めた。

社会福祉の論点

問題 08 頻出度 ★★ 　第33回 問題026

福祉政策における資源供給の在り方に関する次の記述のうち，最も適切なものを1つ選びなさい。

1 現金よりも現物で給付を行う方が，利用者の選択の自由を保障できる。
2 バウチャーよりも現金で給付を行う方が，利用者が本来の目的以外に使うことが生じにくい。
3 日本の介護保険法における保険給付では，家族介護者に対して現金給付が行われることはない。
4 負の所得税は，低所得者向けの現金給付を現物給付に置き換える構想である。
5 普遍主義的な資源の供給においては，資力調査に基づいて福祉サービスの対象者を規定する。

問題 06 解説　LGBT／合理的配慮／意見表明権／同一価値労働同一賃金

1 ○ LGBTの人々への人権保護や差別禁止については、国際人権法を援用できるとする解釈も存在しているが、LGBTに特化した固有の条文としては規定されておらず、問題視されている。

2 × 「障害者権利条約」の2条に、障害者への合理的配慮について明記されている。

3 × 「子どもの権利条約」12条に児童の意見表明権について明記されている。

4 × 1951（昭和26）年にILO（国際労働機関）が「同一価値の労働についての男女労働者に対する同一報酬に関する条約」について決定した。日本は1967（昭和42）年に批准している。

5 × 「人種差別撤廃条約」第4条に、人種的憎悪や人種差別を正当化する扇動や行為を根絶するための措置について明記されている。

POINT!

LGBTに関する出題は本科目でも継続的にあるが、「LGBTに関して個別の条約・条文が存在しない」という事実を知らない人も多いのではないだろうか。他の選択肢からの消去法でしっかり正解したい問題である。

問題 07 解説　新経済社会7カ年計画／社会福祉施設緊急整備5カ年計画

1 × 設問にあるような文言は、「新経済社会7カ年計画」には見当たらない。日本で「社会保障」という言葉が一般化したのは1946（昭和21）年の日本国憲法が契機といわれている。「すべて国民は健康で文化的な最低限度の生活を送る権利を有する」という第25条生存権は有名である。

2 × 同計画においては、経済面のみならず、国民の「生活の質」を求める時代になってきている点が強調されており、設問にあるような文言は見当たらない。

3 × 社会福祉施設への需要の増加を踏まえて、5か年程度の期間の社会福祉施設緊急整備計画の樹立と実施を求めたのは、1970（昭和45）年に厚生省が出した「社会福祉施設緊急整備5カ年計画」である。

4 ○ 同計画に設問文の通り記されている。

5 × 要介護高齢者の増加を背景に、介護サービス見込量の集計を踏まえ、介護サービスの具体的数値目標を定めたのは「介護保険事業計画」である。

POINT!

田中角栄首相の福祉元年（1973（昭和48）年）の老人医療費無料化、オイルショックなどの1970年代の福祉政策の一連の流れについてはしばしば出題があるため、確実に押さえておきたい。

問題 08 解説　現物給付／現金給付／介護保険

1 × 例えば利用者が医療サービスを利用する際、無料で利用できたり、かかった利用料が後日還付されたりするのが現物給付である。現金給付のほうが選択の幅が広いのは明らかである。

2 × 選択肢1の解説に述べた通りである。現金給付は、給付された現金を利用者が様々なことに使えるため、最低限度の生活が脅かされているにもかかわらずギャンブルや嗜好品で浪費してしまうといった、本来の目的でない使われ方をし、給付の効果が低下する可能性が現物給付よりも高い。

3 ○ ドイツの介護保険では、ヘルパーを利用せずに家族が介護をした場合、ヘルパーに払う人件費とほぼ同等の現金が家族へ給付されるなど「介護の社会化」が進んでいるが、日本ではそのようなシステムはない。

4 × 負の所得税は累進課税制度の延長線上にある考え方である。累進課税制度は負担能力の高い世帯からより多くの税を徴収する所得再分配のシステムであるため、一定水準以下の負担能力の世帯からは税を徴収せず、逆に彼らは給付を受け取るべきなのではないか、という発想である。

5 × 生活保護制度など、資源の供給に際して様々な要件があるものは「選別主義」という。

POINT!

現物給付と現金給付のメリットとデメリット、及び実際の福祉政策との関係性について基本的な事項が問われている。

正解　問題06……1　　問題07……4　　問題08……3

問題 **09** 頻出度 ★ ★ 　　第36回 問題029

所得の再分配に関する次の記述のうち，最も適切なものを1つ選びなさい。

1 市場での所得分配によって生じる格差を是正する機能を有しうる。
2 現物給付を通して所得が再分配されることはない。
3 同一の所得階層内部での所得の移転を，垂直的な所得再分配という。
4 積立方式による公的年金では，世代間の所得再分配が行われる。
5 高所得者から低所得者への所得の移転を，水平的な所得再分配という。

社会福祉の対象とニーズ

問題 **10** 頻出度 ★ ★ ★ 　　第36回 問題025

次の記述のうち，ブラッドショー(Bradshaw, J.)のニード類型を踏まえたニードの説明として，最も適切なものを1つ選びなさい。

1 クライエントがニードを表明しなければ，ニードのアセスメントを行うことはできない。
2 社会規範に照らしてニードの有無が判断されることはない。
3 クライエントと専門職との間で，ニードの有無の判断が食い違うことはない。
4 他人と比較してニードの有無が判断されることはない。
5 クライエントがニードを自覚しなければ，クライエントからのニードは表明されない。

問題 09 解説　再分配　積立方式　賦課方式

1 ○　方法は枚挙にいとまがないが，例えば高所得者からは多く税を徴収し，低所得者からは少なく，または非課税とする。その税を用いて低所得者向けに福祉的給付を行う等の方法で再分配を行えば，格差縮小に寄与すると考えられる。

2 ✕　所得の再分配は，現金給付，現物給付，いずれの方法も存在し得る。例えば生活保護受給者の場合，医療や介護など現物給付の形をとるものもあれば，生活扶助や住宅扶助など現金給付の形をとる扶助もある。

3 ✕　選択肢3と5の説明が逆である。同一の所得階層内部での所得の移転を水平的な所得再分配という。

4 ✕　積立方式による公的年金では，あくまでも高齢者本人が現役時代に積み立てた財源をベースに拠出されるため，世代間の所得再分配の機能は弱まる。対して，日本で現在とられている方法は賦課方式といい，高齢者世代の年金給付を，同時点の現役世代が負担する仕組みとなっている。

5 ✕　選択肢3と5の説明が逆である。高所得者から低所得者への所得の移転を垂直的な所得再分配という。

> **POINT!**
> 落ち着いてよく読めば一般常識で解ける内容であるが，積立／賦課方式や垂直／水平的再分配など，独特の専門用語に慣れていないと難しく感じるかもしれない。

問題 10 解説　規範的ニード　比較ニード

1 ✕　ニードは本人が表明するニード（エクスプレストニード）だけでなく，行政や専門家などの他者が判断する規範的ニード（ノーマティブニード）も存在する。

2 ✕　本人が無自覚，ないし望んでおらずとも，他者がニードの存在を認知する場合もある。とりわけ行政や専門家は社会通念や規範に照らして望ましさを判断している。

3 ✕　クライエントと専門職の間でニードの有無の判断が食い違うことはある。内容や程度のみならず，クライエントはニードの存在自体を自覚していないが，行政や専門職から見た場合にニードが確認されるということも少なくない。

4 ✕　同じような状態にある人で，サービスを利用している人と利用していない人がいる場合に，サービスを利用していない人に存在するニードのことをコンパラティブニード（比較ニード）と呼ぶ。

5 ○　ニードが存在していても，クライエントがそれを自覚していなければクライエントが自ら表明することはない。

> **POINT!**
> ブラッドショーによる4つのニード分類は，近年出題がなかったが，数年前までほぼ毎年出題されていた。原点回帰的な問題であり，内容も難しくないため確実に得点したい。

Note　ブラッドショーによるニードの分類

規範的（ノーマティブ：normative）ニード	最初に望ましい基準を定義し，そこから判断することで，専門家や行政担当者によって認識されるニード
感得された（フェルト：felt）ニード	個人が欲求を知覚することにより認識されるニード
表出された（エクスプレスト：expressed）ニード	個人が知覚した欲求を表出することにより認識されるニード
比較（コンパラティブ：comparative）ニード	あるサービスを受ける人々の特性を研究することにより認識されるニード（例えば，集団Aと集団Bを比較することにより初めて認識される不足など）

正解　問題09……1　　問題10……5

4
社会福祉の原理と政策

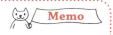

社会問題の構造的背景

問題 11　頻出度 ★★　第34回 問題027

新しい社会的リスクやそれへの対処に関する次の記述のうち，適切なものを2つ選びなさい。

1. ニートとは，35～59歳の未婚者のうち，仕事をしておらず，ふだんずっと一人でいるか，家族しか一緒にいる人がいない者のことを指す。
2. ダブルケアとは，老老介護の増加を踏まえ，ケアを受ける人と，その人をケアする家族の双方を同時に支援することを指す。
3. 保活とは，子どもを認可保育所等に入れるために保護者が行う活動であり，保育所の待機児童が多い地域で活発に行われる傾向がある。
4. 8050問題とは，一般的には，80代の高齢の親と，50代の無職やひきこもり状態などにある独身の子が同居し，貧困や社会的孤立などの生活課題を抱えている状況を指す。
5. ワーキングプアとは，福祉給付の打切りを恐れ，就労を見合わせる人々のことを指す。

問題 12　頻出度 ★　第35回 問題029

日本における人口の動向に関する次の記述のうち，正しいものを1つ選びなさい。

1. 第二次世界大戦後，1940年代後半，1970年代前半，2000年代後半の3回のベビーブームを経験した。
2. 15～64歳の生産年齢人口は，高度経済成長期から1990年代後半まで減少を続け，以後は横ばいで推移している。
3. 「『日本の将来推計人口』における中位推計」では，65歳以上の老年人口は2025年頃に最も多くなり，以後は緩やかに減少すると予想されている。
4. 「人口推計　2023年10月1日現在」において，前年に比べて日本人人口が減少した一方，外国人人口が増加したため，総人口は増加した。
5. 1970年代後半以降，合計特殊出生率は人口置換水準を下回っている。

（注）「『日本の将来推計人口』における中位推計」とは，国立社会保障・人口問題研究所「日本の将来推計人口（令和5年推計）」における，出生中位（死亡中位）の推計値を指す。

問題 13　頻出度 ★★★　第36回 問題024 改

日本の貧困に関する次の記述のうち，最も適切なものを1つ選びなさい。

1. 日本の2010年代における「貧困率」は，経済協力開発機構（OECD）加盟国の平均を大きく下回っている。
2. 「2022年国民生活基礎調査の概況」（厚生労働省）によれば，子どもがいる現役世帯の世帯員の「貧困率」は，「大人が二人以上」の世帯員よりも「大人が一人」の世帯員の方が高い。
3. 「2022年国民生活基礎調査の概況」（厚生労働省）によれば，子どもの「貧困率」は10％を下回っている。
4. 「2022年国民生活基礎調査の概況」（厚生労働省）によれば，生活意識について「大変苦しい」または「やや苦しい」と回答した割合は，母子世帯よりも高齢者世帯のほうが高い。
5. 2022年（令和4年）の時点で，生活保護世帯に属する子どもの大学進学率は60％を超えている。

（注）ここでいう「貧困率」とは，等価可処分所得が中央値の半分に満たない世帯員の割合（相対的貧困率）を指す。

問題 11 解説　ニート／ひきこもり／ダブルケア／8050問題

1 × 厚生労働省は，「ニートとは15〜34歳の非労働力（仕事をしていない，また失業者として求職活動をしていない者）のうち，主に通学でも，主に家事でもない独身者」と定義している。

2 × ダブルケアとは，介護と子育てを同時に行っている状態のことで，老老介護とは別の概念である。

3 ○ 保活は，希望通りに認可保育園に入れるとは限らない厳しい状況を就職活動になぞらえ，誕生した用語である。

4 ○ 8050問題とは，一般的に80代の高齢の親と50代の無職やひきこもり状態にある独身の子が同居し，貧困や社会的孤立などの生活課題を抱えている状況を指す。こうした世帯は地域に埋もれがちであり，積極的なアウトリーチが必要である。

5 × ワーキングプアとは，「就業しているにもかかわらず貧困状態にある就労者」のことを指す。

POINT!

ひきこもりは，「仕事や学校に行かず，かつ家族以外の人との交流をほとんどせずに，6か月以上続けて家庭にとどまり続けている状態」である。ニートとは別の概念であり，混同しないように気をつけたい。

問題 12 解説　生産年齢人口／高齢者人口／総人口

1 × 1940年代後半の第一次ベビーブームと1970年代前半の第二次ベビーブームに関しては正しいが，日本において現在までのところ，第三次ベビーブームは発生していない。

2 × 少子高齢化の進行により，日本の生産年齢人口は1995（平成7）年をピークに減少しており，2050（令和32）年には約5,275万人になると見込まれている。

3 × 高齢者人口（老年人口）の割合の推移をみると，1950（昭和25）年（4.9%）以降一貫して上昇が続いており，1985（昭和60）年に10%，2005（平成17）年に20%を超え，2023（令和5）年は29.8%となった。2070年には40.9%になると予測されている。

4 × 同データを見ると日本人は83万7千人（-0.69%）の減少で12年連続で減少幅が拡大している。総人口は1億2,435万2千人で，前年に比べて59万5千人（-0.48%）の減少となった。

5 ○ 1970年代後半以降，合計特殊出生率は人口置換水準（人口が増加も減少もしない均衡した状態となる合計特殊出生率）を下回っている。

POINT!

人口統計については，横ばいか減少傾向か，傾向が転じた時期などの細かい内容まで把握することは難しい。まずは，本問題を含め過去問で問われたポイントを押さえておきたい。

問題 13 解説　相対的貧困率　子どもの貧困率

1 × OECDの2021年公表値における日本の相対的貧困率はアメリカの15.2%，韓国の14.8%よりも多い15.4%であり，OECD加盟国の平均より上回っていた。

2 ○ 2022年の子どもがいる現役世帯のうち，大人が一人いる世帯の貧困率は44.5%に対し，大人が二人以上の世帯の貧困率は8.6%となっている。

3 × 2021年の子どもの貧困率は11.5%であった。また同調査を見る限り，1985年から現在に至るまで10%を下回ったことは一度もない。

4 × 2022年の生活意識に関する調査で，高齢者世帯で「大変苦しい」と回答したのが18.1%，「やや苦しい」が30.2%であったのに対し，「母子世帯」は「大変苦しい」が39.4%，「やや苦しい」が35.9%であった。

5 × 厚生労働省「社会・援護局関係主管課長会議資料令和6年3月」によると，2022年の全世帯の大学等進学率が76.2%なのに対し，生活保護世帯の子どもの大学等進学率は42.4%となっている。

POINT!

日本の相対的貧困率は常に高い数値で推移している。子どもの相対的貧困率，ひとり親家庭の相対的貧困率の高さが繰り返し報道されていることを知っていれば，細かい数値まで把握していなくても正答できる。

正解　問題11……3，4　　問題12……5　　問題13……2

問題 14 頻出度 ★★★　第36回 問題026

次のうち，日本における第1次ベビーブーム期の出生者が後期高齢者になるために，国が示した，医療や介護等の供給体制を整備する目途となる年次として，最も適切なものを1つ選びなさい。

1 1973年（昭和48年）
2 1990年（平成2年）
3 2000年（平成12年）
4 2025年（令和7年）
5 2035年（令和17年）

福祉政策の概念・理念

問題 15 頻出度 ★★　第34回 問題023

ノーマライゼーションに関する次の記述のうち，最も適切なものを1つ選びなさい。

1 EU（欧州連合）の社会的包摂政策がノーマライゼーションの思想形成に影響を与えた。
2 知的障害者の生活を可能な限り通常の生活状態に近づけるようにすることから始まった。
3 ニュルンベルク綱領（1947年）の基本理念として採択されたことで，世界的に浸透した。
4 国際児童年の制定に強い影響を与えた。
5 日本の身体障害者福祉法の制定に強い影響を与えた。

問題 16 頻出度 ★★★　第34回 問題024

福祉政策の学説に関する次の記述のうち，最も適切なものを1つ選びなさい。

1 ローズ（Rose, R.）は，経済成長，高齢化，官僚制が各国の福祉国家化を促進する要因であるという収斂理論を提示した。
2 エスピン-アンデルセン（Esping-Andersen, G.）は，自由主義・保守主義・社会民主主義という3類型からなる福祉レジーム論を提示した。
3 マーシャル（Marshall, T.）は，社会における福祉の総量（TWS）は家庭（H），市場（M），国家（S）が担う福祉の合計であるという福祉ミックス論を提示した。
4 ウィレンスキー（Wilensky, H.）は，福祉の給付を「社会福祉」「企業福祉」「財政福祉」に区別した福祉の社会的分業論を提示した。
5 ティトマス（Titmuss, R.）は，市民権が18世紀に市民的権利（公民権），19世紀に政治的権利（参政権），20世紀に社会的権利（社会権）という形で確立されてきたという市民権理論を提示した。

問題 14 解説　第一次ベビーブーム　団塊の世代　少子高齢社会

1　× 　1973（昭和48）年は，田中角栄政権下で福祉元年がうたわれ，70歳以上の高齢者ほぼ全員について医療費が無償化されたことで知られる。またオイルショックのあった年でもある。

2　× 　1990（平成2）年は老人福祉法等を一部改正する法律によって福祉八法全体の改正が行われた年である。都道府県から市町村への権限移譲が大きく進んだ。

3　× 　2000（平成12）年は，介護保険法施行を契機に，日本の福祉行政の「措置から契約へ」のパラダイムシフトが図られた年として有名である。

4　○ 　2025（令和7）年に，第一次ベビーブーム世代が全員，後期高齢者となる。

5　× 　2035（令和17）年には，第一次ベビーブーム世代が85歳以上となり，少子高齢化が極めて深刻化すると予測されている。人口における高齢者が3割以上となり，現役世代の減少による経済縮小，介護人材の不足など未曽有の事態が懸念されている。

POINT!

第一次ベビーブームとは1947年から1949年に生まれた世代のことである。団塊の世代という別名を知っていれば難しく感じないだろう。

問題 15 解説　ノーマライゼーション／ニィリエ／バンク-ミケルセン

1　× 　社会的包摂（インクルージョン）は，1970年代にフランスなどで指摘された社会的排除に対抗する概念として誕生したもので，1950年代に勃興したノーマライゼーション概念よりも後である。

2　○ 　デンマークのバンク-ミケルセン（Bank-Mikkelsen, N. E.）が中心となり1959年に作られた法律の前文に，設問文の通り記されていた。また，この一文はスウェーデンのニィリエ（Nirje, B.）にも多大な影響を与えた。

3　× 　先にも述べた通りノーマライゼーション理念の発祥は1950年代といわれており，ニュルンベルク綱領（1947年）よりも後の出来事である。

4　× 　ノーマライゼーションの概念は，国際障害者年（1981年）の制定に強い影響を与えた。

5　× 　日本の身体障害者福祉法は1949（昭和24）年に制定されており，ノーマライゼーションの理念が発祥したといわれる1950年代よりも前である。

POINT!

ノーマライゼーションの理念に関しては，人名，国名，時期などの基本的な事項を押さえておけばさほど難しくない。本問では問われていないが，ウォルフェンスベルガーもあわせて覚えておきたい。

問題 16 解説　ウィレンスキー／福祉レジーム論／マーシャル

1　× 　ウィレンスキーは，長期的視点で見た場合，国家の政治体制に関係なく，経済水準の上昇に伴って人口構造が変化し，高齢化や官僚制の自己増殖をもたらし福祉国家へと収斂していくという収斂理論を唱えた。

2　○ 　エスピン-アンデルセンは，資源動員論の観点から福祉国家の体制を類型化した。

3　× 　ローズは，社会における福祉の総量は家庭，市場，国家が担う福祉の合計であるという福祉ミックス論を提示した。

4　× 　ティトマスは，福祉給付を「社会福祉」「企業福祉」「財政福祉」に区別した福祉の社会的分業論を提示した。また，福祉の残余モデル，産業的業績達成モデル，制度的再分配モデルなどの理論でも知られる。

5　× 　マーシャルは，市民権が18世紀に市民的権利（公民権），19世紀に政治的権利（参政権），20世紀に社会的権利（社会権）という形で確立されてきたという市民権理論を提示した。

POINT!

福祉政策や福祉国家論で知られる論者たちの人名と各理論を問う問題である。解答を1つ選ぶだけでなく，それぞれの選択肢のどの部分が誤りであるか，また，選択肢の部分同士をどう繋ぎ合わせれば正しい記述になるかなどを考えてほしい。

正解　問題14……4　　問題15……2　　問題16……2

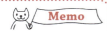

問題 17 頻出度 ★★★　　第36回 問題028

次のうち，エスピン-アンデルセン（Esping-Andersen, G.）の福祉レジーム論に関する記述として，最も適切なものを1つ選びなさい。

1 福祉レジームは，残余的モデルと制度的モデルの2つの類型からなる。
2 市場や家族の有する福祉機能は，福祉レジームの分析対象とはされない。
3 スウェーデンとドイツは同一の福祉レジームに属する。
4 各国の社会保障支出の大小といった量的差異に限定した分析を行っている。
5 福祉レジームの分析に当たり，脱商品化という概念を用いる。

Note　福祉国家の国際比較

エスピン-アンデルセン	ティトマス	形態	該当国
自由主義レジーム	残余的福祉モデル	選別主義（貧困者を対象）	アメリカ，オーストラリア，カナダ
保守主義レジーム	産業的業績達成モデル	保険料拠出（就労者を対象）	ドイツ，フランス，オーストリア，（日本）
社会民主主義レジーム	制度的再分配モデル	普遍主義（税による再分配）	スウェーデン，ノルウェー，フィンランド

問題 18 頻出度 ★★★　　第35回 問題024

福祉政策に関する次の記述のうち，最も適切なものを1つ選びなさい。

1 アダム・スミス（Smith, A.）は，充実した福祉政策を行う「大きな政府」からなる国家を主張した。
2 マルサス（Malthus, T.）は，欠乏・疾病・無知・不潔・無為の「五つの巨悪（巨人）」を克服するために，包括的な社会保障制度の整備を主張した。
3 ケインズ（Keynes, J.）は，不況により失業が増加した場合に，公共事業により雇用を創出することを主張した。
4 フリードマン（Friedman, M.）は，福祉国家による市場への介入を通して人々の自由が実現されると主張した。
5 ロールズ（Rawls, J.）は，国家の役割を外交や国防等に限定し，困窮者の救済を慈善事業に委ねることを主張した。

Note　ロールズの正義論

彼以前の政治哲学では善悪や倫理を論じる際，功利主義的な説明方法を採るほかなかった。そこに「正義」という概念を導入したロールズの功績及び影響力は大きく，現代リベラリズムの祖といわれている。「原初状態」「第一原理と第二原理」などの理論で有名。

問題 17 解説 エスピン-アンデルセン 福祉レジーム論

1 ✕ 「福祉の社会的分業」という考え方に基づいて福祉国家を財政福祉，社会福祉，企業福祉の3つに分類し，福祉国家を「残余的福祉モデル」「産業的業績達成モデル」「制度的再分配モデル」の3つに分類したのはティトマスである。

2 ✕ 市場や家族の持つ福祉機能も分析対象になる。エスピン-アンデルセンは，個人が市場所得や家族に依存することなく一定水準の生活を維持できるかの度合いを，「脱商品化」「脱家族化」などの指標を用いて表し，福祉国家を分類した。

3 ✕ エスピン-アンデルセンの福祉レジームにおいて，スウェーデンは社会民主主義レジームに属し，ドイツは保守主義レジームに属する。

4 ✕ エスピン-アンデルセンは，量的差異のみならず，政治学的・社会学的アプローチを用いて福祉国家を把握しようとした。例えば彼による労働左派政党の政治的影響力と福祉支出の関係性の分析などは資源動員論の視点を用いている。

5 ◯ エスピン-アンデルセンは，個人が市場所得や家族に依存することなく一定水準の生活を維持できるかの度合いを，「脱商品化」「脱家族化」などの指標を用いて表し，福祉国家を分類した。

POINT!

エスピン-アンデルセンの福祉レジーム論は頻出である。ティトマスやウィレンスキーなど，福祉国家論に関連の深い他の論者の主要な理論も併せておさえておきたい。

問題 18 解説 自由主義／新自由主義

1 ✕ アダム・スミスは近代の自由主義経済学の父ともいうべき存在であり，著書『国富論』において展開した，社会の成員が各自の利益を追求したとしても自ずと調整や調和がはかられるという「神の見えざる手」の理論が有名である。

2 ✕ 「5つの巨悪」はベヴァリッジ（Beveridge, W.）によるベヴァリッジ報告で示されたものである。マルサスは人口論で著名な人物である。

3 ◯ ケインズは著書『一般理論』の中で，非自発的失業がゼロの状態を「完全雇用」と定義した。また，そうでない場合，公共事業に投資して雇用を増やすことがその実現につながると考えた。

4 ✕ フリードマンやハイエクらは新自由主義（ネオリベラリズム）の立場をとり，自己責任を基本とし，政府の介入を最小限に抑えて市場競争に委ねることを推奨した。

5 ✕ ロールズは『正義論』で著名な，現代リベラリズムを代表する政治哲学者である。設問文は，福祉国家を批判し，福祉への支出を極力抑えようとする「小さな政府」の説明である。

POINT!

戦後の従来型の福祉国家を定義する構成要素，すなわち「完全雇用」「社会保険」及びそれに関連の深い事項を理解していれば容易に解けるが，そうでない場合には難しく感じるかもしれない。

正解 問題17……5 問題18……3

4

社会福祉の原理と政策

福祉政策の構成要素

問題 19 頻出度 ★★　　第34回 問題029

福祉政策と市場の関係などに関する次の記述のうち，最も適切なものを1つ選びなさい。

1 公共サービスの民営化の具体的方策として，サービス供給主体の決定に，官民競争入札及び民間競争入札制度を導入する市場化テストがある。
2 準市場では，行政主導のサービス供給を促進するため，非営利の事業者間での競争を促す一方で，営利事業者の参入を認めないという特徴がある。
3 プライベート・ファイナンス・イニシアティブ(PFI)とは，公有財産を民間に売却し，その利益で政府の財政赤字を補填することである。
4 指定管理者制度とは，民間資金を使って公共施設を整備することである。
5 ニュー・パブリック・マネジメント(NPM)では，政府の再分配機能を強化し，「大きな政府」を実現することが目標とされる。

問題 20 頻出度 ★　　第36回 問題022

福祉における政府と民間の役割に関する次の記述のうち，最も適切なものを1つ選びなさい。

1 平行棒理論とは，救済に値する貧民は救貧行政が扱い，救済に値しない貧民は民間慈善事業が扱うべきだとする考え方を指す。
2 繰り出し梯子理論とは，ナショナルミニマムが保障された社会では，民間慈善事業が不要になるとの考え方を指す。
3 社会市場のもとでは，ニーズと資源との調整は，価格メカニズムにより行われ，そこに政府が関与することはない。
4 準市場のもとでは，サービスの供給に当たり，競争や選択の要素を取り入れつつ，人々の購買力の違いによる不平等を緩和するための施策が講じられることがある。
5 ニュー・パブリック・マネジメント(NPM)とは，福祉サービスの供給に参入した民間企業の経営効率化のために，その経営に行政職員を参画させる取組を指す。

問題 19 解説　準市場／PFI／市場化テスト／NPM

1 ○　**市場化テスト**とは，官民競争入札や民間競争入札を導入するなどして，民間事業者も公共サービスの担い手になれるような仕組みのことである。

2 ×　**準市場（疑似市場，クアジマーケット）**は，医療・福祉など，もともと公共性の強い分野において，部分的に市場原理を取り入れて画一性や寡占・独占を防ぐようなアイデアのことである。

3 ×　**プライベート・ファイナンス・イニシアティブ（PFI）**とは，公共施設等の建設，維持管理，運営等を**民間**の資金，経営能力及び技術的能力を活用して行う新しい手法のことである。

4 ×　**指定管理者制度**は，地方公共団体の出資法人や公共団体等に限らず民間事業者も，地方自治体の指定を受けて「**公の施設**」の管理を行うことができる制度である。2003（平成15）年6月の**地方自治法**の一部改正によって導入された。

5 ×　**ニュー・パブリック・マネジメント（NPM）**とは，民間企業で行われているような**経営手法**を公共サービスにも取り入れようとする概念である。**1980**年代以降の欧米諸国から始まった。

POINT!
官民のよいところをうまく組み合わせて活用し，硬直性や画一性を乗り越えつつ，多様な国民のニーズに答えながら，コスト削減にもつながるような政策上の概念に関する出題である。選択肢2の準市場は，主要な提唱者（ルグラン）も頻出であるため，確実に正誤を判定できるようにしておきたい。

問題 20 解説　準市場　社会市場　NPM

1 ×　平行棒理論は**グレイ**（Gray, B. K.）が提唱した。救済に値する貧民は民間慈善事業が扱い，救済に値しない貧民は救貧行政が扱うべきだとした。この根底には，かつてのエリザベス救貧法のように貧民を道徳的な観点から**選別**する思想と，救貧行政＝**非人道的**という考え方がある。公私の性質の決定的な差異を決して交わらない平行棒に例えた。

2 ×　繰り出し梯子理論はウェッブ夫妻が『**産業民主制論**』（1897年）において提唱したといわれる。**ナショナルミニマム**の保障という前提に立ち，民間慈善事業がクライエントに対して公に先駆けて救済の手を差し出し，公もそれと矛盾しない形で手を差し伸べることで公私が協働する。その様子を徐々に繰り出される梯子になぞらえ，より高次の福祉を目指せるとウェッブ夫妻は考えた。

3 ×　選択肢は**経済市場**の説明になっている。社会市場はこのような経済市場とは対比的に用いられる概念で，公共政策や経済市場の道徳的な弊害や物質的な弊害を社会的なものを投入することで克服しようとする考え方である。

4 ○　準市場は疑似市場，擬似市場，クアジ・マーケットとも呼ばれる。イギリスの経済学者**ルグラン**が提唱した。医療，福祉，教育などの公共サービスにおいて規制を一部緩和し，民間の参入を認めて擬似的な市場を創り出し，そのなかで競争原理を担保しようとする試みである。完全に自由化された市場とは異なるため，人々の購買力に差があれば不平等緩和の施策が講じられる場合がある。日本では**介護保険制度**などをイメージするとわかりやすい。

5 ×　ニュー・パブリック・マネジメント（NPM）とは，民間の経営理念や経営手法を公共部門に導入して，サービスの質の向上を図る**行政改革**手法のことである。

POINT!
公私関係論に関する基本的な知識を問う問題である。平行棒理論や繰り出し梯子理論は近年出題が減っていたので難しく感じるかもしれないが，最も頻出である準市場についてしっかり学んでいれば正答できる。

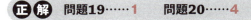

正解　問題19……1　　問題20……4

福祉政策の包括的支援

問題 21　第36回 問題030

次のうち，社会福祉法に設置根拠をもつものとして，正しいものを2つ選びなさい。

1. 地域包括支援センター
2. 母子家庭等就業・自立支援センター
3. 福祉に関する事務所(福祉事務所)
4. 運営適正化委員会
5. 要保護児童対策地域協議会

問題 22　第34回 問題030 改

人々の生活の豊かさを測定するための諸指標に関する次の記述のうち，最も適切なものを1つ選びなさい。

1. 1960年代の日本では，「真の豊かさ」を測定することを目指して開発された「新国民生活指標」を活用する形で，中央省庁で政策評価が開始された。
2. ブータンの国民総幸福量(GNH)は，国内総生産(GDP)を成長させるために必要な，環境保護・文化の推進・良き統治のあり方を提示することを目的としている。
3. 「世界幸福度報告(World Happiness Report)」の2024年版では，日本が幸福度ランキングの首位となっている。
4. 国連開発計画(UNDP)の「人間開発指数」(HDI)は，セン(Sen, A.)の潜在能力(ケイパビリティ)アプローチを理論的背景の1つとしている。
5. 日本の内閣府による「満足度・生活の質を表す指標群(ダッシュボード)」では，「家計や資産」「雇用と賃金」といった経済的指標のウェイトが大きい。

(注)「世界幸福度報告(World Happiness Report)」とは，国際連合の持続可能な開発ソリューション・ネットワークが刊行した報告書のことである。

問題 23　第36回 問題027

次のうち，「外国人との共生社会の実現に向けたロードマップ」で示された内容として，最も適切なものを1つ選びなさい。

1. 在留外国人の出身国籍が多様化する傾向が止まり，南米諸国出身の日系人が在留者の大部分を占めるようになった。
2. 日本社会に活力を取り込むために，高度で専門的な技術・知識を有する者以外の外国人材の受入れを抑制する。
3. 外国人との共生社会は，一人ひとりの外国人が日本社会に適応するための努力をすれば実現可能である。
4. 外国人が安全に安心して暮らせるように，外国人に対する情報発信や相談体制を強化する。
5. 共生社会の実現のために，在留外国人には納税及び社会保険への加入の義務を免除する。

(注)「外国人との共生社会の実現に向けたロードマップ」とは，外国人材の受入れ・共生に関する関係閣僚会議が2022年(令和4年)6月14日に策定した文書のことである。

問題 21 解説　母子家庭等就業・自立支援センター　運営適正化委員会

1　✕　地域包括支援センター設置の根拠法は介護保険法115条の46ある。

2　✕　母子家庭等就業・自立支援センターは母子及び父子並びに寡婦福祉法30条や35条を設置根拠としている。

3　○　福祉に関する事務所(福祉事務所)は社会福祉法14条を設置根拠としている。

4　○　運営適正化委員会は社会福祉法83条を設置根拠としている。

5　✕　要保護児童対策地域協議会(通称「要対協」)は児童福祉法25条の2に設置根拠を持つ。

POINT!

選択肢2の母子家庭等就業・自立支援センターは，児童福祉や保育の分野でもひっかけ問題(根拠法が児童福祉法ではない)として出題されることがあり，くれぐれも注意したい。

問題 22 解説　PLI／国民総幸福量／世界幸福度報告／ケイパビリティ

1　✕　新国民生活指標(PLI)は，経済企画庁が1992(平成4)年5月から発表を始めた概念である。持ち家比率や実質賃金，高等学校進学率，平均余命など，生活感覚に関わる152の指標を指標化し，数量化する。

2　✕　国民総幸福量(GNH)は，1972年にブータンで取り入れられた指標で，物質的な豊かさのみならず，精神的な充足感に重きを置いている。

3　✕　「世界幸福度報告」の2024年版のランキングでは，1位フィンランド，2位デンマーク，3位アイスランドと上位を北欧・中欧諸国が占めており，日本は143か国中51位である。

4　○　「人間開発指数」(HDI)は，ベンガル出身のノーベル経済学賞受賞者であるセンの潜在能力(ケイパビリティ)アプローチを理論的背景の1つとしている。センの理論については「効用」の概念も頻出であるため，併せて覚えておきたい。

5　✕　「満足度・生活の質を表す指標群(ダッシュボード)」は，日本の経済社会の構造を人々の満足度(Well-being)の観点から多面的に把握し，政策運営に活かしていくことを目的とするものである。

POINT!

国際的な動向を考慮した，豊かさの測定指標に関する設問である。ここ数年は出題がなかったが，セン及びその理論は最頻出事項の1つであるため，必ず得点できるようにしたい。

問題 23 解説　外国人労働者　共生社会

1　✕　「第1　基本的な考え方」に「最近は，南米諸国出身日系人等に加え，アジア諸国出身の外国人が大きく増加しており，国籍・地域の多様化が進んでいる」という一文がある。

2　✕　「第2　目指すべき外国人との共生社会のビジョン」に，「専門的・技術的分野の外国人労働者の受入れにより我が国社会に活力を取り込むというこれまでの視点を超えて，(後略)」という一文がある。受け入れを「抑制する」という文言は同文書のどこにも見当たらない。

3　✕　「第2　目指すべき外国人との共生社会のビジョン」に，「外国人を含む全ての人々」が努力すべきものであると繰り返し述べられている。

4　○　同文書において「4つの重点事項」として挙げられているもののうち，②の「外国人に対する情報発信・外国人向けの相談体制の強化」にあたる内容である。

5　✕　「第2　目指すべき外国人との共生社会のビジョン」のなかで挙げられている3つのビジョンのうち，一つ目に「また，外国人においては，納税等の公的義務を履行し，社会の構成員として責任を持った行動をとることが期待される」と明記されている。

POINT!

日本に在住する外国人の労働や権利に関する内容は過去にも出題があったので注意しておこう。

正解　問題21……3，4　　問題22……4　　問題23……4

問題 24　頻出度 ★★　第35回 問題022

次の記述のうち，近年の政府による福祉改革の基調となっている「地域共生社会」の目指すものに関する内容として，最も適切なものを１つ選びなさい。

1. 老親と子の同居を我が国の「福祉における含み資産」とし，その活用のために高齢者への所得保障と，同居を可能にする住宅等の諸条件の整備を図ること。
2. 「地方にできることは地方に」という理念のもと，国庫補助負担金改革，税源移譲，地方交付税の見直しを一体のものとして進めること。
3. 普遍性・公平性・総合性・権利性・有効性の五つの原則のもと，社会保障制度を整合性のとれたものにしていくこと。
4. 行政がその職権により福祉サービスの対象者や必要性を判断し，サービスの種類やその提供者を決定の上，提供すること。
5. 制度・分野ごとの縦割りや，支え手・受け手という関係を超えて，地域住民や地域の多様な主体が我が事として参画すること等で，住民一人ひとりの暮らしと生きがい，地域をともに創っていくこと。

問題 25　頻出度 ★　第35回 問題028

生活困窮者自立支援法の目的規定に関する次の記述のうち，正しいものを１つ選びなさい。

1. 生活困窮者に対する自立の支援に関する措置を講ずることにより，生活困窮者の自立の促進を図ること。
2. すべての国民に対し，その困窮の程度に応じ，最低限度の生活を営めるよう必要な保護を講ずることにより，生活困窮者の自立の促進を図ること。
3. 尊厳を保持し，能力に応じ自立した日常生活を営めるよう，必要な保健医療及び福祉サービスに係る給付を行い，生活困窮者の自立の促進を図ること。
4. 能力に応じた教育を受ける機会を保障する措置を講ずることにより，生活困窮者の自立の促進を図ること。
5. 社会，経済，文化その他あらゆる分野の活動に参加する機会が確保されるよう施策を講ずることにより，生活困窮者の自立の促進を図ること。

> **Note　住居確保給付金とは**
>
> 住宅に関することはしばしば出題されるため，制度についてしっかり押さえておきたい。住居確保給付金は生活困窮者自立支援法（平成25年法律第105号）第6条に基づき，離職，自営業の廃業，またはこれらと同等の状況に陥ったことにより，経済的に困窮し，住居を喪失した人，または住居を喪失するおそれのある人を対象に，家賃相当額（上限あり）を支給する制度である。

問題 24 解説　地域共生社会／措置／契約

1 ✕ 1978（昭和53）年の厚生白書で「（老親と子の）同居は，我が国の福祉における含み資産」と明記されたことは有名で，近年でも介護の社会化と逆行する考え方として，悪い意味で引き合いに出されることがある。

2 ✕ 設問文は，「経済財政運営と構造改革に関する基本方針」や「三位一体の改革について」（2005（平成17）年11月30日政府・与党合意）において掲げられた，「小さな政府」に類似する考え方である。

3 ✕ 設問文は，1995（平成7）年7月に「社会保障体制の再構築（勧告）～安心して暮らせる21世紀の社会をめざして」において示された原則である。

4 ✕ 設問文は，社会福祉基礎構造改革より前の，措置制度が中心であった時代の仕組みの説明である。現在は介護保険に代表されるような，利用者が施設やサービスを選んで申し込むことができる契約制度が中心である。

5 〇 改革の背景と方向性として，公的支援の「縦割り」から「丸ごと」への転換や，「わが事」「丸ごと」の地域づくりをはぐくむ仕組みへの転換が挙げられてる。

POINT!
2015（平成27）年9月に「新たな時代に対応した福祉の提供ビジョン」が示され，翌年6月に「ニッポン一億総活躍プラン」が閣議決定され，地域共生社会の実現が盛り込まれた。それらの詳細を暗記していなくても，歴代の政府方針の主要部分を覚えていれば消去法で解ける。

問題 25 解説　生活困窮者自立支援法／生活保護法／介護保険

1 〇 生活困窮者自立支援法1条に，「生活困窮者に対する自立の支援に関する措置を講ずることにより，生活困窮者の自立の促進を図ることを目的とする」と明記されている。

2 ✕ 設問文は，生活保護法1条の内容である。生活困窮者自立支援法はあくまでも生活困窮者の自立支援を目的としており，最低限度の生活維持のための補足ではない。

3 ✕ 能力に応じ自立した日常生活を営むことができるよう，必要な保健医療サービス及び福祉サービスに係る給付を行うことを規定しているのは，介護保険法1条である。

4 ✕ 能力に応じた教育を受ける機会の保持は，学校教育に関する教育基本法4条に規定されている。

5 ✕ 設問文は，主に高齢者福祉分野の地域福祉計画に関する説明である。

POINT!
生活困窮者自立支援法が，主に生活保護に至る前の生活困窮者への支援を主軸にしている点に注意が必要である。生活保護受給中の者が主に利用する自立支援プログラムと混同しないようにしたい。

正解　問題24……5　　問題25……1

問題 26　頻出度 ★★　第35回 問題031

男女雇用機会均等政策に関する次の記述のうち，最も適切なものを1つ選びなさい。

1. 常時雇用する労働者数が101人以上の事業主は，女性の活躍に関する一般事業主行動計画を策定することが望ましいとされている。
2. セクシュアルハラスメントを防止するために，事業主には雇用管理上の措置義務が課されている。
3. 総合職の労働者を募集・採用する場合は，理由のいかんを問わず，全国転勤を要件とすることは差し支えないとされている。
4. 育児休業を取得できるのは，期間の定めのない労働契約を結んだフルタイム勤務の労働者に限られている。
5. 女性労働者が出産した場合，その配偶者である男性労働者は育児休業を取得することが義務づけられている。

関連政策

問題 27　頻出度 ★　第36回 問題031

居住支援に関する次の記述のうち，最も適切なものを1つ選びなさい。

1. 住宅確保要配慮者居住支援協議会は，住宅確保要配慮者に対して家賃の貸付けを行っている。
2. 住居確保給付金は，収入が一定水準を下回る被用者に限定して，家賃を支給するものである。
3. シルバーハウジングにおけるライフサポートアドバイザーは，身体介護を行うために配置されている。
4. 「住宅セーフティネット法」は，住宅確保要配慮者が住宅を購入するための費用負担についても定めている。
5. 地方公共団体は，公営住宅法に基づき，住宅に困窮する低額所得者を対象とする公営住宅を供給している。

(注)「住宅セーフティネット法」とは，「住宅確保要配慮者に対する賃貸住宅の供給の促進に関する法律」のことである。

Note　生活福祉資金貸付制度（長期生活支援資金）

福祉と関連の深い住宅政策として，これも覚えておこう。リバースモーゲージとも呼ばれる。1990（平成2）年に「世帯更生資金貸付制度」が「生活福祉資金貸付制度」へと名称変更され，2009（平成21）年には抜本的な改正が行われた。低所得の高齢者世帯のうち一定の居住用不動産を有し，将来にわたりその住居に住み続けることを希望する場合に，当該不動産を担保として生活資金の貸付けを行うことにより，その世帯の自立を支援することを目的とする。実施主体は都道府県社会福祉協議会である。

問題 26 解説　男女雇用機会／次世代育成支援対策推進法／育児・介護休業法

1 ✕　一般事業主行動計画は，次世代育成支援対策推進法に基づき，企業が従業員の仕事と子育ての両立を図るための雇用環境の整備や，子育てをしていない従業員も含めた多様な労働条件の整備などに取り組むに当たって，計画期間，目標，目標達成のための対策及びその実施時期を定めるものである。従業員101人以上の企業には，行動計画の策定・届出，公表・周知が義務となっている。

2 ○　セクシュアルハラスメントを防止するために，事業主には雇用管理上の措置義務が課されている。任意実施や努力義務ではなく，義務である点に注意したい。

3 ✕　2014(平成26)年7月1日から，改正「男女雇用機会均等法施行規則」等が施行された。すべての労働者の募集，採用，昇進，職種の変更をする際に，合理的な理由がないにもかかわらず転勤要件を設けることは「間接差別」として禁止された。

4 ✕　育児・介護休業法が改正され，2022(令和4)年4月1日に施行された。対象となる労働者の要件が緩和され，日々雇用される者を除き，有期雇用労働者も一定の条件を満たせば育児・介護休業が取得できるようになった。

5 ✕　育児休業を取得したい男性労働者は，書面で事業主に申出を行うこととなっており，取得を義務付けるものではない。

POINT!

育児・介護休業法はたびたび改正され，2025(令和7)年4月にも所定外労働の制限(残業免除)の対象が，小学校就学前の子を養育する労働者まで拡大されるなど，さまざまな内容が改正されている。新設制度などは出題されやすいためチェックしておきたい。

問題 27 解説　住宅確保用配慮者　住居確保給付金　住宅セーフティネット法

1 ✕　住宅確保要配慮者居住支援協議会は，住宅確保要配慮者及び民間賃貸住宅の賃貸人の双方に対し，住宅情報の提供等の支援を実施するものである。家賃の貸付事業は行っていない。

2 ✕　住居確保給付金制度の対象は，主たる生計維持者が離職・廃業後2年以内である場合などであり，被用者に限定されていない。コロナ禍を契機に注目を集めたが，コロナ禍以前から存在する制度である点に注意したい。

3 ✕　シルバーハウジングにおけるライフサポートアドバイザーは生活援助員とも呼ばれる。入居高齢者に対する日常の生活指導，安否確認，緊急時における連絡等のサービスを提供するために配置される。身体介護を目的に配置されるものではない。

4 ✕　住宅セーフティネット法は「住宅確保要配慮者に対する賃貸住宅の供給の促進」が目的であり，賃貸ではなく住宅を購入する場合の費用負担については定めていない。

5 ○　公営住宅法1条に，この法律の目的として「国及び地方公共団体が協力して，健康で文化的な生活を営むに足りる住宅を整備し，これを住宅に困窮する低額所得者に対して低廉な家賃で賃貸し，又は転貸することにより，国民生活の安定と社会福祉の増進に寄与すること」と明記されている。

POINT!

住宅に関する横断的な知識が求められるためやや難易度が高い。住宅に関する支援や法整備はコロナ禍や外国人問題などとも深い関係のある分野であるため，過去問を中心に対策しておきたい。

正解　問題26……2　　問題27……5

問題 28 頻出度 ★ 第34回 問題031

教育政策における経済的支援に関する次の記述のうち，最も適切なものを1つ選びなさい。

1 国は，義務教育の無償の範囲を，授業料のみならず，教科書，教材費，給食費にも及ぶものとしている。
2 国が定める高等学校等就学支援金及び大学等における修学の支援における授業料等減免には，受給に当たっての所得制限はない。
3 国が定める高等学校等就学支援金による支給額は，生徒の通う学校の種類を問わず同額である。
4 日本学生支援機構による大学等の高等教育における奨学金は貸与型であり，給付型のものはない。
5 国が定める就学援助は，経済的理由によって，就学困難と認められる学齢児童又は学齢生徒の保護者を対象とする。

福祉利用過程

問題 29 頻出度 ★★ 第35回 問題030

福祉サービスの利用に関する次の記述のうち，最も適切なものを1つ選びなさい。

1 社会福祉法は，社会福祉事業の経営者に対し，常に，その提供する福祉サービスの利用者等からの苦情の適切な解決に努めなければならないと規定している。
2 社会福祉法は，社会福祉事業の経営者が，福祉サービスの利用契約の成立時に，利用者へのサービスの内容や金額等の告知を，書面の代わりに口頭で行っても差し支えないと規定している。
3 福祉サービスを真に必要とする人に，資力調査を用いて選別主義的に提供すると，利用者へのスティグマの付与を回避できる。
4 福祉サービス利用援助事業に基づく福祉サービスの利用援助のために，家庭裁判所は補助人・保佐人・後見人を選任しなければならない。
5 福祉サービスの利用者は，自らの健康状態や財力等の情報を有するため，サービスの提供者に比べて相対的に優位な立場で契約を結ぶことができる。

問題 28 解説　義務教育／高等学校等就学支援金／就学援助

1 ✕ 日本国憲法第26条2項，教育基本法5条，学校教育法6条などに，義務教育を無償とすること，無償とは「授業料を徴収しないこと」である旨が定められている。

2 ✕ 高等学校等就学支援金制度は，子どもの数や両親の就労状況によって基準額が異なるが，世帯年収に上限が設けられている。

3 ✕ 各家庭の事情や所得額によっても異なるが，公立高校に通う場合と比べて私立高校に通う場合の支給額は多くなっており，実質的に私立高校にも無償で通うことが可能になるようなシステムとなっている。

4 ✕ 2020（令和2）年4月より，大学や専門学校の授業料や入学金を免除や減免とする，返還不要の給付型奨学金が日本学生支援機構より運営されている。

5 ○ 就学援助制度とは，小・中学生を養育している保護者で学用品費や給食費の支払いが困難な家庭に対して，その費用の一部を援助する制度である。

POINT!
小学校・中学校就学のための援助と，それ以外（幼稚園や高等学校，大学や専門学校など）の教育機関に通うための援助の違いについては，公的扶助の領域でも出題されやすいため，きちんと理解しておきたい。義務教育か否か，私立か公立か，などの大枠からきちんとチェックしておこう。

問題 29 解説　スティグマ／福祉サービス利用援助事業／成年後見制度

1 ○ 社会福祉法82条に，設問文のとおり明記されている。

2 ✕ 社会福祉法77条1項に，「利用契約の成立時の書面の交付」について明記されている。

3 ✕ 資力調査を用いて選別主義的に給付の可否を決定すると，受給者に負い目や引け目，劣等感を抱かせる可能性がある。これらを説明するのにゴッフマンのスティグマという概念がよく用いられる。

4 ✕ 福祉サービス利用援助事業の実施主体は都道府県社会福祉協議会または指定都市社会福祉協議会である。設問文は，成年後見制度の説明である。

5 ✕ 福祉サービスの利用者は経済的・肉体的・心理的困難の渦中にあり，疲弊した状態で相談や利用申し込みに来ることも少なくない。一方，サービス提供者はそのサービスの内容や関連する福祉制度について熟知しており，相対的にみれば利用者よりも優越な立場になりがちで，パワーインバランス（権限の非対称性）という。これを完全になくすことは不可能だが，サービス提供者側は十分に配慮し，利用者や相談者が委縮して本心を言えない，納得せぬまま不利な形で契約を結ぶといったことが起きないように留意しなければならない。

POINT!
必ずしも苦情処理に限定されない，福祉サービスの利用にまつわるさまざまな事項が問われている。苦情処理や成年後見制度は他の科目でも頻出である。

問題28……5　　問題29……1

福祉政策の国際比較

問題 30 頻出度 ★★★　　第33回 問題027

各国の社会福祉や社会保障の現状に関する次の記述のうち、最も適切なものを1つ選びなさい。

1 アメリカの公的医療保障制度には、低所得者向けのメディケアがある。
2 スウェーデンの社会サービス法では、住民が必要な援助を受けられるよう、コミューンが最終責任を負うこととなっている。
3 ドイツの社会福祉制度は、公的サービスが民間サービスに優先する補完性の原則に基づいている。
4 中国の計画出産政策は、一組の夫婦につき子は一人までとする原則が維持されている。
5 韓国の高齢者の介護保障(長期療養保障)制度は、原則として税方式で運用されている。

問題 31 頻出度 ★★　　第36回 問題023

次のうち、1930年代のアメリカにおけるニューディール政策での取組として、正しいものを1つ選びなさい。

1 社会保障法の制定
2 公民権法の制定
3 メディケア(高齢者等の医療保険)の導入
4 ADA(障害を持つアメリカ人法)の制定
5 TANF(貧困家族一時扶助)の導入

(注)「障害を持つアメリカ人法」とは、「障害に基づく差別の明確かつ包括的な禁止について定める法律」のことである。

問題 30 **解説** メディケア／メディケイド／諸外国の福祉

1 ✕ 設問文は，メディケイドに関する説明である。高齢者等の医療を保障するのがメディケア，低所得者に医療扶助を行うのがメディケイドである。

2 〇 スウェーデンの地方行政は，21のランスティング（県）と290のコミューン（市町村）によって担われている。社会サービス法2章2条に，設問文の通り規定されている。

3 ✕ 補完性の原則とは，個人や家族，教会などの伝統的な小グループによる自助を優先し，そこで賄いきれない支援をより広域な団体で対応するといった考え方である。なお，ドイツについては，国民の福祉や医療の提供は国の責任であると明確化した上で，その遂行の一部を民間団体へ委託するという「分離・協働の原則」も有名。

4 ✕ 中国の一人っ子政策が重点的に実施されたのは2014年までである。2016年からは通称「二人っ子政策」が実施され，2021年には夫婦1組につき3人まで子どもをもうけることを認める方針を発表した。

5 ✕ 韓国の介護保障制度の財源は日本と同様，公費負担と保険料負担（事業主負担を含む）と利用者負担で構成されている。日本よりも公費負担割合が少なく，保険料負担の割合が大きい。

> **POINT!**
>
> 諸外国の福祉政策や社会保障制度についての出題である。難易度の高い選択肢と平易な選択肢が混ざっているため，消去法で確実に得点したい。

問題 31 **解説** アメリカ　公的扶助　医療保険

1 〇 老齢年金保険と失業保険からなる社会保険制度，社会保険に入れない者のための公的扶助制度，社会福祉事業の3つを柱として制定され，管轄局として社会保障局が新設された。

2 ✕ キング牧師の活躍で知られる公民権運動が活発であったのは1960年代のことである。公民権法の制定は1964年であった。

3 ✕ 1965年に創設された，高齢者及び障害者を対象とする公的医療保険制度をメディケアと呼び，同年に設立された，私的な医療保険に入ることが難しい低所得者に向けて創設された医療保険制度をメディケイドという。1960年代はベトナム戦争やジョンソン大統領の「貧困戦争」演説が行われた。併せて覚えておきたい。

4 ✕ ADAは1990年に制定された連邦法であり，諸外国の障害者差別禁止に関する立法に大きな影響を与えた。

5 ✕ TANFは，福祉依存からの脱却を目指すクリントン大統領政権下の1996年，福祉改革の一環で創設された。

> **POINT!**
>
> アメリカでソーシャルワーカーの役割が初めて法的に位置づけられたのが，1935年の社会保障法であった。第一次世界大戦による戦争PTSDの増加やフロイトの訪米などにより，精神分析に傾倒していたアメリカのソーシャルワーク界が本来の役割に立ち戻るきっかけの一つとなった。

正解 問題30……2　問題31……1

4

社会福祉の原理と政策

MEMO

第 5 章

<共通科目>
社会保障

Check ☑	1回目	月	日	／35問
Check ☑	2回目	月	日	／35問
Check ☑	3回目	月	日	／35問

社会保障制度

問題 01　頻出度 ★★★　第36回 問題049

「国立社会保障・人口問題研究所の人口推計」に関する次の記述のうち，正しいものを1つ選びなさい。

1. 2020年から2045年にかけて，0〜14歳人口は増加する。
2. 2020年から2045年にかけて，高齢化率は上昇する。
3. 2020年から2045年にかけて，15〜64歳人口は増加する。
4. 65歳以上人口は，2045年には5,000万人を超えている。
5. 2020年から2045年にかけて，総人口は半減する。

(注)「国立社会保障・人口問題研究所の人口推計」とは，「日本の将来推計人口(令和5年推計)」の出生中位(死亡中位)の仮定の場合を指す。

問題 02　頻出度 ★★　第35回 問題143

福祉と就労などに関する次の記述のうち，最も適切なものを1つ選びなさい。

1. ワークフェアとは，柔軟な労働市場を前提とし，他の労働市場に移動可能な就労支援プログラムを提供するシステムである。
2. ベーシックインカムとは，権利に基づく福祉給付を得るときに，就労という義務を課す政策である。
3. アクティベーションとは，福祉と就労を切り離し，国民に対して最低限の所得保障給付を行う政策である。
4. ディーセント・ワークとは，働きがいのある，人間らしい仕事のことをいう。
5. アウトソーシングとは，職場や地域における性別役割分担を見直そうとする考え方である。

問題 03　頻出度 ★　第35回 問題144

有期雇用労働者などの保護を定める労働法規に関する次の記述のうち，最も適切なものを1つ選びなさい。

1. 「パートタイム・有期雇用労働法」では，事業主は，通常の労働者と短時間・有期雇用労働者との間で不合理な待遇差を設けないよう努めなければならないと定められている。
2. 「パートタイム・有期雇用労働法」では，事業主は，短時間・有期雇用労働者からの求めに応じ，通常の労働者との待遇差の内容や理由などについて説明しなければならないと定められている。
3. 労働契約法では，有期労働契約による労働者について，その契約期間が満了するまでの間において，やむを得ない理由がなくても解雇できると定められている。
4. 労働契約法では，有期労働契約が反復更新されて通算3年を超えたときには，労働者からの申込みにより，当該契約は無期労働契約に転換されると定められている。
5. 短時間・有期雇用労働者は，労働者災害補償保険法の適用対象とはならない。

(注)「パートタイム・有期雇用労働法」とは，「短時間労働者及び有期雇用労働者の雇用管理の改善等に関する法律」のことである。

問題 01 解説　将来推計人口

1 ✕　2020（令和2）年に1,503万人であった0〜14歳人口は，今後も減少し続け，2045年には**1,103**万人になると推計されている。

2 〇　2020（令和2）年に28.6%であった高齢化率は，2045年に**36.3**%となり，その後も上昇し続けると推計されている。2070年には38.7%になると推計されている。

3 ✕　2020（令和2）年に7,509万人であった15〜64歳人口は，今後も減少し続け，2045年には**5,832**万人になると推計されている。

4 ✕　2045年の65歳以上人口は**3,945**万人と推計されている。65歳以上人口は**2043**年にピークを迎え，その後は減少傾向となる。

5 ✕　2020（令和2）年の総人口は12,615万人であったのに対し，2045年の総人口は**10,880**万人と推計されており，減少はするが半減にはならない。

> **POINT!**
> 新しい将来推計人口が2023（令和5）年4月に公表された。高齢者数は2043年にピークを迎えるが，少子化の影響もあり，高齢化率はその後も上昇し続ける推計となっている。

問題 02 解説　福祉と就労

1 ✕　選択肢の2がワークフェアの説明となっている。

2 ✕　設問文は，**ワークフェア**についての説明である。選択肢の3がベーシックインカムの説明となっている。

3 ✕　設問文は，**ベーシックインカム**についての説明である。アクティベーションとは，職業訓練や就労支援などによって，就業への復帰を促進しようとする概念である。

4 〇　1999年の**ILO**（国際労働機関）総会での事務局長報告で用いられた言葉である。

5 ✕　アウトソーシングとは，**外部委託**のことである。

> **POINT!**
> 福祉と就労の関係性を中心とした，言葉の意味についての問題である。ワークフェアは第33回（就労支援サービス）でも出題されており，過去問を使ってしっかりと理解しておきたい。

問題 03 解説　有期雇用労働者の労働法規

1 ✕　パートタイム・有期雇用労働法（短時間労働者及び有期雇用労働者の雇用管理の改善等に関する法律）8条で，「不合理と認められる相違を**設けてはならない**」とされており，努力義務ではなく，義務である。

2 〇　同法第14条2項で，設問文のように定められている。

3 ✕　労働契約法第17条において，有期労働契約については「やむを得ない事由がある場合で**なければ**，その契約期間が満了するまでの間において，労働者を解雇することができない」とされている。

4 ✕　同法第18条において，通算**5**年を超える労働者が対象とされている。

5 ✕　雇用契約の期間や労働時間に**かかわらず**，労働者災害補償保険の対象となる。

> **POINT!**
> 第35回試験の「就労支援サービス」の科目で出題された問題である。これを機会に労働基準法などの労働法規についても基本的な事項は理解しておきたい。

正解　問題01……**2**　　問題02……**4**　　問題03……**2**

問題 04　頻出度 ★★★　　第31回 問題143 改

日本の労働に関する次の記述のうち，適切なものを2つ選びなさい。

1 「令和5年労働力調査年報」(総務省)によれば，2023(令和5)年平均の完全失業率は5％を超えている。
2 厚生労働省発表の令和6年分の一般職業紹介状況によると，2024(令和6)年の有効求人倍率は1倍を下回っている。
3 「令和6年版厚生労働白書」によれば，2022(令和4)年の日本の労働者1人平均年間総労働時間は，ドイツより少ない。
4 「令和5年度雇用均等基本調査」(厚生労働省)によれば，男性の育児休業取得率は10％を超えている。
5 「令和6年労働組合基礎調査」(厚生労働省)によれば，2024(令和6)年の単一労働組合の推定組織率(雇用者数に占める労働組合員数の割合)は25％を下回っている。

社会保障制度の概念や対象及びその理念

問題 05　頻出度 ★★★　　第34回 問題049

日本の医療保険制度と介護保険制度などの歴史的展開に関する次の記述のうち，最も適切なものを1つ選びなさい。

1 第二次世界大戦後の1954(昭和29)年に，健康保険制度が創設された。
2 1961(昭和36)年に達成された国民皆保険により，各種の医療保険制度は国民健康保険制度に統合された。
3 1973(昭和48)年に，国の制度として老人医療費の無料化が行われた。
4 1982(昭和57)年に制定された老人保健法により，高額療養費制度が創設された。
5 2000(平成12)年に，介護保険制度と後期高齢者医療制度が同時に創設された。

問題 06　頻出度 ★★★　　第35回 問題049

日本の社会保障の歴史に関する次の記述のうち，最も適切なものを1つ選びなさい。

1 社会保険制度として最初に創設されたのは，健康保険制度である。
2 社会保険制度のうち最も導入が遅かったのは，雇用保険制度である。
3 1950(昭和25)年の社会保障制度審議会の勧告では，日本の社会保障制度は租税を財源とする社会扶助制度を中心に充実すべきとされた。
4 1986(昭和61)年に基礎年金制度が導入され，国民皆年金が実現した。
5 2008(平成20)年に後期高齢者医療制度が導入され，老人医療費が無料化された。

問題 **04** 解説　雇用・就労の動向

1　✕　「令和5年労働力調査年報」(総務省)によれば，2023(令和5)年の平均の完全失業率は2.6%と，5%を超えていない。

2　✕　厚生労働省発表の2024(令和6)年分の一般職業紹介状況によると，2024(令和6)年平均の有効求人倍率は1.25倍と，1倍を下回っていない。前年に比べて0.06ポイント低下した。

3　✕　「令和6年版厚生労働白書」によれば，2022(令和4)年の日本の労働者1人平均年間総労働時間は1,633時間と，ドイツの1,341時間より多い。なお，当該データは「令和6年版厚生労働白書 資料編」に掲載されている。

4　〇　「令和5年度雇用均等基本調査」(厚生労働省)によれば，男性の育児休業取得率は10%を超えている。2023(令和5)年度の育児休業取得率は，男性が30.1%(過去最高)，女性が84.1%となっている。出題当時は10%を超えていなかったが，令和2年度調査で初めて10%を超えた。

5　〇　「令和6年労働組合基礎調査の概況」(厚生労働省)によれば，2024(令和6)年の単一労働組合の推定組織率は16.1%(前年比0.2ポイント減)と，25%を下回っている。

POINT!

本問に示されている資料は，ウェブサイトで閲覧可能である。日頃から新聞・インターネット・テレビ等でニュースも確認しておきたい。選択肢1・2・4と類似した問題が，第27回でも出題されている。

問題 **05** 解説　医療保険制度と介護保険制度の歴史

1　✕　健康保険制度は1927(昭和2)年に創設された。第二次世界大戦の前である。

2　✕　国民皆保険が1961(昭和36)年に達成されたのは正しいが，各種の医療保険制度が国民健康保険制度に統合されたわけではない。国民健康保険や健康保険など，いずれかの医療保険にすべての国民が加入する仕組みとなった。

3　〇　福祉元年とも呼ばれた1973(昭和48)年に，老人福祉法に基づく老人医療費支給制度の実施により，いわゆる「老人医療費の無料化」が行われた。

4　✕　高額療養費制度が創設されたのも，選択肢3と同様の1973(昭和48)年である。

5　✕　介護保険制度が創設されたのは2000(平成12)年だが，後期高齢者医療制度が創設されたのは2008(平成20)年であり，同時ではない。

POINT!

日本の医療保険制度と介護保険制度の歴史に関する基本的な事項が問われている。過去問をしっかりと確認しておきたい。

問題 **06** 解説　日本の社会保障の歴史

1　〇　健康保険制度は1927(昭和2)年に創設された。

2　✕　雇用保険制度は，1975(昭和50)年に導入された。社会保険制度としてはその後，介護保険制度が2000(平成12)年に導入され，後期高齢者医療制度が2008(平成20)年に導入されている。

3　✕　1950(昭和25)年の社会保障制度審議会の勧告では，日本の社会保障制度は，自らの拠出(社会保険料)が必要な社会保険制度を中心にすべきとされた。

4　✕　1986(昭和61)年に基礎年金制度が導入されたのは正しいが，国民皆年金が実現したのは1961(昭和36)年である。この年は，拠出制の国民年金制度が導入された。

5　✕　2008(平成20)年に後期高齢者医療制度が導入されたのは正しいが，老人医療費が無料化されたわけではない。いわゆる「老人医療費の無料化」が行われたのは，1973(昭和48)年の老人医療費支給制度の導入による。

POINT!

日本の社会保障の歴史に関する基本的な事項が問われている。過去問で問われた事項も多いので，しっかりと確認しておきたい。

正解　問題04……4, 5　　問題05……3　　問題06……1

問題 07　頻出度 ★★★　　第33回 問題050

「平成29年版厚生労働白書」における社会保障の役割と機能などに関する次の記述のうち，適切なものを2つ選びなさい。

1. 戦後の社会保障制度の目的は，「広く国民に安定した生活を保障するもの」であったが，近年では「生活の最低限度の保障」へと変わってきた。
2. 1950（昭和25）年の「社会保障制度に関する勧告」における社会保障制度の定義には，社会保険，国家扶助，治安維持及び社会福祉が含まれている。
3. 社会保障には，生活のリスクに対応し，生活の安定を図る「生活安定・向上機能」がある。
4. 社会保障の「所得再分配機能」は，現金給付にはあるが，医療サービス等の現物給付にはない。
5. 社会保障には，経済変動の国民生活への影響を緩和し，経済を安定させる「経済安定機能」がある。

社会保障と財政

問題 08　頻出度 ★★★　　第34回 問題050 改

「令和4年度社会保障費用統計」（国立社会保障・人口問題研究所）による2022（令和4）年度の社会保障給付費等に関する次の記述のうち，正しいものを1つ選びなさい。

1. 社会保障給付費の対国内総生産比は，40％を超過している。
2. 国民一人当たりの社会保障給付費は，150万円を超過している。
3. 部門別（「医療」，「年金」，「福祉その他」）の社会保障給付費の構成割合をみると，「年金」が70％を超過している。
4. 機能別（「高齢」，「保健医療」，「家族」，「失業」など）の社会保障給付費の構成割合をみると，「高齢」の方が「家族」よりも高い。
5. 社会保障財源をみると，公費負担の内訳は国より地方自治体の方が多い。

> **重要ポイント**
>
> **社会保障費用統計**
>
> ● 2022（令和4）年度の社会保障給付費の総額は137兆8,337億円である。
> ● 2022（令和4）年度の社会保障給付費の対前年伸び率は-0.7％である。
> ● 2022（令和4）年度の社会支出の総額は142兆3,215億円である。
> 国立社会保障・人口問題研究所「令和4年度社会保障費用統計」令和6年7月

問題 09　頻出度 ★★★　　第34回 問題052

日本の社会保険の費用負担に関する次の記述のうち，最も適切なものを1つ選びなさい。

1. 健康保険組合の療養の給付に要する費用には，国庫負担がある。
2. 患者の一部負担金以外の後期高齢者医療の療養の給付に要する費用は，後期高齢者の保険料と公費の二つで賄われている。
3. 老齢基礎年金の給付に要する費用は，その4割が国庫負担で賄われている。
4. 介護保険の給付に要する費用は，65歳以上の者が支払う保険料と公費の二つで賄われている。
5. 雇用保険の育児休業給付金及び介護休業給付金の支給に要する費用には，国庫負担がある。

問題 07 解説　社会保障の役割

1 ×　「平成29年版厚生労働白書」の5ページでは、「社会保障制度の目的は、『1950年勧告』当時の貧困からの救済（救貧）や貧困に陥ることの予防（防貧）といった『生活の最低限度の保障』から、近年では『救貧』『防貧』を超え、『広く国民に安定した生活を保障するもの』へと変わってきた」と説明されており、変化としては逆である。

2 ×　同白書の4ページでは、「『1950年勧告』の中で、社会保障制度とは、『疾病、負傷、分娩、廃疾、死亡、老齢、失業、多子その他困窮の原因に対し、保険的方法又は直接公の負担において経済保障の途を講じ、生活困窮に陥った者に対しては、国家扶助によって最低限度の生活を保障するとともに、公衆衛生及び社会福祉の向上を図り、もって全ての国民が文化的社会の成員たるに値する生活を営むことができるようにすること』と定義した」と説明されており、治安維持ではなく公衆衛生が含まれていた。

3 ○　同白書の8ページで、「社会保障の機能は、主として、①生活安定・向上機能、②所得再分配機能、③経済安定機能の3つがあげられる」とし、生活安定・向上機能については、「生活のリスクに対応し、生活の安定を図り、安心をもたらす」と説明されている。

4 ×　同白書の9ページで、「所得再分配には、現金給付だけでなく、医療サービスや保育などの現物給付による方法もある」と説明されている。

5 ○　同白書の9ページで、「経済安定機能」について、「経済変動の国民生活への影響を緩和し、経済を安定させる機能」と説明されている。

POINT!
社会保障の目的や体系、役割に関する基本的な理解を問う問題である。

問題 08 解説　社会保障費用統計

1 ×　「令和4年度社会保障費用統計」（国立社会保障・人口問題研究所）によると、2022（令和4）年度の社会保障給付費の対国内総生産（GDP）比は24.33％であり、40％を超過していない。

2 ×　同統計によると、国民一人当たりの社会保障給付費は110万3,100円であり、150万円を超過していない。

3 ×　同統計によると、部門別社会保障給付費の構成割合は、「年金」（40.5％）、「医療」（35.4％）、「福祉その他」（24.2％）であり、「年金」は70％を超過していない。

4 ○　同統計によると、機能別社会保障給付費の構成割合は、「高齢」が42.7％であるのに対して、「家族」は7.7％であり、「高齢」の方が高い。機能別構成割合は「高齢」が最も高く、次いで「保健医療」（34.4％）、「家族」の順となっている。

5 ×　同統計によると、公費負担の内訳は、国（国庫負担）が約45.3兆円であるのに対し、地方自治体（他の公費負担）は約18.9兆円であり、国の方が多い。

POINT!
社会保障費用統計についての基本的な事項が問われている。社会保障給付費とあわせて、社会支出の内容も押さえておきたい。

問題 09 解説　社会保険制度の財源構成

1 ×　健康保険組合の療養の給付に要する費用には、原則として国庫負担がない。事務費には国庫負担がある。

2 ×　後期高齢者医療の療養の給付に要する費用は、後期高齢者が拠出する保険料と公費（国・都道府県・市町村）に加えて、健康保険や国民健康保険等の保険者が拠出する後期高齢者支援金により賄われている。

3 ×　老齢基礎年金の給付に要する費用は、その5割（2分の1）が国庫負担で賄われている。2004（平成16）年改正で、以前の3分の1から引き上げられた。

4 ×　介護保険の給付に要する費用は、65歳以上の者（第1号被保険者）が支払う保険料と公費（国・都道府県・市町村）に加えて、第2号被保険者（40歳以上65歳未満の医療保険加入者）の保険料により賄われている。

5 ○　雇用保険の育児休業給付金及び介護休業給付金の支給に要する費用には、国庫負担がある。雇用保険の国庫負担は給付全体に一律に行われるのではなく、給付の種類によって負担の有無や負担割合に差がある。

POINT!
各社会保険制度の財源構成を問う制度横断的な問題であるが、基本的な事項が多い。

正解　問題07……3, 5　　問題08……4　　問題09……5

問題 10 頻出度 ★★   第32回 問題043 改

次の社会福祉施設等の費用のうち，法律上，国が4分の3を負担することになっているものとして，正しいものを1つ選びなさい。

1 救護施設の入所措置に要する費用
2 養護老人ホームの入所措置に要する費用
3 女性相談支援センターの行う一時保護に要する費用
4 母子生活支援施設の母子保護の実施に要する費用
5 児童養護施設の入所措置に要する費用

問題 11 頻出度 ★★   第33回 問題043

福祉の財源に関する次の記述のうち，正しいものを1つ選びなさい。

1 生活困窮者自立支援法に基づき，生活困窮者家計改善支援事業の費用には国庫負担金が含まれる。
2 生活保護法に基づき，保護費には国庫補助金が含まれる。
3 介護保険法に基づき，介護給付費には国庫負担金が含まれる。
4 身体障害者福祉法に基づき，身体障害者手帳の交付措置の費用には国庫補助金が含まれる。
5 「障害者総合支援法」に基づき，地域生活支援事業の費用には国庫負担金が含まれる。

社会保険と社会扶助の関係

問題 12 頻出度 ★★   第34回 問題051

社会保険と公的扶助に関する次の記述のうち，最も適切なものを1つ選びなさい。

1 社会保険は特定の保険事故に対して給付を行い，公的扶助は貧困の原因を問わず，困窮の程度に応じた給付が行われる。
2 社会保険は原則として金銭給付により行われ，公的扶助は原則として現物給付により行われる。
3 社会保険は救貧的機能を果たし，公的扶助は防貧的機能を果たす。
4 社会保険は事前に保険料の拠出を要するのに対し，公的扶助は所得税の納付歴を要する。
5 公的扶助は社会保険よりも給付の権利性が強く，その受給にスティグマが伴わない点が長所とされる。

問題 10 解説 社会福祉施設等の費用

1 ○ 救護施設は，生活保護法38条2項に規定され，身体上または精神上著しい障害があるために，日常生活を営むことが困難な要保護者を入所させて，生活扶助を行うことを目的とする施設である。入所措置に要する費用は，国が4分の3，地方自治体が4分の1を負担する。

2 ✕ 養護老人ホームは，市町村の措置により入所する施設であり，環境上の理由及び経済的理由で居宅において養護を受けることが困難な高齢者を入所させ，養護するとともに，その者が自立した生活を営み，社会的活動に参加するために必要な指導及び訓練その他の援助を行う。入所措置に要する費用は，市町村が負担する。

3 ✕ 困難女性支援法20条に，都道府県は女性相談支援センター（旧：婦人相談所）に要する費用を支弁しなければならないと規定されている。また，国はその費用のうち2分の1を負担する（同法22条）。

4 ✕ 母子生活支援施設は，福祉事務所設置自治体への申し込みにより利用が開始されるが，その費用については，国が2分の1を負担する。

5 ✕ 児童養護施設は都道府県の措置により入所する施設であり，入所措置に要する費用については，国が2分の1を負担する。

> **POINT!**
> 国や地方の予算配分については毎年出題されている。総務省の資料などを日頃からチェックしておくとよい。

問題 11 解説 福祉の財源

1 ✕ 生活困窮者家計改善支援事業は任意事業であり，その費用には，原則，国が補助として2分の1を交付する国庫補助金が含まれる。また，就労準備支援事業と家計改善支援事業が効果的かつ効率的に行われている一定の場合には，家計改善支援事業の補助率を3分の2に引き上げることになっている。

2 ✕ 生活保護制度は，日本国憲法25条に規定する理念に基づき，生活に困窮する国民の保護を国家責任において実施しており，保護費については，国庫負担金が4分の3，法定受託事務という形で生活保護を実施する地方公共団体が4分の1の費用負担を行っている。

3 ○ 介護保険法121条に，「国は，政令で定めるところにより，市町村に対し，介護給付及び予防給付に要する費用の額について，次の各号に掲げる費用の区分に応じ，当該各号に定める割合に相当する額を負担する」と規定されている。具体的には，施設等給付は20%，それ以外の給付は25%の国庫負担がある。

4 ✕ 身体障害者手帳の交付措置の費用は都道府県が支弁するものであるが，それに対する国庫補助金や国庫負担金はない。

5 ✕ 市町村や都道府県が行う地域生活支援事業の費用については，国がその2分の1以内を補助することができるとされている（障害者総合支援法95条2項2号）。

> **POINT!**
> 国庫支出金には，国が地方公共団体と共同で行う事務に対して一定の負担区分に基づき義務的に負担する国庫負担金，国が事業などに対して援助として交付する国庫補助金がある。

問題 12 解説 社会保険と公的扶助

1 ○ 日本の公的扶助制度である生活保護制度も，貧困の原因を問わず（無差別平等の原理），困窮の程度に応じて給付が行われる（基準及び程度の原則）。

2 ✕ 社会保険でも医療保険のように現物給付が行われることはあり，一方で公的扶助では生活保護制度の給付のうち，医療扶助と介護扶助以外は，原則金銭給付で行われている。

3 ✕ 社会保険はあらかじめ定められた保険事故が発生した場合に給付を行うことで，貧困を防ぐ防貧的機能を果たす。一方，公的扶助は資力調査を行い，貧困状態にある者に給付を行うので救貧的機能を果たす。

4 ✕ 社会保険は原則として事前に保険料の拠出を要するが，公的扶助の受給において所得税の納付歴は問われない。

5 ✕ 公的扶助よりも，社会保険の方が保険料を拠出している点で権利性が強いと説明されることがある。一方，公的扶助の受給にはスティグマが伴う点が短所とされる。

> **POINT!**
> 社会保険と公的扶助の比較もよく出題される。具体的な制度の内容を思い出しながら解答したい。

正解 問題10……1　　問題11……3　　問題12……1

社会保障制度の体系

問題 13　頻出度 ★★★　第36回 問題050

出産・育児に係る社会保障の給付等に関する次の記述のうち,最も適切なものを1つ選びなさい。

1　「産前産後期間」の間は,国民年金保険料を納付することを要しない。
2　出産育児一時金は,産前産後休業中の所得保障のために支給される。
3　育児休業給付金は,最長で子が3歳に達するまで支給される。
4　児童手当の費用は,国と地方自治体が折半して負担する。
5　児童扶養手当の月額は,第1子の額よりも,第2子以降の加算額の方が高い。

(注)「産前産後期間」とは,国民年金の第1号被保険者の出産予定日又は出産日が属する月の前月から4か月間(多胎妊娠の場合は,出産予定日又は出産日が属する月の3月前から6か月間)を指す。

問題 14　頻出度 ★★★　第30回 問題055

児童手当,児童扶養手当に関する次の記述のうち,最も適切なものを1つ選びなさい。

1　児童手当の支給対象となる児童の年齢は,12歳到達後の最初の年度末までである。
2　児童手当の費用は,国と地方自治体が50％ずつ負担している。
3　児童手当の支給額には,物価スライド制が適用されている。
4　児童扶養手当の費用は,国が全額負担する。
5　児童扶養手当の支給対象となる児童の年齢は,障害がない子どもの場合,18歳到達後最初の年度末までである。

問題 15　頻出度 ★★　第36回 問題054

事例を読んで,障害者の所得保障制度に関する次の記述のうち,最も適切なものを1つ選びなさい。

〔事例〕

Jさんは,以前休日にオートバイを運転して行楽に出かける途中,誤ってガードレールに衝突する自損事故を起こし,それが原因で,その時から障害基礎年金の1級相当の障害者となった。現在は30歳で,自宅で電動車いすを利用して暮らしている。

1　Jさんの障害の原因となった事故が17歳の時のものである場合は,20歳以降に障害基礎年金を受給できるが,Jさんの所得によっては,その一部又は全部が停止される可能性がある。
2　Jさんの障害の原因となった事故が25歳の時のものであった場合は,年金制度への加入歴が定められた期間に満たないので,障害基礎年金を受給できない。
3　Jさんの障害の原因となった事故が雇用労働者であった時のものである場合は,労働者災害補償保険の障害補償給付を受けられる。
4　Jさんに未成年の子がある場合は,Jさんは特別障害者手当を受給できる。
5　Jさんが障害の原因となった事故を起こした時に,健康保険の被保険者であった場合は,給与の全額に相当する傷病手当金を継続して受給することができる。

問題13 解説 出産・育児に係る社会保障給付

1 ◯ 2019(令和元)年からこのような仕組みとなった。厚生年金保険料も同様の仕組みが設けられており，こちらはさらに育児休業期間中も免除される。ちなみに，国民年金第1号被保険者の育児期間(子が1歳になるまでの期間)中の保険料免除も，2026(令和8)年10月から実施される予定である。

2 ✕ 出産育児一時金は，出産費用等の負担軽減を目的に支給される。なお，2023(令和5)年度より1児当たり50万円となっている。産前産後休業中の所得保障を目的としているのは，出産手当金である。

3 ✕ 育児休業給付金は，最長で子が2歳に達するまで支給される。

4 ✕ 児童手当の費用は，国，地方自治体(都道府県・市町村)，事業主(子ども・子育て拠出金)，子ども・子育て支援金で賄われており，このうち国と地方自治体の負担割合は2：1である。

5 ✕ 児童扶養手当の月額(2025(令和7)年度)は，児童数が1人の場合46,690円，2人目以降はそれに11,030円加算していくので(いずれも全額受給の場合)，加算額の方が低い。なお，2024(令和6)年11月から，3人目以降の加算額も2人目と同額となり，所得制限限度額も引き上げられた。

> **POINT!**
> 出産・育児に関する社会保障制度は，制度横断的によく出題される。制度改正も多い部分なので，しっかりと確認しておきたい。

問題14 解説 児童に関する給付

1 ✕ 児童手当の支給対象となる児童の年齢は，18歳到達後の最初の年度末までである。

2 ✕ 児童手当の費用は，国，地方自治体(都道府県・市町村)，事業主(子ども・子育て拠出金)，子ども・子育て支援納付金で賄われており，このうち国と地方自治体の負担割合は2：1である。

3 ✕ 児童手当の支給額に物価スライド制は適用されない。一方で，児童扶養手当の支給額には物価スライド制が適用され，毎年度金額が改定される。

4 ✕ 児童扶養手当の費用は国と地方自治体が1：2の割合で負担する。

5 ◯ 児童扶養手当の支給対象となる児童の年齢は，障害がない子どもの場合は，18歳到達後の最初の年度末までである。また，一定の障害がある子どもの場合は，20歳未満である。

> **POINT!**
> 児童手当・児童扶養手当についての問題である。2つの手当の違いに注意しながら理解しておきたい。特に，2024年度中に対象者や金額等の改正があったので，確認しておきたい。また，子ども・子育て納付金は，2025年度までは全額子ども・子育て支援特例公債で賄われることになっている。

問題15 解説 障害者の所得保障制度

1 ◯ 20歳になる前に初診日がある障害基礎年金は，設問文の通りの所得制限がある。一定の所得を超えると2分の1が支給停止になり，さらに一定の所得を超えると全額が支給停止となる。

2 ✕ 障害基礎年金の加入期間についての受給要件は，初診日がある月の前々月までの被保険者期間で，国民年金の保険料納付済期間と保険料免除期間を合わせた期間が3分の2以上あることなので，25歳でも受給できる可能性がある。

3 ✕ 労働者災害補償保険は，休日の事故は対象としない。

4 ✕ 特別障害者手当は，精神または身体に著しく重度の障害を有し，日常生活において常時特別の介護を必要とする場合に支給される。未成年の子の有無は関係がない。

5 ✕ 設問文の場合，傷病手当金を受給することができるが，その金額は受給開始日以前の12か月間の標準報酬月額を平均した額の3分の2に相当する額である。また，支給される期間は支給を開始した日から通算して1年6か月である。

> **POINT!**
> 障害者の所得保障についての制度横断的な問題である。各制度の受給要件についてしっかり理解しておきたい。

正解 問題13……1　問題14……5　問題15……1

問題 16　頻出度 ★★　第34回 問題054

事例を読んで，ひとり親世帯などの社会保障制度に関する次の記述のうち，最も適切なものを1つ選びなさい。

〔事例〕

大学生のEさん（22歳）は，半年前に父親を亡くし，母親（50歳）と二人暮らしである。母親は就労しており，健康保険の被保険者で，Eさんはその被扶養者である。Eさんは，週末に10時間アルバイトをしているが，平日の通学途上で交通事故に遭い，大ケガをした。

1. Eさんの母親の前年の所得が一定額以上の場合，Eさんは国民年金の学生納付特例制度を利用できない。
2. Eさんがアルバイト先を解雇されても，雇用保険の求職者給付は受給できない。
3. Eさんの母親は，収入のいかんにかかわらず，遺族基礎年金を受給できる。
4. Eさんがケガの治療のため，アルバイト先を休み，賃金が支払われなかった場合，労働者災害補償保険の休業給付が受けられる。
5. Eさんは，母親の健康保険から傷病手当金を受給できる。

問題 17　頻出度 ★★★　第32回 問題051

会社に勤めている人が仕事を休業した場合などの社会保障制度上の取扱いに関する次の記述のうち，最も適切なものを1つ選びなさい。

1. 健康保険の被保険者が病気やケガのために会社を休んだときは，標準報酬月額の2分の1に相当する額が傷病手当金として支給される。
2. 厚生年金の被保険者に病気やケガが発生してから，その症状が固定することなく1年を経過し，一定の障害の状態にある場合は，障害厚生年金を受給できる。
3. 育児休業を取得する場合に支給される育児休業給付金は，子どもが3歳になるまでを限度とする。
4. 労働者が業務災害による療養のため休業し，賃金を受けられない日が4日以上続く場合は，労働者災害補償保険による休業補償給付を受けられる。
5. 育児休業期間中の厚生年金保険料は，被保険者分のみ免除される。

問題 18　頻出度 ★★　第36回 問題052

事例を読んで，Hさんに支給される社会保障給付として，最も適切なものを1つ選びなさい。

〔事例〕

Hさん（45歳）は，妻と中学生の子との3人家族だったが，先日，妻が業務上の事故によって死亡した。Hさんは，数年前に，持病のためそれまで勤めていた会社を退職し，それ以来，無職，無収入のまま民間企業で働く妻の健康保険の被扶養者になっていた。

1. 国民年金法に基づく死亡一時金
2. 厚生年金保険法に基づく遺族厚生年金
3. 国民年金法に基づく遺族基礎年金
4. 健康保険法に基づく埋葬料
5. 労働者災害補償保険法に基づく傷病補償年金

問題16 解説　ひとり親世帯と社会保障制度

1 ✕ 学生納付特例制度の対象になるかどうかは，学生本人のみの所得をもとに判断される。

2 〇 Eさんの労働時間は週10時間であり，雇用保険の被保険者（週20時間以上が必要）とならないため，求職者給付も受給できない。また，Eさんが昼間部の学生であれば，これも雇用保険の適用除外の対象となる。

3 ✕ 遺族基礎年金は，死亡した者に生計を維持されていた子のある配偶者または子が残された場合に対象となるが，子は18歳の年度末（一定の障害がある場合は20歳未満）までである必要があるため，22歳のEさんは対象となる子ではない。

4 ✕ 労働者災害補償保険の休業給付は，通勤災害が発生した際に給付されるものである。Eさんのケガは通学途上であるため，対象にはならない。ちなみに，業務災害の場合に給付されるのは休業補償給付である。

5 ✕ 健康保険の被保険者は傷病手当金の受給対象となるが，被扶養者であるEさんは対象とならない。

POINT!

ひとり親世帯の所得保障についての制度横断的な問題である。被保険者の要件や給付の対象者など，様々な社会保障給付の受給要件を理解しておく必要がある。

問題17 解説　休業時の給付

1 ✕ 傷病手当金の金額は，支給開始日以前の12か月の各標準報酬月額を平均した額を30で割った額の3分の2である。

2 ✕ 障害厚生年金において，一定の障害の状態にあることを確認する障害認定日は，初診日から1年6か月を経過した日またはそれまでに症状が固定した（治癒した）日である。設問文のように，症状が固定していないのであれば，1年6か月を経過した日である。

3 ✕ 育児休業並びに育児休業給付金は，原則として子どもが1歳になるまでが対象である。ただし，パパママ育休プラスの場合は1歳2か月まで，保育所が見つからない等の延長に該当する場合は2歳になるまでが限度となる。それ以降は対象にならない。

4 〇 休業補償給付は，設問文のように休業4日目から支給対象となる。待期期間となる3日目までは，事業主が直接，労働者に補償をする必要がある。

5 ✕ 育児休業期間中の厚生年金保険料は，被保険者分，事業主分ともに免除される。健康保険も同様である。

POINT!

休業時の給付内容について，制度横断的に問われている。制度の区別に加え，給付内容の細かいところまで理解しておきたい。

問題18 解説　遺族に対する社会保障給付

1 ✕ 死亡一時金は，国民年金第1号被保険者として一定（36月以上）の保険料納付済期間がある者が，老齢基礎年金，障害基礎年金のいずれも受けないままに死亡した場合に支給対象となるが，選択肢3のように遺族基礎年金が支給される場合は支給されない。

2 ✕ 業務上の事故でも遺族厚生年金の支給対象になるが，妻の死亡時に55歳未満だった夫（Hさん）には給付されない。ただし，中学生の子は受給権を得ることができるので，支給されると考えられる。

3 〇 遺族基礎年金の対象となる遺族は，18歳到達年度末まで（一定の障害がある場合は20歳未満）の子，または同様の子がいる配偶者であるので，支給対象となる。

4 ✕ 業務外の事由で亡くなった場合は，健康保険から埋葬料5万円が支給されるが，業務上の場合は支給されない。業務上の場合は，労働者災害補償保険から葬祭料が支給される。

5 ✕ 傷病補償年金は，業務災害による傷病が療養開始後1年6か月経過しても治ゆしていない場合に，職権で支給されるものであり，死亡した場合は対象とならない。

POINT!

遺族に対する社会保障給付に関する制度横断的な問題である。各制度の仕組みについてしっかり理解しておきたい。

正解　　問題16……2　　　問題17……4　　　問題18……3

Check ☐☐☐

問題 19　頻出度 ★★　　第35回 問題050

日本の社会保険に関する次の記述のうち，正しいものを1つ選びなさい。

1 国民健康保険は，保険料を支払わないことで自由に脱退できる。
2 健康保険の給付費に対する国庫補助はない。
3 雇用保険の被保険者に，国籍の要件は設けられていない。
4 民間保険の原理の一つである給付・反対給付均等の原則は，社会保険においても必ず成立する。
5 介護保険の保険者は国である。

Check ☐☐☐

問題 20　頻出度 ★★★　　第35回 問題051

事例を読んで，社会保険制度の加入に関する次の記述のうち，正しいものを1つ選びなさい。

〔事例〕
Gさん(76歳)は，年金を受給しながら被用者として働いている。同居しているのは，妻Hさん(64歳)，離婚して実家に戻っている娘Jさん(39歳)，大学生の孫Kさん(19歳)である。なお，Gさん以外の3人は，就労経験がなく，Gさんの収入で生活している。

1 Gさんは健康保険に加入している。
2 Hさんは国民健康保険に加入している。
3 Jさんは健康保険に加入している。
4 Jさんは介護保険に加入している。
5 Kさんは国民年金に加入している。

Check ☐☐☐

問題 21　頻出度 ★★★　　第35回 問題054

社会保険制度の適用に関する次の記述のうち，正しいものを1つ選びなさい。

1 週所定労働時間が20時間以上30時間未満の労働者は，雇用保険に加入することはできない。
2 労働者災害補償保険制度には，大工，個人タクシーなどの個人事業主は加入できない。
3 日本国内に住所を有する外国人には，年齢にかかわらず国民年金に加入する義務はない。
4 厚生年金保険の被保険者の被扶養配偶者で，一定以下の収入しかない者は，国民年金に加入する義務はない。
5 生活保護法による保護を受けている世帯(保護を停止されている世帯を除く。)に属する者は，「都道府県等が行う国民健康保険」の被保険者としない。

問題 19 解説　社会保険

1 ✕ 国民健康保険は対象者を強制加入とする仕組みであり，自由に脱退することはできない。

2 ✕ 健康保険のうち，全国健康保険協会管掌健康保険（協会けんぽ）では，給付費の16.4%の国庫補助がある。

3 ○ 雇用保険を含め，社会保険は基本的には国籍要件が設けられていない。

4 ✕ 給付・反対給付均等の原則は，各人の保険料は保険事故が発生した際に受け取る保険金の数学的期待値（保険事故の発生確率×保険給付額）に等しいというものであるが，社会保険では必ずしも成立していない。社会保険ではむしろ負担能力等に応じて保険料が設定されている。

5 ✕ 介護保険の保険者は市町村である。国（政府）を保険者とする社会保険としては，国民年金や厚生年金保険，雇用保険，労働者災害補償保険がある。

POINT!
社会保険の原理や具体的な制度の内容など幅広い内容が問われているが，どれも基礎的な内容なので，正確に理解して解答したい。

問題 20 解説　社会保険制度の加入要件

1 ✕ 75歳以上の者は，就労の有無にかかわらず原則として後期高齢者医療制度に加入する。ただし，生活保護の被保護者は適用除外となる。

2 ○ Hさんは75歳未満であり，さらに健康保険など他の医療保険の加入対象にならないと考えられるので，国民健康保険に加入することになる。ただし，生活保護の被保護者は国民健康保険から適用除外となる。

3 ✕ Jさんは就労していないということで健康保険の被保険者にはならず，さらにこの世帯には健康保険の被保険者と考えられる者もいないので，健康保険の被扶養者にもならないと考えられる。

4 ✕ 介護保険の被保険者になるためには，原則として40歳以上である必要がある。Jさんは39歳なので介護保険の加入対象にはならない。

5 ✕ 国民年金は，原則として20歳以上の者が被保険者となる。ただし，厚生年金被保険者である場合は20歳未満でも国民年金第2号被保険者として加入するが，Kさんは就労していないため，国民年金の加入対象にはならないと考えられる。

POINT!
社会保険制度の加入要件に関する問題である。年齢や就労形態などで加入する制度が異なるので，しっかりと理解しておきたい。

問題 21 解説　社会保険制度の適用

1 ✕ 雇用保険に加入するための労働時間の要件は週20時間以上であるため，加入できる。

2 ✕ 大工，個人タクシーなどの個人事業主を対象とした，特別加入制度（任意加入）が設けられている。2024（令和6）年11月からは，フリーランスで働く者も特別加入の対象となった。

3 ✕ 日本国内に住所を有する外国人で，年齢を含む一定の要件を満たす者は国民年金に加入する義務がある。

4 ✕ 厚生年金保険の被保険者の一定以下の収入しかない被扶養配偶者で，20歳以上60歳未満の場合も，国民年金に加入する義務が生じる（第3号被保険者）。

5 ○ 生活保護法の保護を受けている世帯は国民健康保険の被保険者から適用除外となる。なお，後期高齢者医療制度からも同様に適用除外となる。

POINT!
制度によって適用範囲が異なるため，しっかりと整理しておく必要がある。また，改正も多い分野なので，最新の状況を把握しておきたい。

正解　問題19……3　　問題20……2　　問題21……5

Check ☐ ☐ ☐

問題 22 頻出度 ★★★　　第36回 問題051

社会保険の負担に関する次の記述のうち，最も適切なものを1つ選びなさい。

1 国民年金の第1号被保険者の月々の保険料は，その月の収入に応じて決まる。
2 介護保険の保険料は，都道府県ごとに決められる。
3 後期高齢者医療の保険料は，全国一律である。
4 障害基礎年金を受給しているときは，国民年金保険料を納付することを要しない。
5 国民健康保険の保険料は，世帯所得にかかわらず，定額である。

Check ☐ ☐ ☐

問題 23 頻出度 ★★★　　第35回 問題055

公的年金制度に関する次の記述のうち，最も適切なものを1つ選びなさい。

1 厚生年金保険の被保険者は，国民年金の被保険者になれない。
2 基礎年金に対する国庫負担は，老齢基礎年金，障害基礎年金，遺族基礎年金のいずれに対しても行われる。
3 厚生年金保険の保険料は，所得にかかわらず定額となっている。
4 保険料を免除されていた期間に対応する年金給付が行われることはない。
5 老齢基礎年金の受給者が，被用者として働いている場合は，老齢基礎年金の一部又は全部の額が支給停止される場合がある。

> **Note** 年金保険の給付
>
> ● 国民（基礎）年金の給付には，老齢基礎年金，障害基礎年金，遺族基礎年金があり，第一号被保険者には加えて，付加年金（任意加入），寡婦年金，死亡一時金，外国人を対象とした脱退一時金がある。
> ● 厚生年金の給付には，老齢厚生年金，障害厚生年金，遺族厚生年金，独自給付として障害手当金などがある。

Check ☐ ☐ ☐

問題 24 頻出度 ★★　　第32回 問題052

遺族年金に関する次の記述のうち，正しいものを1つ選びなさい。

1 死亡した被保険者の子が受給権を取得した遺族基礎年金は，生計を同じくするその子の父または母がある間は支給停止される。
2 死亡した被保険者の子が受給権を取得した遺族基礎年金は，その子が婚姻した場合でも引き続き受給できる。
3 遺族基礎年金は，死亡した被保険者の孫にも支給される。
4 受給権を取得した時に，30歳未満で子のいない妻には，当該遺族厚生年金が10年間支給される。
5 遺族厚生年金の額は，死亡した者の老齢基礎年金の額の2分の1である。

問題 22 解説 社会保険料

1 ✕ 国民年金第1号被保険者の保険料は，収入に関わらず**定額**である。

2 ✕ 介護保険第1号被保険者の保険料は，**市区町村**ごとに基準が決められる。また，第2号被保険者の保険料は加入する**医療保険**ごとに基準が決められている。

3 ✕ 後期高齢者医療制度の保険料は，**都道府県**ごとに基準が決められている。

4 ○ 一定の障害がある場合は，**生活保護**の生活扶助を受けている場合と並んで，法定免除の対象となる。

5 ✕ 国民健康保険の保険料（税）は，**市区町村**ごとに基準が異なり，賦課方式もいわゆる2方式（所得割＋均等割），3方式（所得割＋均等割＋平等割），4方式（所得割＋資産割＋均等割＋平等割）とあるが，いずれも**所得割**部分があり，世帯所得に応じて保険料（税）が異なる。

POINT!

社会保険料に関する制度横断的な問題である。各制度の仕組みについてしっかり理解しておきたい。

問題 23 解説 公的年金制度

1 ✕ 厚生年金保険の被保険者は，原則として国民年金の第2号被保険者となる。

2 ○ 基本的に国庫負担割合は**2分の1**だが，20歳より前に初診日のある障害基礎年金については，6割である。

3 ✕ 厚生年金保険の保険料は，給与の額に基づいた**標準報酬月額**によって異なる。

4 ✕ 例えば老齢基礎年金については，保険料を免除されていた期間についても，国庫負担である**2分の1**はもらえる計算となる。また，**産前産後**に保険料免除を受けていた期間は，保険料を納付した期間として扱われる。

5 ✕ このような仕組みは**在職老齢**年金と呼ばれるが，支給停止の対象となるのは老齢基礎年金ではなく，**老齢厚生年金**である。

POINT!

公的年金制度については，毎年のように出題される。被保険者，保険料，給付内容など国民年金と厚生年金保険の違いにも注目して整理しておきたい。

問題 24 解説 遺族年金

1 ○ 遺族基礎年金の受給対象者は，子（18歳になった年度末まで。障害がある場合は20歳未満）と**子のある配偶者**であるが，配偶者（子にとっては父または母）がある場合は，**配偶者**に対して支給される。子にも受給権は発生するが，配偶者にも受給権がある間は支給停止される。

2 ✕ 遺族基礎年金は，受給権者が婚姻した場合は**受給権を失う**。子だけではなく，配偶者も同様である。

3 ✕ 遺族基礎年金の対象となる遺族は，**子と子を有する配偶者**であり，孫は対象とならない。**遺族厚生年金**では，孫も対象となることがある。

4 ✕ 受給権を取得した時に**30歳未満**で子のいない妻に対する遺族厚生年金は，**5年間**の有期年金となる。

5 ✕ 遺族厚生年金の額は，死亡した者の老齢厚生年金の報酬比例部分の**4分の3**である。基礎年金と厚生年金では，年金額の算定基準が異なるので，それぞれ理解しておきたい。

POINT!

遺族基礎年金と遺族厚生年金についての，やや細かい問題である。遺族年金の受給対象については，改正が予定されているので，注目しておきたい。

正解 問題22……4　問題23……2　問題24……1

問題 25 頻出度 ★★★　　第36回 問題055

老齢基礎年金に関する次の記述のうち，最も適切なものを1つ選びなさい。

1. 老齢基礎年金は，受給者の選択により55歳から繰り上げ受給をすることができる。
2. 老齢基礎年金は，保険料納付済期間が25年以上なければ，受給することができない。
3. 老齢基礎年金と老齢厚生年金は，どちらか一方しか受給することができない。
4. 老齢基礎年金は，支給開始時に決められた額が死亡時まで変わらずに支給される。
5. 老齢基礎年金の年金額の算定には，保険料免除を受けた期間の月数が反映される。

問題 26 頻出度 ★★★　　第33回 問題051

医療保険制度に関する次の記述のうち，正しいものを1つ選びなさい。

1. 国民健康保険には，被用者の一部も加入している。
2. 医師など同種の事業又は業務に従事する者は，独自に健康保険組合を組織することができる。
3. 協会けんぽ（全国健康保険協会管掌健康保険）の保険料率は，全国一律である。
4. 健康保険の被扶養者が，パートタイムで働いて少しでも収入を得るようになると，国民健康保険に加入しなければならない。
5. 日本で正社員として雇用されている外国人が扶養している外国在住の親は，健康保険の被扶養者となる。

> **Note　医療保険制度**
>
> ●診療報酬の審査と支払いは，被用者保険では社会保険診療報酬支払基金，国民健康保険と後期高齢者医療制度では国民健康保険団体連合会に委託されている。
> ●医療保険給付の給付率は各医療保険共通であり，義務教育就学前と70～74歳（一般）は8割，75歳以上（一般）は9割，それ以外（70歳以上の現役並み所得者を含む）は7割であったが，2022（令和4）年10月から，75歳以上（一般）のうち，一定所得以上の者も8割となった。

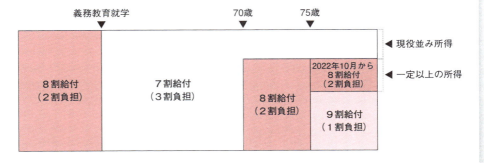

問題 25 解説　老齢基礎年金

1 ×　繰り上げ受給ができるのは，60歳からである。なお，繰り下げ受給は75歳までである。繰り上げ受給の場合は本来の年金額より減額され，繰り下げ受給の場合は増額される。
2 ×　老齢基礎年金の受給資格期間は10年間である。よって年齢要件を満たし，保険料納付済期間と保険料免除期間（学生納付特例，納付猶予期間を含む）が10年間あれば，受給することができる。
3 ×　老齢基礎年金と老齢厚生年金は，併給することができる。
4 ×　老齢基礎年金の年金額は，物価（賃金）スライドとマクロ経済スライドにより毎年度改定される。
5 ○　保険料免除を受けた期間は，国庫負担分（2分の1）に加えて，一部免除の場合は拠出した保険料の額に応じて年金額が算定される。また，産前産後期間の保険料免除については，保険料を納付されたものとして扱われる。

POINT!
老齢基礎年金の基礎的な内容である。受給資格期間や年金額の算定方法など，しっかりと理解しておきたい。

問題 26 解説　医療保険制度の適用

1 ○　被用者の多くは健康保険や共済組合に加入するが，それらの加入要件を満たさない75歳未満の被用者の多くは，国民健康保険に加入する。
2 ×　医師など同種の事業または業務に従事する者が設立することができるのは，国民健康保険組合である。
3 ×　中小企業の被用者が多く加入する協会けんぽの保険料率は，都道府県ごとに定められている。
4 ×　健康保険の被扶養者の収入要件は，年間収入が130万円未満（対象者が60歳以上または障害者の場合は180万円未満）であって，かつ，被保険者の年間収入の2分の1未満であることである。これ以内の収入であれば，被扶養者のままである。なお，2023年10月20日から，収入が一時的に上がったとしても，引き続き被扶養者となる仕組みが導入された（年収の壁・支援強化パッケージ）。
5 ×　2020（令和2）年4月から被扶養者の国内居住要件として，原則「日本国内に住所を有すること」が追加された。よって，この場合のような外国在住の親は被扶養者になれない。

POINT!
医療保険の適用区分に関する問題である。どの医療保険に適用されるかによって保険料や給付も異なるので，しっかりと理解しておきたい。

正解　問題25……5　　問題26……1

問題 27 頻出度 ★★　　　　　　　　　　　　第35回 問題052

公的医療保険における被保険者の負担等に関する次の記述のうち，正しいものを1つ選びなさい。

1. 健康保険組合では，保険料の事業主負担割合を被保険者の負担割合よりも多く設定することができる。
2. 「都道府県等が行う国民健康保険」では，都道府県が保険料の徴収を行う。
3. 「都道府県等が行う国民健康保険」の被保険者が，入院先の市町村に住所を変更した場合には，変更後の市町村の国民健康保険の被保険者となる。
4. 公的医療保険の保険給付のうち傷病手当金には所得税が課せられる。
5. 保険診療を受けたときの一部負担金の割合は，義務教育就学前の児童については1割となる。

（注）「都道府県等が行う国民健康保険」とは，「都道府県が当該都道府県内の市町村とともに行う国民健康保険」のことである。

問題 28 頻出度 ★★　　　　　　　　　　　　第31回 問題051

事例を読んで，最も適切なものを1つ選びなさい。

〔事例〕

Dさん（45歳）は，正社員として民間会社に勤務している。Dさんの父親Eさんが脳梗塞で倒れ，常時介護を必要とする状態になり，要介護4の認定を受けた。

1. Dさんが法定の介護休業制度を利用し，賃金が支払われなかった場合，雇用保険の介護休業給付金を受給することができる。
2. DさんがEさんの介護のために短時間勤務に切り替え，収入が従前よりも低下した場合，労働者災害補償保険から特別障害者手当が支給される。
3. Eさんが介護保険の居宅サービスを利用する場合，保険給付の区分支給限度基準額は，Eさんの所得に応じて決定される。
4. Eさんが75歳以上の後期高齢者の場合，Eさんの介護保険の利用者負担は減免の対象となる。
5. Eさんの介護保険の利用者負担が高額介護サービス費の一定の上限額を超過した場合，追加の利用者負担が求められる。

問題 27 解説　医療保険の被保険者の負担

1 ○ 事業主の負担割合を被保険者よりも多く設定できるが，少なく設定することはできない。
2 × 「都道府県等が行う国民健康保険」では，都道府県と市町村が保険者業務を分担しているが，保険料の徴収を行うのは市町村である。ちなみに保険料の水準も市町村によって異なる。
3 × いわゆる「住所地特例」についての問題である。設問文の場合は，入院先の市町村に住所を変更した場合でも，変更前の市町村の国民健康保険の被保険者のままとなる。
4 × 傷病手当金は非課税であり，所得税は課せられない。ちなみに出産手当金や出産育児一時金等も同様である。
5 × 義務教育就学前の児童の一部負担割合は，2割である。実際には多くの場合でより低い負担額となっているが，これは自治体の制度により，一部負担金分が補助されているからである。

POINT!
公的医療保険における被保険者の負担について，様々な面から問われている。選択肢4以外は基本的な事項であり，しっかりと理解しておきたい。

Note　後期高齢者医療制度の財政の仕組み

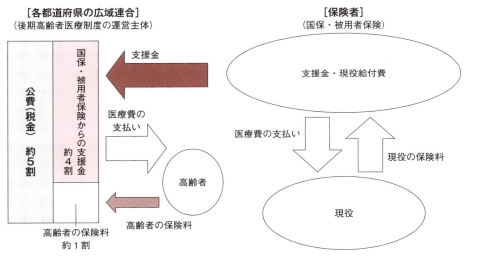

問題 28 解説　介護保険と介護休業

1 ○ 要件を満たす雇用保険の被保険者が介護休業制度を利用した場合，休業開始時賃金日額の67%の介護休業給付金を受給することができる。ただし，休業時に一定以上の賃金が支払われている場合は除かれる。
2 × 特別障害者手当は，公費を財源とした重度の障害者を対象とした手当であり，労働者災害補償保険の給付ではない。
3 × 介護保険の給付の区分支給限度基準額は，要介護度に応じて決定される。この範囲内であれば，介護保険給付の対象となり，超える分は全額自己負担となる。
4 × 後期高齢者であるという理由で，介護保険の利用者負担が減免されるということはない。
5 × 高額介護サービス費は，所得等を基準として，介護保険の利用者負担に一定の上限を設けて軽減するための制度であり，上限額を超過した部分は介護保険から給付されることになる。

POINT!
制度改正が著しい分野である。最新の動向を把握するだけでなく，社会で何が問題となっているかをニュース等で日頃から把握しておきたい。

正解　問題27……1　　問題28……1

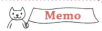

問題 29　頻出度 ★★★　第33回 問題052

事例を読んで，労働者災害補償保険（以下「労災保険」という。）に関する次の記述のうち，最も適切なものを1つ選びなさい。

〔事例〕
運送会社で正社員として働いているFさんは，合理的な経路及び方法により通勤中，駅の階段で転倒し，負傷した。

1 Fさんの負傷は業務災害ではないので，労災保険の給付は行われない。
2 Fさんの雇用期間が6か月未満である場合，労災保険の給付は行われない。
3 Fさんが療養に係る労災保険の給付を受けられる場合，自己負担は原則1割である。
4 Fさんが療養に係る労災保険の給付を受ける場合，同一の負傷について，健康保険の療養の給付は行われない。
5 Fさんの勤務先が労災保険の保険料を滞納していた場合，労災保険の給付は行われない。

問題 30　頻出度 ★★★　第36回 問題053

労働保険に関する次の記述のうち，最も適切なものを1つ選びなさい。

1 労働者災害補償保険の療養補償給付を受ける場合，自己負担は原則1割である。
2 労働者災害補償保険は，政府が管掌する。
3 日雇労働者は，雇用保険の適用除外とされている。
4 雇用保険の失業等給付の保険料は，その全額を事業主が負担する。
5 教育訓練給付は，雇用保険の被保険者ではなくなった者には支給されない。

問題 31　頻出度 ★★　第34回 問題053

雇用保険法に関する次の記述のうち，正しいものを1つ選びなさい。

1 基本手当は，自己の都合により退職した場合には受給できない。
2 保険者は，都道府県である。
3 近年の法改正により，育児休業給付は，失業等給付から独立した給付として位置づけられた。
4 雇用調整助成金は，労働者に対して支給される。
5 雇用安定事業・能力開発事業の費用は，事業主と労働者で折半して負担する。

問題 29 解説　労働者災害補償保険

1 ✗ Fさんの負傷は業務災害にはならないが，通勤途中のため，通勤災害として労災保険の給付が行われると考えられる。
2 ✗ 労災保険は，雇用期間にかかわらず給付の対象となるので，行われる。
3 ✗ 通勤災害に対する療養給付は，原則として200円の自己負担がかかる。業務災害に対する療養補償給付の場合は，自己負担がかからない。
4 ○ 療養に係る労災保険の給付が受けられる場合，健康保険の療養の給付は行われない。
5 ✗ 労災保険の保険料は，勤務先（事業主）が負担する。勤務先が保険料を滞納していたとしても給付が行われ，その費用の一部が勤務先に請求される。

POINT!
労災保険についての事例問題である。選択肢3と5は第30回でも出題された論点である。

問題 30 解説　労働保険

1 ✗ 療養補償給付は，自己負担がかからない。通勤災害による療養給付は，最高200円の自己負担がある。
2 ○ 労働者災害補償保険は，政府（国）が管掌している。ちなみに，雇用保険も政府（国）が管掌する保険である。
3 ✗ 日々雇用される者や30日以内の期間を定めて雇用される者は，原則として日雇労働被保険者となる。一般被保険者とは保険料や給付の内容が異なる。
4 ✗ 雇用保険の失業等給付と育児休業給付の保険料は，事業主と被保険者で折半する。全額を事業主が負担するのは，雇用保険二事業分である。
5 ✗ 教育訓練給付は，雇用保険の被保険者だけではなく，原則として離職から1年以内の被保険者でなくなった者も対象となる。ただし，出産，育児等の理由がある場合は，最大20年以内に期限が延長される。

POINT!
雇用保険と労働者災害補償保険を合わせて，労働保険と呼ぶことがある。各制度の仕組みについてしっかり理解しておきたい。

問題 31 解説　雇用保険法

1 ✗ 基本手当は，自己の都合による退職でも受給できるが，正当な理由のない自己都合の退職の場合は最長で3か月の給付制限が課され，給付の開始が先延ばしになる。
2 ✗ 保険者は国（政府）である。
3 ○ 以前は介護休業給付等と並んで雇用継続給付の1つであったが，2020（令和2）年度から改正された。2025（令和7）年度からは，出生時休業支援給付等が創設されたため，育児休業等給付になっている。
4 ✗ 雇用調整助成金は，雇用保険二事業の1つである雇用安定事業として行われるものであり，労働者を休業させる事業主等に対して，その休業手当等の費用を助成するものである。労働者に直接支給されるものではない。
5 ✗ 雇用保険二事業（雇用安定事業・能力開発事業）の費用は，事業主が拠出する保険料により賄われる。折半で負担するのは，失業等給付・育児休業給付分である。

POINT!
雇用保険法についての出題である。選択肢3は近年の改正点であり，選択肢4は新型コロナウイルス感染症に対する政策として，よくメディアでも取り上げられた。

　問題29……4　問題30……2　問題31……3

問題 32　頻出度 ★★★　　第35回 問題053

次のうち，労働者災害補償保険制度に関する記述として，最も適切なものを1つ選びなさい。

1. 労働者の業務災害に関する保険給付については，事業主の請求に基づいて行われる。
2. メリット制に基づき，事業における通勤災害の発生状況に応じて，労災保険率が増減される。
3. 保険料は，事業主と労働者が折半して負担する。
4. 労働者災害補償保険の適用事業には，労働者を一人しか使用しない事業も含まれる。
5. 労働者の業務災害に関する保険給付については，労働者は労働者災害補償保険又は健康保険のいずれかの給付を選択することができる。

Note　介護保険・労災保険制度

- 介護保険の保険者は市町村及び特別区であるが，複数の市町村が集まって広域連合や一部事務組合を組織して運営することもできる。
- 労災の保険給付には，業務災害と通勤災害，複数業務要因災害に対する療養(補償)給付と休業(補償)給付，障害(補償)給付，遺族(補償)給付及び介護(補償)給付などがある。労災は労働基準監督署が認定する。

問題 33　頻出度 ★★★　　第34回 問題145

「求職者支援法」に基づく求職者支援制度に関する次の記述のうち，正しいものを1つ選びなさい。

1. 求職者支援制度では，雇用保険の被保険者は対象としていない。
2. 求職者支援制度の申込みは福祉事務所で行わなければならない。
3. 求職者支援制度では，月20万円の訓練受講手当の支給を受けることができる。
4. 求職者支援制度は1990年代初めに若年者への失業対策として創設された。
5. 求職者支援制度の対象となる職業訓練は，長期的な就業安定を目的とするために期間が設けられていない。

(注)「求職者支援法」とは，「職業訓練の実施等による特定求職者の就職の支援に関する法律」のことである。

Note　求職者支援制度の対象者

求職者支援制度の対象者は，雇用保険を受給できない者で，就職を希望し，支援を受けようとする者(特定求職者)。
具体的には，・雇用保険の受給終了者，受給資格要件を満たさなかった者
・雇用保険の適用がなかった者
・学卒未就職者，自営廃業者等

問題 32 解説　労働者災害補償保険

1　✕　請求を行うのは**労働者本人**やその遺族等である。

2　✕　メリット制は，**業務災害**の発生状況に応じて労災保険率を増減させるものであり，**通勤災害**の発生状況は考慮されない。

3　✕　労働者災害補償保険の保険料は**事業主**のみが負担する。これは労災の責任は事業主にあるからである。

4　〇　労働者災害補償保険は，業種の規模にかかわらず，原則として 一人でも労働者を使用する事業すべてに適用される。

5　✕　労働者災害補償保険から給付が受けられる場合は，健康保険からの給付は**行われない**（健康保険法55条）。これは労働者が選択するものではない。

POINT!

労働者災害補償保険も出題頻度が高いのでしっかりと理解しておきたい。また，選択肢5のように他の制度との関連もよく出題される。

問題 33 解説　求職者支援制度

1　〇　求職者支援制度は，雇用保険被保険者を対象と**していない**。

2　✕　求職者支援制度の申込みは，**公共職業安定所（ハローワーク）**で行う。

3　✕　求職者支援制度の訓練受講手当は，月**10万円**である。

4　✕　求職者支援制度は**2011（平成23）**年に，**2008（平成20）**年のリーマンショック時の緊急雇用対策を恒久化する形で創設されている。

5　✕　求職者支援訓練の期間は最長**6か月**となっている。

POINT!

求職者支援制度についての，基本的な理解を問う問題である。

正解　問題32……**4**　　問題33……**1**

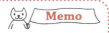

諸外国における社会保障制度

問題 34　頻出度 ★★★　第26回 問題050

社会保障制度の歴史に関する次の記述のうち，正しいものを1つ選びなさい。

1. ドイツでは，18世紀終盤に，宰相ビスマルクにより，法律上の制度として世界で初めて社会保険制度が整備された。
2. アメリカでは，世界恐慌の中，ニューディール政策が実施され，その一環として低所得者向けの公的医療扶助制度であるメディケイドが創設された。
3. フランスでは，連帯思想が社会保険制度の段階的な充実につながり，1930年には，ラロック・プランに基づく社会保険法が成立した。
4. イギリスでは，1990年代に，サッチャー政権が効率と公正の両立を目指す「第三の道」を標榜し，就労支援を重視した施策を展開した。
5. 日本では，1960年代に国民皆保険・皆年金制度が実現し，その他の諸制度とあいまって社会保障制度が構築されてきた。

問題 35　頻出度 ★★　第31回 問題055

諸外国における医療や介護の制度に関する次の記述のうち，正しいものを2つ選びなさい。

1. アメリカには，全国民を対象とする公的な医療保障制度が存在する。
2. イギリスには，医療サービスを税財源により提供する国民保健サービスの仕組みがある。
3. フランスの医療保険制度では，被用者，自営業者及び農業者が同一の制度に加入している。
4. ドイツの介護保険制度では，介護手当（現金給付）を選ぶことができる。
5. スウェーデンには，介護保険制度が存在する。

重要ポイント

ベヴァリッジ報告

イギリスでは，1942年にベヴァリッジ（Beveridge, W.）による「社会保険および関連サービス」と題されたベヴァリッジ報告が刊行され，全国民に対し必要最低限（ナショナル・ミニマム）の所得を保障するための，社会保険を中心とした社会保障計画が提案された。

問題 34 解説　社会保障制度の歴史

1 ✗　ドイツの当時の宰相ビスマルクにより世界で初めて社会保険制度が整備されたのは，19世紀終盤である。1883年に疾病保険法，1884年に労災保険法，1889年に年金保険である養老（老齢）及び廃疾（障害）保険法が制定された。

2 ✗　アメリカで，ニューディール政策の一環として1935年に制定されたのは，世界最初の「社会保障法」である。アメリカの公的医療保障制度には，低所得者を対象にしたメディケイドと，高齢者や障害者を対象にしたメディケア等があり，両者とも1965年の社会保障法修正法により創設された。

3 ✗　フランスで，社会保険法が制定されたのは，1930年であるが，ラロック・プランが作成されたのは，1945年である。

4 ✗　イギリスで，「第三の道」を標榜したのは，サッチャー政権ではなく1997年からのブレア政権である。「第三の道」というのは効率（生産性の向上）と福祉（社会の公正，不平等の是正）の両立を目指す政治のあり方である。

5 ○　日本では，1958（昭和33）年に新しい国民健康保険法，1959（昭和34）年に国民年金法が制定され，これらにより1961（昭和36）年に国民皆保険・皆年金制度が実現した。

POINT!
社会保障制度の歴史上，極めて重要な先進諸国における制度政策が問われている。これらの内容は確実に覚えて，難なく解答できるようにしておきたい。

問題 35 解説　諸外国の医療・介護制度

1 ✗　アメリカの公的医療保障制度は，全国民を対象としたものではない。主な公的医療保障制度として，高齢者や障害者を対象とした医療保険であるメディケア，低所得者を対象としたメディケイドなどがある。

2 ○　イギリスの国民保健サービス（NHS）は，税が主な財源となっている。税を主な財源とする医療保障制度を持つ国として，スウェーデンを併せて理解しておきたい。

3 ✗　フランスの医療保険制度は，年金保険制度と同様に，職域別に制度が分かれているのが特徴である。

4 ○　ドイツの介護保険制度は，日本と異なり，現金給付がある。ドイツの介護保険制度は，第29回試験でも出題されており，その際は被保険者の範囲が問われた。

5 ✗　スウェーデンに介護保険制度はなく，介護サービスの提供はコミューン（日本の市町村にあたる）の役割となっている。

POINT!
諸外国の医療・介護制度についての問題である。介護保険についても出題が増えてきたので，注意しておきたい。

　問題34……5　　問題35……2, 4

MEMO

第 6 章

<共通科目>

権利擁護を支える法制度

Check ☑	1回目	月	日	／21問
Check ☑	2回目	月	日	／21問
Check ☑	3回目	月	日	／21問

相談援助活動と法との関連

問題 01 頻出度 ★★ 第31回 問題083

児童福祉法と「児童虐待防止法」に関する次の記述のうち，最も適切なものを1つ選びなさい。

1 児童虐待の通告義務に違反すると刑罰の対象となる。
2 立入調査には裁判所の令状が必要である。
3 親権者の意に反し，2か月を超えて一時保護を行うには，家庭裁判所の承認が必要である。
4 本人と同居していない者が保護者に該当することはない。
5 児童虐待には，保護者がわいせつな行為をさせることは含まれない。

（注）「児童虐待防止法」とは，「児童虐待の防止等に関する法律」のことである。

問題 02 頻出度 ★★ 第36回 問題077

次のうち，日本国憲法における社会権として，正しいものを2つ選びなさい。

1 財産権
2 肖像権
3 教育を受ける権利
4 団体交渉権
5 自己決定権

民法の理解

問題 03 頻出度 ★★ 第32回 問題078

事例を読んで，次の記述のうち，正しいものを1つ選びなさい。

〔事例〕
Aさんは，判断能力が低下している状況で販売業者のU社に騙され，50万円の価値しかない商品をU社から100万円で購入する旨の売買契約書に署名捺印した。U社は，Aさんに代金100万円の支払を請求している。

1 Aさんにおいて，その商品と同じ価値の商品をもう1つ引き渡すよう請求する余地はない。
2 Aさんにおいて，消費者契約法上，Aさんの誤認を理由とする売買契約の取消しをする余地はない。
3 Aさんにおいて，商品が引き渡されるまでは，代金の支払を拒む余地はない。
4 Aさんにおいて，U社の詐欺を理由とする売買契約の取消しをする余地はない。
5 Aさんにおいて，契約当時，意思能力を有しなかったとして，売買契約の無効を主張する余地はない。

問題01 解説　児童虐待防止法

1 ✕ 通告義務に違反したとしても，具体的な刑罰が用意されているわけではない。

2 ✕ 都道府県知事は，児童虐待が行われているおそれがあると認めるときは，児童福祉に関する事務に従事する職員の立入調査をさせることができる（児童虐待防止法9条）。

3 ◯ 親権者の意に反して，2か月を超えて一時保護を行う場合は，家庭裁判所の承認が必要である。

4 ✕ 同居していなくても，保護者に該当することはある。

5 ✕ 保護者がわいせつな行為をさせることは，児童虐待の定義の1つである「性的虐待」に該当する。

POINT!

虐待防止の法律には，「児童虐待防止法」「高齢者虐待防止法」「障害者虐待防止法」があるが，虐待の定義は同じではない。それぞれの虐待の定義を整理して，違いを把握しておこう。

問題02 解説　人権の種類

1 ✕ 財産権は自由権に位置付けられ，憲法第29条に規定する「財産権の保障」による経済的自由を実現するための権利に含まれる。しかし，財産権は無制限に認められる訳ではなく，公共の福祉によって制約を受ける。

2 ✕ 肖像権は，一般的に人がみだりに他人から写真を撮られたり，利用されたりしない権利を指し，憲法第13条が規定する幸福追求権を根拠にした新しい人権の1つとされる。法律に明示されずに，判例の積み重ねにより認められてきた。

3 ◯ 教育を受ける権利は，憲法第13条に規定された国民が人格の形成に必要な教育環境や制度を国に求める社会権の1つである。教育を受ける権利を具体化した法律に，教育基本法や学校教育法がある。

4 ◯ 団体交渉権は，憲法第28条が規定する労働三権の1つに位置付けられ，社会権に含まれる。労働三権は弱い立場に置かれがちな労働者が，使用者と対等な立場で交渉するために認められた権利を指す。団体交渉権の他，団結権，団体行動権がある。

5 ✕ 自己決定権は，個人が私生活に関わる事柄を公権力から干渉されずに，自ら決定することができる権利とされ，幸福追求権を根拠としている。生死にかかわることから，家族や性にかかわることなど，権利の範囲は広く，人格的生存に不可欠かどうかで判断されることが多い。

POINT!

憲法が保障する人権には，第13条の個人の尊厳を確保するために，大きく分けて人の尊厳ある生活に必要な様々な事柄を国家に要求する社会権の他，経済活動の自由などのように国家権力の介入や個人の自由を確保するための自由権の2つがある。社会権には生存権（憲法第25条）も含まれる。

問題03 解説　消費者契約法

1 ◯ 契約の取消しはできるが，判断能力が低下しているAさんがその商品と同じ価値の商品を請求する余地はない。

2 ✕ 消費者契約法上，Aさんの誤認を理由とする売買契約の取消しをすることは可能である。

3 ✕ 契約の取消しが可能であり，当然のことながら代金の支払を拒むことも可能である。

4 ✕ U社の詐欺を理由とする売買契約の取消しは可能である。

5 ✕ 契約当時のAさんの状況は，判断能力が低下している状況であり，意思能力を有しなかったとして売買契約の無効を主張することは可能である。ただし，それを証明することが必要となる。

POINT!

事業者と消費者との間で契約をする場合，情報量や交渉力には格差がある。消費者が不利益を被ることがないように，消費者契約法が定められており，事業者の一定の行為によって消費者が誤認したり，困惑した場合について契約を取り消すことができるとされている。なお，契約の取消しができる期間は，誤認に気づいたとき，または困惑した時から1年，契約の時から5年である。

正解　問題01……3　　問題02……3, 4　　問題03……1

6

権利擁護を支える法制度

問題 04　頻出度 ★★　第31回 問題082

事例を読んで，特定商取引に関する法律に規定するクーリングオフによる契約の解除（解約）に関して，最も適切なものを1つ選びなさい。

〔事例〕
一人暮らしのDさんは，訪れてきた業者Eに高級羽毛布団を買うことを勧められ，代金80万円で購入する契約を締結し，その場で，Dさんは業者Eに対して，手元にあった20万円を渡すとともに，残金60万円を1か月以内に送金することを約束し，業者Eは，商品の布団と契約書面をDさんに引き渡した。

1　Dさんが業者Eに対して解約の意思を口頭で伝えた場合は，解約できない。
2　Dさんは取消期間内に解約書面を発送したが，取消期間経過後にその書面が業者Eに到達した場合は，解約できない。
3　Dさんが商品の布団を使用してしまった場合は，解約できない。
4　Dさんが解約した場合，業者Eは受領済みの20万円を返還しなければならない。
5　Dさんが解約した場合，Dさんの負担によって布団を返送しなければならない。

問題 05　頻出度 ★★　第33回 問題078

事例を読んで，次の記述のうち，最も適切なものを1つ選びなさい。

〔事例〕
Dさんは，アパートの1室をEさんから月額賃料10万円で賃借し，一人暮らしをしている。Dさんには，唯一の親族として，遠方に住む子のFさんがいる。また，賃借をする際，Dさんの知人であるGさんは，Eさんとの間で，この賃貸借においてDさんがEさんに対して負担する債務を保証する旨の契約をしている。

1　Dさんが賃料の支払を1回でも怠れば，Eさんは催告をすることなく直ちに賃貸借契約を解除することができる。
2　Fさんは，Dさんが死亡した場合に，このアパートの賃借権を相続することができる。
3　Gさんは，保証が口頭での約束にすぎなかった場合でも，契約に従った保証をしなければならない。
4　Fさんは，Dさんが賃料を支払わないときに，賃借人として賃料を支払う責任を負う。
5　Gさんは，この賃貸借とは別にDさんがEさんから金銭を借り入れていた場合に，この金銭についても保証をしなければならない。

問題 06　頻出度 ★★　第31回 問題078 改

特別養子縁組制度に関する次の記述のうち，最も適切なものを2つ選びなさい。

1　特別養子は，15歳未満でなければならない。
2　縁組後も実親との親子関係は継続する。
3　特別養子は，実親の法定相続人である。
4　配偶者のない者でも養親となることができる。
5　養親には離縁請求権はない。

問題 04 解説　クーリングオフ

1 ✕ 訪問販売事業者に対して解約の意思を伝えるのは口頭でも可能である。ただし，解約の意思を伝えたかどうか問われた場合に立証するためには，書面で解約意思を伝えておいた方がよい。

2 ✕ 取消期間内に解約文書を発送していれば，取消期間後にその書面が業者に届いたとしても，解約は可能である（発信主義）。

3 ✕ 商品の布団を使用してしまった場合でも，クーリングオフ期間内に解約の意思を伝えれば解約できる。

4 ◯ 解約した場合には，事業者は内金としての受領済みの20万円を速やかに返還しなければならない。

5 ✕ 解約した場合には，商品の返送代金は事業者が負担する。

POINT!
特定商取引法は，事業者による違法で悪質な勧誘行為等を防止して，消費者の利益を守ることを目的とした法律。消費者トラブルが生じやすい取引類型を対象にして，事業者が守らなければならないルールと，クーリングオフ等の消費者を守るルールが定められている。

問題 05 解説　賃貸借契約

1 ✕ 賃料の支払を怠れば，契約違反であるが，即座に契約を解除することはできない。一定の手続が必要となる。

2 ◯ 賃借権も相続財産であり，相続の対象となる。

3 ✕ 口頭での約束を証明しなければ，Gさんに契約に従った保証を求めることはできない。

4 ✕ FさんはDさんの保証人ではないので，賃料を支払う義務は負わない。

5 ✕ 賃貸借契約とは別の債務については保証する義務はない。

POINT!
賃貸借契約の成立要件は，賃貸人が賃借人に目的物を使用収益させることを約束することと，賃借人が賃貸人に対しその目的物の使用収益の対価としての賃料を支払うことである。賃貸借契約は諾成契約であり，口頭での約束でも契約は成立するが，後に「言った，言わない」の紛争になることを避けるためには契約書の書面は作成しておく必要がある。また，賃貸借契約は，双務契約であり，有償契約でもある。

問題 06 解説　特別養子縁組

1 ◯ 特別養子縁組の特別養子は，6歳未満でなければならないとされていたが，2019（令和元）年6月民法等の改正により，15歳未満に引き上げられた。

2 ✕ 特別養子縁組後，特別養子は実親との親子関係は消滅する。

3 ✕ 特別養子縁組後，特別養子は実親の法定相続人としての相続権は消滅する。

4 ✕ 特別養子縁組の養親となるのは，婚姻している夫婦である。

5 ◯ 特別養子縁組の養親には，離縁請求権はない。しかし，養子の利益のために特に必要があると裁判所が認めたときは，離縁が認められる。

POINT!
養子縁組には，普通養子縁組と特別養子縁組がある。特別養子縁組は，産みの親との親子関係が終了となるが，普通養子縁組は産みの親との親子関係が継続する。両者の違いを知っておく必要がある。

正解　問題04……4　　問題05……2　　問題06……1，5

問題 07　頻出度 ★　　第33回 問題080

事例を読んで，関係当事者の民事責任に関する次の記述のうち，最も適切なものを1つ選びなさい。

〔事例〕
Y社会福祉法人が設置したグループホーム内で利用者のHさんが利用者のJさんを殴打したためJさんが負傷した。K職員は，日頃からJさんがHさんから暴力を受けていたことを知っていたが，適切な措置をとらずに漫然と放置していた。

1 Hさんが責任能力を欠く場合には，JさんがK職員に対して不法行為責任を追及することはできない。
2 JさんがK職員に対して不法行為責任を追及する場合には，Y社会福祉法人に対して使用者責任を併せて追及することはできない。
3 JさんはY社会福祉法人に対して，施設利用契約における安全配慮義務違反として，損害賠償を請求することができる。
4 Hさんに責任能力がある場合に，JさんがY社会福祉法人に対して使用者責任を追及するときは，Jさんは，損害の2分の1のみをY社会福祉法人に対して請求することができる。
5 Y社会福祉法人が使用者責任に基づいてJさんに対して損害賠償金を支払った場合には，Y社会福祉法人はK職員に対して求償することができない。

問題 08　頻出度 ★★　　第36回 問題078

事例を読んで，Hの相続における法定相続分に関する次の記述のうち，正しいものを1つ選びなさい。

〔事例〕
Hは，多額の財産を遺して死亡した。Hの相続人は，配偶者J，子のK・L・M，Hよりも先に死亡した子Aの子（Hの孫）であるB・Cの計6人である。なお，Lは養子であり，Mは非嫡出子である。Hは生前にMを認知している。

1 配偶者Jの法定相続分は3分の1である。
2 子Kの法定相続分は6分の1である。
3 養子Lの法定相続分は7分の1である。
4 非嫡出子Mの法定相続分は8分の1である。
5 孫Bの法定相続分は7分の1である。

問題 09　頻出度 ★★　　第34回 問題081

親権に関する次の記述のうち，正しいものを1つ選びなさい。

1 成年年齢に達した学生である子の親は，その子が親の同意なく行った契約を，学生であることを理由に取り消すことができる。
2 父母が離婚し，子との面会交流について父母の協議が調わないときは，家庭裁判所がそれを定める。
3 父母が裁判上の離婚をする場合，家庭裁判所の判決により，離婚後も未成年者の親権を共同して行うことができる。
4 嫡出でない子を父が認知すれば，認知により直ちにその父がその子の親権者となる。
5 親にとって利益となるが子にとって不利益となる契約であっても，親は，その子を代理することができる。

問題07 解説 損害賠償責任

1. ✕ Jさんは，安全配慮義務を怠ったK職員に対して，不法行為責任を追及することは**可能**である。
2. ✕ Y社会福祉法人には，**使用者責任**があるので，あわせて追及することが可能である。
3. ○ Jさんは，Y社会福祉法人に対して，施設利用契約における**安全配慮義務違反**として**損害賠償**を請求することができる。
4. ✕ Hさんに責任能力がある場合は，Hさんに対して損害賠償を請求する。
5. ✕ Y社会福祉法人は，Jさんに損害賠償金を支払った場合には，K職員に対して**求償**することができる。

POINT!
介護事業者は，あらゆる事故やリスクを想定して，その対策を講じている。介護事故が発生して責任を負うことになった場合に備えて，損害賠償保険に加入していることが通常である。また，介護事故の民事上の責任を追及する場面において，法的には「安全配慮義務」が法的責任の有無を分けることになる。

問題08 解説 法定相続人の相続分

1. ✕ 配偶者Jは常に法定相続人であり，法定相続分は**2分の1**である。
2. ✕ 子Kの法定相続分は，**8分の1**である。
3. ✕ 養子Lの法定相続分は，子Kの相続分の同一の**8分の1**である。養子と実の子の相続分は同一である。
4. ○ 平成25年4月の民法改正により，**認知された非嫡出子と嫡出子の法定相続分は同一**となった。したがって法定相続分は子Kと同一の**8分の1**である。
5. ✕ 孫Bは子Aの代襲相続人となるため，実の子と同一の相続分であるが，Bには兄弟のCの存在がある。このため，Aの相続分をBとCがさらに2分1ずつ分けることとなり，結果，Bは**16分の1**となる。

POINT!
人の死亡時から財産が移転することが相続であり，民法では相続権がある親族を定めている。法定相続人の第1順位は子，第2順位は直系尊属（親，祖父母等），第3順位は兄弟姉妹。相続人の子が死亡時は孫が代襲して相続人になる。2013（平成25）年4月の民法改正により非嫡出子と嫡出子の相続分の割合が同一になったことも押さえておく必要がある。

問題09 解説 親権

1. ✕ 親権は未成年の子に対するものであり，成人後の子には適用されない。
2. ○ 父母が離婚したときには，父母のどちらかが親権を行うことになるが，父母の協議で決まらない場合は，**家庭裁判所**がそれを定める。
3. ✕ 父母が婚姻中の場合は，**共同親権**となるが，裁判上の離婚をする場合は，**父母どちらか一方**が親権を行う。
4. ✕ 非嫡出子を父が認知したとしても，そのことだけで父が親権者となるわけではない。
5. ✕ 親と子で利益が相反するような契約は，子に**特別代理人**を選任してもらい，その子を代理して契約する必要がある。

POINT!
親権とは，父母の養育者の立場からくる権利義務の総称で，身上監護権と財産管理権に大別される。身上監護権には，監護教育権，居所指定権，懲戒権，職業許可権などがある。

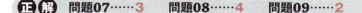

正解 問題07……3　問題08……4　問題09……2

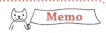

行政法の理解

問題 10 頻出度 ★★ 第32回 問題079

行政処分に対する不服申立てに関する次の記述のうち，正しいものを1つ選びなさい。

1 処分庁に上級行政庁がない場合は，処分庁に対する異議申立てをすることができる。
2 審査請求をすることのできる期間は，原則として，処分があったことを知った日の翌日から起算して10日以内である。
3 審査請求に係る処分に関与した者は，審査請求の審理手続を主宰する審理員になることができない。
4 行政事件訴訟法によれば，特別の定めがあるときを除き，審査請求に対する裁決を経た後でなければ，処分の取消しの訴えを提起することができない。
5 再調査の請求は，処分庁以外の行政庁が審査請求よりも厳格な手続によって処分を見直す手続である。

問題 11 頻出度 ★★ 第30回 問題078

介護保険制度に関する次の記述のうち，行政事件訴訟法上の取消訴訟で争い得るものとして，正しいものを1つ選びなさい。

1 制度に関する一般的な情報の提供
2 要介護認定の結果
3 サービス担当者会議の支援方針
4 居宅介護支援計画の内容
5 介護保険事業計画の内容

問題 12 頻出度 ★ 第34回 問題077

行政行為の効力に関する次の記述のうち，正しいものを1つ選びなさい。

1 重大かつ明白な瑕疵のある行政行為であっても，取り消されるまでは，その行政行為の効果は否定されない。
2 行政行為の無効確認訴訟の出訴期間は，一定期間に制限されている。
3 行政行為の効力は，国家賠償請求訴訟によっても取り消すことができる。
4 行政庁は，審査請求に対する裁決など，判決と似た効果を生ずる行政行為であっても，自ら違法であると気付いたときは，職権で取り消すことができる。
5 行政庁は，税の滞納処分など，判決を得なくても強制執行をすることができる。

問題10 解説　行政処分に対する不服申立て

1 ✕　異議申立てではなく，審査請求をすることができる。

2 ✕　審査請求は，原則として行政処分があったことを知った日の翌日から起算して3か月以内にする必要がある。

3 ◯　審査請求の審理手続を主宰する審理員になれるのは，審査請求に係る処分に関与していない行政職員である。

4 ✕　特別な場合を除き，行政処分に対して審査請求を経ずに，処分の取消し訴訟を提起できる。

5 ✕　再調査の請求は，審査請求の前に処分庁に対して一定期間内に行う手続きである。

POINT!

行政庁が決定した処分に不服がある場合には，審査請求をすることができるが，それでも納得がいかない場合には行政事件訴訟を提起することができる。行政不服審査法は2016（平成28）年4月に新しくなり，それまでの異議申立ては原則として廃止され，審査請求に一本化された。

問題11 解説　取消訴訟

1 ✕　制度に関する一般的な情報の提供は，行政処分ではないので，取消訴訟で争うことはできない。情報の提供は，行政介護保険課の窓口や居宅介護支援事業所等で行う。

2 ◯　要介護認定の結果に不服がある場合，通常は介護保険審査会に不服申立てをするが，行政事件訴訟法上の取消訴訟で争うことも可能である。

3 ✕　サービス担当者会議の支援方針は，支援関係者が共有するものであり，行政処分とはいい難く，取消訴訟にはそぐわない。

4 ✕　居宅介護支援計画の内容については，介護支援専門員（ケアマネジャー）が作成して説明するものであり，行政処分ではないので取消訴訟で争うものではない。

5 ✕　介護保険事業計画は，国が示す基本計画に基づいて各市町村が制定することが義務づけられているもので，個人に対する行政処分ではない。

POINT!

介護保険では，介護保険サービスを利用する場合には，要介護認定を受ける必要があり，その結果に基づいて，介護保険を使って利用できるサービスの利用料金の上限金額が設定されている。介護認定結果に対して不服申立てを行う場合は，ルールが定められている。

問題12 解説　行政行為の効力

1 ✕　行政行為には公定力がある。公定力とは，行政行為がたとえ違法であったとしても，権限のある行政庁または裁判所が取り消すまでは，有効なものとして扱われることである。ただし，重大かつ明白な瑕疵のある行政行為の場合は当然無効となる。

2 ✕　行政行為の無効確認訴訟の出訴期間に制限はない。

3 ✕　行政処分が違法である場合には，取消訴訟や無効確認訴訟で効力を取り消すことが通常である。納税など金銭の納付に関する行政処分の場合，その違法を理由とする国家賠償請求が認められれば，結果的に行政処分を取り消したことと同等の効果は得られるが，国家賠償請求訴訟で取り消すことができるわけではない。

4 ✕　行政庁は，行政行為が違法であると気づいた場合，職権取消をすることが認められているが，審査請求に対する裁決などについては，それをした行政庁自身も変更することができない不可変更力が働く。

5 ◯　行政庁には，裁判所の判決を得なくても，自力執行力が認められている。

POINT!

行政行為には特別な効力があるものとされ，その代表的なものが，拘束力，公定力，不可争力，不可変更力などである。

正解　問題10……3　　問題11……2　　問題12……5

成年後見制度

問題 13　頻出度 ★★★　第32回 問題080

成年後見制度に関する次の記述のうち，適切なものを1つ選びなさい。

1. 子が自分を成年後見人候補者として，親に対する後見開始の審判を申し立てた後，家庭裁判所から第三者を成年後見人とする意向が示された場合，審判前であれば，家庭裁判所の許可がなくても，その子は申立てを取り下げることができる。
2. 財産上の利益を不当に得る目的での取引の被害を受けるおそれのある高齢者について，被害を防止するため，市町村長はその高齢者のために後見開始の審判の請求をすることができる。
3. 成年被後見人である責任無能力者が他人に損害を加えた場合，その者の成年後見人は，法定の監督義務者に準ずるような場合であっても，被害者に対する損害賠償責任を負わない。
4. 判断能力が低下した状況で自己所有の土地を安価で売却してしまった高齢者のため，その後に後見開始の審判を申し立てて成年後見人が選任された場合，行為能力の制限を理由に，その成年後見人はこの土地の売買契約を取り消すことができる。
5. 浪費者が有する財産を保全するため，保佐開始の審判を経て保佐人を付することができる。

問題 14　頻出度 ★★　第33回 問題082

任意後見制度に関する次の記述のうち，正しいものを1つ選びなさい。

1. 任意後見契約に関する証書の作成後，公証人は家庭裁判所に任意後見契約の届出をしなければならない。
2. 本人は，任意後見監督人選任の請求を家庭裁判所に行うことはできない。
3. 任意後見契約では，代理権目録に記載された代理権が付与される。
4. 任意後見監督人が選任される前において，任意後見受任者は，家庭裁判所の許可を得て任意後見契約を解除することができる。
5. 任意後見監督人が選任された後において，本人が後見開始の審判を受けたとしても，任意後見契約は継続される。

問題13 解説　成年後見制度

1　×　通常，審判前であれば申立ての取り下げは可能だが，家庭裁判所から第三者を選任する意向が示されたのはそれなりの理由があるからであり，家庭裁判所の許可を得ずして申立てを取り下げることはできない。
2　○　経済的搾取が疑われる高齢者の保護を目的として，市町村長がその高齢者のために後見開始の審判の請求を行うことは可能である。
3　×　成年後見人が成年被後見人と密接に接触し，監督義務を引き受けていたと評価される場合には，法定の監督義務者に準ずる者として，責任を負うことがある。
4　×　成年後見人が取消権を行使できるのは，成年後見開始の審判が確定された以後である。
5　×　単に浪費者というだけでは，保佐開始の審判の対象とはならない。理解力や判断力が著しく不十分である場合に対象となる。

POINT!
成年後見制度は，判断力や理解力が低下した人の自己決定を尊重し，なおかつ本人が不当な不利益を被らないように保護して支援する制度である。成年後見人等の業務内容は，財産管理と身上監護に関する法律行為等だが，善管注意義務，身上配慮義務，意思尊重義務がある。

問題14 解説　任意後見制度

1　×　公証人は，東京法務局に任意後見契約の登記をしなければならない。
2　×　本人も任意後見監督人の選任の申立を行うことができる。
3　○　代理権目録に記載された代理権が付与される。記載のない代理権は付与されず，取消権もない。
4　×　任意後見受任者は，任意後見監督人が選任される前であれば，任意後見委任者の同意を得た上で任意後見契約を解除することができる。ただし，公証人の認証が必要である。
5　×　本人が後見開始の審判を受けた場合は，任意後見契約は終了する。

POINT!
成年後見制度には，法定後見制度と任意後見制度がある。申立てや契約手続き等については方法が異なるので，両者の違いを整理しておくと良い。

 問題13……2　　問題14……3

6　権利擁護を支える法制度

問題 15　頻出度 ★★★　第36回 問題083

成年被後見人Jさんへの成年後見人による意思決定支援に関する次の記述のうち、「意思決定支援を踏まえた後見事務のガイドライン」に沿った支援として、最も適切なものを1つ選びなさい。

1. Jさんには意思決定能力がないものとして支援を行う。
2. Jさんが自ら意思決定できるよう、実行可能なあらゆる支援を行う。
3. 一見して不合理にみえる意思決定をJさんが行っていた場合には、意思決定能力がないものとみなして支援を行う。
4. 本人にとって見過ごすことのできない重大な影響を生ずる場合にも、Jさんにより表明された意思があればそのとおり行動する。
5. やむを得ずJさんの代行決定を行う場合には、成年後見人にとっての最善の利益に基づく方針を採る。

（注）「意思決定支援を踏まえた後見事務のガイドライン」とは、2020年（令和2年）に、最高裁判所、厚生労働省等により構成される意思決定支援ワーキング・グループが策定したものである。

問題 16　頻出度 ★★★　第34回 問題083 改

成年後見制度における市町村長の審判申立てに関する次の記述のうち、正しいものを1つ選びなさい。

1. 市町村長が審判を申し立てない場合、都道府県知事が代わって審判を申し立てることができる。
2. 「成年後見関係事件の概況（令和5年1月～12月）」（最高裁判所事務総局家庭局）によると、「成年後見関係事件」の申立人の割合は、市町村長よりも配偶者の方が多い。
3. 市町村長申立てにおいて、市町村長は、後見等の業務を適正に行うことができる者を家庭裁判所に推薦することができないとされている。
4. 知的障害者福祉法に基づき、知的障害者の福祉を図るために特に必要があると認めるときは、市町村長が後見開始の審判等の申立てを行うことができる。
5. 市町村長申立ては、後見開始及び保佐開始の審判に限られ、補助開始の審判は含まれないとされている。

（注）「成年後見関係事件」とは、後見開始、保佐開始、補助開始及び任意後見監督人選任事件をいう。

問題 15 解説　意思決定支援

1 ✕ 「意思決定支援を踏まえた後見事務のガイドライン（以下，ガイドライン）」の第1基本原則に，「全ての人は意思決定能力があることが推定される」とあり，Jさんには意思決定能力があると推定して支援することが望まれる。

2 〇 ガイドラインの第2基本原則にある，「本人が自ら意思決定できるよう，実行可能なあらゆる支援を尽くさなければ，代行決定に移ってはならない」とした内容に沿ってJさんの支援をすべきである。

3 ✕ ガイドラインの第3基本原則に「一見すると不合理にみえる意思決定でも，それだけで本人に意思決定能力がないと判断してはならない」とあり，Jさん自身が行った意思決定の不合理さのみをもって，意思決定能力がないと判断すべきではない。

4 ✕ ガイドラインの第5基本原則に「本人により表明された意思等が本人にとって見過ごすことのできない重大な影響を生ずる場合等には，後見人等は本人の信条・価値観・選好を最大限尊重した，本人にとっての最善の利益に基づく方針を採らなければならない」とあり，Jさんの意思決定ではなく，成年後見人がJさんの信条・価値観・選好を最大限考慮した範囲での意思決定支援に向けた方針を立てる。

5 ✕ ガイドラインの第5基本原則にあるように，成年後見人ではなく，「本人にとっての最善の利益」に基づく方針をとる。

POINT!
成年後見制度は，財産保全の観点が重視され，本人の意思尊重の視点が十分ではないなどの課題が指摘されてきた。こうした状況を改善するため2017（平成29）年に成年後見利用促進基本計画が策定され，「意思決定支援を踏まえた後見事務のガイドライン」は，同計画の基本的な考え方の柱である「自己決定権の尊重」を基盤にした本人の意思決定支援や身上保護等の福祉的な観点も重視した支援の在り方をまとめている。今後も出題が予想されるため，原文に目を通しておくことをおすすめする。

問題 16 解説　市町村長の審判申立

1 ✕ 都道府県知事には，市町村長のような審判申立権はない。

2 ✕ 「成年後見関係事件の概況（令和5年1月〜12月）」によると，申立人の割合は市区町村長が最も多く全体の23.6%を占め，次いで本人（22.2%），本人の子（20.0%）の順となっており，配偶者は4.2%である。

3 ✕ 市町村長申立てにおいて，市町村長は，後見等の業務を適正に行うことができる適任者を候補者として申立てすることは可能である。

4 〇 知的障害者福祉法28条において，知的障害者の福祉を図るために特に必要があると認めるときは，市町村長が後見開始の審判の請求を行うことができるとされている。

5 ✕ 市町村長申立ては，類型に制限はなく，後見開始，保佐開始，補助開始の審判いずれでも可能である。

POINT!
成年後見制度の開始当初は，市町村長による審判の申立件数は少なく，市町村もあまり積極的に対応しなかった。しかし，2023（令和5）年では，申立件数が最も多くなっている。

正解　問題15……2　　問題16……4

6

権利擁護を支える法制度

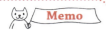

Check ☐☐☐

問題 17 頻出度 ★★　　　第32回 問題081 改

成年後見制度の利用促進に関する次の記述のうち，正しいものを1つ選びなさい。

1. 第二期成年後見制度利用促進基本計画の対象期間は，おおむね10年程度とされている。
2. 市町村は，第二期成年後見制度利用促進基本計画を勘案して，成年後見制度の利用の促進に関する施策についての基本的な計画を定めなければならない。
3. 第二期成年後見制度利用促進基本計画においては，利用のしやすさよりも不正防止の徹底が優先課題とされている。
4. 政府は，成年後見制度の利用の促進に関する施策の総合的かつ計画的な推進を図るため，成年後見制度利用促進会議を設けることとされている。
5. 「成年後見制度利用促進法」でいう成年後見等実施機関とは，介護，医療又は金融に係る事業その他の成年後見制度の利用に関連する事業を行うものをいう。

（注）「成年後見制度利用促進法」とは，「成年後見制度の利用の促進に関する法律」のことである。

Check ☐☐☐

問題 18 頻出度 ★★★　　　第33回 問題083 改

「成年後見関係事件の概況（令和6年1月～12月）」（最高裁判所事務総局家庭局）に関する次の記述のうち，正しいものを1つ選びなさい。

1. 「成年後見関係事件」の「終局事件」において，主な申立ての動機として最も多いのは，預貯金等の管理・解約であった。
2. 「成年後見関係事件」の「終局事件」において，市区町村長が申立人となったものの割合は，全体の約5割であった。
3. 後見開始，保佐開始，補助開始事件のうち「認容で終局した事件」において，親族以外の成年後見人等の選任では，社会福祉士が最も多い。
4. 「成年後見関係事件」のうち「認容で終局した事件」において，開始原因として最も多いのは，統合失調症であった。
5. 「成年後見関係事件」の申立件数に占める保佐開始の審判の割合は，全体の約7割であった。

（注）1　「成年後見関係事件」とは，後見開始，保佐開始，補助開始及び任意後見監督人選任事件をいう。
　　　2　「終局事件」とは，認容，却下，その他（取下げ，本人死亡等による当然終了，移送など）によって終局した事件のことである。
　　　3　「認容で終局した事件」とは，申立ての趣旨を認めて，後見開始，保佐開始，補助開始又は任意後見監督人選任をする旨の審判をした事件のことである。

問題 17 解説　成年後見制度利用促進法

1 ×　第二期成年後見制度利用促進基本計画の対象期間は、おおむね5年程度である。
2 ×　市町村は、第二期成年後見制度利用促進基本計画を勘案して、当該市町村の区域における成年後見制度実施機関設立等に係る支援その他の必要な措置を講ずるよう努めるものとされている。法的義務ではない。
3 ×　第二期成年後見制度利用促進基本計画においては、利用のしやすさが優先課題とされている。
4 ○　政府は、成年後見制度の利用の促進について、成年後見制度利用促進会議を設けることとされている。
5 ×　成年後見制度利用促進法でいう成年後見等実施機関とは、「自ら成年後見人等となり、又は成年後見人等若しくはその候補者の育成及び支援等に関する活動を行う団体」（2条3項）と定義されている。

POINT!
成年後見制度は、費用や手続きの煩雑さ、担い手不足などから、その利用者が少ないのが現状である。制度利用を促す目的で実施されている成年後見制度利用支援事業も、十分な効果を上げていない。そこで、平成28年に成年後見制度利用促進法が制定され、各市町村に利用促進計画の策定を義務付け、必要な人が利用しやすい制度にしていくことが期待されている。

問題 18 解説　成年後見関係事件の概況

1 ○　成年後見関係事件の申立ての動機は、預貯金等の管理・解約が最も多く、動機別申立件数の92.7％である。
2 ×　市区町村長が申立人となったものの割合は、全体の23.9％である。
3 ×　親族以外の成年後見人等で最も多いのは、司法書士（34.7％）である。
4 ×　開始原因として最も多いのは、認知症で全体の61.9％である。
5 ×　申立件数に占める保佐開始の審判の割合は、全体の21.9％である。

POINT!
「成年後見関係事件の概況」は、前年の概況について最高裁判所から発表される。国家試験で出題頻度が最も高いので、最新の概況について最高裁ホームページ等から全文を入手し必ず一読しておく必要がある。

正解　問題17……4　問題18……1

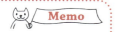

日常生活自立支援事業

問題 19 頻出度 ★★　　　　　　　　　　　　　第32回 問題082

事例を読んで、日常生活自立支援事業による支援に関する次の記述のうち、最も適切なものを1つ選びなさい。

〔事例〕
Bさん(80代、認知症)は、介護サービスを受けながら在宅生活を送っていたが、金銭管理が不自由になったことを心配したC介護支援専門員からの相談により、3年ほど前から日常生活自立支援事業を利用している。ところが2か月前から、Bさんの判断能力が急速に低下し始め、支援計画の変更が必要となった。

1　Bさんは認知症であるため、Bさんに代わって、C介護支援専門員が日常生活自立支援事業における支援計画の変更を行った。
2　日常生活自立支援事業における支援計画の変更に当たっては、Bさんの親族による承諾が必要である。
3　判断能力の低下により、本事業による援助が困難であると事業実施者が認めた場合には、成年後見制度の利用の支援等適切な対応を行う必要がある。
4　Bさんの在宅生活継続が危ぶまれるため、日常生活自立支援事業による支援の一環としてBさんの居住する住宅の処分を行うこととした。
5　Bさんの判断能力の急速な低下に対応するため、日常生活自立支援事業の今後の利用について運営適正化委員会に諮った。

問題 20 頻出度 ★★　　　　　　　　　　　　　第35回 問題081 改

「日常生活自立支援事業実施状況」(2023(令和5)年度、全国社会福祉協議会)に関する次の記述のうち、最も適切なものを1つ選びなさい。

1　2023(令和5)年度末時点で、実契約者数は100万人を超えている。
2　2023(令和5)年度末時点で、実契約者数の内訳では、知的障害者等の割合が最も多い。
3　新規契約締結者のうち、約7割が生活保護受給者であった。
4　新規契約締結者の住居は、8割以上が自宅であった。
5　事業実施主体から委託を受け業務を実施する基幹的社会福祉協議会の数は、約300であった。

問題 19 解説　日常生活自立支援事業

1 ✗ 日常生活自立支援事業で支援計画を立てるのは，日常生活自立支援事業専門員である。
2 ✗ 日常生活自立支援事業における支援計画の変更にあたっては，契約締結審査会の審査が必要である。
3 ○ 日常生活自立支援事業での支援の継続が困難になった場合には，成年後見制度の活用が考えられる。
4 ✗ 日常生活自立支援事業には，利用者の不動産処分を行う権限はない。
5 ✗ 利用者の急速な判断能力低下に対応するため，日常生活自立支援事業の今後の利用について諮問するのは運営適正化委員会ではなく，契約締結審査会である。

POINT!
日常生活自立支援事業は，認知症高齢者，知的障害者，精神障害者等のうち，判断能力が不十分な人が，地域において自立した生活が送れるよう，利用者との契約に基づき，福祉サービス利用援助等を行うものである。以前は「地域福祉権利擁護事業」という名称だったが，2007（平成19）年4月から日常生活自立支援事業に改称。契約利用であるため，利用者には契約締結能力があることが必要となり，判断が難しい場合は契約締結審査会に諮り判断する。

問題 20 解説　日常生活自立支援事業の実施状況

1 ✗ 2023（令和5）年度末時点での，事業開始からの実契約者数は22万4,024人である。
2 ✗ 2023（令和5）年度末時点での，事業開始からの実契約者数の内訳で一番多いのは，「認知症高齢者等」（13万1,621人）である。
3 ✗ 2023（令和5）年度末時点での，新規契約締結者数のうち，生活保護受給者は約4割（42.4％）である。
4 ○ 2023（令和5）年度末時点での，新規契約締結者のうち，居住場所は8割以上が自宅であった。
5 ✗ 事業実施主体から委託を受け業務を実施する基幹的社会福祉協議会の数は，1,640である。

POINT!
日常生活自立支援事業のサービス内容の知識だけではなく，本問のように実施状況を数値的に把握しておくことも重要である。実施状況の統計データは全国社会福祉協議会のホームページで入手できるので，チェックしておきたい。

Note　日常生活自立支援事業の仕組み

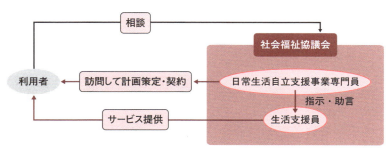

正解　問題19……3　　問題20……4

権利擁護活動にかかわる組織・団体の役割と活動の実際

問題 21 頻出度 ★ ★ 第32回 問題083 改

虐待や配偶者暴力等の防止・対応等に関する関係機関の役割として、正しいものを1つ選びなさい。

1 「児童虐待防止法」において、こども家庭センターの長は、職員に臨検及び捜索をさせることができる。
2 「障害者虐待防止法」において、基幹相談支援センターの長は、養護者による障害者虐待により障害者の生命または身体に重大な危険が生じているおそれがあると認めるときは、職員に立入調査をさせることができる。
3 「DV防止法」において、警視総監もしくは道府県警察本部長は、保護命令を発することができる。
4 「高齢者虐待防止法」において、市町村は、養護者による高齢者虐待を受けた高齢者について、老人福祉法の規定による措置を採るために必要な居室を確保するための措置を講ずるものとする。
5 「高齢者虐待防止法」において、市町村が施設内虐待の通報を受けたときは、市町村長は、速やかに警察に強制捜査を要請しなければならない。

(注) 1 「児童虐待防止法」とは、「児童虐待の防止等に関する法律」のことである。
2 「障害者虐待防止法」とは、「障害者虐待の防止、障害者の養護者に対する支援等に関する法律」のことである。
3 「DV防止法」とは、「配偶者からの暴力の防止及び被害者の保護等に関する法律」のことである。
4 「高齢者虐待防止法」とは「高齢者虐待の防止、高齢者の養護者に対する支援等に関する法律」のことである。

問題 21 解説 虐待防止法等

1 ✕ 「児童虐待防止法」において、都道府県知事は、児童福祉事務所の職員をして、家庭裁判所の許可状により、虐待が疑われる児童の居所に臨検、または捜索させることができる。
2 ✕ 「障害者虐待防止法」において、養護者による虐待を受けたと思われる障害者を発見した者は、速やかにこれを市町村に通報しなければならない。通報を受けた市町村は、生命または身体に重大な危険が生じるおそれがあると認められる障害者を一時的に保護するため障害者支援施設等に入所させる等の措置を講ずるものとする。
3 ✕ 「DV防止法」において、保護命令を出すのは裁判所である。
4 ◯ 「高齢者虐待防止法」10条において、措置の実施が規定されている。
5 ✕ 通報等を受けた場合、市町村は事実確認を行い、虐待の事実が明らかになった場合には、改善を図るように指導する。また、養介護施設職員による虐待の事実があった施設の種別、職員の職種、虐待の状況、とった措置を都道府県知事は公表するものとすると規定されている(高齢者虐待防止法25条)。

POINT!

虐待防止に関しては、「児童虐待防止法」「高齢者虐待防止法」「障害者虐待防止法」があるが、虐待の定義は同じではない。それぞれの定義を整理して、違いを把握しておこう。また、行政の対応内容にも違いがある。さらに「配偶者からの暴力の防止及び被害者の保護等に関する法律」としてDV防止法がある。なお、改正DV防止法が2024(令和6)年4月1日に施行され、保護命令の被害対象に言葉や態度で相手を追い詰める「精神的DV」を加えた。

正解 問題21……4

第 **7** 章

＜共通科目＞

地域福祉と包括的支援体制

Check	1回目	月	日	／35問
Check	2回目	月	日	／35問
Check	3回目	月	日	／35問

地域福祉の基本的な考え方

問題 01　頻出度 ★★★　第35回 問題032

地域福祉の基礎的な理念や概念に関する次の記述のうち，最も適切なものを1つ選びなさい。

1. コミュニティケアとは，地域の特性や地域における課題やニーズを把握し，地域の状況を診断することをいう。
2. セルフアドボカシーとは，行政が，障害者や高齢者等の権利を擁護するよう主張することをいう。
3. 福祉の多元化とは，全ての人々を排除せず，健康で文化的な生活が実現できるよう，社会の構成員として包み支え合う社会を目指すことをいう。
4. 社会的企業とは，社会問題の解決を組織の主たる目的としており，その解決手段としてビジネスの手法を用いている企業のことである。
5. 住民主体の原則とは，サービス利用者である地域住民が，主体的にサービスを選択することを重視する考え方である。

問題 02　頻出度 ★★　第34回 問題032

戦後の民間福祉活動の発展過程に関する次の記述のうち，最も適切なものを1つ選びなさい。

1. 連合国軍最高司令官総司令部（GHQ）の「六項目提案」(1949(昭和24)年)で共同募金会の設立が指示されたことにより，共同募金運動が開始された。
2. 「社会福祉協議会基本要項」(1962(昭和37)年)により，社会福祉協議会は在宅福祉サービス供給システム構築の，民間の中核として位置づけられた。
3. 社会福祉事業法の改正(1983(昭和58)年)により，市町村社会福祉協議会が法制化され，地域福祉におけるその役割が明確になった。
4. 特定非営利活動促進法の改正及び税制改正(2001(平成13)年)により，認定された法人に寄附をした者は，税制上の優遇措置を受けられないことになった。
5. 社会福祉法の改正(2016(平成28)年)により，行政が実施する事業を代替する取組を行うことが，社会福祉法人の責務として規定された。

問題01 解説　地域福祉の概念／コミュニティケア

1　×　コミュニティケアとは，障害者や高齢者を施設処遇にするのではなく，地域の中でつながりを保ちながら暮らせるようにする考え方のことである。設問文は，地域アセスメント（地域診断）の説明である。

2　×　セルフアドボカシーは「自己権利擁護」などと訳され，障害当事者など社会的に弱い立場に置かれやすい人達が，自分自身で，自らの権利や利益を主張することである。設問文は，「行政が」という部分が誤り。

3　×　福祉の多元化とは，行政だけでなく，民間企業やボランティア，NPOなどの様々な主体が福祉サービスの供給源となる体制のことである。設問文は，社会的包摂（ソーシャル・インクルージョン）の説明である。

4　○　社会的企業は，通常の企業のように利益の追求のみを目指すのではなく，ビジネスの手法を用いて社会課題の解決を目指す企業のことで，「ソーシャルビジネス」と呼ばれることもある。

5　×　住民主体の原則とは，地域の課題解決を行政や専門職任せにするのではなく，住民が地域の福祉課題への関心を共有し，課題解決に向けて主体的に参加することである。設問文は住民の主体性のあり方について述べられたものであるが，「住民主体の原則」とは意味合いが異なっている。

POINT!
地域福祉の基礎的な概念の意味について問う問題である。このところ本科目で毎年のように出題されており，一つひとつの用語の意味を着実に把握しておきたい。

問題02 解説　地域福祉の発展過程／社会福祉協議会の歴史

1　×　GHQの「六項目提案」は，社会福祉協議会設立のきっかけとなった。共同募金運動は，GHQによる「公私分離原則」の指導で民間社会福祉事業への公金支出が禁止され，社会福祉施設が経営困難に陥っていたことから，1947（昭和22）年に市民が中心となって始めた運動である。

2　×　全国社会福祉協議会が発表した『在宅福祉サービスの戦略』（1979（昭和54）年）により，社会福祉協議会は在宅福祉サービス供給システム構築の民間の中核として位置づけられた。1962（昭和37）年の「社会福祉協議会基本要項」では，社会福祉協議会は住民主体原則に基づき，地域組織化に取り組む組織であるとされた。

3　○　「1983（昭和58）年の社会福祉事業法改正により市町村社協が法的に位置づけられた」という歴史は繰り返し出題されており，1951（昭和26）年の「社会福祉事業法成立による全社協・都道府県社協の法制化」と併せて確認しておきたい。

4　×　2001（平成13）年の特定非営利活動促進法改正により創設された認定NPO法人に寄附した者は，税制優遇措置を受けることができる。認定NPO法人になるためには，通常のNPO法人の設立よりも厳しい要件が課せられている。

5　×　社会福祉法改正（2016（平成28）年）では，社会福祉法人に地域貢献事業（地域における公益的な取組）を行うことが義務づけられたが，「行政が実施する事業を代替する取組」については特に義務づけられていない。

POINT!
例年出題される地域福祉の発展過程に関する問題である。特に社会福祉協議会の発展の歴史は頻出であり，ポイントをしっかりと把握しておきたい。

正解　問題01……4　　問題02……3

問題 03 頻出度 ★★★ 第36回 問題032

社会福祉協議会の歴史に関する次の記述のうち，正しいものを1つ選びなさい。

1. 1951年（昭和26年）に制定された社会福祉事業法で，市町村社会福祉協議会が法制化された。
2. 1962年（昭和37年）に社会福祉協議会基本要項が策定され，在宅福祉サービスを市町村社会福祉協議会の事業として積極的に位置づける方針が示された。
3. 1983年（昭和58年）に社会福祉事業法が一部改正され，都道府県社会福祉協議会を実施主体とする地域福祉権利擁護事業が開始された。
4. 1992年（平成4年）に新・社会福祉協議会基本要項が策定され，社会福祉協議会の活動原則として住民主体の原則が初めて位置づけられた。
5. 2000年（平成12年）に社会福祉法へ改正されたことにより，市町村社会福祉協議会の目的は地域福祉の推進にあることが明文化された。

問題 04 頻出度 ★★★ 第33回 問題033

民生委員制度やその前身である方面委員制度等に関する次の記述のうち，正しいものを2つ選びなさい。

1. 方面委員制度は，岡山県知事である笠井信一によって，地域ごとに委員を設置する制度として1918（大正7）年に創設された。
2. 方面委員は，救護法の実施促進運動において中心的な役割を果たし，同法は1932（昭和7）年に施行された。
3. 民生委員法は，各都道府県等で実施されていた制度の統一的な発展を図るため，1936（昭和11）年に制定された。
4. 民生委員は，旧生活保護法で補助機関とされていたが，1950（昭和25）年に制定された生活保護法では実施機関とされた。
5. 全国の民生委員は，社会福祉協議会と協力して，「居宅ねたきり老人実態調査」を全国規模で1968（昭和43）年に実施した。

問題 05 頻出度 ★★★ 第34回 問題036

民生委員に関する次の記述のうち，正しいものを1つ選びなさい。

1. 給与は支給しないものとされ，任期は定められていない。
2. 定数は厚生労働大臣の定める基準を参酌して，市町村の条例で定められる。
3. 市町村長は，民生委員協議会を組織しなければならない。
4. 児童委員を兼務するが，本人から辞退の申出があれば，その兼務を解かなければならない。
5. 非常勤特別職の地方公務員とみなされ，守秘義務が課せられる。

問題03 解説　社会福祉協議会／地域福祉の歴史

1 ✕ 1951（昭和26）年の社会福祉事業法で，全国社会福祉協議会（当時の名称は中央社会福祉協議会）と都道府県社会福祉協議会が法制化された。市町村社会福祉協議会の法制化は1983（昭和58）年で，頻出である。

2 ✕ 選択肢の内容は1979（昭和54）年『在宅福祉サービスの戦略』に関する記述である。社会福祉協議会基本要項では住民主体原則に基づき地域組織化等に取り組むことが示された。

3 ✕ 地域福祉権利擁護事業（現：福祉サービス利用援助事業）は1999（平成11）年に予算事業として開始され，2000（平成12）年の社会福祉法成立時に法定化された。

4 ✕ 住民主体の原則を初めて位置づけたのは1962（昭和37）年の社会福祉協議会基本要項である。新・社会福祉協議会基本要項では同原則を継承しつつ，総合相談の実施やソーシャルワーカー配置を盛り込んだ。

5 ◯ 現在の社会福祉法109条に「地域福祉の推進を図ることを目的とする団体」であることが明文化された。

POINT!
社会福祉協議会の歴史は頻出であり，前身となる中央社会福祉協議会の設立経緯も含め，各項目の年代と内容をしっかり学習しておきたい。

問題04 解説　民生委員の歴史／方面委員／済世顧問制度

1 ✕ 方面委員制度は林市蔵が小河滋次郎の協力を得て大阪府で創設した。岡山県知事であった笠井信一は1917（大正6）年5月にドイツのエルバーフェルト・システムを参考に，岡山県に済世顧問制度を創設した。

2 ◯ 1929（昭和4）年に救護法が公布されたが，財政難のためなかなか施行されなかった。全国の方面委員代表者1,116名が連名で署名し，「救護法実施請願ノ表」を上奏し，施行が実現したといわれている。

3 ✕ 1946（昭和21）年，民生委員令の公布により名称が方面委員から現在の民生委員に改められた。

4 ✕ 1953（昭和28）年の民生委員法の改正により，行政機関の補助機関から協力機関に変更された。

5 ◯ 「居宅ねたきり老人実態調査」の結果はメディア報道され，『厚生白書（昭和45年版）』でも取り上げられた。

POINT!
日本とイギリスの公的扶助の歴史は当該科目以外でも頻出であり，押さえておけば確実に得点につながる。民生委員の位置づけの変遷は生活保護制度の歴史とあわせて把握しておきたい。

問題05 解説　民生委員・児童委員／民生委員協議会

1 ✕ 民生委員法10条に，「給与を支給しないものとし，その任期は3年とする」という記述がある。原則75歳未満の者であれば再任可能である。

2 ✕ 民生委員の定数は厚生労働大臣の定める基準を参酌して，都道府県の条例で定められる（同法4条）。配置基準は全国一律ではなく，人口規模によって異なることにも注意が必要である。

3 ✕ 民生委員協議会は，都道府県知事が市町村長の意見をきいて定める区域ごとに組織する（同法20条）。

4 ✕ 民生委員と児童委員は，児童福祉法16条に基づき兼務することが義務づけられており，児童委員の職務のみを解くことはできない。

5 ◯ 民生委員は非常勤特別職の地方公務員とみなされ，守秘義務が課せられる。給与は支給されないが，活動中のケガについては公務災害が適応され，地方公務員災害補償基金から各種の補償等を受けることができる。

POINT!
民生委員に関する知識も最頻出問題である。本問では特に民生委員に関する指揮監督が「都道府県知事」によってなされているという点も確認しておきたい（「市町村長」ではない点に注意）。

　問題03……5　　問題04……2, 5　　問題05……5

問題 06　頻出度 ★★　第35回 問題038

社会福祉法に規定される共同募金に関する次の記述のうち，最も適切なものを1つ選びなさい。

1. 災害に備えるため準備金を積み立て，他の共同募金会に拠出することができる。
2. 共同募金を行うには，あらかじめ都道府県の承認を得て，その目標額を定める。
3. 共同募金を行う事業は第二種社会福祉事業である。
4. 市町村を区域として行われる寄附金の募集である。
5. 募金方法別実績で最も割合が高いのは街頭募金である。

問題 07　頻出度 ★★　第35回 問題033

地域福祉における多様な参加の形態に関する次の記述のうち，正しいものを1つ選びなさい。

1. 特定非営利活動法人は，市民が行うボランティア活動を促進することを目的としており，収益を目的とする事業を行うことは禁止されている。
2. 社会福祉法に規定された市町村地域福祉計画を策定又は変更する場合には，地域住民等の意見を反映させるように努めなければならないとされている。
3. 重層的支援体制整備事業における参加支援事業は，ひきこもり状態にある人の就職を容易にするため，住居の確保に必要な給付金を支給する事業である。
4. 共同募金の募金実績総額は，1990年代に減少に転じたが，2000（平成12）年以降は一貫して増加している。
5. 市民後見人の養成は，制度に対する理解の向上を目的としているため，家庭裁判所は養成された市民を成年後見人等として選任できないとされている。

問題 08　頻出度 ★★　第36回 問題036

地域福祉に係る組織，団体に関する現行法上の規定の内容として，最も適切なものを1つ選びなさい。

1. 特定非営利活動促進法において，特定非営利活動法人は，内閣府の認可により設立される。
2. 民生委員法において，民生委員協議会は，民生委員の職務に関して，関係各庁に意見を具申することができる。
3. 社会福祉法において，社会福祉法人は，社会福祉事業以外の事業を実施してはならない。
4. 保護司法において，保護司会連合会は，市町村ごとに組織されなければならない。
5. 社会福祉法において，市町村社会福祉協議会の役員には，関係行政庁の職員が5分の1以上就任しなければならない。

問題 06 解説　共同募金

1 ○ 災害に備えるための準備金を他の共同募金会に拠出できる。社会福祉法118条に記載があり，一度すべての条文を確認しておきたい。
2 × 「都道府県」が誤り。共同募金を行う際は，あらかじめ都道府県社会福祉協議会の意見を聴き，配分委員会の承認を得て，目標額等を定める（社会福祉法119条）。
3 × 「第二種」の部分が誤り。共同募金は公益性が特に高い第一種社会福祉事業である。
4 × 「市町村を区域として」の部分が誤り。共同募金は都道府県を区域として実施される。
5 × 「街頭募金」の部分が誤り。最も割合が高いのは戸別募金であり，例年47都道府県の合計で約7割を占めている。続いて法人募金，職域募金の順となっている（2023（令和5）年度実績）。

POINT!
共同募金は，地域福祉を推進する重要な活動の1つである。公益性が特に高い第一種社会福祉事業として都道府県単位で実施されていることや，募金額の推移，募金方法別実績などについて確認しておくことで，正答が期待できる。

問題 07 解説　地域福祉の主体／地域福祉計画

1 × 特定非営利活動法人（NPO法人）は収益を役員などで分配することを制限されているが，収益事業を禁じられているわけではない。事業で上げた収益は次の活動資金として運用するべきことが規定されている。
2 ○ 社会福祉法107条2項にある記述である。
3 × 「住居の確保に必要な給付金を支給する事業」は，生活困窮者自立支援法の必須事業である「住居確保給付金の支給」にあたる。重層的支援体制整備事業における参加支援事業とは，ひきこもりなど既存の制度では対応が難しいニーズに対し，地域の社会資源を利用して就労に限らず社会参加を促進する事業である。
4 × 共同募金の募金実績総額は，1998（平成10）年以降，2020（令和2）年まで一貫して減少していた。コロナ禍の2021（令和3）年に約23年ぶりに増加に転じたが，2022（令和4）年以降は再び減少が続いている。
5 × 市民後見人は，実際に後見人として活動できる市民を養成する取り組みであり，長時間の研修を実施している。家庭裁判所に成年後見人として選任された市民は2023（令和5）年4月1日現在で1,904名に上っている。

POINT!
「多様な参加の形態」という視点から，地域福祉の主体，地域福祉計画，重層的支援体制整備事業などの重要なテーマについて幅広く知識を問われている。一つ一つの選択肢はどれも頻出の内容であり，よく確認しておきたい。

問題 08 解説　地域福祉に係る組織，団体

1 × 特定非営利活動法人は，都道府県または指定都市に必要書類を提出し，認証を受けて設立される。
2 ○ 民生委員協議会について，民生委員法24条2項に選択肢の記述がある。
3 × 社会福祉法人は社会福祉事業に支障がない限りで，公益事業と収益事業を実施することができる（社会福祉法26条）。
4 × 保護司会は，都道府県ごとに保護司会連合会を組織することとされている（保護司法14条）。
5 × 関係行政庁の職員は市町村社会福祉協議会の役員になることができるが，役員の総数の5分の1を超えてはならないと規定されている（社会福祉法109条5項）。

POINT!
地域福祉の組織，団体に関する様々な根拠法の規定についての問題でやや出題範囲が広いように感じるが，各選択肢は過去問でも出題されている内容でそれほど難易度は高くない。

　問題06……1　　問題07……2　　問題08……2

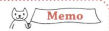

福祉行財政システム

問題 09　頻出度 ★★　第36回 問題044

地方公共団体の事務に関する次の記述のうち，正しいものを1つ選びなさい。

1. 地方公共団体の事務は，自治事務，法定受託事務，団体委任事務，機関委任事務の4つに分類される。
2. 児童扶養手当の給付事務は，自治事務である。
3. 社会福祉法人の認可事務は，法定受託事務である。
4. 生活保護の決定事務は，団体委任事務である。
5. 児童福祉施設の監査事務は，機関委任事務である。

問題 10　頻出度 ★★　第34回 問題042

福祉行政における厚生労働大臣の役割に関する次の記述のうち，正しいものを1つ選びなさい。

1. 民生委員法に基づき，都道府県知事の推薦によって民生委員を委嘱する。
2. 介護保険法に基づき，要介護認定の結果を通知する。
3. 生活困窮者自立支援法に基づき，生活困窮者就労訓練事業の認定を行う。
4. 「障害者総合支援法」に基づき，市町村審査会の委員を任命する。
5. 子ども・子育て支援法に基づき，子ども・子育て支援事業計画の基本指針を定める。

(注)「障害者総合支援法」とは，「障害者の日常生活及び社会生活を総合的に支援するための法律」のことである。

問題 11　頻出度 ★★　第35回 問題043

次のうち，福祉行政における，法に規定された都道府県知事の役割として，正しいものを1つ選びなさい。

1. 介護保険法に規定される居宅介護サービス費の請求に関し不正があったときの指定居宅サービス事業者の指定の取消し又は効力の停止
2. 老人福祉法に規定される養護老人ホームの入所の措置
3. 子ども・子育て支援法に規定される地域子ども・子育て支援事業に要する費用の支弁
4. 社会福祉法に規定される共同募金事業の実施
5. 「障害者総合支援法」に規定される自立支援給付の総合的かつ計画的な実施

(注)「障害者総合支援法」とは，「障害者の日常生活及び社会生活を総合的に支援するための法律」のことである。

問題 09 解説　地方公共団体の事務

1 ✕ 地方公共団体の事務は，自治事務，法定受託事務の2つに分類される。自治事務は，地方公共団体が処理する事務のうち，法定受託事務を除いたものである。法定受託事務には，国が本来実施すべき事務を都道府県または市町村が実施する第1号法定受託事務と，都道府県が本来実施すべき事務を市町村が実施する第2号法定受託事務がある。
2 ✕ 児童扶養手当の給付事務は，国が本来実施すべき事務を市町村が行っているため，第1号法定受託事務である。
3 ◯ 社会福祉法人の認可事務は，国が本来実施すべき事務を都道府県が行っているため，第1号法定受託事務である。
4 ✕ 生活保護の決定事務は，国が本来実施すべき事務のため，第1号法定受託事務である。
5 ✕ 児童福祉施設の監査事務は，「児童福祉行政指導監査の実施について」（通知）により，自治事務とされている。

POINT!
自治事務と法定受託事務について，一覧にするなどして，確実に覚えておきたい。

問題 10 解説　福祉行政における厚生労働大臣の役割

1 ◯ 民生委員法5条には，「民生委員は，都道府県知事の推薦によって，厚生労働大臣がこれを委嘱する」と規定されている。
2 ✕ 介護保険法27条7項にある通り，市町村が要介護認定の結果を通知することになっている。
3 ✕ 生活困窮者自立支援法16条にある通り，生活困窮者就労訓練事業の認定を行うのは，都道府県知事である。
4 ✕ 障害者総合支援法16条2項にある通り，市町村審査会の委員は，障害者等の保健または福祉に関する学識経験を有する者のうちから，市町村長が任命する。
5 ✕ 子ども・子育て支援法60条にある通り，子ども・子育て支援事業計画の基本指針を定めるのは，内閣総理大臣である。

POINT!
問題11〜13の内容とあわせて国・都道府県・市町村の役割について整理しておこう。

問題 11 解説　都道府県知事の役割

1 ◯ 都道府県知事は，介護保険法に規定される居宅介護サービス費の請求に関し不正があったときの指定居宅サービス事業者の指定の取り消しまたは効力の停止を行う（介護保険法77条1項6号）。
2 ✕ 老人福祉法に規定される養護老人ホームの入所の措置をとるのは市町村である（老人福祉法11条1項1号）。
3 ✕ 子ども・子育て支援法に規定される地域子ども・子育て支援事業に要する費用は，市町村が支弁する（子ども・子育て支援法65条1項6号）。
4 ✕ 共同募金事業を行うことを目的とする社会福祉法人として，共同募金会が設立されている。共同募金会以外の者は，共同募金を行ってはならない（社会福祉法113条）。
5 ✕ 障害者総合支援法2条1項に市町村の責務が規定されており，同条1項1号に「必要な自立支援給付及び地域生活支援事業を総合的かつ計画的に行うこと」が挙げられている。

POINT!
都道府県知事の役割については，日頃から関係法規等でよく確認しておく必要がある。

　問題09……3　問題10……1　問題11……1

問題 12 頻出度 ★★ 第34回 問題043

福祉行政における市町村の役割に関する次の記述のうち，最も適切なものを1つ選びなさい。

1 介護支援専門員実務研修受講試験及び介護支援専門員実務研修を行う。
2 社会福祉法人の設立当初において，理事の選出を行う。
3 特別養護老人ホームの設備及び運営について，条例で基準を定める。
4 訓練等給付費の不正請求を行った指定障害福祉サービス事業者について，指定の取消しを行う。
5 小学校就学前の子どものための教育・保育給付の認定を行う。

問題 13 頻出度 ★★★ 第36回 問題043

次のうち，入所の仕組みを利用契約制度と措置制度に分けた場合，措置制度に分類されている施設として，適切なものを2つ選びなさい。

1 軽費老人ホーム
2 老人短期入所施設
3 障害者支援施設
4 児童養護施設
5 救護施設

問題 14 頻出度 ★★★ 第36回 問題046

社会福祉に係る法定の機関に関する次の記述のうち，最も適切なものを1つ選びなさい。

1 都道府県は，児童相談所を設置しなければならない。
2 都道府県は，発達障害者支援センターを設置しなければならない。
3 市町村は，保健所を設置しなければならない。
4 市町村は，地方社会福祉審議会を設置しなければならない。
5 市町村は，身体障害者更生相談所を設置しなければならない。

問題 12 解説　福祉行政における市町村の役割

1 ✕ 介護保険法69条の2にある通り，介護支援専門員実務研修受講試験及び介護支援専門員実務研修を行うのは，都道府県知事である。

2 ✕ 社会福祉法31条3項には，「設立当初の役員及び評議員は，定款で定めなければならない」と規定されている。また，同法43条にある通り，理事を含む役員の選任は，社会福祉法人の評議員会で行われる。社会福祉法人設立時に，理事を含む役員を選任し，設立時役員として定款に載せることとなり，市町村が関わるということではない。

3 ✕ 特別養護老人ホームの設備及び運営について条例で基準を定めるのは，都道府県の役割である。なお，都道府県が定める条例は厚生労働省令で定める基準を参酌することとなっている。

4 ✕ 障害者総合支援法50条にあるように，訓練等給付費の不正請求を行った指定障害福祉サービス事業者について，指定の取り消しを行うのは，都道府県知事である。

5 ○ 子ども・子育て支援法11条に，「子どものための教育・保育給付は，施設型給付費，特例施設型給付費，地域型保育給付費及び特例地域型給付費」と規定されている。同法20条にあるように，小学校就学前の子どものための教育・保育給付費の認定を行うのは，市町村の役割である。

> **POINT!**
> 国・都道府県・市町村の役割について，日頃からよく整理しておく必要がある。

問題 13 解説　措置制度

1 ✕ 軽費老人ホームは，老人福祉法20条の6に規定されている。高齢者本人と軽費老人ホームとの契約により入居するため，利用契約制度に分類される施設である。

2 ✕ 老人短期入所施設は，老人福祉法20条の3に規定されている。一般的にショートステイと呼ばれており，担当のケアマネージャーを通して，施設との契約により入所するため，利用契約制度に分類される施設である。

3 ✕ 障害者支援施設は，障害者総合支援法5条11項に規定されている。市町村に申請後，障害支援区分を取得し，障害福祉サービス受給証の発行を受け，障害者支援施設と契約し，利用することとなるため，利用契約制度に分類される施設である。

4 ○ 児童養護施設は，児童福祉法41条に規定されている。入所については，行政（児童相談所等）による措置の方式をとるため，措置制度に分類される施設である。

5 ○ 救護施設は，生活保護法38条2項に規定されている。入所については，行政（福祉事務所等）による措置の方式をとるため，措置制度に分類される施設である。

> **POINT!**
> 措置制度に分類される施設は数少ないため，確実に覚えておきたい。

問題 14 解説　社会福祉に係る法定の機関

1 ○ 児童福祉法12条1項に，「都道府県は，児童相談所を設置しなければならない」と規定されている。

2 ✕ 発達障害者支援法14条1項に，「都道府県知事は，次に掲げる業務を，社会福祉法人その他政令で定める法人であって当該業務を適切かつ確実に行うことができると認めて指定した者（以下「発達障害者支援センター」という。）に行わせ，又は自ら行うことができる」と規定されている。

3 ✕ 地域保健法5条1項に，「保健所は，都道府県，指定都市，中核市，その他政令で定める市又は特別区が，これを設置する」と規定されている。

4 ✕ 社会福祉法7条に，「社会福祉に関する事項を調査審議するため，都道府県並びに指定都市及び中核市に地方社会福祉審議会を置くものとする」と規定されている。

5 ✕ 身体障害者福祉法11条1項に，「都道府県は，身体障害者の更生援護の利便のため，及び市町村の援護の適切な実施の支援のため，必要の地に身体障害者更生相談所を設けなければならない」と規定されている。

> **POINT!**
> 社会福祉に係る法定の機関については，根拠法を確認のうえ，設置義務の有無や職員配置などについて整理しておきたい。

正解　問題12……5　　問題13……4，5　　問題14……1

7

地域福祉と包括的支援体制

問題 15　頻出度 ★★★　第34回 問題046

福祉行政における専門職等の法令上の位置づけに関する次の記述のうち，正しいものを1つ選びなさい。

1. 都道府県の福祉事務所に配置される社会福祉主事は，老人福祉法，身体障害者福祉法，知的障害者福祉法に関する事務を行う。
2. 福祉事務所の現業を行う所員（現業員）は，社会福祉主事でなければならない。
3. 身体障害者更生相談所の身体障害者福祉司は，身体障害者の更生援護等の事業に5年以上従事した経験を有しなければならない。
4. 地域包括支援センターには，原則として社会福祉主事その他これに準ずる者を配置しなければならない。
5. 児童相談所においては，保育士資格を取得した時点でその者を児童福祉司として任用することができる。

問題 16　頻出度 ★★　第36回 問題038

地域福祉の財源に関する次の記述のうち，最も適切なものを1つ選びなさい。

1. 市区町村社会福祉協議会の平均財源構成比（2019年（平成31年））をみると，会費・共同募金配分金・寄付金を合計した財源の比率が最も高い。
2. 共同募金は，社会福祉を目的とする事業を経営する者以外にも配分できる。
3. 社会福祉法人による地域における公益的な取組とは，地元企業に投資し，法人の自主財源を増やしていくことである。
4. 個人又は法人が認定特定非営利活動法人に寄付をした場合は，税制上の優遇措置の対象となる。
5. フィランソロピーとは，SNSなどを通じて，自らの活動を不特定多数に発信し寄附金を募る仕組みである。

問題 17　頻出度 ★★★　第36回 問題045

「令和6年版地方財政白書（令和4年度決算）」（総務省）に示された民生費に関する次の記述のうち，正しいものを2つ選びなさい。

1. 歳出純計決算額は，前年度に比べて減少した。
2. 目的別歳出の割合は，都道府県では社会福祉費よりも災害救助費の方が高い。
3. 目的別歳出の割合は，市町村では児童福祉費よりも老人福祉費の方が高い。
4. 性質別歳出の割合は，都道府県では繰出金よりも人件費の方が高い。
5. 性質別歳出の割合は，市町村では補助費等よりも扶助費の方が高い。

問題 **15** 解説　福祉行政における専門職等の法令上の位置づけ

1 ✗　都道府県の福祉事務所に配置される社会福祉主事は，生活保護法，児童福祉法及び母子及び父子並びに寡婦福祉法に定める援護または育成措置に関する事務を行う（社会福祉法18条3項）。

2 ◯　指導監督を行う所員（査察指導員）及び現業を行う所員（現業員）は，社会福祉主事でなければならない（同法15条6項）。

3 ✗　身体障害者福祉司には，社会福祉主事の任用資格を有して身体障害者の更生援護等の事業に2年以上従事した経験を有する者を任用することができる。このほか，医師や社会福祉士の資格を有する者，大学等の養成校において指定科目を修めて卒業した者については，実務経験にかかわらず任用可能である（身体障害者福祉法12条）。

4 ✗　地域包括支援センターは，市町村が設置主体となり，保健師・社会福祉士・主任介護支援専門員等を配置して，3職種のチームアプローチにより，住民の健康の保持及び生活の安定のために必要な援助を行うことにより，その保健医療の向上及び福祉の増進を包括的に支援することを目的とする施設である（介護保険法115条の46第1項）。選択肢のような規定はない。

5 ✗　児童福祉司の任用資格は，医師，社会福祉士，精神保健福祉士，公認心理師についてはその資格を取得した時点で得ることができる（児童福祉法13条3項）。一方，内閣府令に基づき保育士や看護師については資格取得後，指定施設にて2年以上，助産師や保健師については1年以上の相談業務経験を経て，任用資格を得ることができる。なお，2024（令和6）年4月より新資格のこども家庭ソーシャルワーカーが，児童福祉司の任用要件を満たす資格に加わっている。

POINT!

行政機関で働く専門職については，職務内容と配置基準，任用要件等をおさえておく必要がある。

問題 **16** 解説　地域福祉の財源

1 ✗　2019（平成31）年の市区町村社会福祉協議会の財源比率は，介護保険事業収益が最も多く（34.7%），次いで受託金収益（25.7%），経常経費補助金収益（17.6%）である。会費は1.7%，寄付金は1.0%となっている。

2 ✗　共同募金は，社会福祉を目的とする事業を経営する者以外の者に配分してはならないことが法律で規定されている（社会福祉法117条1項）。

3 ✗　地域における公益的な取り組みとは，「日常生活又は社会生活上の支援を必要とする者に対して，無料又は低額な料金で福祉サービス」を提供するものである（社会福祉法24条2項）。社会福祉法人の内部留保が問題視されるようになり，2016（平成28）年の社会福祉法改正で規定された。

4 ◯　幅広い市民から寄付を受けており，法人に関する情報公開を適切に行っているなど，一定の基準を満たす認定特定非営利活動法人への寄付は寄付金控除の対象となり，個人または法人に税制上の優遇措置がある。

5 ✗　選択肢はクラウドファンディングに関する説明である。フィランソロピーは企業による社会貢献活動の総称である。

POINT!

地域福祉の財源や寄付に関わる内容は第32回，第33回でも出題された。近年出題が増加傾向にあるトピックであり，共同募金を中心にしっかりと学習しておきたい。

問題 **17** 解説　民生費

1 ◯　2022（令和4）年度の民生費の歳出純計決算額は，前年と比べると3.3%減となっている。

2 ✗　民生費の目的別歳出の割合は，都道府県では災害救助費（0.2%）よりも社会福祉費（31.9%）の方が高い。

3 ✗　民生費の目的別歳出の割合は，市町村では老人福祉費（17.3%）よりも児童福祉費（38.3%）の方が高い。

4 ✗　民生費の性質別歳出の割合は，都道府県では人件費（2.6%）よりも繰出金（7.8%）の方が高い。

5 ◯　民生費の性質別歳出の割合は，市町村では補助費等（5.4%）よりも扶助費（61.5%）の方が高い。

POINT!

民生費については，毎年のように出題されているため，歳出の割合や前年との比較など最新の調査を確認しておきたい。令和2年度以降は新型コロナウイルス感染症対応の費用が影響していることも注意したい。

正解　問題15……2　　問題16……4　　問17……1, 5

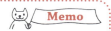

福祉計画の意義と種類，策定と運用

問題 18　頻出度 ★★　　第35回 問題047

次のうち，法律で市町村に策定が義務づけられている福祉に関連する計画として，最も適切なものを1つ選びなさい。

1. 高齢者の居住の安定確保に関する法律に基づく高齢者居住安定確保計画
2. 健康増進法に基づく市町村健康増進計画
3. 自殺対策基本法に基づく市町村自殺対策計画
4. 再犯の防止等の推進に関する法律に基づく地方再犯防止推進計画
5. 成年後見制度の利用の促進に関する法律に基づく成年後見制度の利用の促進に関する施策についての基本的な計画

問題 19　頻出度 ★★　　第36回 問題042

次のうち，法律で規定されている福祉計画の記述として，最も適切なものを1つ選びなさい。

1. 市町村障害者計画は，市町村が各年度における指定障害福祉サービスの種類ごとの必要な量の見込みについて定める計画である。
2. 都道府県子ども・若者計画は，都道府県が子どもの貧困対策について定める計画である。
3. 都道府県老人福祉計画は，都道府県が介護保険事業に係る保険給付の円滑な実施の支援について定める計画である。
4. 市町村地域福祉計画は，市町村が地域福祉の推進について市町村社会福祉協議会の地域福祉活動計画と一体的に定める計画である。
5. 市町村子ども・子育て支援事業計画は，市町村が教育・保育及び地域子ども・子育て支援事業の提供体制の確保について定める計画である。

Note　福祉計画の策定義務

	都道府県	市町村	根拠法
地域福祉計画	●	●	社会福祉法
老人福祉計画	○	○	老人福祉法
介護保険事業計画	○	○	介護保険法
障害者計画	○	○	障害者基本法
障害福祉計画	○	○	障害者総合支援法
次世代育成支援行動計画	△	△	次世代育成支援対策推進法
健康増進計画	○	●	健康増進法

○：策定義務（策定しなければならない）
●：努力義務（策定するように努める）
△：任意策定（策定することができる）

問題 18 解説　市町村に策定義務がある福祉関連の計画

1 ✗ 市町村は，基本方針（都道府県高齢者居住安定確保計画が定められている場合にあっては，都道府県高齢者居住安定確保計画）に基づき，当該市町村の区域内における高齢者の居住の安定の確保に関する計画（市町村高齢者居住安定確保計画）を定めることができる（高齢者の居住の安定確保に関する法律4条の2）。

2 ✗ 市町村は，基本方針及び都道府県健康増進計画を勘案して，当該市町村の住民の健康の増進の推進に関する施策についての計画（市町村健康増進計画）を定めるよう努めるものとされている（健康増進法8条2項）。

3 ○ 市町村は，自殺総合対策大綱及び都道府県自殺対策計画並びに地域の実情を勘案して，当該市町村の区域内における自殺対策についての計画（市町村自殺対策計画）を定めるものとされている（自殺対策基本法13条2項）。

4 ✗ 政府は，再犯の防止等に関する施策の総合的かつ計画的な推進を図るため，再犯の防止等に関する施策の推進に関する計画（再犯防止推進計画）を定めなければならない（再犯の防止等の推進に関する法律7条1項）。都道府県及び市町村は，再犯防止推進計画を勘案して，当該都道府県又は市町村における再犯の防止等に関する施策の推進に関する計画（地方再犯防止推進計画）を定めるよう努めなければならない（同法8条1項）。

5 ✗ 政府は，成年後見制度の利用の促進に関する施策の総合的かつ計画的な推進を図るため，成年後見制度の利用の促進に関する基本的な計画（成年後見制度利用促進基本計画）を定めなければならない（成年後見制度の利用の促進に関する法律12条1項）。市町村は，成年後見制度利用促進基本計画を勘案して，当該市町村の区域における成年後見制度の利用の促進に関する施策についての基本的な計画を定めるよう努めるとともに，成年後見等実施機関の設立等に係る支援その他の必要な措置を講ずるよう努めるものとされている（同法14条1項）。

POINT!
本問のように，各計画について策定義務の有無を問う問題も出題される。老人福祉計画など，「努力義務」ではなく「義務」となっている計画はしっかりと覚えておきたい。

問題 19 解説　法律で規定されている福祉計画

1 ✗ 障害者総合支援法88条2項2号に，市町村障害福祉計画に定める事項として，「各年度における指定障害福祉サービスの種類ごとの必要な量の見込み」が挙げられている。

2 ✗ 都道府県子ども・若者計画は，子ども・若者育成支援推進法9条に規定されており，子ども・若者の健全育成のための総合的な計画であり，子どもの貧困対策について定める計画とはいえない。

3 ✗ 介護保険事業に係る保険給付の円滑な実施の支援について定める計画は，都道府県老人福祉計画ではなく，都道府県介護保険事業支援計画（介護保険法118条1項）である。

4 ✗ 市町村地域福祉計画は，社会福祉法107条の規定に基づき，市町村が，地域福祉の推進について行政計画として策定するものである。市町村地域福祉活動計画は，社会福祉法109条の規定に基づく民間組織である市町村社会福祉協議会が活動計画として策定するもので，地域福祉の推進を目的とする実践的な活動・行動計画である。両者を一体的に定めるという規定はない。

5 ○ 子ども・子育て支援法61条1項に，5年を一期として，「市町村が教育・保育及び子ども・子育て支援事業の提供体制の確保について定める計画」として，市町村子ども・子育て支援事業計画が規定されている。

POINT!
各福祉計画について，根拠法と内容，策定義務の有無などを確認しておきたい。なお，都道府県と市町村が作成する，子ども・若者計画，子どもの貧困対策についての計画，子ども・子育て支援事業計画については，2023（令和5）年に施行されたこども基本法により，都道府県こども計画，および，市町村こども計画と一体のものとして作成できることにも留意しておこう。

正解　問題18……3　問題19……5

問題 20　頻出度 ★★★　第35回 問題037

地域福祉の推進に向けた役割を担う，社会福祉法に規定される市町村地域福祉計画に関する次の記述のうち，正しいものを1つ選びなさい。

1 市町村地域福祉計画では，市町村社会福祉協議会が策定する地域福祉活動計画をもって，地域福祉計画とみなすことができる。
2 市町村地域福祉計画の内容は，市町村の総合計画に盛り込まれなければならないとされている。
3 市町村地域福祉計画では，市町村は策定した計画について，定期的に調査，分析及び評価を行うよう努めるとされている。
4 市町村地域福祉計画は，他の福祉計画と一体で策定できるように，計画期間が法文上定められている。
5 市町村地域福祉計画は，2000（平成12）年の社会福祉法への改正によって策定が義務化され，全ての市町村で策定されている。

問題 21　頻出度 ★★　第36回 問題047

次のうち，現行法上，計画期間が3年を1期とすると規定されている計画として，正しいものを1つ選びなさい。

1 市町村こども計画
2 市町村介護保険事業計画
3 市町村障害者計画
4 市町村健康増進計画
5 市町村地域福祉計画

問題 22　頻出度 ★★★　第34回 問題041

事例を読んで，N市社会福祉協議会の職員であるC社会福祉士が企画したプログラム評価の設計に関する次の記述のうち，正しいものを1つ選びなさい。

〔事例〕
　N市社会福祉協議会は，当該年度の事業目標に「認知症の人に優しいまちづくり」を掲げ，その活動プログラムの1つとして認知症の人やその家族が，地域住民，専門職と相互に情報を共有し，お互いを理解し合うことを目指して，誰もが参加でき，集う場である「認知症カフェ」の取組を推進してきた。そこで，C社会福祉士は，プログラム評価の枠組みに基づいて認知症カフェの有効性を体系的に検証することにした。

1 認知症カフェに参加した地域住民が，認知症に対する理解を高めたかについて検証するため，ニーズ評価を実施する。
2 認知症カフェの取組に支出された補助金が，十分な成果を上げたかについて検証するため，セオリー評価を実施する。
3 認知症カフェが，事前に計画された内容どおりに実施されたかを検証するため，プロセス評価を実施する。
4 認知症カフェに参加する認知症の人とその家族が，認知症カフェに求めていることを検証するため，アウトカム評価を実施する。
5 認知症カフェが，目的を達成するプログラムとして適切に設計されていたかを検証するため，効率性評価を実施する。

問題 20 解説 市町村地域福祉計画／地域福祉活動計画

1 ✕ 市町村地域福祉計画は，社会福祉協議会が策定する地域福祉活動計画と一体的に策定しても良いことになっているが，地域福祉活動計画のみをもって「地域福祉計画とみなす」ことはできない。

2 ✕ 市町村地域福祉計画は，地方自治法に基づいて策定される自治体の総合計画の中で，地域福祉の分野を担うものという位置づけであるが，社会福祉法には総合計画に関する記述はない。そのため，「地域福祉計画の内容は市町村の総合計画に盛り込まなければならない」という義務規定もない。

3 〇 社会福祉法107条3項にある記述である。

4 ✕ 2002（平成14）年の指針で，地域福祉計画の計画期間は「概ね5年とし3年で見直すことが適当」と示されているが，各市町村の実情による計画期間の変更も認められており，社会福祉法では計画期間に関する定めはない。

5 ✕ 2000（平成12）年の社会福祉法成立当時，市町村地域福祉計画の義務規定は一切なかった。その後，2017（平成29）年の法改正で努力義務となったが，2023（令和5）年4月時点で策定率が85.9%となっており，未策定の市町村もある。なお，都道府県地域福祉支援計画については47都道府県すべてが策定済みである。

> **POINT!**
> 市町村地域福祉計画の法的位置付けや，他の計画との関係性については度々出題されている。特に社会福祉協議会が策定する「地域福祉活動計画」との関係については，名称が似通っていることもありよく確認しておきたい。

問題 21 解説 各福祉計画の計画期間

1 ✕ 市町村こども計画は，こども基本法10条2項に基づき，策定が市町村の努力義務となっている。計画期間についての定めはない。

2 〇 市町村介護保険事業計画は，介護保険法117条1項で3年を1期として策定することが市町村の義務となっている。なお，同計画は老人福祉計画と一体のものとして策定しなければならない（同法117条7項）。

3 ✕ 市町村障害者計画は，障害者基本法11条3項に基づき，策定が市町村の義務となっている。計画期間についての定めはない。

4 ✕ 市町村健康増進計画は，健康増進法8条2項に基づき，策定が市町村の努力義務となっている。計画期間についての定めはない。

5 ✕ 市町村地域福祉計画は，社会福祉法107条1項に基づき，策定が市町村の努力義務となっている。計画期間についての定めはない。なお，国の調査によれば5年を1期として策定している市町村が最も多い。

> **POINT!**
> 各計画の計画期間について問う問題も出題される。日頃から根拠法で丁寧にチェックしておく必要がある。

問題 22 解説 プログラム評価／認知症カフェ

1 ✕ ニーズ評価とは，実施予定のサービスやプログラムを必要とする人がどれくらいいるのかを事前に推計する評価手法である。設問の記述は，アウトカム評価の説明である。

2 ✕ セオリー評価とは，実施予定のサービスやプログラムの計画・構成に問題がないかどうかを，事前にチェックする評価手法である。設問の記述は，効率性評価の説明になっている。

3 〇 プロセス評価は，プログラム評価の枠組みでは3段階目に位置づけられており，事前の計画通りにサービスやプログラムが進んでいるかどうかを評価するものである。設問の記述は適切である。

4 ✕ アウトカム評価は，サービスやプログラムの実施後に，想定していた成果を上げることができたか，目標を達成できたかを評価するものである。設問の記述は，ニーズ評価の説明になっている。

5 ✕ 効率性評価は，サービスやプログラムの実施後に，投入した予算に比してどれくらいの成果を上げることができたかを金銭的コストの側面から評価するものである。設問の記述は，セオリー評価の説明である。

> **POINT!**
> プログラム評価はここ数年，毎年のように本科目で出題されている。「ニーズ評価→セオリー評価→プロセス評価→アウトカム評価→効率性評価」という5段階の枠組みをよく理解しておく必要がある。

正解 問題20……**3** 問題21……**2** 問題22……**3**

問題 23　頻出度 ★★★　　　第34回 問題039

地域福祉の調査方法に関する次の記述のうち，最も適切なものを1つ選びなさい。

1 コミュニティカフェの利用者の満足度を数量的に把握するため，グラウンデッド・セオリー・アプローチを用いて調査データを分析した。
2 地域における保育サービスの必要量を推計するため，幅広い住民に参加を呼び掛けて住民懇談会を行った。
3 福祉有償運送に対する高齢者のニーズを把握するため，無作為に住民を選んでフォーカスグループインタビューを実施した。
4 介護を行う未成年者のニーズを把握するため，構造化面接の方法を用いて当事者の自由な語りを引き出す調査を実施した。
5 認知症高齢者の家族介護者の不安を軽減する方法を明らかにするため，当事者と共にアクションリサーチを実施した。

問題 24　頻出度 ★　　　第36回 問題048

次のうち，福祉計画を策定する際に用いられるパブリックコメントに関する記述として，最も適切なものを1つ選びなさい。

1 行政機関が計画の素案を公表して広く意見や情報を募集する機会を設けることにより，人々の意見を計画に反映させる。
2 特定のニーズに対応するサービスの種類と必要量を客観的に算出することにより，サービスの整備目標を算出する。
3 専門家等に対して同じ内容のアンケート調査を繰り返し実施することにより，意見を集約していく。
4 集団のメンバーが互いの知恵や発想を自由に出し合うことにより，独創的なアイデアを生み出す。
5 意見やアイデアを記したカードをグループ化していくことにより，様々な情報を分類・整理していく。

問題 23 解説 社会調査／地域福祉ニーズの把握

1 ✕ グラウンデッド・セオリー・アプローチは，インタビューなどの質的なデータ（言葉）を分析し，時間的なプロセスを伴った理論を構築するための手法である。数量的な分析に用いる手法ではない。

2 ✕ 住民懇談会は地域の埋もれたニーズを発見するのに有効な方法だが，サービスの必要量の推計には不向きである。保育サービスの必要量を推計するには，子育て世帯や子育て支援の関係者にアンケート調査をするなど量的なニーズ把握を行うのが望ましい。

3 ✕ サービスの利用可能性がある高齢者や介護する家族，支援にあたる専門職などを有意抽出して，複数名を対象とするフォーカスグループインタビューを行うべきである。「無作為に住民を選んで」が誤り。

4 ✕ 構造化面接とは，調査者があらかじめ決められた質問項目を尋ね，調査を受ける側は機械的に回答していく面接形式であり，調査対象者の自由な語りを引き出すことは難しい。「自由な語りを引き出す」のであれば非構造化面接（自由面接法）や半構造化面接を用いるのがよい。

5 〇 アクションリサーチとは，研究者が行政や当事者と一緒に活動を企画し，運営するプロセスに参加しながら研究を進める手法であり，設問の記述は適切である。

> **POINT!**
> 地域福祉ニーズを把握するための社会調査の方法は，例年出題される傾向にある。「質的なニーズ」と「量的なニーズ」の違いや，面接の種類，サンプリングの種類，分析方法の名称などについて一通り把握しておくとよい。

問題 24 解説 パブリックコメント

1 〇 パブリックコメントは，行政機関が計画の素案を公表して広く一般から意見や情報を募集し，人々の意見を計画に反映させることである。

2 ✕ 福祉計画を策定する際に，具体的数値目標を示す場合には，対象者に応じて，特定のニーズに対応するサービスの種類と必要量を客観的に算出することにより，サービスの整備目標を算出することがある。パブリックコメントに関する説明ではなく，適切とはいえない。

3 ✕ 専門家等に対して同じ内容のアンケート調査を繰り返し実施することにより，意見を集約していくのは，デルファイ法である。

4 ✕ 集団のメンバーが互いの知恵や発想を自由に出し合うことにより，独創的なアイデアを生み出すのは，ブレインストーミングである。

5 ✕ 意見やアイデアを記したカードをグループ化していくことにより，様々な情報を分類・整理していくのは，KJ法である。

> **POINT!**
> パブリックコメントについては，出題頻度が高いわけではないが，ニュース等でもよく耳にする用語なので，意味を理解しておきたい。

正解 問題23……5 問題24……1

7

地域福祉と包括的支援体制

地域社会の変化と多様化・複雑化した地域生活課題

問題 25 頻出度 ★★　　第36回 問題033 改

地域福祉に関連する法律,事業に規定されている対象に関する次の記述のうち,正しいものを1つ選びなさい。

1 ひきこもり支援推進事業の対象となるひきこもり状態にある者のひきこもりとは,「ひきこもりの評価・支援に関するガイドライン」によれば,原則的には2年以上家庭にとどまり続けていることをいう。
2 ヤングケアラー支援体制強化事業におけるヤングケアラーとは,家族への世話などを日常的に行っている18歳未満のこどものみを指す。
3 生活福祉資金の貸付対象における低所得世帯とは,資金の貸付けにあわせて必要な支援を受けることにより独立自活できると認められる世帯であって,必要な資金の融通を他から受けることが困難である者をいう。
4 生活困窮者自立支援法における生活困窮者とは,最低限度の生活を維持できていない者をいう。
5 日常生活自立支援事業の対象者とは,本事業の契約内容について理解できない者のうち,成年後見制度を利用していない者をいう。

(注)「ひきこもりの評価・支援に関するガイドライン」とは,厚生労働科学研究費補助金こころの健康科学研究事業(厚生労働省)においてまとめられたものである。

地域共生社会の実現に向けた包括的支援体制

問題 26 頻出度 ★★★　　第34回 問題035

次の記述のうち,社会福祉法における地域福祉の推進に関する規定として,適切なものを2つ選びなさい。

1 国及び地方公共団体は,関連施策との連携に配慮して,包括的な支援体制の整備のために必要な措置を講ずるよう努めなければならない。
2 都道府県は,その区域内においてあまねく福祉サービス利用援助事業が実施されるために必要な事業を行うものとする。
3 都道府県社会福祉協議会は,その区域内における地域福祉の推進のための財源として,共同募金を実施することができる。
4 市町村は,子ども・障害・高齢・生活困窮の一部の事業を一体のものとして実施することにより,地域生活課題を抱える地域住民に対する支援体制等を整備する重層的支援体制整備事業を実施することができる。
5 市町村社会福祉協議会は,市町村地域福祉計画を策定するよう努めなければならない。

問題 25 解説　地域福祉の対象

1　✕ 2010（平成22）年に公表された同ガイドラインでは，原則的に6か月以上概ね家庭にとどまり続けている状態（他者と交わらない形で外出をしていてもよい）をひきこもりと定義している。

2　✕ 2022（令和4）年4月より実施されている同事業では，2024（令和6）年の子ども・若者育成支援推進法改正に伴い，ヤングケアラーを「本来大人が担うと想定されている家事や家族の世話などを日常的に行っている子ども・若者」と定義している。ここではおおむね30歳未満が想定されており，状況等に応じ40歳未満の者も対象となり得る。

3　○ 生活福祉資金貸付事業の法的根拠となっている厚生労働事務次官通知「生活福祉資金の貸付けについて」（平成21年7月28日付厚生労働省発社援0728第9号）に，低所得世帯についてそのような記述がある。

4　✕ 同法第3条では，生活困窮者を「就労の状況，心身の状況，地域社会との関係性その他の事情により，現に経済的に困窮し，最低限度の生活を維持することができなくなるおそれのある者」と定義している。最低限度の生活を維持できていない者については，生活保護制度の対象となる。

5　✕ 日常生活自立支援事業の対象者は，判断能力に不安があるが，本事業の契約内容については理解できると認められる者とされている。なお，同事業は成年後見制度と併用することが可能である。

POINT!

地域福祉の支援対象者像については，第31回問題でも出題されていた。ひきこもりや生活困窮者の定義，日常生活自立支援事業の対象者については度々出題されている。

問題 26 解説　社会福祉法／包括的な支援体制／社会福祉協議会

1　○ 国及び地方公共団体は，当該措置の推進にあたっては，保健医療，労働，教育，住まい及び地域再生に関する施策その他の関連施策との連携に配慮するよう努めなければならない（社会福祉法6条2項）。

2　✕ 福祉サービス利用援助事業は日常生活自立支援事業の中で実施されており，都道府県（行政）ではなく都道府県社会福祉協議会（民間）が実施主体となる事業である（同法81条）。

3　✕ 共同募金は，社会福祉法人として都道府県ごとに組織される共同募金会が実施する（同法113条）。都道府県社会福祉協議会は共同募金の実施に協力しているが，実施主体ではない。

4　○ 重層的支援体制整備事業は，2020（令和2）年の社会福祉法改正により創設された新しい事業で，地域共生社会の実現に向けて今後発展が期待されている。同法106条の3〜11に記載がある。

5　✕ 地域福祉計画は，市町村（行政）が策定する。市町村社会福祉協議会（民間）が策定するのは，地域福祉活動計画である。なお，地域の実情に応じてこれら2つの計画は一体的に作成してもよい。

POINT!

社会福祉法の規定で，国，都道府県，市町村（行政）及び社会福祉協議会（民間）の役割分担を問う設題である。都道府県と市町村の役割の違いについては他科目でも頻出であり，常に意識しながら勉強を進めてほしい。

正解　問題25……**3**　　問題26……**1，4**

問題 27　頻出度 ★★　第36回 問題037

事例を読んで、生活困窮者自立相談支援事業のB相談支援員（社会福祉士）の支援方針として、最も適切なものを1つ選びなさい。

〔事例〕
Cさん（60歳）は、一人暮らしで猫を多頭飼育している。以前は近所付き合いがあったが今はなく、家はいわゆるごみ屋敷の状態である。B相談支援員は、近隣住民から苦情が出ていると民生委員から相談を受けた。そこでBがCさん宅を複数回訪問すると、Cさんは猫を可愛がっており、餌代がかかるため、自身の食事代を切り詰めて生活していることが分かった。Cさんは、今の生活で困っていることは特になく、近隣の苦情にどのように対応すればよいか分からない、と言っている。

1 Cさんの衛生環境改善のため、市の清掃局にごみを強制的に回収してもらうことにする。
2 Cさんの健康のため、保健所に連絡をして猫を引き取ってもらうことにする。
3 Cさんの地域とのつながりを回復するため、苦情を言う住民も含めて、今後の関わり方を検討することにする。
4 Cさんの主体性を尊重するため、Cさんに積極的に関わることを控えることにする。
5 Cさんと地域とのコンフリクトを避けるため、引っ越しのあっせんを行うことにする。

問題 28　頻出度 ★　第34回 問題034

住宅の維持・確保に困難を抱える人への支援のための施策に関する次の記述のうち、正しいものを1つ選びなさい。

1 生活困窮者住居確保給付金は、収入が減少した理由のいかんを問わず、住宅の家賃を支払うことが困難になった者に対し、家賃相当額を支給するものである。
2 公営住宅の供給を行う地方公共団体は、公営住宅の入居者に特別の事情がある場合において必要があると認めるときは、家賃を減免することができる。
3 住宅確保要配慮者居住支援協議会は、賃貸住宅に入居する者の収入が一定の基準を下回った場合、賃貸人に対して家賃徴収の猶予を命令することができる。
4 生活福祉資金貸付制度の不動産担保型生活資金は、経済的に困窮した65歳未満の者に対し、居住する不動産を担保に生活資金の貸付けを行うものである。
5 被災者生活再建支援金は、自然災害により生活基盤に被害を受けた者のうち、一定の所得以下の者に対し、生活再建のための費用の貸付けを行うものである。

問題 29　頻出度 ★★★　第35回 問題036

次のうち、社会福祉法に規定されている地域福祉に関する記述として、最も適切なものを1つ選びなさい。

1 2017（平成29）年の社会福祉法改正において、「地域福祉の推進」の条文が新設された。
2 市町村社会福祉協議会は、災害ボランティアセンターを整備しなければならない。
3 地域住民等は市町村からの指導により、地域福祉の推進に努めなければならない。
4 重層的支援体制整備事業は、参加支援、地域づくりに向けた支援の二つで構成されている。
5 市町村は、地域生活課題の解決に資する支援が包括的に提供される体制の整備に努めなければならない。

問題 27 解説　事例問題／ごみ屋敷

1 ✕ Cさんの同意を得ないまま強制的にごみ回収の手配をすることは，利用者による自己決定の原則に反しており，本人にとって大切な物を勝手に破棄してしまう恐れもある。適切ではない。
2 ✕ 近所づきあいがないCさんにとって，猫は生活する上で心の支えになっている可能性がある。本人の許可なく保健所に連絡して猫を引き取る手配をすることは，更なるトラブルの原因となりかねず，適切ではない。
3 ○ 生活困窮やごみ屋敷の背景には地域からの孤立があることが指摘されている。苦情を言う住民との関係改善も見据えながら，地域とのつながりを回復するために皆で検討の場を持つことが現段階では適切である。
4 ✕ 主体性を尊重することと，関わることを控えて放置することは別である。関わりを続けながら，本人が主体的に現在の問題の解決に取り組む意欲を持てるようサポートすることが望ましい。
5 ✕ 現状，Cさん自身が転居を望んでいる状況にはなく，近隣住民との関係改善の可能性も十分考えられる。引っ越しのあっせんを考える段階ではない。

POINT!
生活困窮者自立支援事業の相談支援員に関する事例問題である。同事業では単に経済的困窮を解決するのみならず，地域からの孤立を防止する視点が含まれることを知っていれば，比較的簡単に正答を選べる。

問題 28 解説　生活困窮者支援／住宅の維持・確保

1 ✕ 生活困窮者自立支援法に基づいて実施される住居確保給付金は，離職や自営業の廃業など一定の要件を満たした場合に，原則3か月（最長9か月）まで家賃相当額が支給される。
2 ○ 「特別の事情」とは病気や高齢，障害，ひとり親などで収入が低い状況を指す。
3 ✕ 住宅確保要配慮者居住支援協議会は，「住宅セーフティネット法」に基づき，低所得者や高齢者など「住宅確保要配慮者」の民間賃貸住宅への円滑な入居を支援するが，賃貸人に家賃徴収の猶予を命令できる規定はない。
4 ✕ 生活福祉資金貸付制度は，都道府県社会福祉協議会が無利子または低金利で生活資金の貸付けを行う事業。その一類型である不動産担保型生活資金は，原則として65歳以上の高齢者世帯が対象である。
5 ✕ 被災者生活再建支援法に基づく被災者生活再建支援金は，住宅が全壊または半壊した被災世帯に生活再建のための費用を支給するものである。所得に関係なく申請が可能で，返還義務はないため貸付けではない。

POINT!
生活困窮者自立支援制度をはじめ，住宅の維持・確保に関する政策について広く問う難易度の高い問題である。コロナ禍や相次ぐ自然災害等で困窮者の住まいのあり方が問題となる中，重要性が増している領域であり，しっかりと確認しておきたい。

問題 29 解説　社会福祉法／地域福祉の推進／重層的支援体制整備事業

1 ✕ 「地域福祉の推進」の条文は2000（平成12）年の社会福祉法成立時より記載がある。なお2017（平成29）年の同法改正では，地域福祉推進の理念として地域住民等が，関係機関と連携して地域生活課題の把握および解決に取り組むべきことが新たに規定された。
2 ✕ 災害時に被災市町村の社会福祉協議会が立ち上げることが多い災害ボランティアセンターについては，現時点で法的な根拠が示されていない。社会福祉法にも記載はないため，誤りである。
3 ✕ 「市町村からの指導により」という部分が誤り。そのような記載はない。先述の通り，地域住民等は関係機関と連携して地域福祉を推進することが2017（平成29）年の社会福祉法改正で規定された。
4 ✕ 2020（令和2）年の社会福祉法改正で新たに創設された重層的支援体制整備事業では，属性を問わない相談支援（包括的相談支援），参加支援，地域づくりに向けた支援の三本柱が示されている。
5 ○ 社会福祉法6条2項にある記述である。

POINT!
頻出の，社会福祉法の規定に関する問題である。「地域福祉の推進」に関する規定や災害ボランティアセンターの法的位置付け，重層的支援体制整備事業に関する知識が問われている。

正解　問題27……3　　問題28……2　　問題29……5

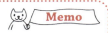

地域共生社会の実現に向けた多機関協働

問題 30 頻出度 ★★　　　　　　　　　　　　　　　　　第35回 問題040

地域福祉におけるネットワーキングに関する次の記述のうち，正しいものを1つ選びなさい。

1 地域介護予防活動支援事業は，市町村が介護保険の第二号被保険者に対して，介護予防の活動を行うために，地域住民とネットワークを構築して取り組むものである。
2 被災者見守り・相談支援事業では，復興公営住宅の居住者を対象として，生活支援コーディネーター（地域支え合い推進員）が見守りを中心としたネットワークを構築し，支援を行う。
3 社会福祉法人による「地域における公益的な取組」は，社会福祉充実残額が生じた場合に，社会福祉法人がネットワークを構築して取り組むものである。
4 介護保険の生活支援・介護予防サービスの体制整備に向けて，都道府県は，協議体を定期的な情報共有のネットワークの場として設置している。
5 ひきこもり地域支援センター事業では，地域の多様な関係機関で構成される連絡協議会を設置する等，ネットワークづくりに努めるとされている。

問題 31 頻出度 ★★　　　　　　　　　　　　　　　　　第36回 問題041

事例を読んで，A市社会福祉協議会のG生活支援コーディネーター（社会福祉士）が提案する支援策等として，適切なものを2つ選びなさい。

〔事例〕
A市のUボランティアグループのメンバーから地域の空き家を活用した活動をしたいという相談があった。そこでGが「協議体」の会議で地区の民生委員に相談すると，その地区では外出せずに閉じこもりがちな高齢者が多いということであった。Gはグループのメンバーと相談し，そのような高齢者が自由に話のできる場にすることを目標に，週2回，通いの場を開設した。1年後，メンバーからは「顔馴染みの参加者は多くなったが，地域で孤立した高齢者が来ていない」という声が上がった。

1 地域で孤立していると思われる高齢者が，通いの場になにを望んでいるかについて，地区の民生委員に聞き取り調査への協力を依頼する。
2 通いの場に参加している高齢者に対して，活動の満足度を調査する。
3 孤立した高齢者のための通いの場にするためにはなにが必要かについて「協議体」で議論する。
4 孤立した高齢者が参加するという目標を，現在の活動に合ったものに見直す。
5 孤立している高齢者向けに健康体操等の体を動かすプログラムを取り入れる。

（注）ここでいう「協議体」とは，介護保険制度の生活支援・介護予防サービスの体制整備に向けて，市町村が資源開発を推進するために設置するものである。

問題 30 解説　ネットワーキング

1 ✗ 「第2号被保険者に対して」が誤り。地域介護予防活動支援事業は，要支援および要介護認定を受けていない65歳以上の第1号被保険者を対象に，居場所づくりを目的として「通いの場」における健康づくりや栄養改善，認知症予防などの活動を行う。第2号被保険者は40歳～64歳の被保険者である。

2 ✗ 「生活支援コーディネーター（地域支え合い推進員）」が誤り。被災者見守り・相談支援事業では，社会福祉協議会等に配置される「相談員」が仮設住宅や復興公営住宅の巡回，相談支援を行う。生活支援コーディネーターは災害とは関係なく，地域で高齢者の介護予防・生活支援を推進する職種である。

3 ✗ 「ネットワークを構築して」が誤り。「地域における公益的な取組」は社会福祉充実残額が生じた場合に，社会福祉法人が自主性，創意工夫をもって地域貢献活動を行うもので，必ずしもネットワークを作る必要はない。なお，社会福祉法人によるネットワーク構築としては社会福祉連携推進法人制度がある。

4 ✗ 「都道府県」が誤り。生活支援・介護予防サービスの体制整備における協議体は，市町村が設置する。

5 ○ 2009（平成21）年に始まったひきこもり地域支援センター等設置事業では，社会福祉士などのひきこもり支援コーディネーターが相談支援や居場所づくり，連絡協議会などのネットワークづくりを行う。

POINT!
「地域福祉におけるネットワーキング」をキーワードに，様々な事業や取り組みについて問う難問である。各設問文の細かなキーワードの間違いなどに注目して，消去法で正答にたどり着きたい。

問題 31 解説　事例問題／生活支援コーディネーター／協議体

1 ○ 地域で孤立していると思われる高齢者のニーズや希望を把握する必要がある。民生委員に調査への協力を依頼することはニーズ把握の方法として有効であると考えられ，適切である。

2 ✗ 通いの場に参加している高齢者を対象とした調査では，通いの場に来ていない高齢者のニーズや希望を把握することができない。

3 ○ 孤立した高齢者のニーズを満たす取り組みとして何ができるのか，協議体の場で参加者から様々な意見を得ることで今後の通いの場の方向性を多様な視点で考えることができる。適切である。

4 ✗ 閉じこもりがちな高齢者が多いことが地域の課題であり，そのような高齢者にアプローチする方法を継続して考える必要がある。現在の活動に合った目標に変えてしまっては，地域の課題解決にはならない。

5 ✗ 健康体操等の体を動かすプログラムが，地域で孤立している高齢者の求めているものかどうかわからない。この段階では有効な支援策とはいえない。

POINT!
生活支援コーディネーターと協議体は頻出項目である。本問は事例問題であるが，地域で孤立した高齢者にどうすれば支援を届けられるかという視点から考えれば，正答を選ぶことができるはずである。

正解　問題30……5　　問題31……1，3

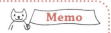

災害時における総合的かつ包括的な支援体制

問題 32　頻出度 ★★　第35回 問題039

災害時における支援体制に関する次の記述のうち，正しいものを1つ選びなさい。

1. 災害対策基本法は，国及び地方公共団体が，ボランティアによる防災活動を監督し，その指揮命令下で活動するよう指導しなければならないと規定している。
2. 災害対策基本法は，市町村長が避難行動要支援者ごとに，避難支援等を実施するための個別避難計画を作成するよう努めなければならないと規定している。
3. 災害対策基本法は，本人が同意している場合でも，市町村長が作成した避難行動要支援者の名簿情報を避難支援等関係者に提供してはならないと規定している。
4. 「福祉避難所の確保・運営ガイドライン」(2021(令和3)年改定(内閣府))は，福祉避難所は社会福祉施設でなければならないとしている。
5. 「災害時の福祉支援体制の整備に向けたガイドライン」(厚生労働省)は，国が主に福祉避難所において，災害時要配慮者の福祉支援を行う災害派遣福祉チームを組成するとしている。

地域福祉と包括的支援体制の課題と展望

問題 33　頻出度 ★★　第36回 問題035

社会福祉法に規定されている市町村による重層的支援体制整備事業に関する次の記述のうち，正しいものを1つ選びなさい。

1. 重層的支援体制整備事業は，地域生活課題の解決に資する包括的な支援体制を整備するための事業である。
2. 重層的支援体制整備事業は，市町村の必須事業である。
3. 市町村は，重層的支援体制整備事業の実施にあたって，包括的相談支援事業，参加支援事業地域づくり事業のいずれか一つを選択して，実施することができる。
4. 重層的支援体制整備事業のうち，包括的相談支援事業は，住宅確保要配慮者に対する居住支援を行う事業である。
5. 市町村は，重層的支援体制整備事業実施計画を策定しなければならない。

問題 34　頻出度 ★　第36回 問題040

事例を読んで，包括的な支援体制の構築に向けて，社会福祉協議会のE職員(社会福祉士)が行う支援の方針として，適切なものを2つ選びなさい。

〔事例〕
P地区では，Q国の外国人居住者が増加している。Fさんは，Q国の外国人居住者のまとめ役を担っており，Eのところに相談に訪れた。Fさんは，日常会話程度の日本語は話せるが，日本の慣習に不慣れなために，過去に近隣住民とトラブルが生じてしまい，地域で気軽に相談できる日本人がいない。Fさんを含めて，P地区で暮らす外国人の多くが，地域活動にはあまり参加していない状態で，地域から孤立しているようである。Eは，このような外国人居住者の社会的孤立の問題を解決するための対策を検討した。

1. Fさんらを講師として招き，地域で暮らす外国人居住者の暮らしや文化について，近隣住民が学ぶ機会を設ける。
2. 日本語が上達できるよう，Fさんに日本語の学習教材を提供する。
3. 外国人居住者が主体的に参加できるように，これまでの地域活動のあり方を見直す。
4. 近隣住民と再びトラブルが生じることを避けるため，自治会長に外国人居住者に対する生活指導を依頼する。
5. 外国人居住者に日本の文化や慣習を遵守させるため，地域のルールを作成する。

問題 32 解説　災害対策基本法／個別避難計画／福祉避難所

1 ✕ 「監督」や「指導」などの文言が誤り。同法第5条の3で，国及び地方公共団体はボランティアの自主性を尊重しながら，連携に努めることが規定されている。行政とボランティアの関係は対等である。

2 ◯ 2021（令和3）年の災害対策基本法改正で避難行動要支援者に対する個別避難計画の作成が，市町村の努力義務となった。ただし，「本人の同意を得られない場合は，この限りではない」とされている（同法49条の14）。

3 ✕ 「同意している場合でも（中略）提供してはならない」は誤り。本人の同意を前提に，消防や民生委員等の避難支援関係者に避難行動要支援者の名簿情報を提供することが規定されている（同法49条の11第2項）。

4 ✕ 「社会福祉施設でなければならない」が誤り。同ガイドラインによれば福祉避難所として指定されるのは社会福祉施設のほか，「バリアフリー」や「支援者の確保しやすさ」を主眼に置いて小・中学校や公民館，保健センター，特別支援学校，公共・民間の宿泊施設などが挙げられている。

5 ✕ 「国が」および「福祉避難所において」の部分が誤り。福祉避難所に比べて介護などの必要な配慮を受けることが難しい一般避難所で福祉支援を行う災害派遣福祉チーム（DWAT）の組成および派遣は，都道府県が実施することが，同ガイドラインに記載されている。

POINT!
近年，重要な改正が行われた「災害対策基本法」を中心に，福祉避難所や災害派遣福祉チームなど，災害支援の重要なキーワードの内容を押さえておきたい。

問題 33 解説　重層的支援体制整備事業／社会福祉法

1 ◯ 社会福祉法106条の4にある記述である。

2 ✕ 市町村は同事業を「行うことができる」と規定され，任意事業となっている（同法106条の4）。

3 ✕ 市町村は同事業を実施するにあたって，包括的相談支援事業，参加支援事業，地域づくり事業の3つを一体のものとして実施しなければならない（同法106条の4第2項）。

4 ✕ 包括的相談支援事業は「地域生活課題を抱える地域住民及びその家族その他の関係者からの相談に包括的に応じ」るもので（同法106条の4第2項1号），住宅確保要配慮者への居住支援に限るものではない。

5 ✕ 市町村は重層的支援体制整備事業を実施する際，同計画を策定するよう努めるものとされ，義務ではなく努力義務となっている（同法106条の5第1項）。

POINT!
重層的支援体制整備事業は，市町村で包括的な支援体制の構築を推し進めるための中核となる事業であり，第34回から第36回まで3年連続での出題となった。社会福祉法106条の4, 5を確認しておきたい。

問題 34 解説　事例問題／包括的な支援体制の構築

1 ◯ 近隣住民にQ国の暮らしや文化を学んでもらうことで，お互いに理解を深めることができ，適切である。

2 ✕ 外国人居住者の社会的孤立の問題を解決するための対策を検討しているので，日本語の学習教材を提供するだけでは不十分である。近隣住民とのつながりが生まれるような仕掛けを考える必要がある。

3 ◯ 外国人居住者が地域活動に参加しやすくすることで，地域からの孤立の改善が期待でき，適切である。

4 ✕ 自治会長から外国人居住者への「指導」という形では，地域共生社会が目指す対等な関係づくりが難しい。また，自治会長に依頼するという形で対応を丸投げしているようでもあり，適切ではない。

5 ✕ 外国人居住者に日本の文化や慣習を遵守させるという一方向の関係ではなく，外国人居住者の文化や慣習も尊重して，近隣住民との間でお互いにすり合わせができるような双方向の関係づくりが望ましい。

POINT!
包括的な支援体制の構築は，支え手・受け手という関係を超えて多様な人がお互いに支え合う地域共生社会の実現に向けた取り組みである。外国人居住者と近隣住民の対等な関係づくりを意識した支援を考える必要がある。

正解　問題32……2　問題33……1　問題34……1, 3

問題 35　頻出度 ★★★　第35回 問題034

地域共生社会の実現に向けた，厚生労働省の取組に関する次の記述のうち，正しいものを1つ選びなさい。

1. 2015（平成27）年の「福祉の提供ビジョン」において，重層的支援体制整備事業の整備の必要性が示された。
2. 2016（平成28）年の「地域力強化検討会」の中間とりまとめにおいて，初めて地域包括ケアシステムが具体的に明示された。
3. 2017（平成29）年の「地域力強化検討会」の最終とりまとめにおいて，縦割りの支援を当事者中心の「丸ごと」の支援とする等の包括的な支援体制の整備の必要性が示された。
4. 2018（平成30）年の「ソーシャルワーク専門職である社会福祉士に求められる役割等について」において，社会福祉士は特定の分野の専門性に特化して養成すべきであると提言された。
5. 2019（令和元）年の「地域共生社会推進検討会」の最終とりまとめにおいて，生活困窮者自立支援法の創設の必要性が示された。

（注）1　「福祉の提供ビジョン」とは，「誰もが支え合う地域の構築に向けた福祉サービスの実現―新たな時代に対応した福祉の提供ビジョン―」のことである。
　　　2　「地域力強化検討会」とは，「地域における住民主体の課題解決力強化・相談支援体制の在り方に関する検討会」のことである。
　　　3　「地域共生社会推進検討会」とは，「地域共生社会に向けた包括的支援と多様な参加・協働の推進に関する検討会」のことである。

Note　地域福祉に関する近年の報告書

年	報告書
2000（平成12）年	「社会的な援護を要する人々に対する社会福祉のあり方に関する検討会」報告書
2003（平成15）年	「2015年の高齢者介護」
2008（平成20）年	「これからの地域福祉のあり方に関する研究会」提出の「地域における「新たな支え合い」を求めて－住民と行政の協働による新しい福祉－」
2012（平成24）年	全国社会福祉協議会「社協・生活支援活動強化方針」
2013（平成25）年	「地域包括ケア研究会 報告書」
2015（平成27）年	「「新たなビジョンに対応した福祉の提供ビジョン」について」
2016（平成28）年	「地域における住民主体の課題解決力強化・相談支援体制のあり方に関する検討会」…検討会（地域力強化検討会）」（地域力強化検討会）中間とりまとめ
2017（平成29）年	「地域における住民主体の課題解決力強化・相談支援体制のあり方に関する検討会」…検討会（地域力強化検討会）」（地域力強化検討会）最終とりまとめ　全国社会福祉協議会「社協・生活支援活動強化方針」改定
2018（平成30）年	全国民生委員児童委員連合会「これからの民生委員・児童委員制度と活動のあり方に関する検討委員会」報告書
2019（令和元）年	「地域共生社会に向けた包括的支援と多様な参加・協働の推進に関する検討会」…検討会（地域共生社会推進検討会）」（地域共生社会推進検討会）最終とりまとめ

問題 35 解説　地域福祉に関わる報告書／地域共生社会の実現

1　×　重層的支援体制整備事業は，2019（令和元）年の「地域共生社会推進検討会」でその構想が示され，2020（令和2）年の社会福祉法改正で創設された事業である。2015（平成27）年の「福祉の提供ビジョン」では，重層的支援体制整備事業の前身とも言える「多機関の協働による包括的支援体制整備事業」をモデル的に実施することを示した。

2　×　地域包括ケアシステムは2003（平成15）年の高齢者介護研究会報告書「2015年の高齢者介護」で初めて具体的に示された。その後も2005（平成17）年や2011（平成23）年の介護保険法改正で言及されており，設問文は誤りである。

3　○　「地域力強化検討会」の最終とりまとめでは「我が事」「丸ごと」をキーワードに，市町村による包括的な相談支援体制の整備を提言しており，設問文は正しい。

4　×　2018（平成30）年の同報告書では，複合化・複雑化している生活課題に対応するため，社会福祉士は特定の分野に特化するのではなく，幅広いニーズに対応できる専門性を身につけるべきであることを指摘している。

5　×　生活困窮者自立支援法は2013（平成25）年に成立，2015（平成27）年4月に制度がスタートしており，設問文は明らかな間違いである。「地域共生社会推進検討会」では，市町村による重層的支援体制整備事業の構想が示された。

POINT!
地域福祉に関する報告書の提言内容に関する問題は，近年出題が増えている。最近の福祉の潮流や，提言されている内容と年代のズレなどから消去法で正答を導き出したい。

正解　問題35……3

MEMO

第 **8** 章

<共通科目>
障害者福祉

Check ☑	1回目	月	日	／28問
Check ☑	2回目	月	日	／28問
Check ☑	3回目	月	日	／28問

国際生活機能分類（ICF）

問題 01 頻出度 ★　　第28回 問題057

事例を読んで，国際生活機能分類（ICF）の「参加制約」に該当するものとして，最も適切なものを1つ選びなさい。

〔事例〕
Eさん（49歳，男性）は，脳性麻痺で足が不自由なため，車いすを利用している。25年暮らした障害者支援施設を退所し，1年がたつ。本日，どうしても必要な買物があるが，支援の調整が間に合わない。その場での支援が得られることを期待して，一人で出掛けた。店まで来たが，階段の前で動けずにいる。

1 脳性麻痺で足が不自由なこと
2 階段があること
3 支援なしで外出できること
4 店で買物ができないこと
5 障害者支援施設を退所したこと

障害者福祉制度の発展過程

問題 02 頻出度 ★★★　　第35回 問題056

障害者福祉制度の発展過程に関する次の記述のうち，最も適切なものを1つ選びなさい。

1 1960（昭和35）年に成立した精神薄弱者福祉法は，ソーシャルインクルージョンを法の目的とし，脱施設化を推進した。
2 1981（昭和56）年の国際障害者年では，「Nothing about us without us（私たち抜きに私たちのことを決めるな）」というテーマが掲げられた。
3 2003（平成15）年には，身体障害者等を対象に，従来の契約制度から措置制度に転換することを目的に支援費制度が開始された。
4 2005（平成17）年に成立した障害者自立支援法では，障害の種別にかかわらず，サービスを利用するための仕組みを一元化し，事業体系を再編した。
5 2013（平成25）年に成立した「障害者差別解消法」では，市町村障害者虐待防止センターが規定された。

（注）「障害者差別解消法」とは，「障害を理由とする差別の解消の推進に関する法律」のことである。

問題 03 頻出度 ★★★　　第36回 問題057

障害者福祉制度の発展過程に関する次の記述のうち，最も適切なものを1つ選びなさい。

1 1949年（昭和24年）に制定された身体障害者福祉法では，障害者福祉の対象が生活困窮者に限定された。
2 1987年（昭和62年）に精神衛生法が精神保健法に改正され，保護者制度が廃止された。
3 2004年（平成16年）に改正された障害者基本法では，障害者に対する差別の禁止が基本理念として明文化された。
4 2005年（平成17年）に制定された障害者自立支援法では，利用者負担は所得に応じた応能負担が原則となった。
5 2011年（平成23年）に障害者基本法が改正され，法律名が心身障害者対策基本法に改められた。

問題 01 解説　国際生活機能分類

1 ✕ 脳性麻痺によって足が不自由であるといった心身機能または身体構造上の問題については，心身機能・身体構造の機能障害(構造障害を含む)に該当する。

2 ✕ 階段があることそのものは参加制約ではなく，生活機能(心身機能・構造，活動，参加)に影響を与える物的な環境や社会的環境などを示した環境因子に該当する。

3 ✕ 支援なしで外出できるといった個人による課題や行為の遂行の可否については，個人が活動を行うときに生じる活動制限に該当する。

4 〇 参加制約とは，店での買い物という生活場面に参加できないといったように，個人が何らかの生活・人生場面にかかわるときに経験する難しさのことを指している。

5 ✕ 障害者支援施設を退所したことそのものは参加制約ではなく，生活機能(心身機能・構造，活動，参加)に影響を与える個人の人生や生活の特別な背景などを示した個人因子に該当する。

> **POINT!**
>
> 国際生活機能分類(ICF)に関する問題である。各構成要素や各因子について整理するとともに，障害の概念の変遷について国際的な背景などとも関連させて整理しておく必要がある。

問題 02 解説　障害者福祉制度の発展過程

1 ✕ 精神薄弱者福祉法(1960(昭和35)年)は，精神薄弱者(知的障害者)に対する更生を援助するとともに必要な保護を行うことで，精神薄弱者の福祉を図ることが目的である。

2 ✕ 国際障害者年(1981(昭和56)年)のテーマは，「完全参加と平等」である。

3 ✕ 支援費制度(2003(平成15)年)は，身体障害者，知的障害者，障害児を対象とし，従来の措置制度から契約制度に転換することを目的とした。

4 〇 障害者総合支援法(2005(平成17)年)では，三分野(身体障害，知的障害，精神障害)の障害施策を一元化し，これまでのサービス体系の再編と新たなサービス体系の創出が行われた。

5 ✕ 市町村障害者虐待センターに関しては，2011(平成23)年に成立した「障害者虐待防止法」に規定されている。

> **POINT!**
>
> 障害者福祉制度の発展過程の歴史的展開に関する問題である。年代とともに障害者に関する法律や制度等の内容について，社会的背景等も関連させながら理解しておく必要がある。「Nothing about us without us」は障害者権利条約の策定過程において，障害者の共通の思いを示すものとして使用された。

問題 03 解説　障害者福祉制度の発展過程

1 ✕ 1949(昭和24)年の身体障害者福祉法では，傷痍軍人を中心とした生活困窮者だけではなく，身体上の障害のある18歳以上の者で，都道府県知事から身体障害者手帳の交付を受けた者を対象とした。

2 ✕ 精神保健法の改正により，保護者制度が廃止されたのは2013(平成25)年のことである。

3 〇 2004(平成16)年の障害者基本法改正では，「何人も，障害者に対して，障害を理由として，差別することその他の権利利益を侵害する行為をしてはならない」という規定が追加された。

4 ✕ 支援費制度では，利用者負担が応能負担であったが，障害者自立支援法では応益負担が原則となった。

5 ✕ 障害者基本法は，1970(昭和45)年に心身障害者対策基本法という名称であったが，1993(平成5)年に現在の題名が改正された。

> **POINT!**
>
> 障害者福祉制度の発展過程の法改正に関する問題である。各法律の改正時期及び内容について，社会的背景等も関連させながら理解しておく必要がある。

正解　問題01……4　　問題02……4　　問題03……3

8

障害者福祉

157

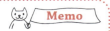

障害者の生活実態

問題 04 頻出度 ★★★　　第34回 問題056 改

「令和4年生活のしづらさなどに関する調査（全国在宅障害児・者等実態調査）」（厚生労働省）における障害者の実態に関する次の記述のうち，正しいものを1つ選びなさい。

1 身体障害者手帳所持者のうち，65歳以上の者は半分に満たない。
2 身体障害者手帳所持者のうち，障害の種類で最も多いのは肢体不自由である。
3 障害者手帳所持者のうち，主な支援者として，福祉サービス事業所や福祉施設の職員と答えた者が最も多い。
4 18歳以上65歳未満の障害者手帳所持者のうち，一月当たりの収入の総額として18万円〜21万円未満と答えた者が最も多い。
5 障害者手帳の種類別でみると，療育手帳所持者が最も多い。

重要ポイント

法制度やデータを比較する

障害者の置かれた状況について，身体障害，知的障害，精神障害のそれぞれの法制度やデータを比較しながら，特徴をしっかりと読み取れるようにしておこう。また障害者福祉制度の発展についても，障害者運動や障害者理念の発展過程とその多くが関連しているため，比較しながら関連づけて覚えていこう。

障害者に対する法制度

問題 05 頻出度 ★★　　第32回 問題061

障害者基本法に関する次の記述のうち，最も適切なものを1つ選びなさい。

1 法の目的では，障害者本人の自立への努力について規定されている。
2 都道府県は，都道府県障害者計画の策定に努めなければならないと規定されている。
3 国及び地方公共団体は，重度の障害者について，終生にわたり必要な保護等を行うよう努めなければならないと規定されている。
4 社会的障壁の定義において，社会における慣行や観念は除外されている。
5 障害者政策委員会の委員に任命される者として，障害者が明記されている。

問題 06 頻出度 ★★　　第35回 問題061

身体障害者福祉法に関する次の記述のうち，正しいものを1つ選びなさい。

1 身体障害者福祉法の目的は，「身体障害者の更生を援助し，その更生のために必要な保護を行い，もつて身体障害者の福祉の増進を図ること」と規定されている。
2 身体障害者の定義は，身体障害者手帳の交付を受けたかどうかにかかわらず，別表に掲げる身体上の障害がある18歳以上の者をいうと規定されている。
3 身体障害者手帳に記載される身体障害の級別は，障害等級1級から3級までである。
4 都道府県は，身体障害者更生相談所を設置しなければならない。
5 市町村は，その設置する福祉事務所に，身体障害者福祉司を置かなければならない。

問題 **04** 解説 障害児・者の実態

1 × 「令和4年生活のしづらさなどに関する調査（全国在宅障害児・者等実態調査）」によると，身体障害者手帳所持者のうち，65歳以上の者は**半数以上**である。

2 ○ 同調査によると，2022（令和4）年における身体障害者手帳所持者のうち，障害の種類で最も多いのは**肢体不自由**（38.0%）であり，次いで内部障害（32.8%），障害種別不詳（13.5%）の順になっている。

3 × 障害者手帳所持者のうち，主な支援者として「**家族・親戚**」と答えた者の割合が74.4%と最も高く，次いで「特にいない」（11.7%），「福祉サービス事業所や福祉施設の職員」（8.2%），「不詳」（2.3%）の順になっている。

4 × 18歳以上65歳未満の障害者手帳所持者のうち，一月当たりの平均収入の総額として「**8万円以上～15万円未満**」と答えた者が最も多い。

5 × 障害者手帳の種類別でみると，**身体障害者手帳**所持者数が最も多い。

POINT!

障害児・者の実態については，近年頻出である。障害者の置かれた状況について，最新のデータを確認し，その特徴を理解しておく必要がある。

問題 **05** 解説 障害者基本法

1 × 障害者基本法の目的の1つに，**障害者の自立と社会，経済，文化その他あらゆる分野の活動への参加**を促進することが掲げられており，自立への努力は目的には規定されていない。

2 × 障害者のための施策に関する基本的な計画である都道府県障害者計画は，都道府県に策定が**義務付けられている**。

3 × 国及び地方公共団体の責務は，「障害者の**自立及び社会参加**の支援等のための施策を総合的かつ計画的に実施する」ことである。

4 × 社会的障壁は，「**障害がある者にとって日常生活又は社会生活を営む上で障壁となるような社会における事物，制度，慣行，観念その他一切のもの**」と定義されている。

5 ○ 障害者政策委員会の委員は，**障害者，障害者の自立及び社会参加に関する事業に従事する者並びに学識経験のある者**のうちから，内閣総理大臣が任命する。

POINT!

障害者基本法に関する問題である。成立の経緯や主要な条文の内容について，これまでの改正とあわせて把握しておく必要がある。

問題 **06** 解説 身体障害者福祉法

1 × 身体障害者福祉法の目的は，「身体障害者の**自立**と**社会経済活動への参加を促進**するため，身体障害者を援助し，及び必要に応じて保護し，もって身体障害者の福祉の増進を図ること」である。

2 × 身体障害者福祉法における身体障害者は，都道府県知事から**身体障害者手帳の交付を受けたもの**であると規定されている。

3 × 身体障害者手帳に記載される身体障害の級別は，**1級から6級**までである。

4 ○ 身体障害者更生相談所は，身体障害者の**更生援護の利便**や**市町村の援護の支援**のために，都道府県が必ず設置しなければならない。

5 × 身体障害者福祉司は，**身体障害者更生相談所に必ず置かなければならない**が，福祉事務所においてはその限りではない。

POINT!

身体障害者福祉法に関する問題である。法の目的や対象，身体障害者手帳制度等を含め，基本的な内容を理解しておくことが望ましい。

正解 問題04……2 問題05……5 問題06……4

8

障害者福祉

問題 07 頻出度 ★★ 第34回 問題060

知的障害者福祉法に関する次の記述のうち，正しいものを1つ選びなさい。

1 知的障害者に対する入院形態として，医療保護入院が規定されている。
2 市町村は，知的障害者更生相談所を設けなければならないと規定されている。
3 市町村は，その設置する福祉事務所に知的障害者福祉司を置くことができると規定されている。
4 1998(平成10)年に，精神衛生法から知的障害者福祉法に名称が変更された。
5 知的障害者に対して交付される「療育手帳」について規定されている。

問題 08 頻出度 ★★ 第33回 問題062 改

「障害者虐待防止法」及び「令和4年度障害者虐待対応状況調査」（厚生労働省）に関する次の記述のうち，正しいものを1つ選びなさい。

1 養護者による虐待を受けたと思われる障害者を発見した者は，速やかに，これを都道府県に通報する義務がある。
2 障害者虐待とは，養護者による障害者虐待と障害者福祉施設従事者等による障害者虐待の2類型をいうと定義されている。
3 養護者による障害者虐待は，身体的虐待，性的虐待，心理的虐待，放置など養護を怠ること，の4種類であると定義されている。
4 障害者福祉施設従事者等により虐待を受けた者の障害種別は，知的障害が最も多い。
5 障害者福祉施設従事者等による虐待行為の類型は，性的虐待が最も多い。

（注） 1 「障害者虐待防止法」とは，「障害者虐待の防止，障害者の養護者に対する支援等に関する法律」のことである。
2 「令和4年度障害者虐待対応状況調査」とは，「令和4年度『障害者虐待の防止，障害者の養護者に対する支援等に関する法律』に基づく対応状況等に関する調査結果報告書」のことである。

問題 09 頻出度 ★★ 第33回 問題057 改

「障害者差別解消法」に関する次の記述のうち，正しいものを2つ選びなさい。

1 国際障害者年(1981(昭和56)年)に向けて，国内法の整備の一環として制定された。
2 「不当な差別的取扱いの禁止」について，国・地方公共団体等には義務が，民間事業者には努力義務が課されている。
3 「合理的配慮の提供」について，国・地方公共団体等と民間事業者に，共に義務が課されている。
4 障害者の定義は，障害者基本法に規定されている障害者の定義より広い。
5 国や地方公共団体の関係機関は，地域における障害を理由とする差別に関する相談や差別解消の取組のネットワークとして，障害者差別解消支援地域協議会を設置できる。

（注）「障害者差別解消法」とは，「障害を理由とする差別の解消の推進に関する法律」のことである。

問題 07 解説　知的障害者福祉法

1　× 知的障害者福祉法に入院に関する規定はない。医療保護入院は，精神保健及び精神障害者福祉に関する法律（精神保健法）に規定されているが，知的障害者に対する入院形態は規定されていない。

2　× 知的障害者更生相談所を設けなければならないと規定されているのは，都道府県である（知的障害者福祉法12条1項）。

3　〇 市町村は，福祉事務所に知的障害者福祉司を置くことができると規定されている（同法13条2項）。

4　× 精神衛生法は，1987（昭和62）年に精神保健法に名称が変更されている。知的障害者福祉法は，1998（平成10）年に精神薄弱者福祉法から名称が変更された。

5　× 療育手帳は1973（昭和48）年9月27日厚生省発児第156号厚生事務次官通知「療育手帳制度について」にて「療育手帳制度要綱」が通知されているが，知的障害者福祉法を含め，法律に根拠を置く事項ではない。

POINT!
知的障害者福祉法に関する問題である。法律の制定の経緯や目的，法の対象を含めた内容について理解しておくことが望ましい。

問題 08 解説　障害者虐待防止法

1　× 養護者による虐待を受けたと思われる障害者を発見した者は，速やかに，市町村（市町村障害者虐待防止センター）に通報する義務がある。

2　× 障害者虐待における虐待者の類型は，養護者，障害者福祉施設従事者等，使用者の3類型である。

3　× 障害者虐待の行為の種類は，虐待者の種類にかかわらず身体的虐待，性的虐待，心理的虐待，放置など養護を怠ること（ネグレクト），経済的虐待の5種類である。

4　〇 「令和4年度障害者虐待対応状況調査」によると，障害者福祉施設従事者等により虐待を受けた者の障害種別は，知的障害（72.6％）が最も多く，身体障害（21.0％），精神障害（15.8％），発達障害（3.1％），難病等（1.3％）の順となっている。

5　× 「令和4年度障害者虐待対応状況調査」によると，障害者福祉施設従事者等による虐待行為の類型は，身体的虐待（52.0％）が最も多く，心理的虐待（46.4％），性的虐待（13.8％），放棄，放置（9.5％），経済的虐待（5.3％）の順となっている。

POINT!
障害者虐待防止法及び障害者虐待対応に関する問題である。法律の目的や定義に加え，虐待防止施策や仕組みについて押さえておくことが望ましい。

問題 09 解説　障害者差別解消法

1　× 障害者差別解消法は，2014（平成26）年の「障害者権利条約」の締結に先立ち，国内法の整備の一環として制定された。

2　× 「不当な差別的取扱いの禁止」について，国・地方公共団体等に加え民間事業者にも法的義務が課されている。

3　〇 「合理的配慮の提供」について，国・地方公共団体等に加え民間事業者にも法的義務が課されている。

4　× 障害者基本法及び障害者差別解消法における障害者の定義は，同じである。

5　〇 差別を解消するための支援措置として，国や地方公共団体の関係機関は，関係機関により構成される障害者差別解消支援地域協議会を設置できるとされている。

POINT!
障害者差別解消法に関する問題である。差別を解消するための措置及び支援措置の内容について，理解しておくことが望ましい。

 問題07……3　　問題08……4　　問題09……3，5

問題 10　頻出度 ★　第36回 問題061

「障害者総合支援法」における障害支援区分に関する次の記述のうち，最も適切なものを1つ選びなさい。

1. 障害支援区分に係る一次判定の認定調査の項目は全国一律ではなく，市町村独自の項目を追加してもよい。
2. 障害支援区分の認定は，都道府県が行うものとされている。
3. 市町村は，認定調査を医療機関に委託しなければならない。
4. 障害支援区分として，区分1から区分6までがある。
5. 就労継続支援A型に係る支給決定においては，障害支援区分の認定を必要とする。

問題 11　頻出度 ★★★　第31回 問題058

「障害者総合支援法」の障害福祉サービスに関する次の記述のうち，最も適切なものを1つ選びなさい。

1. 生活介護とは，医療を必要とし，常時介護を要する障害者に，機能訓練，看護，医学的管理の下における介護等を行うサービスである。
2. 行動援護とは，外出時の移動中の介護を除き，重度障害者の居宅において，入浴，排せつ，食事等の介護等を行うサービスである。
3. 自立生活援助とは，一人暮らし等の障害者が居宅で自立した生活を送れるよう，定期的な巡回訪問や随時通報による相談に応じ，助言等を行うサービスである。
4. 就労移行支援とは，通常の事業所の雇用が困難な障害者に，就労の機会を提供し，必要な訓練などを行うサービスである。
5. 就労継続支援とは，就労を希望し，通常の事業所の雇用が可能な障害者に，就労のために必要な訓練などを行うサービスである。

（注）「障害者総合支援法」とは，「障害者の日常生活及び社会生活を総合的に支援するための法律」のことである。

問題 12　頻出度 ★★　第36回 問題059

「障害者総合支援法」による自立支援医療に関する次の記述のうち，正しいものを1つ選びなさい。

1. 自立支援医療の種類には，更生医療が含まれる。
2. 自立支援医療の種類にかかわらず，支給認定は都道府県が行う。
3. 利用者の自己負担割合は，原則として3割である。
4. 精神通院医療では，精神障害者保健福祉手帳の所持者以外は支給対象とならない。
5. 利用者は，自立支援医療を利用する場合には，自由に医療機関を選択できる。

問題 10 解説 障害支援区分

1 × 障害支援区分の一次判定の認定調査項目は，全国一律で80項目であり，市町村独自の項目を追加することはできない。

2 × 障害支援区分の認定は，市町村が行う。

3 × 障害支援区分の認定調査は，市町村が直接実施する場合と社会福祉法人等が運営する相談支援事業者などに委託される場合がある。

4 ○ 障害支援区分は，区分1から区分6までの6段階であるが，市町村審査会による二次判定の結果，非該当になる場合もある。

5 × 就労継続支援A型は，訓練等給付に該当するため，障害支援区分の認定は原則不要である。

POINT!

障害支援区分の内容を問う問題である。障害支援区分に関する認定の仕組みについて理解しておく必要がある。

問題 11 解説 障害者総合支援法

1 × 生活介護は，常に介護を必要とする人に，昼間，入浴，排せつ，食事の介護等を行うとともに，創作的活動または生産活動の機会を提供するサービスである。

2 × 行動援護は，自己判断能力が制限されている人が行動するとき，危険を回避するために必要な支援，外出支援を行うサービスである。

3 ○ 自立生活援助は，一人暮らしに必要な理解力や生活力を補うために，定期的な居宅訪問や随時の対応により必要な支援を行うものである。

4 × 就労移行支援は，一般就労等を希望し，知識・能力の向上，実習，職場探し等を通じ，適性にあった職場への就労等が見込まれる65歳未満の者が主な対象者である。

5 × 就労継続支援は，通常の事業所に雇用されることが困難な障害者を対象に，就労の機会の提供及び生産活動の機会の提供，その他の就労に必要な知識及び能力の向上のために必要な訓練などを提供するサービスである。

POINT!

障害者総合支援法における障害福祉サービスの内容に関する問題である。サービス体系，介護給付及び訓練等給付の概要について理解するとともに，法改正による最新のサービス内容についておさえておくことが望ましい。

問題 12 解説 自立支援医療

1 ○ 自立支援医療は，更生医療の他に育成医療，精神通院医療の3つの支援内容で構成されている。

2 × 自立支援医療の支給認定は，更生医療・育成医療が市町村，精神通院医療が都道府県・政令市となっている。

3 × 自立支援医療における利用者の自己負担割合は，原則として1割である。

4 × 精神通院医療は，精神障害（てんかんを含む）により，通院による治療を続ける必要がある程度の状態の者が対象であり，精神障害者保健福祉手帳の所持の有無は問わない。

5 × 自立支援医療を利用する場合は，指定自立支援医療機関でなければならない。

POINT!

自立支援医療に関する内容を問う問題である。3つの支援内容について，それぞれの違いを含めて理解しておきたい。

正解　問題10……4　　問題11……3　　問題12……1

問題 13　頻出度 ★★　　第35回 問題057

「障害者総合支援法」における介護給付費等の支給決定に関する次の記述のうち，適切なものを2つ選びなさい。

1. 市町村は，介護給付費等の支給決定に際して実施する調査を，指定一般相談支援事業者等に委託することができる。
2. 障害児に係る介護給付費等の支給決定においては，障害支援区分の認定を必要とする。
3. 就労定着支援に係る介護給付費等の支給決定においては，障害支援区分の認定を必要とする。
4. 市町村は，介護給付費等の支給決定を受けようとする障害者又は障害児の保護者に対し，支給決定後に，サービス等利用計画案の提出を求める。
5. 障害支援区分は，障害の多様な特性その他の心身の状態に応じて必要とされる標準的な支援の度合を総合的に示すものである。

（注）「障害者総合支援法」とは，「障害者の日常生活及び社会生活を総合的に支援するための法律」のことである。

問題 14　頻出度 ★★　　第32回 問題058

事例を読んで，Gさんが利用できる「障害者総合支援法」に基づく障害福祉サービスとして，適切なものを2つ選びなさい。

〔事例〕　Gさん（22歳，男性）は20歳の時に脊髄損傷を患い，現在，電動車いすを使用しながら親元で暮らしている。これまで家族から介護を受けて生活をしてきたが，親元を離れ，日中は創作活動などを行いながら自立生活をしていきたいと希望している。一般就労はしておらず，障害支援区分は5で，電動車いすを使って移動が可能だが，手足に麻痺がある。「歩行」，「移乗」，「排尿」，「排便」のいずれも見守りや部分的又は全面的な支援を必要としている。

1. 重度訪問介護
2. 行動援護
3. 生活介護
4. 同行援護
5. 就労定着支援

問題 15　頻出度 ★★　　第34回 問題062 改

「障害者雇用促進法」及び「障害者優先調達推進法」に関する次の記述のうち，最も適切なものを1つ選びなさい。

1. 国は，障害者就労施設，在宅就業障害者及び在宅就業支援団体から優先的に物品等を調達するよう努めなければならない。
2. 国や地方公共団体は，法定雇用率を上回るよう障害者の雇用を義務づける障害者雇用率制度の対象外である。
3. 事業主は，障害者就労施設から物品を調達することで障害者雇用義務を履行したとみなすことができる。
4. 事業主は，在宅就業支援団体を通じて在宅就業障害者に仕事を発注することで障害者雇用義務を履行したとみなすことができる。
5. 事業主は，身体障害者及び知的障害者を雇用する法的義務を負うが，精神障害者については雇用するよう努めればよい。

（注）1 「障害者雇用促進法」とは，「障害者の雇用の促進等に関する法律」のことである。
　　　2 「障害者優先調達推進法」とは，「国等による障害者就労施設等からの物品等の調達の推進等に関する法律」のことである。

問題 13 解説　障害者総合支援法

1 ○ 市町村は，障害支援区分の認定のために実施される認定調査を指定一般相談支援事業者等に委託可能である。

2 × 障害児の介護給付費等の支給決定では，障害支援区分の認定を必要としない。

3 × 就労定着支援は訓練等給付に該当するため，障害支援区分の認定を必要としない。

4 × 市町村は支給要否決定を行うにあたって必要と認められる場合，サービス等利用計画案の提出を障害者または障害児の保護者に対して求めることがある。

5 ○ 障害支援区分は，障害者の身体的状況および社会的状況を勘案して必要とされる標準的な支援の度合いを総合的に示すものである。

POINT!
障害者総合支援法における介護給付費等の支給決定に関する問題である。支給決定のプロセス及び内容について理解しておくことが望ましい。

問題 14 解説　障害者総合支援法

1 ○ 重度訪問介護は，常時介護を必要とする障害者に対して，入浴・排泄，食事の介護，外出時の移動中の介護を総合的に提供するサービスであり，Gさんが親元から離れて自立するために必要であると考えられる。

2 × 行動援護は，常時介護を必要とする障害児・者に対して，行動する際に生じる危険を回避するために必要な援護や，外出時の移動中の介護等を提供するサービスであり，Gさんの利用は適切ではないと考えられる。

3 ○ 生活介護は，主に昼間に障害者支援施設等で入浴・排泄・食事の介護，創作的活動または生産活動の機会等を提供するサービスであり，日中に創作活動を行うことを希望しているGさんにとって適切なサービスである。

4 × 同行援護は，視覚障害により，移動に著しい困難を有する障害児・者に対して，外出時において，障害児・者に同行し，移動に必要な情報を提供するとともに，移動の援護等を行うサービスであり，Gさんにとって適切なサービスではない。

5 × 就労定着支援は，就労移行支援事業所等を利用し，一般就労に移行した障害者の就労に伴う生活上の支援ニーズに対応できるよう，事業所・家族との連絡調整等の支援を一定の期間にわたり行うサービスであり，Gさんは該当しない。

POINT!
障害者総合支援法に基づく障害福祉サービスの内容に関する事例問題である。自立支援給付と地域生活支援事業に関する内容について，しっかりと整理しておくことが望ましい。

問題 15 解説　障害者雇用促進法／障害者優先調達推進法

1 ○ 障害者優先調達推進法では，国や地方公共団体，独立行政法人などの公機関が，物品やサービス等を調達する際，障害者就労施設等から優先的・積極的に購入することを促進している。

2 × 国や地方公共団体も，障害者雇用率制度の対象に含まれる。

3 × 事業主が障害者就労施設から物品を調達したとしても，障害者雇用義務を履行したことにはならない。

4 × 事業主が在宅就業障害者に仕事を発注したとしても，障害者雇用義務を履行したことにはならない。

5 × 事業主は，従業員に占める身体障害者・知的障害者・精神障害者の割合を法定雇用率以上にする義務があるが，障害種別による規定はない。

POINT!
障害者雇用促進法及び障害者優先調達推進法に関する問題である。法律の基本的な内容は理解しておくことが望ましい。

正解　問題13……1，5　　問題14……1，3　　問題15……1

Check ☐☐☐

問題 16 頻出度 ★★★ 第34回 問題144

「障害者総合支援法」の障害者の就労支援などに関する次の記述のうち，正しいものを1つ選びなさい。

1 就労移行支援事業では，利用者が就職できるまで支援を提供するため，利用期間に関する定めはない。
2 就労継続支援Ａ型事業では，雇用契約を締結した利用者については最低賃金法が適用される。
3 就労継続支援Ａ型事業の利用者が一般就労に移行することはできない。
4 就労継続支援Ｂ型事業の利用者が一般就労に移行する場合には，就労移行支援事業の利用を経なければならない。
5 就労継続支援Ｂ型事業は，利用者に支払える平均工賃が月額20,000円を上回ることが事業認可の条件となっている。

（注）「障害者総合支援法」とは，「障害者の日常生活及び社会生活を総合的に支援するための法律」のことである。

Check ☐☐☐

問題 17 頻出度 ★★★ 第32回 問題144 改

障害者雇用率制度に関する次の記述のうち，最も適切なものを1つ選びなさい。

1 民間企業の法定雇用率は，2024（令和6）年4月から3.0％になっている。
2 障害者雇用納付金制度は，対象障害者の雇用に伴う経済的負担の調整並びにその雇用の促進及び継続を図ることを目的としている。
3 週所定労働時間が20時間以上30時間未満の障害者は，雇用率算定の対象にはならない。
4 法定雇用率未達成の企業は，企業規模にかかわらず障害者雇用納付金が徴収される。
5 厚生労働大臣は，法定雇用率が未達成の場合，原則として企業名を公表しなければならない。

Check ☐☐☐

問題 18 頻出度 ★★★ 第33回 問題145

障害者の雇用の促進等に関する法律に関する次の記述のうち，正しいものを1つ選びなさい。

1 職業指導や職業訓練などの職業リハビリテーションの原則を規定している。
2 法定雇用率を課せられる民間企業は，障害者雇用納付金を納付することによって，障害者雇用義務が免除される。
3 国・地方公共団体も，民間企業と同じ水準の法定雇用率が課せられる。
4 障害者である労働者は，自ら進んで，その能力の開発及び向上を図り，有為な職業人として自立しなければならないと規定している。
5 事業主は，労働者の募集と採用について，障害者に対して，障害者でない者と均等な機会を与える必要はない。

問題 16 解説 障害者総合支援法に基づく就労支援

1 × 就労移行支援事業では，標準利用期間が2年間と定められている。

2 ○ 就労継続支援A型事業では，利用者と雇用契約を締結する場合，最低賃金法が適用される。

3 × 就労継続支援A型事業から，一般就労への移行は可能である。「障害者の就労支援について③」（厚生労働省）によると，2020（令和2）年の就労継続支援A型のサービス利用終了者に占める一般就労への移行者割合は21.4％となっている。

4 × 就労継続支援B型事業は就労の機会等を通じ，生産活動に係る知識及び能力の向上や維持が期待される障害者を対象とした事業であるが，設問文のような規定はない。

5 × 工賃の平均額が月額3,000円を下回ってはならないとされている（障害者の日常生活及び社会生活を総合的に支援するための法律に基づく指定障害福祉サービスの事業等の人員，設備及び運営に関する基準201条2項）。ちなみに，厚生労働省「障害者の就労支援対策の状況」によると2023（令和5）年度の平均工賃は23,053円となっている。

POINT!
「障害者総合支援法」に基づく就労継続支援事業については，A型とB型のそれぞれの内容を理解しておく必要がある。

問題 17 解説 障害者雇用率制度

1 × 民間企業の法定雇用率は，2024（令和6）年4月から2.5％に引き上げられた（2026年7月から2.7％）。

2 ○ 設問文の通りである。法定雇用率未達成の場合に企業が納付するのが障害者雇用納付金，達成した場合に企業に支給されるのが障害者雇用調整金である。

3 × 週所定労働時間が20時間以上30時間未満の障害者は，0.5人分として算定される（ただし，精神障害者は算定特例として1人としてカウント）。重度障害者の場合は，1人として算定される。

4 × 障害者雇用納付金が徴収されるのは，従業員が100人を超える企業である。

5 × 障害者の雇用状況が一定の水準を満たしていない企業が，障害者雇入れ計画の適正実施勧告に従わず，改善が見られない場合に，厚生労働大臣は企業名を公表できるとされている。

POINT!
障害者雇用率制度についての問題である。近年の改正点もしっかりと理解しておきたい。

問題 18 解説 障害者雇用促進法

1 ○ 同法8条において，職業リハビリテーションの原則が規定されている。

2 × 障害者雇用納付金は，障害者雇用に伴う経済的負担の調整並びにその雇用の促進及び継続を図るため，法定雇用率を達成していない企業から徴収されるものである。雇用義務が免除されるものではない。

3 × 民間企業の法定雇用率は2.5％であるのに対し，国・地方公共団体の法定雇用率は，2.8％であり，水準は異なる。2021（令和3）年3月から，それぞれ0.1％ずつ増加し，2024（令和6）年4月からそれぞれ0.2％ずつ増加した。また，2026（令和8）年7月からそれぞれ0.2％増加する（民間2.7％，国・地方3.0％となる）。

4 × 同法4条で「障害者である労働者は，職業に従事する者としての自覚を持ち，自ら進んで，その能力の開発及び向上を図り，有為な職業人として自立するように努めなければならない」と規定されている。

5 × 同法34条で「事業主は，労働者の募集及び採用について，障害者に対して，障害者でない者と均等な機会を与えなければならない」と規定されている。

POINT!
障害者の雇用の促進等に関する法律（障害者雇用促進法）の規定に関する問題である。

正解 問題16……2 問題17……2 問題18……1

問題 19　頻出度 ★★★　　第35回 問題145

「障害者雇用促進法」が定める雇用義務に関する次の記述のうち，正しいものを1つ選びなさい。

1. 精神障害者保健福祉手帳の交付を受けている精神障害者は，雇用義務の対象となる。
2. 雇用率のカウントに際し，重度の知的障害者を1人雇用したときは，重度以外の知的障害者を3人雇用したものとして扱われる。
3. 民間企業の法定雇用率は，国・地方公共団体の法定雇用率より高く設定されている。
4. 厚生労働大臣は，法定雇用率未達成の民間事業主の企業名を公表しなければならない。
5. 地方公共団体は，法定雇用率未達成の場合に，不足する障害者数に応じて納付金を納付しなければならない。

（注）「障害者雇用促進法」とは，「障害者の雇用の促進等に関する法律」のことである。

障害者と家族等の支援における関係機関と専門家の役割

問題 20　頻出度 ★★　　第29回 問題058

「障害者総合支援法」における自治体の役割に関する次の記述のうち，正しいものを1つ選びなさい。

1. 市町村は，精神通院医療について支給認定を行う。
2. 市町村長は，自立支援給付の円滑な実施を確保するための基本的な指針を定める。
3. 都道府県は，障害児通所給付費の給付決定を行う。
4. 都道府県知事は，介護給付費等に係る処分の審査請求事案を取り扱う。
5. 都道府県知事は，指定特定相談支援事業者の指定を行う。

（注）「障害者総合支援法」とは，「障害者の日常生活及び社会生活を総合的に支援するための法律」のことである。

問題 21　頻出度 ★★★　　第34回 問題058

「障害者総合支援法」の実施に関わる関係機関などの役割に関する次の記述のうち，正しいものを1つ選びなさい。

1. 障害支援区分の認定は，市町村が行う。
2. 介護給付費に関する処分に不服がある者は，市町村長に対して審査請求ができる。
3. 訓練等給付費の支給決定は，都道府県が行う。
4. 自立支援給付や地域生活支援事業の円滑な実施を確保するための基本指針は，都道府県が定める。
5. 国，都道府県及び市町村は，自立支援給付に係る費用をそれぞれ3分の1ずつ負担する。

障害者総合支援法

障害者総合支援法は，2012（平成24）年6月に成立し，2013（平成25）年4月1日より（一部は平成26年4月1日より）施行されている。従前の支援費制度や障害者自立支援法からどのような改正がなされてきたのか，その歴史的な経緯を踏まえた上で具体的な相違点についても押さえながら覚えていこう。

問題19 解説　障害者雇用促進法

1 ○ 設問文の通りである。障害者雇用率制度では，身体障害者手帳，療育手帳，精神障害者保健福祉手帳の所有者を雇用率の算定対象としている。
2 × 重度の知的障害者1人の雇用（週の所定労働時間が30時間以上）は，重度以外の知的障害者を2人雇用したものとして扱われる。ちなみに，重度の知的障害者1人の短時間雇用（週の所定労働時間が20時間以上30時間未満）は，重度以外の知的障害者を1人雇用したものとして扱われる。
3 × 2024（令和6）年4月時点で，民間企業の法定雇用率は2.5％であるのに対し，国・地方公共団体は2.8％であり，民間企業の方が低い。
4 × そのような規定はない。企業名の公表については，法定雇用率を満たしていない事業主に対象障害者の雇入れに関する計画を作成させ，その計画の変更や実施に関する勧告を行ったが，正当な理由がなく従わない場合に「公表することができる」という規定がある（障害者雇用促進法47条）。
5 × 地方公共団体は，障害者雇用納付金制度の対象ではない。障害者雇用率が未達成の場合は，障害者採用計画の作成が義務付けられている（同法38条1項）。

POINT!
法定雇用率については，これまでにも多く出題されている。今後も法定雇用率の引き上げが予定されているので，動向に注目しておきたい。

問題20 解説　自治体の役割

1 × 自立支援医療の1つである精神通院医療について支給認定を行うのは，都道府県の役割である。なお，更生医療や育成医療の支給認定を行うのは，市町村の役割である。
2 × 自立支援給付や地域生活支援事業が適切かつ円滑に行われるよう，その実施を確保するための基本的な指針を定めるのは，国（内閣総理大臣および厚生労働大臣）の役割である。
3 × 障害児通所支援の利用について障害児通所給付費や特例障害児通所給付費の給付決定を行うのは，市町村の役割である。
4 ○ 都道府県は，障害者介護給付費等不服審査会を設置するなどして，介護給付費等に係る処分の審査請求事案を取り扱う役割を担っている。
5 × 利用者からの相談に応じサービス利用計画等を作成する指定特定相談支援事業者の指定を行うのは，市町村長の役割である。

POINT!
障害者総合支援法における自治体の役割に関する問題である。国や都道府県，市町村，各種団体等の役割について，各給付の細かな事業内容や手続き等とも関連させて整理しておく必要がある。

問題21 解説　障害者支援の関係機関

1 ○ 障害支援区分の認定は，市町村が行う。
2 × 介護給付費に関する処分に不服がある者は，都道府県に対して不服審査の審査請求が可能である。
3 × 訓練等給付費の支給決定は，市町村が行う。
4 × 自立支援給付や地域生活支援事業の円滑な実施を確保するための基本方針は，国（内閣総理大臣および厚生労働大臣）が定める。
5 × 自立支援給付に係る費用について，国は2分の1，都道府県は4分の1，市町村は4分の1ずつ負担する。

POINT!
障害者総合支援法における関係機関などの役割に関する問題である。国，都道府県，市町村のそれぞれの役割の内容を十分理解しておきたい。

正解　問題19……1　　問題20……4　　問題21……1

Check ☑☑☑ 問題 **22** 頻出度 ★★ 　　　　第31回 問題145

就労支援を担う機関などに関する次の記述のうち，正しいものを1つ選びなさい。

1 障害者就業・生活支援センターは，社会福祉法に基づき支援対象障害者からの相談に応じ，関係機関との連絡調整を行っている。
2 障害者職業能力開発校は，学校教育法に基づき支援対象者の能力に適応した職業訓練を行っている。
3 就労移行支援事業所は，「障害者総合支援法」に基づき無料の職業紹介を行っている。
4 地域障害者職業センターは，「障害者雇用促進法」に基づき職業リハビリテーションに関する技術的事項について関係機関に対し助言を行っている。
5 公共職業安定所（ハローワーク）は，職業安定法に基づき最低賃金の減額適用の許可に関する事務を行っている。

（注）1 「障害者総合支援法」とは，「障害者の日常生活及び社会生活を総合的に支援するための法律」のことである。
　　　2 「障害者雇用促進法」とは，「障害者の雇用の促進等に関する法律」のことである。

Check ☑☑☑ 問題 **23** 頻出度 ★★ 　　　　第31回 問題059

事例を読んで，各関係機関の役割に関する次の記述のうち，最も適切なものを1つ選びなさい。

〔事例〕
　特別支援学校高等部を卒業見込みのHさん（Q県R市在住，軽度知的障害，18歳，男性，両親は健在）は，卒業後，実家を離れ県内のS市にある共同生活援助（グループホーム）への入居と一般就労を目指し，各関係機関に相談している。

1 特別支援学校の特別支援教育コーディネーターが，サービス等利用計画案を作成する。
2 Q県が共同生活援助（グループホーム）の支給決定を行う。
3 S市が成年後見の申立てを行う。
4 相談支援事業所の相談支援専門員が，共同生活援助（グループホーム）への体験入居を提案する。
5 Hさんの卒業後，R市がHさんの就労先に職場適応援助者（ジョブコーチ）を派遣する。

障害者と家族に対する支援の実際

Check ☑☑☑ 問題 **24** 頻出度 ★★★ 　　　　第34回 問題057

「障害者総合支援法」における相談支援などに関する次の記述のうち，正しいものを1つ選びなさい。

1 サービス利用支援では，利用者の自宅を訪問し，身体介護や家事援助等の介助を行う。
2 地域相談支援では，地域生活から施設入所や精神科病院への入院に向けた移行支援を行う。
3 相談支援は，訓練等給付費の支給対象となる。
4 基幹相談支援センターは，地域における相談支援の中核的な役割を担う機関である。
5 指定障害福祉サービスの管理を行う者として相談支援専門員が規定されている。

（注）「障害者総合支援法」とは，「障害者の日常生活及び社会生活を総合的に支援するための法律」のことである。

問題 **22** 解説　就労支援に係る団体・組織

1 ✕ 障害者就業・生活支援センターは，障害者雇用促進法に基づき支援対象障害者からの相談に応じ，関係機関との連絡調整を行っている(同法28条)。

2 ✕ 障害者職業能力開発校は，職業能力開発促進法に基づき支援対象者の能力に適応した職業訓練を行っている(同法15条の7第1項5号)。

3 ✕ 就労移行支援事業所は，障害者総合支援法に基づき就労に向けて必要な訓練等を行っている(同法5条13項)。無料の職業紹介を行うのは，公共職業安定所(ハローワーク)である(職業安定法8条1項)。

4 ◯ 地域障害者職業センターは，障害者雇用促進法に基づき職業リハビリテーションに関する技術的事項について関係機関に対し助言を行っている(同法22条5号)。

5 ✕ 公共職業安定所(ハローワーク)は，職業安定法に基づき職業紹介，職業指導，雇用保険その他の業務を行っている(同法8条1項)。減額適用の許可を含め最低賃金に関する事務を行っているのは労働基準監督署である(厚生労働省組織規則790条1号)。

POINT!

機関等については，本問のような複数の機関等を問う問題，1つの機関を問う問題がある。

問題 **23** 解説　関係機関の役割

1 ✕ 特別支援学校の特別支援教育コーディネーターは，保護者や担任等の相談窓口として，学校内外の関係者や関係する学外機関との連絡調整を行いながら特別支援教育の体制づくりを進める役割を担っており，サービス等利用計画案の作成は行わない。

2 ✕ 支給決定は，障害者または障害児の保護者の居住地の市町村が行うものである。本事例では，R市が支給決定を行う。

3 ✕ 成年後見制度の市町村(首)長申立ては，親族がいないか不明な場合等で積極的に活用することが望まれるが，本事例では両親健在であり，S市が申立てを行う必要はない。

4 ◯ 相談支援事業所の相談支援専門員が共同生活援助(グループホーム)への体験入居を提案することは，適切な対応である。

5 ✕ 職場適応援助者(ジョブコーチ)の派遣は地域障害者職業センターの役割であるため，R市がHさんの就労先に派遣することはない。

POINT!

障害者総合支援法における関係機関の役割に関する事例問題である。それぞれの関係機関が担うべき支援内容について十分理解を深めておく必要がある。

問題 **24** 解説　相談支援

1 ✕ サービス利用支援とは，障害福祉サービスの利用申請時のサービス等利用計画案の作成，サービス支給決定後の連絡調整，サービス等利用計画の作成を行うサービスである。

2 ✕ 地域相談支援とは，施設に入所している障害者などが地域生活に移行できるようにするために必要な支援を行う地域移行支援及び地域定着支援のことをいう。

3 ✕ 相談支援は市町村地域生活支援事業であり，訓練等給付等の支給対象ではない。

4 ◯ 基幹相談支援センターは，地域における相談支援の中核的な役割を担う機関であり，障害者の相談を総合的に行う。

5 ✕ 指定障害福祉サービスの管理を行う者として，管理者(施設長)が規定されている。

POINT!

障害者総合支援法における相談支援に関する問題である。障害者の相談支援体系及び内容について理解しておきたい。

正解 問題22……**4**　　問題23……**4**　　問題24……**4**

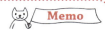

問題 25　頻出度 ★★★　第35回 問題060

　事例を読んで，この段階においてU相談支援事業所のM相談支援専門員（社会福祉士）が行う支援の内容として，次のうち最も適切なものを1つ選びなさい。

〔事例〕　U相談支援事業所のM相談支援専門員は，V精神科病院の地域医療連携室に勤務するA精神保健福祉士から，精神障害者のBさん（50歳代）の今後の生活について，相談を受けた。Bさんは，V精神科病院において約10年にわたって入院生活を送ってきた。現在，症状は安定しているが，身寄りもなく，帰る場所もない状態であり，聞かれれば，「可能なら就労したい」と答える。そこで，M相談支援専門員は，A精神保健福祉士と連携しつつ，Bさんとの定期的な面接による相談を行い，これからの生活を一緒に考えることになった。

1　地域移行支援による退院支援
2　地域定着支援による退院支援
3　公共職業安定所（ハローワーク）を利用した求職活動の支援
4　障害者就業・生活支援センターによる職業準備訓練を受けるための支援
5　後見開始の審判申立て支援

問題 26　頻出度 ★★　第31回 問題061

　事例を読んで，Jさんに対する現段階での相談支援事業所の活動に関する次の記述のうち，最も適切なものを1つ選びなさい。

〔事例〕　自宅で一人暮らしのJさん（肢体不自由，男性，車椅子使用）は，これまで1日2時間の居宅介護と週に数回の移動支援を利用してきた。Jさんは3か月後に65歳となるが，介護保険への移行について不安な気持ちを持っている。最近，腕の筋力低下と首の痛みがでてきたことで，一人暮らしを続けることができるか心配になり，相談支援事業所に相談した。

1　地域移行支援を活用して，地域生活を安定させる。
2　県の介護保険担当部署の連絡先を紹介する。
3　腕の筋力の増強訓練のため，自立訓練（生活訓練）の申請を行う。
4　住宅環境を整備するため，介護保険の住宅改修を含めたサービス等利用計画案を作成する。
5　介護保険制度の説明を行い，介護保険への移行などについて理解を得られるよう働き掛ける。

問題 27　頻出度 ★★　第30回 問題061

　事例を読んで，Fサービス管理責任者（社会福祉士）の対応に関する次の記述のうち，最も適切なものを1つ選びなさい。

〔事例〕　Gさん（40歳，男性）は，重度の知的障害があり，20年間W施設に入所している。Gさんは，自分だけでは意思決定することが困難な状態であるため，成年後見人が選任されている。W施設のFサービス管理責任者は，入所を継続したいか地域移行したいかのGさんの意向が分からない状態であったが，個別支援計画の見直しを行う時期となっている。

1　入所継続を前提に，日中活動の充実を図る。
2　家族の意向に沿って方針を立てる。
3　成年後見人の意向に沿って方針を立てる。
4　グループホームへの入居を調整する。
5　本人，関係者の参加による意思決定支援会議を開催する。

問題 25 解説 相談支援専門員の役割

1 ○ 地域移行支援は，療養介護を行う病院に入所している障害者に住居の確保や地域における生活に移行するための活動に関する相談等を行うものであり，退院支援として適切である。

2 × 地域定着支援は，居宅において単身で生活する障害者の地域生活を継続していくために，常時の連絡体制の確保による緊急時の支援や相談等を行うものであり，適切な支援ではない。

3 × Bさんは就労を希望しており，求職活動の支援ニーズがあると考えられるが，入院が約10年にわたって継続しているため，地域移行支援が最優先であると考えられる。

4 × 職業準備訓練のニーズもあると考えられるが，地域移行支援が最優先であると考えられる。

5 × 本事例では，後見開始の審判申立てを支援する必要性は現時点ではないと考えられる。

POINT!

障害者総合支援法における相談支援専門員の役割に関する事例問題である。地域相談支援（地域移行支援，地域定着支援）及び就労支援等に関する基本的な内容の理解が必要である。

問題 26 解説 相談支援事業所職員の対応

1 × 地域移行支援は，障害者施設等に入所している障害者に，住居の確保や地域における生活に移行するための活動に関する相談等を行うものであり，本事例では適切ではない。

2 × 一人暮らしの継続に不安を抱いている現段階では，介護保険制度の説明を十分に行った上で，理解が得られるようにする必要があるため，担当部署を紹介することは適切ではない。

3 × 自立訓練（生活訓練）は，地域生活への移行のためにADLの訓練を行うサービスであるが，3か月後に65歳となるJさんの申請を行うことは適切ではない。

4 × 介護保険サービスを利用する場合，住宅改修費を含めたサービス利用を検討する必要があるが，現時点ではJさんの意思確認ができていないため，サービス等利用計画案を作成することは性急である。

5 ○ Jさんへ介護保険制度の説明を行い，介護保険への移行などについて理解を得られるよう働きかけることは，Jさんの意思決定への支援につながる適切な対応である。

POINT!

障害福祉サービスから介護保険への移行に関する事例問題。Jさんの不安に寄り添い，意思決定を支援する重要性について，障害者権利条約の動向と照らし合わせながら理解を深めておくことが求められる。

問題 27 解説 サービス管理責任者の役割

1 × 個別支援計画の見直しを行う段階では，Gさん，家族，成年後見人を含めた関係者による意向の確認が必要であるため，入所継続を前提とした見直しを行うことは適切な対応ではない。

2 × Gさんや成年後見人の意向の確認なく，家族の意向のみで方針を立てることは適切な対応ではない。

3 × Gさんや家族の意向の確認なく，成年後見人の意向のみで方針を立てることは適切な対応ではない。

4 × グループホームへの入居に関して，Gさん，家族，成年後見人を含めた関係者による意向の確認が必要である。

5 ○ 入所継続か地域移行かに関して，意思決定支援会議を開催し，Gさん，家族，成年後見人を含めた関係者の参加による意向の確認を行うことは適切な対応である。

POINT!

障害者総合支援法におけるサービス管理責任者の役割に関する事例問題である。障害者権利条約の動向と事業所が果たすべき意思決定支援のあり方について理解しておくことが望ましい。

正解 問題25……1 問題26……5 問題27……5

Memo

Check ☑ ☑ ☑

問題 **28**　頻出度 ★ ★　　　　　　　　　　　　　　第32回 問題146

　事例を読んで，障害者就業・生活支援センターのB支援担当職員（社会福祉士）が行うべき支援として，最も適切なものを1つ選びなさい。

〔事例〕

　障害者就業・生活支援センターのB支援担当職員は，知的障害のあるCさんから，勤務先で担当する仕事の内容が変わったため，それに対応するのが難しくて失敗が多くなり，出勤する意欲が湧かなくなってしまったと相談を受けた。実際，既に1週間仕事は休んでいるが，現在の事業所での就労は継続したいという。Cさんは，10年前に特別支援学校高等部を卒業と同時に現在の事業所に就職した。

1　近隣の就労移行支援事業所が行う就労定着支援を利用するよう助言する。

2　卒業した特別支援学校に対して，Cさんの新たな個別の教育支援計画の策定を要請する。

3　障害者職業能力開発校において，現在求人の多い職種での職業訓練の受講をするように助言する。

4　職業適性上の課題が考えられるので，地域障害者職業センターに職業準備支援を依頼する。

5　事業所を訪問して状況を確認した上で，関係者によるカンファレンスを開催する。

問題 **28**　**解説**　障害者就業・生活支援センター

1　✕　就労定着支援とは，一般就労へ移行した障害者について，就労に伴う生活面の課題に対し，就労の継続を図るために必要な連絡調整や指導・助言等を行うものであり，利用期間は最長3年間とされている。すでに10年働いているCさんは，この支援の対象とならない。

2　✕　個別の教育支援計画とは，障害のある児童生徒の一人一人のニーズを正確に把握し，乳幼児期から学校卒業後までを通じて一貫して的確な教育的支援を行うことを目的としたものである。Cさんはすでに卒業して10年経っているので，この支援対象とならない。

3　✕　Cさんには，現在の事業所で就労を継続したいとの意向があるので，現時点で職業訓練の受講の助言は適切ではない。

4　✕　職業準備支援では，就職または職場への適応に必要な職業上の課題の把握とその改善を図るための支援等を行う。現時点で，Cさんに職業適性上の問題があるとは判断できず，支援として適切とはいえない。

5　○　仕事の内容が変わった理由など，まずは状況を確認する必要があり，適切な支援といえる。

POINT!

毎年のように出題される障害者就業・生活支援センターによる支援についての事例問題である。各支援制度のポイントを押さえておきたい。

正 解　問題28……**5**

174

第 9 章

<共通科目>
刑事司法と福祉

Check ☑	1回目	月	日	／13問
Check ☑	2回目	月	日	／13問
Check ☑	3回目	月	日	／13問

少年司法

Check ☑ ☑ ☑

問題 01 頻出度 ★★ 　　第33回 問題148

少年司法制度に関する次の記述のうち，正しいものを1つ選びなさい。

1 少年法は，家庭裁判所の審判に付すべき少年として，犯罪少年，触法少年，虞犯少年，不良行為少年の4種類を規定している。
2 家庭裁判所は，18歳未満の少年については，都道府県知事又は児童相談所長から送致を受けたときに限り，これを審判に付することができる。
3 少年鑑別所は，警察官の求めに応じ，送致された少年を一定期間収容して鑑別を行う施設である。
4 少年院は，保護処分もしくは少年院において懲役又は禁錮の刑の執行を受ける者に対し，矯正教育その他の必要な処遇を行う施設である。
5 家庭裁判所が決定する保護処分は，保護観察，児童自立支援施設又は児童養護施設送致，少年院送致，検察官送致の4種類である。

更生保護制度

問題 02 頻出度 ★★★ 　　第34回 問題147

更生保護に関する次の記述のうち，正しいものを1つ選びなさい。

1 更生保護には，犯罪予防の活動の促進が含まれる。
2 更生保護には，再犯・再非行の防止は含まれない。
3 更生保護の処遇は，矯正施設における施設内処遇を主とする。
4 更生保護制度の基本となる法律は監獄法である。
5 更生保護行政をつかさどる国の機関は，厚生労働省である。

Note 保護観察の種類

	保護観察対象者	保護観察の期間
1号観察	保護観察処分少年（家庭裁判所で保護観察に付された少年）	20歳まで又は2年間
2号観察	少年院仮退院者（少年院からの仮退院を許された少年）	原則，20歳に達するまで
3号観察	仮釈放者（刑事施設からの仮釈放を許された人）	残刑期間
4号観察	保護観察付執行猶予者（裁判所で刑の全部又は一部の執行を猶予され保護観察に付された人）	執行猶予の期間
5号観察	婦人補導院仮退院者（婦人補導院からの仮退院を許された人）	補導処分の残期間

生活環境の調整

問題 03 頻出度 ★★ 　　第34回 問題148

少年院に収容中の者に対する生活環境の調整に関する次の記述のうち，最も適切なものを1つ選びなさい。

1 仮退院決定後，速やかに開始する。
2 裁判所の発する令状をもって開始する。
3 調整すべき事項に借金返済のための金品の給与が含まれる。
4 少年院の法務技官によって行われる。
5 調整すべき事項に釈放後の就業先や通学先の確保が含まれる。

問題 01 解説　少年司法制度

1 ✕　少年法は，家庭裁判所の審判に付する少年を犯罪少年，虞犯少年，触法少年，特定少年と規定している（同法3条）。

2 ✕　14歳未満の触法少年については，児童福祉法上の措置が優先されるが，都道府県知事又は児童相談所長が家庭裁判所に送致した場合には，家庭裁判所が扱う少年事件となる（同法3条）。

3 ✕　少年鑑別所とは，家庭裁判所の観護措置決定により送致された少年を一定期間収容し，医学，心理学，社会学，教育学等の専門知識に基づいて，資質及び環境の調査（鑑別）を行う施設である。

4 ○　少年院とは，家庭裁判所から保護処分として送致された少年，懲役又は禁錮の刑の執行を受けることとされた少年に対し，矯正教育，社会復帰支援等を行う法務省所管の施設である。なお，2025年6月に施行される刑法改正により懲役と禁錮が拘禁刑に一本化され，「改善更生を図るため，必要な作業を行わせ，又は必要な指導を行うことができる」と規定されている。

5 ✕　保護処分とは，家庭裁判所に送致された少年を更生させるために行われる少年法上の処分のことであり，保護観察，少年院送致，児童自立支援施設等送致の3種類がある（同法24条）。

POINT!

少年法を含めた少年司法制度についての理解を問う問題である。過去にも少年司法制度に関して出題されており，少年審判の流れに沿って，少年司法制度全般について基礎的な理解が求められる。

問題 02 解説　更生保護制度

1 ○　更生保護は，一般社会における犯罪予防活動を促進することにより，犯罪や非行から社会を保護し，個人及び公共の福祉を増進することを目的とする施策である。

2 ✕　更生保護は，犯罪者や非行少年を社会の中で適切に処遇することにより，その再犯を防ぎ，非行をなくし，これらの人たちが自立し改善更生することを助けることである。

3 ✕　更生保護の主要な方法は，社会内処遇である。社会内処遇とは，犯罪者や非行少年を矯正施設に収容することなく，一般社会において適切な指導者の指導監督と補導援護のもと，一般人と同様の生活を送らせながら自発的な改善更生・社会復帰を促進しようとするものである。

4 ✕　更生保護制度の基本となる法律は，更生保護法である。

5 ✕　更生保護行政をつかさどる国の機関は，法務省（保護局）である。実施主体は地方更生保護委員会や保護観察所などであり，保護観察所には保護観察官や社会復帰調整官が配置されている。

POINT!

更生保護制度の概要に関する理解を問う問題である。更生保護制度の概要と目的は出題頻度が高いため，基本となる更生保護法については，通読してポイントを押さえておきたい。

問題 03 解説　補導援護

1 ✕　生活環境の調整は，矯正施設（刑事施設や少年院）の長からその者の帰住予定地を管轄する保護観察の長に対して身上調査書が通知されることによって開始となり，矯正施設収容後，速やかに行われる。

2 ✕　生活環境の調整には，裁判所の発する令状は必要ではない。

3 ✕　生活環境の調整に，借金返済のための金品の給与は含まれない。

4 ✕　生活環境の調整は，保護観察官と保護司との協力のもとで行う。

5 ○　生活環境の調整は，帰住予定地を管轄する保護観察所で，身上調査書の送付を受けるなどした後，保護観察官や保護司が引受人や家族等と面接するなどして理解と協力を得て行うものである。具体的には，帰住予定地の状況を確かめ，住居，就学先や就労先等の生活環境を整えて改善更生に適した環境作りを働きかけることである。

POINT!

保護観察における補導援護としての生活環境の調整について，理解を問う問題である。該当する更生保護法の条文を読み理解しておきたい。

正解　問題01……4　　問題02……1　　問題03……5

仮釈放

問題 04 頻出度 ★★　　第36回 問題147

事例を読んで、この場合の仮釈放の手続きに関する次の記述のうち、最も適切なものを1つ選びなさい。

〔事例〕
裁判所の判決で3年の懲役刑を言い渡されて、刑事施設に収容されていたJさんは、仮釈放の審理の対象となった。

1 仮釈放の要件として、刑の執行から最短でも2年を経過している必要がある。
2 仮釈放の要件として、改悛の状があることがある。
3 仮釈放を許す処分を決定するのは、地方裁判所の裁判官である。
4 仮釈放の対象となるのは、初めて刑事施設に入った者に限られる。
5 仮釈放の期間中、Jさんの希望により、保護観察が付される。

保護観察

問題 05 頻出度 ★★★　　第31回 問題147

保護観察制度に関する次の記述のうち、正しいものを1つ選びなさい。

1 保護観察では、施設収容を伴う処遇は行われない。
2 仮釈放を許された者には、保護観察が付される。
3 刑の一部の執行猶予を言い渡された者には、保護観察が付されることはない。
4 保護観察所は、都道府県によって設置される。
5 保護観察は、少年を対象としない。

> **Note　保護観察における指導監督**
>
> 更生保護法には、指導監督の方法について、次のように示されている。
> ①面接その他の適当な方法により保護観察対象者と接触を保ち、その行状を把握すること。
> ②保護観察対象者が一般遵守事項及び特別遵守事項（遵守事項）を遵守し、並びに生活行動指針に即して生活し、及び行動するよう、必要な指示その他の措置をとること。
> ③特定の犯罪的傾向を改善するための専門的処遇を実施すること。
> ④保護観察対象者が、更生保護事業を営む者等が行う特定の犯罪的傾向を改善するための専門的な援助を受けるよう、必要な指示その他の措置をとること。
> ⑤保護観察対象者が、刑又は保護処分を言い渡される理由となった犯罪又は刑罰法令に触れる行為に係る被害者等の被害の回復又は軽減に誠実に努めるよう、必要な指示その他の措置をとること。

問題 04 解説　仮釈放

1 × 仮釈放の要件として，有期刑については，刑期の3分の1，無期刑については，10年が経過したことが必要である。
2 ○ 仮釈放の要件として，改悛の状があることがある。
3 × 仮釈放の許可・不許可の決定（審理）は，地方更生保護委員会が行う。なお，仮釈放の申出は，矯正施設の長が申出を行うか否かの審査を行い，仮釈放の条件を満たすと判断した場合に行う。
4 × 仮釈放の対象となるのは，刑に服して一定の期間が経過している改悛の状が認められる者であって，初めて刑事施設に入った者に限らない。
5 × 仮釈放を許された者は，仮出場の場合を除き，仮釈放期間中は保護観察に付される（更生保護法40条）。なお，保護観察とは，犯罪をした人または非行のある少年が，社会の中で更生するように，保護観察官及び保護司による指導と支援を行うものである。

POINT!
仮釈放に関する基礎的な知識を問う問題である。仮釈放については，保護観察とともに出題頻度が高いため，該当する更生保護法の条文を読み理解しておくことが必要である。

問題 05 解説　保護観察制度

1 × 保護観察は，犯罪をした人または非行のある少年が，社会の中で更生するように，保護観察官及び保護司による指導と支援を行う（社会的処遇）ものだが，更生保護施設入所者もその対象となるため，施設収容を伴う処遇も行われる。
2 ○ 更生保護法40条に「仮釈放を許された者は，仮釈放の期間中，保護観察に付する」（仮釈放中の保護観察）と規定されている。仮釈放とは，「懲役又は禁錮に処せられた者（2025（令和7）年6月1日以降は「拘禁刑に処せられた者」）に改悛の状があるときは，有期刑についてはその刑期の3分の1を，無期刑については10年を経過した後，行政官庁の処分によって仮に釈放することができる」（刑法28条）と規定された社会生活を営みながら残りの刑期を過ごすことが許されるという，刑事政策上の制度である。
3 × 刑法27条の3第1項により，刑の一部の執行猶予を受けた者については「猶予の期間中保護観察に付することができる」（刑の一部の執行猶予中の保護観察）と規定されている。なお，「薬物使用等の罪を犯した者に対する刑の一部の執行猶予に関する法律」の刑の一部の執行猶予を受けた者については，猶予期間中は，必ず保護観察が実施される。
4 × 保護観察所の設置主体は法務省（保護局）である。法務省設置法15条により国が地方支分部局（国家行政組織法9条）として設置している。
5 × 更生保護法48条に，「少年法第24条第1項第1号又は第64条第1項第1号若しくは第2号の保護処分に付されている者（保護観察処分少年）」，「少年院からの仮退院を許されて第42条において準用する第40条の規定により保護観察に付されている者（少年院仮退院者）」といった少年が保護観察の対象者に規定されている。

POINT!
保護観察制度の概要とその理解を問う問題である。保護観察に関する問題は出題頻度が高いため，法務省のホームページや各種白書の図等を参考に整理し理解しておきたい。

正解　問題04……2　　問題05……2

Note　保護観察の流れ・方法

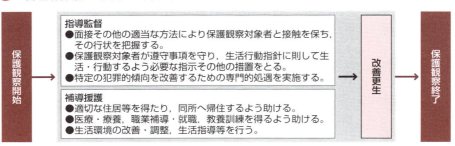

問題 06　頻出度 ★★★　第35回 問題147

保護観察に関する次の記述のうち，正しいものを1つ選びなさい。

1 保護観察処分少年の保護観察の期間は，少年の希望を反映して決定される。
2 保護観察所の長は，保護観察処分少年について，保護観察を継続する必要がなくなったと認めるときは，保護観察を解除する。
3 保護観察所の長は，少年院仮退院者について，少年院に戻して収容する旨の決定をすることができる。
4 仮釈放を許された者は，仮釈放の期間満了後，保護観察に付される。
5 懲役刑の全部の執行を猶予された者は，被害者の請求により保護観察に付される。

問題 07　頻出度 ★★★　第35回 問題148

事例を読んで，X保護観察所が行うことができる措置に関する次の記述のうち，正しいものを1つ選びなさい。

〔事例〕　少年院に収容されているMさん（17歳）は，親元に帰住することが難しいため，親元以外への帰住を希望している。X保護観察所はどのような措置をとるか検討した。

1 Mさんの少年院入院中に，釈放後の住居を確保することを調整する。
2 Mさんの仮退院を許可する。
3 Mさんの仮退院時に特別遵守事項を定める。
4 Mさんの少年院入院中に，一般遵守事項から住居に関する事項を削除する。
5 Mさんの仮退院時に保護観察期間を定める。

Note　一般遵守事項

保護観察対象者**全員**が守るべきもの

①再び犯罪をすることがないよう，又は非行をなくすよう健全な生活態度を保持する
②次の事項を守り，**保護観察官**及び**保護司**による**指導監督**を誠実に受ける
 ・保護観察官又は保護司の呼出し又は訪問を受けたときは，これに応じ，面接を受ける
 ・保護観察官又は保護司から，労働又は通学の状況，収入又は支出の状況，家庭環境，交友関係その他の生活実態を示す事実で指導監督を行うため把握すべきものを明らかにするよう求められたときは，事実を申告し，資料を提示する
 ・保護観察官又は保護司から，健全な生活態度を保持するために実行又は継続している行動の状況，特定の犯罪的傾向を改善するための専門的な援助を受けることに関してとった行動の状況，被害者等の被害を回復又は軽減するためにとった行動の状況その他の行動の状況を示す事実であって指導監督を行うため把握すべきものを明らかにするよう求められたときは，これに応じ，その事実を申告又はこれに関する資料を提示する
③保護観察に付されたときは，速やかに，**住居**を定め，その地を管轄する**保護観察所長**に届出をする
④③の届出に係る住居に居住する
⑤**転居**又は**7日以上**の旅行をするときは，あらかじめ，**保護観察所長**の許可を受ける

問題 06 **解説** 保護観察

1 × 保護観察処分少年に対する保護観察の期間は，当該少年が20歳に達するまでとされており，18歳以上の場合は観察開始から2年間となっている（更生保護法66条）。少年の希望が反映されるわけではない。

2 ○ 保護観察所の長は，保護観察処分少年について，その改善更生に資すると認めるときは，期間を定めて，保護観察を一時的に解除することができ（同法70条），また，保護観察を継続する必要がなくなったと認められるときには，保護観察は解除される（同法69条）。

3 × 家庭裁判所は，少年院仮退院者について，相当と認めるときは，これを少年院に戻して収容する旨の決定をすることができる（同法72条）。なお，少年院への戻し収容の申請は，地方更生保護委員会が保護観察所の長の申出により，家庭裁判所に行う（同法71条）。

4 × 仮釈放が許された者は，仮釈放の期間中は保護観察が付けられ（同法40条），仮釈放の期間満了後は正式に釈放となり刑期を満了したことになる。

5 × 執行猶予と同時に保護観察に付すかどうかは，原則として，裁判所の裁量で決定される（刑法25条の2）。

> **POINT！**
> 保護観察に関する理解を問う問題である。保護観察については，出題頻度が高いため，該当する更生保護法の条文を読み理解しておくことが必要である。

問題 07 **解説** 保護観察所

1 ○ 保護観察所では，保護観察官が保護司と協働しながら指導監督および補導援護を行い，補導援護では，保護観察処分を受けた少年や少年院の仮退院者が自立できるように住居や医療・療養，就職，教養訓練，生活環境などに対する助言や援助を行う。

2 × 少年院からの仮退院は，地方更生保護委員会が許可をする（更生保護法41条）。

3 × 少年院からの仮退院または仮釈放を許す旨の決定による釈放時までに特別遵守事項を定め，または変更するときは，保護観察所の長の申出を要しないものとする（同法52条3項）。

4 × 一般遵守事項とは，保護観察開始時に保護観察の対象者全員に課される必ず守らなければならないルールであり，保護観察に付されたときは，速やかに住居を定め，その地を管轄する保護観察所の長にその届出をすることなどが定められている。

5 × 少年院からの仮退院を許された者に対する保護観察の実施は，地方更生保護委員会の決定により行われる。

> **POINT！**
> 保護観察所の業務についての理解を問う問題である。保護観察所の役割や業務内容については出題頻度が高いため，保護観察官や保護司の役割や業務内容と合わせて押さえておく必要がある。

正解 問題06……2 問題07……1

Note 特別遵守事項

・個々の保護観察対象者に定められるもの ・保護観察所長又は地方更生保護委員会が定める ・変更・取消が可能
①犯罪性のある者との交際，いかがわしい場所への出入り，遊興による浪費，過度の飲酒その他の犯罪又は非行に結びつくおそれのある特定の行動をしてはならない
②労働に従事すること，通学することその他の再び犯罪をすることがなく又は非行のない健全な生活態度を保持するために必要と認められる特定の行動を実行し，又は継続する
③7日未満の旅行，離職，身分関係の異動その他の指導監督を行うため事前に把握しておくことが特に重要と認められる生活上又は身分上の特定の事項について，緊急の場合を除き，あらかじめ，保護観察官又は保護司に申告する
④医学，心理学，教育学，社会学その他の専門的知識に基づく特定の犯罪的傾向を改善するための体系化された手順による処遇として法務大臣が定めるものを受ける
⑤法務大臣が指定する施設，保護観察対象者を監護すべき者の居宅その他の改善更生のために適当と認められる特定の場所で，宿泊の用に供されるものに一定期間宿泊して指導監督を受ける
⑥善良な社会の一員としての意識の涵養及び規範意識の向上に資する地域社会の利益増進に寄与する社会的活動を一定時間行う
⑦更生保護事業法の規定により更生保護事業を営む者その他の適当な者が行う特定の犯罪的傾向を改善するための専門的な援助であって法務大臣が定める基準に適合するものを受ける
⑧その他指導監督を行うため特に必要な事項

（左欄ラベル：特別遵守事項）

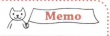

団体・専門職等の役割と連携

問題 08　頻出度 ★★★　第33回 問題147

保護観察官及び保護司に関する次の記述のうち，最も適切なものを1つ選びなさい。

1. 保護観察官は，都道府県庁及び保護観察所に配置される。
2. 保護観察官は，犯罪の予防に関する事務には従事できない。
3. 保護司の身分は，常勤の国家公務員である。
4. 保護司が相互に情報交換するには，保護観察官の許可が必要である。
5. 被害者を担当する保護司は，その任に当たる間，加害者の保護観察は行わない。

問題 09　頻出度 ★★★　第36回 問題148

保護司に関する次の記述のうち，正しいものを1つ選びなさい。

1. 法務大臣から委嘱される。
2. 検察官の指揮監督を受ける。
3. 保護観察における指導監督の権限はない。
4. 担当する事件内容によっては給与が支給される。
5. 刑事施設収容中の者との面会は禁じられている。

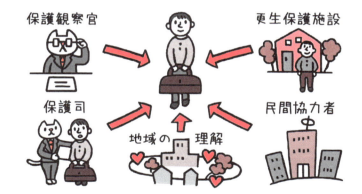

問題 08 解説　保護観察官，保護司

1　×　保護観察官は，地方更生保護委員会事務局（全国に8か所）及び保護観察所（全国に50か所）に，約1,000名が配置されている国家公務員である。保護観察対象者には行状を面接等で把握し，遵守事項等の厳守を促す。特定の犯罪傾向があるものに対しては専門的処遇プログラムを実施する。また，必要に応じて住居や職業の確保などの援助を保護司とともにあたることも多い。その他，満期釈放者で生活に困窮し，帰住先がない者に対する更生緊急保護，再犯やそのおそれのあるものに対する不良措置（身柄拘束・質問調査を行った上で矯正施設に収容する手続きを行う），所在不明者の所在調査，犯罪や非行がない地域社会を目指す犯罪予防活動などの業務にあたっている。

2　×　保護観察官は，心理学，教育学，福祉等の更生保護に関する専門的知識に基づき，社会の中において，犯罪をした人や非行のある少年の再犯・再非行を防ぎ改善更生を図るための業務に従事している。

3　×　保護司は，保護司法に基づき下記4つすべての条件を具備する者のうちから，法務大臣が委嘱する。
・人格及び行動について，社会的信望を有すること。
・職務の遂行に必要な熱意及び時間的余裕を有すること。
・生活が安定していること。
・健康で活動力を有すること。
交通費等の実費支給はあるものの無報酬である。保護司の身分は非常勤国家公務員であり，活動中に災害にあった場合は国家公務員災害補償法が適用される。

4　×　保護司相互の情報交換に，保護観察官の許可は必要ない。情報交換には，地域の保護司会や経験豊かな企画調整保護司が常駐している更生保護サポートセンターが活用されている。

5　○　更生保護における犯罪被害者等施策を実施するにあたり，各保護観察所に，被害者担当官及び被害者担当保護司を配置しており，担当者は，その任期中は加害者の保護観察などを行わない。

POINT!
保護観察官及び保護司に関する基礎的理解を問う問題である。更生保護制度の担い手に関しては出題頻度が高いため，法務省のホームページ等を参考に整理し，理解をしておく必要がある。

問題 09 解説　保護司

1　○　保護司は，保護司法に基づき，法務大臣から委嘱された非常勤の国家公務員とされている。
2　×　保護司は，保護観察官と協働して，保護観察を受けている人の立ち直りを支援する「処遇活動」と，地域の方々に立ち直り支援への理解と協力を求める「地域活動」の2つの活動を主に行っている。
3　×　保護司は，保護観察官と協働して保護観察に当たり，保護観察中の約束事や生活の指針を守るよう指導する。
4　×　保護司には給与は支給されないが，活動内容に応じて，実費弁償金が支給される。
5　×　保護司は，矯正施設に収容されている人が釈放されたときに，更生に適した環境で生活ができるよう収容中から帰住先の調査や引受人との話し合い，就職先等の調整を行うなどし，必要な受け入れ態勢を整える。

POINT!
保護司についての理解を問う問題である。保護観察官や保護司の役割や業務内容については出題頻度が高いため，保護観察所の役割や業務内容と合わせてしっかりと押さえておく必要がある。

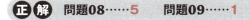

正解　問題08……5　　問題09……1

問題 **10**　頻出度 ★ ★　　　　　　　　　　　　　　　第35回 問題149

更生保護における就労支援に関わる機関・団体に関する次の記述のうち，最も適切なものを1つ選びなさい。

1. 保護観察所は，保護観察対象者の補導援護として，必要に応じて職業のあっせんを行っている。
2. 保護観察対象者は，公共職業安定所（ハローワーク）において，補導援護を受けることが義務化されている。
3. 公共職業安定所（ハローワーク）は，協力雇用主に対し，保護観察対象者の雇用を命ずることができる。
4. 保護観察所は，協力雇用主に対し，刑務所出所者のみを雇用することを命ずることができる。
5. 公共職業安定所（ハローワーク）は，個々の保護観察対象者に対し，求人開拓から就職まで総合的な就労支援を行っている。

Note　更生保護における民間の協力者

更生保護女性会	地域社会の犯罪・非行の未然防止のための啓発活動を行うとともに，青少年の健全な育成を助け，犯罪をした人や非行のある少年の改善更生に協力することを目的とする**ボランティア**団体
BBS会 (Big Brothers and Sisters Movement)	様々な問題を抱える少年と，**兄や姉**のような身近な存在として接しながら，少年が自分自身で問題を解決したり，健全に成長していくのを支援するとともに，犯罪や非行のない地域社会の実現を目指す青年**ボランティア**団体
協力雇用主	・犯罪・非行の前歴のために定職に就くことが容易でない刑務所出所者・**保護観察**対象者・**更生緊急保護**対象者を，その事情を理解した上で雇用し，改善更生に協力する**民間**の事業主 ・対象者を雇用し，就労継続に必要な指導・助言を行う**協力雇用主**に対して，年間最大72万円（最長1年間）の**奨励金**が支給される（対象者への支給ではない）

医療観察制度

問題 **11**　頻出度 ★ ★　　　　　　　　　　　　　　　第35回 問題150

「医療観察法」が定める医療観察制度に関する次の記述のうち，最も適切なものを1つ選びなさい。

1. 対象となる行為は，殺人，放火，強盗，強制わいせつ，強制性交等及び傷害等に当たる行為である。
2. 社会復帰調整官は，各地方裁判所に配属されている。
3. 入院決定を受けた者に対して医療を実施する指定入院医療機関は，都道府県知事が指定した病院である。
4. 通院決定がなされた場合，指定通院医療機関による医療を受けることができる期間の上限は10年である。
5. 地域社会における精神保健観察は，保護観察官と保護司が協働して実施すると規定されている。

（注）「医療観察法」とは，「心神喪失等の状態で重大な他害行為を行った者の医療及び観察等に関する法律」のことである。

問題 10 解説　就労支援

1 ✕ 保護観察官及び保護司が協働して行う補導援護の職業補導・就職援助として，就労に関する情報を提供し，公共職業安定所（ハローワーク）に同行する等は行うが，あっせんは行わない。

2 ✕ 保護観察は，保護観察対象者の改善更生を図ることを目的として，指導監督及び補導援護を行うが，公共職業安定所（ハローワーク）において，補導援助を受けることは義務化されていない。

3 ✕ 協力雇用主として登録をした場合においても，保護対象観察者の雇用を強制することはできない。

4 ✕ 協力雇用主となるためには，保護観察所への登録が必要だが，雇用を強制するものではない。

5 〇 公共職業安定所（ハローワーク）では，矯正施設入所者に対して職員による職業相談，職業紹介，職業講話等を実施し，保護観察対象者等に対しては，担当者制による職業相談・職業紹介を行うほか，職場体験講習，トライアル雇用等の支援を実施している。

POINT!

更生保護における就労支援についての理解を問う問題である。法務省のホームページ等を参考に，保護観察の内容や更生保護を支える人々の役割についても合わせて理解しておくとよい。

問題 11 解説　医療観察法

1 〇 医療観察法の対象行為とは，殺人，放火，強盗，強制性交等，強制わいせつ，傷害（傷害は重いものに限り，傷害以外は未遂を含む）を重大な他害行為を指す。

2 ✕ 社会復帰調整官は，保護観察所に配置され，精神障害者の保健及び福祉等に関する専門的知識に基づき社会復帰を促進するため，生活環境の調査，生活環境の調整，精神保健観察等の業務に従事している。

3 ✕ 指定入院医療機関とは，厚生労働大臣が指定した医療機関である。

4 ✕ 医療観察法の通院による医療の決定を受けた人及び退院を許可された人については，保護観察所の社会復帰調整官が中心となって作成する処遇実施計画に基づいて，原則として3年間（必要があれば2年まで延長可）厚生労働大臣が指定した医療機関（指定通院医療機関）による医療を受けることとなる。

5 ✕ 通院決定を受けた者は，厚生労働大臣が指定する指定通院医療機関において医療を受けるとともに，保護観察所に置かれる社会復帰調整官による精神保健観察に付される。

POINT!

医療観察法についての理解を問う問題である。医療観察法や社会復帰調整官については出題頻度が高いため，医療観察法の概要とともに社会復帰調整官の役割や業務内容を合わせて理解しておきたい。

正解　問題10……**5**　　問題11……**1**

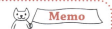

関係機関・専門職等の役割と連携

問題 12　頻出度 ★★★　第36回 問題149

事例を読んで，社会復帰調整官の対応として，最も適切なものを1つ選びなさい。

〔事例〕
精神保健観察中のKさんは，地域生活を送っている中で家族関係が悪化し，仕事にも行けなくなってきた。保護観察所は，関係機関の担当者とともにケア会談を開催し，Kさんの状態の情報共有と今後の処遇について話し合った。

1 Kさんが継続的に医療を受けるよう，保護司に指導を指示する。
2 指定通院医療機関への通院状況を確認する。
3 精神保健観察の期間延長を決定する。
4 指定入院医療機関に入院させることを決定する。
5 今回作成する処遇の実施計画の内容をKさんに秘匿することを決定する。

> **Note　精神保健観察の「守るべき事項」**
>
> 精神保健観察に付された者は，速やかにその居住地を管轄する保護観察所の長に当該居住地を届け出るほか，次に掲げる事項を守らなければならない。
> ①一定の住居に居住すること，②住居を移転し，または長期（2週間以上）の旅行をするときは，あらかじめ保護観察所の長に届け出ること，③保護観察所の長から出頭または面接を求められたときは，これに応ずること，と規定されている（医療観察法107条）。

問題 13　頻出度 ★★　第31回 問題150

社会復帰調整官に関する次の記述のうち，最も適切なものを1つ選びなさい。

1 社会復帰調整官は，地方検察庁に配属されている。
2 社会復帰調整官は，医療刑務所入所中の者の生活環境の調整を行う。
3 社会復帰調整官が，「医療観察法」の審判で処遇を決定する。
4 社会復帰調整官は，精神保健観察のケア会議に支援対象者の参加を求めることができる。
5 社会復帰調整官が，指定通院医療機関の指定を行う。

（注）「医療観察法」とは，「心神喪失等の状態で重大な他害行為を行った者の医療及び観察等に関する法律」のことである。

問題 **12** 解説 社会復帰調整官

1 ✕ 社会復帰調整官は，保護観察所長の指示の下，継続的な医療を確保することを目的として，本人との面接や関係機関からの報告等を通じて本人の通院状況や生活状況を見守り，必要な指導等を行う。

2 ◯ 社会復帰調整官は，指定通院医療機関への通院や服薬が継続できるよう適切な助言や指導を行い，地域において必要な支援を確保するためのコーディネートを行う。

3 ✕ 継続的な医療を確保することを目的とする精神保健観察の決定を行うのは地方裁判所である。

4 ✕ 検察官からの申し立てがなされると，地方裁判所において鑑定を行う医療機関での入院等が行われるとともに，裁判官と精神保健審判員（必要な学識経験を有する医師）の各1名からなる合議体による審判で，本制度による処遇の要否と内容の決定が行われる。

5 ✕ 保護観察所が，指定通院医療機関や，都道府県・市町村等の障害保健福祉関係機関と協議して作成する処遇の実施計画には，対象となる一人ひとりの希望を踏まえ，必要となる医療，精神保健観察，援助の内容と方法が記載される。

POINT!
社会復帰調整官の業務内容についての理解を問う問題である。社会復帰調整官や医療観察法ついては出題頻度が高いため，医療観察法の概要とともに社会復帰調整官の役割や業務内容を合わせて理解しておくとよい。

問題 **13** 解説 社会復帰調整官

1 ✕ 社会復帰調整官は，保護観察所に配置されている。検察官の申立てによる裁判所での審判段階における生活環境の調査，指定入院医療機関の入院段階における生活環境の調整，指定通院医療機関の通院段階における精神保健観察の実施などにより，処遇の始まりから終わりまで一貫して関与する。

2 ✕ 社会復帰調整官は，指定入院医療機関に入院中の対象者に定期的または必要に応じて訪問し，本人から調整に関する希望を聴取し，指定入院医療機関のスタッフと調整方針などについて協議する。

3 ✕ 裁判所が入院・通院など適切な処遇を，合議制による審判により決定する。検察官より申立てを受けた地方裁判所は，裁判官1名と精神科医1名（精神保健審判員）からなる合議体を構成。両者がそれぞれの専門性を活かして審判を行い，審判の過程において精神保健審判員とは別の精神科医による鑑定が行われる他，必要に応じて保護観察所による生活環境の調査が行われる。裁判所はこの鑑定の結果をもとに生活環境を考慮し，さらに必要に応じて精神保健福祉士等の専門家である精神保健参与員の意見も聴いた上で，この制度による医療の必要性について判断する。また，対象者の権利擁護の観点から，審判では必ず弁護士（付添人）を付けることとし，審判においては本人や付添人からも資料提出や意見陳述ができることとしている。

4 ◯ 記述の通りである。通院決定を受けた者及び退院を許可された者は，指定通院医療機関にて治療を受けるとともに社会復帰調整官による精神保健観察に付される。保護観察所は指定通院医療機関，都道府県知事等と協議の上，処遇に関する実施計画を定める。社会復帰調整官は，支援対象者の円滑な社会復帰を図るため，関係機関・団体等との連携に努める。定期的もしくは必要に応じケア会議を開催し，情報と目的を共有して，処遇が適切に実施されているかなどを再評価する。必要によって内容の見直しも行う。

5 ✕ 指定通院医療機関の指定は，厚生労働省令で定める基準に適合する病院もしくは診療所または薬局について，その開設者の同意を得て，厚生労働大臣が行う。また，指定入院医療機関の指定は，国，都道府県，特定独立行政法人または都道府県もしくは都道府県及び都道府県以外の地方公共団体が設立した特定地方独立行政法人が開設する病院であって厚生労働省令で定める基準に適合するものの全部または一部について，その開設者の同意を得て，厚生労働大臣が行う。

POINT!
社会復帰調整官に関する理解を問う問題である。医療観察法の概要とあわせて理解しておきたい。

正解 問題12……2　　問題13……4

9

刑事司法と福祉

MEMO

第10章

<共通科目>

ソーシャルワークの基盤と専門職

Check ☑	1回目	月	日	／15問
Check ☑	2回目	月	日	／15問
Check ☑	3回目	月	日	／15問

社会福祉士の定義・義務

問題 01　頻出度 ★★★　第34回 問題091

社会福祉士及び介護福祉士法における社会福祉士と，精神保健福祉士法における精神保健福祉士に関する次の記述のうち，これらの法律に明記されている共通する責務として，正しいものを1つ選びなさい。

1. 集団的責任の保持
2. 権利擁護の促進
3. 多様性の尊重
4. 資質向上
5. 倫理綱領の遵守

問題 02　頻出度 ★★★　第36回 問題091

社会福祉士及び介護福祉士法における社会福祉士の義務等に関連する次の記述のうち，正しいものを1つ選びなさい。

1. 後継者の育成に努めなければならない。
2. 秘密保持義務として，その業務に関して知り得た人の秘密は，いかなる理由があっても開示してはならない。
3. 社会福祉士の信用を傷つけるような行為を禁じている。
4. 社会福祉士ではなくとも，その名称を使用できる。
5. 誠実義務の対象は，福祉サービスを提供する事業者とされている。

社会福祉士の義務（社会福祉士及び介護福祉士法）

誠実義務(44条の2)	社会福祉士は，その担当する者が個人の尊厳を保持し，自立した日常生活を営むことができるよう，常にその者の立場に立って，誠実にその業務を行わなければならない
信用失墜行為の禁止(45条)	社会福祉士は，社会福祉士の信用を傷つけるような行為をしてはならない
秘密保持義務(46条)	社会福祉士は，正当な理由がなく，その業務に関して知り得た人の秘密を漏らしてはならない。社会福祉士でなくなった後においても，同様とする
連携(47条1項)	社会福祉士は，その業務を行うに当たっては，その担当する者に，福祉サービス及びこれに関連する保健医療サービスその他のサービスが総合的かつ適切に提供されるよう，地域に即した創意と工夫を行いつつ，福祉サービス関係者等との連携を保たなければならない
資質向上の責務(47条の2)	社会福祉士は，社会福祉及び介護を取り巻く環境の変化による業務の内容の変化に適応するため，相談援助又は介護等に関する知識及び技能の向上に努めなければならない
名称の使用制限(48条1項)	社会福祉士でない者は，社会福祉士という名称を使用してはならない

問題01 解説　社会福祉士及び介護福祉士法／精神保健福祉士法

1 ×　社会福祉士及び介護福祉士法にも精神保健福祉士法にも，集団的責任の保持について記載がない。
2 ×　権利擁護の促進はソーシャルワーカーにとって重要な事柄だが，社会福祉士及び介護福祉士法にも精神保健福祉士法にも記載がない。
3 ×　多様性の尊重は社会やソーシャルワーカーにとっては重要な事柄だが，社会福祉士及び介護福祉士法にも精神保健福祉士法にも記載がない。
4 ○　社会福祉士及び介護福祉士法47条の2と精神保健福祉士法41条の2に，資質向上の責務の記載がある。
5 ×　倫理綱領の遵守は，社会福祉士及び介護福祉士法にも精神保健福祉士法にも記載がない。

POINT!
定番となっている社会福祉士及び介護福祉士法からの出題である。今回は条文全体の理解が求められる内容となっており，やや難問である。

問題02 解説　社会福祉士及び介護福祉士法

1 ×　第47条の2の資質向上の責務には「相談援助に関する知識及び技能に関する向上に努めなければならない」とあり，後継者の育成に触れていない。
2 ×　第46条の秘密の保持には「正当な理由なく，その業務に関して知り得た人の秘密も漏らしてはならない」とあり，いかなる理由があっても秘密を漏らしてはいけないということではない。
3 ○　第45条の信用失墜行為の禁止には「社会福祉士の信用を傷つける行為をしてはならない」とある。
4 ×　第53条3号により，社会福祉士ではないものが社会福祉士を名乗ると30万円以下の罰金に処する，との罰則規定がある。
5 ×　第44条の2の誠実義務には「社会福祉士及び介護福祉士は，その担当する者が個人の尊厳を保持し，自立した日常生活を営むことができるよう，常にその者の立場に立って，誠実にその業務を行わなければならない」とあり，事業者ではなくクライエントが対象となる。

POINT!
「社会福祉士及び介護福祉士法」からの出題である。出題されやすい条文はほぼ固定化されている。主要な条文の概要を覚えていれば解くのは難しくはない。

正解　問題01……4　　問題02……3

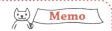

ソーシャルワークのグローバル定義

問題 03　頻出度 ★★★　　　第36回 問題093

「ソーシャルワーク専門職のグローバル定義」(2014年)に関する次の記述のうち，最も適切なものを1つ選びなさい。

1 人間尊重，人間の社会性，変化の可能性の3つの価値を前提とした活動である。
2 人，問題，場所，過程を構成要素とする。
3 価値の体系，知識の体系，調整活動のレパートリーを本質的な要素とする。
4 ソーシャルワーク実践は，価値，目的，サンクション，知識及び方法の集合体である。
5 社会変革と社会開発，社会的結束，および人々のエンパワメントと解放を促進する。

(注) 1 「ソーシャルワーク専門職のグローバル定義」とは，2014年7月の国際ソーシャルワーカー連盟(IFSW)と国際ソーシャルワーク学校連盟(IASSW)の総会・合同会議で採択されたものを指す。
　　 2 「ソーシャルワークの定義」とは，2000年7月の国際ソーシャルワーカー連盟(IFSW)で採択されたものを指す。

問題 04　頻出度 ★★★　　　第35回 問題092

次のうち，「ソーシャルワーク専門職のグローバル定義」(2014年)に関する記述として，最も適切なものを1つ選びなさい。

1 本定義は，各国および世界の各地域を問わず，同一であることが奨励されている。
2 ソーシャルワーク専門職は，社会変革を任務とするとともに社会的安定の維持にも等しく関与する。
3 ソーシャルワークの原則において，マイノリティへの「多様性の尊重」と「危害を加えない」ことは，対立せずに実現可能である。
4 ソーシャルワークの研究と理論の独自性は，サービス利用者との対話的過程とは異なるところで作り上げられてきた。
5 ソーシャルワークの焦点は多様であるが，実践における優先順位は固定的である。

(注)「ソーシャルワーク専門職のグローバル定義」とは，2014年7月の国際ソーシャルワーカー連盟(IFSW)と国際ソーシャルワーク学校連盟(IASSW)の総会・合同会議で採択されたものを指す。

問題 03 解説 ソーシャルワークのグローバル定義

1 × 人間尊重，人間の社会性，人間の変化の可能性はブトゥリム（Butrym, Z.）が示したソーシャルワークの3つの価値前提である。

2 × 人，問題，場所，過程を構成要素とすると訴えたのは，H. パールマン（Perlman, H.）の4つのPである。

3 × バートレット（Bartlett, H.）は，「ソーシャルワーク実践における本質的な要素は，価値，知識，介入（調整活動）の総体から構成され，価値と知識が優先されるべきである」とした。

4 × 全米ソーシャルワーカー協会（NASW）が1958年に発表した「ソーシャル・ワーク実践の基礎的定義」では「ソーシャルワークは，価値，目的，サンクション，知識，方法の諸要素から構成される。その全体がソーシャルワーク実践である」としている。

5 ○ 「中核となる任務」には「社会変革・社会開発・社会結束の促進，および人々のエンパワメントと解放がある」とされる。

POINT!

毎年，単独で出題されている「ソーシャルワークのグローバル定義」と歴史上の重要人物等の提唱するソーシャルワークの定義をミックスした問題である。受験者を混乱させる，やや難問である。

問題 04 解説 ソーシャルワーク専門職のグローバル定義

1 × 本定義に，各国および世界の各地域で同一あることが奨励されている旨の記載はない。前文には，「この定義は，各国および世界の各地域で展開してもよい」とある。また，注釈には，「今回，各国および世界の各地域（中略）はこのグローバル定義を基に，それに反しない範囲で，それぞれの置かれた社会的・政治的・文化的状況に応じた独自の定義を作ることができることとなった」とあり，柔軟な姿勢がみられる。

2 ○ 注釈『中核となる任務』には，ソーシャルワークの専門職は社会変革を任務とすると共に「社会的安定の維持にも等しく関与する」，とある。

3 × 注釈『原則』には，「危害を加えないこと」と「多様性の尊重」は，状況によっては，対立し，競合する価値観となる，とある。しかし，「特定の文化的価値・信念・伝統を深く理解した上で，人権という（特定の文化よりも）広範な問題に関して，その文化的集団のメンバーと批判的で思慮深い対話を行う事を通して促進されうる」，とある。

4 × 注釈『知』には，「多くのソーシャルワークの研究と理論は，サービス利用者との双方性のある対話的過程を通して共同で作り上げてきたものであり，それゆえに特定の実践環境に特徴づけられる」，とある。

5 × 注釈『実践』には，「ソーシャルワークが全体性を指向する性質は普遍的である。しかしその一方で，ソーシャルワークの実践が実際上何を優先するかは，国や時代により，歴史的・文化的・政治的・社会経済的条件により多様である」，とある。

POINT!

定番化してきた「ソーシャルワーク専門職のグローバル定義」からの出題，多様性の尊重，社会変革等のキーワードが出題されやすい。選択肢3, 4, 5は今まで出題されなかった定義中の他の文面からの出題であった。

正解 問題03……5 問題04……2

アドボカシー

問題 05 頻出度 ★★　　第32回 問題094

アドボカシーに関する次の記述のうち，最も適切なものを1つ選びなさい。

1 ケースアドボカシーとは，クライエントと同じ状況に置かれている人たちの権利を守るために，新たな制度を開発する活動である。
2 コーズアドボカシーとは，クライエントの権利を守るために，法的な手段を用いる活動である。
3 セルフアドボカシーとは，クライエントが自らの権利を主張していく活動である。
4 シチズンアドボカシーとは，同じ課題を抱えるクライエントの代弁や制度の改善・開発を目指す活動である。
5 リーガルアドボカシーとは，一人のクライエントの安定した生活を復権させる活動である。

自立支援

問題 06 頻出度 ★★　　第36回 問題094

障害者の自立生活運動に関する次の記述のうち，適切なものを2つ選びなさい。

1 当事者が人の手を借りずに，可能な限り自分のことは自分ですることを提起している。
2 ピアカウンセリングを重視している。
3 施設において，管理的な保護のもとでの生活ができることを支持している。
4 当事者の自己決定権の行使を提起している。
5 危険に挑む選択に対して，指導し，抑止することを重視している。

問題 05 解説　アドボカシー

1 ×　ケースアドボカシーは，個人の権利を守るために，個別のクライエントを支援対象として実施される活動をいう。クライエントと同じ状況を抱える人達の権利を守るために新たな制度を開発する活動は，ソーシャルアクションである。
2 ×　コーズアドボカシーは，クラスアドボカシーとも呼ばれ，特定のニーズを持つ集団の権利を擁護する活動である。
3 ○　セルフアドボカシーとは，クライエント自らが自己の課題の克服のために自分の利益や欲求，意思，権利を主張するための活動をいう。
4 ×　シチズンアドボカシーとは，当事者を含んだ市民が，権利の抑圧を受けている市民を擁護する活動である。同じ課題を抱えるクライエントの代弁や制度の改善・開発を目指す活動はピアアドボカシーである。
5 ×　リーガルアドボカシーは，クライエントの権利を守るために法的な手段を用いる活動である。一人のクライエントの安定させた生活を復権させるのはケースアドボカシーである。

POINT!

社会福祉士国家試験でアドボカシーは頻出のテーマである。アドボカシーの意味や種類を確実に理解していれば，正答するのは難しくはない。

問題 06 解説　自立生活運動

1 ×　障害者自身が生活の各場面や全面的介助を受けることを自分自身で選択していれば，介助者による支援を受けていても，自立している，とされる。
2 ○　ピアカウンセリングは，自立生活運動における仲間（ピア）への基本姿勢である。
3 ×　施設や親の庇護のもとでの生活という不自由さではなく，その当事者が望む場所で望むサービスを受けて生活すること，とされる。
4 ○　どんなに重い障害があっても，その人生において，自ら決定することを最大限に尊重する。
5 ×　生活は自分の決断と責任で行い，危険を冒したり，過ちを犯す自由があるとされる。

POINT!

本科目ではあまり出題されたことのない「自立生活運動」からの出題である。自立生活運動の概要を理解できると解答は難しくはない。

　問題05……3　　問題06……2，4

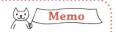

ノーマライゼーション

問題 07　頻出度 ★★　第30回 問題095

次のうち，ノーマライゼーションの原理を8つに分けて整理した人物として，適切なものを1つ選びなさい。

1 ソロモン（Solomon, B.）
2 バンク－ミケルセン（Bank-Mikkelsen, N.）
3 ヴォルフェンスベルガー（Wolfensberger, W.）
4 サリービー（Saleebey, D.）
5 ニィリエ（Nirje, B.）

Note　ノーマライゼーションの思想

ノーマライゼーション	誰もが当たり前にありのままに，生活したい場所で生活するという考え。 ・バンク-ミケルセン：世界で最初にノーマライゼーションの概念を提唱 ・ニィリエ：ノーマライゼーションの原理を発展させ，8つに整理 ・ヴォルフェンスベルガー：北米にノーマライゼーションを導入。「ソーシャルローカルバロリゼーション」を提唱
ソーシャル・インクルージョン（社会的包摂）	すべての人々を孤独や孤立，排除や摩擦から援護し，健康で文化的な生活の実現のため，社会の構成員として包み支え合う社会を構築すること
ソーシャル・エクスクルージョン（社会的排除）	貧困や差別等により社会参加ができず，社会から排除されている個人が，地域コミュニティの活動だけでなく，法律制度の仕組みから漏れ，雇用，収入，教育機会が得られなくなる状況

問題 08　頻出度 ★★★　第36回 問題095

ソーシャルワークを発展させた人物に関する次の記述のうち，最も適切なものを1つ選びなさい。

1 レヴィ（Levy, C.）は，倫理とは，人間関係とその交互作用に対して価値が適用されたものであるとした。
2 トール（Towle, C.）は，ジェネラリストの観点からソーシャルワークの統合化を図り，ジェネラリスト・ソーシャルワークを提唱した。
3 アプテカー（Aptekar, H.）は，相互連結理論アプローチを提唱し，それぞれの理論は相互に影響を及ぼし合い，結びついていると論じた。
4 ジョンソン（Johnson, L.）は，社会的目標を達成するために不可欠な要素として，4つの基本的ニーズを提示した。
5 ターナー（Turner, F.）は，機能主義の立場に立ちつつ，診断主義の理論を積極的に取り入れ，ケースワークとカウンセリングを区別した。

問題 07 解説 ノーマライゼーションの8つの原理

1 ✕ ソロモンは，1976年に『黒人のエンパワメント(Black Empowerment)：抑圧されている地域社会によるソーシャルワーク』を著し，ソーシャルワーク分野でのエンパワメントの重要性を説いている。

2 ✕ バンク - ミケルセンは，ノーマライゼーションを提唱しており，知的障害者の親の会と協働，社会省の行政官として知的障害者の福祉向上に尽力した。知的障害者処遇の改善のための運動と具体的な制度づくりを行ったが，ノーマライゼーションの8つの原理は提唱していない。

3 ✕ ヴォルフェンスベルガーは，ノーマライゼーションを北米にて導入し，障害者や社会的マイノリティの立場や役割を高める生活条件や社会環境の整備，社会意識の改善を目指すという，独自の理念に基づく実践を広めた。1983年には，ノーマライゼーションの原理にかかわる「ソーシャルロールバロリゼーション(Social Role Valorization：社会的役割の実践)」を提唱したが，ノーマライゼーションの8つの原理は提唱していない。

4 ✕ サリービーが唱えたのは，ストレングスの視点である。ストレングスの視点とは，主に精神障害のケースマネジメントなどで発展したもので，クライエントが本来持っている強さ，長所，潜在能力，環境に着目して，それらを引き出していく考え方でもある。

5 ○ スウェーデンのニィリエは，隣国のデンマークで広がったノーマライゼーションについて，「ノーマライゼーションの原理とは，社会の主流となっている規範や形態にできるだけ近い，日常生活の条件を知的障害者が得られるようにすること」と定義し，「ノーマライゼーションの8つの原理」を提示した。

(注) ニィリエのノーマライゼーションの8つの原理とは①1日のノーマルなリズム，②1週間のノーマルなリズム，③1年間のノーマルなリズム，④ライフサイクルにおけるノーマルな発達経験，⑤ノーマルな個人の尊重と自己決定権，⑥ノーマルな性的関係(男女両性)，⑦その社会でのノーマルな経済的水準とそれを得る権利，⑧その地域におけるノーマルな環境形態と水準。

POINT!

過去に何度も出題されているノーマライゼーションに関する問題。本問では，過去に何度か出題された活動家の名前が並んでおり，着実に得点したい。

問題 08 解説 歴史上の重要人物とその業績

1 ○ レヴィ(Levy, C.)は『ソーシャルワークの倫理の指針』において「倫理とは人間関係とその交互作用に対して，価値が適用されたものが倫理と規定し，人間関係の行動に直接，影響を及ぼす点に特色がある」としている。

2 ✕ ジェネラリスト・ソーシャルワークはジョンソン(Johnson, L.)が提唱している。トール(Towle, C.)は利用者が人間としての共通の欲求を持っている視点からケースワークの理論と実際を研究した。

3 ✕ アプテカー(Aptekar, H.)は主著『ケースワークとカウンセリング』においてケースワークに内在する力動性の概念によって，診断主義と機能主義の統合を試みた。相互連結理論アプローチは主著『ソーシャルワーク・トリートメント』により，ターナー(Turner, F.)が提唱した。

4 ✕ 上記2のように，ジョンソン(Johnson, L.)が提唱したのはジェネラリスト・ソーシャルワークである。

5 ✕ アプテカー(Aptekar, H.)は機能主義に立ちながらも，診断主義の理論を積極的に取り入れて，ケースワークとカウンセリングを区別した。

POINT!

本問題は定番である「歴史上の重要人物とその実績」である。ただ，今回は過去にあまり出題されてこなかった人物ばかりの出題である。

正解 問題07……5 問題08……1

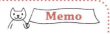

慈善組織協会（COS）

問題 09 頻出度 ★★ 第29回 問題093

慈善組織協会（COS）に関する次の記述のうち，最も適切なものを1つ選びなさい。

1. COSは，労働者や子どもの教育文化活動，社会調査とそれに基づく社会改良を目的に設立された。
2. COSの救済は，共助の考えに基づき，社会資源を活用して人と人が支え合う支援を行った。
3. COSは，把握した全ての貧困者を救済の価値のある貧困者として救済活動を行った。
4. COSは，友愛訪問員の広い知識と社会的訓練によって友愛訪問活動の科学化を追求した。
5. COSの友愛訪問活動の実践をもとに，コミュニティワーカーに共通する知識，方法が確立された。

セツルメント活動

問題 10 頻出度 ★★ 第33回 問題094

19世紀末から20世紀初頭のセツルメント活動に関する次の記述のうち，正しいものを1つ選びなさい。

1. バーネット（Barnett, S.）が創設したトインビーホールは，イギリスにおけるセツルメント活動の拠点となった。
2. コイト（Coit, S.）が創設したハル・ハウスは，アメリカにおけるセツルメント活動に大きな影響を及ぼした。
3. 石井十次が創設した東京神田のキングスレー館は，日本におけるセツルメント活動の萌芽となった。
4. アダムス（Addams, J.）が創設したネイバーフッド・ギルドは，アメリカにおける最初のセツルメントであった。
5. 片山潜が創設した岡山孤児院は，日本におけるセツルメント活動に大きな影響を及ぼした。

メアリー・リッチモンド

問題 11 頻出度 ★★ 第35回 問題095

リッチモンド（Richmond, M.）の人物と業績に関する次の記述のうち，適切なものを2つ選びなさい。

1. ケースワークの専門職としてニューヨーク慈善組織協会に採用された。
2. ケースワークの体系化に貢献したことから，後に「ケースワークの母」といわれた。
3. 社会改良を意味する「卸売的方法」は，個別救済を意味する「小売的方法」の始点であり終点であると位置づけた。
4. 『社会診断』において，ケースワークが社会的証拠の探索と収集を重視することに対して，異議を唱えた。
5. 『ソーシャル・ケース・ワークとは何か』において，ケースワークを人間と社会環境との間を調整し，パーソナリティを発達させる諸過程と定義した。

問題 09　解説　慈善組織協会（COS）

1 ✕　COSは，貧困者の濫救・漏救の防止のため，慈善事業の団体同士の組織的調整と救済の適正化を目指して設立された。社会改良はCOSではなく，セツルメント運動の目的である。

2 ✕　COSの救済は社会資源を活用して人と人が支え合う支援ではなく，民間の篤志家が貧困家庭に個別に訪問して，道徳的，人格的な感化により友人関係に類似した人間関係を築き，貧困者の自立を支援するという活動を行った。

3 ✕　COSの救済活動はすべての貧困者を対象とする無差別な支援ではなく，「救済に値しない貧民」と「救済に値する貧民」を分別し，自助の努力を行っていると評価できる「救済に値する貧民」だけを対象に「自立」を支援する慈善活動を行った。

4 ○　COSの友愛訪問員の広い知識と社会的訓練によって，友愛訪問活動の科学化を追求した。

5 ✕　COSの友愛訪問活動の実践はコミュニティワークではなく，後にソーシャルケースワーク（個別援助技術）の発展につながった。

POINT!

ソーシャルワークの歴史に関する主題は時折みられる。歴史上の重要人物，研究実績等を覚えることは不可欠である。その中でもCOSは特に出題頻度が高い。

問題 10　解説　セツルメント運動

1 ○　1884年，イギリスのロンドンにトインビーホールを創設したのはバーネットである。

2 ✕　1889年，アダムスが創立したハル・ハウスはアメリカにおけるセツルメント運動に大きな影響を及ぼした。

3 ✕　1897（明治30）年，片山潜が創立した東京神田のキングスレー館は，日本のセツルメント活動の萌芽となった。

4 ✕　1886年，コイトがニューヨークに創立したネイバーフッド・ギルドがアメリカの最初のセツルメントである。

5 ✕　1887（明治20）年，石井十次が創立した孤児教育会（後の岡山孤児院）は，日本におけるセツルメント運動に大きな影響を及ぼした。

POINT!

セツルメントの用語の意味やその歴史を把握しておくことが試験対策に求められる。

問題 11　解説　メアリー・リッチモンド

1 ✕　1889年，リッチモンドはアメリカのボルチモアの慈善組織協会にて友愛訪問活動を始めた。慈善組織協会の活動を専門化，科学化することにより今日のソーシャルワークの礎を作った。

2 ○　リッチモンドはケースワークの基礎を築き，科学的な分析を行った。後に「ケースワークの母」といわれた。

3 ✕　リッチモンドは，「ケースワークは社会改良の小売的方法である。社会改良の成果は小売的方法でこそ表れる。卸売的方法だけが社会改良ではない。小売的方法は社会改良の1つとなる」とソーシャルワークの多面性を説いている。

4 ✕　リッチモンドは，ケースワークにおいて社会診断の過程は社会的証拠の探索と収集から社会的調査へと進化するとしている。

5 ○　リッチモンドは，『ソーシャル・ケース・ワークとは何か』において，ケースワークを人間と社会環境との間を調整し，パーソナリティを発達させる諸過程と定義した。

POINT!

メアリー・リッチモンドは，必ずしも出題頻度が高いわけではないが，ソーシャルワークの歴史における重要人物である。その理論と実績についてよく学んでおきたい。

正解　問題09……4　　問題10……1　　問題11……2, 5

ソーシャルワークの形成過程

問題 12 頻出度 ★★ 第35回 問題093

19世紀中期から20世紀中期にかけてのソーシャルワークの形成過程に関する次の記述のうち，最も適切なものを1つ選びなさい。

1. エルバーフェルト制度では，全市を細分化し，名誉職である救済委員を配置し，家庭訪問や調査，相談を通して貧民を減少させることを目指した。
2. セツルメント運動は，要保護者の個別訪問活動を中心に展開され，貧困からの脱出に向けて，勤勉と節制を重視する道徳主義を理念とした。
3. ケースワークの発展の初期段階において，当事者を主体としたストレングスアプローチが提唱された。
4. ミルフォード会議では，それまで分散して活動していたソーシャルワーク関係の諸団体が統合された。
5. 全米ソーシャルワーカー協会の発足時には，ケースワークの基本的な事柄を広範囲に検討した結果として，初めて「ジェネリック」概念が提起された。

ソーシャルワークの統合化

問題 13 頻出度 ★★★ 第29回 問題094

アメリカにおけるソーシャルワークの統合化に関する次の記述のうち，最も適切なものを1つ選びなさい。

1. 統合化の背景には，専門分化されたソーシャルワーク実践が多様化する社会問題に対応できていたことがある。
2. 統合化とは，ケースマネジメントとカウンセリングに共通する新しい知識や方法を明らかにする動きのことである。
3. ミルフォード会議の報告書(1929年)において，「ソーシャルケースワーク」という概念が初めて示され，統合化への先駆けとなった。
4. ジェネラリスト・アプローチは，ソーシャルワークの統合化の一形態である。
5. 精神分析学は，ソーシャルワークの統合化に大きな影響を与えた。

問題 12 解説 ソーシャルワークの形成過程

1 ◯ エルバーフェルト制度は，1852年，ドイツのエバーフェルト市においてハイトが発案した。同市を546区に細分化し，1単位人口を平均300人とした。市民の中から名誉職である救済委員を選出，救済委員は貧困家庭の訪問や相談，調査を通じて，医療や職業の斡旋等により貧民を減少させた。

2 ✕ セツルメント運動は，大学生等が貧困地区に住み込むことで展開され，貧困の原因を社会の欠陥に求めた社会改良主義を理念とした。道徳主義による要保護者の個別活動訪問活動はCOS（慈善組織協会）である。

3 ✕ ケースワーク発展の初期段階において，精神分析を根拠とした診断主義や機能主義が生まれた。ストレングスのアプローチは，1980年代後半にサリービー（サレエベエ），ラップらにより，当事者の弱点や問題点だけに着目するのではなく，「強さ」「能力」に焦点をあてようとした援助方法である。

4 ✕ 1955年，全米ソーシャルワーカー協会が発足し，それまで分散して活動していた既存のソーシャルワーク関係の複数の緒団体が吸収合併，統合され，統一された団体となった。

5 ✕ アメリカのペンシルベニア州で行われたミルフォード会議（1923年）での成果が，1929年に報告書として発表され，初めて「ジェネリック」という概念が提起された。

POINT!

過去に何度も主題されているソーシャルワーク形成過程とその理論。セツルメント運動，COS，ミルフォード会議，ジェネリックといったキーワードは出題されやすい。その意味を覚えておきたい。

問題 13 解説 アメリカにおけるソーシャルワークの統合化

1 ✕ 専門分化されたソーシャルワーク実践が，公民権運動やベトナム反戦運動等の複雑化，深刻化するクライエントの生活問題に適切に対応できていなかったことが挙げられる。

2 ✕ ソーシャルワークの統合化とは，ケースワーク，グループワーク，コミュニティワークの3つの援助方法の共通基盤を統合化する動きのことである。

3 ✕ 1929年のミルフォード会議報告書の中で，初めて「ジェネリック・ソーシャルワーク」という概念が登場した。「ソーシャルケースワーク」ではない。これによりソーシャルワークの統合化への先駆けとなった。

4 ◯ ジェネラリスト・アプローチが一般に知られるようになったのは1970年代になってからである。ジェネリック・ソーシャルワークはソーシャルワークの統合化をより深化させて，ケースワーク，グループワーク，ソーシャルワークを包括した統合的なアプローチとして広まった。

5 ✕ ソーシャルワークは，その発展過程において精神分析学の影響を受けているが，精神分析学がソーシャルワークの統合化に直接大きな影響を及ぼしたわけではない。後に統合化に影響を与えた理論的動向として，ソーシャルワークにシステム理論が導入されたことが挙げられる。

POINT!

本問はソーシャルワークの歴史に関する出題である。アメリカのソーシャルワークの歴史において，ソーシャルワークの統合化の重要性は高く位置づけられている。

正解 問題12……**1** 問題13……**4**

問題 14　頻出度 ★★　第36回 問題097

次の事例の場面において，複数のシステムの相互作用をもたらすシュワルツ（Schwartz, W.）の媒介機能を意図した支援として，最も適切なものを1つ選びなさい。

〔事例〕

自閉傾向のあるCさん（10歳）の母親が，市の子育て支援課の窓口に久しぶりに相談に来た。D相談員（社会福祉士）がCさんについて，この間の様子を聞いたところ，言語的なコミュニケーションは少ないが，最近は絵を描くことが好きになってきたとのことであった。

1. 次回面接では親子で来所することと，Cさんの描いた絵を持ってくるよう依頼した。
2. 親子で共通する話題や目的をつくるために，市主催のアートコンクールに出展する絵を描くよう勧めた。
3. 絵によるコミュニケーションカードを親子で作成し，日常生活で使うよう勧めた。
4. 市内にある大きな文房具店を紹介し，親子で一緒に絵を描く道具を見に行くことを勧めた。
5. 障害児と親が活発に参加している絵画サークルに親子で参加し，児童や親達と交流することを勧めた。

倫理的ジレンマ

問題 15　頻出度 ★★　第36回 問題096

事例を読んで，X小学校に配置されているAスクールソーシャルワーカー（社会福祉士）が，Bさんの意思を尊重することに対する倫理的ジレンマとして，適切なものを2つ選びなさい。

〔事例〕

Aは，2学期に入ったある日，暗い顔をしているBさん（小学5年生）に声をかけた。Bさんは，初めは何も語らなかったが，一部の同級生からいじめを受けていることを少しずつ話し出した。そして，「今話していることが知られたら，ますますいじめられるようになり，学校にいづらくなる。いじめられていることは，自分が我慢すればよいので，他の人には言わないで欲しい」と思いつめたような表情で話した。

1. クライエントの保護に関する責任
2. 別の小学校に配置されているスクールソーシャルワーカーに報告する責任
3. 学校に報告する責任
4. 保護者会に報告する責任
5. いじめている子の保護者に対する責任

問題 14 解説　シュワルツの相互作用における親子相談の事例

1 ✕ 次回の面接でC親子が絵を持参してきても，D相談員との支援関係のみで，媒介機能には該当しない。

2 ✕ 市主催のアートコンクールへの出展はD相談員の支援としての一方法であるが，複数のシステムの相互作用には繋がらない。

3 ✕ 日常生活にて絵カードを親子で活用してもグループワークには該当しない。また，個人と社会の相互システムとしても機能していない。

4 ✕ 文具店という社会資源を紹介し道具を見に行くのはよいが，紹介止まりでは，グループワークにはならず，複数のシステムの相互作用をもたらすことができない。

5 ○ 障害児と親が活発に活動している絵画サークルにC親子が参加することで，他の児童や親と交流ができる。それが更にCさんの生活分野の拡大になる可能性があり，複数のシステムの相互作用をもたらす媒介機能となり得る。

> **POINT!**
>
> 本科目では「シュワルツの相互作用における媒介機能についての事例問題」は過去あまり出題がなかった。グループワークであること，複数のシステムの相互作用があること等が解法のヒントとなる。

問題 15 解説　スクールソーシャルワーカーの倫理的ジレンマの事例

1 ○ 「自分が我慢すればよい」はBさんの自己決定であり尊重すべきことであるが，そのままでは，いじめは継続してBさんは苦しむ状態が続く。AにはクライエントであるBさんの保護への責任が生ずる。

2 ✕ 事例において他校に配属されているスクールソーシャルワーカーに関する記述はない。仮にAが他のスクールソーシャルワーカーに対して，問題解決のため同僚同士でBさんの情報交換を行い，支援の助言を受けることに問題はない。

3 ○ 「他の人に言わないで」「学校にいづらくなる」というBさんの思いに対して，スクールソーシャルワーカーのAは，いじめを解決すべき学校にBさんの件を報告すべき役目がある。その狭間でAにはジレンマが生ずる可能性がある。

4 ✕ AはBさんに聞き取りをしていじめの件が発覚したばかりの段階である。いじめの件が大きな問題になっているわけではない。現時点では保護者会を開く予定もない。

5 ✕ 4と同様，いじめの件が大きな問題にはなっておらず，いじめている子の親は現状を知らない状態である。ジレンマの要因にはならない。

> **POINT!**
>
> 「倫理的ジレンマの事例問題」である。倫理的ジレンマの出題は，解法にあたり，人の感情を言語化する作業があるので，難問の範疇になるだろう。

正解　問題14……5　　問題15……1，3

MEMO

第 11 章

<共通科目>
ソーシャルワークの理論と方法

Check ☑	1回目	月	日	／40問
Check ☑	2回目	月	日	／40問
Check ☑	3回目	月	日	／40問

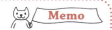

ソーシャルワークの理論・実践モデルとアプローチ

問題 01　頻出度 ★★★　第34回 問題098

システム理論に基づくソーシャルワークの対象の捉え方に関する次の記述のうち，適切なものを2つ選びなさい。

1. 家族の様々な問題を家族成員同士の相互関連性から捉える。
2. 個人の考え方やニーズ，能力を固定的に捉える。
3. 個人や家族，地域等を相互に影響し合う事象として連続的に捉える。
4. 問題解決能力を個人の生得的な力と捉える。
5. 生活問題の原因を個人と環境のどちらかに特定する。

問題 02　頻出度 ★★★　第36回 問題098

ソーシャルワーク実践におけるシステム理論の考え方に関する次の記述のうち，最も適切なものを1つ選びなさい。

1. ピンカス（Pincus, A.）とミナハン（Minahan, A.）の実践モデルにおけるターゲットシステムは，目標達成のために，ソーシャルワーカーと協力していく人々を指す。
2. 開放システムの変容の最終状態は，初期条件によって一義的に決定される。
3. システムには，他の要素から正負のフィードバックを受けることで，自己を変化・維持させようとする仕組みがある。
4. クライエントの生活上の問題に関し，問題を生じさせている原因と結果の因果関係に着目する。
5. 家族の問題に対して，課題を個々の家族員の次元で捉え，個々人に焦点を当てたサービスを提供する。

問題 03　頻出度 ★★★　第35回 問題098

事例を読んで，R市子ども福祉課の社会福祉士が行う，家族システムの視点に基づいた今後の対応として，適切なものを2つ選びなさい。

〔事例〕
Jさん（15歳）は，小学6年生の時に父親を交通事故で亡くした後，母親（37歳）と母方の祖母（58歳）の3人で暮らしている。母親は，朝から夜中まで働いているため，家事全般は祖母が担っている。Jさんは，中学生になった頃から，祖母へ暴言を吐くようになり，最近は家の中で暴れたり，家に帰ってこなかったりするようになった。祖母は途方に暮れ，友人でもある近所の民生委員・児童委員に相談すると，R市子ども福祉課の相談窓口を紹介され，来所につながった。

1. 祖母に思春期の子への対応方法を学習する機会を提供する。
2. 家族の凝集性の高さが問題であるため，母親に祖母との距離を置くよう求める。
3. 家族関係を理解するため，3人の互いへの思いを尋ねていく。
4. 家族システムを開放するため，Jさんの一時的別居を提案していく。
5. 家族の規範を再確認するため，それぞれの役割について話し合う機会を設ける。

問題 01 解説 システム理論の対象

1 ○ システム理論において家族の様々な問題を捉える際，家族成員同士の相互関連性から，家族システム全体の機能不全状態が生じていると考える。

2 × システム理論では，環境の中で相互に作用しながら影響を与え合うシステムとして捉える。

3 ○ システム理論において個人や家族，地域等を捉える際，相互に影響し合う事象として連続的，かつ継続しながら全体を構成していると考える。

4 × システム理論では，問題解決能力を個人の生得的な力と捉えるのではなく，環境の中で自己のシステムを変化させながら得ていくものとしている。

5 × システム理論では，生活問題の原因を考える上で個人と環境とを切り離すのではなく，むしろ人と環境を一体的に捉えようとする。

POINT!
システム理論に基づいたソーシャルワークの対象の捉え方について問われている。システム理論の構造について整理するとともに，相互の関連から対象を捉えているかという視点も着目したい。

問題 02 解説 システム理論の考え方

1 × ピンカスとミナハンの提唱したターゲットシステムは，クライエントに影響を与える人々や組織を指している。

2 × 他のシステムや要素との相互関係を排除して，初期条件によって一義的に決定されるシステムは，閉鎖システムである。

3 ○ システムには，他の要素の干渉を受けながらも自己を変化・維持させていこうとするサイバネティクスという仕組みがある。

4 × システム理論では，問題の原因と結果の因果関係といった一方向でとらえるだけでなく，相互に作用しあうシステムとしてとらえる。

5 × システム理論では，課題を個々の家族員の次元だけでとらえるのではなく，取り巻いている環境を一体的にとらえ，その交互作用に焦点を当てる。

POINT!
ソーシャルワーク理論に取り入れられたシステム理論の考え方の特徴について問われている。基本となる理論の内容とともに，具体的な対象や生じている現象についても着目したい。

問題 03 解説 家族システムの視点・アプローチ

1 × 家族システムの視点では，祖母の子への対応方法よりも父親の死や母の仕事等による家族の相互連関性から生じている問題であると捉え，対応すべきである。

2 × この家族は家族内にまとまりを生じさせるような凝集性が低いことから，むしろ互いの距離を縮めていくよう提案すべきである。

3 ○ 家族システムの視点では，家族間の互いの思いなど相互の関係性を把握し，影響し合う1つのシステムとして捉えることが重要である。

4 × 家族システムへのアプローチでは，家族成員に生じた問題に対して切り離すのではなく，家族全体に働きかけて支援を行っていくべきである。

5 ○ 家族システムの視点では，家族間に生じていた規範がどのように変化してきたのかについて再確認し，その役割を把握することが重要である。

POINT!
市役所の子ども福祉課に勤務する社会福祉士による父親を亡くしたクライエントとその家族への支援のあり方が問われている。家族システム全体に与えた影響や関係性の変化を踏まえた対応にも着目したい。

正解 問題01……**1，3** 問題02……**3** 問題03……**3，5**

11 ソーシャルワークの理論と方法

問題 04　頻出度 ★★　第36回 問題099

ソーシャルワークの実践モデルに関する次の記述のうち，最も適切なものを1つ選びなさい。

1. 生活モデルは，問題を抱えるクライエントの人格に焦点を絞り，問題の原因究明を重視する。
2. 生活モデルは，人と環境の交互作用に焦点を当て，人の生活を全体的視点から捉える。
3. 治療モデルは，人が疎外される背景にある社会の抑圧構造に注目する。
4. 治療モデルは，問題を抱えるクライエントのもつ強さ，資源に焦点を当てる。
5. ストレングスモデルは，クライエントの病理を正確に捉えることを重視する。

問題 05　頻出度 ★★★　第35回 問題099

ソーシャルワークのアプローチに関する次の記述のうち，最も適切なものを1つ選びなさい。

1. 行動変容アプローチでは，クライエントの主体的な意思決定や自己選択が重視され，自分の行動と決定によって生きる意味を見いだすことを促す。
2. 問題解決アプローチでは，クライエントのニーズを機関の機能との関係で明確化し，援助過程の中で，社会的機能を高めるための力の解放を焦点とする。
3. 実存主義アプローチでは，その接触段階で，クライエントの動機づけ・能力・機会についてのソーシャルワーカーからの探求がなされる。
4. ナラティヴアプローチでは，クライエントのドミナントストーリーを変容させることを目指し，オルタナティヴストーリーを作り上げ，人生を再構築するよう促す。
5. 機能的アプローチでは，ターゲット問題を明確化し，クライエントが優先順位をつけ，短期処遇を目指す。

問題 06　頻出度 ★★★　第34回 問題100

ソーシャルワークのアプローチに関する次の記述のうち，最も適切なものを1つ選びなさい。

1. ソロモン(Solomon, B.)のエンパワメントアプローチは，人の自我機能に着目し，自己対処できないほどの問題に直面しバランスを崩した状態を危機と捉える。
2. キャプラン(Caplan, G.)の危機介入アプローチは，クライエントが社会から疎外され，抑圧され，力を奪われていく構造に目を向ける。
3. ホワイト(White, M.)とエプストン(Epston, D.)のナラティヴアプローチは，クライエントの生活史や語り，経験の解釈などに関心を寄せ，希望や意欲など，肯定的側面に着目する。
4. リード(Reid, W.)とエプスタイン(Epstein, L.)の課題中心アプローチは，クライエントが解決を望む問題を吟味し，計画的に取り組む短期支援である。
5. サリービー(Saleebey, D.)のストレングスアプローチは，クライエントの否定的な問題が浸み込んでいるドミナントストーリーに焦点を当て家族療法を行う。

問題 04 解説　ソーシャルワークの実践モデル

1　×　問題を抱えるクライエントの人格に焦点を絞り，問題の原因究明や直接的因果関係等の特定を重視していくのは治療モデルの考え方である。
2　○　生活モデルは，生活課題をクライエント本人だけでなく，環境側の要因や環境からの要請への対処の実態といった複合的な視点でとらえて介入を行う。
3　×　人が阻害される背景にある社会の抑圧構造に注目して，自身が持つ対処能力を高めていくことを目指していくのは，エンパワメント・アプローチの考え方である。
4　×　問題を抱えるクライエントの持つ強さや能力，社会資源などに焦点を当てていくのは，ストレングスモデルでの考え方である。
5　×　クライエントの病理を正確にとらえることを重視し，その中で原因を特定しながらそれらを取り除いていくのは，治療モデルの考え方である。

POINT!
ソーシャルワーク理論における各実践モデルの内容や焦点等に関して問われている。各実践モデルにおける特徴的な内容について整理するとともに，具体的な焦点の当て方についても着目したい。

問題 05 解説　ソーシャルワークアプローチの焦点

1　×　行動変容アプローチでは，利用者が問題と感じている行動や解決したいと思っている行動に働きかけ，望ましい行動に修正されていくことを目指している。
2　×　問題解決アプローチでは，クライエントの動機付けや能力，機会といったワーカビリティを重視して活用されていくことを目指している。
3　×　実存主義アプローチでは，クライエントが他者とのつながりを形成し，疎外されている状態から解放されていくことを目指している。
4　○　ナラティヴアプローチでは，問題とは異なる新たな世界を創出できる（再構築）ようストーリーを作成し，問題から決別していくことを目指している。
5　×　機能的アプローチでは，クライエントが機関や専門職の持つ機能を活用しながら，主体的に問題を解決していけるようになることを目指している。

POINT!
ソーシャルワーク理論における各種アプローチの内容や焦点について問われている。各アプローチにおける特徴的な内容について整理するとともに，具体的な支援目標等の違いにも着目したい。

問題 06 解説　ソーシャルワークのアプローチ

1　×　バランスを崩した危機状態にあるクライエントの自我機能などに焦点をあてるのは，キャプランの危機介入アプローチの特徴である。
2　×　クライエントが社会の中で抑圧され，力を奪われていく構造に目を向けるのは，ソロモンのエンパワメントアプローチの特徴である。
3　×　クライエントの持っている希望や意欲など肯定的な側面に着目するのは，サリービーのストレングスアプローチの特徴である。
4　○　課題中心アプローチでは，クライエントの問題を吟味して実行可能な短期課題として明確化し，援助計画に基づいた短期間の解決を目指す。
5　×　ドミナントストーリーなどクライエントの語るストーリーに焦点をあてるのは，ホワイトとエプストンのナラティヴアプローチの特徴である。

POINT!
ソーシャルワーク理論における各種アプローチの提唱者やその内容について問われている。アプローチの内容を整理するとともに，クライエントに対する具体的な焦点のあて方の違いにも着目したい。

正解　問題04……2　　問題05……4　　問題06……4

問題 07　頻出度 ★★★　第36回 問題100

ソーシャルワークのアプローチに関する次の記述のうち，最も適切なものを1つ選びなさい。

1. 機能的アプローチでは，4つのPを実践の構成要素として，クライエントのコンピテンス，動機づけとワーカビリティを高めることを目指す。
2. 問題解決アプローチでは，女性にとっての差別や抑圧などの社会的現実を顕在化させ，個人のエンパワメントと社会的抑圧の根絶を目指す。
3. ユニタリーアプローチでは，ソーシャルワーカーが所属する機関の機能と専門職の役割機能の活用を重視し，クライエントのもつ意志の力を十分に発揮できるよう促すことを目指す。
4. 実存主義アプローチでは，クライエントが自我に囚われた状態から抜け出すために，他者とのつながりを形成することで，自らの生きる意味を把握し，疎外からの解放を目指す。
5. フェミニストアプローチでは，システム理論に基づいて問題を定義し，ソーシャルワーカーのクライエントに対する教育的役割を重視し，段階的に目的を達成することを目指す。

問題 08　頻出度 ★★　第36回 問題101

事例を読んで，就労継続支援B型事業所のE職員（社会福祉士）が，クライエントに危険が及ぶような行動を減らすために，行動変容アプローチを応用して行う対応として，最も適切なものを1つ選びなさい。

〔事例〕
知的障害があるFさん（20歳）は，作業中に興味があるものが目に入ると勢いよく外に飛び出してしまうことや，作業時間中でも床に寝転がること等の行動が度々あった。寝転がっているところに起き上がるよう声かけを行うと，引っ張り合いになっていた。Fさんのこれらの行動は，職員や仲間からの注目・関心を集めていた。そこで，Eは，Fさんが席に座って作業を継続することを目標行動にして支援を開始した。

1. Fさんが何かに気を取られて席を立つたびに，報酬を与える。
2. 支援を始めて1か月後に，目標行動の変化を評価しベースラインをつける。
3. 不適切行動のモデリングとして，職員が寝転がって見せる。
4. 作業が継続できるたびにベルを鳴らし，ベルの音と作業を条件づける。
5. 寝転がる前の先行条件，寝転がった後の結果といった行動の仕組みを分析する。

問題 09　頻出度 ★★　第35回 問題100

エンパワメントアプローチに関する次の記述のうち，適切なものを2つ選びなさい。

1. クライエントが持つ資源より，それ以外の資源を優先して活用する。
2. クライエントのパーソナリティに焦点を絞り，行動の変化を取り扱う。
3. クライエントのパワーレス状態を生み出す抑圧構造への批判的意識を醸成する。
4. 個人，対人，組織，社会の四つの次元における力の獲得を目指す。
5. クライエントが，自らの置かれた社会状況を認識しないように注意する。

問題07 解説　ソーシャルワークのアプローチ

1　× 4つのPを実践の構成要素として，クライエント自身の問題解決への動機付けや問題解決能力（ワーカビリティ）を高めようとするのは，問題解決アプローチである。
2　× 女性に生じている社会的な差別や抑圧などの状況に焦点化し，抑圧の解消やエンパワメントを図っていくのは，フェミニストアプローチである。
3　× ソーシャルワーカーの所属機関や専門職の持つ機能を十分に活用し，クライエントの成長しようとする意志や能力を重視するのは，機能的アプローチである。
4　○ 実存主義アプローチでは，クライエントの他者とのつながりを強化していくことで，自己の肯定感を高め，疎外感を低減できるよう働きかける。
5　× システム理論に基づいて問題を定義し，戦略やターゲットを設定して段階的に達成していくことを目指していくのは，ユニタリー（一元的）アプローチである。

POINT!
ソーシャルワーク理論における各アプローチの特徴について問われている。各アプローチの内容とともに，具体的な対象やその介入における焦点についても着目したい。

問題08 解説　行動変容アプローチ

1　× 望ましくない行動（席を立つ）に報酬を与えるのではなく，望ましい行動（作業継続）に報酬を与えることによって増加させていくことが望ましい。
2　× 支援を始めて1か月後ではなく，支援前の行動をベースラインとしてつけた上で，支援後の目標行動の変化を評価すべきである。
3　× 他者の行動の観察による学習を行うモデリングでは，不適切な行動（寝転がる）ではなく，適切な行動（作業継続）を学んでいくことが望ましい。
4　× 条件づけでは，ベルの音そのものではなく，望ましい行動（作業継続）を行った上での報酬と結び付けることが望ましい。
5　○ 望ましくない行動（寝転がる）の結果として周囲からの注目・関心が得られてしまう，という不適切な報酬の仕組みなど分析する必要がある。

POINT!
就労継続支援B型事業所の職員（社会福祉士）が行う行動変容アプローチの適用方法について問われている。基本となる理論の内容とともに，具体的な行動への介入方法についても着目したい。

問題09 解説　エンパワメントアプローチ

1　× エンパワメントアプローチでは，クライエント自身が持っている対処能力を高め，抱えている問題に対処していけるよう支援する。
2　× クライエントのパーソナリティだけでなく，パワーレス状態を作り出す社会の構造にも焦点を当て，その変革を目指している。
3　○ このアプローチでは，個人と敵対的な社会環境との相互関係によって，人はパワーレス状態に陥ることが多いと捉えられている。
4　○ 個人的次元，対人関係的次元，ミクロな環境及び組織的な次元，マクロな環境及び社会政治的次元など各次元からの働きかけが求められている。
5　× エンパワメントアプローチでは，クライエント自身が置かれている否定的な抑圧状況を認識し，主体性を回復していけるよう支援する。

POINT!
ソロモンが提唱したエンパワメントの概念を用いたエンパワメントアプローチの特徴について問われている。基本概念とともに，具体的な対象やその介入における焦点等についても着目したい。

正解　問題07……4　　問題08……5　　問題09……3, 4

問題 10　頻出度 ★★　第34回 問題099

次の記述のうち，ジャーメイン（Germain, C.）によるエコロジカルアプローチの特徴として，最も適切なものを1つ選びなさい。

1 空間という場や時間の流れが，人々の価値観やライフスタイルに影響すると捉える。
2 モデルとなる他者の観察やロールプレイを用いる。
3 クライエントのパーソナリティの治療改良とその原因となる社会環境の改善を目的とする。
4 問題の原因を追求するよりもクライエントの解決イメージを重視する。
5 認知のゆがみを改善することで，感情や行動を変化させ，問題解決を図る。

問題 11　頻出度 ★★　第36回 問題115

事例を読んで，Ａスクールソーシャルワーカー（社会福祉士）の解決志向アプローチに基づく問いかけとして，適切なものを2つ選びなさい。

〔事例〕
Ｂさん（高校１年生）は，父親，弟（小学４年生），妹（小学１年生）の４人家族である。父親は長距離トラックの運転手で，Ｂさんは長女として家事と弟妹の世話を引き受けている。ある日，Ａスクールソーシャルワーカーに，「家族のためにやれることをやるのは当然だし，喜んでもらえるのもうれしい。でも毎日勉強とバイトと家事で精一杯。これ以上はもう無理かも…」とつぶやいた。ＡはこれまでのＢさんの頑張りをねぎらいながら，以下の問いかけをした。

1 「もし奇跡が起こって何もかもうまくいくとしたら，どうなると思いますか？」
2 「最悪な状況を０，何もかも解決したのが10なら，今は何点になりますか？」
3 「Ｂさんが『もう無理かも』と思ったのは，どのようなときですか？」
4 「Ｂさんが想像する，最悪の事態はどのようなものでしょうか？」
5 「今，Ｂさんが抱える状況の根本の原因は何だと思いますか？」

問題 10 解説　エコロジカルアプローチ

1 ○ エコロジカルアプローチでは，空間という場や時間の流れといった個人を取り巻く環境が個人の価値観やライフスタイルに影響すると考える。
2 × クライエントが問題と思っている行動を，モデルとなる他者の観察やロールプレイを用いて改善するのは，行動変容アプローチの特徴である。
3 × クライエントの社会環境の改善とその原因となるパーソナリティの変容を実現させていこうとするのは，心理社会的アプローチの特徴である。
4 × 問題の原因に注目するのではなく，解決してどのような状態になりたいかというイメージに着目するのは，解決志向アプローチの特徴である。
5 × 情緒的な問題を抱えたクライエントの認知のゆがみを改善することで問題解決を図ろうとするのは，認知アプローチの特徴である。

POINT!
ジャーメインやギッターマンが提唱したエコロジカルアプローチの特徴について問われている。基盤となる価値観や焦点とする対象とともに，具体的な介入の方法等の違いについても着目したい。

問題 11 解説　解決志向アプローチの質問

1 ○ このように問題が解決した場合の状況を聞きながら未来志向に向けた問いかけをすることは，サポーズ・クエスチョンと呼ばれ活用されている。
2 ○ このように経験や今後の見通しなどについて数値に置き換えて問いかけることは，スケーリング・クエスチョンと呼ばれ活用されている。
3 × 解決志向アプローチでは，無理と思ったときではなく，切り抜けたときや対処できたときに目を向けるコーピング（サバイバル）・クエスチョンが活用されている。
4 × 解決志向アプローチでは，最悪の事態ではなく，問題が解決した後など最良の事態への想像を促す質問をするミラクル・クエスチョンが活用されている。
5 × 解決志向アプローチでは，原因ではなく，問題が起きていない例外状況の想像を促す質問をしていくエクセプション・クエスチョン（例外探し）が活用されている。

POINT!
スクールソーシャルワーカー（社会福祉士）の解決志向アプローチに基づいた問いかけ（質問）について問われている。目的や内容とともに，状況に応じた問いかけ（質問）についても着目したい。

正解　問題10……1　　問題11……1, 2

ソーシャルワークの過程

問題 12　頻出度 ★★★　第34回 問題102

相談援助の過程におけるインテーク面接に関する次の記述のうち，ソーシャルワーカーの対応として，最も適切なものを1つ選びなさい。

1. クライエントの課題と分析を基に援助計画の作成を行う。
2. クライエントが解決したいと望んでいる課題について確認する。
3. クライエントの課題解決に有効な社会資源を活用する。
4. クライエントへの援助が計画どおりに行われているか確認する。
5. クライエントと共に課題解決のプロセスと結果について確認する。

問題 13　頻出度 ★★　第34回 問題101

事例を読んで，Z障害者支援施設のF生活支援員（社会福祉士）が行ったこの段階におけるクライエントへの対応として，最も適切なものを1つ選びなさい。

〔事例〕　Gさん（58歳）は半年前に脳梗塞を起こし左半身に障害がある。現在，社会復帰を目指しZ障害者支援施設に入所している。家族は夫だけだったがその夫は10日前に病死した。葬儀が終わり戻ってきたGさんは意気消沈し精神的に不安定な状態だった。さらに不眠も続き食事もとれなくなっていた。そこでF生活支援員はGさんの部屋を訪問した。するとGさんは，「退所後の夫との生活を楽しみに頑張ってきたのに，これから何を目標に生きていけばいいのか」と涙をこらえながら話してくれた。

1. 不眠は健康に悪いので日中の活動量を増やすように指導する。
2. 悲しみが溢れるときには，気持ちを抑えることはせず，泣いてもいいと伝える。
3. 夫が亡くなった現実を直視し，落胆しすぎずに頑張るように励ます。
4. もう少し我慢し耐えていれば，きっと時間が解決してくれると伝える。
5. 今までのリハビリの努力を認め，退所後に描いていた生活の一端をかなえるためにも，リハビリに集中するように伝える。

問題 14　頻出度 ★★　第34回 問題103

事例を読んで，U病院のH医療ソーシャルワーカー（社会福祉士）のクライエントへの対応として，適切なものを2つ選びなさい。

〔事例〕

Jさん（26歳，女性）の3歳になる娘は，先天性の肺疾患でU病院に入院中であったが，在宅療養に切り替えることになった。退院に際して，医師はJさんに，「ご自宅で長時間のケアをご家族が担うことになりますので福祉サービスの利用が必要になると思います」と伝え，相談室に行くように勧めた。Jさんは，「今のところ福祉サービスの利用は必要ないと思います」と返答したが，数日後，担当看護師に促されて相談室を訪れた。Jさんは，H医療ソーシャルワーカーに，「自分の子なので自分で看たいと思っています。誰にも任せたくないので，福祉サービスを利用するつもりはありません」と，うつむきながら告げた。

1. Jさんには福祉サービスの利用希望がないので，支援の必要がないと判断する。
2. Jさんに医師の指示なので面接する必要があると伝える。
3. Jさんが相談室に来たことをねぎらい，退院後の生活を一緒に考えたいと伝える。
4. Jさんにカウンセラーからカウンセリングを受けるように勧める。
5. Jさんに自分の役割や相談室の機能などについて説明する。

問題 **12** 解説　インテーク面接

1 ✕ クライエントの情報や課題等の分析を踏まえて，問題解決に向けた具体的な援助計画の作成を行うのは，**プランニング**の過程である。

2 ◯ **インテーク**の過程では，クライエントが最も解決したいと望んでいる課題やニーズといった**主訴を確認すること**が大切である。

3 ✕ クライエントに対して有効な社会資源を活用するなどして，具体的な援助計画を実行に移していくのは，**インターベンション**の過程である。

4 ✕ クライエントや関係者等の状況を観察するなどして，援助が計画通りに行われているか確認するのは，**モニタリング**の過程である。

5 ✕ クライエントとともに課題解決に向けて実践されてきた援助のプロセスやその結果について確認するのは，**エバリュエーション**の過程である。

POINT!

ソーシャルワークの過程におけるインテーク時の面接について問われている。インテーク時の対応の留意点について整理するとともに，その具体的な焦点のあて方の違いにも着目したい。

問題 **13** 解説　障害者支援施設での支援

1 ✕ 不眠による健康への影響を考慮することは大切だが，**夫の死を十分受け止め切れていない**段階で日中の活動量を増やすよう指導していくことは，適切な対応とはいえない。

2 ◯ グリーフケアにおいては**悲しみを抑え込まずに肯定する**ことが大切であり，この段階での対応として適切である。

3 ✕ 意気消沈して**精神的に不安定な状態**から脱することができていない段階で，頑張るように励ますことは，適切な対応とはいえない。

4 ✕ 時間の経過も大切な点だが，**悲しみが溢れている**段階で，根本的な悲しみの気持ちに蓋をするよう促すことは，適切な対応とはいえない。

5 ✕ リハビリテーションの努力を認めることは大切だが，その最大の**動機が実現できなくなった**状況で，集中するよう伝えることは適切な対応とはいえない。

POINT!

障害者支援施設に勤務する生活支援員（社会福祉士）による，配偶者を亡くしたクライエントへの支援について問われている。これまでの関係を踏まえた上でのグリーフケアの視点にも着目したい。

問題 **14** 解説　病院退院時の家族支援

1 ✕ Jさんに利用希望がなくても，ソーシャルワーカーとして**支援の必要性の把握**に努めるべきであり，必要がないと判断するのは早計である。

2 ✕ **ソーシャルワーカーとしての視点**で患者への相談面接を行うべきであり，医師の指示で面接する必要があると伝えるのは適切ではない。

3 ◯ ソーシャルワーカーとして患者家族の持つ**不安感を和らげ，相談の目的を理解**してもらえるよう努める必要があるため，適切な対応である。

4 ✕ ソーシャルワーカーとして**福祉サービス利用への抵抗感の解消**に努めるべきであり，この段階でカウンセリングを勧めるのは適切ではない。

5 ◯ ソーシャルワーカーとして，患者家族が抱く**拒否感が和らぐよう，役割や機能を理解**してもらえるよう努める必要がある。

POINT!

病院に勤務するソーシャルワーカー（社会福祉士）による入院患者の退院時における家族への対応について問われている。家族が抱えやすい気持ちに配慮した応答となっているかにも着目したい。

正解　問題12……**2**　　問題13……**2**　　問題14……**3，5**

問題 15 頻出度 ★★ 第34回 問題118

事例を読んで，X病院に勤務するF医療ソーシャルワーカー（社会福祉士）のこの段階における対応として，適切なものを2つ選びなさい。

〔事例〕

Gさん（55歳）は3年前に妻と離婚後，市内で一人暮らしをしていた。Gさんは糖尿病で，X病院に通院してきたが，仕事が忙しく，受診状況は良好ではなかった。ある日，Gさんは街中で倒れ，救急搬送されそのままX病院に入院となった。Gさんの糖尿病はかなり進行しており，主治医から，今後は週三日の透析治療を受ける必要があり，足指を切断する可能性もあることを告げられた。Gさんは，「どうしてこんな目に遭わなければならないのか」とつぶやいた。主治医は，相談室のF医療ソーシャルワーカーに，Gさんの生活相談に乗ってほしいと依頼した。F医療ソーシャルワーカーは，Gさんの思いを受け止めた上で，相談に乗った。

1 相談室の役割を説明し，引き続きの支援の中で活用できる制度やサービスの紹介をしていきたいと伝える。
2 今後の病状の進展によっては，足指の切断も必要ない場合があるので，諦めずに希望を持ってほしいと伝える。
3 今後の暮らしの変化について，収入面や就労継続等の生活課題を整理する。
4 今までの仕事優先の生活を改めるよう指導する。
5 同じような状況にあった人のことを例に挙げ，Gさんも必ず乗り越えられると励ます。

問題 16 頻出度 ★★★ 第36回 問題102

事例を読んで，乳児院のG家庭支援専門相談員（社会福祉士）が活用するアセスメントツールに関する次の記述のうち，最も適切なものを1つ選びなさい。

〔事例〕

一人暮らしのHさんは，慢性疾患による入退院を繰り返しながら出産したが，直後に長期の入院治療が必要となり，息子は乳児院に入所となった。Hさんは2か月前に退院し，職場にも復帰したので，息子と一緒に暮らしたいとGに相談した。ただ，「職場の同僚ともうまくいかず，助けてくれる人もいないので，一人で不安だ」とも話した。そこでGは，引き取りに向けて支援するため，アセスメントツールを活用することにした。

1 同僚との関係を整理するために，ジェノグラムを作成する。
2 息子の発育状況を整理するために，エコマップを作成する。
3 周囲からのサポートを整理するために，エコマップを作成する。
4 自宅周辺の生活環境を整理するために，ソシオグラムを作成する。
5 Hさんの病状を整理するために，ソシオグラムを作成する。

問題 15　解説　医療ソーシャルワーカーによる生活相談

1　○　Gさんは大きな不安を抱える状況であるため，相談室の役割や支援について伝え，まず安心感を持ってもらえるよう接することが大切である。

2　×　深刻な病状を告げられ受け止め切れていない段階において，安易に「諦めずに希望を持ってほしい」と伝えるのは，適切とはいえない。

3　○　生活や仕事等について見通せていない状況であり，今後必要になる収入や就労などについて整理していくことは大切である。

4　×　「どうしてこんな目に遭わなければならないのか」と困惑している状態で，生活を改めるよう指導するのは，適切とはいえない。

5　×　Gさん固有の経緯や思いを個別化すべきであり，同じような状況に遭った人のことを例に挙げて励ますのは，適切とはいえない。

POINT!

病院に勤務する医療ソーシャルワーカー（社会福祉士）による入院患者への相談対応について問われている。治療後に障害の残る患者が抱えやすい生活課題や心理的特性について配慮しているかについても着目したい。

問題 16　解説　アセスメントツール（マッピング技術）

1　×　ジェノグラムは，世代間における現在に至るまでの家族の関係性や問題発生状況などを示していくものであり，同僚との関係を整理することには適さない。

2　×　エコマップは，家族の関係性だけでなく，取り巻く環境との間にある相互関連状況を示していくものであり，息子の発育状況を整理することには適さない。

3　○　エコマップは，周囲の人々や社会資源との関係性など取り巻く環境とのつながりを整理していくものであり，周囲からのサポートを整理していくことに適している。

4　×　ソシオグラムは，集団メンバー間の選択や拒否の関係性などを図式化していくものであり，自宅周辺の生活環境を整理することには適さない。

5　×　ソシオグラムは，集団メンバー間の人間関係や心理的関係の構造を明らかにしようとするものであり，Hさんの病状を整理することには適さない。

POINT!

乳児院の家庭支援専門相談員（社会福祉士）が活用するアセスメントツールの使用方法について問われている。各種ツールとなるマッピング技法の内容とともに，具体的な使用場面についても着目したい。

正解　問題15……1, 3　　問題16……3

問題 17　頻出度 ★★　第35回 問題101

相談援助の過程におけるプランニングに関する次の記述のうち，最も適切なものを1つ選びなさい。

1 アセスメントと相談援助の実施をつなぐ作業である。
2 短期目標は，将来的なビジョンを示すものとして設定する。
3 家族の要望に積極的に応えるような計画を立てる。
4 生活状況などについて情報収集し，サービス受給要件を満たしているかを確認することである。
5 クライエントの課題解決能力を超えた課題に挑戦するよう策定する。

問題 18　頻出度 ★★　第36回 問題103

ソーシャルワークのプランニングにおける，目標の設定とクライエントの意欲に関する次の記述のうち，最も適切なものを1つ選びなさい。

1 ソーシャルワーカーが，独自の判断で高い目標を設定すると，クライエントの意欲は高まる。
2 クライエントが自分でもできそうだと思う目標を段階的に設定すると，クライエントの意欲は低下する。
3 クライエントが具体的に何をすべきかがわかる目標を設定すると，クライエントの意欲が高まる。
4 クライエントにとって興味がある目標を設定すると，クライエントの意欲は低下する。
5 最終的に実現したい生活像とは切り離して目標を設定すると，クライエントの意欲が高まる。

問題 19　頻出度 ★★　第34回 問題104

相談援助の過程における介入（インターベンション）に関する次の記述のうち，適切なものを2つ選びなさい（ただし，緊急的介入は除く）。

1 介入は，ソーシャルワーカーと医療・福祉関係者との契約によって開始される。
2 介入では，ケース会議などを通じて社会資源の活用や開発を図る。
3 介入は，クライエントや関係者とのパートナーシップを重視して進められる。
4 クライエントのパーソナリティの変容を促す方法は，間接的な介入方法である。
5 コーズアドボカシーは，直接的な介入方法である。

問題 17 解説 プランニングの目的・方法

1 ○ プランニングは，アセスメント(事前評価)を踏まえて目標や支援方法を設定し，インターベンション(実施)につなげていく過程である。

2 × プランニングでは，将来的なビジョンを示すものとなる長期目標と，それを達成するための具体的な手段を盛り込んだ短期目標を設定する。

3 × プランニングでは，クライエント自身の要望を踏まえ，自身が解決していくための支援方法や目標等を示し，解決への意欲を持ってもらえるよう促していく。

4 × 生活状況や家族を含めた環境との関係性などについて情報収集し，サービスの受給条件等を確認していくのはアセスメントの過程である。

5 × プランニングでは，クライエントの課題や解決への意思，解決力などを踏まえ，実現可能な現実的目標を設定していくことが重要である。

POINT!
ソーシャルワークの過程におけるプランニングの目的や方法について問われている。プランニングを行う目的や対象について整理するとともに，その具体的な考察の仕方や計画の方法についても着目したい。

問題 18 解説 プランニングの目標設定

1 × ワーカーは，独自の判断で目標を設定するのではなく，クライエントの参加や協働を促してともに設定していくことが望ましい。

2 × 達成可能な(できそうだと思われる)短期目標(標的)の段階的な設定により，長期目標達成への意欲を高めることにもつながる。

3 ○ 目標設定には，目標達成や問題解決のためにクライエントが行うべき具体的な手段や方法が盛り込まれていくことが望ましい。

4 × クライエントにとって興味がある目標を設定することは，クライエント自らの問題解決意欲を高めることにもつながる。

5 × 最終的に実現したい生活像を切り離すのではなく，その生活像を長期目標(ゴール)として設定していくことが望ましい。

POINT!
ソーシャルワークのプランニングにおいての目標設定とクライエントの意欲との関係について問われている。プランニングの意義や方法とともに，作成時のクライエントとの関係性についても着目したい。

問題 19 解説 介入(インターベンション)

1 × 介入は，ソーシャルワーカーによる援助内容の提示がなされ，クライエントの理解や同意を得た上で開始される。

2 ○ ソーシャルワークにおける介入では，会議などを通して社会資源との連携や協働を行いながら支援を進めていくことが求められる。

3 ○ ソーシャルワークにおける介入では，クライエントや関係者などの理解や参加を通してパートナーシップを重視していくことが求められる。

4 × クライエント自身に直接働きかけてパーソナリティの発達や変容を促すといった方法は，直接的に介入する方法である。

5 × コーズアドボカシーとは制度の改革や社会資源の開発などによって代弁していくことであり，間接的に介入する方法である。

POINT!
ソーシャルワークの過程における介入(インターベンション)時の対応について問われている。介入時のクライエント及び関係者等との関係性のあり方についても着目したい。

正解 問題17……1　問題18……3　問題19……2, 3

11

ソーシャルワークの理論と方法

問題 20 頻出度 ★★　　第36回 問題104

次の事例は，在宅療養支援におけるモニタリングの段階に関するものである。この段階におけるJ医療ソーシャルワーカー（社会福祉士）の対応として，適切なものを2つ選びなさい。

〔事例〕

Kさん（60歳）は，呼吸器機能に障害があり病院に入院していたが，退院後には自宅で在宅酸素療法を行うことになった。Kさんとその夫は，在宅療養支援診療所のJと話し合いながら，訪問診療，訪問看護，訪問介護等を導入して自宅療養体制を整えた。療養開始後1か月が経ち，Jはモニタリングを行うことにした。

1　Kさんに「自宅での療養で困っていることはありますか」と聞き，新たな要望やニーズの有無を確認する。
2　Kさんの夫に「病気になる前はどのように暮らしていましたか」と聞き，Kさんの生活歴を確認する。
3　訪問介護員に「医療上，何かすべきことはありますか」と医療的ケアの課題を確認する。
4　主治医に「入院前の病状はいかがでしたか」と過去の治療状況を確認する。
5　訪問看護師に「サービス実施状況はどうですか」と経過や課題を確認する。

問題 21 頻出度 ★★★　　第35回 問題102

相談援助の過程におけるモニタリングに関する次の記述のうち，最も適切なものを1つ選びなさい。

1　文書や電話ではなく，クライエントとの対面で行うものである。
2　モニタリングの内容を記録に残すよりも，情報収集に集中することを重視する。
3　モニタリングの対象には，クライエントやその家族とともに，サービス提供者等の支援者も含まれる。
4　クライエントの主観的変化よりも，生活状況等の客観的変化の把握を重視する。
5　モニタリングは，インテークの途中で実施される。

問題 22 頻出度 ★★　　第34回 問題105

相談援助の過程におけるフォローアップに関する次の記述のうち，最も適切なものを1つ選びなさい。

1　相談援助が終結したクライエントの状況を調査・確認する段階である。
2　問題解決のプロセスを評価し，残された課題を確認する段階である。
3　クライエントの生活上のニーズを明らかにする段階である。
4　アセスメントの結果を踏まえ，援助の具体的な方法を選択する段階である。
5　クライエントとの信頼関係を形成する段階である。

問題 20　解説　モニタリング段階の対応

1 ○ クライエントであるKさんに療養のことで困っているかどうかを確認するのは，在宅療養体制整備後のモニタリングとして適切である。

2 × 現在の生活状況等についてKさんの夫に確認していくことは重要であるが，病気になる前の状況についてこの段階で確認するのは適切ではない。

3 × 自宅での在宅酸素療法を担っていない訪問介護員に医療的ケアの課題を確認していくのは，時期や専門性の観点からも適切ではない。

4 × 現在の病状等について主治医に確認していくことは重要であるが，入院前の治療状況についてこの段階で確認するのは適切ではない。

5 ○ 自宅での在宅酸素療法を担っている訪問看護師に状況を確認していくことは，この段階の在宅療養体制のモニタリングにおいて望ましい。

> **POINT!**
>
> 医療ソーシャルワーカー（社会福祉士）の在宅療養支援におけるモニタリング時の対応について問われている。モニタリングの目的や内容とともに，時期や専門性に応じた対処についても着目したい。

問題 21　解説　モニタリングの対象・方法

1 × モニタリングは，クライエントとの対面や文書，電話など多様な側面からの観察を行えるよう，実施時期や場所，方法等を明確に設定して行う。

2 × モニタリングでは，目標通り支援が進行しているか等について観察・評価した結果を整理して記録し，必要に応じて計画修正等も実施する。

3 ○ モニタリングでは，クライエントや家族だけでなく，サービス提供者等の支援者や関連する社会資源も含めたサービス提供全体の状況を把握する。

4 × モニタリングでは，客観的変化だけでなく，クライエントのニーズの変化などの主観的変化についても確認し，必要に応じて目標設定等の修正を行う。

5 × モニタリングは，インテークの途中ではなく，インターベンション（支援の実施）展開後におけるクライエントの状況の観察や評価を行う。

> **POINT!**
>
> ソーシャルワークの過程におけるモニタリングの対象や方法について問われている。モニタリングを行う際のポイントや対象について整理するとともに，収集した情報の分析方法についても着目したい。

問題 22　解説　フォローアップ（アフターケア）

1 ○ フォローアップ（アフターケア）は，終結後でもクライエントの状況を調査・確認し，場合によっては再開できるよう体制を整えておく段階である。

2 × 支援のプロセス全体を評価し，残された課題や改善点の有無などを確認するのは，エバリュエーションの段階である。

3 × クライエントの生活上のニーズや課題，解決のために必要な情報を収集し，分析するのは，アセスメントの段階である。

4 × アセスメントの結果を踏まえ，問題解決に向けた目標や具体的な援助方法を選択するのは，プランニングの段階である。

5 × クライエントの抱えている問題点やニーズを明らかにしながら信頼関係を形成していくのは，インテークの段階である。

> **POINT!**
>
> ソーシャルワークの過程におけるフォローアップ（アフターケア）の内容について問われている。過程が終了した後のフォローのあり方や具体的な実践内容の違いにも着目したい。

正解　問題20……1，5　　問題21……3　　問題22……1

問題 23 頻出度 ★★ 第36回 問題105

ソーシャルワークの過程におけるアフターケアに関する次の記述のうち，最も適切なものを1つ選びなさい。

1 ソーシャルワーカーや支援チームの状況変化に応じて行う。
2 クライエントとの間に信頼関係を形成することが目的となる。
3 アセスメントの精度を高めることが目的である。
4 問題の新たな発生や再発が起きていないか確認をする。
5 支援計画が十分に実施されたかを評価する。

問題 24 頻出度 ★★ 第35回 問題103

相談援助の過程における終結に関する次の記述のうち，最も適切なものを1つ選びなさい。

1 ソーシャルワーカーが，アセスメントを行い判断する。
2 残された問題や今後起こり得る問題を整理し，解決方法を話し合う。
3 クライエントのアンビバレントな感情のうち，肯定的な感情に焦点を当てる。
4 クライエントは，そのサービスを再利用しないことを意味する。
5 問題解決の過程におけるソーシャルワーカーの努力を振り返る。

問題 25 頻出度 ★★ 第34回 問題106

事例を読んで，Ｖ児童養護施設のＫ児童指導員（社会福祉士）による退所時の対応に関する次の記述のうち，最も適切なものを1つ選びなさい。

〔事例〕
　Ｌさん（18歳）は5歳の時に父親が亡くなり，その後，母親と二人で暮らしていた。母親は生活に追われ，Ｌさんへのネグレクトが継続したことから，児童相談所が介入し，翌年，ＬさんはＶ児童養護施設に入所した。そして，Ｌさんが10歳の時に母親は再婚し，相手の子を出産した後も，Ｌさんを引き取ることなく疎遠になった。Ｌさんは今春，高校を卒業することになり，Ｖ児童養護施設の退所者が多く就職している事業所に就職が決まったため，施設を退所することになった。退所に際して，ＬさんにＫ児童指導員が面接を行った。

1 退所後は人に頼ることなく，自ら問題を解決するように伝える。
2 退所後に相談があるときは，児童相談所に行くように伝える。
3 職場での自律的な人間関係を尊重するため，施設から職場には連絡を取らないと伝える。
4 施設が定期的に行っている交流会への参加を促す。
5 母親のことは，あてにせず関わらないように伝える。

問題 23 解説　アフターケア（フォローアップ）

1 ✗ クライエントやソーシャルワーカー，支援チームの状況変化に応じ，対応の修正等をしていくのは，**モニタリングの段階**である。
2 ✗ クライエントとの間に信頼関係を形成し，ニーズや問題を明らかにしていくのは，**エンゲージメント（インテーク）の段階**である。
3 ✗ アセスメントツールやマッピング技術等を用いてアセスメントの精度を高めていくのは，**アセスメント（事前評価）の段階**である。
4 ○ アフターケアでは，問題の再発や新たな問題の有無を確認し，生じた場合でも対応できる**フォローアップ体制を整えておく**ことが大切である。
5 ✗ 支援計画が十分に実施されたか，問題が解決したのかなどについて評価するのは，**支援の終結（ターミネーション）と事後評価**の段階である。

POINT!
ソーシャルワークのアフターケアにおいての目的やフォローアップの内容について問われている。アフターケアの意義やあり方とともに，フォローアップの方法についても着目したい。

問題 24 解説　ターミネーション時の対応

1 ✗ 支援の終結では，目標達成や問題の解決，ニーズの充足などの状況について，**ソーシャルワーカーとクライエント双方で確認**していく。
2 ○ 終結の判断には，目標の達成や問題の解決だけでなく，残された問題等があっても**自身で対応可能である状況**に至ったことも含まれている。
3 ✗ 終結段階では，**否定的な感情**にも焦点を当て，その対応を含めクライエント自身で問題への対応が可能な状態に至っていることが望ましい。
4 ✗ 支援の終結後も，状況の変化等によって必要な場合には**支援の再開やサービスの再利用**も可能であることを確認しておくことが必要である。
5 ✗ 終結の過程では，ソーシャルワーカーやクライエントも含めたサービス提供体制**全体を振り返り，効果測定等**を行っていくことも大切である。

POINT!
ソーシャルワークの過程におけるターミネーション（終結）時の内容について問われている。支援を終結していく際に考慮すべき点について整理するとともに，具体的な対応方法にも着目したい。

問題 25 解説　児童養護施設の退所時の対応

1 ✗ 退所後の**社会資源との関係性の構築**についても支援を行う必要があり，人に頼らないよう伝えるのは適切な対応とはいえない。
2 ✗ 児童相談所はあくまで**児童に対する相談機関**であり，退所後の生活相談をする機関として行くよう伝えるのは適切な対応とはいえない。
3 ✗ 生活の基盤となる**職場での環境を整える**ことも大切な支援となるため，施設から連絡を取らないと伝えるのは適切な対応とはいえない。
4 ○ 様々な不安を解消し，困難を克服していく力を育む上でも，交流会等での**体験や関係構築**は効果的であると考えられる。
5 ✗ これから**母親との関係を再構築**していく可能性もあり，関わらないよう伝えるのは適切な対応とはいえない。

POINT!
児童養護施設に勤務する児童指導員（社会福祉士）による，施設を退所していく児童への対応について問われている。退所後の生活における特有の課題や社会資源などについての理解がなされているかにも着目したい。

　問題23……4　　問題24……2　　問題25……4

集団を活用した支援(グループワーク)

問題 26 頻出度 ★★★ 第35回 問題111

ソーシャルワークにおけるグループワークに関する次の記述のうち,最も適切なものを1つ選びなさい。

1 グループワークとは,複数の人を対象に行う集団面接のことである。
2 グループの開始期において,ソーシャルワーカーはグループの外から見守る。
3 グループワークでは,「今,ここで」が大切なので,事前準備は控える。
4 グループワークにおけるプログラム活動の実施は,手段ではなく目的である。
5 グループワークは,個々のメンバーの社会的に機能する力を高めるために行う。

問題 27 頻出度 ★★★ 第36回 問題109

グループワークに関する次の記述のうち,最も適切なものを1つ選びなさい。

1 グループの発達過程は,メンバー間の関係の変化に影響を受ける。
2 波長合わせとは,メンバー間の親しい接触を通して,お互いに刺激し,影響し合うことである。
3 グループメンバー間の暗黙の葛藤に対しては,それが表面化しないように働きかける。
4 プログラム活動では,全員が同じ動きを行うことを優先するように求める。
5 終結期には,メンバー間の感情の表出や分かち合いを避ける。

問題 28 頻出度 ★★★ 第34回 問題111

グループワークの展開過程におけるソーシャルワーカーの対応に関する次の記述のうち,最も適切なものを1つ選びなさい。

1 準備期では,情報収集のため,メンバーを一つのグループとして集め,活動を開始する。
2 開始期では,援助の枠組みを明確にする必要がないので,メンバーの行動に対して制限を加えることは避ける。
3 作業期では,メンバーを同化させ,メンバー同士の対立や葛藤が生じないように援助する。
4 作業期では,メンバーがソーシャルワーカーの指示に従って,目標達成に向けて課題に取り組んでいけるよう促す。
5 終結期では,メンバーがグループ体験を振り返り,感情を分かち合えるように援助する。

問題 26 解説 グループワークの目的

1 × グループワークは，複数のメンバー間における相互作用やプログラム活動を通じて行われる集団を活用した相談援助活動のことである。

2 × グループワークにおける開始期では，ワーカーはグループ内で積極的に関わり，メンバーの理解や参加を促していくことが求められる。

3 × グループワークでは，準備期を設けてグループの形成や問題の明確化，波長合わせなどを行うなど入念な事前準備を行っておくことが求められる。

4 × グループワークにおけるプログラムは，グループ全体およびメンバー個々の目標の双方を達成できるようにするための手段として選択される。

5 ○ グループワークは，メンバーの社会的に機能する能力を高めるとともに，個人及びグループ，地域社会の成長と発展を図ろうとするものである。

POINT!

グループワークの実践を行う目的について問われている。実践全体の目的について整理するとともに，各時期の中でワーカーがどのような目的に向けて対応を行うのかについても着目したい。

問題 27 解説 グループワークの過程

1 ○ グループの親和性や凝集性（グループ内にメンバーを引き止めるようなまとまりが生じること）などの発達は，メンバー間の関係に大きな影響を与える。

2 × 波長合わせとは，ワーカーがクライエントの感情や状況をあらかじめ理解し，参加への緊張や不安などを取り除いていくことである。

3 × グループメンバー間の暗黙の葛藤に対しては，表面化させて適切に取り上げながらグループ内で解決できるよう支援する。

4 × プログラム活動では，メンバーやグループの目標に基づいて，全員同じではなくそれぞれの状況にふさわしいプログラムを用いる。

5 × 終結期には，メンバー間の感情表出や分かち合いを行いながら，共に活動の評価，次の方向への移行準備などを行う。

POINT!

グループワークにおいてのプロセスや技法などの内容について問われている。各プロセスにおける目的や内容とともに，その中で主に活用される技法についても着目したい。

問題 28 解説 グループワークの展開過程

1 × 準備期はメンバーとの予備的接触を図り，情報収集をしていく段階であり，1つのグループとして集め活動を開始するのは開始期である。

2 × 開始期では，グループワークを行う上での共通の認識や条件を共有するなど，援助の枠組みを明確にしていく必要がある。

3 × 作業期では，メンバー同士の対立や葛藤が生じたとしても，自分たちで対処するよう媒介していく必要がある。

4 × 作業期では，メンバーがソーシャルワーカーの指示ではなく，自ら目標達成に取り組んでいけるよう側面的に支援する必要がある。

5 ○ 終結期では，メンバーが各々の目標の達成状況を評価するとともに，次の方向性に向けての移行準備を行うことが大切である。

POINT!

グループワークの実践における展開過程での対応について問われている。各時期の意義と実践内容について整理し，その中でワーカーがどのような役割を担うのかの違いについても着目したい。

正解 問題26……5 問題27……1 問題28……5

問題 29　頻出度 ★★　第34回 問題112

グループワークにおけるグループの相互作用に関する次の記述のうち，最も適切なものを1つ選びなさい。

1. グループのメンバー同士の相互作用が促進されるにつれ，グループ規範は消滅していく。
2. サブグループが構成されると，サブグループ内のメンバー同士の相互作用は減少する。
3. グループのメンバー同士の関係性が固定的であるほど，グループの相互援助システムは形成されやすい。
4. 同調圧力によって，メンバー同士の自由な相互作用が促進される。
5. グループの凝集性が高まると，メンバーのグループへの所属意識は強くなる。

問題 30　頻出度 ★★　第36回 問題117

事例を読んで，ひきこもり地域支援センターのF職員（社会福祉士）による，グループワークのこの段階における関わりとして，最も適切なものを1つ選びなさい。

〔事例〕

Fは，ひきこもり地域支援センターが1か月前に開設した，ひきこもり状態にある人たちのための居場所であるカフェで，グループへの支援を行っている。Fは2年前から根気強く訪問していたGさん（38歳，男性）にもこのグループへ参加しないかと声をかけたところ，「どんなメンバーで，どんなことをしているのか」と興味を示し，久しぶりに外出し，カフェに初めて姿を見せた。Gさんは対人関係のつまずきからひきこもり状態となった経緯があり，人見知りがある。

1. 人見知りが激しいことを知っているので，他のメンバーに対応を委ねる。
2. 関係づくりができていることを活かしたいので，Gさんと二人で会話を続ける。
3. 以前から参加している他のメンバーと話せるように橋渡しをする。
4. メンバー同士の関係を活用し，Gさんの長いひきこもり体験をメンバー間で分かち合うよう促す。
5. Gさんの過去の対人関係をメンバー間で振り返り，気持ちの分かち合いを促す。

問題 31　頻出度 ★★★　第35回 問題112

事例を読んで，X基幹相談支援センターのD社会福祉士によるこの段階における対応として，最も適切なものを1つ選びなさい。

〔事例〕

X基幹相談支援センターのD社会福祉士は，買物依存のために家族関係の破綻や生活再建に苦労した人たちから，同じような課題で悩む人たちと経験を分かち合いたいとの相談を受け，自助グループの立ち上げを支援した。1年経ち，中心メンバーから，自助グループ運営の助言を求められた。特にルールを定めず開始したためか，グループでは，他のメンバーへの批判が繰り返され，一部のメンバーは，行政への請願を活動の中心とすることを求めるのだという。

1. 経験を分かち合いたいとするグループと行政へ請願するグループへの編成を提案する。
2. 批判を繰り返すメンバーに退会を勧めるための話合いの場を，中心メンバーと一緒に設ける。
3. メンバー同士でグループの目的やルールについて話し合うことを助言する。
4. グループの司会進行を引き受け，相互援助システムづくりを行う。
5. 家族関係の再構築と生活再建に向け，全メンバーとの個別面接を遂行する。

問題29 解説　グループの相互作用

1 ×　グループのメンバー同士の相互作用が促進されるにつれ，共有する判断の枠組みや思考様式といったグループの規範はより高まる。
2 ×　サブグループが構成されるとメンバー同士の相互作用は高まるため，それがグループ全体によい影響を与えるかどうかを見極めていく必要がある。
3 ×　グループの相互援助システムは，グループのメンバー同士の関係性が柔軟であるほど形成されやすい。
4 ×　暗黙のうちに少数が多数意見に合わせてしまうような同調圧力により，メンバー同士の自由な相互作用は形成されにくくなる。
5 ○　グループ内にメンバーを引き止めるようなまとまりを生じさせる凝集性が高まると，メンバーのグループへの所属意識は高くなる。

POINT!
グループワークにおける相互作用について問われている。グループの特性や効果に関する理論的理解とともに，具体的な活用法についても着目したい。

問題30 解説　ひきこもり地域支援センターでのグループワーク

1 ×　準備段階で把握しているからこそ，ワーカーはその克服への橋渡しをすべきであり，他のメンバーに対応を委ねるのは適切ではない。
2 ×　まだ他のメンバーとの関係作りのできていないこの段階で，ワーカーであるFとGさんだけで会話を続けるのは適切ではない。
3 ○　他のメンバーにも引きこもりの経験があり，克服すべく交流していることから，そうした状況や気持ちを分かち合えるよう橋渡しすべきである。
4 ×　メンバー間の関係性が高まる作業期にその関係性を活用していくことは重要であるが，この準備期・開始期の段階では適していない。
5 ×　メンバー間の関係性が深まる終結期にて振り返って分かち合いを促すことは重要であるが，この準備期・開始期の段階では適していない。

POINT!
ひきこもり地域支援センターの職員（社会福祉士）によるグループワークの事例での対応について問われている。段階に応じたワーカーの役割とともに，メンバー間の関係性についても着目したい。

問題31 解説　自助グループへの対応

1 ×　グループ編成を分裂させる提案を図る前に，グループが目指してきた生活再建等本来の目的を確認し合う場を設けていくことが望まれる。
2 ×　異なる考えを排除していくのではなく，互いの背後にある気持ちを推察してグループ内で解決が図られるよう促していくことが望まれる。
3 ○　ルール作りや運営等についてもメンバー同士が相互に話し合うなど，できる限り専門職から独立した形で行われることが望まれる。
4 ×　できる限りメンバー相互での援助機能が発揮されるよう，進行できるリーダーを生み出せるよう促していくことが望まれる
5 ×　全メンバーが互いに意見を交わせるような環境を作り，本来の生活再建に向けた話し合いが行われるよう促していくことが望まれる。

POINT!
基幹相談支援センターに勤務する社会福祉士による，自助グループの運営を行うメンバーへの対応について問われている。自助グループの意義やメンバー個々の行動を踏まえた対応となっているかにも着目したい。

正解　問題29……5　　問題30……3　　問題31……3

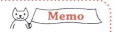

ソーシャルワークにおける関連技術

問題 32 頻出度 ★★★ 第34回 問題109

ケアマネジメントの意義や目的に関する次の記述のうち，適切なものを2つ選びなさい。

1 複数のサービス事業者が支援を行うため，ケアマネジャーのモニタリング業務が省略できる。
2 幅広い生活課題に対応するため，身体面，精神面だけでなく，住環境や家族関係など多面的にアセスメントを行う。
3 住み慣れた地域で長く生活が続けられるようにするため，身近な資源を活用・調整する。
4 家族の望みどおりのケアプランが作成されるため，利用者の満足度が高くなる。
5 標準化されたケアプランを選択すればよいため，利用者の負担軽減になる。

問題 33 頻出度 ★ 第36回 問題107

次の記述のうち，ケアマネジメントの一連の過程における再アセスメントに関するものとして，最も適切なものを1つ選びなさい。

1 サービスを新たに開始するために，クライエントの望む生活に向けた目標を設定し，その実現に向けて支援内容を決定した。
2 クライエントの生活状況の変化によるサービス内容の見直しのために，新たに情報収集し，課題の分析を行った。
3 クライエントの課題が解決したため，ケアマネジメントを終了することを確認した。
4 クライエントになる可能性のある人の自宅やその地域を訪問し，ニーズを把握した。
5 サービスの終結をした者から，新たにサービス利用の申し出があったため，情報の収集を行った。

問題 34 頻出度 ★★★ 第35回 問題113

ソーシャルワークにおけるスーパービジョンに関する次の記述のうち，最も適切なものを1つ選びなさい。

1 スーパービジョンの目的は，クライエントへの支援やサービスの質を向上させるための専門職育成である。
2 スーパービジョンの支持的機能は，スーパーバイジーが適切に業務を行うよう目配りすることである。
3 スーパービジョンの教育的機能は，ストレスに対応するようスーパーバイジーの精神面を支える機能である。
4 スーパービジョンの管理的機能は，スーパーバイジーが実践するために必要な知識や技術を高める機能である。
5 スーパービジョン関係は，クライエントとスーパーバイザーとの契約によって成り立つ。

問題 32 解説 ケアマネジメントの意義・目的

1 × 複数のサービス事業者と十分に連携・調整を行う必要があるため，支援が計画通りなされているかモニタリングする必要がある。

2 ○ 課題を解決するために必要な様々な社会資源を活用していくことから，クライエントを取り巻く環境を多面的にアセスメントする必要がある。

3 ○ クライエントに身近な社会資源について，適切なタイミングや形態で活用できるよう調整を図ることが大切である。

4 × 家族の望み通りのプランではなく，クライエント自身の意向やニーズが反映されるようプランを作成する必要がある。

5 × 標準化されたプランの選択ではなく，クライエントの問題解決に必要なサービスや社会資源によりプランを作成する必要がある。

POINT!

ソーシャルワークにおけるケアマネジメントの意義や目的について問われている。各展開過程の内容を整理するとともに，具体的な展開の仕方の違いについても着目したい。

問題 33 解説 ケアマネジメントの再アセスメント

1 × 新たなサービス開始に向けて目標を設定し，その実現に向けて支援内容を決定していくのは，プランニング（ケア計画の作成）の過程である。

2 ○ 再アセスメントは，モニタリング（実践評価）の過程で，新たな課題やニーズとの不適合が生じている場合などに行う。

3 × 課題が解決し，ケアマネジメントを終了していくことをクライエントとともに確認していくのは，ターミネーション（終結）の過程である。

4 × クライエントになる可能性のある人や地域，ニーズなどを把握していくのは，エントリー（受付）におけるケースの発見の過程である。

5 × クライエントからの新たな申し出があって情報の収集などを行っていくのは，アセスメント（事前評価）の過程である。

POINT!

ケアマネジメントにおいての再アセスメントの内容について問われている。再アセスメントを行う意義や目的とともに，その前後の過程にて何を行うのかについても着目したい。

問題 34 解説 スーパービジョンの目的・機能

1 ○ スーパービジョンでは，スーパーバイザーがスーパーバイジーの専門性を向上させ，よりよい援助を行えるよう支援する。

2 × 支持的機能は，援助者としての自己覚知や意欲の向上，バーンアウトの防止といった精神面のケアを含め支えていく機能である。

3 × 教育的機能は，専門職として相談過程を適切に進めていくために必要な考え方や技術の向上等を図る機能である。

4 × 管理的機能は，業務内容や役割等への理解，環境の整備等を進めながら，適切に業務が行われるよう目配りしていく機能である。

5 × スーパービジョン関係は，スーパーバイザーがクライエントではなくスーパーバイジーに対して支援を行う関係である。

POINT!

スーパービジョンの実践を行う目的や機能について問われている。目的や意義を整理するとともに，その中で行われる機能がどのように発揮されるのかについても着目したい。

正解 問題32……2，3 問題33……2 問題34……1

問題 35　頻出度 ★★★　　第36回 問題110

スーパービジョンに関する次の記述のうち，最も適切なものを1つ選びなさい。

1. スーパーバイジーは，スーパーバイザーより知識も技量も高い。
2. スーパービジョンの契約は，スーパービジョンの展開過程の終結段階で行われる。
3. スーパービジョンにおける管理的機能では，スーパーバイジーの業務遂行の適切さを確認する。
4. パラレルプロセスは，スーパーバイジーが過去の特定の人間関係をスーパーバイザーとの関係の中に投影することである。
5. スーパーバイザーは，クライエントに最良のサービスを直接提供する。

問題 36　頻出度 ★★　　第34回 問題113

事例を読んで，R市役所のM婦人相談員（社会福祉士）による部下のA婦人相談員（社会福祉士）に対するスーパービジョンとして，適切なものを2つ選びなさい。

〔事例〕
　R市役所で働き始めて2年目のA婦人相談員は，ある日，Bさん（19歳，女性）からの相談を受けた。Bさんは親からの金銭的搾取と暴言が耐えられず，1年前に家出をし，繁華街の飲食店で仕事をしてきた。しかし，先月，勤め先が倒産して仕事を失い，生活に困窮しているという。また，同居人からの暴力があり，家に居づらく，気持ちが沈み，以前のように活動的に生活できないという。A婦人相談員は，Bさんからの相談内容が多岐にわたり，援助をどのように進めていくべきか決めるのが難しいと感じていた。そこで，職場のM婦人相談員にスーパービジョンを求めた。

1. A婦人相談員にもっと気楽に仕事をするよう助言する。
2. 連携するべき関係機関を共に確認し，A婦人相談員が連絡するよう促す。
3. Bさんのアセスメントを行い，援助内容を決めて，A婦人相談員に伝える。
4. A婦人相談員の業務遂行が組織の指針に沿ったものかについて，専門家に相談するよう提案する。
5. A婦人相談員による実際の面接場面やアセスメントを，ジェノグラム等の記載や記録を通し，共に振り返る。

230

問題 35 解説　スーパービジョンにおける関係性

1 ×　スーパービジョンは，経験の浅い援助者であるスーパーバイジーに経験豊かな熟練した援助者であるスーパーバイザーが行うものである。
2 ×　スーパーバイザーとスーパーバイジーによるスーパービジョンの契約は，展開過程の初期段階において行われる。
3 ○　スーパービジョンの管理機能では，機関や専門職の理念，業務内容，役割等を十分に把握させ，組織全体の業務管理や環境整備を進める。
4 ×　パラレルプロセスとは，スーパーバイザーとスーパーバイジーの関係性が，クライエントとの関係性にも影響を与えるということである。
5 ×　スーパーバイザーは，クライエントに対して直接接するスーパーバイジーが専門性を向上させてより良い援助を行えるように支援する。

POINT!
スーパービジョンにおいての機能や方法などの内容について問われている。スーパービジョンの基本的な理解とともに，スーパーバイザーとバイジーとの関係性についても着目したい。

問題 36 解説　スーパービジョンの機能

1 ×　相談内容に難しさを抱えるスーパーバイジーに気楽に仕事をするよう伝えるのは，支持的機能を発揮できておらず，適切とはいえない。
2 ○　今後連携するべき関係機関をともに確認するなど，スーパーバイジーへの教育的機能が発揮されており，適切である。
3 ×　スーパーバイザーが自らアセスメントして援助内容を決めるというのは，スーパーバイジーへの教育的機能を発揮できておらず，適切ではない。
4 ×　組織の指針に沿ったものかを専門家に相談するよう提案するのは，スーパーバイザーとして管理機能を発揮できておらず，適切ではない。
5 ○　これまでの面接場面やアセスメントの状況をともに振り返るなど，スーパーバイジーへの支持的機能が発揮されており，適切である。

POINT!
市役所に勤務する婦人相談員（社会福祉士）間でのスーパービジョンについて問われている。スーパービジョンの方法や効果等について整理するとともに，婦人相談場面における特有の実践についても着目したい。

正解　問題35……3　　問題36……2，5

問題 37　頻出度 ★★　第35回 問題114

ソーシャルワークの記録に関する次の記述のうち，最も適切なものを1つ選びなさい。

1. フェイスシートには，全体の振り返りや目標達成の評価を記述する。
2. アセスメントシートには，目標を設定し具体的な解決策を記述する。
3. プロセスシートには，目標に対する援助過程を時系列に記述する。
4. プランニングシートには，クライエントの基本的属性を項目ごとにまとめて記述する。
5. クロージングシートには，クライエントの主訴，解決したいことを記述する。

問題 38　頻出度 ★★★　第34回 問題114

ソーシャルワークの記録に関する次の記述のうち，正しいものを1つ選びなさい。

1. 時間的順序に沿って過程を細かく記述する文体は，要約体である。
2. クライエントとのインテーク面接の動画を撮影して得た情報を記す様式は，モニタリングシート（経過観察用紙）である。
3. ソーシャルワーカーがクライエントに説明した言葉をそのまま記述する文体は，説明体である。
4. ソーシャルワーカーとクライエントとの相互作用を詳細に記述する文体は，過程叙述体である。
5. ソーシャルワーカーの教育訓練のために記すのが，月報や年報などの業務管理記録である。

問題 39　頻出度 ★★　第36回 問題111

記録の方式の一つにSOAP方式がある。その内容に関して，最も適切なものを1つ選びなさい。

1. Sは，客観的情報であり，利用者の行動を観察した内容を記述する。
2. Oは，主観的情報であり，利用者の語った内容を記述する。
3. Aは，支援計画であり，他機関や他専門職からの情報を記述する。
4. Pは，プロセスであり，利用者の言葉や他機関からの情報に関する判断を記述する。
5. SOAP記録は，問題と援助者の思考が明確になる問題志向型記録の一つである。

問題 37 解説　記録の形式

1 ✕ フェイスシートには，クライエントの年齢や性別，職業といった基本的情報や家族構成，ニーズなどをまとめて記述する。

2 ✕ アセスメントシートには，クライエントの主訴や解決したいこととともに，解決に向けて必要な情報を項目ごとに記述する。

3 ◯ プロセスシートでは，目標の達成に向けた具体的な援助内容について，時間の経過に沿って整理してその過程を記載する。

4 ✕ プランニングシートには，クライエントの解決すべき問題や目標を記載し，問題に対する具体的な解決策を記述する。

5 ✕ クロージングシートには，クライエントに行ってきた支援についての全体の振り返りや目標達成評価などを記述する。

POINT!

ソーシャルワークで活用する記録を記載する各種シート等について問われている。各シートの形式を整理するとともに，実際にどのような様式で記述がなされているかの違いについても着目したい。

問題 38 解説　記録の目的・文体

1 ✕ 時間的順序に沿って過程を細かく記述していくのは，叙述体である。要約体とは要点をまとめて主眼点を明確にするものである。

2 ✕ クライエントとのインテークやアセスメント時に収集した様々な情報を記していくのは，アセスメントシートである。

3 ✕ 説明体とは，解釈や考えなどを加えながら記録するものである。

4 ◯ 過程叙述体では，ソーシャルワーカーとクライエントのやりとりを詳細に記述し，相互作用の状況を明らかにする。

5 ✕ 月報や年報などの業務管理記録は，ソーシャルワーカーの教育訓練ではなく，職務や運営の管理のために記すものである。

POINT!

ソーシャルワークに活用する記録の文体について問われている。記録の各文体の特徴について整理するとともに，実際にどのような場面で活用されているかについても着目したい。

問題 39 解説　SOAP方式の記録

1 ✕ S（subjective）では，クライエントの訴えていることや置かれている状況などの主観的情報について記載する。

2 ✕ O（objective）では，援助者側によるクライエントの観察や周囲から収集した情報などの客観的情報について記載する。

3 ✕ A（assessment）では，SとOで得てきた状況や情報等を基に行った分析や考察などの内容について記載する。

4 ✕ P（plan）では，これまでのSOAの内容を踏まえて決定された支援の目標や支援の計画について記載する。

5 ◯ SOAP方式での記録は，多岐にわたる情報の記入や整理に適しており，他の専門職との情報共有にも効果的に用いられる。

POINT!

SOAP方式の記録に関する内容について問われている。SOAP方式の基本的な理解とともに，それぞれの情報や評価の具体的な記載の仕方についても着目したい。

正解　問題37……3　　問題38……4　　問題39……5

問題 40　頻出度 ★★★　第35回 問題115

事例は、Y地域包括支援センターのE社会福祉士によるFさん（74歳、男性）への支援記録の一部である。次のうち、用いられている文体として、最も適切なものを1つ選びなさい。

〔事例〕
　最近、Fさんからの電話連絡が頻回に続き、電話越しに混乱し、慌てている状況があるため、Fさん宅を訪問。財布をなくしたと探しているので一緒に探したが見付からない。また、部屋が片付けられないのでイライラしている様子。片付けの手伝いをボランティアに頼むことができることを伝えると了承した。
　後日片付けの日程の件で訪問。Fさんは片付けのことは忘れており、混乱し、怒り出してしまった。Fさんの言動や生活状況から認知症の進行も考えられるため、関係機関の見守りと早急なケース会議の開催を提案。

1　要約体
2　逐語体
3　過程叙述体
4　圧縮叙述体
5　説明体

問題 40　解説　支援記録の文体

1　×　要約体とは、ワーカーの思考を通して再整理し、要点をまとめて主眼点を明確にするものであり、この段階の記述には適していない。
2　×　逐語体とは、ワーカーとクライエントの会話のみを言葉通りにそのまま記述するものであり、この段階の記述には適していない。
3　×　過程叙述体とは、ワーカーとクライエントとのやりとりや相互作用を、時間の経過に沿って詳細に記述するものであり、この記述には適していない。
4　○　圧縮叙述体とは、叙述体の文体を用いながらも要点を絞り、全体を短縮して記述するものであり、この段階の記述として適している。
5　×　説明体とは、事実の記述とともにワーカーの解釈や考え方などを加えながら記録するものであり、この段階の記述には適していない。

POINT!
地域包括支援センターに勤務する社会福祉士による、支援記録における文体について問われている。各文体に関する知識を整理するとともに、実際の記録がどのような場面に適しているかについても着目したい。

正解　問題40……4

第 **12** 章

<共通科目>
社会福祉調査の基礎

Check ✓	1回目	月	日	／22問
Check ✓	2回目	月	日	／22問
Check ✓	3回目	月	日	／22問

社会福祉調査の意義と目的

問題 01　頻出度 ★★　第32回 問題084

社会調査に関する次の記述のうち，最も適切なものを1つ選びなさい。

1. 貧困の実態調査などの社会調査を基に，社会改良が行われることもある。
2. 社会調査は，研究者が個人ではなくて共同で行わなければならない。
3. 報道機関が行っている世論調査は，社会調査には含まれない。
4. 社会調査は，社会福祉援助技術として有効な方法ではない。
5. 社会調査は，数量的データとして結果を提示できなければならない。

問題 02　頻出度 ★　第32回 問題085

2007（平成19）年の統計法改正に関する次の記述のうち，正しいものを1つ選びなさい。

1. 調査票情報の利用制度が変わり，目的を問わず誰でも二次利用できるようになった。
2. 改正の目的は，公的統計の位置づけを「行政のための統計」から「社会の情報基盤としての統計」へと転換させることである。
3. 基幹統計は，それ以前の指定統計と異なって，回答の義務を規定している。
4. 統計委員会は，各都道府県に設置されるようになった。
5. 調査対象者の秘密保護の扱いは，改正前と変わっていない。

問題 03　頻出度 ★　第33回 問題084

政府が行う社会調査の対象に関する次の記述のうち，正しいものを1つ選びなさい。

1. 国勢調査は，日本に常住する外国人を対象としない。
2. 労働力調査は，調査時に求職中の人も対象とする。
3. 社会保障生計調査は，被保護世帯を対象としない。
4. 国民生活基礎調査は，20歳未満の国民を対象としない。
5. 家計調査は，学生の単身世帯も対象とする。

問題 01 解説 社会調査の定義

1 ○ 社会調査では，調査結果をもとに社会に必要な政策提言などを行うことがある。貧困に焦点化した代表的な社会調査として，19世紀末に行われたラウントリー（Rowntree, B. S.）によるイギリスの都市労働者研究がある。

2 × 社会調査とは，「この社会がどのようなものであるかを明らかにする」という問題意識に基づいて行われる調査のことを指す。したがって，調査主体が個人であるか共同であるかは問わない。

3 × 報道機関が行っている調査であっても，上述した問題意識に基づいて行われていれば，社会調査に含まれる。

4 × 社会調査は，社会福祉援助技術における間接援助技術の1つとして位置づけられている。

5 × 社会調査には，数量的データとして結果を提示できない観察や聞き取り調査なども含まれる。

POINT!

社会調査の定義の出題頻度は比較的高い。しかし出題内容は毎回それほど違わず難易度は低いため，こうした問題で確実に点を取れるようにしておきたい。

問題 02 解説 統計法

1 × 改正によって，国の統計調査データは，研究や教育など公益に資する限りにおいて二次利用が可能となった。

2 ○ 統計法改正により，公的統計は，行政利用だけではなく，社会全体で利用される情報基盤として位置づけられることとなった。

3 × 指定統計の場合も，旧統計法5条において回答義務が規定されていた。

4 × 統計委員会は，統計法44条において総務省に設置されることが定められている。

5 × 新統計法では，情報管理義務や守秘義務等の規定を整備し，守秘義務を負う対象や秘密漏洩等に対する罰則の適用範囲を拡大するなど，秘密保護の扱いが徹底化された。

POINT!

統計法に関する問題は，改正以来，3年に一度くらいの頻度で出題されている。本問は旧統計法との比較が焦点化されたために，難易度は高いと思われる。旧統計法との関連において新統計法の特徴を整理し直してみるとよいだろう。

問題 03 解説 社会調査の対象

1 × 国勢調査は，調査時点で日本国内に3か月以上住んでいる（または，3か月以上住む予定の）すべての人及び世帯を対象に行われる調査であり，その対象には外国人も含まれる。

2 ○ 労働力調査では，就業している人のみならず，現在求職中の人や，学生や主婦（主夫）など不就業状態にある人もまた調査対象となる。

3 × 社会保障生計調査とは，生活保護を受給している世帯（＝被保護世帯）を対象とした調査である。世帯の平均収入や支出の内訳などを把握し，被保護世帯の生活実態を明らかにすることを目的としている。

4 × 国民生活基礎調査は，全国の世帯及び世帯員を対象として行われる。そのため，調査対象となった世帯に20歳未満の者がいれば，その者も調査対象となる。

5 × 家計調査の対象は全国の世帯であるが，「世帯としての収入と支出を正確に計ることが難しい」などの理由から一部の世帯が除外されている。除外対象の世帯には，学生の単身世帯や，外国人世帯等が含まれる。

POINT!

国勢調査以外の官公庁調査が出題される頻度は高くないが，これを機に今一度復習しておきたい。

正解 問題01……1　　問題02……2　　問題03……2

社会福祉調査における倫理と個人情報保護

問題 04　頻出度 ★★★　第36回 問題085

社会調査における倫理に関する次の記述のうち，最も適切なものを1つ選びなさい。

1. 社会調査の対象者の抽出では，住民基本台帳から制約なく個人情報を閲覧できる。
2. 調査の協力は自由意志であるので，対象者への調査に関する説明は不要である。
3. 社会調査では，対象者に調査協力の謝礼を渡すことが不可欠である。
4. 調査前に対象者の協力同意書があっても，調査の途中又は調査後の対象者からのデータ削除要請に応じることが求められる。
5. 仮説に反した調査結果が出た場合，調査結果の公表を差し控える必要がある。

問題 05　頻出度 ★★★　第34回 問題084

社会調査の倫理や個人情報保護に関する次の記述のうち，最も適切なものを1つ選びなさい。

1. 施設職員を調査対象者にして，福祉サービスの一般的な苦情対応に関する調査を実施する際に，施設職員は調査に協力する義務があると依頼状に明記した。
2. 調査者が，研究目的で住民基本台帳から作成した調査対象者の住所リストを，調査終了後に自分の主催する介護予防啓発イベントの案内状の郵送に利用した。
3. 質問紙調査の回答の仕方で分からない箇所があるので教えて欲しいという調査対象者からの問合せに，調査対象者全体への公平性に欠けるため説明を控えた。
4. 面接調査の音声データから記録を作成する際，調査対象者の名前や面接の中で出てきた人名を，アルファベット順に記号化した。
5. 面接調査終了後，調査対象者1名から協力辞退の申出があったため，その調査対象者のデータについて年齢と所属を書き換えてから分析に利用した。

重要ポイント

調査倫理に関する頻出項目

概要	ポイント
選挙人名簿や住民基本台帳の閲覧制限	選挙人名簿や住民基本台帳は，調査目的や調査の社会的な意義を鑑み，公益性が高いと認められた場合にのみ閲覧できる
調査者の説明責任	調査を行う時には，「調査の目的や方法」「調査協力が任意であること」「収集したデータの利用方法」などを説明し，同意を得る必要がある
調査対象の匿名化	データを公表する際には，調査対象者が特定されることがないよう配慮しなければならない
共同研究者との情報共有	調査票の回答内容や対象者に関する情報は，たとえ共同研究者間であっても，個人を特定できないように配慮する必要がある
収集したデータの保管	・収集した個人情報は第三者の目に触れないように厳重に管理しなければいけない ・万が一にも第三者の目に触れた場合を考慮し，可能な限り，どのデータが誰のものか一致させられない状態で管理するのが望ましい ・調査データは，調査対象者に告げた保管期限を過ぎたら直ちに処分しなければならない

問題 04 解説 調査倫理

1 × 住民基本台帳を閲覧するためには，調査の目的や社会的な意義について十分な説明を行い，公益性が高いと（各自治体によって）認められる必要がある。

2 × 調査を行う際には，調査対象者に対し，調査の目的，方法，内容などを事前に説明し，同意を得た上で行わなくてはならない。

3 × 調査対象者への謝礼はしてもしなくてもよい。謝礼があると回収率が上がるというメリットがある反面，協力を断りにくくなったり，調査に迎合的な回答をしやすくなったりするというデメリットもある。そのため，各調査の目的と照らし合わせて判断するのがよい。

4 ○ 調査協力者には，調査データの「閲覧・修正・削除をいつでも要求できる権利」がある。協力同意書があったとしても，対象者からのデータ削除要請があった場合には，その要請に応じる必要がある。

5 × 社会調査とは多くの人々の協力を得て行われるものであり，調査者には協力してくれた人々に調査結果を還元する義務が生じる。したがって，仮説と異なるデータもまた公表されなければならない。

> **POINT!**
>
> 調査倫理は2年に一度くらいの頻度で出題されている。今回の問題は，すべて過去に類似問題が出題されているため，過去問をしっかりと復習していれば難なく解ける。

問題 05 解説 調査倫理

1 × 社会調査への協力は，調査対象者の自由意志に基づくものでなくてはならず，協力を強制してはならない。

2 × 研究目的で入手した個人情報は研究以外の目的に使用してはならない。そのため，調査対象者の住所等をイベント等の案内に使用することは禁止されている。

3 × 調査においては，調査対象者には調査に関して疑問があった場合にはそれについて尋ねる権利があり，調査者には調査対象者の疑問等に答える義務が課されている。そのため，調査者は調査対象者からの問い合わせ等には真摯に対応しなくてはならない。

4 ○ 調査結果を公表する際には，原則として，調査対象者が特定されないよう匿名化する必要がある。調査対象者の名前等をアルファベット順に記号化する方法はそうした匿名化の一種である。

5 × 調査対象者から協力辞退の申出があった場合には，その調査対象者のデータは削除し，その一切を分析に使用してはならない。調査対象者の年齢や所属を書き換えて分析に使用することはデータの捏造にあたるため，絶対に行ってはならない。

> **POINT!**
>
> 調査倫理に関する問題。難易度はそれほど高くないため確実に点を取れるようにしておきたい。調査倫理は年々重要度が増しているため，今後も頻出する可能性が高い。

正解 問題04……**4** 問題05……**4**

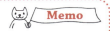

量的調査の方法

問題 06 頻出度 ★★ 第32回 問題086

調査対象者の抽出に関する次の記述のうち，正しいものを1つ選びなさい。

1 標本抽出方法の確率抽出と非確率抽出では，非確率抽出の方が母集団に対する代表性が高い方法である。
2 適切に抽出された標本調査であれば，標本誤差は生じない。
3 調査対象者の多段抽出は，単純無作為抽出に比べて母集団の特性を推定する精度が高い。
4 系統抽出法は，抽出台帳に一定の規則性がある場合には，抽出した標本に偏りを生じることはない。
5 スノーボール・サンプリングは，非確率抽出法の一つである。

問題 07 頻出度 ★★ 第34回 問題085

横断調査と縦断調査に関する次の記述のうち，最も適切なものを1つ選びなさい。

1 同一の調査票を使って，昨年はN県，今年はP県で量的調査を実施することは，パネル調査に当たる。
2 横断調査と縦断調査の違いは，調査地域の広さや調査対象者数などといった調査の規模が異なることによる。
3 パネル調査では，調査を重ねるごとに調査対象者が増加する傾向がある。
4 出生時期を同じくする集団を調査対象にして，複数の時期に調査を行うことは，縦断調査に含まれる。
5 縦断調査のデータ分析は，横断調査に比べて，二つの変数間で原因と結果という因果関係を推論することには適していない。

重要ポイント

横断調査と縦断調査

- 横断調査…………特定の一時点における調査
- 縦断調査…………同一の母集団に対し，間隔を空けて複数回行われる調査
  （時系列調査）
    - 継続調査…………調査のたびに標本抽出を行う。同一母集団に所属しつつも，
      （トレンド調査）　毎回異なる対象者に調査を行う
    - パネル調査………標本抽出は最初の調査時の一度きり。一度の標本抽出で抽出された対象者に対し，複数回調査を行う

問題 06 解説　標本抽出方法

1 ✕　母集団の代表性が高いのは**確率抽出**である。非確率抽出は，**有意抽出**とも呼ばれるように，標本の抽出過程において人々の意志が介在するため，**偏り**のある標本となりやすい。

2 ✕　標本調査において，標本を抽出する際に生じる母集団との誤差を**標本誤差**という。どれほど適切に抽出された標本を用いようと，標本調査である限り標本誤差は多かれ少なかれ必ず生じる。

3 ✕　**多段抽出**は，無作為抽出を何段階かに分けて行う方法である。一度の無作為抽出ですべての標本を抽出する単純無作為抽出に比べ，コストが**少なくて済む**代わりに精度も**下がる**という特徴を持つ。

4 ✕　**系統抽出法**とは，最初の標本のみを**無作為に**決定し，残りの標本はそこから**等間隔に**選んでいく方法であるが，抽出台帳に何らかの規則性がある場合，例えば1ページに1世帯という記載方法がとられている場合，ページ数をもとに系統抽出を行うと，単身世帯の多い地域では単身者が多く抽出されてしまうといったように，標本に偏りが生じる危険性がある。

5 ◯　**スノーボール・サンプリング**とは，少数の調査対象者にその友人や知人を紹介してもらい，雪だるま式に調査対象者を増やしていく標本抽出であり，有意抽出の一種である。

> **POINT!**
>
> 標本抽出に関する問題も，最近は出題頻度が高くなっている。本問では，多段抽出法や系統抽出法といった，過去にほとんど出題されていない抽出法も取り上げられている。

問題 07 解説　横断調査／縦断調査

1 ✕　**パネル調査**とは，同一の調査を**同一の調査対象者**に対し時間を空けて繰り返し行う調査法である。昨年はN県，今年はP県という形で調査を行う場合，調査対象者は明らかに異なるためパネル調査とはいえない。

2 ✕　横断調査と縦断調査の違いは調査の**継続性**にある。横断調査が**一時点**での調査であるのに対し，縦断調査は**複数時点**での調査であり，同一母集団に対し時間を空けて繰り返し調査を行う。

3 ✕　パネル調査では，調査対象者の転居等により調査が継続できなくなる等のケースがあるため，調査を重ねるごとに調査対象者は**減少**していく。こうした現象を「**パネルの摩耗**」と呼ぶ。

4 ◯　出生時期を同じくする集団，つまりは**同一母集団**に対し，複数の時期，つまりは時間を空けて繰り返し調査を行う調査は，縦断調査であるといえる。

5 ✕　横断調査であっても縦断調査であっても因果関係を推論するためには綿密な**調査設計**が必要となり非常に難しいが，縦断調査はその性質上，横断調査と比べて相対的に因果関係を推論しやすいといえる。

> **POINT!**
>
> 横断調査と縦断調査に関する問題は比較的出題頻度が高い。過去にも同系統の問題が多く出題されているため，過去問をしっかりと復習していれば問題なく正答できる。

正解　問題06……5　　問題07……4

問題 08　頻出度 ★★★　第35回 問題088

質問紙を作成する際の留意点に関する次の記述のうち，最も適切なものを1つ選びなさい。

1. 回答者の理解を促進するため，ワーディングはできるだけ多くの専門用語を用いることが望ましい。
2. 回答者の回答を容易にするため，一つの質問に複数の論点を含む質問文を作成することが望ましい。
3. 配布した質問紙の回収後の集計作業を効率的に行うため，自由回答法を多く用いることが望ましい。
4. 選択肢法を用いる場合は，想定される回答を網羅するため，選択肢の内容が相互に重複していることが望ましい。
5. 作成した質問紙の構成や内容が適切かを検討するため，プリテストを実施することが望ましい。

問題 09　頻出度 ★★★　第31回 問題085

質問紙を用いた調査に関する次の記述のうち，正しいものを1つ選びなさい。

1. 調査対象者から口頭で聞き取った内容を，調査員が記入する方法を自記式という。
2. プライバシーに関する質問は，自記式の方が他記式よりも望ましい。
3. 自記式の方が他記式よりも，誤記入が起こりにくい。
4. 他記式の方が自記式よりも，調査対象者以外の人が本人の代わりに回答する可能性が高い。
5. 調査対象者が調査員に口頭で答えた後に，調査対象者が調査票に記入する方法を他記式という。

問題 10　頻出度 ★★★　第33回 問題089

調査票の配布と回収に関する次の記述のうち，最も適切なものを1つ選びなさい。

1. 集合調査は，多くの人が集まる場所で調査票を配布後，個々の調査対象者に対して回答を尋ねて，調査員が調査票に記入して回収する方法である。
2. 郵送調査は，調査対象者に調査票を郵便によって配布後，調査員が訪問して，記名のある回答済の調査票を回収する方法である。
3. 留置調査は，調査対象者を調査員が訪問して調査票を置いていき，調査対象者が記入した後で調査員が回収する方法である。
4. 訪問面接調査は，調査員が調査対象者を訪問して調査票を渡し，調査対象者に記入してもらい回収する方法である。
5. モニター調査は，インターネット上で不特定多数の人々に調査票を配信して回収する方法である。

問題 08 解説 質問紙作成

1 × 回答者の中には専門用語を知らない人も多くいると考えられるため，質問紙作成時には専門用語は避け，なるべくすべての人が理解できる言葉に言い換える必要がある。

2 × 1つの質問文で複数の事項を問う形式はダブル・バーレルと呼ばれる。回答を迷う調査対象者が出てくるため，質問文作成時には極力避けるべきである。

3 × 選択肢法に比べ，自由回答法は回答者にとっては心理的・時間的な負担が大きく，調査者にとっては分析が難しく集計にも時間がかかる。そのため，どうしても必要な箇所以外は選択肢法にするのがよい。

4 × 選択肢の内容が重複していると，回答者が回答の際にどちらに○をつければよいか迷ってしまう。そのため，選択肢は網羅的であると同時に，相互に排他的である（＝重複しない）ことが望ましい。

5 ○ プリテストとは，実際に調査を行う前に，質問紙の構成や内容が適切かを検討するために行う確認テストである。プリテストにおいて回答者から得られた意見などをもとに調査票に修正を施し，実査に臨むことになる。

POINT!

質問紙作成に関する問題は2年に一度くらいの頻度で出題されている。選択肢1〜3は過去に同系統の問題が出題されている。選択肢4〜5は過去に同系統の問題はないが，質問紙作成の基本であるため，難易度は低い。

問題 09 解説 自記式調査と他記式調査

1 × 他記式の説明である。自記式とは，調査対象者自身が調査票に回答を記入する方法のことを指す。

2 ○ 他記式の場合，調査対象者は調査員に対して回答を告げる必要があるため，プライバシーに関する事柄や社会的に望ましくない事柄は答えにくく，嘘をついたり無回答としたりする可能性が高くなる。

3 × 自記式の方が他記式よりも，誤記入は起こりやすい。他記式の場合は，調査員が回答箇所や回答内容を確認するため，ある程度誤記入を防ぐことができる。

4 × 調査対象者以外の人が本人の代わりに回答することを「身代わり回答」というが，他記式の場合には調査員が本人かどうかの確認を行うことができるため，身代わり回答は起きにくい。

5 × 他記式とは，調査対象者が調査員に口頭で答えた後に，調査員が調査票に記入する方法である。

POINT!

自記式調査と他記式調査，それぞれの特徴を問う問題。調査票調査の基本事項であるため，迷わず回答できるようにしたい。

問題 10 解説 調査票の配付・回収方法

1 × 集合調査は，調査員が調査票に回答を記入する他記式の調査方法ではなく，調査対象者自身に回答を記入してもらう自記式の調査方法である。

2 × 郵送調査は，調査票の配付・回収ともに郵送で行う方法である。

3 ○ 留置調査は，調査員が調査対象者の元に調査票を留め置き，一定期間後に回収に行くため，留置調査と呼ばれる。

4 × 訪問面接調査は，調査対象者自身が回答を記入する自記式の調査方法ではなく，調査員が対象者の回答を調査票に記入していく他記式の調査方法である。

5 × モニター調査は，不特定多数の人々に調査票を配信するのではなく，特定の調査会社にモニターとして登録をしている人々に調査票を配信する方法である。

POINT!

調査票の配付・回収に関する基本問題。過去に出題のない「モニター調査」も，モニターという言葉の意味さえ知っていれば解答に迷うことはなく，難易度は低い。

正解 問題08……5　　問題09……2　　問題10……3

 問題 **11**　頻出度 ★★　第34回 問題087

調査票の回収後の手続に関する次の記述のうち，最も適切なものを1つ選びなさい。

1　1問も回答されていない状態の調査票であっても，有効回答に含める。
2　調査票の数が非常に多い場合，個別の調査票ごとの誤記入や回答漏れの確認は必ずしも必要ではない。
3　自由回答のデータ化では，事前に用意したコード表に該当するものがない場合，新たにコードを追加することはできない。
4　調査票の中に，それまでの回答から判断して回答が矛盾していると明確に確認できる箇所があっても，調査者は修正を加えることはできない。
5　データ分析をする前に，データに入力の誤り等が含まれていないかを確認するため，予備的に集計しチェックする必要がある。

 問題 **12**　頻出度 ★★★　第28回 問題085

4種類の尺度水準，すなわち名義尺度，順序尺度，間隔尺度，比例尺度に関する次の記述のうち，正しいものを1つ選びなさい。

1　大小関係を示すことができるのは，名義尺度と比例尺度の2つだけである。
2　意味のある算術平均を算出できるのは，間隔尺度と比例尺度の2つだけである。
3　中央値を算出できるのは，順序尺度と間隔尺度の2つだけである。
4　最頻値を算出できるのは，順序尺度，間隔尺度，比例尺度の3つだけである。
5　カテゴリーごとの分類ができるのは，順序尺度，間隔尺度，比例尺度の3つだけである。

問題 11 解説　調査票回収後の作業

1 ✕　1問も回答されていない状態の調査票は分析に使用できないため，有効回答には含めず，**無効票**とする。
2 ✕　個別の調査票ごとの誤記入や回答漏れの確認は，**調査票の数にかかわらず**必ず行う。特に調査票の数が多い場合ほど，分析後に確認・修正を行うのは手間がかかるため，事前の確認が必要である。
3 ✕　自由回答では，事前にコードを用意するのが難しいため，調査票回収後に回答傾向をみながら新たにコードを追加する（この過程を**アフターコーディング**と呼ぶ）のが一般的である。
4 ✕　調査票の中に回答が矛盾しているものがあると分析結果に影響が出るため，通常は**データ修正**を行う。ただし，修正をする際には，調査対象者の意図しない回答となってしまったり，データの**捏造**とならないよう，細心の注意が必要である。
5 ◯　本格的な分析を始める前には，すべての調査項目についての**度数分布表**などを作成し，データ入力の誤り等が含まれていないかを確認する必要がある。

POINT!
第31回以降，調査票回収後の作業に関する問題の出題頻度が高くなっている。実際に調査を行う場合には必須の知識であるため，これを機にきちんと復習しておきたい。

問題 12 解説　尺度水準

1 ✕　大小関係を示すことができるのは，**順序尺度**，**間隔尺度**，**比例尺度**の3つである。名義尺度では，数字はあくまで便宜的につけられたものであり「数」としての意味をもたないため，大小関係にはない。
2 ◯　意味のある算術平均を算出するためには，**目盛の間隔が等間隔**になっている必要がある。
3 ✕　中央値を算出できるのは，順序尺度と間隔尺度，そして**比例尺度**の3つである。比例尺度は，平均値・中央値・最頻値といったデータの特徴を表す**代表値**のすべてが算出できる。
4 ✕　最頻値を算出できるのは，**名義尺度**，順序尺度，間隔尺度，比例尺度の4つである。名義尺度は平均値や中央値を算出することはできないが，最頻値を算出することはできる。
5 ✕　記述の「カテゴリーごとの分類」とは，回答をいくつかのカテゴリーにまとめることを指していると思われる。そうであるとすれば，**いずれの尺度でも可能**である。例えば，名義尺度や順序尺度であれば，子どもの学齢は「小学生」と「中学生」を「小中学生」としてまとめることができるし，間隔尺度や比例尺度であれば，回答者の年齢を「20～29歳」などにまとめることができる。

POINT!
各尺度水準の特徴を問う問題。代表値（平均値，中央値，最頻値）の算出も含めたデータ処理の方法に焦点を合わせているため，難易度はやや高い。

　問題11……5　　問題12……2

問題 13　頻出度 ★★　　第34回 問題088

事例を読んで，集計結果に関する次の記述のうち，正しいものを1つ選びなさい。

〔事例〕
　Xデイサービスでは，本日9名の参加者が来所して交流を行い，心身機能の維持のための活動を行った。参加者は，男性が65歳，68歳，72歳の3名であり，女性が65歳，65歳，66歳，67歳，70歳，77歳の6名である。

1　参加者全体の年齢の中央値は65である。
2　男性参加者の年齢の分散は，女性参加者の年齢の分散より大きい。
3　男性参加者と女性参加者の年齢の最小値は異なる。
4　女性参加者の年齢の最頻値は77である。
5　参加者全体の年齢の範囲は12である。

問題 14　頻出度 ★　　第29回 問題088

量的調査におけるデータの集計方法に関する次の記述のうち，正しいものを1つ選びなさい。

1　クロス集計表において，セルの度数の比が全ての行で等しい場合，そのクロス集計表の2変数間には関連がない。
2　クロス集計表において，2変数間の関連をみる場合，行パーセント，列パーセントのどちらを示しても，得られる情報に変わりはない。
3　クロス集計表では，2変数間の関連をみることができるが，3変数以上の関連についてみることはできない。
4　度数分布表における相対度数とは，度数を合計した値を各カテゴリーの値で割って算出したものである。
5　連続変数では，値が連続的に変化するため，度数分布表を作成することができない。

問題 13 解説　代表値／散布度

1 ✕　中央値とは，データを小さい順に並べた際に，ちょうど真ん中にくる標本のもつ値のことを指す。参加者全体の年齢を小さい順に並べると「65，65，65，66，67，68，70，72，77」となり，小さい順に並んだ真ん中（5番目）の人の年齢が中央値となるため，中央値は67である。

2 ✕　分散はデータのばらつき具合を示す数値である。きちんと計算すると，男性参加者の年齢の分散は8.22，女性参加者の年齢の分散は17.89となる。ただし，このケースでは男性参加者の年齢の範囲が7であるのに対し，女性参加者の年齢の範囲は12であり，女性参加者の年齢の方が明らかに範囲が大きいため，正確に計算せずとも，女性参加者の年齢の分散の方が大きくなることが予想され得る。

3 ✕　男性参加者と女性参加者の年齢の最小値はどちらも65であり，同じである。

4 ✕　最頻値とは，データの中で最も度数の高い値のことを指す。女性参加者の年齢は，65歳が2人，その他の年齢が1人となっているため，一番度数が高い値は65となる。

5 ○　データの範囲とは，データの最大値と最小値の差である。参加者全体の年齢における最小値は65，最大値は77であるためその差は12であり，これが範囲となる。

> **POINT!**
> 代表値と散布度に関しては2年に一度くらいの頻度で出題されているが，事例問題として出題されることは珍しい。難易度は低いため，あまり時間をかけずに解答できるようにしたい。

問題 14 解説　度数分布表とクロス表

1 ○　右の2×2のクロス表で説明するならば，セルの度数の比がすべての行で等しいということは，①と④，②と⑤に入る比がそれぞれ等しいということである。つまり，性別によってAが好きか嫌いかには違いがない＝「性別」と「Aの好き嫌い」という2変数間には関連がない，ということになる。

	Aが		合計
	好き	嫌い	
男	①	②	③ ←行
女	④	⑤	⑥ ←行
合計	⑦	⑧	⑨

↑列　↑列

2 ✕　行パーセントとは，③が100％となるように算出された①・②の比率を指し，男性の中にはAが好きな人と嫌いな人がそれぞれどの程度いるのか，を意味する（女性の場合も同様）。列パーセントとは，⑦が100％となるように算出された①・④の比率を指し，Aが好きな人の中には男性と女性がそれぞれどの程度いるのかを意味する（「嫌い」の場合も同様）。

3 ✕　右の例のようなクロス表は2変数間の関連をみる「二重クロス表」と呼ばれるものだが，3変数以上の関連をみる「多重クロス表」と呼ばれるものも存在する（3変数なら「三重クロス表」，4変数間なら「四重クロス表」と呼ぶ）。

4 ✕　相対度数とは，各カテゴリーの値を，度数を合計した値で割って算出したものである。割合と同義だが，割合が百分率で表されるのに対し，相対度数は小数で表される（例：50％→0.5）。

5 ✕　連続変数であっても度数分布表は作成できる。ただし，範囲が広い場合には，ローデータのままでは回答傾向などをつかみにくいため，必要に応じて階級にまとめるなどの工夫がいる。

> **POINT!**
> 度数分布表とクロス表の基本事項が問われている。ただし，クロス表に関しては，実際のクロス表が例示されているわけではなく，文字情報のみで正誤を判断しなければならないため，やや難しい。

正解　問題13……5　　問題14……1

問題 15　頻出度 ★　　第28回 問題087

ピアソンの積率相関係数に関する次の記述のうち、正しいものを1つ選びなさい。

1 値は0から1の範囲の間で変動する。
2 2つの変数の因果関係を表すものである。
3 年齢と所得の相関係数は、所得が円単位でもドル単位でも同じ値になる。
4 2つの変数の間に完全な相関がある場合、散布図は円形になる。
5 2つの順序変数の関連の強さを測る指標である。

質的調査の方法

問題 16　頻出度 ★ ★　　第31回 問題090

質的調査の記録やデータの収集方法に関する次の記述のうち、最も適切なものを1つ選びなさい。

1 仮説検証などに必要な数量的なデータの収集を行う。
2 調査対象者を抽出する方法として、主に無作為抽出法を用いる。
3 音声データや映像データを用いることができる。
4 手紙や日記などの私的文書は除外する。
5 面接者は、インタビューの場において相手の発言内容の一言一句を正確にメモすることに専念する。

問題 17　頻出度 ★ ★ ★　　第35回 問題089

参与観察に関する次の記述のうち、適切なものを2つ選びなさい。

1 調査中に対象者が意識しないように、調査終了後に観察していたことを伝える。
2 観察の記録は、現地で見聞きしたことについて、網羅的に記すことが原則である。
3 観察を通して現地で得た聞き取りの録音データの文字起こし作業に当たっては、録音データの中から調査者が気になった部分や必要だと思う部分を抽出し、要約する作業を最初に行う。
4 現地で記録したメモは、できるだけ早く観察ノートに記録する。
5 観察ノートを整理する際は、調査者の感想を記さないように留意する。

問題15 解説　ピアソンの積率相関係数

1 ✕ ピアソンの積率相関係数は0を中心として，−1から1の間で変動する。相関係数が0に近いほど2つの変数間の関連性は弱く，−1や1に近いほど関連性は強い。

2 ✕ 相関係数は，原因／結果という因果関係ではなく2つの変数の関連性の強さを表すものである。

3 ◯ 相関係数は，共分散という数値をもとに算出する。共分散は単位によって数値の大きさが決定し数値の上限や下限もないが，そのままでは異なる単位のもの同士を比較することが難しいため，どのような単位のものであろうとも必ず−1から1までの間に収まるように共分散を正規化した数値が相関係数である。

4 ✕ 散布図が円形になるのは無相関，つまり相関係数が0の場合である。2つの変数の間に完全な相関がある，つまり相関係数が−1や1をとる場合，散布図は右上がり，あるいは右下がりの一直線を描く。

5 ✕ 2つの順序変数の関連の強さを測る指標は，スピアマンの順位相関係数である。

> **POINT!**
> 積率相関係数に関する問題は，出題される問題が限られているため，過去問を復習しておけば難なく解答できる。この問題も典型的な選択肢のみで構成されているため，ここで基本をしっかり押さえておこう。

問題16 解説　質的調査の方法

1 ✕ 量的調査の説明である。質的調査では質的なデータの収集を行う。

2 ✕ 質的調査においては，機縁法やスノーボール法といった有意抽出によって調査対象者を抽出することが多い。

3 ◯ 質的調査においては，ICレコーダーを用いて音声データを収集したり，ビデオカメラを用いて映像データを収集したりすることがある。また，既存の音楽や映画などを分析対象とするドキュメント分析という手法もある。

4 ✕ 手紙や日記などの私的文書も調査や分析の対象とすることができる。ただしその際には，調査倫理に則り，その文書を記した本人に対しきちんとした事前説明を行い，承諾を得ることが必要不可欠となる。

5 ✕ インタビューにおいて，メモをとることは重要ではあるが，メモに集中するあまり対象者の顔も見ない調査者では対象者からの信頼を損ない，聞ける話も聞けなくなってしまう。そのため，メモは最小限とし，相手の顔を見ながらきちんと話を聞くことが求められる。

> **POINT!**
> いずれも質的調査に関する基本事項の確認となっており，過去にも出題された問題のみで構成されている。このレベルの問題には即答できるようにしておきたい。

問題17 解説　質的調査の方法

1 ✕ 調査を行う際には，調査対象者に対し，調査の目的，方法，内容などを事前に説明し，同意を得た上で行わなくてはならない。

2 ◯ 参与観察データは「調査者の主観的な体験に過ぎない」と批判されることがある。そうした批判につながらない「信頼できる観察記録」を目指し，研究者は，現場を網羅的に詳細に記述する必要がある。

3 ✕ 録音データの文字起こしは，原則として，調査中のすべての音声を書き起こす必要がある。

4 ◯ 人の記憶はあまり長持ちせず，変容することもあるため，フィールドメモはなるべく早い段階で，フィールドノートとしてまとめておく必要がある。

5 ✕ 参与観察では，調査者の自身の体験やそれに基づく感想も貴重なデータの1つであるため，感想を書くこと自体に問題はない。ただし，事実と混同しないよう，調査者の感想は別枠に書くことが望ましい。

> **POINT!**
> 質的調査の方法についてはここ数年，毎年出題されているが，その多くが基本事項の確認であり，難易度は低い。今回も特に解答を迷うような選択肢はないものと思われる。

正解 問題15……3　　問題16……3　　問題17……2, 4

問題 **18**　頻出度 ★ ★　　　　　　　　　　　　　　　　第36回 問題089

調査手法としての面接法に関する次の記述のうち，最も適切なものを1つ選びなさい。

1　構造化面接では，対象者に語りたいことを自由に話してもらうことが重要である。
2　非構造化面接では，調査者は事前に10項目以上の質問項目と質問の順番を設定し，その順番どおりに質問していく必要がある。
3　半構造化面接では，インタビューのおおむね半分程度の時間を，質問内容や質問の順番などが詳細に決められた質問紙によって面接が進められる。
4　面接調査では，表情や身振りといった非言語表現も重視する。
5　グループ・インタビューの調査者は，対象者同士の会話を促さないようにする。

問題 **19**　頻出度 ★　　　　　　　　　　　　　　　　第28回 問題088

グループインタビューに関する次の記述のうち，最も適切なものを1つ選びなさい。

1　対象者の選定は，有意標本抽出によって行われる場合が多い。
2　参加者間の相互作用が起こらないように，司会者が気をつける。
3　記録係は，参加者の非言語的反応について記録をする必要はない。
4　一度に参加する人数は，多いほど良い。
5　質問は，参加者が明確に回答できるように選択式を基本とする。

問題18 解説　面接法

1 ✗ 構造化面接とは，質問項目や質問順序をあらかじめ決めておき，すべての対象者に同じ質問を同じ順序で行う調査法である。対象者に語りたいことを自由に話してもらうのは，非構造化面接法にあたる。

2 ✗ 非構造化面接とは，質問項目などを一切用意せず，その場その場で質問を考え調査を行う方法である。事前に質問項目と質問順を設定し，そのとおりに質問していくのは構造化面接である。

3 ✗ 半構造化面接は，質問項目や質問順序を事前にある程度は決めておくものの，状況に応じて質問項目を増減させたり，質問順序を入れ替えたりする調査方法である。「半構造化面接」の「半」は，「構造化面接と非構造化面接の中間」という意味であり，インタビュー時間の半分という意味ではない。

4 ◯ 言語表現においては，例えば，「そうなんですね」という一言であっても表情や発言のテンション等によって読み取れる意味合いは異なる。そのため，面接調査では，できる限り，うなずきや表情の変化，身振り手振りといった非言語表現も記録しておく必要がある。

5 ✗ グループ・インタビューでは，他者の意見に刺激を受けて，個別インタビューでは聞けないような意見や感想が出てくることがある。こうした参加者間の相互作用にこそグループインタビューの意義がある。

POINT!
面接法は2～3年に一度の頻度で出題されている。選択肢1～3と5は過去に数回ずつ類似問題が出題されている。一方，選択肢4は類似問題が8年前に一度出たきりの珍しい問題だが，質的調査の基本であるので解答は難しくない。

問題19 解説　グループインタビュー

1 ◯ グループインタビューでは通常，知り合いに協力を頼む機縁法や，募集に自発的に応募してきた人に協力を頼む応募法などの有意標本抽出が用いられる。

2 ✗ グループインタビューでは，他者の意見に刺激を受けて，個別インタビューでは聞けないような意見や感想が出てくることがある。こうした参加者間の相互作用にこそグループインタビューの意義がある。

3 ✗ グループインタビューに限らず，インタビューではできる限り，うなずきや表情の変化といった非言語反応も記録する必要がある。特にグループインタビューでは，発言者以外の人々がどのような反応をしていたのか，注意深く観察しておく必要がある。

4 ✗ 一度に参加する人数が多すぎると，平等に会話に参加することが難しくなる，非言語的反応が観察しきれなくなる，分析の際にどれが誰の発言なのかが分かりづらくなるといった問題が生じる。

5 ✗ グループインタビューは参加者の自由な発言を期待するものであり，発言を制限するような選択式は望ましくない。

POINT!
グループインタビューの方法を問う問題。難易度はさほど高くない。個別インタビューとの違いを中心に特徴をまとめておこう。

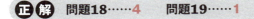

正解　問題18……4　　問題19……1

問題 20 頻出度 ★ 　　　　　　　　　　　　　　　　　第28回 問題089

アクションリサーチに関する次の記述のうち，最も適切なものを1つ選びなさい。

1 研究対象について，非参与的に観察し，研究を行うものである。
2 質的調査が用いられ，質問紙調査のような量的調査は用いられない。
3 目的は，科学的な因果関係の検証である。
4 計画，実施，事実発見の循環が，基本プロセスとして提唱されている。
5 調査を通じて得られた知見を実践活動と結び付けてはならない。

問題 21 頻出度 ★★ 　　　　　　　　　　　　　　　　第22回 問題083

質的データの分析に関する次の記述のうち，正しいものを1つ選びなさい。

1 グラウンデッド・セオリー・アプローチでは，データの収集と分析が一体となり，繰り返し実施されるのが，その特徴の一つである。
2 KJ法を利用して質的データを分類するには，理論的枠組みに基づいてあらかじめ設定された分類軸が必要である。
3 ドキュメント分析を行う際，公的機関の統計や文書あるいは新聞・雑誌などのメディア文書は分析の対象となるが，日記や手記などの個人的記録は分析の対象とはならない。
4 グラウンデッド・セオリー・アプローチにおける軸足コーディングは，単一の事象に対して，複数のコードをはり付けていくことである。
5 KJ法は，質的データの分析において，主として仮説の検証を試みる際に活用される。

問題 22 頻出度 ★ 　　　　　　　　　　　　　　　　　第28回 問題090

社会調査におけるコンピューターやインターネットの活用に関する次の記述のうち，適切なものを2つ選びなさい。

1 インターネット調査は，調査対象がインターネット利用者に限定されるため，目標母集団に照らして，調査漏れが生じやすい。
2 発言の当事者を特定できないインターネット上の掲示板の書き込みは，社会調査の分析対象として活用することができない。
3 国勢調査では，インターネットで回答することができない。
4 調査票調査の自由回答や介護記録の記述など大量の文字データの分析には，コンピューターを活用することができない。
5 国の統計データについては，一つに集約されたポータルサイトが整備されている。

問題20 解説　アクションリサーチ

1 ✕　アクションリサーチとは，調査者と協力者が共同して何らかの問題解決を目指すための方法であり，調査者が非参与的に研究を行うことはできない。

2 ✕　アクションリサーチでは，質問紙調査を通してデータ収集することもある。また，質問紙を通じて，調査対象者たちが問題を「知る」きっかけを作ることもある。

3 ✕　アクションリサーチの目的は，問題とされる事柄の解決策を導くことにある。

4 ◯　アクションリサーチの基本プロセスは，問題点の発見，その問題に対する改善策の計画と実施，実施過程における新たな事実の発見，効果検証（計画の評価），それらを踏まえた新たな改善策の計画，というような循環構造をとる。

5 ✕　アクションリサーチとはそもそも実践を通じた働きかけであり，研究活動と実践活動は切り離せない。

POINT!
アクションリサーチの目的や方法，意義などを問う問題。アクションリサーチの手法は一般的な教科書や入門書にはあまり詳しく載っていないため，難易度は高い。この問題で基本をおさえておこう。

問題21 解説　質的データの分析

1 ◯　グラウンデッド・セオリー・アプローチでは，主として理論的飽和に至るまでデータの収集と分析が繰り返し実施される。

2 ✕　KJ法は，あらかじめ用意された理論的枠組みに基づく分析方法とは真逆の方法である。事前に用意された分析枠組みや「常識」を眠らせ，一つひとつのデータをよく読み込む中で新たな関係を発見する方法である。

3 ✕　ドキュメント分析では，日記や手記などの「個人的記録」も分析の対象になる。

4 ✕　軸足コーディングは，単一の事象に対して，複数のカテゴリーを束ねるカテゴリーをはり付けることである。

5 ✕　KJ法は，仮説の検証ではなく，仮説の発見のために用いられる。仮説の検証を行うということは，調査者があらかじめ仮説を用意していることになるため，KJ法の趣旨に反する。

POINT!
質的データの分析に関する出題は，KJ法とグラウンデッド・セオリー・アプローチに関するものがもっとも多い。そのため，学習する際にはこれら2つに焦点を絞り，それぞれの目的・方法を押さえておくのが良いだろう。

問題22 解説　コンピューターやインターネットの活用

1 ◯　インターネット調査では，高齢層や貧困層，障害をもつ人々などを調査対象とすることが難しい。

2 ✕　量的調査の多くは匿名で行われるため，匿名だからといって社会調査の分析対象から除外されるということはない。匿名の掲示板への書き込みはしばしばドキュメント分析の対象として利用されている。

3 ✕　2010（平成22）年調査までは不可能だったが，2015（平成27）年調査からはインターネットによる回答が可能になった。なお，2015年調査のインターネットからの回答率は36.9％であり，2020（令和2）年調査は37.9％となっている。

4 ✕　近年では，IT技術の発達に伴い，大量の文字データの分析にコンピューターを活用することも増えている。その代表例がテキストマイニングと呼ばれる手法であり，マーケティング分野などでも広く浸透してきている。

5 ◯　国の統計データは「政府統計の総合窓口e-Stat」(www.e-stat.go.jp)というサイトに集約されている。

POINT!
社会調査におけるIT技術の導入について尋ねる問題。教科書的な知識だけでは対応しきれない問いであるため，やや難易度が高い。今後はより重要性が増す事項であるので覚えておこう。

正解 　問題20……4　　問題21……1　　問題22……1, 5

MEMO

第 13 章

<専門科目>
高齢者福祉

Check ☑	1回目	月	日	／29問
Check ☑	2回目	月	日	／29問
Check ☑	3回目	月	日	／29問

高齢者を取り巻く社会情勢と高齢者保健福祉制度の発展

問題 01　頻出度 ★★　第36回 問題126

「令和5年版高齢社会白書」(内閣府)に示された日本の高齢者を取り巻く社会情勢に関する次の記述のうち，正しいものを1つ選びなさい。

1. 人口の高齢化率は，2022年(令和4年) 10月1日現在で，約16％となっている。
2. 高齢化率の「倍加年数」をアジア諸国で比較すると，韓国は日本よりも短い年数となっている。
3. 総人口に占める75歳以上の人口の割合は，2070年(令和52年)に約40％に達すると推計されている。
4. 2022年(令和4年)の労働力人口総数に占める65歳以上の者の割合は，2013年(平成25年)以降の10年間でみると，漸減傾向にある。
5. 2021年(令和3年)の65歳以上の者の死因別の死亡率をみると，悪性新生物よりも肺炎の方が高くなっている。

(注)「倍加年数」とは，人口の高齢化率が7％から14％に達するまでに要した年数のことである。

高齢者保健福祉制度の概要

問題 02　頻出度 ★★★　第32回 問題128

高齢者保健福祉施策の変遷に関する次の記述のうち，正しいものを1つ選びなさい。

1. 老人保健法(1982(昭和57)年)により，市町村による40歳以上の者に対する医療以外の保健事業(健康教育，健康診査，訪問指導など)の実施が規定された。
2. 老人福祉法の改正(1990(平成2)年)により，特別養護老人ホーム等の入所決定権が，国から都道府県に移譲された。
3. 介護保険法(1997(平成9)年)により，第一種社会福祉事業は原則として民間営利企業が経営することとなった。
4. 高齢者の医療の確保に関する法律(2006(平成18)年)により，老人訪問看護制度が創設された。
5. 高齢者の居住の安定確保に関する法律の改正(2011(平成23)年)により，高齢者向け優良賃貸住宅の制度が創設された。

問題 03　頻出度 ★★★　第35回 問題134

老人福祉法に関する次の記述のうち，正しいものを1つ選びなさい。

1. 法律の基本的理念として，要援護老人の自立支援の重要性が規定されている。
2. 老人福祉施設の一つとして，介護老人保健施設が規定されている。
3. やむを得ない事由で介護保険法の保険給付などが利用できない場合，市町村が採ることのできる福祉の措置の一つとして，居宅における介護等が規定されている。
4. 市町村社会福祉協議会には，老人福祉センターを設置する義務があることが規定されている。
5. 市町村老人福祉計画は，社会福祉法に基づく市町村地域福祉計画と一体のものとして作成されなければならないことが規定されている。

問題 01 解説 高齢社会白書

1 × 我が国の65歳以上人口は，3,624万人となり，総人口に占める割合（高齢化率）は，2022（令和4）年10月1日現在，29.0%に達している。

2 ○ 高齢化率を所要年数（倍加年数）によって比較すると，韓国が18年，シンガポールが15年など，今後，一部の国でも我が国の24年を上回るスピードで高齢化が進むことが考えられる。

3 × 総人口に占める75歳以上人口の割合は，2070（令和52）年には25.1%となり，約4人に1人が75歳以上の者となると推計されている。

4 × 労働力人口総数に占める65歳以上の者の割合は，9.9%であった2013（平成25）年以降の10年間を見ると2022（令和4）年には13.4%と長期的には上昇傾向にある。

5 × 65歳以上の者の死因別の死亡率を見ると，「悪性新生物（がん）」が最も高く，次いで，「心疾患（高血圧性を除く）」，「老衰」の順になっている。

> **POINT!**
> 高齢社会白書は，高齢社会対策基本法に基づき，政府が国会に提出している年次報告書である。最新の高齢社会白書を確認し，高齢化の状況や政府が講じた高齢社会対策の実施の状況を整理・理解しておくことが重要である。

問題 02 解説 老人福祉法／老人保健法

1 ○ 老人保健法は医療等と医療等以外の保健事業の2本の柱からなり，前者では老人医療費支給事業が，後者では40歳以上の者を対象とする各種の保健事業が行われていた。

2 × 1990（平成2）年の「老人福祉法等の一部を改正する法律」いわゆる「福祉八法改正法」において，特別養護老人ホーム等の入所決定権は，都道府県から町村に移譲された。

3 × 介護保険法施行後も，第一種社会福祉事業は利用者への影響が大きいため，経営安定を通じた利用者の保護の必要性が高い事業として，行政及び社会福祉法人が行うことが原則となっている。

4 × 老人訪問看護制度は，1992（平成4）年の老人保健法の改正により開始された。

5 × 2011（平成23）年の高齢者の居住の安定確保に関する法律の改正により，サービス付き高齢者向け住宅の登録制度が創設された。

> **POINT!**
> 高齢者保健福祉施策の歴史は頻出テーマの1つである。老人福祉法を中心とした福祉施策の流れと，老人医療費や老人保健に関する施策の2つの流れを軸に整理しておこう。

問題 03 解説 老人福祉法

1 × 老人福祉法は，老人が敬愛され，生きがいを持てる健全で安らかな生活の保障，健康の保持，生活の安定，社会参加の促進を基本理念としており，高齢者の介護や要援護者の自立支援のみを理念としてはいない。

2 × 介護老人保健施設を規定しているのは介護保険法である。

3 ○ やむを得ない理由で介護保険法の保険給付などが利用できない場合に市町村が行う福祉の措置として，「老人居宅生活支援事業」や特別養護老人ホームが規定されている。

4 × 老人福祉センター（特A型）は市（区）町村が，その他（A型，B型）にあっては地方公共団体または社会福祉法人が運営することを原則とするとされ，市町村社会福祉協議会に設置義務はない。

5 × 市町村老人福祉計画は，高齢者を対象とした居宅生活支援や福祉施設等（老人福祉法に定められた「老人福祉事業」）に関する目標量とその確保方策について定める計画であり（老人福祉法20条の8），介護保険事業計画と一体的に作成することとされている。

> **POINT!**
> 老人福祉法に関する問題も毎年出題されている。歴史的な変遷や，介護保険法施行後における同法との関連性などをしっかりと整理しておこう。

正解 問題01……2　　問題02……1　　問題03……3

13

高齢者福祉

問題 04 頻出度 ★★★ 第31回 問題126

日本における高齢者の保健・福祉に係る政策に関する次の記述のうち，最も適切なものを1つ選びなさい。

1. 老人福祉法制定前の施策として，生活保護法に基づく特別養護老人ホームでの保護が実施されていた。
2. 老人福祉法の一部改正により実施された老人医療費支給制度では，65歳以上の高齢者の医療費負担が無料化された。
3. 老人医療費支給制度による老人医療費の急増等に対応するため，老人保健法が制定された。
4. 高齢者保健福祉推進十か年戦略(ゴールドプラン)の中で，老人保健福祉計画の策定が各地方自治体に義務づけられた。
5. 介護保険法の制定により，それまで医療保険制度が担っていた高齢者医療部分は全て介護保険法に移行した。

問題 05 頻出度 ★★ 第36回 問題127

第二次世界大戦後の日本における高齢者保健福祉制度の展開過程に関する次の記述のうち，最も適切なものを1つ選びなさい。

1. 1950年(昭和25年)の生活保護法では，常時介護を必要とする老人の家庭を訪問する老人家庭奉仕員が規定された。
2. 1963年(昭和38年)の老人福祉法では，養護老人ホーム，特別養護老人ホーム，軽費老人ホームを含む，老人福祉施設が規定された。
3. 1982年(昭和57年)の老人保健法では，70歳以上の高齢者にかかる医療費のうち，その自己負担分を無料化する老人医療費支給制度が規定された。
4. 1997年(平成9年)の介護保険法では，要介護認定を受け，要介護と判定された高齢者等は，原則3割の利用者負担で，介護サービスを利用できることが規定された。
5. 2000年(平成12年)の社会福祉法の改正では，高齢者保健福祉推進十か年戦略(ゴールドプラン)が策定されたことを受け，地域包括ケアシステムが規定された。

問題 06 頻出度 ★★★ 第35回 問題127

日本の高齢者保健福祉施策の変遷に関する次の記述のうち，正しいものを1つ選びなさい。

1. 老人医療費支給制度による老人医療費の急増等に対応するため，1980年代に老人保健法が制定された。
2. 人口の高齢化率が7％を超える状況を迎えた1990年代に高齢社会対策基本法が制定され，政府内に厚生労働大臣を会長とする高齢社会対策会議が設置された。
3. 認知症高齢者の急増に対応してオレンジプラン(認知症施策推進5か年計画)が1990年代に策定され，その計画推進を目的の一つとして介護保険法が制定された。
4. 住まいと介護の双方のニーズを有する高齢者の増加に対応するため，2000年代の老人福祉法の改正によって軽費老人ホームが創設された。
5. 高齢者の医療の確保に関する法律による第3期医療費適正化計画では，2010年代から2020年代の取組の一つとして，寝たきり老人ゼロ作戦が初めて示された。

問題 04 解説 高齢者保健福祉施策

1 ✕ 特別養護老人ホームの設置は1963（昭和38）年制定の老人福祉法により規定された。生活保護法に定められていたのは，養老施設である。

2 ✕ 1973（昭和48）年，一定の所得以下の70歳以上の国民健康保険被保険者と被用者保険被扶養者の医療費が無料化された。

3 ○ 老人医療費支給制度による老人医療費の急増等に対応するため，1982（昭和57）年に老人保健法が制定された。医療保険各制度加入者のうち，70歳以上の者及び65歳以上70歳未満の一定の障害者を対象とする。

4 ✕ 1990（平成2）年6月，第118回国会で可決成立した「老人福祉法等（福祉関係八法）の一部を改正する法律」により，老人福祉法に位置付けられた。

5 ✕ 老人保健法により担われていた高齢者医療が，2008（平成20）年に後期高齢者医療制度に引き継がれた。

> **POINT!**
> 老人福祉法の成り立ちや発展の経緯は，老人医療費とあわせて頻出しているテーマであり，しっかりと押さえておきたい。

問題 05 解説 高齢者保健福祉制度

1 ✕ 老人家庭奉仕員は現在の訪問介護員であり，老人家庭奉仕員派遣事業運営要領によって定められていた。

2 ○ 老人福祉施設とは，老人福祉法に規定された老人デイサービスセンター，老人短期入所施設，養護老人ホーム，特別養護老人ホーム，軽費老人ホーム等のことである。

3 ✕ 1973（昭和48）年に70歳以上の医療費（老人医療費）を無料化したが，高齢者の多い国民健康保険の財政が窮迫し，1983（昭和58）年に老人保健制度が成立した。

4 ✕ 1997（平成9）年に制定された介護保険法において，利用者負担割合は，原則1割であったが，介護保険制度の改正により，2018（平成30）年8月1日以降には現役並み所得の場合は2割または3割となった。

5 ✕ 地域包括ケアシステムという言葉は，厚生労働省の「高齢者介護研究会」が2003（平成15）年6月に公表した報告書で使われた後，言葉の定義が2012（平成24）年の改正介護保険法に盛り込まれた。

> **POINT!**
> 高齢者保健福祉制度の展開過程と制度の基礎的な理解を問われた問題である。戦後から現在に至るまでの高齢者の保健福祉を支える制度の変遷とともに，制度の基礎的な理解をしておくことが必要である。

問題 06 解説 高齢者保健福祉政策の変遷

1 ○ 1973（昭和48）年に改正老人福祉法において老人医療費支給制度が創設され，70歳以上の高齢者ほぼ全員について無料化された。一方，高齢者の医療のための支出は膨れ上がり，財源の持続可能性に対する懸念から，1982（昭和57）年に老人保健法が制定されることになった。

2 ✕ 我が国の65歳以上人口が7％を超えたのは，1970（昭和45）年である。さらに，1994（平成6）年には14％を超えた。

3 ✕ 「認知症施策推進5か年計画（オレンジプラン）」は，2012（平成24）年に策定された。介護保険法の制定は1997（平成9）年である。

4 ✕ 軽費老人ホームは，養護老人ホーム，特別養護老人ホーム等とともに，1963（昭和38）年制定の老人福祉法に規定された老人福祉施設である。

5 ✕ 寝たきり老人ゼロ作戦は，1989（平成元）年策定の「高齢者保健福祉推進10か年戦略（ゴールドプラン）」の施策の1つである。

> **POINT!**
> 我が国の高齢者をめぐる保健，福祉，医療制度の動向は頻出問題である。老人福祉法や老人保健法を中心とした制度の歴史的変遷をしっかりと勉強しておこう。また，昨今の動向として認知症にかかわる施策の概略についても整理をしておきたい。

正解 問題04……3   問題05……2   問題06……1

13

高齢者福祉

問題 07　頻出度 ★★★　第33回 問題134

老人福祉法に関する次の記述のうち，正しいものを1つ選びなさい。

1. 市町村は，市町村老人福祉計画において，当該市町村の区域において確保すべき老人福祉事業の量の目標を定めるものとしている。
2. 養護老人ホームの入所要件は，60歳以上の者であって，経済的理由により居宅において介護を受けることが困難な者としている。
3. 老人福祉法に基づく福祉の措置の対象となる施設の一つとして，救護施設が含まれている。
4. 特別養護老人ホームについて，高齢者がやむを得ない事由により自ら申請できない場合に限って，市町村の意見を聴いた上で都道府県が入所措置を行う。
5. 老人介護支援センターは，介護保険法の改正（2005（平成17）年）に伴って，老人福祉法から削除され，介護保険法上に規定された。

問題 08　頻出度 ★★★　第36回 問題135

「高齢者虐待防止法」に関する次の記述のうち，最も適切なものを1つ選びなさい。

1. この法律における高齢者とは，65歳以上で介護保険制度における要介護認定・要支援認定を受けた者と定義されている。
2. この法律では，セルフネグレクト（自己放任）の状態も高齢者虐待に該当することが定義されている。
3. この法律における高齢者虐待の定義には，保険医療機関における医療専門職による虐待が含まれている。
4. この法律では，市町村が養護者による虐待を受けた高齢者の居所等への立入調査を行う場合，所轄の警察署長に援助を求めることができると規定されている。
5. この法律は，市町村に対し，高齢者虐待の防止・高齢者とその養護者に対する支援のため，司法書士若しくは弁護士の確保に関する義務を課している。

（注）「高齢者虐待防止法」とは，「高齢者虐待の防止，高齢者の養護者に対する支援等に関する法律」のことである。

問題 09　頻出度 ★★　第33回 問題135

高齢者の住まいに関する法制度についての次の記述のうち，正しいものを1つ選びなさい。

1. 住宅確保要配慮者に対して居住支援に取り組む法人（居住支援法人）は，その申請により，都道府県知事から指定されることとなっている。
2. サービス付き高齢者向け住宅は，入居者に対し，介護保険制度における居宅介護サービス若しくは地域密着型サービスの提供が義務づけられている。
3. シルバーハウジングにおいては生活支援コーディネーターが配置され，必要に応じて入居者の相談や一時的な身体介護を行うこととなっている。
4. 終身建物賃貸借制度は，賃借人が死亡することによって賃貸借契約が終了する借家契約であり，75歳以上の高齢者が対象とされている。
5. 市町村は，住宅確保要配慮者に対する賃貸住宅の供給の促進に関する計画（市町村賃貸住宅供給促進計画）の作成を義務づけられている。

問題 07 解説　老人福祉法

1. ○　設問文の通り。老人福祉法20条の8第2項に定められている。
2. ×　養護老人ホームの入所要件は，65歳以上の者であって，環境上の理由及び経済的理由（政令で定めるものに限る）により居宅において養護を受けることが困難な者である（老人福祉法11条）。
3. ×　救護施設は，生活保護法に基づく措置の対象施設である。
4. ×　高齢者がやむを得ない事由により自ら申請できない場合に限って，特別養護老人ホームへの入所措置を行うのは市町村である。
5. ×　老人介護支援センターは老人福祉法（20条の7の2）に規定されており，在宅介護支援センターとも呼ばれる。

POINT!
老人福祉法の基本を問う設問は頻出だが，出題範囲は限られており対策が立てやすい。

問題 08 解説　高齢者虐待防止法

1. ×　高齢者虐待防止法では，高齢者を65歳以上の者と定義しており，介護保険制度における要介護認定・要支援認定を受けた者という定義はない（第2条第1項）。
2. ×　高齢者虐待防止法では，高齢者虐待を「身体的虐待」「心理的虐待」「性的虐待」「経済的虐待」「介護・世話の放棄・放任」の5種類と定義しており，「セルフネグレクト（自己放任）」は該当しない。
3. ×　高齢者虐待防止法では，高齢者虐待を「養護者による高齢者虐待」及び「養介護施設従事者等による高齢者虐待」に分けて定義しており，医療専門職による虐待についての定義はない。
4. ○　高齢者虐待防止法では，高齢者虐待の防止，高齢者虐待を受けた高齢者の迅速かつ適切な保護及び適切な養護者に対する支援について，市町村が第一義的に責任を持つ役割を担うことが規定され，立入調査の際の警察署長に対する援助要請（第12条）についても規定している。
5. ×　厚生労働省（国）は，高齢者虐待防止への取組を促進するために，市町村へ権利擁護相談窓口の設置する都道府県に対して事業費の1/2を補助する「高齢者権利擁護等推進事業」を実施している。設問文のような義務は課されていない。

POINT!
高齢者虐待防止法の基礎的な理解を問う問題である。該当する高齢者虐待防止法の条文を読み理解しておくことが必要である。

問題 09 解説　高齢者の住まい

1. ○　居住支援法人とは，住宅セーフティネット法に基づき，住宅確保要配慮者の入居を拒まない賃貸住宅として登録された住宅の入居者への家賃債務保証，賃貸住宅への入居に係る情報提供・相談，見守りなどの生活支援を行う法人であり，都道府県が指定するものとされている。
2. ×　サービス付き高齢者向け住宅は，2011（平成23）年の「高齢者の居住の安定確保に関する法律（高齢者住まい法）」の改正により創設された住まいだが，そのような規定はない。
3. ×　シルバーハウジングは，バリアフリー化され，緊急通報装置や見守りセンサーなどがつき，生活援助員から生活支援サービスを受けられる賃貸住宅である。
4. ×　終身建物賃貸借制度の対象は，自らが居住するため住宅を必要とする60歳以上の高齢者であって，賃借人となる者以外に同居する人がいない者，あるいは配偶者又は60歳以上の親族である。
5. ×　住宅確保要配慮者に対する賃貸住宅の供給の促進に関する法律（6条）では，市町村賃貸住宅供給促進計画は作成できるとされており，作成義務ではない。

POINT!
高齢者の住まいについても，よく出題されている。関連政策やその基本的内容を整理しておきたい。

　問題07……1　　問題08……4　　問題09……1

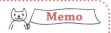

介護保険制度の概要

問題 10　頻出度 ★★★　第34回 問題131

介護保険制度における都道府県の義務に関する次の記述のうち，正しいものを1つ選びなさい。

1　都道府県は，6年を1期とする介護保険事業計画を策定するに当たって，各年度の地域支援事業の見込量の算出を行う。
2　都道府県知事は，介護サービス事業者から介護サービス情報の報告を受けた後，その報告の内容を公表する。
3　都道府県は，老人福祉圏域ごとに地域包括支援センターを設置する。
4　都道府県は，介護サービス事業者を代表する委員，介護の専門職を代表する委員，医療の専門職を代表する委員で組織される介護保険審査会を設置する。
5　都道府県は，要介護者及び要支援者に対し，介護保険法の定めるところにより，保健福祉事業を行う。

問題 11　頻出度 ★★★　第33回 問題132

次の記述のうち，国民健康保険団体連合会の介護保険制度における役割として，正しいものを1つ選びなさい。

1　介護保険の財政の安定化に資する事業に必要な費用を充てるため，財政安定化基金を設ける。
2　介護サービス事業者が利用者に提供したサービスに伴う介護給付費の請求に関し，市町村から委託を受けて，審査及び保険給付の支払を行う。
3　介護サービスの苦情処理等の業務や事業者・施設への指導・助言のための機関として，運営適正化委員会を設置する。
4　市町村が介護認定審査会を共同設置する場合に，市町村間の調整や助言等の必要な援助を行う。
5　保険給付に関する処分や保険料などの徴収金に関する処分について，不服申立ての審理・裁決を行うための機関として，介護保険審査会を設置する。

問題 12　頻出度 ★★　第35回 問題131

介護保険制度における第一号被保険者の介護保険料(以下「第一号保険料」という)に関する次の記述のうち，正しいものを1つ選びなさい。

1　第一号保険料の額は，政令で定める基準に従い，各市町村が条例で定める保険料率に基づいて算定され，第一号被保険者に賦課される。
2　第一号保険料は，被保険者の前年の所得に応じて，原則として3段階を標準とした保険料率が定められている。
3　第一号保険料が特別徴収となるのは，公的年金の受給額が年額120万円以上の第一号被保険者である。
4　第一号被保険者が医療保険の被用者保険(健康保険など)の被保険者の場合，第一号保険料は医療保険者が医療保険料と一体的に徴収する。
5　第一号被保険者が被保護者(生活保護受給者)であって第一号保険料が普通徴収となる場合，その保険料は介護扶助として支給される。

問題 10 解説　介護保険制度／都道府県の義務

1 ✕　地域支援事業の見込量は，介護保険事業計画において，3年を1期に市町村が策定する（介護保険法117条1項）。都道府県が策定するのは都道府県介護保険事業支援計画である（同法118条1項）。

2 〇　都道府県知事は，介護サービス事業者から介護サービス情報の報告を受けた後，当該報告の内容を公表しなければならない（同法115条の35第2項）。

3 ✕　市町村は，地域包括支援センターを設置できる（同法115条の46第2項）。

4 ✕　介護保険審査会は，被保険者を代表する委員，市町村を代表する委員，公益を代表する委員で組織される（同法185条）。

5 ✕　市町村は，保健福祉事業の実施をすることができる（同法115条の49）。

> **POINT!**
>
> 介護保険制度における都道府県の義務，役割に関する問題である。介護保険制度における国，都道府県，市町村の役割については頻出しているので整理しておこう。

問題 11 解説　行政機関や国民健康保険団体連合会の役割

1 ✕　財政安定化基金を設けるのは，都道府県の役割である（介護保険法147条）。

2 〇　設問文の通り。国民健康保険団体連合会は，医療保険制度と同様，介護保険制度の審査支払機関である。

3 ✕　運営適正化委員会は，福祉サービスに関する苦情の解決のため，各都道府県社会福祉協議会に設置が義務付けられた第三者機関である（社会福祉法83条）。一部の介護保険サービスについての苦情の受付先となっている。

4 ✕　介護認定審査会を共同で設置しようとする市町村の求めに応じ，市町村間の調整や助言等を行うことができるのは都道府県である。

5 ✕　介護保険審査会を設置するのは，都道府県の役割である（介護保険法184条）。

> **POINT!**
>
> 介護保険制度において，国，都道府県，市町村の他，国民健康保険団体連合会などの役割・機能についても頻出である。しっかりと整理しておきたい。

問題 12 解説　介護保険料

1 〇　第一号被保険者の保険料額は各市区町村が条例で設定する基準額に，所得に応じた段階別の保険料率を乗じた額となる。基準額は各市区町村で策定する介護保険事業計画で定められる。

2 ✕　第一号被保険者の保険料は標準の段階設定は13段階であるが，条例で弾力的に決めることができる。

3 ✕　第一号被保険者の保険料が特別徴収となるのは，年金が年額18万円以上の人である。

4 ✕　保険料を医療保険者が医療保険料と一体的に徴収するのは，第二号被保険者の保険料である。

5 ✕　65歳以上の人（第一号被保険者）は医療保険の加入の有無に関わらず被保険者となるため，生活保護受給者も介護保険の被保険者となる。その保険料については生活保護費の生活扶助費で賄われる。

> **POINT!**
>
> 介護保険制度における保険料に関する基礎的な知識を問う問題である。まずは，介護保険制度におけるサービス利用の流れや，お金の流れの概観を理解しつつ，整理をしていこう。

正解　問題10……2　　問題11……2　　問題12……1

13
高齢者福祉

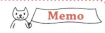

問題 13 頻出度 ★★★　　第35回 問題133

介護保険制度における要介護認定・要支援認定に関する次の記述のうち，正しいものを1つ選びなさい。

1. 介護認定審査会の委員は，要介護者等の保健，医療，福祉に関する学識経験者及び第一号被保険者から都道府県知事が任命する。
2. 介護認定審査会は，市町村長が定める認定基準に従って審査・判定を行い，その結果を申請者（被保険者）に通知する。
3. 介護認定審査会は，被保険者の要介護状態の軽減又は悪化の防止のために必要な療養に関する事項などの意見を市町村に述べることができる。
4. 認定調査員は，新規申請の場合も，更新・区分変更申請の場合も，市町村職員以外の者が担うことはできない。
5. 認定調査員は，申請者である被保険者若しくは同居家族が自記式で記入した調査票の回答に基づいて調査結果を取りまとめる。

問題 14 頻出度 ★★★　　第36回 問題128

事例を読んで，地域包括支援センターの社会福祉士によるJさんの長女への助言として，適切なものを2つ選びなさい。

〔事例〕
　自宅で一人暮らしのJさん（82歳，男性）は，脳梗塞の後遺症により軽い左片麻痺があり，要支援1の認定を受けているが介護保険サービスは利用していない。2か月前に買物に行こうとして玄関先で転倒し，軽傷ですんだものの，それ以来自宅から出ようとしなくなった。近隣に住んでいる長女は，週に2，3度自宅を訪れ，買物や掃除・洗濯を手伝ってきた。しかし，「父は一人で大丈夫というが，むせることもあり食事量が減ってきて心配です。父はどのようなサービスが利用できますか」と地域包括支援センターに相談に来た。

1. 看護小規模多機能型居宅介護の利用
2. 介護老人福祉施設への入所
3. 介護予防通所リハビリテーションの利用
4. 短期入所生活介護の利用
5. 管理栄養士による介護予防居宅療養管理指導の利用

問題 13 解説　要介護認定・要支援認定

1 ×　介護認定審査会の委員は，保健，医療，福祉に関する学識経験者であり，介護認定審査会は，各分野のバランスに配慮した構成とし，**市町村長**によって任命される（介護保険法15条2項）。

2 ×　要介護認定等に係る介護認定審査会による審査及び判定は，**要介護認定等基準時間**によって定められた状態に該当するかを判断する形で行われ，その基準は**厚生労働省令**によって定められている（要介護認定等に係る介護認定審査会による審査及び判定の基準等に関する省令）。

3 ○　介護認定審査会資料から読み取れる状況に基づき，要介護状態の軽減または，悪化の防止のために特に必要な療養があると考えられる場合，及び指定居宅サービスまたは指定施設サービスの有効な利用に関して被保険者が留意すべきことがある場合には，**介護認定審査会としての意見を付す**ことができるとされている。

4 ×　新規の要介護認定申請に係る認定調査については，**市町村職員**が実施する。市町村は，新規の要介護認定に係る認定調査を除き，認定調査を指定居宅介護支援事業者，地域密着型介護老人福祉施設，介護保険施設若しくは地域包括支援センター等に**委託**することができる。

5 ×　認定調査当日は，調査員からの**質問に受け答え**をし，**実際に動作をみながら**行われる。調査項目は74項目で，「できる・できない」「ある・ときどきある・ない」などの項目から回答していく形式で，本人や家族からは質問項目以外にも気になる点や困っていることがあれば伝えることも可能である。

POINT!
介護保険制度における基本的な仕組みの1つである要介護・要支援認定に関する問題。まずは認定の流れについてしっかりと把握した上で，各プロセスの具体的な手続きの内容を整理していこう。

問題 14 解説　介護保険サービス

1 ×　**看護小規模多機能型居宅介護**は**要介護1**から利用することができるサービスであり，利用者が可能な限り自立した日常生活を送ることを目的とした一体的に介護と看護のサービスの提供を受けるものである。

2 ×　**介護老人福祉施設**（特別養護老人ホーム）の入所対象者は，常時介護が必要で在宅生活が困難な原則**要介護度3以上**の高齢者である。

3 ○　**介護予防通所リハビリテーション**とは，要支援者が要介護状態になることを防ぐ介護予防を目的に，機能の維持回復訓練や日常生活動作訓練が受けられるリハビリテーション中心のサービスである。

4 ×　**短期入所生活介護**とは，**要介護1以上**の要介護者が特別養護老人ホーム等に短期間入所し，当該施設において入浴，排泄，食事等の介護その他の日常生活上の世話及び機能訓練を行うことにより，利用者の心身の機能の維持並びに利用者の家族の身体的及び精神的負担の軽減を図るものである。

5 ○　**介護予防居宅療養管理指導**とは，医師，薬剤師，管理栄養士等が通院できない**要支援1**または**要支援2**と認定された高齢者に対し，居宅を訪問して医療器具や病状など療養上の管理及び指導を行うサービスである。

POINT!
介護保険サービスの種別と内容についての理解を問う問題である。要支援者を対象とした介護予防サービスを含めた介護保険サービスの種類や対象者については，介護保険法の基礎的な理解とともに押さえておく必要がある。

正解　問題13……3　　問題14……3, 5

問題 15 頻出度 ★★★ 第32回 問題132

介護保険制度に関する次の記述のうち，国の役割として，正しいものを1つ選びなさい。

1 介護保険事業支援計画を策定すること。
2 介護給付費等審査委員会を設置すること。
3 介護保険に関する収入及び支出について特別会計を設けること。
4 市町村に対して介護保険の財政の調整を行うため，調整交付金を交付すること。
5 指定情報公表センターの指定をすること。

問題 16 頻出度 ★ 第33回 問題133

事例を読んで，X事業者（福祉用具貸与事業者及び特定福祉用具販売事業者）に勤務するE福祉用具専門相談員（社会福祉士）が行う支援として，最も適切なものを1つ選びなさい。

〔事例〕

E福祉用具専門相談員は，Y居宅介護支援事業所のF介護支援専門員からの依頼で，R市で一人暮らしをしているGさん（女性，84歳，要介護1）の自宅を訪問し，福祉用具の選定に関する相談を行うこととなった。Gさんは約10年前の大腿骨頸部骨折の後遺症により股関節が動きにくくなり，現在では浴槽への出入りと屋外での移動に支障がある。しかし，その他の日常生活動作や認知機能に支障はなく，状態も安定している。GさんはこれまでT字杖以外の福祉用具は使用したことがない。

1 Gさんに，福祉用具貸与による入浴補助用具の給付が可能と説明した。
2 Gさんに，特定福祉用具販売による自宅廊下の手すりの設置が可能と説明した。
3 Gさんに屋外での移動のため，福祉用具貸与による歩行器の利用が可能と説明した。
4 Gさん及びF介護支援専門員と相談した上で福祉用具貸与計画と特定福祉用具販売計画を作成し，利用前にR市に提出して承認を得た。
5 Gさんが将来，身体状況が悪化したときのことを想定して，玄関の段差を解消するために移動用リフトを設置した方がよいと説明した。

問題 17 頻出度 ★★ 第32回 問題133

介護保険制度の地域支援事業における介護予防・生活支援サービス事業に関する次の記述のうち，正しいものを1つ選びなさい。

1 この事業は，被保険者のうち，居宅で生活している要介護者及び要支援者が幅広く対象となっている。
2 通所型サービス（第一号通所事業）では，保健・医療専門職による短期間で行われるサービスが実施可能となっている。
3 訪問型サービス（第一号訪問事業）では，訪問介護員による身体介護は実施されないこととなっている。
4 介護予防ケアマネジメント（第一号介護予防支援事業）については，地域包括支援センターへ委託をしてはならないこととなっている。
5 この事業における利用者負担は，全国一律になっている。

問題15 解説 介護保険制度における国の役割

1 **×** 介護保険事業計画には市町村介護保険事業計画と都道府県介護事業支援計画があり，介護保険事業支援計画を策定するのは，都道府県の役割である。

2 **×** 介護給付費等審査委員会の設置は，国民健康保険団体連合会の役割である。

3 **×** 介護保険特別会計を設けるのは，市町村及び特別区の役割である。

4 **○** 調整交付金の交付は，国の役割である。

5 **×** 指定情報公表センターの指定は，都道府県知事の役割である。

POINT!
介護保険制度を運用するための国，都道府県，市町村の役割について問う問題で，形を変えて頻出しているテーマである。それぞれに求められる委員会の設置や運用の仕組みについて，しっかりと整理しておきたい。

問題16 解説 福祉用具専門相談員

1 **×** 入浴補助用具は，福祉用具貸与ではなく特定福祉用具販売の対象である。

2 **×** 手すりの設置は，取付け工事を行う場合は住宅改修，工事を伴わないものは福祉用具貸与の対象であり，特定福祉用具販売ではない。

3 **○** 歩行器は，福祉用具貸与の対象である。

4 **×** 福祉用具貸与計画，特定福祉用具販売計画の作成は，市町村への提出・承認の必要はない。

5 **×** Gさんは，まだ日常生活動作の多くに支障がみられず，その生活機能の状況から考えて，現段階で適切な対応とはいえない。

POINT!
福祉用具貸与，特定福祉用具販売の違いや，福祉用具専門相談員の役割について，介護保険制度の基本的な仕組みを理解した上で，整理しておこう。

問題17 解説 地域支援事業

1 **×** 地域支援事業の対象は，要支援者，基本チェックリスト該当者（事業対象者）であり，原則要介護者は含まれない。ただし，2021（令和3）年より，一定の条件を満たした場合，要介護者の利用が可能となった。

2 **○** 通所型サービスには，従来の介護予防通所介護に相当するものに加え，緩和した基準によるサービス，住民主体による支援，保健医療の専門家による短期集中予防サービスがある。

3 **×** 訪問型サービスは，従来の介護予防訪問介護に相当するものに加え，多様なサービスの分類がある。身体介護については従来の介護予防訪問介護に相当するもので提供される。

4 **×** 介護予防ケアマネジメント（第一号介護予防支援事業）については，地域包括支援センターに委託することができる。また，業務の一部を指定居宅介護支援事業所に委託し，当該事業所の介護支援専門員によって実施することも可能である。

5 **×** 要支援者等の多様な生活支援のニーズに対して，総合事業で多様なサービスを提供していくため，市町村ごとにサービスを類型化し，それにあわせた基準や単価等を定める。したがって，地域支援事業の利用者負担は一律ではない。

POINT!
介護予防に向けた施策が重要性を増す中で，地域支援事業の理解は必須である。介護予防・生活支援サービス事業の趣旨や内容に加えて，包括的支援事業の具体的な事業についても整理をしておこう。

正解 問題15……4　　問題16……3　　問題17……2

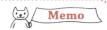

問題 18 頻出度 ★　　　　　　　　　　　　　　　　　　　第36回 問題133

介護福祉士に関する次の記述のうち，正しいものを1つ選びなさい。

1 介護福祉士の法律上の定義には，介護者に対して介護に関する指導を行うことを業とすることが含まれている。
2 介護福祉士が介護保険制度における訪問介護員として従事する際には，その資格とは別に，政令で定める研修を修了していることがその要件となる。
3 介護福祉士は，医師の指示のもと，所定の条件下であれば，医療的ケアの一つとして脱水症状に対する点滴を実施することができる。
4 介護福祉士は業務独占資格の一つであり，法令で定める専門的な介護業務については，他の者が行うことは禁じられている。
5 認定介護福祉士を認定する仕組みは，2005年（平成17年）に制定された介護保険法等の一部を改正する法律において法定化され，その翌年から施行された。

問題 19 頻出度 ★★★　　　　　　　　　　　　　　　　　第35回 問題132

指定居宅介護支援事業者とその介護支援専門員の役割などに関する次の記述のうち，最も適切なものを1つ選びなさい。

1 指定居宅介護支援事業者は，利用者が介護保険施設への入所を要する場合，施設への紹介など便宜の提供は行わず，利用者の選択と判断に委ねることとなっている。
2 居宅サービス計画は，指定居宅介護支援事業者の介護支援専門員に作成を依頼することなく，利用者自らが作成することができる。
3 指定居宅介護支援事業者の介護支援専門員による居宅サービス計画作成業務の保険給付（居宅介護支援）では，利用者の自己負担割合が1割と定められている。
4 地域住民による自発的な訪問や民間事業者が市場サービスとして行う配食サービスなどについては，居宅サービス計画に位置づけることはできないとされている。
5 介護支援専門員は，居宅サービス計画の実施状況の把握のため，少なくとも2週間に1度は利用者宅を訪問することが義務づけられている。

問題 20 頻出度 ★★　　　　　　　　　　　　　　　　　　第33回 問題128

事例を読んで，W居宅介護支援事業所のC介護支援専門員（社会福祉士）によるDさんへの支援内容として，適切なものを2つ選びなさい。

〔事例〕

Dさん（69歳，女性，要介護2）は長男（42歳）と暮らしている。10年前にパーキンソン病と診断され，服薬を続けている。小刻み状態の歩行であり，自宅のカーペットは，ずれやすく転びそうになることがある。ベッドの端座位からの起立に時間がかかる。食事の際，たまにむせることがある。また，最近は昼間に強い眠気がある。担当のW居宅介護支援事業所のC介護支援専門員は，自宅で安心して暮らしていきたいというDさんと長男の意向を踏まえ，居宅サービス計画を立案している。

1 転倒防止のため，できるだけベッド上での安静を図るよう指示した。
2 転ばないように，カーペットを固定することを助言した。
3 強い眠気は薬の副作用であるので，薬の減量を長男に指示した。
4 ベッドからの起立を楽にするために，一気に起き上がることを勧めた。
5 食べ物が喉の途中に引っかかる感じがないか，Dさんと長男に確認した。

問題 18 解説 介護福祉士

1 ○ 介護福祉士は，社会福祉士及び介護福祉士法第2条第2項において，「介護者に対して介護に関する指導を行うことを業とする者」と位置づけられている。

2 × 介護福祉士は，その資格をもとに，主に訪問介護員（ホームヘルパー）や，特別養護老人ホーム等福祉施設の介護職員として介護業務にあたる。

3 × 介護福祉士は，床ずれの処置，インスリン注射，点滴の管理といった医療行為は行うことができない。

4 × 介護福祉士は，社会福祉士と同様に名称独占の国家資格である。

5 × 認定介護福祉士とは，介護福祉士の上位資格である。「認定介護福祉士認証・認定機構」が2015（平成27）年12月より認証・認定を開始した民間資格である。

POINT!

介護福祉士に関する基礎的理解を問う問題である。介護福祉士の役割や資格に関する基礎的な理解が必要となる。

問題 19 解説 居宅介護支援

1 × 居宅介護支援では，居宅要介護者が介護保険施設等への入所を要する場合にあっては，介護保険施設等への紹介その他の便宜の提供も行うものとされている（介護保険法8条24項）。

2 ○ 利用者自身や家族が居宅サービス計画を作成することも可能であり，これをセルフケアプランという。

3 × 居宅介護支援費は，10割給付であり。自己負担額は無料である。

4 × 居宅サービス計画の作成にあたっては，利用者の日常生活全般を支援する観点から，介護給付等対象サービス以外の保健医療サービスまたは福祉サービス，当該地域の住民による自発的な活動によるサービス等の利用も含めて居宅サービス計画上に位置付けるよう努めなければならない（運営基準第13条4号）。

5 × 介護支援専門員は，ケアマネジメントプロセスであるモニタリングとして，少なくとも1か月に1回の利用者への訪問が義務づけられている（運営基準第13条14号イ）。なお，テレビ電話装置等を利用する場合，訪問は2か月に1回でもよい。

POINT!

介護保険制度における最も重要な仕組みの1つであるケアマネジメントについて問う設問である。制度上のケアマネジメントの位置づけや，ケアマネジメントのプロセス，介護支援専門員（ケアマネジャー）の資格に関する事項など，しっかりと整理しておこう。

問題 20 解説 パーキンソン病の介護

1 × 活動性が乏しくなることによる筋固縮の進行，筋力，柔軟性や持久力，及び認知機能等の低下を防ぐため，適切なリハビリを含めた活動性の確保が必要である。

2 ○ すくみ足，突進現象（小走りになって止まらない）等の症状から転倒しやすくなるため，適切な配慮である。

3 × 薬の減量や指示は，介護支援専門員ではなく医師の役割である。

4 × 動作の開始ができず行いにくくなることがあるため，声を出しながらその動作を行うことや，手すりをつかむといった動作のきっかけを利用する支援が必要である。

5 ○ 運動障害，薬物療法の影響，不随意運動による食塊のコントロールの不良や，嚥下力の低下または弱まりによる誤嚥や残留などの障害が起こることがあるため適切な行動である。

POINT!

高齢者に多い疾患の特徴とその介護方法に関する設問は出題頻度が高い。各疾患の症状や，その基本的な介護方法について整理をしておきたい。

正解 問題18……1 問題19……2 問題20……2，5

13

高齢者福祉

問題 21　頻出度 ★★　　第34回 問題134

事例を読んで，M相談員（社会福祉士）がAさんの娘に説明をした入所施設について，最も適切なものを1つ選びなさい。

〔事例〕

S市に住むAさん（75歳）は，大手企業の管理職として仕事をしていたが，過労が原因で60歳の時に脳梗塞を起こし，緊急入院した。幸い一命は取り留め，退院後はリハビリテーションに努めたものの，右半身に麻痺が残り，要介護4の状態となった。Aさんの介護は長年，主に妻が担い，必要に応じて介護支援専門員と相談し，短期入所生活介護や訪問介護などのサービスを利用していた。しかし，1か月前に長年連れ添った妻が亡くなり，その後は娘が遠距離介護をしていたが，Aさんが，「施設に入所し，そこで残りの人生を全うしたい」と希望したので，娘はS市介護保険課のM相談員に相談した。そこで，M相談員は，S市の「入所に関する指針」等を参考にしながら，Aさんに最も適した入所施設について，娘に説明をした。

1　介護老人福祉施設（特別養護老人ホーム）
2　介護老人保健施設
3　介護医療院
4　養護老人ホーム
5　軽費老人ホーム

問題 22　頻出度 ★★★　　第36回 問題134

事例を読んで，地域包括支援センターのM職員（社会福祉士）が訪問・相談を行った時点での対応として，適切なものを2つ選びなさい。

〔事例〕

Q市に住むAさん（85歳，女性，要介護3）は長男（56歳）と二人暮らしである。Aさんは5年前から物忘れが進み，排せつには介助を要し，日常的に長男が介護をしている。また，短期入所生活介護を2か月に1回利用している。今朝，長男から「気分が落ち込んでしまいここ3日ほどは眠れない」「当分は母の介護ができそうにない」と沈んだ声で地域包括支援センターに電話相談があった。これまでにもこのような相談が度々あり，それを受け，M職員がすぐに訪問・相談を行った。

1　Aさんの要介護状態の改善を図る必要があるため，介護予防ケアマネジメントの実施を検討する。
2　総合相談支援業務として，長男の状態について同センターの保健師と相談し，気分の落ち込みや睡眠の問題に対応できる専門機関を探す。
3　権利擁護業務として，Aさんへの虐待リスクがあることについて，市に通報する。
4　包括的・継続的ケアマネジメント支援業務として，Aさんを担当する居宅介護支援事業所の介護支援専門員とともに，早急に今後の対応を検討する。
5　Aさんと長男が住む地域の課題を検討するため，地域ケア会議で報告する。

問題 21 解説 入所施設

1 ○ **介護老人福祉施設**は，要介護高齢者のための生活施設である。入居する要介護者に対し，施設サービス計画に基づいて，入浴，排せつ，食事等の介護その他の日常生活上の世話，機能訓練，健康管理及び療養上の世話を行うことを目的とする施設であり，選択肢の中では最も適切である。

2 × **介護老人保健施設**は，在宅への復帰を目標に心身の機能回復訓練をする施設である。要介護高齢者に**リハビリテーション**等を提供し，**在宅復帰・在宅支援**を目指す施設であり，「施設に入所し，そこで人生を全うしたい」という希望にはそぐわない。

3 × **介護医療院**とは，要介護者であって，主として長期にわたり療養が必要である者に対し，療養上の管理，看護，医学的管理の下における介護及び機能訓練，その他必要な医療並びに日常生活上の世話を行うことを目的とする施設である。重篤な身体疾患を有する人や身体合併症を有する認知症高齢者等の療養等を目的としているため，Aさんの状態には適さない。

4 × **養護老人ホーム**とは，65歳以上で，環境上や経済的理由（政令で定めるものに限る）により，居宅で養護を受けることが困難な高齢者に対し，入所，養護を行う施設であり，要介護者の受け入れには適さない。

5 × **軽費老人ホーム**は，高齢等のため独立して生活するには不安がある，または自炊ができない程度に身体機能の低下が認められ，家族による援助を受けることができない人を入所させ，無料または低額な料金で食事サービスその他日常生活上の必要な便宜を提供し，安心して暮らせるように支援する施設であり，Aさんの状態には適さない。

> **POINT!**
>
> 介護保険施設，老人福祉施設の種別や特性を問う問題である。それぞれが規定されている制度や利用条件，主なサービス内容などを整理しておきたい。

問題 22 解説 地域包括支援センター

1 × 介護予防ケアマネジメントは，**要支援者**，及び「基本チェックリスト」の記入内容が当事業対象者と判断できる者に対して提供されるケアマネジメントサービスである。

2 ○ 総合相談支援事業は，地域包括支援センターの社会福祉士が中心となり，関係機関のネットワークを活かしつつ，総合相談支援を通じて，**制度の垣根を越えた横断的な援助**を実現するものである。

3 × 本事例の内容で，虐待のリスクがあると判断し，市に通報することは不適切である。なお，高齢者虐待防止法では，虐待かどうかの判断は最終的に市町村が行うこととしている。地域包括支援センターが虐待の疑いと判断した場合，速やかに**市町村と連携**し対応を行う。

4 ○ 地域包括支援センターは，包括的・継続的ケアマネジメント支援事業として環境整備と居宅介護支援事業所の**介護支援専門員へのサポート**を行っている。

5 × 地域ケア会議は，市町村もしくは地域包括支援センターが実施・主催する「地域包括ケアシステムの実現に向けて行われる会議」のことである。「個別課題解決機能」「ネットワーク構築機能」「地域課題発見機能」「地域づくり・資源開発機能」「政策形成機能」の5機能が期待されている。本事例では，地域ケア会議の開催ではなく，まずは，介護支援専門員と対応を検討することが優先される。

> **POINT!**
>
> 地域包括支援センターにおける社会福祉士の役割を問う問題である。地域包括支援センターの理解と社会福祉士に求められる役割を十分に理解しておく必要がある。

正解 問題21……1　　問題22……2, 4

問題 23 頻出度 ★ ★　　　　　　　　　　　　　　　　　　　第29回 問題131

介護保険制度の地域支援事業における包括的支援事業に関する次の記述のうち，正しいものを1つ選びなさい。

1 総合相談支援業務では，日常生活自立支援事業や成年後見制度といった権利擁護を目的とするサービスや制度を利用するための支援などが行われる。
2 包括的・継続的ケアマネジメント支援業務では，地域内の要介護者などやその家族に対し，日常的な介護予防に関する個別指導や相談などが実施される。
3 在宅医療・介護連携推進事業では，高齢者などが医療機関を退院する際，必要に応じ，医療関係者と介護関係者の連携の調整や相互の紹介などが行われる。
4 生活支援体制整備事業では，生活支援コーディネーターと生活支援サービスの提供主体による情報共有・連携強化の場として，地域ケア会議が設置される。
5 認知症総合支援事業では，民生委員や地域内のボランティアによる認知症初期集中支援チームが設置される。

問題 24 頻出度 ★ ★　　　　　　　　　　　　　　　　　　　第34回 問題135

「バリアフリー法」に関する次の記述のうち，正しいものを1つ選びなさい。

1 公共交通や建築物等の施設設置管理者等は，2020（令和2）年の改正により，法の施行から3年以内に移動等円滑化基準に適合するよう，既存施設の改修等を行わなければならなくなった。
2 公共用通路の出入口は，移動等円滑化基準において，その幅を60cm以上としなければならない。
3 公共交通事業者等は，その職員に対して移動等円滑化を図るために必要な教育訓練を行うよう努めなければならない。
4 厚生労働大臣は，旅客施設を中心とする地区や高齢者等が利用する施設が集まった地区について，移動等円滑化基本構想を作成しなければならない。
5 移動等円滑化基本構想に位置づけられた事業の実施状況等の調査・分析や評価は，おおむね10年ごとに行わなければならない。

（注）「バリアフリー法」とは，「高齢者，障害者等の移動等の円滑化の促進に関する法律」のことである。

問題 23 解説　包括的支援事業

1　×　総合相談支援業務は，相談を受けて高齢者の心身の状況や家族の状況等についての<u>実態把握やネットワーク構築</u>など総合的な支援を行うものである。
2　×　包括的・継続的ケアマネジメント支援業務は，<u>介護支援専門員への日常的個別指導や相談</u>，支援困難事例等への指導・助言，地域での介護支援専門員のネットワーク構築などを行うものである。
3　○　在宅医療・介護連携推進事業では，医療と介護の両方を必要とする状態の高齢者への支援が円滑に行われるよう，<u>在宅医療・介護を一体的に提供</u>できる連携体制の構築が推進されている。
4　×　生活支援体制整備事業では，生活支援コーディネーター（地域支え合い推進員）と生活支援サービスの提供主体による<u>情報共有・連携強化の場として協議体が設置</u>され，地域づくりが強化される。
5　×　認知症総合支援事業では，認知症の初期段階に本人やその家族に対して個別訪問し適切な支援を行う認知症初期集中支援チームが，<u>地域包括支援センターの職員や複数の専門家</u>らによって設置される。

POINT!
介護保険制度の地域支援事業における包括的支援事業に関する問題である。包括的支援事業の具体的内容を整理しておくとともに，業務での具体的な対応について理解しておくことも重要である。

問題 24 解説　バリアフリー法

1　×　設問にあるような改正は行われていない。既存施設については，基準適合の<u>努力義務</u>を定めている。
2　×　公共用通路の出入口の幅は，<u>90</u>cm以上としなければならない。ただし，構造上の理由によりやむを得ない場合は，<u>80</u>cm以上とすることができるとされている（移動等円滑化のために必要な旅客施設又は車両等の構造及び設備並びに旅客施設及び車両等を使用した役務の提供の方法に関する基準を定める省令4条4項1号）。
3　○　公共交通事業者等は，その職員に対し，移動等円滑化を図るために必要な<u>教育訓練</u>を行うよう努めなければならないとされている（バリアフリー法8条6項）。
4　×　<u>市町村</u>は，基本方針及び移動等円滑化促進方針に基づき，移動等円滑化に係る事業の重点的かつ一体的な推進に関する基本的な構想を作成するよう<u>努める</u>ものとされている（同法25条1項）。
5　×　市町村が移動等円滑化基本構想を作成した場合，おおむね5年ごとに，特定事業その他の事業の実施の状況についての調査，分析及び評価を行うよう<u>努める</u>こととされている（同法25条の2）。

POINT!
「バリアフリー法」に関する設問は時々出題される。今回は2020（令和2）年の改正を踏まえた出題と考えられる。基本的な内容や，改正の動向を押さえておこう。

　正解　問題23……3　　問題24……3

介護の概念や過程，技法

問題 25 頻出度 ★★ 第33回 問題130

要介護高齢者の住環境整備に関する次の記述のうち，最も適切なものを1つ選びなさい。

1 階段は，ステップの面と高さの色彩コントラストをはっきりさせる。
2 床の滑り止めを極力強化することで，転倒を防止する。
3 手指に拘縮がある場合，握り式のドアノブにする。
4 車いす利用の場合，有効な廊下幅は550mm以上である。
5 ポータブルトイレの設置は，ベッドからできるだけ遠ざける。

問題 26 頻出度 ★ 第35回 問題130

高齢者に配慮した浴室の環境整備に関する次の記述のうち，適切なものを2つ選びなさい。

1 開閉時に身体移動が少ないことから，脱衣所は開き戸にした方がよい。
2 立位でまたぐ場合，浴槽の縁（エプロン）の高さは65cm程度がよい。
3 浴室は温度が高くなるので，脱衣所は温度を低くしておくとよい。
4 洗面台の水栓はレバー式が握り動作がいらず操作しやすい。
5 浴室内に立ち上がりや姿勢保持のために水平及び垂直の手すりを複数設置する。

問題 25 解説 要介護高齢者の住環境整備

1 ○ 視力の衰えからくる踏み外しの危険性を減らすために，段差部分の色のコントラストをはっきりさせることは有効な対策である。

2 × 極端に滑り止め効果が強いものは，かえってつまずきや転倒の危険性を増大させるので適切ではない。

3 × 手指の変形・拘縮などがあると，握り式のドアノブを回せない場合がある。その際は，レバー型のハンドルに替えたりする。

4 × 車いすの幅は，フルオーダーを除いた手動のもので630mm以下，電動のもので700mm以下がJIS規格として販売されている。ターンやすれ違いを考えない場合も，最低でも850～900mm以上が必要と考えられ，設問文にある550mmでは狭すぎると考えられる。

5 × 介助者があまり付き添えない，転倒の危険性がある，トイレまで間に合わない，冬場は室内と廊下の気温差が大きく心臓に負担がかかるなど，自宅トイレに行くことが難しくなってきた場合は，ベッドサイドへのポータブルトイレの導入を検討する。

POINT!

要介護高齢者の住環境整備に関する設問は，様々な形で出題されている。高齢者に多い疾患の特徴や，その基本的な介護方法と併せて整理しておこう。

問題 26 解説 浴室の環境整備

1 × 開き戸はドアが前後に開く構造になっているために，開いたときに身体のバランスを崩して転倒する可能性も考えられる。出入りの際に浴室が狭くなってしまい，浴室で転倒した際に身体にドアが引っかかってしまうリスクもある。引き戸であればドアが横に開くため，中で人が倒れていてもいち早く救出が可能である。

2 × 浴槽の縁の高さは，椅子の高さと同じくらいの概ね40cm。深さは50cmくらいが出入りや浮力の調節がしやすい。

3 × 急激な温度差により血圧が変化して，失神や心筋梗塞，脳梗塞などが起きるヒートショックの予防のため，脱衣室や浴室が寒い場合は暖房設備を置く，浴室であれば事前にシャワーで暖めておくといった対応が必要である。

4 ○ 高齢者は握力が弱いため，固いハンドルを回せない。2ハンドル混合栓や，お風呂のサーモスタット混合栓などは固く高齢者には厳しいことがある。そのため，高齢者にとっては「レバー式」のほうが操作しやすい。

5 ○ 例えば，お風呂入口用，洗い場移動用，洗い場立ち座り用，浴槽出入り用，浴槽立ち座り用，風呂イスを使用する際や，浴槽の出入りの際に捕まることのできる手すりを設置が考えられる。動作の妨げにならないよう浴室の広さに合わせて，複数の手すりを設置することが推奨される。

POINT!

高齢者に配慮した浴室の環境整備に関する設問は時々に出題されている。過去問を中心に，基本的な内容を整理しておこう。

正解 問題25……**1**　　問題26……**4，5**

問題 27　頻出度 ★★★　第35回 問題129

事例を読んで，U介護老人福祉施設に入所しているMさんに対する日常介護に関する次の記述のうち，最も適切なものを1つ選びなさい。

〔事例〕

Mさん（79歳，女性，要介護4）は，先月U介護老人福祉施設に入所した。3年前に発症した脳梗塞の後遺症により右片麻痺，運動性失語症がある。問い掛けに対して，首を振って返答することは可能である。口腔内に感覚障害がある。時々，せき込むことがある。食事の時，自分で矢継ぎ早に摂取し，口いっぱいにほおばっていることが多い。最近になって腹圧性尿失禁があることが分かった。A生活相談員（社会福祉士）は，Mさんに対するケアカンファレンスに同席し，介護上の留意点を確認した。

1 Mさんに対する質問は，できるだけ開かれた質問で行うように心掛ける。
2 着替えの介助の際，袖を通すときは左側から介助する。
3 浴槽に入る際は，右足の方から湯船に入るように介助する。
4 せきの時に尿が漏れるかもしれないので，尿パッドの使用をMさんと検討する。
5 食事の時，食べ物を口に運ぶペースはMさんのペースのままとする。

問題 28　頻出度 ★★　第36回 問題129

移動の介護に関する次の記述のうち，最も適切なものを1つ選びなさい。

1 片麻痺がある人が杖歩行を行う場合，杖は麻痺側に持つ。
2 左片麻痺者が階段を上る時は，杖の次に左足を上げる。
3 視覚障害者の歩行介助を行う場合，介助者は視覚障害者の後方を歩く。
4 片麻痺がある人のベッドから車いすへの移乗では，車いすを要介護者の健側に置く。
5 車いすで大きな段差を下るときは，前向きで降りる。

問題 29　頻出度 ★　第34回 問題130

終末期ケアに関する次の記述のうち，最も適切なものを1つ選びなさい。

1 ホスピスでは，看取り後の家族らが抱える悲嘆を緩和することを終末期ケアにおける支援の中心とする。
2 デーケン（Deeken, A.）が提唱した死への準備教育（デス・エデュケーション）とは，症状の緩和，特に痛みの緩和，安楽をもたらすチームケアを行うための介護スタッフ教育のことである。
3 アドバンス・ケア・プランニング（ACP）では，本人が医療・ケアチームと十分な話合いを行い，本人による意思決定を尊重する。
4 グリーフケアは，終末期を迎えた人に対して，積極的な延命治療を行わず，できる限り自然な死を迎えられるようにすることである。
5 緩和ケアとは，可能な限りの延命治療を行った上で人生の最期を迎えられるようにするケアである。

問題 27 解説　身体介助

1 × 運動性失語のある人は長く話すのが苦手なので，聞き手が言いたい内容を推察して二者択一の「はい・いいえ」で答えられるような質問をすることでコミュニケーションのしづらさを軽減できる。

2 × 患部のある側から着て，健康な側から脱ぐようにすることで，介助においても，着脱がしやすく介助される側への負担が少ない。着患脱健の原則，脱健着患ともいう。

3 × 浴槽を跨ぐときの下肢を出す順番は，立位時と同じく非麻痺側下肢から入り，麻痺側下肢から出るのが基本となる。

4 ○ 腹圧性尿失禁によって咳やくしゃみが出そうなときに，お腹に力が入り，尿が漏れてしまうといった症状が出る。体操をしたり通院治療によって改善することもあるが，すぐに対応が必要な場合，尿漏れのパッドの使用の検討も必要である。

5 × Mさんは口腔内に感覚障害があり，時々せき込むことがあるとされているため，窒息の危険がある。現在のMさんのペースで食べ物を運ぶのは危険である。

> **POINT!**
> 麻痺のある人への介護方法に関する設問は頻回に出題されている。また，失語症の人へのコミュニケーションの方法等についても時々出題される。いずれも基本的な内容をしっかり整理しておきたい。

問題 28 解説　移動の介護

1 × 杖は，麻痺側を補助するために健側（麻痺がない側）に持つ。

2 × 片麻痺者の階段昇降（昇り）は，「杖」「健側」「麻痺側」の順番で行う。

3 × 視覚障害者の歩行介助を行う場合，左斜め前に立ち，介助者は常に半歩前に立って歩く。介助者が半歩前に立つことで，歩く，曲がる，止まるという動きが自然に伝わる。

4 ○ 片麻痺がある場合は，車いすを被介護者（要介護者）の健側（麻痺がない側）に設置する。

5 × 車いすで段差を降りるときは，後向きで降りるように介助する。どんなに低い段差でも，正面から降りようとすると，被介助者（要介護者）が滑り落ちてしまう危険性があるからである。

> **POINT!**
> 移動の介護の技法についての基礎的な理解を問う問題である。介護の概念や対象介護過程における介護の技法や介護予防の基本的考え方について理解することが必要である。

問題 29 解説　終末期ケア

1 × ホスピスとは，死が迫っている患者とその家族の苦痛を最小限にすることを主な目的として，様々な苦痛を和らげる治療・ケアを行うプログラム，施設を指す。看取り後の家族らが抱える悲嘆を緩和するのは，グリーフケアである。

2 × 死への準備教育（デス・エデュケーション）とは，死に直面したり，親族と死別したりすることの苦悩を和らげるために，死に向き合い，命の尊さに気づき，限りある「生」をよりよく生きることを目指す考え方である。症状の緩和，痛みの緩和，安楽をもたらすチームケアは，緩和ケアである

3 ○ アドバンス・ケア・プランニング（ACP／Advance Care Planning）とは，将来の変化に備え，医療及びケアについて本人による意思決定を支援するプロセスのことである。本人を主体に，その家族や近しい人，医療・ケアチームが，繰り返し話し合いを行うことが重要視される。

4 × グリーフケアとは，死別などによる深い悲しみや悲痛（grief）を世話（care）することであり，「遺族ケア」や「悲嘆ケア」ともいわれる。

5 × 緩和ケアとは，がん患者に生じる身体の痛みや，倦怠感，不安感やいらだち，気持ちの落ち込みといった心の問題に対し，身体と心の痛みを和らげ，患者とその家族が自分らしく生活できるよう支援するためのケアを指す。

> **POINT!**
> 終末期ケアに関する様々な実践に関する知識を問う問題である。高齢者福祉の実践において終末期ケアは重要であり，基本的な知識を整理しておきたい。

正解　問題27……4　　問題28……4　　問題29……3

Note　介護サービス利用の流れ

利用者

[市町村及び特別区] の窓口に相談

明らかに要介護認定が必要な場合，予防給付や介護によるサービスを希望している場合等

明らかに介護予防・生活支援サービス事業の対象外と判断できる場合

基本チェックリスト

要介護認定申請

サービス事業対象者

認定調査

医師の意見書

一次判定（コンピュータ）

二次判定（ 介護認定審査会 ）

要介護認定

要介護1〜要介護5

予防給付を利用

要支援1要支援2

事業のみ利用

非該当（サービス事業対象者）

居宅サービス計画

介護予防サービス計画

介護予防ケアマネジメント

○施設サービス
・特別養護老人ホーム
・介護老人保健施設
・介護医療院

○居宅サービス
・訪問介護
・通所介護
・短期入所 など

○地域密着型サービス
・定期巡回・随時対応型訪問介護看護
・小規模多機能型居宅介護
・夜間対応型訪問介護
・認知症対応型共同生活介護 など

○介護予防サービス
・介護予防訪問看護
・介護予防通所リハビリ
・介護予防居宅療養管理指導 など

○地域密着型介護予防サービス
・介護予防小規模多機能型居宅介護
・介護予防認知症対応型通所介護 など

○介護予防・生活支援サービス事業 ※
・訪問型サービス
・通所型サービス
・その他の生活支援サービス

○一般介護予防事業（すべての第1号被保険者及びその支援のための活動に関わる者が対象）
・介護予防普及啓発事業
・地域介護予防活動支援事業
・地域リハビリテーション活動支援事業 など

[介護給付]

[予防給付]

[総合事業]

※従前から第1号サービスを利用していて，市町村長が認める場合，要介護1〜5の利用者も利用可能。
出典：厚生労働省「公的介護保険制度の現状と今後の役割」平成30年度をもとに作成

第 **14** 章

<専門科目>

児童・家庭福祉

Check ☐	1回目	月	日	／19問
Check ☐	2回目	月	日	／19問
Check ☐	3回目	月	日	／19問

子ども家庭福祉制度の発展過程

問題 01　頻出度 ★★　第30回 問題137

以下の文章は，障害児福祉の発展に貢献した人物の紹介である。紹介されている人物として，正しいものを1つ選びなさい。

近江学園の創設者。重度の障害児であっても，人間らしく生きていくことが重要であると考え，「この子らに世の光を」ではなく，「この子らを世の光に」という言葉を通して，人間尊重の福祉の取組を展開した。

1. 石井亮一
2. 高木憲次
3. 糸賀一雄
4. 福井達雨
5. 留岡幸助

子ども家庭福祉の理念と権利保障

問題 02　頻出度 ★★　第30回 問題138

児童が「自由に自己の意見を表明する権利を確保する」と明記しているものとして，正しいものを1つ選びなさい。

1. 児童福祉法
2. 児童の権利に関する条約
3. 児童虐待の防止等に関する法律
4. 児童権利宣言
5. 児童憲章

問題 03　頻出度 ★★　第32回 問題137

次のうち，子どもの権利に関する先駆的な思想を持ち，児童の権利に関する条約の精神に多大な影響を与えたといわれ，第二次世界大戦下ナチスドイツによる強制収容所で子どもたちと死を共にしたとされる人物として，正しいものを1つ選びなさい。

1. ヤヌシュ・コルチャック（Korczak, J.）
2. トーマス・ジョン・バーナード（Barnardo, T.J.）
3. セオドア・ルーズベルト（Roosevelt, T.）
4. エレン・ケイ（Key, E.）
5. ロバート・オーウェン（Owen, R.）

> **Note　第1回ホワイトハウス会議**
>
> 第1回ホワイトハウス会議の内容としては，次のようなものが挙げられる。
> ①貧困を理由に，児童を家庭から引き離してはならない
> ②要扶養の原因を調査し，その原因を取り除く
> ③里親制度について
> ④施設の入所方法について
> ⑤すべての児童福祉施設は，許可と査察指導を受け入れること
> ⑥児童局を設置する

問題 01 解説 障害者福祉の発展に貢献した人物

1 × 石井亮一は，濃尾大地震の被災地で保護した孤女（女子の孤児）を預かって，孤女学院を開設した。その中に，知的な発達の遅れのみられる女児がいたことから，後に，知的障害児教育の施設として発展させ，滝乃川学園と改称した。

2 × 高木憲次は整形外科医だが，日本初の肢体不自由療育施設である整肢療護園の初代理事長を務め，「肢体不自由児の父」とも呼ばれる。

3 ○ 糸賀一雄は，知的障害児の教育施設である近江学園や，重症心身障害児施設であるびわこ学園の創設者である。設問文にある「この子らを世の光に」という言葉を残したことでも知られる。

4 × 福井達雨は，知能に重い障害のある人たちの支援施設である止揚学園を創設した。

5 × 留岡幸助は，現在の児童自立支援施設にあたる感化院として，家庭学校を創設した。

> **POINT！**
> 歴史上の人物を問う問題については，丁寧に整理しておけば必ず得点できる。よく学習し，取りこぼさないようにしたい。

問題 02 解説 意見表明権

1 × 児童福祉法には，「自由に自己の意見を表明する権利を確保する」という文言は明記されていない。ただ，「児童の権利に関する条約の精神にのっとり」と記載されており，意見表明権についても肯定していると考えられる。

2 ○ 児童の権利に関する条約12条に，「自由に自己の意見を表明する権利（意見表明権）を確保する」と明記されている。

3 × 児童虐待の防止等に関する法律には，「自由に自己の意見を表明する権利（意見表明権）」については特に明記されていない。

4 × 児童権利宣言には，「自由に自己の意見を表明する権利（意見表明権）」については特に明記されていない。

5 × 児童憲章には，「自由に自己の意見を表明する権利（意見表明権）」については特に明記されていない。

問題 03 解説 欧米の児童福祉の歴史

1 ○ ヤヌシュ・コルチャックは，ユダヤ系ポーランドの小児科医・児童文学家・教育者である。1911年にユダヤ人孤児のための孤児院ドルト・シェロトの院長となった。子どもの権利に関する先駆的な思想を持ち，1989年に国連総会で採択された児童の権利に関する条約は，コルチャックの子どもの権利に関するアイデアに基づき，ポーランド政府が提案したものである。コルチャック自身は，1942年，ナチスドイツによる強制収容所で，子どもたちとともに殺害された。

2 × トーマス・ジョン・バーナードは，イギリスに孤児院バーナード・ホームを設立した人物である。バーナード・ホームは，従来の大収容施設に代わり，一般家庭の住居規模に近い建物で，夫婦である保父・保母を中心に少人数の子どもが一般家庭のような日常生活を送る小舎制を採用し，職業教育，アフターケアなどを行い，児童収容施設の近代化に貢献した。日本の石井十次（岡山孤児院を開設）にも影響を与えたといわれている。

3 × 第26代アメリカ合衆国大統領セオドア・ルーズベルトは，1909年に，「要保護児童の保護に関する会議」（第1回ホワイトハウス会議）を開催した。ここでは当時の要扶養児童の問題が話し合われ，「家庭生活は，文明の所産のうち最も高い，最も美しいものである。児童は緊急やむを得ない理由がない限り，家庭生活から引き離されてはならない」という声明が発表された。

4 × エレン・ケイは，20世紀初頭のスウェーデンの思想家であり，20世紀を「児童の世紀」とすることを主張した。

5 × ロバート・オーウェンは，産業革命期のイギリスの社会改革思想家で，協同組合の先駆者である。児童を大人と違う固有の存在ととらえ，子どもを労働から保護する最初の工場法を制定させた。また，人間の性格は環境によって形成されるという性格形成論を唱えた。

> **POINT！**
> 本問で扱われている人物は，欧米の児童福祉の歴史のなかで，いずれも重要な人物ばかりであり，よく整理して覚えておく必要がある。

正解 問題01……3 問題02……2 問題03……1

14

児童・家庭福祉

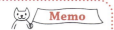

子ども家庭福祉の法制度

問題 04 頻出度 ★★★　　第33回 問題140

子育て支援に係る法律に関する次の記述のうち，正しいものを1つ選びなさい。

1. 子ども・子育て支援法に基づき，国は，子どもと保護者に必要な子ども・子育て支援給付，地域子ども・子育て支援事業を総合的・計画的に行う。
2. 次世代育成支援対策推進法に基づき，市町村は，3年ごとに次世代育成支援対策の実施に関する計画を策定することが義務づけられている。
3. 次世代育成支援対策推進法に基づき，常時雇用する労働者が100人を超える一般事業主は，一般事業主行動計画を策定しなければならない。
4. 児童福祉法に基づき，保育所等訪問支援では，小学校長が命じる者が保育所等を訪問して，就学前教育に関する助言を行う。
5. 母子保健法に基づき，乳児家庭全戸訪問事業では，生後8か月に達した乳児の家庭を訪問して，指導を行う。

Note 地域子ども・子育て支援事業の内容

乳児家庭全戸訪問事業	2007（平成19）年度より実施の「こんにちは赤ちゃん事業」が法定化された事業。原則，生後4か月未満の子どもがいるすべての家庭を対象に保健師等が訪問する。子育てに関する情報の提供，乳児及びその保護者の心身の状況及び養育環境の把握，養育についての相談に応じ，助言その他の指導を行う
養育支援訪問事業	要保護児童等の居宅において，保育士や保健師等の専門知識，経験を有する者が養育に関する相談，指導及び助言を行う
地域子育て支援拠点事業	地域子育て支援センター事業とつどいの広場事業を再編し，2007（平成19）年度より創設。実施主体は市町村で，民間事業者への委託も可能。子育て親子の交流の促進，子育てに関する相談の実施，子育て支援に関する情報の提供，講習等の実施を行う
一時預かり事業	家庭において保育を受けることが一時的に困難となった乳児又は幼児について，主として昼間において，保育所その他の場所において一時的に預かり，必要な保育を行う

問題 05 頻出度 ★★★　　第35回 問題138

「児童虐待防止法」に関する次の記述のうち，最も適切なものを1つ選びなさい。

1. 児童相談所長等は，児童虐待の防止及び児童虐待を受けた児童の保護のため，施設入所している児童を除き，面会制限を行うことができる。
2. 児童虐待を受けたと思われる児童を発見した者は，できる限り通告するよう努めなければならない。
3. 児童の福祉に職務上関係のある者は，児童虐待の早期発見を行わなければならない。
4. 児童が同居する家庭における配偶者に対する生命又は身体に危害を及ぼす暴力は，児童虐待の定義に含まれる。
5. 児童に家族の介護を行わせることは，全て，児童虐待の定義に含まれる。

（注）「児童虐待防止法」とは，「児童虐待の防止等に関する法律」のことである。

問題 04 解説 子育て支援に係る法律

1 ✕ 子ども・子育て支援法3条1項1号に，市町村（特別区を含む）の責務として，「子どもの健やかな成長のために適切な環境が等しく確保されるよう，子ども及びその保護者に必要な子ども・子育て支援給付及び地域子ども・子育て支援事業を総合的かつ計画的に行うこと」と規定されている。

2 ✕ 次世代育成支援対策推進法8条1項には，「市町村は，行動計画策定指針に即して，5年ごとに，当該市町村の事務及び事業に関し，5年を一期として，次世代育成支援対策の実施に関する計画（市町村行動計画）を策定することができる」と規定されている。なお，2023（令和5）年より，次世代育成支援対策の実施に関する計画は，子ども・若者計画などのこども施策に関する他の計画とともにこども計画として作成できることになった。

3 ◯ 次世代育成支援対策推進法12条に，設問文の通り規定されている。また，厚生労働大臣にその旨を届け出なければならないことになっている。

4 ✕ 保育所等訪問支援は，児童福祉法6条の2の2第5項に，障害児通所支援の1つとして，「保育所等訪問支援とは，保育所その他の児童が集団生活を営む施設に通う障害児又は乳児院その他の児童が集団生活を営む施設に入所する障害児につき，当該施設を訪問し，当該施設における障害児以外の児童との集団生活への適応のための専門的な支援その他の便宜を供与することをいう」と規定されており，就学前教育に関する助言を行うわけではない。

5 ✕ 乳児家庭全戸訪問事業は，児童福祉法6条の3第4項に，「乳児家庭全戸訪問事業とは，一の市町村の区域内における原則として全ての乳児のいる家庭を訪問することにより，子育てに関する情報の提供並びに乳児及びその保護者の心身の状況及び養育環境の把握を行うほか，養育についての相談に応じ，助言その他必要な援助を行う事業をいう」と規定されている。厚生労働省の乳児家庭全戸訪問事業ガイドラインでは，「原則として生後4か月を迎えるまでの，すべての乳児のいる家庭を事業の対象とする」と規定されている。

POINT!
子育て支援に係る施策については，2023（令和5）年12月に閣議決定された「こども未来戦略」の内容もおさえておきたい。

問題 05 解説 児童虐待防止法

1 ✕ 児童相談所長等は，児童虐待の防止及び児童虐待を受けた児童の保護のため，施設入所している児童との面会制限を行うことができる（児童虐待防止法12条）。

2 ✕ 児童虐待を受けたと思われる児童を発見した者は，速やかに，これを市町村，都道府県の設置する福祉事務所もしくは児童相談所または児童委員を介して市町村，都道府県の設置する福祉事務所もしくは児童相談所に通告しなければならない（同法6条）。

3 ✕ 学校，児童福祉施設，病院，都道府県警察，女性相談支援センター，教育委員会，配偶者暴力相談支援センターその他児童の福祉に業務上関係のある団体及び学校の教職員，児童福祉施設の職員，医師，歯科医師，保健師，助産師，看護師，弁護士，警察官，女性相談支援員その他児童の福祉に業務上関係のある者は，児童虐待を発見しやすい立場にあることを自覚し，児童虐待の早期発見に努めなければならない（同法5条1項）。

4 ◯ 児童虐待の1つである心理的虐待には，児童が同居する家庭における配偶者に対する暴力（配偶者（事実上婚姻関係と同義の事情にある者を含む）の身体に対する不法な攻撃であって生命または身体に危害を及ぼすもの及びこれに準ずる心身に有害な影響を及ぼす言動）も含まれる（同法2条4号）。

5 ✕ 家族の介護に追われるヤングケアラーの存在についても指摘されているが，現行の児童虐待防止法においては，児童虐待の定義に含まれていない。

POINT!
児童虐待防止法は毎年繰り返し出題されるため，日頃から丁寧に学習しておく必要がある。

正解 問題04……3　　問題05……4

問題 06 頻出度 ★★★　第36回 問題137

児童福祉法の総則規定に関する次の記述のうち，最も適切なものを1つ選びなさい。

1　全て国民は，児童の年齢及び発達の程度に応じて，その意見が尊重されるよう努めなければならない。
2　全て保護者は，その養育する児童の福祉を等しく保障される権利を有する。
3　国は，児童を育成する第一義的責任がある。
4　全て国民は，児童の最善の利益を実現しなければならない。
5　全て児童は，家庭で育てられなければならない。

問題 07 頻出度 ★★★　第36回 問題139

児童扶養手当に関する次の記述のうち，最も適切なものを1つ選びなさい。

1　生活保護を受給していることが支給要件である。
2　児童扶養手当法における児童とは，障害がない子どもの場合，18歳到達後の最初の3月31日までの間にある者をいう。
3　児童扶養手当は児童手当と併給できない。
4　支給額は，世帯の収入にかかわらず一定である。
5　父子世帯は，支給対象外となる。

Note　児童手当

2024（令和6）年10月分より，支給対象が中学生年代から高校生年代に延長されたほか，所得制限が撤廃された。

一般受給資格者	：日本国内に住所があり，高等学校修了前の児童を監護し，かつ一定の生計関係にある者（所得制限なし）
施設等受給資格者	：高等学校修了前の施設入所等児童が委託されている施設の設置者や里親

（月額）

3歳未満：　　　　　　　　　　　　　　1万5,000円，（第3子以降）3万円
3歳以上小学校修了前：（第1子・第2子）1万円，（第3子以降）3万円
中学生・高校生：　　　　　　　　　　　1万円，（第3子以降）3万円

問題 06 解説　児童福祉法の総則規定

1 ○　児童福祉法第1章の総則規定の2条に，選択肢の通り規定されている。

2 ✕　児童福祉法第1章の総則規定には，選択肢の記述はない。

3 ✕　児童福祉法第1章の総則規定の2条2項には，「児童の保護者は，児童を心身ともに健やかに育成することについて第一義的責任を負う」と規定されている。

4 ✕　児童福祉法第1章の総則規定の2条1項には，「全て国民は，児童が良好な環境において生まれ，かつ，社会のあらゆる分野において，児童の年齢及び発達の程度に応じて，その意見が尊重され，その最善の利益が優先して考慮され，心身ともに健やかに育成されるよう努めなければならない」と規定されている。

5 ✕　児童福祉法第1章の総則規定には，選択肢の記述はない。

POINT!

児童福祉法第1章総則規定については，出題された内容のほか，「児童の権利に関する条約の精神」に則っていること，「子どもの意見が尊重されること」が明確にされていることも確認しておきたい。

問題 07 解説　児童扶養手当

1 ✕　児童扶養手当は，児童扶養手当法1条にあるように，父または母と生計を同じくしていない児童が育成されるひとり親家庭等の生活の安定と自立の促進に寄与するため，当該児童について手当を支給し，児童の福祉の増進を図ることを目的とするものである。児童扶養手当法4条1項1，2号にあるように，児童扶養手当の支給要件は，「父母が婚姻を解消した児童，父又は母が死亡した児童，父又は母が一定程度の障害の状態にある児童，父又は母の生死が明らかでない児童等を監護していること等」と規定され，生活保護を受給していることは支給要件とはなっていない。

2 ○　児童扶養手当法における児童とは，障害がない子どもの場合，18歳到達後の最初の3月31日までの間にある者であり，障害がある子どもの場合は20歳未満となっている。

3 ✕　前述のように，児童扶養手当は，ひとり親家庭の経済的安定を図るために支給される手当である。児童手当は，中学校卒業までの児童の養育者に支給される手当であり，ひとり親家庭に対しては，併給できることになっている。

4 ✕　児童扶養手当には，全部支給と一部支給の2種類があり，前年の所得と扶養する子どもの数に応じて金額が異なっている。

5 ✕　2010（平成22）年6月の児童扶養手当法改正により，同年8月から父子家庭にも児童扶養手当が支給されている。

POINT!

児童手当と児童扶養手当それぞれについて，支給対象や所得制限など，細かいところまで理解して覚えておきたい。また，近年は法制度の改正が頻繁に行われているので，最新情報も把握しておくようにしたい。

正解　問題06……1　　問題07……2

14

児童・家庭福祉

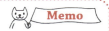

問題 08　頻出度 ★★★　第36回 問題140

次の記述のうち，次世代育成支援対策推進法に関して，最も適切なものを1つ選びなさい。

1. 少子化に対処するための施策を総合的に推進するために，全ての児童が医療を無償で受けることができる社会の実現を目的としている。
2. 都道府県及び市町村には，10年を1期とする次世代育成支援のための地域における行動計画を策定することが義務づけられている。
3. 政府には，少子化に対処するための施策を指針として，総合的かつ長期的な労働力確保のための施策の大綱を策定することが義務づけられている。
4. 常時雇用する労働者の数が100名を超える事業主（国及び地方公共団体を除く）は，一般事業主行動計画を策定しなければならない。
5. 都道府県を基盤とした一元的な保育の給付について規定されている。

問題 09　頻出度 ★★　第36回 問題141

特別養子縁組の制度に関する次の記述のうち，最も適切なものを1つ選びなさい。

1. 配偶者のない者でも養親となることができる。
2. 養子となることができる子の年齢上限は，6歳である。
3. 養親には離縁請求権はない。
4. 特別養子縁組の成立には，実親の同意は原則として必要ではない。
5. 特別養子縁組は，都道府県が養親となる者の請求により成立させることができる。

Note　虐待の定義

身体的虐待	児童の身体に外傷が生じ，又は生じるおそれのある暴行を加えること
性的虐待	児童にわいせつな行為をすること又は児童をしてわいせつな行為をさせること
ネグレクト	児童の心身の正常な発達を妨げるような著しい減食又は長時間の放置，保護者以外の同居人による身体的虐待や性的虐待，心理的虐待と同様の行為の放置その他の保護者としての監護を著しく怠ること
心理的虐待	児童に対する著しい暴言又は著しく拒絶的な対応，児童が同居する家庭における配偶者に対する暴力その他の児童に著しい心理的外傷を与える言動を行うこと

問題 08 解説　次世代育成支援対策推進法

1 ×　次世代育成支援対策推進法1条に，「この法律は，我が国における急速な少子化の進行並びに家庭及び地域を取り巻く環境の変化にかんがみ，次世代育成支援対策に関し，基本理念を定め，並びに国，地方公共団体，事業主及び国民の責務を明らかにするとともに，行動計画策定指針並びに地方公共団体及び事業主の行動計画の策定その他の次世代育成支援対策を推進するために必要な事項を定めることにより，次世代育成支援対策を迅速かつ重点的に推進し，もって次代の社会を担う子どもが健やかに生まれ，かつ，育成される社会の形成に資することを目的とする」と規定されている。選択肢の内容を目的とはしていない。

2 ×　次世代育成支援対策推進法8条に市町村行動計画が，9条に都道府県行動計画が規定されているが，両計画とも，「5年を一期として策定することができる」とされている。

3 ×　次世代育成支援対策推進法4条には，「国及び地方公共団体は，前条の基本理念にのっとり，相互に連携を図りながら，次世代育成支援対策を総合的かつ効果的に推進するよう努めなければならない」と規定されている。また，7条1項には，「主務大臣は，次世代育成支援対策の総合的かつ効果的な推進を図るため，基本理念にのっとり，市町村行動計画及び都道府県行動計画並びに一般事業主行動計画及び特定事業主行動計画の策定に関する指針（以下「行動計画策定指針」という。）を定めなければならない」と規定されている。選択肢の内容は特に規定されていない。

4 ○　次世代育成支援対策推進法12条に，「国及び地方公共団体以外の事業主（以下「一般事業主」という。）であって，常時雇用する労働者の数が100人を超えるものは，行動計画策定指針に即して，一般事業主行動計画（一般事業主が実施する次世代育成支援対策に関する計画をいう。以下同じ。）を策定し，厚生労働省令で定めるところにより，厚生労働大臣にその旨を届け出なければならない。これを変更したときも同様とする」と規定されている。

5 ×　次世代育成支援対策推進法には，選択肢の規定は特にない。子ども・子育て支援法3条には，保育給付を含めた子ども・子育て支援給付については，市町村の責務であると規定している。

POINT!

次世代育成支援対策推進法については，特に，各行動計画についての規定をよく確認しておきたい。なお，都道府県行動計画・市町村行動計画については，2023（令和5）年のこども基本法の施行により都道府県と市町村に作成の努力義務が課されたこども計画との関係性についても理解しておきたい。

問題 09 解説　特別養子縁組

1 ×　特別養子縁組とは，子どもの福祉の増進を図るために，養子となる子どもの実親（生みの親）との法的な親子関係を解消し，実の子と同じ親子関係を結ぶ制度である。養親となるには，配偶者がいなければならないことになっている。

2 ×　養子となることができる子の年齢は，養親となる者が家庭裁判所に審判を請求するときに，15歳未満である必要がある。ただし，子が15歳に達する前から養親となる者から監護されていた場合には，子が18歳に達する前までは，審判を請求することができる。

3 ○　民法817条の10第1項に，「次の各号（1. 養親による虐待，悪意の遺棄その他養子の利益を著しく害する事由があること，2. 実父母が相当の監護をすることができること）のいずれにも該当する場合において，養子の利益のために特に必要があると認めるときは，家庭裁判所は，養子，実父母又は検察官の請求により，特別養子縁組の当事者を離縁させることができる」と規定されている。同条2項には，「離縁は，前項の規定による場合のほか，これをすることができない」と規定されている。養親には離縁請求権はないといえる。

4 ×　特別養子縁組の成立には，養子となる子の父母（実父母）の同意がなければならない。ただし，実父母がその意思を表示できない場合または，実父母による虐待，悪意の遺棄その他養子となる子の利益を著しく害する事由がある場合は，実父母の同意が不要となることもある。

5 ×　特別養子縁組は，養親となる者の請求に対し，家庭裁判所の決定により成立する。

POINT!

特別養子縁組についてはこれまであまり出題されていなかったが，民法の規定については確認しておきたい。また，里親の種類と定義，2024（令和6）年4月より児童福祉施設となる里親支援センターなどについても確認しておくとよい。

正解　問題08……4　　問題09……3

14

児童・家庭福祉

子ども家庭福祉制度における組織・団体

問題 10 頻出度 ★★ 第34回 問題138 改

次の記述のうち、2022（令和4）年度の児童相談所における児童虐待相談対応件数（「福祉行政報告例」（厚生労働省））について、最も適切なものを1つ選びなさい。

1 虐待相談対応件数は、5年前と比べて減少している。
2 心理的虐待は、5年前と比べて減少している。
3 警察等からの虐待通告は、5年前と比べて増加している。
4 相談種別で件数をみると、ネグレクトの割合が最も高い。
5 相談の経路（通告者）は、家族・親戚からの割合が最も高い。

Note 児童相談所における相談援助活動の体系・展開

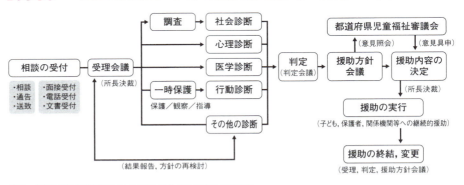

出典：「児童相談所運営指針について」厚生労働省をもとに作成

問題 11 頻出度 ★★★ 第34回 問題140

児童養護施設入所児童の家庭環境調整に関する次の記述のうち、最も適切なものを1つ選びなさい。

1 家庭環境調整は、児童の家庭の状況に応じ親子関係の再構築などが図られるように行わなければならない。
2 児童が施設入所に至った理由の説明は、児童を精神的に追い詰めることになるので行わないこととされている。
3 児童にとって親は唯一無二の存在であり、児童養護施設には親との面会・交流を行うことが義務づけられている。
4 家庭支援専門相談員が児童の家庭復帰の判断とその決定を行う。
5 保護者の虐待で施設入所した児童を家庭復帰させた場合には、保護者の主体性を重んじ、児童相談所は継続的な指導は行わないこととされている。

問題10 **解説** 配偶者暴力相談支援の相談員

1 × 「令和4年度福祉行政報告例」(厚生労働省)において、虐待相談対応件数を5年前から比較すると、2018(平成30)年度が159,838件、2019(令和元)年度が193,780件、2020(令和2)年度が205,044件、2021(令和3)年度が207,660件、2022(令和4)年度が214,843件と、増加の一途をたどっている。

2 × 同報告例において、心理的虐待を5年前から比較すると、2018(平成30)年度が88,391件、2019(令和元)年度が109,118件、2020(令和2)年度が121,334件、2021(令和3)年度が124,724件、2022(令和4)年度が128,114件と、増加の一途をたどっている。

3 ○ 同報告例において、警察等からの虐待通告を5年前から比較すると、2018(平成30)年度が79,138件、2019(令和元)年度が96,473件、2020(令和2)年度が103,625件、2021(令和3)年度が103,104件と、5年前と比べて約37,000件増加している。

4 × 同報告例において、相談種別で件数をみると、214,843件のうち、心理的虐待が128,114件(59.6%)と割合が最も高く、以下、身体的虐待が49,464件(23.0%)、保護の怠慢・拒否(ネグレクト)が34,872件(16.2%)、性的虐待が2,393件(1.1%)となっている。

5 × 同報告例において、相談の経路(通告者)は、警察等からの割合が最も高く(112,311件(52.3%))、次いで、近隣・知人22,188件(10.3%)、家族・親戚17,840件(8.3%)、学校等14,828件(6.9%)の順となっている。

POINT!

配偶者からの暴力が子どもの心理的虐待となるケースは多く、事例問題としても出題が続くと思われる。

問題11 **解説** 児童養護施設入所児童の家庭環境調整

1 ○ 児童福祉施設の設備及び運営に関する基準45条4項に、「児童養護施設における家庭環境の調整は、児童の家庭の状況に応じ、親子関係の再構築等が図られるように行わなければならない」と規定されている。

2 × 子どもを児童福祉施設等に措置する場合には、子どもや保護者に措置の理由等について十分に説明を行わなければならない。

3 × 児童虐待の防止等に関する法律12条1項において、「児童虐待を受けた児童について施設入所等の措置が採られ、又は一時保護が行われた場合において、児童虐待の防止及び児童虐待を受けた児童の保護のため必要があると認めるときは、児童相談所長及び当該児童について施設入所等の措置が採られている場合における施設の長は、当該児童虐待を行った保護者について、次に掲げる行為の全部又は一部を制限することができる」とし、当該児童との面会及び通信を挙げている。

4 × 家庭支援専門相談員は、虐待等の家庭環境上の理由により入所している児童の保護者等に対し、児童相談所との密接な連携のもとに電話、面接等により児童の早期家庭復帰、里親委託等を可能とするための相談援助等の支援を行い、入所児童の早期の退所を促進し、親子関係の再構築等を図っていく専門職で、児童養護施設、乳児院、児童心理治療施設及び児童自立支援施設に配置される。児童養護施設においては、家庭支援専門相談員も関わり、児童相談所の児童福祉司と協議しながら家庭復帰の見極めを行っていく。「児童虐待を行った保護者に対する援助ガイドライン」(厚生労働省)では、「家庭復帰の決定は、児童福祉施設入所措置等の停止を行った上で、家庭生活が支障なく送れることを確認する必要がある」とされている。児童相談所運営指針に規定されているように、措置の停止については、児童福祉施設等の長から届け出る場合と児童相談所長が職権により行う場合があるが、家庭支援専門相談員が決定を行うということはない。

5 × 「児童虐待を行った保護者に対する援助ガイドライン」(厚生労働省)では、「保護者援助によって児童虐待のリスクが逓減して家庭復帰ができたとしても、当面の期間は、当該家庭の状況を即座に把握し、対応するために継続した援助を続けることが必要であり、一定期間(少なくとも6か月程度)は、児童福祉司指導措置又は継続指導を採るものとする」とされている。

POINT!

児童養護施設入所児童の家庭環境調整については今後も重要視されるため、注意が必要である。

正解 問題10……3　問題11……1

Check ☐☐☐

問題 12 頻出度 ★★★　　第34回 問題142

児童相談所の一時保護に関する次の記述のうち，最も適切なものを1つ選びなさい。

1 一時保護する場合には親権者の同意が必要である。
2 一時保護は児童相談所に設置されている一時保護所に限って行う。
3 親権者の意に反して2か月を超える一時保護を実施するためには，児童福祉審議会の承認を得なければならない。
4 都道府県知事は，一時保護所の福祉サービス第三者評価を行わなければならない。
5 外出，通学，通信，面会に関する制限は，子どもの安全の確保が図られ，かつ一時保護の目的が達成できる範囲で必要最小限とする。

Check ☐☐☐

問題 13 頻出度 ★★★　　第35回 問題137

事例を読んで，妊娠中のGさんが出産後に母子で居住する場について，H婦人相談員（社会福祉士）がこの時点で利用を勧める施設として，最も適切なものを1つ選びなさい。

〔事例〕
　Gさん（18歳）は夫から暴力を受けて，心も身体も深く傷ついており，「出産で入院することをきっかけに夫から逃げたい。子どもは自分一人で育てる」とH婦人相談員に相談した。Gさんは親族との関係が断絶しており，実家に戻ることもできないという。働いたこともなく様々な不安があるので，子どもとの生活設計を支援してもらえるところを希望している。

1 母子生活支援施設
2 児童家庭支援センター
3 産後ケアセンター
4 乳児院
5 母子・父子休養ホーム

問題 12 解説　児童相談所の一時保護

1 ✕ 児童福祉法33条1項には，「児童相談所長は，必要があると認めるときは，措置を採るに至るまで，児童の安全を迅速に確保し適切な保護を図るため，又は児童の心身の状況，その置かれている環境その他の状況を把握するため，児童の一時保護を行い，又は適当な者に委託して，当該一時保護を行うことができる」とある。また，同条2項には，「都道府県知事は，必要があると認めるときは，措置を採るに至るまで，児童の安全を迅速に確保し適切な保護を図るため，又は児童の心身の状況，その置かれている環境その他の状況を把握するため，児童相談所長をして，児童の一時保護を行わせ，又は適当な者に当該一時保護を行うことを委託させることができる」とあり，一時保護する場合に親権者の同意が必要であるとはされていない。また，同条3項に規定されるように，一時保護の期間は，当該一時保護を開始した日から2か月を超えてはならない。

2 ✕ 選択肢1の解説の通り，児童相談所に設置されている一時保護所のほか，児童福祉施設や里親，医療機関そのほか児童福祉に深い理解と経験を有する者に一時保護を委託することができる。

3 ✕ 親権者または未成年後見人の意に反して2か月を超える一時保護を実施するためには，児童相談所長または都道府県知事は，家庭裁判所の承認を得なければならない(同法33条5項)。

4 ✕ 一時保護所の第三者評価については，2019(令和元)年の児童福祉法の改正(2020(令和2)年4月1日施行)により，都道府県に対し，児童相談所の行う業務の質に関する努力義務が規定された。2024(令和6)年2月時点では義務ではない。

5 ◯ 「一時保護ガイドライン」(2018(平成30)年7月6日)には，「外出，通学，通信，面会に関する制限は，子どもの安全の確保が図られ，かつ一時保護の目的が達成できる範囲で必要最小限とする」と規定されている。

POINT!
児童相談所の一時保護については，今後も出題される可能性は高く，法律などでチェックしておきたい。

問題 13 解説　婦人相談員が利用を勧める施設

1 ◯ 母子生活支援施設は，配偶者のない女子またはこれに準ずる事情にある女子及びその者の監護すべき児童を入所させて，これらの者を保護するとともに，これらの者の自立の促進のためにその生活を支援し，あわせて退所した者について相談その他の援助を行うことを目的とする施設である(児童福祉法38条)。夫から暴力を受けて，傷つき逃げたいという18歳のGさんは，実家に戻ることもできずに，出産後に子どもを一人で育てようと考えている。働いたこともなく，子どもとの生活設計の支援を希望している。母子生活支援施設では現在，DVによる入居が最も多く，母子揃って独立した居室に入居し，子どもには保育などのサービスが，母親には就労を含めた様々な生活支援が行われ，施設から職場に通うこともできる。したがって，Gさんが出産後に母子で居住する場としては，最も適切であるといえる。

2 ✕ 児童家庭支援センターは，地域の児童の福祉に関する各般の問題につき，児童に関する家庭その他からの相談につき，専門的な知識及び技術を必要とするものに応じ，必要な助言を行うとともに，市町村の求めに応じ，技術的助言その他必要な援助を行うほか，指導を行い，児童相談所，児童福祉施設等との連絡調整その他の援助を総合的に行うことを目的とする施設である(児童福祉法44条の2)。母子で居住する場とはいえないため，適切ではない。

3 ✕ 産後ケアセンターは，病院，診療所，助産所その他で，産後ケア(乳児，および，その母親の保健指導や療養に伴う世話，育児に関する指導など)を行う施設と定められており(母子保健法17条の2第1項2号)，18歳のGさんにも，出産後1年間は産後ケアが必要となることも考えられるが，母子で居住しながら，子どもとの生活設計を支援してもらえる場とはいえないため，適切ではない。

4 ✕ 乳児院は，乳児(特に必要なある場合には幼児を含む)を入院させて養育し，退院した者について相談その他の援助を行うことを目的とする施設である(児童福祉法37条)。Gさんは，母子で居住しながら，子どもとの生活設計を支援してもらえる場を求めているため，適切ではない。

5 ✕ 母子・父子休養ホームは，無料または低額な料金で，母子家庭等に対して，レクリエーションその他休養のための便宜を供与することを目的とする施設である(母子及び父子並びに寡婦福祉法39条第3項)。Gさんにとっても，レクリエーションや休養のために利用することも考えられるが，母子で居住しながら，子どもとの生活設計を支援してもらえる場とはいえないため，適切ではない。

POINT!
クライエントのニーズに合った施設を選ぶ事例問題であるが，各施設の正しい理解とアセスメント力の向上を常に意識した学習を求めたい。

正解　問題12……5　　問題13……1

14 児童・家庭福祉

問題 14　頻出度 ★★★　第32回 問題140 改

要保護児童対策地域協議会に関する次の記述のうち，正しいものを1つ選びなさい。

1. 国は，要保護児童等を支援するために，関係機関，関係団体及び関係者により構成される要保護児童対策地域協議会を設置しなければならない。
2. 児童相談所長は，要保護児童対策地域協議会を構成する関係機関等のうちから，1個に限り要保護児童対策調整機関を指定しなければならない。
3. 要保護児童対策調整機関の調整担当者は，内閣総理大臣が定める基準に適合する研修を受けなければならない。
4. 要保護児童対策調整機関には，専門的な知識及び技術に基づき適切な業務を行うことができる者として，主任児童委員を配置しなければならない。
5. 母子健康包括支援センター（子育て世代包括支援センター）を設置した市町村は，要保護児童対策地域協議会を廃止することとされている。

問題 15　頻出度 ★★★　第35回 問題142

虐待のおそれがある場合の児童相談所長の権限に関する次の記述のうち，正しいものを1つ選びなさい。

1. 家庭への立入調査を学校に委託することができる。
2. 一時保護を行うためには，保護者の同意を得なければならない。
3. 一時保護を里親に委託して行うことができる。
4. 一時保護は3か月以上行わなければならない。
5. 児童虐待を行う親の親権喪失を決定できる。

問題 14 **解説** 要保護児童対策地域協議会

1 ✕ 要保護児童対策地域協議会は，児童福祉法25条の2第1項に，「地方公共団体は，単独で又は共同して（中略）要保護児童対策地域協議会を置くように努めなければならない」と規定されている。2004（平成16）年の児童福祉法改正により規定された，虐待を受けた児童などに対する体制強化のために関係機関が連携を図って対応を行うためのネットワークであり，国が設置するものではない。

2 ✕ 児童福祉法25条の2第4項に，「協議会を設置した地方公共団体の長は，協議会を構成する関係機関等のうちから，一に限り要保護児童対策調整機関を指定する」と規定されている。

3 〇 児童福祉法25条の2第9項に，「要保護児童対策調整機関に置かれた調整担当者は，内閣総理大臣が定める基準に適合する研修を受けなければならない」と規定されている。

4 ✕ 児童福祉法25条の2第7項に，「要保護児童対策調整機関は，内閣府令で定めるところにより，専門的な知識及び技術に基づき前項の業務に係る事務を適切に行うことができる者として内閣府令で定めるもの（調整担当者）を置くものとする」と規定されている。主任児童委員を置くとはされていない。

5 ✕ そのような規定はない。母子健康包括支援センター（子育て世代包括支援センター）も要保護児童対策地域協議会のネットワークに加えられるべきものと考えられる。

POINT!

要保護児童対策地域協議会についても頻出事項であり，丁寧に学習しておく必要がある。

問題 15 **解説** 児童相談所長の権限

1 ✕ 都道府県知事は，児童虐待が行われているおそれがあると認めるときは，児童委員または児童の福祉に関する事務に従事する職員をして，児童の住所・居所に立ち入り，必要な調査・質問をさせることができる（児童虐待防止法9条1項）。家庭への立ち入り調査を学校に委託することはできない。

2 ✕ 児童相談所長は，必要があると認めるときは，措置を採るに至るまで，児童の安全を迅速に確保し適切な保護を図り，児童の心身の状況や置かれている環境その他を把握するため，児童の一時保護を行い，または適当な者に委託して，当該一時保護を行うことができる（児童福祉法33条1項）。一時保護する場合に親権者の同意を得なければならないとはされていない。

3 〇 選択肢2の解説の通り，「適当な者に委託して，当該一時保護を行うことができる」とされており，児童相談所に設置されている一時保護所のほか，児童福祉施設や里親，医療機関そのほか児童福祉に深い理解と経験を有する者に一時保護を委託することができる。

4 ✕ 一時保護の期間は，当該一時保護を開始した日から2か月を超えてはならない（児童福祉法33条3項）。ただし，同条5項にある通り，親権者又または未成年後見人の意に反して2か月を超える一時保護を実施するためには，児童相談所長または都道府県知事は，家庭裁判所の承認を得なければならない。

5 ✕ 児童の親権者に係る親権喪失や管理権喪失の審判の請求，これらの審判の取り消しの請求は，児童相談所長が行うことができるが（児童福祉法33条の7），児童相談所長が親の親権喪失を決定することはできない。

POINT!

児童相談所長の権限について細かく確認する問題であるが，虐待への対応のためには必須であり，法律などで十分にチェックしておきたい。

正解 問題14……3　　問題15……3

子ども家庭福祉の専門職

問題 16　頻出度 ★★　第35回 問題141

保育士に関する次の記述のうち，正しいものを1つ選びなさい。

1 保育士資格は社会福祉法に規定された国家資格である。
2 保育士としての登録は市町村が行い，保育士登録証が交付される。
3 保育士は保育士の信用を傷つけるような行為をしてはならないとされている。
4 保育士の業務を離れた後に，守秘義務を課されることはない。
5 保育士資格取得後に3年ごとの更新のための研修が義務づけられている。

問題 17　頻出度 ★★★　第36回 問題136

子ども・家庭の生活実態に関する次の記述のうち，正しいものを1つ選びなさい。

1 「令和4年版男女共同参画白書」(内閣府)によると，子供がいる世帯の妻の就業状態は，パートタイム労働よりフルタイム労働の割合が高くなっている。
2 「令和4年版犯罪白書」(法務省)によると，少年の刑法犯等検挙人員は令和3年には戦後最大となった。
3 「令和3年度児童生徒の問題行動・不登校等生徒指導上の諸課題に関する調査結果について」(文部科学省)によると，いじめの認知(発生)件数は，令和2年度に比べ減少した。
4 「令和3年度全国ひとり親世帯等調査結果の概要」(厚生労働省)によると，母子家庭の世帯の平均年間収入は，同年の国民生活基礎調査による児童のいる世帯の平均所得の約8割である。
5 「令和3年度ヤングケアラーの実態に関する調査研究」の小学校調査によると，「ヤングケアラーと思われる子どもの状況」(複数回答)では，「家族の通訳をしている(日本語や手話など)」に比べて，「家族の代わりに，幼いきょうだいの世話をしている」が多い。

(注)「令和3年度ヤングケアラーの実態に関する調査研究」とは，株式会社日本総合研究所が，令和3年度子ども・子育て支援推進調査研究事業(厚生労働省)として実施したものである。

問題 16 解説　保育士

1　× 保育士資格は，児童福祉法18条の4に，「保育士とは，登録を受け，保育士の名称を用いて，専門的知識及び技術をもって，児童の保育及び児童の保護者に対する保育に関する指導を行うことを業とする者をいう」と規定された国家資格である。

2　× 同法18条の18第2項に，「保育士登録簿は，都道府県に備える」と規定されている。また，同条18第3項に，「都道府県知事は，保育士の登録をしたときは，申請者に保育士登録証を交付する」と規定されている。

3　○ 同法18条の21に，「保育士は，保育士の信用を傷つけるような行為をしてはならない」と規定されている。

4　× 同条18条の22に，「保育士は，正当な理由がなく，その業務に関して知り得た人の秘密を漏らしてはならない。保育士でなくなった後においても同様とする」と規定されている。

5　× 現在のところ，選択肢のような研修は特に義務づけられてはいない。

POINT!
保育士をはじめ，子ども家庭福祉の専門職についても，児童福祉法等でよく確認しておきたい。

問題 17 解説　子ども・家庭の生活実態

1　× 「令和4年版男女共同参画白書」（内閣府）によると，子どもがいる世帯の妻の就業状態は，妻がパートタイム労働（週35時間未満就業）の割合は増加しており，令和3（2021）年では全体の約40〜45％と全体に占める割合が最も高くなっている。妻がフルタイム労働（週35時間以上就業）の割合は横ばいとなっており，令和3（2021）年では全体の20〜30％となっている。

2　× 「令和4年度版犯罪白書」（法務省）によると，少年の刑法犯等検挙人員は，昭和58年の31万7,438人が戦後最大であり，近年は減少傾向にあった。しかし，令和4年から増加に転じ，令和5年は3万4,768人（前年比16.3％増）となっている（「令和6年度版犯罪白書」（法務省））。

3　× 「令和3年度児童生徒の問題行動・不登校等生徒指導上の諸課題に関する調査結果について」（文部科学省）によると，小・中・高等学校及び特別支援学校におけるいじめの認知（発生）件数は61万5,351件（前年度51万7,163件）であり，令和2年度に比べ9万8,188件（19.0％）増加した。

4　× 「令和3年度全国ひとり親世帯等調査結果の概要」（厚生労働省）によると，母子家庭の世帯の平均年間収入は373万円である。「令和3年度国民生活基礎調査」による児童のいる世帯の平均所得は813.5万円となっており，母子家庭の世帯の平均年間収入は，その約45％となっている。

5　○ 「令和3年度ヤングケアラーの実態に関する調査研究」の小学校調査によると，「ヤングケアラーと思われる子どもの状況」（複数回答）では，「家族の通訳をしている（日本語や手話など）」が22.5％に比べて，「家族の代わりに，幼いきょうだいの世話をしている」が79.8％と多い。

POINT!
子ども・家庭の生活実態については，設問文に掲載された白書・調査に加えて，「国民生活基礎調査」や「少子化社会対策白書」などの内容も把握しておきたい。

正解　問題16……3　　問題17……5

問題 18 頻出度 ★★　　第36回 問題138 改

事例を読んで，R市子育て支援課のB相談員（社会福祉士）がR市で利用可能なサービスの中から紹介するものとして，最も適切なものを1つ選びなさい。

〔事例〕
Cさん（2歳）の母親であるDさんは，他の子どもと比べてCさんの言葉が遅れていると気に病むようになり，外に出かけにくくなった。心配したCさんの祖母がDさんと共にR市子育て支援課に相談に来た。Bは，2人の話を聞き，どのようなサービスが利用可能かを一緒に検討することにした。

1　保育所への入所
2　こども家庭センターの利用
3　児童館の利用
4　子育て援助活動支援事業（ファミリー・サポート・センター事業）の利用
5　児童相談所の利用

> ### Note　2024（令和6）年の児童福祉法の主な改正
> ・子育て世代包括支援センター，母子健康包括支援センターの見直しが行われ，こども家庭センターとなった。なお，こども家庭センターの根拠法は児童福祉法である。
> ・児童発達支援センターについて，障害種別にかかわらず障害児を支援できるよう児童発達支援の類型（福祉型，医療型）が一元化された。
> ・児童福祉施設として新たに里親支援センターが位置づけられた。
> ・児童福祉法6条の3に規定される子育て支援事業として，子育て世帯訪問支援事業（訪問による生活の支援），児童育成支援拠点事業（学校や家以外の子どもの居場所支援），親子関係形成支援事業（親子関係の構築に向けた支援）が追加された。

問題18 解説 子育て支援課の相談員

1 × **保育所**は，児童福祉法39条1項に，「保育を必要とする乳児・幼児を日々保護者の下から通わせて保育を行うことを目的とする施設」と規定されている。保育を必要とする理由としては，就労，妊娠・出産，保護者の疾病・障害，同居親族等の介護・看護，求職活動，就学・職業訓練，育児休業などが挙げられる。母親のDさんについては，上記のいずれにも該当しないと考えられる。

2 ○ **こども家庭センター**は，児童福祉法10条の2第2項に，「児童及び妊産婦の福祉に関する包括的な支援を行うことを目的とする施設」と規定されている。Cさん(2歳)と，他の子どもと比べて言葉が遅れていると気に病んでいる母親のDさんの母子にとっては，妊娠期から子育て期にわたる切れ目ない支援を提供するこども家庭センターの利用が最も適切であるといえる。

3 × **児童館**は，児童福祉法40条に規定される児童厚生施設の1つであり，「児童に健全な遊びを与え，その健康を増進し，又は情操を豊かにする施設」である。0～18歳の子どもが利用できるが，CさんとDさんの母子には，まず，母子ともに包括的な支援が求められるため，この時点で児童館の利用が最も適切であるとはいえない。

4 × **子育て援助活動支援事業(ファミリー・サポート・センター事業)**は，乳幼児や小学生等の児童を有する子育て中の労働者や主婦等を会員として，児童の預かりの援助を受けたい者と当該援助を行いたい者との相互援助活動に関する連絡，調整等を行う事業である。乳幼児も利用対象となるため，利用することは可能であるが，CさんとDさんの母子には，まず，母子ともに包括的な支援が求められるため，この時点で子育て援助活動支援事業(ファミリー・サポート・センター事業)の利用が最も適切であるとはいえない。

5 × **児童相談所**で受け付けている障害相談のなかに，言語発達遅滞を有する子ども等に関する相談として，言語発達障害等相談があり，Cさんの相談をすることも考えられる。しかし，母親のDさんも，Cさんの言葉の遅れに悩み外に出かけにくくなっている状況であり，母子ともに包括的な支援が求められるため，この時点ではこども家庭センターを利用することが最も適切であるといえる。

POINT!
利用可能なサービスを選ばせる事例問題は，これまでも出題されている。各サービスの内容について，細かく理解しておく必要がある。

問題18……2

14 児童・家庭福祉

問題 19 頻出度 ★★★ 第36回 問題142

事例を読んで，この時点でのU児童養護施設のE家庭支援専門相談員（社会福祉士）の対応について，最も適切なものを1つ選びなさい。

〔事例〕
Fさん（40歳代，男性）は，息子Gさん（8歳）と父子家庭で生活していた。Gさんが3歳の時に，Fさんによる妻への暴力が原因で離婚した。Fさんは，行儀が悪いと言ってはGさんを殴る，蹴る等の行為が日常的にみられた。額にひどいあざがあるような状態でGさんが登校したことから，学校が通告し，GさんはU児童養護施設に措置された。入所後，家庭支援専門相談員であるEがFさんに対応している。FさんはEと会う度に，「自分の子どもなのだから，息子を返して欲しい」と訴えていた。Gさんとの面会交流が進んだ現在では，「返してもらうにはどうしたらよいのか」と発言している。

1 Fさんに二度と叩かないことを約束すれば，家庭復帰できると伝える。
2 Fさんが反省しているとわかったので，家庭復帰できると伝える。
3 Fさんに「なぜ叩いたのですか」と問い反省を求める。
4 Fさんが体罰によらない子育てができるよう一緒に考える。
5 Fさんは暴力による方法しか知らないのだから，家庭復帰は諦めるようにと伝える。

問題 19 解説　家庭支援専門相談員

1 ✕ 家庭支援専門相談員は，虐待等の家庭環境上の理由により入所している児童の保護者等に対し，児童相談所等との密接な連携のもとに電話，面接等により児童の早期家庭復帰，里親委託等を可能とするための相談援助等の支援を行う専門職である。厚生労働省では，20項目からなる「家庭復帰の適否を判断するためのチェックリスト」を定めている。そのなかには，「子どもが真に家庭復帰を望んでいる」という項目もある。この時点で，Gさんが真に家庭復帰を望んでいるとは思えない。また，息子を帰して欲しいと訴えるFさんが二度と叩かないと嘘の約束をすることも考えられる。この時点で家庭復帰させることは適切ではないといえる。

2 ✕ 事例を読む限り，Fさんが反省しているとは思えない。また，「家庭復帰の適否を判断するためのチェックリスト」には，「保護者が虐待の事実を認め，問題解決に取り組んでいる」という項目もある。家庭復帰の適否を判断するには，反省にとどまらず，保護者が虐待の事実を認め，問題解決に取り組むことが大前提となる。反省しているとわかったとしても，この時点で家庭復帰できると伝えるのは適切ではないといえる。

3 ✕ Gさんに殴る，蹴る等の行為が日常的にみられたFさんに反省を求めることも必要と思われるが，まず，妻への暴力が原因で離婚し，父子家庭としてGさんを育てているFさんを理解し，信頼関係を築くことが先決であるといえる。そのうえで，虐待をした要因をともに考え，家庭支援専門相談員がFさんとともに問題解決に取り組んでいく必要がある。そのため，この時点で，「なぜ叩いたのですか」と問い反省を求めるのは，適切ではないといえる。

4 ◯ Fさんが体罰によらない子育てができるよう一緒に考えるのは，これまでのFさんをよく理解し，信頼関係に基づいたうえで，一緒に問題解決に取り組むことであり，家庭支援専門相談員の対応としては，最も適切であるといえる。

5 ✕ この時点で，Fさんは暴力による方法しか知らないと決めつけるのではなく，Fさんが暴力を振るってしまうさまざまな要因を分析し，一定期間Fさんとともに，問題解決に取り組むことが必要である。この時点で家庭復帰は諦めるようにと伝えるのは家庭支援専門相談員の対応としては，適切とはいえない。

POINT!
本事例問題では，家庭支援専門相談員の対応を通して，クライエントと一緒に問題解決に取り組むという，社会福祉士として，最も重要な姿勢が問われている。

正解　問題19……4

第 15 章

<専門科目>
貧困に対する支援

Check	1回目	月	日	／22問
Check	2回目	月	日	／22問
Check	3回目	月	日	／22問

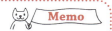

貧困観の変遷

問題 01　頻出度 ★★　第35回 問題066

生活扶助基準の設定方式に関する次の記述のうち，最も適切なものを1つ選びなさい。

1. 標準生計費方式とは，現行の生活保護法の下で，栄養審議会の答申に基づく栄養所要量を満たし得る食品を理論的に積み上げて最低生活費を計算する方式である。
2. マーケット・バスケット方式とは，最低生活を営むために必要な個々の費目を一つひとつ積み上げて最低生活費を算出する方式である。
3. エンゲル方式とは，旧生活保護法の下で，経済安定本部が定めた世帯人員別の標準生計費を基に算出し，生活扶助基準とした方式である。
4. 格差縮小方式とは，一般国民の消費水準の伸び率を超えない範囲で生活扶助基準を引き上げる方式である。
5. 水準均衡方式とは，最低生活の水準を絶対的なものとして設定する方式である。

貧困に対する制度の発展過程

問題 02　頻出度 ★★　第28回 問題063

現在の生活保護法成立前の公的扶助制度に関する記述のうち，正しいものを1つ選びなさい。

1. 恤救規則(1874(明治7)年)は，高齢者については65歳以上の就労できない者を救済の対象とした。
2. 救護法(1929(昭和4)年)は，救護を目的とする施設への収容を原則とした。
3. 救護法(1929(昭和4)年)における扶助の種類は，生活扶助，生業扶助，助産の3種類であった。
4. 旧生活保護法(1946(昭和21)年)は，勤労を怠る者は保護の対象としなかった。
5. 旧生活保護法(1946(昭和21)年)は，不服申立ての制度を規定していた。

生活保護法

問題 03　頻出度 ★★★　第34回 問題065

生活保護法で規定されている被保護者の権利及び義務に関する次の記述のうち，正しいものを1つ選びなさい。

1. 被保護者は，保護金品を標準として租税その他の公課を課せられることがある。
2. 被保護者は，既に給与を受けた保護金品を差し押さえられることがある。
3. 被保護者は，保護を受ける権利を譲り渡すことができる。
4. 被保護者が能力に応じて勤労に励むことを怠っていると認められる場合，被保護者は受けた保護金品に相当する金額の範囲内において保護の実施機関の定める額を返還しなければならない。
5. 急迫の場合等において資力があるにもかかわらず保護を受けた場合，被保護者は受けた保護金品に相当する金額の範囲内において保護の実施機関の定める額を返還しなければならない。

問題 01 解説　最低生活費の算出方式

1 ✕　標準生計費方式とは，旧生活保護法の下で，経済安定本部が定めた世帯人員別の標準生計費を基に算出し，生活扶助基準とした方式である。

2 〇　マーケット・バスケット方式とは，1948～1960(昭和23～35)年に用いられていた，最低生活を営むために必要な個々の費目を一つひとつ積み上げて最低生活費を算出する方式である。

3 ✕　エンゲル方式とは，1961～1964(昭和36年～39)年に用いられていた，労働審議会の答申に基づく栄養所要量を満たし得る食品を理論的に積み上げて最低生活費を計算する方式である。

4 ✕　格差縮小方式とは，一般国民の消費水準の伸び率を超えるように生活扶助基準を引き上げることで，一般国民と被保護者の生活の格差を縮めようとする方式である。

5 ✕　現在は水準均衡方式が採用されている。一般国民の消費動向をふまえ，一般国民との均衡を保つように最低生活の水準を設定する方式である。

POINT!

選択肢1と3は主語と説明文が入れ替わっていることが容易に判別できる。また現行の方式を覚えていれば消去法で消せる選択肢もあり，難易度は比較的低めの出題である。エンゲル方式とマーケット・バスケット方式は混同しやすいので，語源やコンセプトをしっかり理解しておきたい。

問題 02 解説　生活保護制度の沿革

1 ✕　恤救規則では，70歳以上の重病・老衰者，廃疾者，病気の者のうち独身で労働能力のない者，13歳以下の者などを「無告の窮民」として救済の対象にした。救護法では，65歳以上の老衰者を救護の対象にしていた。

2 ✕　救護法は，居宅救護を原則としていた。救護施設への収容は，居宅での救護ができない場合である。

3 ✕　救護法における扶助の種類は，生活扶助，生業扶助，助産のほか，医療をあわせた4種類であった。

4 〇　記述の通り，旧生活保護法では，「能力があるにもかかわらず，勤労の意思のない者，勤労を怠る者その他生計の維持に努めない者」「素行不良な者」には保護を行わない，とする欠格条項が設けられていた。

5 ✕　旧生活保護法は，保護請求権を認めず，不服申立て制度は規定されていなかった。

POINT!

現行生活保護法が成立するまでの公的扶助制度に関する問題である。恤救規則，救護法，旧生活保護法，現行生活保護法まで，それぞれの特徴と内容を理解しておきたい。

問題 03 解説　公課禁止／差押禁止／譲渡禁止

1 ✕　生活保護法57条の「公課禁止」において，被保護者は，保護金品及び進学・就職準備給付金を標準として租税その他の公課を課せられることはないとされている。

2 ✕　同法58条の「差押禁止」において，被保護者は，すでに給与を受けた保護金品及び進学・就職準備給付金またはこれらを受ける権利を差し押さえられることがないとされている。

3 ✕　同法59条の「譲渡禁止」において，保護または就労自立給付金もしくは進学・就職準備給付金の支給を受ける権利は，譲り渡すことができないとされている。

4 ✕　同法60条の「生活上の義務」において，被保護者の生活上の義務は努力義務とされており，違反した場合についての罰則にあたるような定めはない。

5 〇　同法63条の「費用返還義務」において，被保護者が，急迫の場合等において資力があるにもかかわらず，保護を受けたときは，保護に要する費用を支弁した都道府県または市町村に対して，速やかに保護金品に相当する金額の範囲内において保護の実施機関の定める額を返還しなければならないとされている。

POINT!

「被保護者の権利及び義務」と聞くと不服申立て制度などが想起されるが，公課・差押・譲渡禁止など基本的な内容もあわせて理解しておきたい。

正解　問題01……2　　問題02……4　　問題03……5

問題 04 頻出度 ★★★ 第34回 問題063

生活保護法が規定する基本原理・原則等に関する次の記述のうち，正しいものを1つ選びなさい。

1 この法律により保障される最低限度の生活は，国民一般の平均的な資産基準によって決定される。
2 保護を申請できるのは，要保護者及びその扶養義務者に限られている。
3 保護は，厚生労働大臣の定める基準により測定した要保護者の需要を基とし，そのうち金銭又は物品で満たすことのできない不足分を補う程度において行う。
4 保護は，要保護者の年齢別，性別，健康状態等に関して，世帯の実際の相違を考慮することなく一定の必要の基準に当てはめて行う。
5 保護は，親族を単位としてその要否を定める。

問題 05 頻出度 ★★★ 第36回 問題063

生活保護法に関する次の記述のうち，正しいものを2つ選びなさい。

1 保護が実施機関の職権によって開始されることはない。
2 保護は，生活困窮に陥った原因に基づいて決定される。
3 最低限度の生活を保障することを目的としている。
4 自立の見込みがあることを要件として，保護を受けることができる。
5 自立を助長することを目的としている。

問題 06 頻出度 ★★ 第34回 問題066

生活保護法上の保護施設に関する次の記述のうち，正しいものを1つ選びなさい。

1 保護施設は，救護施設，更生施設，宿所提供施設の3種類に分類される。
2 救護施設を経営する事業は，第二種社会福祉事業である。
3 特定非営利活動法人は，保護施設を設置することができる。
4 救護施設は，身体上又は精神上著しい障害があるために日常生活を営むことが困難な要保護者を入所させて，生活扶助を行うことを目的とする保護施設である。
5 更生施設は，身体上又は精神上の理由により養護及び生活指導を必要とする要保護者を入所させて，生業扶助を行うことを目的とする保護施設である。

問題04 解説　世帯単位の原則／基準及び程度の原則

1　×　生活保護法3条に「健康で文化的な」という最低限度の生活について明記されているが、「国民一般の平均的な資産基準によって」という表現は同法全体を見ても存在しない。

2　×　同法7条に、「保護は、要保護者、その扶養義務者又はその他の同居の親族の申請に基づいて開始するものとする。ただし、要保護者が急迫した状況にあるときは、保護の申請がなくても、必要な保護を行うことができる」と定められている。

3　○　同法8条1項に「保護は、厚生労働大臣の定める基準により測定した要保護者の需要を基とし、そのうち、その者の金銭又は物品で満たすことのできない不足分を補う程度において行うものとする」と定められている。

4　×　同法8条2項で、要保護者の年齢別、性別、世帯構成別、所在地域別その他保護の種類に応じて必要な事情を考慮した最低限度の生活の需要を満たし、かつそれを超えないように行う旨が定められてる。

5　×　同法10条に、「世帯単位の原則」について定められている。

POINT!
生活保護の原理・原則はほぼ毎回出題されるため、特に生活保護法1～10条は丸暗記するつもりで学習しておきたい。

問題05 解説　生活保護法の原理原則と概要

1　×　「要保護者が急迫した状況にあるときは、すみやかに、職権をもって保護の種類、程度及び方法を決定し、保護を開始しなければならない」とされている（生活保護法5条1項）。

2　×　「すべて国民は、この法律の定める要件を満たす限り、この法律による保護を、無差別平等に受けることができる」（生活保護法2条）。この無差別平等の原則は、現行の生活保護法以降に導入されたものであり、恤救規則や救護法の時代には欠格条項が存在していた。

3　○　最低限度の生活の保障を目的としている（生活保護法1条）。

4　×　自立の助長を目的としてはいるが、受給の必須要件ではない。障害や老齢、難病などで自立の見込みがほぼない人であっても、生活保護以外のありとあらゆる手段を講じても（＝他法他施策優先）最低生活水準を下回る場合、生活保護を受給できる。

5　○　自立の助長を目的としている（生活保護法1条）。

POINT!
生活保護法の原理・原則は頻出であるが、その根底にある同法の目的をきちんと理解していることが前提となる。同法の各条文は、最低限度の生活の保障と自立の助長という目的と矛盾しないように定められている。

問題06 解説　保護施設／社会福祉事業／更生施設

1　×　生活保護法38条1項に定められている保護施設は、救護施設、更生施設、医療保護施設、授産施設、宿所提供施設の5つである。

2　×　社会福祉法2条2項1号によると、救護施設は第一種社会福祉事業である。

3　×　生活保護法40条1項によると、都道府県は保護施設を設置することができる。また、あらかじめ届け出た上で市町村や地方独立行政法人も保護施設を設置できる（同条2項）。

4　○　救護施設は、身体上または精神上著しい障害があるために日常生活を営むことが困難な要保護者を入所させて、生活扶助を行うことを目的とする施設である（生活保護法38条2項）。

5　×　更生施設は、身体上または精神上の理由により養護及び生活指導を必要とする要保護者を入所させて、生活扶助を行うことを目的とする施設である（生活保護法38条3項）。

POINT!
施設種別について学習する際は、根拠法だけでなく社会福祉法で関係のある条文もあわせて押さえておきたい。

正解　問題04……3　　問題05……3, 5　　問題06……4

問題 07　頻出度 ★★★　第34回 問題068

生活保護の実施機関に関する次の記述のうち，正しいものを1つ選びなさい。

1. 都道府県知事は，生活保護法に定めるその職権を，知事の管理に属する行政庁に委任することはできないとされている。
2. 社会福祉主事は，生活保護法の施行について，都道府県知事又は市町村長の事務の執行を代理する。
3. 民生委員は，生活保護法の施行について，市町村の補助機関として位置づけられている。
4. 保護の実施機関は，要保護者が急迫した状況にあるときでも，職権を用いて保護を開始することはできないとされている。
5. 保護の実施機関は，被保護者が保護を必要としなくなったときは，速やかに，保護の停止又は廃止を決定しなければならない。

問題 08　頻出度 ★★　第36回 問題066

生活保護制度における都道府県及び都道府県知事の役割や権限に関する次の記述のうち，正しいものを1つ選びなさい。

1. 都道府県は，福祉事務所を任意に設置できる。
2. 都道府県知事は，地域の実情を踏まえて生活保護法上の保護基準を変更することができる。
3. 都道府県は，町村が福祉事務所を設置する場合，その保護費の一部を負担する。
4. 都道府県知事は，保護施設の設備及び運営について，基準を定めるよう努めることとされている。
5. 都道府県知事は，生活保護法に定めるその職権の一部を，その管理に属する行政庁に委任することができる。

問題 09　頻出度 ★★★　第35回 問題063

「生活保護の被保護者調査（令和4年度確定値）」（厚生労働省）に示された生活保護の動向に関する次の記述のうち，正しいものを1つ選びなさい。

1. 保護率（人口百人当）は，16.3％である。
2. 1か月平均の被保護実人員数は，約20万人である。
3. 保護の種類別に扶助人員をみると，「医療扶助」が最も多い。
4. 保護開始世帯の主な理由別構成割合をみると，「貯金等の減少・喪失」が最も多い。
5. 保護廃止世帯の主な理由別構成割合をみると，「働きによる収入の増加・取得・働き手の転入」が最も多い。

問題 07 解説 社会福祉主事／民生委員／保護の実施機関

1 × 生活保護法20条において，都道府県知事はこの法律に定めるその職権の一部を，その管理に属する行政庁に委任することができるとされている。

2 × 社会福祉主事は，都道府県知事または市町村長の事務の執行を補助するものである（同法21条）。

3 × 民生委員は，市町村長，福祉事務所長または社会福祉主事の事務の執行に協力するものである（同法22条）。

4 × 保護の実施機関は，要保護者が急迫した状況にあるときは，速やかに，職権をもって保護の種類，程度及び方法を決定し，保護を開始しなければならない（同法25条1項）。

5 ○ 保護の実施機関は，被保護者が保護を必要としなくなったときは，速やかに，保護の停止または廃止を決定し，書面をもってこれを被保護者に通知しなければならない（同法26条）。

POINT!

生活保護業務において社会福祉主事や民生委員は「補助機関」であるか「協力機関」であるか，またそのように定められた経緯などは頻出であり，確実に得点できるようにしておきたい。

問題 08 解説 都道府県の役割

1 × 都道府県による福祉事務所の設置は，任意ではなく義務である（社会福祉法14条1項）。

2 × 社会保障審議会生活保護基準部会がおよそ5年ごとに生活保護基準の見直しを審議し，各地域の基準額も国で定めている。

3 × 都道府県が保護費の一部を負担するのは，被保護者の住所がない，居住地が明らかでない等の特定の場合のみである。この場合は，市町村が支弁した保護費等のうち4分の1を都道府県が負担する。

4 × 都道府県は，保護施設の設備及び運営について，条例で基準を定めなければならない（生活保護法39条1項）。努力義務ではなく義務である。

5 ○ 都道府県知事は，この法律に定めるその職権の一部を，その管理に属する行政庁に委任することができる（生活保護法20条）。

POINT!

福祉事務所の役割や設置基準について出題されることが多いが，今回のように都道府県や市町村，厚生労働大臣や自治体の知事の役割について問われることもある。

問題 09 解説 生活保護の動向

1 × 人口100人当りの保護率は1.62%である。

2 × 被保護者実人員数の1か月平均は，約200万人である。

3 × 保護の種類別に扶助人員をみると，「生活扶助」，「住宅扶助」，「医療扶助」の順に多い。

4 ○ 保護開始世帯の主な理由別構成割合で最も多いのは「貯金等の減少・喪失」である。

5 × 保護廃止世帯の主な理由別構成割合で最も多いのは「死亡」である。

POINT!

「生活保護の被保護者調査（令和4年度確定値）」（厚生労働省）からの出題である。細かい数字までチェックする必要はなく，割合や項目の順位など全体的な傾向を把握しておきたい。

正解 問題07……5 問題08……5 問題09……4

問題 10　頻出度 ★★★　第35回 問題064

現行の生活保護法に関する次の記述のうち，正しいものを1つ選びなさい。

1 生活保護は，日本国憲法第21条が規定する理念に基づいて行われる。
2 生活保護が目的とする自立とは，経済的自立のみを指している。
3 能力に応じて勤労に励み，支出の節約を図り，生活の維持及び向上に努めなければ，保護を申請できない。
4 補足性の原理によって，扶養義務者のいる者は保護の受給資格を欠くとされている。
5 保護の基準は，保護の種類に応じて必要な事情を考慮した最低限度の生活の需要を満たすに十分なものであって，これを超えないものでなければならない。

問題 11　頻出度 ★★★　第36回 問題065

生活保護の種類と内容に関する次の記述のうち，正しいものを1つ選びなさい。

1 生活扶助の第1類の経費は，世帯共通の費用とされている。
2 住宅扶助には，住宅の補修その他住宅の維持のために必要な経費が含まれる。
3 介護扶助には，介護保険の保険料が含まれる。
4 医療扶助によって，入院中の被保護者に対して入院患者日用品費が支給される。
5 出産扶助は，原則として現物給付によって行われる。

生活困窮者自立支援法

問題 12　頻出度 ★　第35回 問題067 改

生活困窮者自立支援法に関する次の記述のうち，最も適切なものを1つ選びなさい。

1 生活困窮者自立相談支援事業は，委託することができないとされている。
2 生活困窮者自立相談支援事業と生活困窮者家計改善支援事業は，必須事業である。
3 子どもの学習・生活支援事業は，全ての都道府県，市町村に実施の責務がある。
4 生活困窮者居住支援事業は，生活困窮者に対し，生活に必要な資金の貸付けのあっせんを行うものである。
5 生活困窮者就労準備支援事業は，雇用による就業が著しく困難な生活困窮者に対し，就労に必要な知識及び能力の向上のために必要な訓練を行うものである。

問題 10　解説　生活保護法の原理・原則

1　✕　生活保護法は，日本国憲法第25条の生存権が規定する理念に基づいている。

2　✕　2005（平成17）年より生活保護制度に導入されている自立支援プログラムでは，自立は経済的自立，社会生活自立，日常生活自立の3つから構成されると定義されている。

3　✕　現行の生活保護法に欠格条項はなく，日本国内に居住する日本国民であれば誰でも保護を申請することができる。

4　✕　生活保護法の前身の一つである恤救規則の時代は，病気や高齢・障害などで働けず，かつ頼れる身寄りもいない，いわゆる「無告の窮民」しか対象とされなかった。現在は選択肢3の解説の通りである。

5　◯　生活保護法8条2項に「基準及び程度の原則」として，設問文の通り明記されている。

> **POINT!**
> 生活保護法の原理・原則に関しては毎年出題される。サービス問題ともいえるため，必ず得点につなげるためにも原理・原則は漏れなくおさえておきたい。

問題 11　解説　生活保護の原理原則と概要

1　✕　生活扶助は，第1類費と第2類費で構成されている。第1類費は個人単位で算出・給付され，第2類費は世帯単位で算出・給付される。

2　◯　住宅扶助には，住宅取得に必要な資金（敷金・礼金など）に加えて，住宅の補修その他住宅の維持のために必要な経費が含まれる。

3　✕　介護保険料は生活扶助に加算され，生活保護から天引きされる形で納付する。

4　✕　入院患者日用品費は生活扶助に含まれる。

5　✕　出産扶助は，原則として現金給付によって行われる。

> **POINT!**
> 生活保護の8種の扶助の内容や，現金/現物給付の判定について出題が多い。また今回は選択肢になかったが，義務教育に必要な資金は教育扶助から支給され，高等学校等就学費は生業扶助に分類される点も頻出である。

問題 12　解説　生活困窮者自立支援法

1　✕　生活困窮者自立相談支援事業は，委託することができる。

2　✕　生活困窮者家計改善支援事業は，任意事業である。

3　✕　子どもの学習・生活支援事業は，福祉事務所のない町村に関しては都道府県が行うなどと規定されており，「全ての」という表現は誤りである。また，必須事業ではなく任意事業である。

4　✕　生活困窮者居住支援事業は，住居のない人に宿泊場所や衣食を一定期間提供する事業である。

5　◯　生活困窮者就労準備支援事業は，雇用による就業が著しく困難な生活困窮者に対し，就労に必要な知識及び能力の向上のために必要な訓練を行うものである。

> **POINT!**
> 生活困窮者自立支援法や自立支援プログラムなど，生活保護と関連の深い諸制度は出題されやすい。なお，生活困窮者自立支援法は最低生活を維持できなくなるおそれのある人への支援を目的としており，自立支援プログラムは被保護者を対象としているという大きな違いがあるので注意したい。

正解　問題10……5　　問題11……2　　問題12……5

15

貧困に対する支援

低所得者対策

問題 13　頻出度 ★★　第32回 問題069

低所得者の支援を行う組織や制度に関する次の記述のうち，正しいものを1つ選びなさい。

1. 福祉事務所未設置町村は，生活困窮者及びその家族等からの相談に応じ，生活困窮者自立相談支援事業の利用勧奨等を行う事業を行うことができる。
2. 生活困窮者自立相談支援事業の相談支援員は，社会福祉主事でなければならないと社会福祉法に定められている。
3. 民生委員は，地域の低所得者を発見し，福祉事務所につなぐために市長から委嘱され，社会奉仕の精神で住民の相談に応じる者である。
4. 住宅を喪失した人への支援策として，無料低額宿泊所は全ての市町村が設置しなければならない。
5. 生活困窮者居住支援事業は，生活保護の被保護者が利用する事業である。

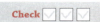

問題 14　頻出度 ★★★　第36回 問題067

事例を読んで，Cさんが生活福祉資金貸付制度を利用する場合の内容に関する次の記述のうち，最も適切なものを1つ選びなさい。

〔事例〕
Cさん(50歳)は，R市で一人暮らしをしていたが，会社が倒産し，無職となった。雇用保険(基本手当)の給付を受けていたが，受給期間終了後も再就職先が見つからず，生活が苦しくなったので生活福祉資金貸付制度の総合支援資金を利用したいと思い，R市の社会福祉協議会に相談に訪れた。

1. 貸付を受けるためには，連帯保証人が必須となる。
2. 貸付金の償還が免除されることはない。
3. 離職理由によって，最終貸付日から返済が開始されるまでの据置期間が異なる。
4. 借入れの申込み先は，R市の福祉事務所である。
5. 資金の貸付けを受ける場合には，必要な相談支援を受けることが求められる。

問題 13 解説　低所得者支援にかかわる組織・制度

1 ○　2018（平成30）年の生活困窮者自立支援法の改正により，福祉事務所未設置町村であっても生活困窮者に対する一次的な相談に応じ，生活困窮者自立相談支援事業の利用勧奨等を行うことができることとされた。

2 ×　相談支援員の資格については法令上の定めはなく，国の実施する自立相談支援事業従事者養成研修の受講が必要とされている。なお，自立相談支援事業に配置される主任相談支援員については，社会福祉士，精神保健福祉士など一定の資格または実務経験が必要である。

3 ×　民生委員は市町村の区域に配置されるが，都道府県知事または政令指定都市・中核市の長の推薦により，厚生労働大臣が委嘱する。

4 ×　無料低額宿泊所は，社会福祉法による第2種社会福祉事業として，生計困難者のために無料または低額な料金で利用させる施設であるが，運営主体の4分の3はNPO法人で，記述のような定めはない。

5 ×　生活困窮者居住支援事業は，住居のない生活困窮者で所得が一定水準以下の者に対して，宿泊場所や食事などを提供する事業である。

POINT!

生活困窮者自立支援法の制度や事業内容，無料低額宿泊所，民生委員に関する出題である。あらたな制度や制度改正の動向に注意しておきたい。

問題 14 解説　生活福祉資金貸付制度

1 ×　生活福祉資金貸付制度の総合支援資金は，連帯保証人の有無にかかわらず貸付を受けることができるが，償還（返済）時の利子に違いがある。連帯保証人を立てた場合は無利子，立てなかった場合には年1.5%の利子が発生する。

2 ×　やむをえない事由で貸付元利金を償還できないと認められた場合には，総合支援資金の返済が免除となることがある。具体的には，借受人の死亡などが該当する。

3 ×　総合支援資金償還の据置期間が，離職理由によって変わることはない。総合支援資金貸付を受けられるのは低所得者世帯，障害者世帯，高齢者世帯，失業者世帯と定められており，このいずれかに該当しない世帯は利用できないが，離職理由によって対象外にするといった，いわゆる欠格条項のようなものは存在しない。

4 ×　生活福祉資金貸付制度の実施主体は都道府県社会福祉協議会であるが，相談や申し込み窓口は市町村社会福祉協議会である点に注意したい。

5 ○　自立に向けた支援プランや借入額，償還計画について相談支援を受けながら申請書を作成し，提出するという手続きを踏むことになっており，相談支援を受けずに貸付を受けることはできない。総合支援資金や緊急小口資金を利用する場合は，市町村社会福祉協議会に申し込みを行うと，該当する自立相談支援機関へと繋げられる。

POINT!

生活福祉資金貸付制度は頻出である。とりわけ，実施主体や窓口，連帯保証人の要否，連帯保証人の有無による金利の違い等は特に出題が多い。

正解　問題13……1　　問題14……5

問題 15　頻出度 ★★★　第35回 問題068

生活福祉資金貸付制度に関する次の記述のうち，最も適切なものを1つ選びなさい。

1. 貸付対象世帯は，高齢者世帯，傷病者・障害者世帯，ひとり親世帯とされている。
2. 日本に居住する低所得の外国人世帯は，貸付対象から除外されている。
3. 緊急小口資金の貸付金の利率は年1.5％である。
4. 資金の種類は，総合支援資金，緊急小口資金，教育支援資金の3種類である。
5. 複数の種類の資金を同時に貸し付けることができる。

ホームレス対策

問題 16　頻出度 ★　第36回 問題069

「ホームレスの実態に関する全国調査」（厚生労働省）に関する次の記述のうち，正しいものを1つ選びなさい。

1. 概数調査によれば，全国のホームレス数は2022年に比べて増加している。
2. 概数調査によれば，性別人数では男性より女性が多数を占めている。
3. 生活実態調査によれば，ホームレスの平均年齢は2016年調査に比べて低下している。
4. 生活実態調査によれば，路上生活期間「10年以上」は2016年調査に比べて増加している。
5. 生活実態調査によれば，「生活保護を利用したことがある」と回答した人は全体の約7割程度である。

（注）「ホームレスの実態に関する全国調査」（厚生労働省）とは，「ホームレスの実態に関する全国調査（概数調査）」（2023年（令和5年））及び「ホームレスの実態に関する全国調査（生活実態調査）」（2021年（令和3年））を指している。

福祉事務所の役割

問題 17　頻出度 ★★　第33回 問題068

福祉事務所の組織及び運営に関する次の記述のうち，正しいものを1つ選びなさい。

1. 都道府県及び市（特別区を含む）は，条例で，福祉事務所を設置しなければならない。
2. 都道府県知事は，生活保護法に定める職権の一部を，社会福祉主事に委任することができる。
3. 生活保護の現業を行う所員（現業員）は，保護を決定し実施することができる。
4. 福祉事務所の指導監督を行う所員（査察指導員）及び現業を行う所員（現業員）は，生活保護法以外の業務に従事することは禁止されている。
5. 福祉事務所の長は，高度な判断が求められるため社会福祉士でなければならない。

問題 15 解説 生活福祉資金貸付制度

1 ✕ 生活福祉資金貸付制度は，低所得者や高齢者，障害者の生活を経済的に支えるとともに，その在宅福祉および社会参加の促進を図ることを目的とした貸付制度である。ひとり親世帯が上記のどれかに該当していれば貸付を利用できるが，ひとり親世帯であるという理由だけでは利用できない。

2 ✕ 貸付対象に関して，国籍条項は定められていない。

3 ✕ 緊急小口資金の貸付は無利子である。

4 ✕ 生活福祉資金貸付の種類は，総合支援資金，福祉資金，教育支援資金，不動産担保型生活資金の4種類である。

5 ◯ 上記4種類の資金については複数の貸付を同時に利用することができる。

POINT!

生活福祉資金貸付制度については，実施主体が都道府県社会福祉協議会，窓口が市町村社会福祉協議会であることや，連帯保証人の要否，連帯保証人の有無による金利の違い等も頻出である。あわせて覚えておきたい。

問題 16 解説 ホームレスの実態調査

1 ✕ 「ホームレスの実態に関する全国調査」の概数調査（2023年）によれば，確認されたホームレス数は3,065人であった。前年度より383人減少している。

2 ✕ 同調査で確認されたホームレス数は，男性が2,788人，女性が167人，不明が110人であり，男性のほうが多数を占めている。

3 ✕ 生活実態調査（2021年）によれば，ホームレスの平均年齢は63.6歳であり，前回調査時（2016年）と比べて2.1歳上昇している。

4 ◯ 生活実態調査（2021年）によれば，ホームレスの路上生活期間「10年以上」は40.0％であり，前回調査時（2016年）と比べて5.4ポイント上昇している。

5 ✕ 生活実態調査（2021年）によれば，「生活保護を利用したことがある」と回答した人は全体の32.7％であり，前回調査時（2016年）と比べて0.2ポイント減少している。

POINT!

生活保護の動向（年齢，受給期間，受給に至る理由，停止・廃止の理由など）及びホームレスの動向（数，性別，年齢など）に関する統計データは問われやすい。今回の選択肢にはないが，ホームレスの多い都道府県や主な起居場所（河川，公園など）の推移も比較的頻出であるため，あわせて学習してほしい。

問題 17 解説 社会福祉主事／補助機関／生活保護の決定

1 ◯ 社会福祉法14条に，説明文の通り定められている。

2 ✕ 生活保護法の職権が委任されているわけではなく，社会福祉主事は生活保護に関する事務を行う補助機関と位置付けられている（社会福祉法18条・生活保護法21条）。

3 ✕ 現業員が生活保護の決定を行うわけではなく，決定主体については，生活保護法19条に，「都道府県知事，市長及び社会福祉法（昭和26年法律第45号）に規定する福祉に関する事務所（以下「福祉事務所」という）を管理する町村長は，次に掲げる者に対して，この法律の定めるところにより，保護を決定し，かつ，実施しなければならない」と定められている。

4 ✕ 社会福祉法17条（服務）に「15条1項1号及び2号の所員は，それぞれ同条3項又は4項に規定する職務にのみ従事しなければならない。ただし，その職務の遂行に支障がない場合に，これらの所員が，他の社会福祉又は保健医療に関する事務を行うことを妨げない」と定められている。

5 ✕ 社会福祉法に，選択肢のような規定は見当たらない。

POINT!

福祉事務所の組織及び運営に関する基本的な出題である。所員の要件や役割等についてもよく出題があるため，押さえておきたい。なお，民生委員も頻出であるため，あわせて学習しておくことが望ましい。

正解 問題15……5 問題16……4 問題17……1

貧困に対する支援の実際

問題 18 頻出度 ★★★ 　　第34回 問題064

事例を読んで、Q市福祉事務所のH生活保護現業員（社会福祉士）がJさんに対して行う説明として、最も適切なものを1つ選びなさい。

〔事例〕
Jさん（41歳）は、近所のスーパーマーケットで働きながらアパートで高校生の長男と二人で暮らしていたが、2年前に病気によって仕事を辞めることになり、妹から仕送りを受けていた。しかし仕送りは約半年で途絶えてしまい、1年前から生活保護を受給することになった。通院を続けたことで、1か月前から病状が大分良くなり、現在は医師から就労できる状態であると診断され、アパートが手狭になったことから長男と共に転居することも考えている。

1 妹からの仕送りが再開した場合、世帯の収入として認定されることはない。
2 長男がアルバイトをした場合、世帯の収入として認定されることはない。
3 就労した場合、保護が廃止されずに就労自立給付金を毎月受給できる。
4 住宅扶助の基準額を超える家賃の住宅に転居する場合、生活困窮者住居確保給付金を毎月受給できる。
5 医師から就労可能であると診断されても、直ちに保護が廃止されるわけではない。

問題 19 頻出度 ★★★ 　　第36回 問題064

事例を読んで、生活保護法の定める内容に関する次の記述のうち、最も適切なものを1つ選びなさい。

〔事例〕
単身で2LDKの賃貸マンション暮らしのBさん（44歳）は、建設業に従事していたが半年前に自宅で骨折をして仕事を続けられなくなり、退職した。Bさんには遠く離れた故郷に父親（75歳）がいるが、父親も生活に余裕がない。Bさんは生活費が底をつき、生活保護を受給し、リハビリに励むこととなった。その後Bさんはリハビリが終わり、医師から軽労働なら就労できる状態だと診断された。求職活動をしたものの、年齢や技能の関係で仕事は見つかっていない。そこでBさんは今よりもう少し安い家賃のアパートに移ろうかと考えている。

1 就労に必要な技能修得の費用が生業扶助から支給される。
2 アパートに転居する際の敷金が生活扶助から支給される。
3 父親から仕送りを受けると、その金額の多寡にかかわらず保護は廃止される。
4 医師から就労できる状態だと診断された時点で、保護は廃止される。
5 父親は後期高齢者であるため、Bさんを扶養する義務はない。

問題 18 解説　保護の停廃止／就労支援

1　✕　保護の申請にあたって，申請者の親族に対しては親族扶養照会が行われ，わずかな金額でも仕送りなどの援助が可能であるかを尋ねられる。それら仕送り等の援助も世帯収入として認定される。

2　✕　生活保護法10条に「世帯単位の原則」について定められており，世帯員である長男のアルバイト収入も世帯収入と認定される。

3　✕　同法55条の4第1項に，被保護者であって，厚生労働省令で定める安定した職業に就いたことその他厚生労働省令で定める事由により保護を必要としなくなったと認めたものに対して就労自立給付金を支給する旨が定められている。

4　✕　住宅扶助の基準額を超える家賃の住宅に転居する場合は自己負担となり，生活扶助から支出することになるが，住宅扶助の基準額以下の物件へ再び転居するように指導されるのが一般的である。

5　○　医師から就労可能と診断された時点からすぐに，最低生活水準を上回る収入を得られるわけではない。求職活動その他必要な就労支援プロセスを経て自立をはかっていくので，直ちに保護が廃止されるわけではない。

POINT!

事例問題だが，生活保護の原理・原則を押さえていれば容易に解ける問題である。なお，第34回では直接的な出題はなかったが4条のいわゆる「他法他施策優先」も必ず確認しておこう。

問題 19 解説　貧困に対する支援の実際

1　○　就労に必要な技能修得の費用は，生活保護の8種の扶助のうち生業扶助から支給される。

2　✕　転居のために発生する敷金を含め，住居の取得や維持に必要な費用は住宅扶助から支給される。

3　✕　父からの仕送りを含めても最低生活水準を下回る場合は生活保護を受給できる。したがって，「その金額の多寡にかかわらず」という部分が誤りである。

4　✕　収入が最低生活水準を下回っている間は生活保護を受給できる。医師が就労可能と診断したからといってBさんの収入が即日増えるわけではないため，「診断された時点で」という部分が誤りである。

5　✕　民法の親族扶養義務には年齢による定めはない。

POINT!

事例の形式をとってはいるが，ごく基礎的な知識を問う問題であるため慌てず得点したい。原理・原則と同様に頻出である8種の扶助についても学習していた者には難しくない問題である。

正 解　問題18……5　　問題19……1

15

貧困に対する支援

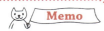

問題 20　頻出度 ★★　第34回 問題067

事例を読んで，R市福祉事務所のK生活保護現業員（社会福祉士）の支援に関する次の記述のうち，最も適切なものを1つ選びなさい。

〔事例〕

Lさん（60歳）は単身で生活しており，親族とは20年以上音信不通である。Lさんは，退職金規程のない会社で働いていたが，5年ほど前から持病が悪化して仕事ができなくなり，3年前に会社を退職した。それ以降は無職となっている。退職後，消費者金融から借金をして生活しており，家賃や公共料金も滞納しているようである。現在も直ちには就労が困難な健康状態であるため，Lさんは生活保護の受給を希望し，R市福祉事務所に生活保護を申請した。

1　保護の要否判定を行うとともに，援助計画策定のために必要な情報収集を行う。
2　保護の申請に当たっての条件として，「無料低額診療事業」を利用するように指導する。
3　社会福祉協議会と連携して，日常生活自立支援事業の利用を促す。
4　福祉事務所からLさんの扶養義務者に連絡を取り，Lさんの借金の返済を要請する。
5　公共職業安定所（ハローワーク）で求職活動をするように指導する。

（注）「無料低額診療事業」とは，社会福祉法第2条第3項第9号に規定する「生計困難者のために，無料又は低額な料金で診療を行う事業」のことである。

問題 21　頻出度 ★★　第35回 問題069

事例を読んで，N市の生活困窮者を対象とした自立相談支援機関の相談支援員（社会福祉士）による，Cさんへの支援に関する次の記述のうち，適切なものを2つ選びなさい。

〔事例〕

Cさん（40歳）は，派遣社員として働いていたが，雇用契約期間が満了して，P市にあった会社の寮から退去した。その後，N市にあるインターネットカフェで寝泊まりをしていたが，なかなか次の仕事が見付からず，所持金も少なくなって不安になり，N市の自立相談支援機関を探して来所した。

1　最後の居住地であったP市に対して，生活保護を申請することを勧める。
2　生活福祉資金貸付制度の緊急小口資金の利用を勧める。
3　住居を見付け，生活困窮者自立支援法に基づく住居確保給付金を利用することを勧める。
4　居住地がないため，直ちに救護施設に入所できると判断し，施設に直接連絡をして利用を申請する。
5　当面の住まいを確保するため，社会福祉法に基づく無料低額宿泊所への入所を自治体に申請するよう提案する。

問題20 解説　保護の申請／現業員の役割

1 ○ Lさんは生活保護を申請したため、**要否判定**が実施される。また、生活保護の目的は保護と自立の助長である。必要な情報収集、いわゆる**アセスメント**が実施され、援助計画が作成される。

2 × 被保護者の医療費は**医療扶助**から支給される。要否判定の結果がまだわからない現時点で、別の制度である無料低額診療事業を利用する必要はない。なお、別の制度を利用すれば保護を受給しなくても生活できる場合には、そもそも保護は支給されない（**他法他施策優先**）。

3 × 日常生活自立支援事業とは、**認知症高齢者**、**知的障害者**、**精神障害者**等のうち判断能力が不十分な人が地域において自立した生活を送れることを目的としている。Lさんのケースには当てはまらない。

4 × **借金**の有無は、保護の要否判定に影響を与えない。また、生活保護費を**借金返済**に充てることは禁止されている。したがって、保護の申請時に扶養義務者に対して借金の返済を要請する必要はなく、現業員の役割としてもそのような行為は定められていない。

5 × 事例には「現在も直ちには就労が困難な健康状態である」とあり、求職活動を行うように指導するのは適切とはいえない。

POINT!
保護の申請時における現業員の役割だけでなく、日常生活自立支援事業や無料低額診療事業など、実務上よく目にする他の事業にも触れられている。こうした知識は他の科目にも関連するため、しっかり学習しておきたい。

問題21 解説　生活困窮者への自立相談支援

1 × 生活保護の申請が妥当かどうかはその他の詳しい状況をヒアリングしないと判断できないが、「P市に対して」という部分が明らかに誤りである。生活保護は**現在地保護**が原則であり、Cさんは現在、N市のインターネットカフェに寝泊まりし、N市の自立相談支援機関に相談に来ているため、N市で保護を申請する。

2 ○ Cさんのこれまでの履歴から、一人で日常生活を送る能力や就労に必要な能力、就労意欲などに問題がないことがわかる。次の仕事が決まるまでの間の資金が調達できれば自立生活が十分に可能と判断できる。

3 ○ 上記の通り、Cさんは日常生活を送る能力や社会性があることが、これまでの履歴から明らかである。また、現状インターネットカフェに寝泊まりし、所持金がどんどん減少していることから、他の様々な支援よりもまず住居確保が先決と考えられ、**住居確保給付金**の利用が妥当と思われる。

4 × **救護施設**は、身体や精神に障害があり、日常生活を送ることが困難な人を主たる対象としている。

5 × **無料定額宿泊所**は、直ちに単身生活が困難な者への自立支援やホームレスの人が生活保護を申請するための住所取得などに用いられることが多く、通常の居宅と福祉施設の中間のような役割を一時的に担う場所である。仕事さえ見つかればすぐにでも働け、また、マンションやアパートを借りて一人暮らしをする能力もあるCさんに対するアドバイスとして、最も適切とはいえない。

POINT!
適切なものを2つ選ぶ問題である点をくれぐれも見落とさないこと。生活困窮者への支援について最低限の知識を持ち、かつ事例文をよく読めば比較的解きやすい問題である。

正解　問題20……1　　問題21……2, 3

問題 22 頻出度 ★★ 第36回 問題068

事例を読んで，生活困窮者自立相談支援機関のD相談支援員（社会福祉士）が提案する自立支援計画案の内容に関する次の記述のうち，最も適切なものを1つ選びなさい。

〔事例〕
Eさん（50歳）は，実家で両親と3人暮らしである。両親はともに80代で，実家は持ち家だが他に資産はなく，一家は両親の老齢基礎年金で生活している。Eさんは大学卒業後，出身地の会社に就職したが人間関係がこじれて5年前に退職し，その後は定職に就かず，実家でひきこもり状態である。Eさんの状況を両親が心配し，またEさん自身もこの状況をどうにかしたいと考えて，Eさんは両親とともに生活困窮者自立相談支援機関に来所した。D相談支援員は，アセスメントを経て，Eさんに今後の支援内容を提案した。

1 社会福祉協議会での被保護者就労支援事業の利用
2 公共職業安定所（ハローワーク）での生活困窮者就労準備支援事業の利用
3 認定事業者での生活困窮者就労訓練の利用
4 地域若者サポートステーションでの「求職者支援制度」の利用
5 生活保護法に基づく授産施設の利用

（注）「求職者支援制度」とは，職業訓練の実施等による特定求職者の就職に関する法律（求職者支援法）に基づく制度のことである。

問題 22 解説 生活困窮者就労訓練事業

1 × 「被保護者」とは生活保護を受給中の者を指している。Eさんは生活保護を受けているわけではないため「被保護者」ではなく，被保護者就労支援事業の対象とはならない。

2 × 生活困窮者就労準備支援事業は，主に基本的な生活スキルやビジネスマナーが身についていない人を対象としている。Eさんには過去に会社勤めの経験がある。ブランクがあるためリハビリ的なトレーニングは必要かもしれないが，現時点で選択肢の中で最も適切な事業とはいいがたい。

3 ○ 生活困窮者就労訓練事業は，自治体から認定を受けた事業者が，生活困窮者に就労の機会を提供するものである。ひきこもり期間などがあり，すぐにフルタイムの一般就労に従事することが難しい人であっても，ごく短時間であったり，支援や配慮を受けたりしながらであれば働くことができる場合がある。同事業はこのような人物像を対象としているため，Eさんに適していると判断される。

4 × 地域若者サポートステーションは若年無業者を対象としている。若年無業者とは15歳から49歳の無業者のことである。50歳であるEさんは当てはまらないため，対象外である。

5 × 授産施設は，受給中か否かにかかわらず生活保護を必要とする状態の者（＝要保護者）を対象とする施設である（生活保護法38条5項）。Eさんは現時点で要保護者とは認定されておらず，適切な提案とはいえない。また，Eさんは過去に就労能力や技能面の不足ではなく人間関係のこじれで会社を退職していることから，授産施設における就労能力や技能の修得が必要とは思われない。

POINT！
生活保護受給にはまだ至っていないが支援が必要な者に提供する生活困窮者支援と，生活保護受給者に向けて提供される自立支援プログラムの違いなど，支援内容に関する出題が多い。また就労支援施策は近年特に強化され，複雑化しており手強いが，しっかり押さえておきたい。

正解 問題22……3

第16章

<専門科目>

保健医療と福祉

Check		1回目	月	日	／20問
Check		2回目	月	日	／20問
Check		3回目	月	日	／20問

保健医療に係る政策・制度・サービスの概要

問題 01　頻出度 ★★★　第33回 問題070

医療保険制度における保険者とその被保険者に関する次の記述のうち，正しいものを1つ選びなさい。

1. 健康保険の保険者には，全国健康保険協会が含まれる。
2. 船員保険の保険者は，健康保険組合である。
3. 日雇特例被保険者の保険の保険者は，国民健康保険組合である。
4. 国民健康保険の被保険者には，国家公務員共済組合の組合員が含まれる。
5. 後期高齢者医療制度の被保険者は，75歳以上の者に限られる。

問題 02　頻出度 ★★　第32回 問題070

日本の医療費の自己負担限度額に関する次の記述のうち，正しいものを1つ選びなさい。

1. 食費，居住費，差額ベッド代は高額療養費制度の支給の対象とはならない。
2. 医療保険加入者が70歳未満である場合，二人以上の同一世帯で合算した年額の医療費の自己負担限度額が定められている。
3. 医療保険加入者が医療保険と介護保険を共に利用した場合，それらの費用を世帯で合算した月額の自己負担限度額が定められている。
4. 医療保険加入者が70歳以上である場合，入院の費用に限り世帯単位での医療費の自己負担限度額が定められている。
5. 医療保険加入者が高額長期疾病（特定疾病）の患者である場合，医療費の自己負担を免除することが定められている。

問題 03　頻出度 ★★　第31回 問題072

日本の公的医療保険の医療費に関する次の記述のうち，正しいものを1つ選びなさい。

1. 保険医療機関が受け取る診療報酬は，審査支払機関の立替金によって賄われる。
2. 被保険者でない患者の医療費は，医療機関の立替金によって賄われる。
3. 社会保険診療報酬支払基金は，保険診療の審査支払機能を担う保険者である。
4. 調剤薬局は，医療保険にかかる費用の請求機関の対象外となる。
5. 特定健康診査の費用は，療養の給付の対象外となる。

問題 01 解説 医療保険制度

1 ○ 健康保険事業の運営主体のことを保険者といい、健康保険の保険者には、全国健康保険協会と健康保険組合の2種類がある。全国健康保険協会は、健康保険組合に加入している組合員以外の被保険者の健康保険を管掌している。健康保険組合は、その組合員である被保険者の健康保険を管掌している。

2 ✕ 船員保険制度は、船員を対象とする総合的な社会保険制度であり、保険者は全国健康保険協会である。

3 ✕ 日雇特例健康保険とは、健康保険法を根拠とする、日々雇い入れをされる労働者（有期労働契約）を対象とした公的医療保険である。日雇特例被保険者の保険者は、全国健康保険協会である。

4 ✕ 国民健康保険の被保険者は、健康保険組合や共済組合などに加入している者や生活保護受給者、後期高齢者医療制度対象者などを除く、市町村の区域内に住所を有するすべての者である。

5 ✕ 後期高齢者医療制度の被保険者は、75歳以上の者及び65歳以上75歳未満の者で一定の障害があると各都道府県の後期高齢者医療広域連合に認定を受けた者である。保険料は、条例により後期高齢者医療広域連合が決定し、毎年度個人単位で策定・賦課される。

> **POINT!**
> 医療保険制度に関する基礎知識が問われた問題である。医療保険制度の概要は、厚生労働省のホームページで公開されている最新の「厚生労働白書（資料編）」などを参考に整理し、理解しておく必要がある。

問題 02 解説 自己負担限度額

1 ○ 高額療養費制度とは、医療機関や薬局の窓口で支払った額が、ひと月（月の始めから終わりまで）で上限額を超えた場合に、その超えた金額を支給する制度で、入院時の食費、居住費、差額ベッド代等は対象とならない。

2 ✕ 同一月内に同一世帯（同一公的保険加入）で自己負担が複数あるときは、これらを合算して自己負担限度額を超えた金額が支給される（世帯合算）。70歳未満と70歳以上では算定方法が異なる。

3 ✕ 医療保険と介護保険の高額な自己負担軽減を目的とした高額医療・高額介護合算療養費の自己負担限度額は所得区分ごとに年額で定められている。

4 ✕ 医療保険加入者が70歳以上である場合、入院による自己負担が生じている場合、入院費用に限らず世帯内の外来の自己負担額も合算（世帯合算）した自己負担限度額が定められている。

5 ✕ 高額長期疾病（特定疾病）の特例は、著しく高額な治療を長期にわたって必要とする疾病にかかった患者について、自己負担限度額を10,000円とすることにより、医療費の自己負担の軽減を図るものである。

> **POINT!**
> 高額療養費制度における自己負担限度額に関連する知識を問う問題である。年齢や所得区分、世帯構成によって自己負担限度額が異なることを押さえておきたい。

問題 03 解説 医療費

1 ✕ 保険医療機関が受け取る診療報酬は、被保険者からの保険料によって賄われており、保険医療機関は、診療報酬の請求を審査支払機関に対して行うことによって診療報酬の支払いを受ける。

2 ✕ 被保険者でない患者の医療費は、全額自己負担（自費診療）となる。なお、資格取得届の手続き中の場合等は、医療費の全額を一時立替払いし、後日請求して、療養費として払い戻しを受けることが可能である。

3 ✕ 医療機関と保険者の間には審査支払機関があり、審査支払機関には、社会保険診療報酬支払基金と国民健康保険団体連合会の2つがある。

4 ✕ 保険医療機関（病院、診療所、調剤薬局等）は、審査支払機関に診療報酬を請求、その合計額から患者の一部負担分を差し引いた額を審査支払機関から受け取る。

5 ○ 保険給付の対象となるのは、あらかじめ国によって保険の適用が認められている療養に限られ、特定健康診査は、給付の対象外（全額自己負担）である。

> **POINT!**
> 医療保険制度や診療報酬制度の仕組みについての基礎的な知識をはじめ、医療費に関する知識を問う問題である。保険診療の対象及び対象外の項目についても押さえておきたい。

正解 問題01……1　　問題02……1　　問題03……5

16 保健医療と福祉

問題 04　頻出度 ★★★　第36回 問題070

公的医療保険における一部負担金に関する次の記述のうち，正しいものを1つ選びなさい。

1. 療養の給付に要した費用の一部負担金の割合は，一律3割である。
2. 被用者保険に加入中の生活保護の被保護者は，一部負担金のみが医療扶助の対象となる。
3. 正常な分娩による出産費用の一部負担金の割合は，3割である。
4. 1か月の医療費の一部負担金が限度額を超えた場合，保険外併用療養費制度により払戻しが行われる。
5. 入院時の食事提供の費用は，全額自己負担である。

問題 05　頻出度 ★★★　第36回 問題071

「令和4（2022）年度国民医療費の概況」（厚生労働省）に示された日本の医療費に関する次の記述のうち，正しいものを1つ選びなさい。

1. 国民医療費の総額は40兆円を超えている。
2. 人口一人当たりの国民医療費は60万円を超えている。
3. 国民医療費に占める薬局調剤医療費の割合は，入院医療費の割合よりも高い。
4. 国民医療費の財源に占める公費の割合は，保険料の割合よりも高い。
5. 国民医療費に占める歯科診療医療費の割合は，入院外医療費の割合より高い。

診療報酬の概要

問題 06　頻出度 ★★★　第36回 問題072

診療報酬に関する次の記述のうち，最も適切なものを1つ選びなさい。

1. 診療報酬の請求は，各月分について行わなければならない。
2. 請求された診療報酬は，中央社会保険医療協議会が審査する。
3. 医療機関が診療報酬を請求してから報酬を受け取るまで約6か月掛かる。
4. 診療報酬点数表には，医科，歯科，高齢の点数表がある。
5. 診療報酬点数は，1点の単価が1円とされている。

Note　診療報酬の仕組み

- 診療報酬とは，保健医療機関や保険薬局が医療サービスに対する対価として保険者から受け取る報酬のこと。診療報酬は通常2年に1回，介護報酬は3年に1回，審議される（診療報酬と介護報酬の同時改定は6年に1回）。
- 厚生労働大臣が中央社会保険医療協議会の議論を踏まえ決定する（厚生労働大臣告示）。
- 診療報酬の内容

　診療報酬 ― 技術・サービスの評価
　　　　　 ― モノの価格評価（医薬品は薬価基準で価格を定める）

- 診療報酬点数表では，個々の技術，サービスを点数化（1点10円）して評価する。点数表は，医科・歯科・調剤の3種に分けられ，全国一律である。
- 診療報酬の支払方式は，出来高払い方式が基本だが包括（定額）払い方式もある。

問題 04 解説　医療保険

1 ✗ 病気やけがをしたとき，健康保険で治療を受けることを**療養の給付**という。年齢等によってその負担割合が区分され，**70歳未満**の被保険者はかかった医療費の**3割**を，**70歳以上**の被保険者は**2割**（**現役並み所得者**は**3割**）を一部負担金として医療機関の窓口で支払う。

2 ◯ **医療扶助**とは，生活保護の扶助のうちの1つで，病気やけがの治療のため，医療機関等にかかるための費用を扶助する。医療扶助は，原則として，**現物給付**である。

3 ✗ **正常分娩**の場合，公的医療保険が適用されないため，出産費用は**全額自己負担**となる。被保険者等が出産したときは，**出産育児一時金**が支給される。支給額は，一児につき**50万円**である。

4 ✗ **高額療養費制度**とは，医療機関や薬局の窓口で支払った額が，1か月で上限額を超えた場合に，その超えた金額を支給する制度であり，**自己負担限度額**を超えた分が払い戻される。自己負担の限度額は年齢や所得によって異なる。入院時の食費負担や差額ベッド代等は，含まれない。

5 ✗ 入院期間中の食事の費用は，健康保険から支給される**入院時食事療養費**と入院患者が支払う**厚生労働大臣**が定める標準負担額でまかなわれている。

POINT！
わが国の公的医療保険制度の基礎知識が問われた問題である。なお，医療保険制度については，厚生労働白書等を参考に整理し，理解しておくことが重要である。

問題 05 解説　国民医療費

1 ◯ 令和4（2022）年度の国民医療費は46兆6,967億円となっており，**国民医療費の総額**は40兆円を超えている。

2 ✗ 令和4（2022）年度の**人口一人当たりの国民医療費**は37万3,700円となっており，人口一人当たりの国民医療費は，60万円を超えていない。

3 ✗ 令和4（2022）年度の**診療種類別国民医療費**は，診療種類別にみると，医科診療医療費は33兆8,255億円（構成割合72.4％），そのうち**入院医療費**は17兆3,524億円（同37.2％），**薬局調剤医療費**は7兆9,903億円（同17.1％）となっており，入院医療費の割合が高い。

4 ✗ 令和4（2022）年度の**財源別国民医療費**を財源別にみると，**公費**は17兆6,837億円（構成割合37.9％），**保険料**は23兆3,506億円（同50.0％）となっており，保険料の割合が高くなっている。

5 ✗ 令和4（2022）年度の**診療種類別国民医療費**は，診療種類別にみると，**歯科診療医療費**は3兆2,275億円（構成割合6.9％），**入院外医療費**は16兆4,731億円（同35.3％）であり，入院外医療費のほうが国民医療費に占める割合は高い。

POINT！
国民医療費の概況に関する問題は，出題頻度の高い問題である。厚生労働省ホームページに掲載される最新の国民医療費の結果の概要について確認し，内容を整理，理解しておくことが必要である。

問題 06 解説　診療報酬

1 ◯ 保険医療機関は，保険者に**1か月分**の診療行為をまとめた**診療報酬明細書（レセプト）**で請求する。

2 ✗ **審査支払機関**は，**診療報酬明細書（レセプト）**を審査の上，保険者へ診療報酬を請求し，保険者から支払われた診療報酬を保険医療機関等へ支払う。

3 ✗ 保険医療機関に診療報酬が支払われるのは，診療行為を行った月の**翌々月**である。

4 ✗ **診療報酬点数表**は，**医科**，**歯科**，**調剤**の3種類が設けられている。

5 ✗ 診療報酬は，医療機関が実施した診療行為ごとにそれぞれの項目に応じた点数が加えられ，**1点**の単価は**10円**として計算される。

POINT！
診療報酬に関する問題は出題頻度が高く，診療報酬制度についての基礎的な理解とともに，診療報酬の改定時には，改定内容を整理し，理解しておくことが必要である。

正解　問題04……2　問題05……1　問題06……1

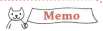

医療施設の概要

問題 07　頻出度 ★★★　第32回 問題071

医療施設等の利用目的に関する次の記述のうち，最も適切なものを1つ選びなさい。

1　介護医療院の利用は，主として長期にわたり療養が必要である要介護者を対象としている。
2　療養病棟の利用は，急性期で医療的ケアが必要である者を対象としている。
3　地域包括ケア病棟の利用は，病院で長期にわたり医療的ケアが必要である者を対象としている。
4　介護老人保健施設の利用は，高度で濃密な医療と介護が必要である者を対象としている。
5　回復期リハビリテーション病棟の利用は，高度急性期医療を受けた後，終末期と判断された者を対象としている。

問題 08　頻出度 ★★　第34回 問題072

災害拠点病院に関する次の記述のうち，正しいものを1つ選びなさい。

1　24時間対応可能な救急体制は必要ないとされている。
2　災害発生時，被災地外の災害拠点病院の医療従事者は，被災地に入らず待機することになっている。
3　各都道府県に1病院ずつ，全国に47病院が設置されている。
4　重篤救急患者に対応できる高度な診療機能は求められていない。
5　災害派遣医療チーム（DMAT）を保有することになっている。

保健医療対策の概要

問題 09　頻出度 ★★★　第35回 問題073

日本の医療提供体制に関する次の記述のうち，最も適切なものを1つ選びなさい。

1　医療計画は，市町村が策定義務を負っている。
2　地域医療支援病院は，第1次医療法の改正（1985（昭和60）年）に基づき設置された。
3　診療所は，最大30人の患者を入院させる施設であることとされている。
4　介護医療院は，主として長期の療養を必要とする要介護者に対し，療養上の管理，看護，医学的管理の下での介護，必要な医療及び日常生活上の世話を行う。
5　地域包括支援センターは，地域における高齢者医療の体制を整えるため，地域医療構想を策定する義務を負う。

問題 07 解説 医療施設等

1 ○ **介護医療院**とは，2017（平成29）年に新たに法定化された施設であり，長期的な医療と介護を必要とする高齢者を対象に，日常的な医学管理や看取り，ターミナルケア等の医療機能と，生活施設としての機能を提供する施設である。

2 × **療養病棟**とは，症状が比較的激しい時期（急性期）を脱し，症状は安定しているが長期の療養が必要とされる患者に，療養上の管理，看護，医学的管理下での介護や機能回復訓練などの医療を行う病床である。

3 × **地域包括ケア病棟**とは，急性期治療を経過し，病状が安定した患者に対して，在宅や介護施設への復帰に向けた医療や支援を行う病棟である。

4 × **介護老人保健施設**とは，介護を必要とする高齢者の自立を支援し，家庭への復帰を目指す施設である。医師による医学的管理の下，看護・介護といったケアはもとより，作業療法士や理学療法士等によるリハビリテーション，また，栄養管理・食事・入浴などの日常サービスまで併せて提供する。

5 × **回復期リハビリテーション病棟**は，脳血管疾患または大腿骨頚部骨折などの病気で急性期を脱しても，まだ医学的・社会的・心理的なサポートが必要な患者に対して，心身ともに回復した状態での自宅や社会への復帰を目的とした病棟である。多くの専門職種がチームを組み集中的なリハビリテーションを実施する。

POINT!
医療施設等に関する問題は頻出であり，設置基準や近年の医療施設の動向も把握しておく必要がある。

問題 08 解説 災害拠点病院

1 × 災害拠点病院は，**24時間いつでも災害に対する緊急対応**ができ，被災地域内の傷病者の受け入れ・搬出が可能な体制を持つことが指定要件である。

2 × 専門的な研修・訓練を受けた災害拠点病院の**災害派遣医療チーム（DMAT）**は，**災害発生時に被災地へ直ちに出動**し，「被災地内におけるトリアージや救命処置」「患者を近隣・広域へ搬送する際における必要な観察・処置」「被災地内の病院における診療支援」等を行う。

3 × 2024（令和6）年4月現在，776病院（基幹災害拠点病院：63，地域災害拠点病院：713）が災害拠点病院の指定を受けている。なお，**基幹災害拠点病院**は原則として各**都道府県**に1か所設置することとなっている。

4 × 災害拠点病院は，**災害による重篤患者の救命医療等の高度の診療機能**を有し，被災地からの患者の受け入れ，広域医療搬送に係る対応等を行うことが指定要件である。

5 ○ 災害拠点病院は，**災害派遣医療チーム（DMAT）**を保有し，その派遣体制があることが指定要件である。

POINT!
医療施設の概要として，災害拠点病院についての理解が問題である。医療施設の概要は頻出のため，根拠法に基づいて，その種類や承認基準，設置基準について整理し，理解しておきたい。

問題 09 解説 医療提供体制

1 × **医療計画**とは，**医療法（30条の4）**に基づき，**都道府県**が，**厚生労働大臣**の定める基本方針に即して，地域の実情に応じた医療提供体制を確保するために策定する計画である。

2 × 総合病院制度を廃止して**地域医療支援病院**を制度化したのは，**第3次**医療法改正（1998（平成10）年）である。

3 × **医療法**においては，医業を行うための場所を**病院**と**診療所**とに限定し，病院は**20床以上**の病床を有するものとし，診療所は病床を有さないものまたは**19床以下**の病床を有するものとしている。

4 ○ **介護医療院**は，主として長期にわたり療養が必要である者に対し，施設サービス計画に基づいて，療養上の管理，看護，医学的管理の下における介護および機能訓練その他必要な医療並びに日常生活上の世話を行うことを目的とする施設である。

5 × **地域医療構想**は，2025（令和7）年に向けて**病床の機能分化・連携**を進めるため，医療機能ごとに医療需要と病床の必要量を推計し，**都道府県**が構想区域（原則，**二次医療圏**）単位で策定する。

POINT!
医療法については，内容と合わせて，最新のものを含めた改正ポイントを押さえておく必要がある。

正解 問題07……1　　問題08……5　　問題09……4

問題 10 頻出度 ★ ★　　　　　　　　　　　　　　　　　　　第34回 問題073

次の記述のうち，2014（平成26）年の医療法改正（第六次）の内容として，正しいものを1つ選びなさい。

1 地域医療支援病院制度が創設された。
2 医療計画に地域医療構想の策定が位置づけられた。
3 特定機能病院制度が創設された。
4 地域的単位として，新たに区域（医療圏）が創設された。
5 療養型病床群の設置が制度化された。

問題 11 頻出度 ★ ★　　　　　　　　　　　　　　　　　　　第36回 問題073

医療法に基づく医療計画に関する次の記述のうち，正しいものを1つ選びなさい。

1 国が，地域の実情に合わせて策定することになっている。
2 医療提供体制の確保を図るためのものである。
3 医療圏は，一次医療圏と二次医療圏の2つから構成されている。
4 病院の定義や人員，設備の基準を定めることになっている。
5 2年ごとに見直される。

Note　医療計画の概要　令和6年版厚生労働白書 資料編 49ページより抜粋

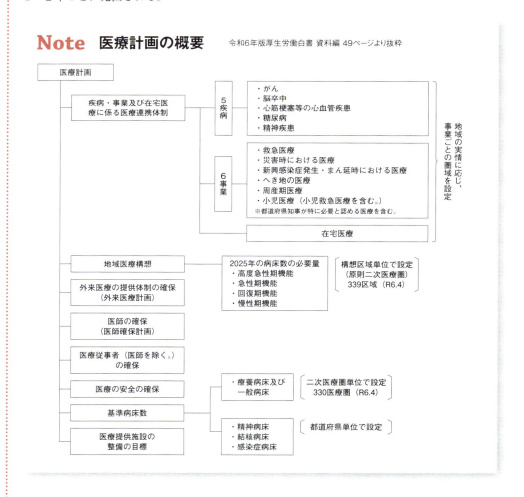

問題 10 解説　医療法改正

1 ×　総合病院制度を廃止して地域医療支援病院を制度化したのは，第3次医療法改正である。
2 ○　第6次医療法改正で策定が医療計画に位置づけられた地域医療構想は，将来人口推計をもとに2025（令和7）年に必要となる病床数（病床の必要量）を4つの医療機能ごとに推計した上で，地域の医療関係者の協議を通じて病床の機能分化と連携を進め，効率的な医療提供体制の実現を目指す取組である。
3 ×　特定機能病院が創設されたのは，第2次医療法改正である。
4 ×　地域的単位として，新たに区域（医療圏）が創設されたのは，第1次医療法改正である。医療計画において，医療圏を設定して医療圏ごとに必要病床数を算定し，その病床数を超えている医療圏では，新規の病床の開設は都道府県知事が不許可とすることができる規定を新設した。
5 ×　療養型病床群（現行の療養病床）が特定機能病院とともに創設されたのは，第2次医療法改正である。

POINT!
保健医療対策の概要として，医療法改正の時期と内容について問われた問題である。医療法は，内容と併せて最新のものを含めた改正のポイントを押さえておく必要がある。

問題 11 解説　医療計画

1 ×　各都道府県が，厚生労働大臣が定める基本方針に則して，かつ，地域の実情に応じて，当該都道府県における医療提供体制の確保を図るために策定する。
2 ○　医療計画は，医療機関の適正配置と医療資源の効率的な活用を目的として，1985（昭和60）年の第1次医療法改正において導入された。
3 ×　医療法において，病床の整備を図るべき地域的単位（二次医療圏），特殊な医療を提供する地域的単位（三次医療圏）をそれぞれ定義し，医療計画の中で各圏域を定めることとしている。
4 ×　病院の定義や人員，設備の基準を定めているのは医療法である。
5 ×　医療計画は，6年を1期とし，3年ごとに見直しを実施している。

POINT!
医療計画の基礎知識が問われた問題である。医療計画の概要とともに，医療法の改正の主な趣旨や経緯，最新の医療法の改正のポイントについても押さえておきたい。

問題10……2　　問題11……2

16 保健医療と福祉

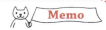

問題 12　頻出度 ★★　第33回 問題073

医療法等による地域医療構想に関する次の記述のうち，正しいものを2つ選びなさい。

1. 構想区域の設定については，三次医療圏を原則とする。
2. 病床の必要量の推計については，慢性期病床は推計の対象外とされている。
3. 医療需要の推計については，在宅医療は推計の対象外とされている。
4. 都道府県は，構想区域等ごとに，診療に関する学識経験者の団体等(関係者)との協議の場を設けなければならない。
5. 地域医療構想では，地域における病床の機能分化と連携の推進が目指される。

保健医療領域における専門職の役割と連携

問題 13　頻出度 ★★　第36回 問題074

訪問看護に関する次の記述のうち，最も適切なものを1つ選びなさい。

1. 訪問看護は，看護師の指示で訪問看護サービスを開始する。
2. 訪問看護ステーションには，栄養士を配置しなければならない。
3. 訪問看護の対象は，65歳以上の者に限定されている。
4. 訪問看護ステーションの管理者は，医師でなければならない。
5. 訪問看護は，居宅において看護師等により行われる療養上の世話又は必要な診療の補助を行う。

問題 14　頻出度 ★★★　第34回 問題075

次の記述のうち，理学療法士，作業療法士，言語聴覚士が行うとされる業務として，正しいものを1つ選びなさい。

1. 理学療法士が，入院患者の生命維持管理装置を操作する。
2. 理学療法士が，脳梗塞後遺症の患者に歩行訓練を行う。
3. 作業療法士が，リハビリテーション中に気分不良を訴えた患者に点滴をする。
4. 作業療法士が，看護師の指導の下で外来患者の採血をする。
5. 言語聴覚士が，在宅患者の胃ろうチューブの交換を行う。

問題 12 解説　地域医療構想

1 ✕　地域医療構想では，二次医療圏を基本に構想区域を設定している。

2 ✕　地域医療構想では，各構想区域における高度急性期，急性期，回復期，慢性期の4つの医療機能ごとの医療需要を算出し病床の必要量を推計している。

3 ✕　地域包括ケアシステムの推進に向けた在宅医療の充実が目指されており，在宅医療は医療需要推計の対象である。

4 ◯　都道府県は，構想区域ごとに，診療に関する学識経験者の団体との協議の場である地域医療構想調整会議を設け，地域の実情に応じた課題抽出や実現に向けた施策を検討し，地域医療構想の達成を推進するために進捗状況の共有を含めた必要な事項について協議を行う。

5 ◯　地域医療構想は，2025（令和7）年に必要となる各医療機能の将来の必要量を推計した上で，地域の医療関係者の協議を通じて病床の機能分化と連携を進め，効率的な医療提供体制を目指している。

> **POINT!**
> 医療法の中で規定されている地域医療構想について問われた問題である。医療法は出題傾向が高いため基礎的な理解が求められている。

問題 13 解説　訪問看護

1 ✕　訪問看護は，年齢や疾患，状態によって医療保険または介護保険いずれかの適用となるが医師からの指示（訪問看護指示書）を受けて，訪問看護計画に基づいて実施する。

2 ✕　訪問看護ステーションに，保健師，看護師または准看護師の配置は必要であるが，栄養士の配置は必須ではない。

3 ✕　訪問看護は，疾病または負傷により居宅において継続して療養を受ける状態にある小児から高齢者まで，全ての年齢が対象である。

4 ✕　指定訪問看護ステーションの管理者は，原則，保健師，助産師または看護師でなければならない。

5 ◯　訪問看護は，居宅において看護師等による療養上の世話または必要な診療の補助を行う。

> **POINT!**
> 訪問看護ステーションの指定基準について問われた問題である。人員の配置基準や設備基準のポイントを整理し，理解しておくことが必要である。

問題 14 解説　専門職の役割

1 ✕　臨床工学技士は，医師の指示の下に，人工呼吸器や人工心肺装置，血液浄化装置（透析）などの生命維持管理装置の操作及び保守点検を行う。

2 ◯　理学療法士は，医師の指示の下に，ケガや病気などで身体に障害のある人や障害の発生が予測される人に対して，基本動作能力の回復や維持，障害の悪化の予防を目的に，運動療法や物理療法などを用いて，自立した日常生活が送れるよう支援する。

3 ✕　作業療法士は，医師の指示の下に，身体または精神に障害のある者に対し，応用的動作能力または社会的適応能力の回復を図るため，手芸，工作その他の作業を行わせることで自立した日常生活が送れるよう支援する。なお，点滴が行えるのは，医師，看護師などであり，作業療法士は行えない。

4 ✕　採血を行えるのは，医師，看護師，臨床検査技師であり，作業療法士は行えない。

5 ✕　胃ろうチューブの交換は，医行為であるため，言語聴覚士は行えない。

> **POINT!**
> 保健医療サービスに関わる専門職の役割や業務内容の理解が問われた問題である。専門職の役割については，出題頻度が高いため，専門職についての根拠法を確認し，業務内容について整理しておく必要がある。

正解　問題12……4，5　　問題13……5　　問題14……2

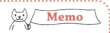

保健医療領域における支援の実際

問題 15 頻出度 ★★ 第33回 問題074

日本における医師の資格、業務及び偏在に関する次の記述のうち、正しいものを1つ選びなさい。

1 医師が正当な理由なく業務上知り得た秘密を漏らす行為は、刑法により罰せられる。
2 医師は診察治療の求めがあった場合には、事由のいかんにかかわらず、拒むことはできない。
3 医療施設に従事する医師の人口10万対の数を地域別にみると、東北地方に比べて近畿地方が少ない傾向にある。
4 医師の養成機関に対する指定権者は、厚生労働大臣である。
5 医療施設に従事する医師数を施設種別にみると、診療所に従事する医師が最も多い。

問題 16 頻出度 ★★★ 第36回 問題075

次の事例を読んで、医療ソーシャルワーカー（社会福祉士）が紹介した現時点で利用可能な制度として、適切なものを2つ選びなさい。

〔事例〕
入院中のFさん（39歳、会社員）は、大学卒業後から継続して協会けんぽ（全国健康保険協会管掌健康保険）の被保険者であり、同じ会社の正社員である妻35歳と息子7歳との3人暮らしである。20代より生活習慣病を患い、保健指導と治療がなされたが行動変容は難しかった。Fさんは、3日前に糖尿病性腎症による人工透析導入のため入院することとなった。医師からは、約1か月間の入院となり、退院後は週に3日の継続的な透析治療が必要との説明を受けた。Fさんは、仕事は継続したいが、医療費や入院期間中の収入面の不安を訴えたことから、医師より医療ソーシャルワーカーを紹介された。

1 生活保護制度
2 労働者災害補償保険制度
3 高額療養費制度
4 傷病手当金制度
5 雇用保険制度

問題 17 頻出度 ★ 第31回 問題074

へき地医療に関する次の記述のうち、正しいものを1つ選びなさい。

1 へき地保健医療対策事業は、一次医療圏単位で実施している。
2 へき地保健指導所では、保健師が訪問看護指示書の作成ができる。
3 全国の無医地区数を近年の年次推移でみると、増加し続けている。
4 へき地医療拠点病院では、遠隔医療等の各種診療支援を実施している。
5 へき地医療拠点病院の指定要件には、薬剤師の派遣が含まれている。

問題 15 **解説** 医師

1 ○ 医師または，医師の職にあった者が，正当な理由がないのに，その業務上取り扱ったことについて知り得た人の秘密を漏らしたときは，6か月以下の懲役または10万円以下の罰金に処する（刑法134条1項）。

2 × 医師法に，診療に従事する医師は，診察治療の求めがあった場合には，正当な事由がなければ，これを拒んではならないと規定されている。

3 × 都道府県（従業地）別にみた医療施設に従事する人口10万対医師数は，東北地方が少ない傾向にある。なお，人口10万対医師数が最も多いのは徳島県，最も少ないのは埼玉県となっている。

4 × 医師の養成機関の指定権者は，文部科学大臣であり，免許付与者は，厚生労働大臣である。

5 × 施設の種別にみた医師数は，病院（医育機関附属の病院を除く）が最も多く，次いで診療所，医育機関附属の病院となっている。

POINT!

医師の資格や業務，偏在についての理解が問われている。医療福祉関連の他職種については，根拠法にて基礎的な理解をしておく必要がある。偏在については，厚生労働省の医師・歯科医師・薬剤師統計の概況を参考にするとよい。

問題 16 **解説** 医療ソーシャルワーカー

1 × 就労し，一定の収入が得られている協会けんぽ（全国健康保険協会管掌健康保険）加入者である現状では，生活保護制度の対象ではない。

2 × 保健指導と治療がなされたものの行動変容がなされなかったことによる生活習慣病の悪化による入院は，労働者災害補償保険制度の対象ではない。

3 ○ 高額療養費制度は，同一月（1日から月末まで）にかかった医療費の自己負担額が高額になった場合，一定の金額（自己負担限度額）を超えた分が，後で払い戻される制度である。

4 ○ 傷病手当金制度は，病気休業中に被保険者とその家族の生活を保障するために設けられた制度である。労務に服することができなくなった日から起算して3日を経過した日から労務に服することができない期間（同一の疾病・負傷に関して，支給を始めた日から起算して1年6か月を超えない期間），支給される。

5 × 雇用保険制度は，失業者の生活保障や雇用促進を目的とした公的保険で，労働者の生活及び雇用の安定と就職の促進のために，失業された方や教育訓練を受けられる方等に対して，失業等給付の支給を行う。

POINT!

医療ソーシャルワーカーによる入院による経済的不安への対応を問う事例問題である。経済的課題の対応には，各種制度やサービス，社会資源の基礎的な理解が必要である。

問題 17 **解説** へき地医療対策

1 × へき地保健医療対策事業は，都道府県単位で実施している。

2 × へき地保健指導所は，無医地区等に整備され，保健師を配置し，保健医療の機会に恵まれない住民に対する保健指導を行う。なお，訪問看護指示書の作成を行うのは医師である。

3 × 全国の無医地区数は，近年の年次推移では減少し続けている。

4 ○ へき地医療拠点病院は，へき地医療支援機構の指導・調整の下，遠隔医療等の各種診療支援を実施している。

5 × へき地医療拠点病院は，へき地医療支援機構の指導・調整の下，へき地診療所等への代診医等の派遣（継続的な医師派遣も含む）を行うことなどが指定要件となっているが，薬剤師の派遣は要件に含まれない。

POINT!

へき地保健医療対策について問う問題である。対策についての基礎的な内容と併せて，へき地医療の近年の動向も押さえておきたい。

正解 問題15……1　問題16……3，4　問題17……4

問題 18　頻出度 ★★　　第29回 問題076

地域連携クリティカルパスに関する次の記述のうち，適切なものを1つ選びなさい。

1. 連携する機関に保険薬局は含まれない。
2. 病院内のチーム医療の推進が目的である。
3. 連携する機関の間で診療計画や診療情報を共有する。
4. 連携する機関に地域包括支援センターは含まれない。
5. 患者が退院する病院の専門職が決定した診療方針に従い，地域の医療機関が診療を行う。

Note　多職種チームワークモデルの特徴

マルチディシプリナリーモデル	治療に貢献するように，医師を中心とした各専門職がそれぞれの専門分野の範疇で治療や援助計画を立て，個別に実践し，最終的に医師に集約していく階層性の強い形態をとる
インターディシプリナリーモデル	当事者や家族の生活実態を中心に，各専門職がお互いの目標を擦り合わせ，専門性を発揮していく。専門職同士の相互作用のプロセスが重視される形態をとるが，役割の重複や，見解が異なると目標がずれて摩擦を生みやすい状態となり，チームコンフリクトが高まることがある
トランスディシプリナリーモデル	専門職の役割の交代や開放をともなうチームワーク。専門職間の階層や垣根を低くして，各自が自由に動くことができる形態をとる。職種が異なっても同じ業務を果たすことができる

保健医療に係る倫理，自己決定権の尊重

問題 19　頻出度 ★★　　第34回 問題074

患者の治療方針の決定に関する次の記述のうち，最も適切なものを1つ選びなさい。

1. 肝臓がんとの診断を受けたAさん（66歳）は，インフォームドコンセントとして，検査結果の内容と今後の治療方針について医師から説明を受け，治療に同意した。
2. 終末期にあるBさん（52歳）の家族は，インフォームドチョイスとして，本人に気付かれないように主治医と治療方針を決定した。
3. 小児がん患者のCちゃん（11歳）の保護者は，インフォームドアセントとして，本人の意思を確認せずに終末期医療における延命医療の拒否を医師に伝えた。
4. 終末期にあるDさん（78歳）と家族と医療従事者は，パターナリズムモデルに従って，繰り返し治療選択について話し合い，意思決定を行った。
5. E医師は，筋萎縮性側索硬化症（ALS）の進行したFさん（48歳）の意思を推測し，心肺停止時に心肺蘇生措置をしない旨をリビングウィルとしてカルテに記載した。

問題 18 解説 クリティカルパス

1 ✕ 連携する機関に保険薬局は含まれる。例えば，がん患者の退院前カンファレンスにおいて，病院薬剤師と保険薬局の薬剤師が診療情報を共有し，在宅療養に向けての引き継ぎを行う等が実施されている。

2 ✕ 病院内のチーム医療の推進を目的としたものは院内のクリティカルパスである。地域連携クリティカルパスとは，院内のクリティカルパスを地域の生活期にまで延長し，医療‐保健‐福祉サービスを連動させる目的をもつ。

3 ◯ 地域連携クリティカルパスとは，地域において良質な医療を効率的かつ安全，適正に提供する手段として開発された地域完結型医療を実現するための診療計画である。治療から療養までを切れ目なくつなぐために，連携するすべての機関で共有するものである。

4 ✕ 平成30年度の診療報酬改定で名称が見直された「入退院支援加算」の加算としての「地域連携診療計画加算」の算定要件は，退院時又は転院時に当該他の保険医療機関又は介護サービス事業者等に当該患者に係る診療情報を文書により提供した場合となっている。したがって，連携する機関に地域包括支援センターは含まれる。

5 ✕ 患者が退院する病院が決定した治療方針に地域の医療機関が従うのではなく，連携機関のスタッフがカンファレンス等を通じて治療方針や経過を共有する目的で作成する。

POINT!
クリティカルパスとは，医療チーム（医師，看護師，コ・メディカルスタッフ）が，特定の疾患，手術，検査ごとに，共同で実践する治療や処置などを，時間軸に沿ってまとめた治療計画書である。院内のクリティカルパスは，治療内容に対する業務や投薬などを日ごとに詳しく記載するのに対し，地域連携クリティカルパスは，連携機関や支援者間で共有すべき重要な情報と診療方針が記載されている。

問題 19 解説 インフォームドコンセント

1 ◯ インフォームドコンセントとは，医療従事者が患者に十分な説明を行い，理解が得られた上で患者自らの意思による選択に基づき，医療従事者と方針の合意をもって成立するというプロセスである。

2 ✕ インフォームドチョイスとは，説明と選択として，医師が患者に十分な説明を受けた上で，患者が自らの意思で選ぶことである。

3 ✕ インフォームドアセントとは，治療を受ける小児患者に対し，子どもの理解度に応じて治療についてわかりやすく説明し，その内容について子ども本人の納得（同意）を得ることである。

4 ✕ パターナリズムとは，強い立場にある者が，弱い立場の者の利益になるという理由から，本人の意思に反してその行動に介入したり，干渉したりすることである。パターナリズムモデルは，医師の判断に基づく意思決定が，患者の最大の利益につながるという前提に立っている。

5 ✕ リビングウィルとは，人生の最終段階（終末期）を迎えたときの医療の選択について，患者自らが事前（生前）に意思表示しておくこと（生前指示）であり，「事前指示書」や「生前遺言書」と訳されることもある。

POINT!
患者の権利を守るための概念やプロセスについて問われた問題である。医療事故調査制度などの患者の権利を守る仕組みと併せて理解しておくことが望ましい。

正解 問題18……3　　問題19……1

16

保健医療と福祉

問題 20 頻出度 ★★　　　　　　　　　　　　　　第36回 問題076

「人生の最終段階における医療・ケアの決定プロセスに関するガイドライン（2018年（平成30年）改訂版）」（厚生労働省）に沿った対応の方針として，最も適切なものを1つ選びなさい。

〔事例〕
　Gさん（72歳）は，妻（70歳）と二人暮らし。10年前より筋萎縮性側索硬化症（ALS）と診断を受け，在宅で療養を続けてきた。診断を受けた当初，「人工呼吸器は装着せずに，自宅で自然な状態で最期を迎えたい」と言っていた。1か月前から言語の表出，自発呼吸が困難となり，人工呼吸器の装着について検討することとなった。

1　診断を受けた当初のGさんの意思を優先する。
2　Gさんに代わって，妻の判断を優先する。
3　Gさん，家族，医療・ケアチームによる話し合いの場を設定する。
4　家庭裁判所に判断を求める。
5　医師の医学的判断により決定する。

問題 20 解説　アドバンス・ケア・プランニング

1　×　心身の状態の変化等に応じて，本人の意思は変化しうるものであり，医療・ケアの方針や，どのような生き方を望むか等を，日頃から繰り返し話し合う必要がある。
2　×　最期まで本人の生き方（＝人生）を尊重し，医療・ケアの提供について検討することが重要である。
3　○　人生の最終段階の医療・ケアについて，本人が家族等や多専門職種から構成される医療・ケアチームと事前に繰り返し話し合うACP（アドバンス・ケア・プランニング）が重要である。
4　×　本人の意思が確認できる状況において家庭裁判所に判断を求めることはない。
5　×　人生の最終段階における医療及びケアの方針を決定する際には，医師の医学的診断のみではなく，医療・ケアチームによって慎重に判断する。

POINT!
「人生の最終段階における医療・ケアの決定プロセスに関するガイドライン」は，人生の最終段階を迎えた本人・家族等と医師をはじめとする医療・介護従事者が，最善の医療・ケアを作り上げるプロセスを示すガイドラインである。2018（平成30）年の改定に盛り込まれたACP（アドバンス・ケア・プランニング）の概念とともに理解しておく必要がある。

正解　問題20……3

第17章

<専門科目>

ソーシャルワークの基盤と専門職（専門）

Check	1回目	月	日	／9問
Check	2回目	月	日	／9問
Check	3回目	月	日	／9問

専門職の成立の条件

問題 01 頻出度 ★★　　第34回 問題094

ソーシャルワークの専門職化に関する次の記述のうち，最も適切なものを1つ選びなさい。

1 ミラーソン(Millerson, G.)は，職業発展の過程から，ソーシャルワーク専門職が成立するプロセスを提示した。
2 グリーンウッド(Greenwood, E.)は，既に確立している専門職と，ソーシャルワーカーを比較することによって，準専門職の概念を提示した。
3 カー-ソンダース(Carr-Saunders, A.)は，専門職が成立する属性を挙げ，その中でテストによる能力証明の必要性を主張した。
4 エツィオーニ(Etzioni, A.)は，専門職が成立する属性を挙げ，その中で専門職的権威の必要性を主張した。
5 フレックスナー(Flexner, A.)は，専門職が成立する属性を挙げ，ソーシャルワークがいまだ専門職とはいえないことを主張した。

認定社会福祉士制度

問題 02 頻出度 ★★　　第28回 問題095

認定社会福祉士及び認定上級社会福祉士に関する次の記述のうち，正しいものを1つ選びなさい。

1 認定社会福祉士制度の必要性は，2000年(平成12年)の社会福祉事業法改正時の附帯決議に盛り込まれた。
2 認定社会福祉士は，所属組織以外の分野における高度な専門性を発揮できる能力を有する者として位置づけられている。
3 認定社会福祉士は，一定の実務経験と認定試験に合格することが要件とされている。
4 認定上級社会福祉士は，高齢分野，障害分野，児童・家庭分野，医療分野など，分野ごとに認定される。
5 認定社会福祉士及び認定上級社会福祉士は，関係団体が参画する組織によって認定される。

問題01 解説　ソーシャルワークの専門職化

1 ×　ミラーソンは1965年，専門職の6つの属性（①体系的な理論，②伝達可能な技術，③公共の関心と福祉という目的，④専門職の組織化（専門職団体），⑤倫理綱領，⑥テストか学歴に基づく社会的承認）を提唱した。職業発展の過程から，ソーシャルワーク専門職が成立するプロセスを提示したのはカー‐ソンダースである。

2 ×　グリーンウッドは，1957年に「専門職の属性」を発表し，独自に専門職の5つの属性（体系理論，専門職的権威，社会的承認，倫理綱領，専門職的副次文化）を提唱して「ソーシャルワークはすでに専門職である」と結論づけた。準専門職の概念を明確にしたのはエツィオーニである。

3 ×　カー‐ソンダースは，専門職を歴史的発展過程のプロセスによって捉えており，段階別に「確立専門職（医師，法律家，聖職者）」「新生専門職（エンジニア，化学者，会計士）」「準専門職（教師，看護師，ソーシャルワーカー）」「可能的専門職（病院マネージャー，セールスマネージャー）」等に分類している。カー‐ソンダースは専門職の基本的な特質の1つとして，テストによる能力の証明の必要性を主張している。

4 ×　エツィオーニはすでに確立している専門職とソーシャルワーカーを比較することより，準専門職の概念を明確にした。専門職的権威の必要性を提示したのはグリーンウッドである。

5 ○　フレックスナーは1915年の全米慈善矯正事業会議にて，専門職として成立する共通の属性を提示し，「現段階ではソーシャルワーカーは専門職ではない」と専門性を否定した。

POINT!

ミラーソン，グリーンウッド，フレックスナーに関してはかなり久々の出題である。また，カー‐ソンダース，エツィオーニは旧科目「相談援助の基盤と専門職」では第34回試験が初めての出題であった。

問題02 解説　認定社会福祉士制度

1 ×　認定社会福祉士の必要性は，2007（平成19）年の社会福祉士及び介護福祉士法の改正時に参議院及び衆議院の附帯決議にて盛り込まれた。

2 ×　認定社会福祉士は，所属組織を中心とした分野の福祉課題に対して，倫理綱領に基づき，高度な専門知識と熟練した技術を用いて個別支援や他職種連携及び地域福祉の増進を行う能力を有することを認められた者と位置づけられている。

3 ×　認定社会福祉士になるには，①社会福祉士資格を有すること，②定められた職能団体のいずれかの正会員であること，③規定された一定の実務経験を有すること，④例示する実務経験があること（個別レベル，組織レベル，地域レベルごとの経験目標がある），⑤認められた機関での研修（スーパービジョン実績を含む）を受講していること等が要件とされている。認定試験はない。

4 ×　認定社会福祉士は高齢分野，障害分野，児童・家庭分野，医療分野，地域社会・多文化分野等の分野別の認定となる（一定の要件を満たすことで，分野を追加して取得可能）。一方，認定上級社会福祉士の場合は分野別の認定ではなく，「自らの実践に加え，複数の分野にまたがる地域の課題について実践・連携・教育」とされている。

5 ○　職能団体，教育関係団体，経営者団体等から構成される第三者機関である認定社会福祉士認証・認定機構により認定される。

POINT!

「認定社会福祉士」「認定上級社会福祉士」は本科目の新傾向として出題されることがある。その設立経緯や内容を知ることが大切である。

正解　問題01……5　　問題02……5

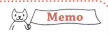

社会福祉士の様々な職域

問題 03 頻出度 ★ 　　第33回 問題093

国が規定する近年の相談事業に関する次の記述のうち,正しいものを1つ選びなさい。

1 地域で生活する障害者のために,「地域生活定着促進事業」が創設され,地域生活定着支援センターにおいて相談支援業務が行われるようになった。
2 「スクールソーシャルワーカー活用事業」において,社会福祉士や精神保健福祉士等がその選考対象に明記されるようになった。
3 地域包括支援センターでは,社会福祉士等によって「自立相談支援事業」が行われるようになった。
4 矯正施設退所者のために,「地域生活支援事業」が創設され,市町村における必須事業として相談支援事業が行われるようになった。
5 生活困窮者自立支援制度が施行され,その中核的事業として「総合相談支援業務」が行われるようになった。

福祉事務所の専門職

問題 04 頻出度 ★ ★ 　　第35回 問題096

次の記述のうち,福祉に関する事務所(福祉事務所)に配置される所員の社会福祉法に基づく業務として,正しいものを1つ選びなさい。

1 指導監督を行う所員(査察指導員)は,都道府県知事の指揮監督を受けて,生活保護業務の監査指導を行う。
2 現業を行う所員(現業員)は,所長の指揮監督を受けて,援護,育成又は更生の措置を要する者等に対する生活指導などを行う。
3 母子・父子自立支援員は,家庭における児童養育の技術及び児童に係る家庭の人間関係に関する事項等に関する相談に応じる。
4 知的障害者福祉司は,社会的信望のもとに知的障害者の更生援護に熱意と識見を持って,知的障害者やその保護者の相談に応じ必要な援助を行う。
5 家庭相談員は,児童の保護その他児童の福祉に関する事項について,相談に応じ,専門的技術に基づいて必要な指導を行う。

問題03 解説　国の規定する相談事業

1 ✗ 「地域生活定着促進事業」は高齢または障害により自立が困難な矯正施設退所者に対し，退所後直ちに福祉サービス等につなげ，地域生活に定着をはかるため，各都道府県の地域生活定着支援センターと保護観察所が協働して進めている。支援対象は矯正施設退所者であり，地域で生活する障害者ではない。

2 ○ 「スクールソーシャルワーカー活用事業実施要領」において，社会福祉士，精神保健福祉士の資格取得者の中から実施主体が選考し，スクールソーシャルワーカーとして認めた者とするとされている。また，地域や学校の実情に応じて，福祉や教育の分野において，専門的な知識・技術を有する者または活動経験の実績等がある者も選考可能である。

3 ✗ 「自立相談支援事業」は福祉事務所設置自治体が直営，または委託により実施され，生活困窮者が生活保護に至る前段階から早期の自立を目指すものである。地域包括支援センターが事業を担うわけではない。

4 ✗ 「地域生活支援事業」は，市町村においては必須事業であり，中核的役割を担う基幹相談支援センターを設置する。支援対象者は障害児者となり，当事者やその保護者や介護者からの相談に応じ，必要な相談支援の情報提供を行うとともに，虐待の防止や権利擁護のための支援を実施する。矯正施設退所者が支援対象ではない。

5 ✗ 「総合相談支援業務」は地域包括支援センターで実施され，地域の高齢者が住み慣れた地域で安心してその人らしい生活の継続が可能になるように，地域包括ケアの中核拠点として取組むものである。また，生活困窮者自立支援制度の中核になる業務は「総合相談支援業務」ではなく，「自立相談支援事業」である。

POINT!
国が規定する広い分野にわたる相談事業の実施要領を細かく知る必要があり，やや難問と思われる。各種の相談事業の目的，支援対象者，運営主体の違い等を学んでおきたい。

問題04 解説　社会福祉行政職の業務内容

1 ✗ 指導監督を行う所員（査察指導員）は，福祉事務所の長の指揮監督を受けて，現業事務の指導監督をつかさどる（社会福祉法15条3項）。

2 ○ 現業を行う所員（現業員）は，所長の指揮監督を受けて，援護，育成または更生の措置を要する者等の家庭を訪問し，本人の資産，環境等を調査し，保護その他の措置の必要の有無及びその種類を判断し，本人に対し生活指導を行う等の事務をつかさどる（社会福祉法15条4項）。

3 ✗ 母子・父子自立支援員は，配偶者のない者で現に児童を扶養しているもの及び寡婦に対し，相談に応じ，その自立に必要な情報提供及び指導を行うとともに，職業能力の向上及び求職活動に関する支援を行う（母子及び父子並びに寡婦福祉法8条2項）。

4 ✗ 知的障害者福祉司の業務は，福祉事務所の所員に対して技術的指導を行い，知的障害者の福祉に関する相談に応じ，必要な調査及び指導を行う（知的障害者福祉法第13条4項）。これら業務の中で専門的な知識及び技術を必要とするものを行う。

5 ✗ 家庭児童福祉に関し，主として訪問による指導及び法的措置を必要とするケースは，家庭児童福祉の業務に従事する社会福祉主事がこれを担当し，主として，所内における相談指導で解決されるケースは家庭相談員がこれを担当する（厚生省児童局長通知「家庭児童相談室の設置運営について」第4の2）。

POINT!
本科目では数年おきに出題される福祉専門職の業務内容を問う出題である。今回は社会福祉行政職であった。各職種の業務内容を関連する法律等で確認しておきたい。

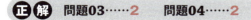
正解　問題03……2　　問題04……2

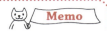

ミクロ・メゾ・マクロのソーシャルワーク

問題 05　頻出度 ★★★　第34回 問題095

事例を読んで，Y病院のC医療ソーシャルワーカー（社会福祉士）が行う介入レベルごとのソーシャルワーク実践として，最も適切なものを1つ選びなさい。

〔事例〕
Q政令指定都市の拠点病院であるY病院には，患者サポートセンターがあり，そこには複数の社会福祉士が配置されている。患者サポートセンターでは，ここ数年，身寄りのない患者の退院支援に取り組んできたが，その数は増加傾向にある。そこでC医療ソーシャルワーカーは，増加傾向にあるこうした患者に対する総合的かつ包括的な援助活動や，支援体制の構築に向けた活動を行うこととした。

1　ミクロレベルの介入として，民生委員児童委員協議会に，身寄りのない患者が増加している問題を訴える。
2　ミクロレベルの介入として，Q市と福祉事務所との総合的な連携の在り方について協議する。
3　メゾレベルの介入として，身寄りのない患者との詳細なアセスメント面接を行う。
4　メゾレベルの介入として，病院内に対策検討委員会を設置することを提案する。
5　メゾレベルの介入として，退院の際，個別に日常生活自立支援事業の活用を提案する。

4つの基本的なシステム

問題 06　頻出度 ★★★　第35回 問題097

事例を読んで，ピンカス（Pincus, A.）とミナハン（Minahan, A.）の「4つの基本的なシステム」（チェンジ・エージェント・システム，クライエント・システム，ターゲット・システム，アクション・システム）のうち，チェンジ・エージェント・システムが抱える課題として，最も適切なものを1つ選びなさい。

〔事例〕
脊髄小脳変性症で入院したHさん（45歳，男性）が退院準備のために医療ソーシャルワーカーに相談に来た。現在，下肢の筋力低下が進んでおり，長い時間の歩行は困難で車いすを利用している。Hさんは一戸建ての自宅で妻（42歳，会社員）と二人暮らしであり，今後は，介護保険サービスを利用して自宅に退院することを検討している。また，Hさんは入院後休職中であるが，自宅で療養した後に復職を希望している。

1　Hさんの退院後の自宅における介護サービス
2　Hさんが復職した場合の職場での勤務時間
3　Hさん夫妻に対して，退院後に必要となる妻への支援
4　Hさんの希望に基づき，近隣の利用可能な社会資源
5　Hさんの今後の療養に関わる院内スタッフの情報共有

問題 05 解説　ソーシャルワーク実践のミクロ，メゾの介入

1　✕　民生委員児童委員協議会への身寄りのない患者が増加している問題の訴えは，メゾレベルの介入となる。
2　✕　市と福祉事務所との総合的な連携のあり方は，メゾレベルの介入となる。
3　✕　身寄りのない患者との詳細なアセスメント面接の実施は，ミクロレベルの介入である。
4　○　病院内に対策検討委員会の設置を提案することは，病院内の他部門との連携を促し，ミクロレベルの介入も円滑にする手法の1つであるため，メゾレベルの介入といえる。
5　✕　退院の際に個別の日常生活自立支援事業の活用を提案することは，ミクロレベルの介入である。

> **POINT!**
> ソーシャルワーク実践のミクロ，メゾの介入の事例問題である。福祉のミクロ，メゾ，マクロとは何かを正しく理解した上で解答を導きたい。

問題 06 解説　4つの基本的なシステムに関する事例

1　✕　退院後の自宅での介護サービスは専門職になる。Hさんの問題解決のための人々・組織・制度・団体・地域社会，制度・政策はターゲット・システムとなる。
2　✕　Hさんが復職した場合の職場は，Hさんの問題解決のための人々・組織・制度・団体・地域社会，制度・政策に該当するので，ターゲット・システムとなる。職場復帰が難航する等，場合によって，アクション・システムによる働きかけが必要になる可能性がある。
3　✕　退院後に必要となる妻への支援は，課題を抱えるクライエントとその家族への支援になるため，クライエント・システムとなる。
4　✕　Hさんの近隣の利用可能な社会資源はターゲット・システムであるが，仮に社会資源の不足等が生ずる場合等はアクション・システムにもなり得る可能性がある。
5　○　チェンジ・エージェント・システム（ワーカー・システム）は医療ソーシャルワーカー個人と所属先の病院を指す。院内スタッフの情報共有は，医療ソーシャルワーカーと所属先の病院を指すため，チェンジ・エージェント・システムに該当する。

> **POINT!**
> ピンカスとミナハンの4つの基本的なシステムを問う内容である。この4つのシステムは各々が独立したものではなく，相互に関連していることを忘れないようにしたい。

正解　問題05……4　　問題06……5

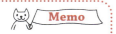

ジェネラリスト・アプローチ

問題 07 頻出度 ★　　第25回 問題097

ジェネラリスト・アプローチに関する次の記述のうち，適切なものを1つ選びなさい。

1. 生活上の逆機能が現れた問題の内的・心理的原因と外的・社会的原因の両方を認識し，個人が社会関係のなかで自らのニーズを充足することを目指す。
2. 従来のソーシャルワークの分類の枠を超えて，社会構成主義の立場から包括的に援助を展開することを目指す。
3. ケアマネジメントと類似点が多いこともあって，我が国においては高齢者福祉分野に特化して用いられている。
4. 総合的・包括的な視点からのニーズの把握と生活への介入が，セルフアドボカシーなど当事者運動の立場からは，生活の管理統制につながるとして批判を受けることがある。
5. 援助の過程においては，ミクロ，メゾ，マクロの各レベルごとに，それぞれ異なるジェネラリスト・アプローチ固有の方法が開発されている。

多職種チーム

問題 08 頻出度 ★　　第34回 問題096

社会福祉士が参加する多職種等によって形成されるチーム（以下「多職種チーム」という。）に関する次の記述のうち，最も適切なものを1つ選びなさい。

1. 多職種チームを構成する他の専門職の文化や価値を理解する。
2. 多職種チームのメンバーには，利用者を含めてはならない。
3. 多職種チームでは，メンバーが同一の施設や機関に所属している必要がある。
4. 多職種チームを機能させるために，社会福祉士がリーダーとなりヒエラルヒーを構成する。
5. 多職種チームでは，チームの方針・目標の設定よりも，社会福祉士としての独自の方針や目標設定を優先する。

問題07 解説　ジェネラリスト・アプローチ

1　× 記述は心理社会的モデルの説明である。ホリス(Hollis, F.)は、「状況の中の人」や「人と状況との全体関連性」という考えをもとに、クライエントの心理的側面に加え、クライエントを取り巻く社会環境的側面への働きかけを重視した。ジェネラリスト・アプローチはケースワーク、グループワーク、コミュニティワークの3つの社会福祉援助技術を共通基盤として、この3つの方法を未分化のままソーシャルワークの方法として一体化させ、クライエントの支援をするものである。

2　× 記述はナラティブ（物語）・モデルの説明であり、ナラティブ・モデル社会構成主義の流れをソーシャルワークに活用したものである。クライエント独自の語り（ストーリー）の構成とその意味づけを側面的に支援する。

3　× 日本ではジェネラリスト・アプローチは高齢者福祉以外の社会福祉分野にも活用されている。

4　○ ソーシャルワーカーがクライエントのために行った支援の手続きが、別のクライエントにマイナスの影響を及ぼす場合や、セルフアドボカシーをしている者に不利に働く結果を招く可能性もあり得る。ソーシャルワーカーは、支援によってどのような結果が生ずるのか、熟考が必要となる。

5　× ジェネラリスト・アプローチでは、ソーシャルワーカーがミクロ、メゾ、マクロの各レベルに柔軟に対応し、社会資源の活用のために組織・開発を行う。このアプローチはさらに多様な支援方法を統合化・一体化したものであるが、各レベル別に異なる固有の方法があるわけではない。包括的な視点とそれぞれに必要な方法を多様に組み合わせて実践することに特徴がある。

POINT!
ジェネラリスト・アプローチについては、その意味を理解することが重要である。

問題08 解説　多職種チームの支援

1　○ 多職種チームの支援では、多職種の相互の文化や価値観の違いを認めながらも、本人中心支援に向けたチームアプローチの必要性を理解することが重要である。

2　× 多職種チームでは、利用者本人の意思決定を支援して最善の利益を図るために、利用者をチームメンバーに含める。

3　× 多職種チームでは、各メンバーは所属施設や機関を超えてチームを組むことがある。

4　× 多職種チームでは、ヒエラルヒー（ヒエラルキー）のもとでチーム運営をするのではなく、各メンバーが相互に尊重し合い、協働したチーム運営をするのが望ましい。したがって、リーダーを社会福祉士に限定することもない。

5　× 社会福祉士としての独自の方針や目標設定ではなく、チームの協働による方針・目標の設定を行い、支援を実施する。

POINT!
多職種チームに関する出題はあまりないが、その支援の特性を理解していれば、解答するのは難しくないだろう。

正解　問題07……4　　問題08……1

Check ☐ ☐ ☐

問題 09　頻出度 ★★★　第36回 問題092

次の事例を読んで，福祉事務所に勤務するK職員（社会福祉士）が取り組む様々な対応のうち，メゾレベルの対応として，適切なものを2つ選びなさい。

〔事例〕

L民生委員は，Mさん（45歳）の件で市の福祉事務所を訪れ，Kに相談をした。Mさんは勤め先を3年前に人員整理で解雇されてからは仕事をせず，親が残してくれた自宅で一人，昼夜逆転の生活をしているとのことであった。現時点では，Mさんには緊急の要保護性は感じられないが，仕事をしておらず，生活費が底をつく心配がある。Mさんは「今すぐに仕事をする自信はないが，今後に備えて相談をしたい」と望んでおり，Mさんの了解のもとに相談に訪れたとのことであった。

1　中高年を対象とする就労支援制度の課題を，所属機関を通して国に提示する。
2　相談意欲のあるMさんと相談援助の関係を樹立する。
3　Mさんに対して，生活費を確保するために，不動産担保型生活資金を検討するよう勧める。
4　市内の事業所に対して，Mさんのような中高年者が利用可能な自立相談支援に関する事業の実施状況の情報を収集する。
5　L民生委員からの情報をもとに同様の事例に関する今後の支援について，所内で検討する。

問題 09 解説　ソーシャルワークのマクロ，メゾ，ミクロ

1　✕　中高年を対象とする就労支援制度の課題を国に提示するのは，社会変革や向上を目指すものとなり，マクロレベルの対応である。
2　✕　クライエントMさんとK職員（社会福祉士）の相談援助関係の樹立は個人への直接援助になるミクロレベルの対応である。
3　✕　まだ，Mさんは生活費が残っているので，就労相談を優先すべきである。仮にMさん個人が不動産担保型生活資金の利用をした場合，個人への直接援助となりミクロレベルの対応である。
4　〇　市内の事業所に対して，自立相談支援に関する事業の実施状況の情報収集することは，Mさんのようなクライエントに影響のあるシステムの変容に及ぼすものである。メゾレベルの対応である。
5　〇　福祉事務所は役所内の一機関である。クライエントのMさんと同様の事例について今後の支援をどうするのか自治体単位の地域社会で検討するのは，メゾレベルの対応となる。

POINT!
昨年度も出題された「ソーシャルワークのマクロ，メゾ，ミクロ」である。この3つの用語の意味の違いをしっかり覚えることが大切である。

正解　問題09……4，5

第18章

<専門科目>
ソーシャルワークの理論と方法（専門）

Check ✓	1回目	月	日	／21問
Check ✓	2回目	月	日	／21問
Check ✓	3回目	月	日	／21問

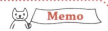

ソーシャルワークにおける援助関係の形成・面接技術

問題 01　頻出度 ★★　第36回 問題106

ソーシャルワークの援助関係に関する次の記述のうち，最も適切なものを1つ選びなさい。

1. 共感的理解とは，クライエントの世界を，あたかもソーシャルワーカーも体験したかのように理解することである。
2. 目的志向性とは，クライエントを意図的に導くことにより，ソーシャルワーカーの自己覚知を促進することである。
3. パターナリズムとは，ソーシャルワーカーの権威と自由裁量を否定し，対等な立場を重視した援助関係のことである。
4. 受容とは，クライエントの逸脱した態度や行動に対しても，同調した上で，それを許容することである。
5. ソーシャルワーカーの自己開示とは，クライエントの行動や感情における矛盾を指摘することである。

問題 02　頻出度 ★★★　第35回 問題104

ソーシャルワークにおける援助関係に関する次の記述のうち，適切なものを2つ選びなさい。

1. 転移とは，ソーシャルワーカーが，クライエントに対して抱く情緒的反応全般をいう。
2. 統制された情緒的関与とは，ソーシャルワーカーが，自らの感情を自覚し，適切にコントロールしてクライエントに関わることをいう。
3. 同一化とは，ソーシャルワーカーが，クライエントの言動や態度などに対して，自らの価値観に基づく判断を避けることをいう。
4. エゴグラムとは，ソーシャルワーカーが，地域住民同士の関係について，その相互作用を図式化して示すツールをいう。
5. パターナリズムとは，ソーシャルワーカーが，クライエントの意思に関わりなく，本人の利益のために，本人に代わって判断することをいう。

問題 03　頻出度 ★★★　第34回 問題116

バイステック（Biestek, F.）の援助関係の原則に関する次の記述のうち，最も適切なものを1つ選びなさい。

1. 意図的な感情表出の原則とは，クライエントのありのままの感情を大切にし，その表出を促すことである。
2. 統制された情緒的関与の原則とは，クライエント自身が自らの情緒的混乱をコントロールできるようにすることである。
3. 個別化の原則とは，他のクライエントと比較しながら，クライエントの置かれている状況を理解することである。
4. 受容の原則とは，ソーシャルワーカーがクライエントに受け入れてもらえるように，誠実に働き掛けることである。
5. 非審判的態度の原則とは，判断能力が不十分なクライエントを非難することなく，ソーシャルワーカーがクライエントの代わりに意思決定を行うことである。

問題 01 解説 ソーシャルワークの援助関係

1 〇 共感的理解では，クライエントの心情等を自分自身のことのように感じながら，相手を理解しようと努力することが大切である。

2 ✕ 目的志向性とは，クライエントとともに問題解決における目的を確認し，意図的にその方向へ導きながら援助を行うことである。

3 ✕ パターナリズムとは，クライエントの意思や自己決定などによらずに，本人のために代わって意思決定していくことである。

4 ✕ 受容とは，クライエントに同調するなど善悪の判断や感情の判断を行わずに，あるがままを受け入れて尊重していくことである。

5 ✕ ソーシャルワーカーの自己開示とは，自らについての個人的な情報を率直にクライエントに伝え，安心感や親近感を与えていくことである。

> **POINT!**
> ソーシャルワーカーの援助関係においての姿勢や行動について問われている。援助関係の形成やあり方とともに，形成を行う上での具体的な留意点についても着目したい。

問題 02 解説 援助関係の形成・技法

1 ✕ 設問文は逆転移のことを指している。転移とは，クライエントがソーシャルワーカーに対して抱く情緒的反応全般のことを指している。

2 〇 ソーシャルワーカーは，クライエントの感情や抱える課題などに影響を受け，偏った判断や感情とならないよう統制した関与が求められる。

3 ✕ 同一化とは，自分にないものを持つ他者を真似て自分を近づけることで，自身の価値を高めたり，劣等感等から逃れたりすることである。

4 ✕ エゴグラムとは，自我の状態等を図表化することによって，自身の強みや弱みを客観視することができる性格診断テストの1つである。

5 〇 パターナリズムは，父が子を保護したり支配したりするような関係性のことも指しており，父権主義や父権的温情主義とも呼ばれる。

> **POINT!**
> ソーシャルワーカーが援助関係を形成する際に活用する技法について問われている。各々の技法を活用する場面を理解した上で，それらを実践する際の留意点の違いについても着目したい。

問題 03 解説 バイステックの原則

1 〇 課題を抱えるクライエントは独善的な考えや否定的な感情等を持ちやすく，そうした感情もありのまま表出してもらうことが大切である。

2 ✕ 統制された情緒的関与の原則とは，ソーシャルワーカーが自らの感情をコントロールしていくものである。

3 ✕ 個別化の原則とは，クライエントの課題を各々異なる個別のケースとして捉えることであり，他のクライエントと比較するものではない。

4 ✕ 受容の原則とは，クライエントの考えや個性について否定せずありのまま受け入れることであり，ソーシャルワーカーが受け入れてもらうことではない。

5 ✕ 非審判的態度の原則とは，クライエントの行動や思考に対して善悪の判断を一方的に行わないことであり，代わりに意思決定することではない。

> **POINT!**
> バイステックによる援助関係の7原則について問われている。各原則で対象者に対しどのような点に留意する必要があるのかの違いについて着目したい。

18 ソーシャルワークの理論と方法（専門）

正解 問題01……1　問題02……2，5　問題03……1

問題 04 頻出度 ★★ 第35回 問題107

相談援助における面接等の実際に関する次の記述のうち，最も適切なものを1つ選びなさい。

1 受理面接では，信頼関係が既に形成されているので，クライエントの不安は除去されている。
2 生活場面面接では，クライエントの問題となった生活場面を再現することから始める。
3 電話での相談では，ソーシャルワーカーからの積極的な助言や指導を中心にする。
4 面接室での面接では，ソーシャルワーカーが行う情報収集に役立つ範囲で，時間や空間を設定する。
5 居宅での面接では，クライエントの生活環境の把握が可能である。

問題 05 頻出度 ★★★ 第34回 問題108

相談援助の面接を展開するための技法に関する次の記述のうち，最も適切なものを1つ選びなさい。

1 言い換えとは，クライエントの語りに意識を集中させ，感情を感じながら積極的に耳を傾けることである。
2 感情の反射とは，クライエントが答える内容を限定せずに自由に述べられるように問い掛けることである。
3 傾聴とは，クライエントの感情に焦点を当て，クライエントが語った感情をそのまま返していくことである。
4 焦点化とは，複雑に絡み合う多くの現実の要素をクライエントと一緒に点検して整理することである。
5 開かれた質問とは，クライエントの話した事実や感情を簡潔に別の言葉に置き換えて伝え返すことである。

問題 06 頻出度 ★★★ 第36回 問題118

ソーシャルワークの面接技術に関する次の記述のうち，最も適切なものを1つ選びなさい。

1 明確化によって，クライエントに特別な行動をするように伝えて，課題解決を促す。
2 言い換えによって，クライエントの話す内容や感情を別の言葉で表現し，気づきを促す。
3 閉じられた質問によって，クライエントが自由に話すのを促す。
4 要約によって，より多くの情報を収集するために，クライエントの自己開示を促す。
5 問題への直面化によって，クライエントとの信頼関係を構築する。

問題 04 解説 面接時の設定・対応

1 ✕ 受理面接は，ソーシャルワーカーがクライエントと初めて接していく段階であり，**不安の除去や信頼関係の構築**を目指していくべきである。

2 ✕ 生活場面面接とは，クライエントの生活場面の再現や面接室等での面接ではなく，**生活している場面そのもの**の中で行われる面接である。

3 ✕ 電話での相談では言葉でのやり取りが中心であるため，より丁寧にクライエントの話を**傾聴**し，**不安や緊張等を解消**していくべきである。

4 ✕ 面接室での面接においては，クライエントが不安や疑問を感じずに**思いや情報を表出**できるよう配慮した時間や空間を設定すべきである。

5 ◯ 居宅訪問時に得られるクライエントの環境に関する情報は，**問題が生じている背景**を把握するためにも活用できる貴重な情報である。

> **POINT!**
>
> ソーシャルワーカーが行う様々な面接における環境設定や技法等について問われている。具体的な対応とともに，それらを実践する際の環境上の留意点についても着目したい。

問題 05 解説 面接展開時の技法

1 ✕ クライエントが安心して話すことができるよう，意識を集中して感情を感じながら耳を傾けるのは，**傾聴の技術**である。

2 ✕ 「どのように〜」などクライエントが答える内容を限定せずに自由に述べられるように問い掛けるのは，**開かれた質問**である。

3 ✕ クライエントが話しているときの気持ちに焦点を当て，感情を想定しながらそのまま返すのは，**感情の反射**である。

4 ◯ 焦点化では，クライエントが抱える複雑に絡み合った要素を点検しながら，**扱う問題を絞っていく**ことができる。

5 ✕ クライエントの話した内容や感情を別の言葉に置き換えて伝え返し，理解していることを示すのは，**言い換え**である。

> **POINT!**
>
> ソーシャルワーカーが活用する面接技術の展開について問われている。様々な技法の焦点となる具体的な対象とともに，それらを実践する際の留意点についても着目したい。

問題 06 解説 ソーシャルワークの面接技術

1 ✕ 明確化とは，クライエントの話した内容を**端的に言い表した言葉で返し**，伝えたいことを明確にしていく技法である。

2 ◯ 言い換えは，クライエントの言葉を短い言葉で言い換えて返し，**内容や感情を理解していることを示し**ながら気づきを促していく技法である。

3 ✕ 閉じられた質問とは「**はい**」「**いいえ**」**で答えることができる**ような質問であり，自由に話せるよう「どのように〜」といった質問をするのは開かれた質問である。

4 ✕ 要約とは，クライエントの話の要点をまとめて返し，伝えようとしていることの**整理を手助けし，ともに内容の再確認**をしていく技法である。

5 ✕ 直面化とは，クライエントが向き合うことを避けていることをあえて**正面から取り上げて向き合わせ**，変容を促していく技法である。

> **POINT!**
>
> ソーシャルワーカーの用いる面接技術について問われている。面接の基本的な理解とともに，クライエントとの関係性に応じた技術についても着目したい。

正解 問題04……5　　問題05……4　　問題06……2

18 ソーシャルワークの理論と方法（専門）

問題 07　頻出度 ★★　第35回 問題106

事例を読んで，V児童養護施設のM児童指導員（社会福祉士）が用いた面接技法の組合せとして，最も適切なものを1つ選びなさい。

〔事例〕
　Aさん（11歳，女性）は，10歳からネグレクトによってV児童養護施設に入所していた。1か月後に施設を退所し，実母と再婚相手の3人での生活が始まる予定である。ある日，M児童指導員に，Aさんがうつむきながら，「前の学校に戻れるのはうれしいけれども，家には本当は帰りたくない」とつぶやいた。M児童指導員は，少し間をおいてから，「家には本当は帰りたくない…。その気持ちをもう少し教えてほしいな」と静かに伝えた。

1 「繰り返し」と「言い換え」
2 「繰り返し」と「開かれた質問」
3 「言い換え」と「要約」
4 「要約」と「閉じられた質問」
5 「要約」と「開かれた質問」

問題 08　頻出度 ★　第35回 問題105

事例を読んで，U大学の留学生支援室のK相談員（社会福祉士）のLさんへのこの時点での応答として，最も適切なものを1つ選びなさい。

〔事例〕
　S国からの留学生のLさん（24歳，女性）は，5年前に来日した。来日後1年でU大学に合格したLさんは順調に学業を続け，4年の後期試験を受けて卒業の見込みとなっていた。ある日，目を真っ赤にして留学生支援室を訪れたLさんは，K相談員に以下のように話した。
　「私は来週の後期試験2科目を受けて卒業の見込みです。しかし，昨日母から電話をもらい，私の祖母が末期のがんと知らされました。すぐにでも帰りたいのですが，試験を受けなければ卒業できず，かといってこんな状況では試験勉強も手につきません」

1 「帰国したいけれどもできない，その板挟みで苦しいのですね」
2 「おばあさんにはお母さんがついていらっしゃるから大丈夫です」
3 「お母さんは，さぞかしお困りでしょう」
4 「すぐにでも帰国できるよう私が調整します」
5 「お母さんも期待しておられるし，あと2科目で卒業だから頑張りましょう」

問題 07 解説　児童養護施設での面接

1 ×　この場面では、短い言葉で言い換えながら返す「言い換え」ではなく、クライエントの言葉をそのまま返す「繰り返し」が使われている。
2 ○　この場面では、「繰り返し」と「教えてほしい」という表現によりクライエントの幅広い答えを促す「開かれた質問」が用いられている。
3 ×　この場面では、「言い換え」やクライエントの話の整理を手助けしていく要点をまとめて返す「要約」の技法は用いられていない。
4 ×　この場面では、「要約」やソーシャルワーカーからの問いに対してはい・いいえで答える「閉じられた質問」は用いられていない。
5 ×　この場面で「開かれた質問」は用いられているが、すでにクライエントから表出されている言葉は「要約」せずそのまま用いられている。

POINT!
児童養護施設に勤務する児童指導員（社会福祉士）による面接時におけるクライエントへの面接技法について問われている。各面接技法が実際にどのように展開されているのかについても着目したい。

問題 08 解説　留学生支援室での対応

1 ○　突然のことで混乱した状態にあることから、このように的確に状況の整理や感情の反映を行って理解を示していくことが望ましい。
2 ×　祖母の状況や母親との関係性等について十分に理解できていない現段階で、安易な励ましを行うことは望ましい対応とはいえない。
3 ×　祖母の病状や母親の状況等についての把握ができていない現段階で、このような憶測での表現を行うことは望ましいとはいえない。
4 ×　試験の未受験や卒業の扱い等についての確認が取れていない現段階で、帰国手続き等の一方的な対応をとることは望ましいとはいえない。
5 ×　母親の思いや祖母の状況等についての把握ができていない現段階で、受験を促す等の本人の葛藤を軽視した対応は望ましいとはいえない。

POINT!
留学生支援室に勤務する相談員（社会福祉士）による大学の留学生への対応について問われている。留学生の持つ背景や置かれている状況を踏まえた上で、抱きやすい感情に配慮した対応がなされているかに着目したい。

　問題07……2　　問題08……1

問題 09 頻出度 ★ 第35回 問題108

事例を読んで、W認知症疾患医療センターで働くB若年性認知症支援コーディネーター（社会福祉士）のクライエントへの対応として、最も適切なものを1つ選びなさい。

〔事例〕
Cさん（45歳、男性）は、仕事の失敗が増えたことを思い悩み、「周りに迷惑をかけたくない」と4か月前に依願退職した。その2か月後にW認知症疾患医療センターで若年性認知症と診断された。今月の受診日にCさんが相談室を訪れ、「子どももいるし、教育にもお金がかかります。妻も働いてくれているが、収入が少なく不安です。働くことはできないでしょうか」と話すのを、B若年性認知症支援コーディネーターはCさんの気持ちを受け止めて聞いた。

1 他の若年性認知症の人に紹介したものと同じアルバイトを勧める。
2 認知症対応型通所介護事業所に通所し、就労先をあっせんしてもらうよう勧める。
3 障害年金の受給資格が既に生じているので、収入は心配ないことを伝える。
4 元の職場への復職もできますから頑張りましょうと励ます。
5 病気を理解して、対応してくれる職場を一緒に探しませんかと伝える。

ソーシャルワークにおける社会資源・関連技法

問題 10 頻出度 ★★ 第35回 問題109

ソーシャルワークにおけるアウトリーチに関する次の記述のうち、最も適切なものを1つ選びなさい。

1 相談機関を訪れたクライエントが対象になる。
2 援助の労力が少なく効率的な活動である。
3 自ら援助を求めない人への関わりとして有効である。
4 住民への関わりや広報を必要としない活動である。
5 援助開始前に行われ、援助開始後においては行われない。

問題 11 頻出度 ★★★ 第34回 問題110

相談援助における社会資源に関する次の記述のうち、最も適切なものを1つ選びなさい。

1 フォーマルな社会資源の提供主体には、社会福祉法人も含まれる。
2 クライエント本人の家族などは、活用する社会資源に含まれない。
3 インフォーマルな社会資源はフォーマルな社会資源に比べ、クライエントの個別的な状況に対しての融通性に乏しい。
4 クライエント自身の問題解決能力を高めるために、社会資源の活用を控える。
5 社会資源の活用においては、インフォーマルな社会資源の活用を優先する。

問題 09 解説 認知症支援コーディネーターの対応

1 ✕ あくまでもクライエントの状況を個別化し把握していくべきであり，他の人と同じ対応という理由でアルバイトの紹介を行うのは適切ではない。

2 ✕ この段階ではまずクライエントのニーズや状況を把握していくべきであり，通所や就職先のあっせんを提案するのは適切ではない。

3 ✕ この段階ではまずクライエントの希望である就労への検討を優先すべきであり，年金受給の話を断定して進めていくのは適切ではない。

4 ✕ この段階ではまずクライエントの症状や職業能力等を把握していくべきであり，職場への復職を前提に進めていくのは適切ではない。

5 ◯ 設問文のように伝え，クライエントの症状に対応した環境への配慮，周囲の対応方法等を整備していける職場を探すことは適切である。

POINT!

認知症疾患医療センターに勤務する若年性認知症支援コーディネーター（社会福祉士）による，初期の面接時の対応について問われている。若年性認知症の人が抱えやすい課題や気持ちに配慮した応答がなされているかに着目したい。

問題 10 解説 アウトリーチの目的・方法

1 ✕ アウトリーチは，支援を必要としているにもかかわらず表出できない人や拒否している人，認識できていない人などが対象となる。

2 ✕ アウトリーチは，それまで支援につながっていなかった人々を支援に結び付ける効果的な活動である。ソーシャルワーカーの労力が効率的かどうかではない。

3 ◯ 直接で出向くことで，自ら援助を求めない人々が抱える不信感の除去やサービスの必要性の認識が可能となるなど，様々な点で有効な関わりとなる。

4 ✕ ソーシャルワーカーが住民に直接的に働きかけるだけでなく，そのような状況にならないようサービスの必要性を広報していくことも求められる。

5 ✕ 援助の開始前だけでなく開始後においても，クライエントが継続して主体的に取り組んでいけるような働きかけを続けていくことも求められる。

POINT!

ソーシャルワークにおいて活用するアウトリーチの目的や方法等について問われている。アウトリーチの対象となる人々や状況を整理するとともに，具体的な展開の仕方についても着目したい。

問題 11 解説 社会資源

1 ◯ フォーマルな社会資源とは制度化されたサービスや専門機関，専門職等であり，社会福祉法上の社会福祉法人も含まれる。

2 ✕ インフォーマルな社会資源とは家族や知人，近隣住民，自助団体等であり，クライエント本人の家族なども含まれる。

3 ✕ インフォーマルな社会資源はクライエントに近い私的な関係性があることから，フォーマルな社会資源に比べて個別の融通性は高い。

4 ✕ 社会資源にはクライエント自身が持つ問題解能力など内的資源も含まれるため，より積極的に活用して高めるべきである。

5 ✕ 社会資源はフォーマル・インフォーマルにかかわらず，状況に応じて最適な支援となるよう組み合わせていく必要がある。

POINT!

ソーシャルワーク実践において活用される社会資源について問われている。社会資源の範囲や種類などとともに，それぞれの資源が持つ特性や連携手段等についても着目したい。

正解 問題09……5　　問題10……3　　問題11……1

問題 12　頻出度 ★　　第36回 問題108

ロスマン（Rothman, J.）が1960年代に提唱したコミュニティ・オーガニゼーション実践のモデルに関する次の記述のうち，最も適切なものを1つ選びなさい。

1 組織化モデルとは，住民の地域生活支援を目標として，当事者の個別支援と連動させて，地域の生活基盤の整備に向けた地域支援を展開する方法である。
2 小地域開発モデルとは，不利な立場に置かれた人々が直面する状況を自らの力では変革できない時に，同じ問題意識を共有する人々と連帯し，権力構造に対して政治的に働きかける方法である。
3 社会計画モデルとは，住民や当事者が求めるサービスや資源の提供を達成するために地域のニーズを調査して，サービス提供機関間の調整を図る方法である。
4 ソーシャルアクションモデルとは，地域が求める目標を達成するために，サービス提供機関が地域の資源を利用して活動を推進する方法である。
5 統合モデルとは，地方自治体による政策実践と，福祉施設等における運営管理実践を一体のものとして，地域を変革することを主たる目標とする方法である。

問題 13　頻出度 ★ ★　　第35回 問題110

ソーシャルサポートネットワークに関する次の記述のうち，最も適切なものを1つ選びなさい。

1 自然発生的なネットワーク内に関与していく場合と，新しいネットワークを形成する場合がある。
2 ソーシャルサポートを提供する組織間のつながりを強めることを第一義的な目的とする。
3 家族，友人，知人，近隣住民から提供される支援の総体と定義される。
4 インフォーマルなサポートよりも，フォーマルなサービスの機能に着目して活性化を図る。
5 情報による支援や物的手段による支援からなり，ソーシャルメディアの利用を目的としている。

問題 14　頻出度 ★　　第34回 問題107

事例検討会進行の際の留意点に関する次の記述のうち，最も適切なものを1つ選びなさい。

1 事例提供者の心理状態や気持ちにも配慮しながら進行する。
2 検討の際，参加者の個人的な体験に基づいて検討するよう促す。
3 終了時刻が近づいてきても，検討が熱心に続いているのであれば，終了時刻を気にせず検討を継続する。
4 検討の論点のずれの修正は，参加者に委ねる。
5 経験の長さと発言の長さが比例するように話を振り，時間配分する。

問題 12 解説 コミュニティ・オーガニゼーション

1 ✕ ロスマンが当事者の参加による個別支援や地域支援との連動を含めて強調したのは，組織化モデルではなく**小地域開発モデル**である。

2 ✕ 小地域開発モデルとは，地域住民の**自発性や主体性を高め，地域社会を組織化**していくことで地域の問題を解決していく方法である。

3 ○ 社会計画モデルでは，サービス提供機関間の調整を図り，有限な**社会資源を効率的に配分していく**ことを目的としている。

4 ✕ ソーシャルアクションモデルとは，不利な立場に置かれた人々が同じ問題意識を**共有する人々と連帯し，権力構造等に働きかけていく**方法である。

5 ✕ ロスマンが地域の不平等などを改善しながら地域を変革していくことを目的として提唱したのは，統合モデルではなく**ソーシャルアクションモデル**である。

POINT!

ロスマンが提唱したコミュニティ・オーガニゼーション実践モデルの内容について問われている。各実践モデルの内容とともに，具体的な対象やその働きかけ方についても着目したい。

問題 13 解説 ソーシャルサポートネットワーク

1 ○ クライエントが持つ既存のネットワークを有効に活用するだけでなく，必要に応じて**新たなネットワークを開発**していくことも重要になる。

2 ✕ 組織間のつながりだけでなく，個人間のネットワークや地域住民同士のつながりなど，**援助関係全体のつながりを強める**ことを目的としている。

3 ✕ 家族や友人，知人，近隣住民等のインフォーマルな支援だけでなく，公的機関や専門職等の**フォーマルな支援も含めたネットワークの総体**である。

4 ✕ **フォーマルおよびインフォーマルな社会資源**，サービスなどを調整しながら，効果的なネットワーク形成を行うことが求められている。

5 ✕ 情報支援や物的手段，ソーシャルメディアだけでなく，人的資源や連携方法なども含めた**様々な資源や方法等の活用**を目的としている。

POINT!

ソーシャルワーク実践において活用されるソーシャルサポートネットワークの意義や方法について問われている。ネットワーク形成の対象や各社会資源との関係性の持ち方等についても着目したい。

問題 14 解説 事例検討会の進行

1 ○ 事例提供者には，対象者等への思いや結果への感情など**複雑な感情が生じている**ことが推察されるため，配慮する必要がある。

2 ✕ 事例検討会は**専門職としての思考や支援の質の向上**等のために行われるものであり，個人的な体験に基づく検討を促すのは適切とはいえない。

3 ✕ 進行者には，検討会がより**円滑かつ効果的に進むよう管理**する役割が求められる。終了時刻を気にせず継続するのは，適切とはいえない。

4 ✕ 進行者には，より**専門的視点での検討**となるよう進める役割が求められる。自身で修正を行わず，参加者に委ねるのは適切とはいえない。

5 ✕ 進行者には，参加者の**自由な意見の機会を確保**する役割が求められる。経験の長短で時間配分するのは適切とはいえない。

POINT!

ソーシャルワーカーが展開することの多い事例検討会の進行について問われている。検討会の内容や方法とともに，参加者が発言しやすい状況への配慮がなされているかについても着目したい。

正解 問題12……**3** 問題13……**1** 問題14……**1**

問題 15　頻出度 ★　第36回 問題113

事例分析の対象を手段的事例と固有事例に分けたとき、手段的事例の例として、最も適切なものを1つ選びなさい。

1. ソーシャルワーカーが担当しているクライエントの支援において、今後の方向性を考えるために、クライエントと共に事例分析をした。
2. 新人のソーシャルワーカーが担当しているクライエントの支援過程について、指導的立場のソーシャルワーカーと一緒に、事例分析をした。
3. ソーシャルワーカーが担当している事例で、支援結果が良好なものがあったので、その要因を明らかにするため、事例分析をした。
4. ソーシャルワーカーが担当している事例で、複雑な問題を抱え支援が困難なクライエントがおり、事例分析をした。
5. ソーシャルワーカーが担当している地区で、高齢者から振り込め詐欺に関する相談が頻繁にあるため、研修を目的とした事例分析をした。

問題 16　頻出度 ★★　第35回 問題116

社会的排除の状態に置かれ、複雑困難な課題を抱えている利用者と家族に対するソーシャルワークに関する次の記述のうち、適切なものを2つ選びなさい。

1. 社会的排除の状態に置かれている利用者と家族に対して、プライバシーに配慮した上で、地域住民の協力を求め、利用者と家族の地域生活の継続を支援する。
2. 利用者との距離を置き、客観的に状況を理解している同居をしていない家族の意向に基づき支援する。
3. 人との関わりに抵抗のある利用者や課題を持つ家族が多いので、利用者と家族の生育歴や生活歴に特徴的に見られる課題に限定して情報収集をする。
4. 時間をかけて関係づくりを行い、利用者と家族の意向を踏まえ、優先順位をつけて生活課題やニーズに対応していく。
5. 利用者や家族のストレングスを見いだすため、利用者自身の弱さを内省するよう支援する。

問題 17　頻出度 ★★　第36回 問題114

事例を読んで、N市社会福祉協議会のM職員（社会福祉士）の対応として、適切なものを2つ選びなさい。

〔事例〕

N市社会福祉協議会は、N市から避難行動要支援者への支援に関して委託事業を受けている。Mは、その事業のコーディネート役を担当しており、N市が海岸線の近くにあり、高台が少ないことから、大地震の際の津波などによる被害を心配している。Mは、日頃から「備えあれば憂いなし」と周りの職員たちに言い、避難行動要支援者を中心にした、平常時からのネットワーキングがN市には必要と考えて、支援活動をしている。

1. 近隣の住民に声をかけ、避難行動要支援者と一緒に避難訓練を行う。
2. 災害発生に備えて、避難行動要支援者名簿を地域の全戸に配布する。
3. 自力で避難できるよう、避難行動要支援者を個別に訪問して指導する。
4. 避難支援等関係者よりも、避難行動要支援者の安全確保を最優先するよう関係者に指示する。
5. 避難支援等関係機関と一緒に福祉避難所を確認する機会をもつ。

問題 15 解説 事例分析での手段的事例

1 ✕ クライエントとともに今後の方向性を考えるための分析は，支援過程における終結段階における評価として行われていくことが望ましい。

2 ✕ 経験の浅い新人の担当する支援過程の分析は，スーパーバイザーによる教育的機能の中でともに行われることが望ましい。

3 ✕ 支援結果に至るまでの要因を明らかにすることを目的とした分析は，その事例の固有性を詳しく調べる固有事例としての分析が適している。

4 ✕ 複雑な問題を抱えて支援が困難なクライエントに関する事例は，事例そのものの固有性の高さからも固有事例としての分析が適している。

5 〇 こうした問題の特徴を浮かび上がらせる必要のある事例には，事例を通して問題や現象を研究する手段的事例の研究が適している。

POINT!

事例分析の対象としての手段的事例の例に関する内容について問われている。事例分析の意義や目的とともに，手段的事例での具体的な分析方法についても着目したい。

問題 16 解説 多問題を抱える家族への対応

1 〇 周囲との関係性にも問題を抱えていると考えられることから，このように地域住民を含めた周囲との協力関係を築きながら支援していくことが望ましい。

2 ✕ 利用者との距離を置くのではなく，距離を縮めて信頼関係を築きながら得た本人の意向に基づいた支援を行っていくことが大切である。

3 ✕ 利用者と家族の成育歴や生活歴に見られる課題に限定するのではなく，家族全体の周囲の環境との関係性など幅広く情報収集することが大切である。

4 〇 家族間の関係性にも問題を抱えていると考えられることから，このように時間をかけて関係づくりを行い，優先順位をつけて対応していくことが望ましい。

5 ✕ 利用者や家族のストレングスを見いだすためには，利用者自身の弱さや問題点にだけ着目するのではなく，強さや能力に焦点を当てることが大切である。

POINT!

社会的排除状態にあり複雑な問題の背景を抱える家族への対応について問われている。ソーシャルワーカーの役割を整理するとともに，課題を抱える家族成員全体の関係性についても着目したい。

問題 17 解説 ネットワーキング

1 〇 避難行動要支援者と近隣の住民といったインフォーマルな社会資源との連携を普段から行っておくことは大切である。

2 ✕ 避難行動要支援者と地域住民の関係構築は重要だが，名簿を全戸に配布する方法は個人情報の保護の観点からも適切ではない。

3 ✕ 避難行動要支援者の避難意識を高める関係構築は重要だが，個々の状況を考慮せず一律に指導するという方法は適切ではない。

4 ✕ 避難行動要支援者だけでなく，避難支援等関係者も含めたすべての関係者の安全確保を行えるようなネットワークを構築すべきである。

5 〇 避難行動要支援者と避難支援等関係機関といったフォーマルな社会資源との連携を普段から行っておくことは大切である。

POINT!

社会福祉協議会の職員（社会福祉士）によるネットワーキングの技術を用いた事例での対応について問われている。基本となる手法とともに，対象間の関係性やその目的についても着目したい。

正解 問題15……5　　問題16……1, 4　　問題17……1, 5

問題 18　頻出度 ★　　第35回 問題117

事例を読んで，Z放課後等デイサービスのG児童指導員（社会福祉士）による，Hさんへの面接に関する次の記述のうち，適切なものを2つ選びなさい。

〔事例〕 Hさん（28歳，女性）は，長女Jさん（8歳）と二人暮らしで，Jさんには発達障害がある。ある日Jさんが，通っているZ放課後等デイサービスで，他の子のおやつを食べてしまった。Jさんは，「お腹がすいて我慢ができなかった」と訴えた。G児童指導員の呼び掛けに応じた面談でHさんは，「Jが大事で頑張っているけど，子育てがちゃんとできない自分が嫌」と話した。

1 「Jちゃんと少し距離を置くために，施設入所も検討してみませんか」と意向を聞く。
2 「Jちゃんを大事だと思って，あなたはよく頑張っていますね」と承認する。
3 「家事を手伝ってくれる子育て短期支援事業を利用してはどうですか」と意向を聞く。
4 「子育ての方法を教えてくれるペアレント・トレーニングを受けるという方法もありますよ」と情報提供する。
5 「Jちゃんにとって大事なお母さんなんだから，しっかりしましょう」と励ます。

問題 19　頻出度 ★ ★　　第35回 問題118

事例を読んで，病院のK医療ソーシャルワーカー（社会福祉士）のこの時点の対応として，適切なものを2つ選びなさい。

〔事例〕

Lさん（59歳，女性）は，利き腕を複雑骨折し入院してきた。手術後も後遺症から細かい作業が困難となった。家族の見舞いはなく，不自然なあざがあり，退院を強く渋ったため，病棟の要請でK医療ソーシャルワーカーが面接を開始した。Lさんは徐々に心を開き，会社員の夫（64歳）から長年毎日のように暴力を受けてきたこと，高校卒業後すぐ結婚し妊娠したため働いたことがないことを話してくれた。子どもたちは他県で家庭を築いているが，経済的余裕はなく，他に頼れる親戚はいないそうである。離婚は考えるものの，収入がなく，今後の生活が心配だという。

1 夫に連絡を取り，心理的カウンセリングを受けるよう促す。
2 他県にいる子どもの家族と同居できるよう，引っ越しの手配を手伝う。
3 行政から委託を受けた民間シェルターに入居するという選択肢を説明する。
4 離婚や今後の生活に必要な情報提供をし，生活設計を共に考える。
5 仕事を見付けられるよう，公共職業安定所（ハローワーク）に行くことを促す。

問題 18 解説 放課後等デイサービスでの対応

1 × 現段階では同居の子育てが困難であるとは考えにくいことから，施設入所への意向を尋ねるのは適切な対応であるとはいえない。

2 ○ 母親に対して承認するような対応は，自己肯定感を高めることにもつながると考えられることから，この段階の対応として望ましい。

3 × 現段階では短期利用が解決につながるとは考えにくいことから，子育て短期支援事業の利用を勧めるのは適切な対応であるとは言えない。

4 ○ Jさんの状況からも母親の発達障害への理解や対応力を高めることが効果的であると考えられるため，この段階の対応として望ましい。

5 × 母親に対して叱咤するような対応は，自己肯定感をさらに低下させる恐れがあり，適切な対応とはいえない。

POINT!

放課後等デイサービスに勤務する児童指導員（社会福祉士）による，発達障害を持つ子どもの母親に対する支援について問われている。障害児の家族が抱えやすい気持ちに配慮した応答や支援となっているかについて着目したい。

問題 19 解説 医療ソーシャルワーカーによる生活相談

1 × Lさんの同意を得ずに夫に連絡を取り，心理カウンセリングを受けるように促すことは不適切である。Lさんが夫の暴力について話したことが夫に伝わり，事態を悪化させる可能性もある。

2 × Lさんの子どもや親戚に頼ることは難しい状況であると考えられることから，引っ越しを支援するのは適切な対応とはいえない。

3 ○ Lさんは夫の暴力への恐怖感が強いと考えられることから，民間シェルターへの入居など具体的な対応策を説明するのは適切な対応である。

4 ○ 現在のLさんにとっての心配事は生活全般への不安であるため，ともに生活設計を考えていくことは適切な対応である。

5 × Lさんには就労経験がなく職探しへの不安もあると考えられることから，自身のみでの対応を求めることは適切とはいえない。

POINT!

病院に勤務する医療ソーシャルワーカー（社会福祉士）による，DV被害を受けてきた入院患者への相談について問われている。DV被害者が抱えやすい生活課題や心理的特性についても配慮されているかについて着目したい。

正解 問題18……2，4　　問題19……3，4

問題 20　頻出度 ★　第34回 問題117

事例を読んで，W地域包括支援センターのC社会福祉士のこの時点での対応に関する次の記述のうち，適切なものを2つ選びなさい。

〔事例〕

W地域包括支援センターのC社会福祉士は，日常生活圏域の「協議体」の終了後，一緒に参加していたD民生委員から，1年ほど前に妻を亡くして一人暮らしのEさん（85歳）について相談を受けた。D民生委員はEさんをふれあいサロンに誘うなど気に掛けているが，Eさんは外出を嫌がっている。最近もD民生委員が自宅を訪ねると，床一面ゴミだらけで悪臭がし，ねずみが動くのも見えた。Eさんは顔色も悪く足を引きずりながら出てきて，「俺のことは放っておいてくれ」とつぶやいたという。

1　D民生委員に，民生委員児童委員協議会の定例会で対応策を協議して決めるようアドバイスする。
2　D民生委員が誘っているふれあいサロンに参加するよう，C社会福祉士がEさんを説得する。
3　D民生委員も含めて多機関でEさんへの対応について検討するため，地域ケア会議の開催準備をする。
4　D民生委員に同行してEさん宅を訪ね，本人の健康に気遣いながら生活課題を把握する。
5　D民生委員も参加する協議体で，Eさんに対応できる新しいサービスを開発する。

（注）ここでいう「協議体」とは，介護保険の生活支援・介護予防サービスの体制整備に向けて，市町村が資源開発を推進するために設置するものである。

問題 21　頻出度 ★　第36回 問題116

事例を読んで，Y地域包括支援センターのC社会福祉士が参加している認知症初期集中支援チームの対応として，最も適切なものを1つ選びなさい。

〔事例〕

Y地域包括支援センターに「夫の物忘れがひどく，指摘するとすぐに怒りだすことと，時折暴力を振るうことで困っている」とDさん（72歳）から電話相談があった。その後Dさんが来所して夫の日常の様子を詳しく話した。夫に病院で受診をしてもらおうとしたが，「俺はどこも悪くないから病院には行かない」と拒否され，困っているという。そこでCは，認知症初期集中支援チームにおける対応が必要と考え，ケース会議の開催を要請した。

1　夫を刺激しないように，認知症サポーターとCが自宅を訪問する。
2　Dさんが一人の時間を持てるように自宅を訪問し，夫の利用可能な認知症カフェの案内を手渡す。
3　夫の状態について，認知症サポート医から専門的知見による助言を求める。
4　夫の生活の様子を聞くために，介護福祉士とCが自宅を訪問する。
5　Dさんへの暴力回避のために，保健所の職員とCが自宅を訪問する。

問題20 解説　地域包括支援センターの民生委員への対応

1 ✗　民生委員児童委員協議会の定例会は個別のケースを協議する場ではないため，協議して決めるようアドバイスをするのは適切とはいえない。
2 ✗　外出を嫌がる背景や要因等が整理できていない段階で，ふれあいサロンに参加するよう説得するのは適切とはいえない。
3 ○　地域ケア会議によって，様々な関係者からの情報をもとに多機関での継続的な関わりを行っていくことが可能となると考えられる。
4 ○　民生委員に同行したり，Eさんの健康に気遣いながら，できる限りEさんの不安を増大させないよう配慮した対応が求められる。
5 ✗　問題の分析や既存のサービス状況を検討できていない段階で，協議体で新しいサービスの開発をしていくのは適切とはいえない。

POINT!
地域包括支援センターに勤務する社会福祉士による民生委員への対応について問われている。民生委員の役割について整理するとともに，課題を抱える高齢者との関係性についても着目したい。

問題21 解説　認知症初期集中支援チームでの対応

1 ✗　認知症サポーターは日常的に認知症者や家族に対して手助けする方々であり，専門的対応が必要となるこの段階での対応には適さない。
2 ✗　認知症カフェは飲食してくつろぎながら参加者同士で交流していく場であるが，認知症であることの病識がなく，拒否感があるこの段階で案内していくのは，時期尚早と考えられる。
3 ○　今後のチームでの対応には，認知症の症状や対応方法の留意点など医師による専門的な知見を共有していくことが大切である。
4 ✗　介護福祉士は認知症者や家族に対し日常の生活支援を行う専門職であり，今後の専門的判断が求められるこの段階での対応には適さない。
5 ✗　この段階で保健所の職員とともに訪問することは望ましいが，暴力回避ではなく認知症の症状や状況の確認が目的である。

POINT!
地域包括支援センターの社会福祉士による認知症初期集中支援チームの事例での対応について問われている。今後の各専門職の役割とともに，共有する情報や関係性についても着目したい。

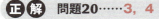

正解　問題20……3, 4　　問題21……3

MEMO

第19章

<専門科目>

福祉サービスの組織と経営

Check ✓	1回目	月	日	／21問
Check ✓	2回目	月	日	／21問
Check ✓	3回目	月	日	／21問

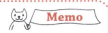

福祉サービスに係る組織や団体の概要と役割

問題 01　頻出度 ★★★　第36回 問題119

社会福祉法人に関する次の記述のうち，正しいものを2つ選びなさい。

1 主たる事務所の所在地において設立の登記をすることによって成立する。
2 収支計算書の公表は任意である。
3 他の社会福祉法人と合併することはできない。
4 評議員，評議員会，理事，理事会，監事を設置することが義務づけられている。
5 評議員は無報酬でなければならない。

問題 02　頻出度 ★★★　第35回 問題119

社会福祉法人の組織体制に関する次の記述のうち，最も適切なものを1つ選びなさい。

1 社会福祉法人は，定款，貸借対照表，収支計算書，役員報酬基準等を公表しなければならない。
2 社会福祉施設を経営している社会福祉法人において，当該施設の管理者は法人の理事になることは禁止されている。
3 社会福祉法人は収益事業を行うことが禁止されている。
4 社会福祉法人における評議員の選任・解任は，定款に定めることにより，理事長や理事会が決定することが可能である。
5 社会福祉法人は，理事長以外に業務執行理事を評議員会で選定することができる。

問題 03　頻出度 ★★★　第35回 問題120

特定非営利活動法人の組織運営に関する次の記述のうち，正しいものを1つ選びなさい。

1 特定非営利活動法人における最高意思決定機関は，評議員会である。
2 特定非営利活動法人において役員に報酬を支払うことができるのは，役員総数の半数までである。
3 特定非営利活動法人は，その主たる活動の目的を，政治上の主義を推進，支持，反対するための活動とすることができる。
4 特定非営利活動法人は，法律に定められた要件を満たし，必要な書類を添えて所轄庁に申請し，審査を経て認可された後，登記することによって成立する。
5 特定非営利活動法人は，その社員の資格の得喪に関して不当な条件を付してはならず，加入や脱退の自由を保障する必要がある。

問題 01 解説　社会福祉法人

1 ◯　社会福祉法**29条**の規定による。

2 ✕　収支計算書の公表は**義務**である（同法59条の2，同法施行規則10条）。

3 ✕　社会福祉法人は，**他の社会福祉法人と合併**することができる（同法48条）。

4 ◯　社会福祉法人は，**評議員，評議員会，理事，理事会及び監事を置かなければならない**（同法36条）。

5 ✕　評議員の**報酬等の額**は，**定款**で定めなければならない。**無報酬の場合**も**定款**に定める（同法45条の8，一般社団法人及び一般財団法人に関する法律196条）。

> **POINT!**
>
> 社会福祉法人は，特定非営利活動法人と同様，頻出問題である。設立登記，財務諸表の公表義務，合併，評議員，評議員会，理事，理事会，監事の義務設置，役員の報酬等を整理して理解しよう。

問題 02 解説　社会福祉法人の組織体制

1 ◯　社会福祉法人は，定款，計算書類（貸借対照表，収支計算書他），役員報酬基準等を**公表**しなければならない（社会福祉法59条の2）。

2 ✕　社会福祉施設を経営している社会福祉法人においては，**当該施設の管理者が理事に含まれていなければならない**（同法44条4項）。

3 ✕　社会福祉法人は，その経営する社会福祉事業に支障がない限り，**公益事業もしくは収益事業**を行うことができる（同法26条）。

4 ✕　社会福祉法人における評議員は，**定款の定めるところ**により**選任・解任**する。具体的には，定款で評議員選任・解任委員会を置くといった内容やメンバー，運営の細則他を定款に記載する（同法39条）。

5 ✕　社会福祉法人は，理事長以外の業務執行理事は評議員会ではなく**理事会**で選定する（同法45条の16第2項）。

> **POINT!**
>
> 社会福祉法人の組織体制は，頻出問題である。公表内容や公表義務，事業の範囲で社会福祉事業や公益事業，収益事業，評議員の選任や解任，理事会の機能他，設立の要件や登記，認可の所轄庁，経営の原則等を理解しよう。

問題 03 解説　特定非営利活動法人の組織運営

1 ✕　特定非営利活動法人の業務は，定款で理事その他の役員に委任したものを除き，すべて社員総会の決議によって行う。よって最高意思決定機関は，**社員総会**である（特定非営利活動促進法14条の5）。

2 ✕　特定非営利活動法人の役員のうち報酬を受ける者の数は，役員総数の**3分の1**以下である（同法2条2項1号ロ）。

3 ✕　特定非営利活動法人は，その主たる活動の目的を，**政治上の主義を推進し，支持し，またはこれに反対することを主たる目的とするものでない**ことと規定されている（同法2条2項2号ロ）。

4 ✕　特定非営利活動法人を設立しようとする者は，都道府県または指定都市の条例で定めるところにより，定款他の書類を添付した申請書を所轄庁に提出して，設立の**認証**を受けなければならない。また，特定非営利活動法人は，政令で定めるところにより，登記しなければならない（同法7条，10条）。

5 ◯　特定非営利活動法人は，その社員の**資格の得喪に関して，不当な条件を付さない**ことと規定されている（同法2条2項1号イ）。

> **POINT!**
>
> 特定非営利活動法人の組織運営に関しても，頻出問題である。最高意思決定機関としての社員総会，報酬を受ける役員数，活動目的，活動範囲の種類，設立要件，社員の資格要件等，基本的な内容の理解を深めよう。

正解　問題01……1，4　　問題02……1　　問題03……5

問題 04 頻出度 ★★★　　　　　　　　　　　　　　　　第36回 問題123

福祉サービス提供組織の運営に関する次の記述のうち，適切なものを2つ選びなさい。

1 アカウンタビリティとは，ステークホルダーに対する説明責任を指す。
2 社会福祉法人における評議員会とは，法人の日常的な業務執行の決定などを行う機関である。
3 社会福祉法人の監事には，法人の評議員会の業務執行を監査し，その内容について監査報告書を作成する役割がある。
4 コンプライアンスとは，組織が法令や組織内外のルールを守ることにより，社会的責任を果たすことをいう。
5 社会福祉法人における理事会とは，定款の変更や役員の選任などの体制の決定を行う機関である。

福祉サービスの組織と運営に係る基礎理論

問題 05 頻出度 ★★　　　　　　　　　　　　　　　　第33回 問題122

動機づけに関する次の記述のうち，最も適切なものを1つ選びなさい。

1 ブルーム（Vroom, V.）によれば，上司が部下に対して大きな期待を抱くと，部下の動機づけが高まる。
2 ハーズバーグ（Herzberg, F.）によれば，仕事への満足感につながる要因と仕事への不満足につながる要因とは異なる。
3 マグレガー（McGregor, D.）によれば，X理論では部下は仕事を当然のこととして自律的に目標達成しようとし，責任を率先して引き受ける。
4 デシ（Deci, E.）は，内発的動機によってではなく，むしろ金銭的報酬などの外的報酬によって人は動機づけられるとした。
5 マクレランド（McClelland, D.）は，人間が給与への欲求のために働いていることを示す期待理論を展開した。

問題 06 頻出度 ★★　　　　　　　　　　　　　　　　第36回 問題121

集団やチームに関する次の記述のうち，最も適切なものを1つ選びなさい。

1 集団浅慮とは，集団を構成する個々のメンバーが，個人で考えるよりも多面的な検討を行うことができるようになる現象のことである。
2 集団の規範とは，メンバーが誰かの努力や成果にただ乗りして，自分自身は力を出し切らないことである。
3 集団の凝集性は，集団を構成するメンバーを離散させ，個々人に分離させる傾向をもつ。
4 チームの生産性は，チームメンバー間で信頼や尊敬の念が育まれていると低くなる。
5 集団内のコンフリクトには，集団に悪影響を及ぼす非生産的コンフリクトと，集団に好影響を及ぼす生産的コンフリクトの両方の側面がある。

問題 04 解説 福祉サービス提供組織の運営

1 ○ アカウンタビリティとは，ステークホルダーに対する説明責任を示す言葉である。なお，ステークホルダーとは利害関係者のことを指す言葉である。

2 ✕ 社会福祉法人における理事会とは，法人の日常的な業務執行の決定などを行う機関である（社会福祉法45条の13）。

3 ✕ 社会福祉法人の監事には，法人の理事会の業務執行を監査し，その内容について監査報告書を作成する役割がある（同法45条の18）。

4 ○ コンプライアンスは一般に「法令順守」と訳されるが，近年は法令だけでなく，社会的規範や企業倫理なども含めた意味で使用されることが多い。

5 ✕ 社会福祉法人における評議員会とは，定款の変更や役員の選任などの体制の決定を行う機関である（同法45条の8，45条の9）。

POINT!

社会福祉法人の問題と同様，運営に関しても頻出問題である。社会福祉法人の機関として，理事，理事会，監事，評議員，評議員会の職務や権限，運営等を改めて整理し，理解を深めよう。

問題 05 解説 動機づけ

1 ✕ ブルームによれば，職務遂行への努力が個人的報酬に結び付くという期待の連鎖と，報酬に対して個人が抱く主観的な価値によって動機づけが決まるとされる。

2 ○ ハーズバーグによれば，職員の職務に対する満足感を高めるには，動機づけ要因（満足感を与える要因）に基づく動機づけを行わなければならないと主張した。

3 ✕ マグレガーによれば，X理論（命令や強制で管理し，目標が達成できなければ処罰を与えるマネジメント手法）とY理論（魅力ある目標と責任を与え続け，従業員を動かしていくマネジメント手法）となる。

4 ✕ デシは，金銭的報酬などの外的報酬によって人は動機づけられるのではなく，仕事等への達成感，充実感，自己成長感などの内発的動機によって動機づけられるとした。

5 ✕ マクレランドは，従業員には，達成動機（ある一定の標準に達成しようとする），権力動機（他の人々への働きかけで行動をさせたい），親和動機（友好的かつ密接な対人関係を結びたい）の3つの主要な動機ないし欲求が存在するとした。

POINT!

ブルームの動機づけ論，ハーズバーグの動機づけ要因，マグレガーのX理論Y理論，デシの内発的動機づけ，マクレランドの3つの動機（達成・権力・親和）を中心に基本的な理論の内容を押さえよう。

問題 06 解説 集団やチーム

1 ✕ 集団浅慮とは，集団で合意形成をすることによって，かえって不合理な結論や行動を引き出してしまうことを指す。

2 ✕ 集団の規範とは，集団の中で共有されている価値や行動の判断基準を指す。

3 ✕ 集団の凝集性とは，集団が構成員をひきつけ，その集団の一員であり続けるように動機づける度合いを指す。

4 ✕ チームの生産性は，チームメンバー間で信頼や尊敬の念が育まれていると高くなるといわれている。

5 ○ 集団内のコンフリクトには，非生産的コンフリクトと生産的コンフリクトの両側面がある。

POINT!

集団浅慮，集団規範，集団の凝集性，チームの生産性，集団内コンフリクトの各定義の理解を深めよう。あわせて，同調行動，社会的促進，社会的手抜き，社会的ジレンマ，準拠集団等と関連付けて押さえよう。

正解 問題04……1，4　　問題05……2　　問題06……5

問題 07　頻出度 ★★　第36回 問題120

経営の基礎理論に関する次の記述のうち，最も適切なものを1つ選びなさい。

1 バーナード(Barnard, C.)によれば，非公式組織とは，意識的で，計画的で，目的をもつような人々相互間の協働である。
2 テイラー(Taylor, F.)は科学的管理法を提唱し，作業現場の管理について，合理的な規則と手続きによる管理の重要性を強調した。
3 ハインリッヒ(Heinrich, H.)は，軽微な事故への対策を実施しても，重大な事故を未然に防ぐことはできないことを明らかにした。
4 アッシュ(Asch, S.)は，個人として正しい判断ができていれば，多数派の力には負けることはないという現象を明らかにした。
5 メイヨー(Mayo, G.)とレスリスバーガー(Roethlisberger, F.)は，組織における経済的合理性を追求する，経済人モデルを提唱した。

問題 08　頻出度 ★★　第35回 問題123

福祉サービスの経営に関する次の記述のうち，最も適切なものを1つ選びなさい。

1 CSR(Corporate Social Responsibility)は，福祉サービス事業者には求められない。
2 ドメイン(事業領域)は，単一の制度や限定された利用者を対象として設定しなければならない。
3 バランス・スコアカード(Balanced Score Card)とは，財務だけでなく，顧客，業務プロセス，従業員の学習・育成といった各視点から企業実績を評価する仕組みである。
4 経営における戦略とは，短期的な観点による目標を設定し，日々の業務を遂行するための方策のことである。
5 CSV(Creating Shared Value)とは，社会的な課題を解決するところから生まれる社会価値を，事業者の経済価値に優先する考え方である。

問題 09　頻出度 ★★　第35回 問題122

組織運営やその原則に関する次の記述のうち，最も適切なものを1つ選びなさい。

1 コンフリクトは，集団に肯定的な影響を与えることはなく，組織運営に非生産的な結果をもたらすので回避する必要がある。
2 事業部制組織は，職能別管理をすることによって，組織の統制が向上するメリットがある。
3 各構成員に対する指示・命令は，複数の者によって多面的に行う必要がある。
4 従業員が意思決定を行うことができる権限の範囲と，それに対応した職務に対する責任の範囲は，等しくなるようにしなければならない。
5 管理者は，例外的で高度な業務のみならず，定型的で反復的な業務についても行わなければならない。

問題 07 解説　経営の基礎理論

1 × バーナードによれば，非公式組織とは，「個人的な感情などによるつながり」のことを指し，公式組織とは違い，共通目的はもたず，非公式組織に属する個人が組織の人格ではなく個人の人格のまま行動する。

2 ○ テイラーは，20世紀初頭のアメリカにおける組織的怠業を解消するため，作業研究に基づく労働者の標準的な作業量（課業）を設定し，それに成功したかどうかで給与の多寡を決定するという科学的管理法を考案した。

3 × ハインリッヒの法則は，労働者の死亡等の重大な事故は300件に1件の確率で発生することを示した法則であり，事故をゼロにすることは不可能であることを示している。

4 × アッシュの同調実験が証明したのは，問いに対する正解・不正解が明確な場合でも，自分の周囲の人々が不正解を選択すると，それに同調して自身も不正解の回答を選んでしまうという人間の傾向があるとした。

5 × メイヨーとレスリスバーガーは，ホーソン実験で，作業能率の向上に影響を及ぼすのは物理的環境条件ではなく，労働者の感情的協力やモラールであり，インフォーマル組織が大きな役割を果たしていることを発見した。

POINT!
人名と業績に関する問題である。今回出題の人名のバーナード，テイラー，ハインリッヒ，アッシュ，メイヨーとレスリスバーガーに関しては，それぞれ代表的な主な業績を押さえよう。

問題 08 解説　福祉サービスの経営

1 × CSRとは，企業の社会的責任と訳され，企業活動を通じて市民や地域，社会の要請に対し積極的に貢献すべきとする考え方である。福祉サービス事業者にも求められる。

2 × ドメイン（事業領域）は，誰を顧客とし，どのようなニーズに応えるか，現状だけでなく将来にも通じる領域などに基づいて行われ，単一の制度や限定された利用者を対象として設定されるものではない。

3 ○ バランス・スコアカードは，「財務面」と「非財務面（顧客，業務プロセス，成長・学習）」の目標を設定，管理，評価する目標管理・業績評価方法である。

4 × 記載の内容は，戦術のことである。経営における戦略とは，中長期的な観点で持続的な成長を目指すための方向性や考え方である。

5 × CSVとは，社会的な課題を解決するところから生まれる社会的価値の創出と事業者の経済利益的な活動を同時に実現することである。

POINT!
民間企業でも使われるCSR，ドメイン，バランス・スコアカード，経営における戦略，CSVは，福祉サービスでも応用される。各キーワードの意味をしっかり理解し，実践でも運用される概念である。

問題 09 解説　組織運営やその原則

1 × コンフリクトとは，集団・組織における緊張状態をいうが，集団業績に負の影響を与えるような過剰なコンフリクトは，組織にとって有害であるが，適度なコンフリクトは，変革を推進しやすくなる，新しいアイデアが生まれるなどのメリットもある。

2 × 事業部制組織は，事業ごとに編成された部署（事業部）を配置した組織形態で，各事業部で迅速で適切な意思決定が可能になると同時に，本社部門の負担が軽減される。

3 × 組織原則の命令一元化の原則では，各構成員に対する指示や命令は，「直属の上司一人」でなければならない。

4 ○ 組織原則の権限・責任一致の原則の内容である。

5 × 組織原則の例外の原則では，日常反復的で定型的な業務（ルーティン・ワーク）は部下に任せ，管理者は非定型的な意思決定や例外的で高度な業務に専念する。

POINT!
伝統的な組織論として，5つの組織原則（命令一元化の原則，専門化の原則，統制範囲適正化の原則，権限・責任一致の原則，例外の原則），事業部制組織，コンフリクト等の基本的な事項を押さえよう。

正解　問題07……2　　問題08……3　　問題09……4

問題 10 頻出度 ★★ 第33回 問題125

経営戦略に関する次の記述のうち，最も適切なものを1つ選びなさい。

1 ドメインの策定とは，経営理念を前提としてある時点までに到達すべき目標の設定のことである。
2 ３Ｃ分析は，内部環境の「強み」と「弱み」，外部環境の「機会」と「脅威」を総合的に分析するフレームワークである。
3 福祉事業において経営戦略は，経営理念とは切り離して検討するものである。
4 機能戦略とは，事業単位に対して策定される戦略をいう。
5 経営戦略とは，チャンドラー(Chandler, A.)によれば，長期的目的を決定し，これらの目的を遂行するための行動方式を採択し，諸資源を割り当てることである。

問題 11 頻出度 ★★★ 第34回 問題121

リーダーシップに関する次の記述のうち，最も適切なものを1つ選びなさい。

1 リーダーの個性に着目した特性理論は，「リーダーを務める人は，もともと他の人と資質・人格に差がない」という前提に立つ理論である。
2 ハーシー(Hersey, P.)とブランチャード(Blanchard, K.)は，部下の能力や成熟度の度合いが違っても，リーダーシップのスタイルを変えるべきではないと指摘している。
3 パス・ゴール理論では，リーダーはメンバーに明確な目標(ゴール)へのパス(経路)を明示せず，メンバー自身に考えさせることが必要としている。
4 サーバント・リーダーシップは，リーダーがカリスマとなってフォロワーに奉仕させるリーダーシップである。
5 シェアード・リーダーシップは，それぞれのメンバーが，必要に応じてリーダーのように振る舞って他のメンバーに影響を与えるリーダーシップである。

問題 12 頻出度 ★★★ 第33回 問題123

リーダーシップに関する次の記述のうち，最も適切なものを1つ選びなさい。

1 三隅二不二は，リーダーシップの行動面に注目して，「指示的リーダーシップ」と「支援的リーダーシップ」の２次元で類型化したPM理論を提唱した。
2 経営環境が変化する中では，定型的業務を遂行するためのリーダーシップだけではなく，変革型リーダーシップも求められる。
3 フィードラー(Fiedler, F.)は，リーダーとフォロワーの関係が良好で，仕事の内容・手順が明確な場合は，タスク志向型より人間関係志向型のリーダーの方が良い業績を上げるとした。
4 フォロワーがリーダーを支えるフォロワーシップは，リーダーシップに影響を与えないとされている。
5 初期のリーダーシップ研究は，リーダーの効果的な行動のアプローチを研究した行動理論が主流であった。

問題 10 解説　経営戦略

1　✕　ドメインとは，事業体が事業を行う領域を指す。誰を顧客とし，どのようなニーズに応えるかなどに基づいて策定され，現状に対応するだけでなく将来にも通ずる領域の策定が求められる。
2　✕　3C分析は，Customer（市場や顧客），Company（自社），Competitor（競合）という3つのCについて分析する方法で，事業計画やマーケティング戦略を決定するものである。設問文はSWOT分析の説明である。
3　✕　福祉事業においても，経営戦略は経営理念（組織が目指す方向を示す指針で，組織の存在意義や使命といった価値観を表す）に基づいて検討する。
4　✕　事業体は，3つの経営戦略「全社戦略」（経営ビジョン等の企業レベル），「事業戦略」（事業部単位の消費やサービス戦略），「機能戦略」（事業の推進のためのより細かな戦略）を策定することが重要である。
5　○　変化する環境に適応する戦略を策定し，その戦略を実行するために最適な組織にしていかなければならない。それがチャンドラーの「組織は戦略に従う」である。

POINT!
福祉事業においても，収益事業体の経営論のドメイン，3C分析，SWOT分析，経営理念，経営戦略，全社戦略，事業戦略，機能戦略などの基本的なキーワードの理解を深めよう。

問題 11 解説　リーダーシップ

1　✕　リーダーの個性に着目した特性理論とは，「リーダーに必要な資質や特性を探る」という前提に立つ理論である。
2　✕　ハーシーとブランチャードの理論は，状況対応型リーダーシップともいわれ，部下の能力や成熟度の度合いに応じて，リーダーシップのスタイルを変化させ，組織内でリーダーシップを発揮する理論である。
3　✕　ハウスのパス・ゴール理論は，「メンバーの目標達成を助けることはリーダーの職務であり，目標達成に必要な方向性や支援を与えることはメンバーや組織の全体的な目標にかなう」とした理論である。
4　✕　サーバント・リーダーシップは，チームメンバーに奉仕をした上で指導していく，「部下を支え，チームに奉仕するためにリーダーが存在する」という考えを重視した支援型または奉仕型のリーダーシップである。
5　○　シェアード・リーダーシップは，「組織内の複数の人間，ときに全員がリーダーシップを取る」という理論で，従来のリーダーシップの関係性は「垂直型」だが，シェアード・リーダーシップは，「水平型」の関係性となる。

POINT!
リーダーシップは頻出問題であり，特性論，類型論，状況論としての代表的な理論を押さえておきたい。新たにサーバント・リーダーシップ，シェアード・リーダーシップの内容も追加して理解を深めよう。

問題 12 解説　リーダーシップ

1　✕　三隅二不二は，リーダーシップを，P行動（目標達成機能：目標を達成する意欲や能力）とM行動（集団維持機能：チームワークの維持・強化への意欲や能力）の2次元で類型化したPM理論を提唱した。
2　○　変革型リーダーシップは「不確実な環境で組織を導くためにどのような行動をとるべきか」に着目したものである。
3　✕　フィードラーは，リーダーとフォロワーの関係が良好で，仕事の内容・手順が明確な場合は，人間関係志向型よりタスク志向型のリーダーの方が良い業績を上げるとした。
4　✕　フォロワーシップとは，フォロワーがチームの成果を最大化させるために，自律的・主体的にリーダーに働きかけ，支援することであり，高い比率でリーダーシップに影響を与えるとされている。
5　✕　初期のリーダーシップ研究は，行動理論でなく特性論が主流であった。特性論とは，リーダーとしての資質（知性・行動力・信頼感等）を先天的な「特性」と捉えることを基礎とした理論である。

POINT!
リーダーシップの特性論，類型論，状況論で，代表的なレヴィンのリーダーシップ類型，マネジリアル・グリッド論，PM理論，コンティンジェンシー理論，SL理論，パスゴール理論，フォロワーシップを中心に押さえよう。

正解　問題10……5　　問題11……5　　問題12……2

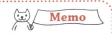

福祉サービス提供組織の経営と実際

問題 13　頻出度 ★★　第34回 問題124

リスクマネジメントに関する次の記述のうち，最も適切なものを1つ選びなさい。

1. 1件の重大事故の背景には，重大事故に至らなかった29件の軽微な事故が隠れており，その背後には事故寸前だった300件の危険な状態が隠れているのを，リーズンの軌道モデルという。
2. リスクマネジメントは，厳しい管理体制を敷けば事故はなくせるものという前提に立つ。
3. 職員要因のリスクコントロールをするためには，サービスの質の維持・向上を図るための業務や作業の標準化が必要である。
4. リスクマネジメントは，危機管理体制の確立よりも個別リスクへの対応を基本とする。
5. リスクコントロールとリスクファイナンスのうち，リスクコントロールの例として損害賠償保険の活用が挙げられる。

問題 14　頻出度 ★★　第35回 問題125

福祉サービス第三者評価事業に関する次の記述のうち，最も適切なものを1つ選びなさい。

1. 児童養護施設は，福祉サービス第三者評価を定期的に受審すること及び結果の公表が義務づけられている。
2. 福祉サービス第三者評価は，市町村が認証した第三者評価機関が実施する。
3. 福祉サービス第三者評価は，法令に定められた福祉サービスの運営基準が遵守されているかを監査するための仕組みである。
4. 福祉サービス第三者評価の評価機関は，非営利組織であることが認証を受けるための要件となっている。
5. 福祉サービス第三者評価の結果は，インターネット上に公開することができない。

問題 15　頻出度 ★★★　第34回 問題123

社会福祉法人の財務管理・会計管理に関する次の記述のうち，正しいものを1つ選びなさい。

1. クラウドファンディングとは，不特定多数から通常インターネット経由で資金調達することを指す。
2. 社会福祉充実残額が生じた場合は地域福祉計画を策定する必要がある。
3. 貸借対照表の借方(左側)は資金使途を示し，純資産が計上される。
4. 土地や建物は貸借対照表の流動資産に計上される。
5. 負債とは返済義務のない財源である。

問題 13 解説 リスクマネジメント

1 × 記載の内容は，ハインリッヒの法則である。いかなる組織でも，潜在的なリスクを回避するために防護壁を何重にも構築しているが，完璧な防護壁は存在せず，大小の違いはあれ，必ずどこかに欠陥がある。リーズンの軌道モデルとは，大きな事故や苦情は，欠陥や要因の弱点部分が重なったときに発生しやすいことを示すものである。

2 × リスクマネジメントは，「事故などの発生を未然に防ぎ，それらのリスクがもたらす損失を予防する」「発生した事故などへの対応によって，その被害を最小限に抑える」ことが大きな柱となる。

3 ○ 福祉サービスのリスクマネジメントは，事業の継続的・安定的な発展を確保し，利用者の権利や利益を保護するために行われる。

4 × リスクマネジメントは，個別リスクの対応よりも危機管理体制の確立を基本とする。

5 × 損害賠償保険の活用は，リスクファイナンスの例である。リスクコントロールとは，リスクそのものの発生を少なくする，もしくは発生した際の被害を最小限にすることを意味する。

> **POINT!**
> リスクマネジメントの目的，代表的な2つの法則(ハインリッヒの法則・リーズンの軌道モデル)，リスクコントロール，リスクファイナンス，事故発生の防止・発生時の対応等，基本的な内容を押さえよう。

問題 14 解説 福祉サービス第三者評価事業

1 ○ 児童養護施設は，「福祉サービス第三者評価事業に関する指針」に基づき，3か年度毎に1回以上受審し，その結果の公表をしなければならない(児童福祉施設の設備及び運営に関する基準)。

2 × 福祉サービス第三者評価は，都道府県推進組織の認証を受けた第三者評価機関が実施する。

3 × 福祉サービス第三者評価は，「社会福祉事業の経営者は，自らその提供する福祉サービスの質の評価を行うことその他の措置を講ずることにより，常に福祉サービスを受ける者の立場に立って良質かつ適切な福祉サービスを提供するよう努めなければならない」と規定されており，監査の仕組みではない(社会福祉法78条1項)。

4 × 福祉サービス第三者評価の評価機関は，法人格を有していること，評価調査者，透明性確保の規程の整備，苦情等の対応, 手法及び結果の取扱い等の要件を満たすこととなっており,非営利組織であることの要件はない(福祉サービス第三者評価機関認証ガイドライン)。

5 × 福祉サービス第三者評価の結果は，インターネット上に公開されている。

> **POINT!**
> 福祉サービス第三者評価事業は，対象施設，受審の義務があるか否か，受審頻度，評価機関，監査との違い，「福祉サービス第三者評価機関認証ガイドライン」の内容，インターネット上の公開等，基本的な内容を整理しよう。

問題 15 解説 社会福祉法人の財務管理・会計管理

1 ○ クラウドファンディングは，クラウド(群衆)とファンディング(資金調達)を組み合わせた造語で，アイデアやプロジェクトを持つ起案者が，インターネットを通して共感した人から広く資金を集める方法である。

2 × 社会福祉充実残額(社会福祉法人が保有する財産について，事業継続に必要な財産の額を控除したものでその法人が再投下可能な財産)が生じた場合は，社会福祉充実計画を策定する必要がある(社会福祉法55条の2)。

3 × 貸借対照表の借方(左側)は資金の運用方法を示し，資産が計上される。貸方(右側)は資金の調達方法を示し，負債や純資産が計上される。

4 × 土地や建物は貸借対照表の固定資産に計上される。建物は，減価償却処理の対象となるが，土地に関しては対象にならない。

5 × 負債とは債権者に対する支払義務を表す。

> **POINT!**
> 社会福祉法人の財務管理・会計管理は，頻出問題である。新たにクラウドファンディング，社会福祉充実計画，貸借対照表の借方・貸方の内容，固定資産としての土地・建物等の内容を押さえておきたい。

正解 問題13……3 問題14……1 問題15……1

問題 16　頻出度 ★★★　第33回 問題124

社会福祉法人の会計財務等に関する次の記述のうち、最も適切なものを1つ選びなさい。

1. 財務会計は組織内部における管理を目的としているため、通常、組織独自の会計ルールを用いる。
2. 貸借対照表の純資産とは、外部から調達した負債である。
3. 減価償却とは、固定資産(土地と建設仮勘定を除く)の取得原価をその耐用年数にわたり費用化する手続であり、過去に投下した資金を回収するものである。
4. 流動資産とは、通常2年以内に費用化、現金化できるものである。
5. 社会福祉充実残額とは、社会福祉法人における事業継続に必要な財産額をいう。

問題 17　頻出度 ★★★　第36回 問題122

福祉サービス提供組織の財源に関する次の記述のうち、最も適切なものを1つ選びなさい。

1. 障害福祉サービスを行う事業者の収入の総額は、市町村からの補助金の総額に等しい。
2. 介護保険事業を行う事業者の収入の総額は、利用者が自己負担する利用料の総額に等しい。
3. ファンドレイジングとは、事業や活動を行うために必要な資金を様々な方法を使って調達することを指す。
4. 社会福祉法人が解散する場合、定款の定めにかかわらず、その法人に対して寄付を行ってきた個人は、寄付した割合に応じて残余財産の分配を受けることができる。
5. 特定非営利活動法人は、特定非営利活動に係る事業に支障がない限り、事業によって得られた利益を自由に分配することができる。

Note　会計・財務管理

問題 16 解説　社会福祉法人の会計財務等

1　×　組織内部における管理を目的としているのは管理会計であり，通常，組織独自の会計ルールを用いる。具体的には，原価管理や予算管理が挙げられる。財務会計は組織外部に対して公表するもので，正規の簿記の原則に基づいて作成される。
2　×　貸借対照表の純資産とは，借方（左側）の資産から貸方（右側）の負債を差し引いたものを指し，基本金，国庫補助金等特別積立金や次期繰越活動増減差額等が挙げられる。
3　〇　減価償却費はコストでありながら，実際には法人の外部に資金の流出を伴わないものである。
4　×　流動資産とは，1年以内に費用化，現金化できるものである。
5　×　社会福祉充実残額とは，社会福祉法人が保有する財産について，事業継続に必要な財産の額を控除し，その法人が再投下可能な財産を指す。

POINT!
会計財務は最頻出問題である。財務会計，管理会計，貸借対照表，事業活動計算書，資金収支計算書，資産，負債，純資本，減価償却費，流動資産，固定資産，社会福祉充実残額などの意味をしっかり理解しておこう。

問題 17 解説　福祉サービス提供組織の財源

1　×　障害福祉サービスを行う事業者の収入の総額は，国庫負担，都道府県と市町村の各負担，利用者負担分他となっている。
2　×　介護保険を行う事業者の収入の総額は，保険料，国庫負担，都道府県と市町村の各負担，利用者負担分他となっている。
3　〇　ファンドレイジングとは，非営利団体が活動に必要な資金を募ることである。
4　×　社会福祉法人が解散した場合，残余財産は合併及び破産手続開始の決定による解散の場合を除くほか，定款の定めるところにより，その帰属すべき者（社会福祉法人その他社会福祉事業を行う者のうちから選定する）に帰属する。処分されない財産は国庫に帰属する。個人で寄付した割合で残余財産の分配が行われることはない。定款に解散に関する事項の規定が必要となる（社会福祉法47条，31条）。
5　×　特定非営利活動法人は，特定非営利活動を行うことを主たる目的とし，営利を目的としないものであると規定され，事業によって得られた利益を自由に分配することはできない（特定非営利活動促進法2条）。

POINT!
福祉サービス提供組織の会計や財源等は頻出問題である。各事業者の収入の総額の内訳，ファンドレイジングの意味，解散した場合の帰属の問題，非営利法人の特徴，簿記の借方，貸方，減価償却の内容を整理して理解しよう。

　問題16……3　　問題17……3

福祉人材のマネジメント

問題 18 頻出度 ★★　　第36回 問題125

「育児・介護休業法」に関する次の記述のうち，最も適切なものを1つ選びなさい。

1. 子の養育及び家族の介護を容易にするため，所定労働時間等に関し事業主が講ずべき措置を定めている。
2. 育児休業とは，産後8週までの女性に対し，使用者が休業を与えるものである。
3. 対象家族に無職かつ健康な同居者がいる場合は，介護休業を取得することができない。
4. 期間を定めて雇用される者は，雇用の期間にかかわらず介護休業を取得することができない。
5. 対象家族一人について，介護休業を分割して取得することはできない。

（注）「育児・介護休業法」とは，「育児休業，介護休業等育児又は家族介護を行う労働者の福祉に関する法律」のことである。

問題 19 頻出度 ★★★　　第35回 問題124

人材の確保や育成に関する次の記述のうち，最も適切なものを1つ選びなさい。

1. 360度評価（多面評価）とは，評価者である上司が，職員の能力や業績だけでなく，性格，志向，特技などを多面的に評価する手法を指す。
2. 人事考課においては，ある対象を評価する際に，部分的で際立った特性が，全体の評価に及んでしまうハロー効果が起こることがある。
3. OJT（On the Job Training）とは，日常の職務を離れて行う教育訓練方法のことを指す。
4. 職員のキャリアや能力の開発を目的に人事異動を実施することは，望ましくないとされている。
5. エルダー制度は，新入職員のセルフラーニングを通じた自己啓発の仕組みである。

問題 20 頻出度 ★★★　　第36回 問題124

事例を読んで，Ｈ施設管理者が実施した人材育成の手法について，最も適切なものを1つ選びなさい。

〔事例〕
Ｚ高齢者介護施設は，定期的に職場内において勉強会を実施している。このほど，Ｚ施設が立地するＰ県主催の「高齢者虐待の防止について」という研修会の通知が届いた。Ｚ施設のＨ施設管理者は，職員数名をこの研修会に参加させ，新たな知見を得てもらうこととした。

1. コーチング
2. OFF-JT
3. ジョブ（職務）ローテーション
4. OJT
5. 目標管理制度

問題 18　解説　育児・介護休業法

1 ○　育児・介護休業法1条の目的規定である。

2 ✕　育児休業とは，育児休業申し出をした労働者がその期間中は育児休業をすることができる期間として，その子が1歳，1歳半もしくは2歳（条件付き）までを指す（同法9条）。労働者は，その養育する1歳に満たない子について，その事業主に申し出ることにより，育児休業をすることができる（同法5条）。

3 ✕　事業主は，労働者から介護休業申請があったときは，当該介護休業申し出を拒むことができない。無職かつ健康な同居者がいる場合等の要件はない（同法11条）。

4 ✕　期間を定めて雇用される者は，介護休業開始予定日から起算して93日を経過する日から6月を経過する日までに，その労働契約が満了することが明らかでない者に限り，申し出をすることができる（同法11条）。

5 ✕　介護休業は，対象家族1人について，3回まで分割して取得することができる。ただし，介護休業日数の上限は通算93日である（同法11条）。

POINT!

「育児・介護休業法」の規定内容の問題である。ポイントは，この法律の目的規定，育児休業の年齢規定，介護休業申請があった場合の規定，期間を定めて雇用される者に関しての規定，取得は，通算93日，3回まで分割して取得可能となっている。

問題 19　解説　人材の確保や育成

1 ✕　360度評価（多面評価）とは，評価者である上司からだけの評価ではなく，部下や同僚，仕事で関係する他部門の担当者，さらには取引先や顧客による評価といった，多方面から人材を評価する制度である。

2 ○　人事考課におけるハロー効果は，部分的な特性の評価が，全体の評価に影響する。

3 ✕　OJTとは，日常の職務を通じて，職場の上司（先輩）が部下（後輩）に実技，スキルなどを指導・育成する教育訓練方法である。

4 ✕　人事異動は，職員のキャリアや能力の開発を目的として，多くの業務を経験させるために一人の人間を計画的に異動させる。

5 ✕　エルダー制度とは，先輩社員が新入社員などに対し，マンツーマンで実務の指導や職場生活上の相談を行う制度である。

POINT!

人材の確保や育成は頻出問題である。コンピテンシー，360度評価（多面評価），人事考課の評価の際の偏向，OJT，OFF-JT，SDS，エルダー制度，人事異動，ジョブローテーション等基本的なキーワードはしっかり押さえよう。

問題 20　解説　人材育成の手法

1 ✕　コーチングとは，対話によって従業員の自己実現や目標達成を図り，労働意欲を向上させる技術のことである。

2 ○　Off the Job Trainingのことで，職務を離れて行う社員研修（セミナー，教育機関での研修など）を指す。

3 ✕　ジョブ（職務）ローテーションとは，人材育成を目的として，多くの業務を経験させるために一人の人間を計画的に異動させることである。

4 ✕　On the Job Trainingのことで，職務を通じて，職場の上司（先輩）が部下（後輩）に実技，スキルなどを指導・育成する研修である。

5 ✕　目標管理制度とは，経営管理者が組織全体の目標・方針を示し，各部門の責任者がそれを達成するための達成目標と方針を設定し，職員は自分の職務について成果の目標を定め，自己評価を通じて動機づけを図る制度である。

POINT!

人材育成の手法として，コーチング，OJT，OFF-JT，SDS，エルダー制度，異動（自己申告制度，社内公募制，勤務地限定制度），メンタルヘルス対策，目標管理制度，ジョブローテーション等のキーワードの意味を押さえよう。

正解　問題18……1　　問題19……2　　問題20……2

19　福祉サービスの組織と経営

問題 21 頻出度 ★ ★ 第34回 問題125

職場のメンタルヘルスに関する次の記述のうち，正しいものを1つ選びなさい。

1 パワーハラスメントの典型的な例には，優越的な関係を背景として行われた，身体的・精神的な攻撃，人間関係からの切り離し，過大・過小な要求などが含まれる。
2 時間外・休日労働について，月200時間を超えなければ，事業者には健康障害を予防するための医師による面接指導を行う義務はない。
3 全ての事業場には産業医を置かなければならない。
4 常時50人以上の労働者を使用する事業所を複数運営する組織であっても，衛生委員会は本部(本社)に設置すればよい。
5 「ストレスチェック」の結果は，事業者から労働者に対して通知することが義務づけられている。

(注)「ここでいう「ストレスチェック」とは，労働安全衛生法で定める「労働者に対して行う心理的な負担の程度を把握するための検査」のことである。

問題 21 解説　職場のメンタルヘルス

1 ○ 2020(令和2)年6月1日より，パワーハラスメント防止措置が事業主の義務となった(中小企業主は，2022(令和4)年4月1日から義務化)(労働施策総合推進法30条の2)。
2 × 時間外・休日労働について，一般労働者(月80時間超・要申出)，研究開発業務従事者(月80時間超・要申出，月100時間超)，高度プロフェッショナル制度適用者(月100時間超)は医師による面接指導を実施しなければならない(労働安全衛生法66条の8，66条の8の4)。
3 × 常時50人以上の労働者を使用する事業場においては，事業者は，事業場ごとに産業医を選任し，労働者の健康管理等を行わせなければならない(同法13条)。
4 × 常時50人以上の労働者を使用する事業場を複数運営する組織は，事業場ごとに衛生委員会を設置しなければならない(同法18条)。
5 × 「ストレスチェック」の結果に関して，事業者は，労働者に対し検査を行った医師等から検査の結果が通知されるようにしなければならない。この場合，医師等は，検査を受けた労働者の同意を得ないで，労働者の検査の結果を事業者に提供してはならない(同法66条の10第2項)。

POINT!

2020(令和2)年6月より，職場におけるパワーハラスメント防止措置が事業主の義務となった(中小企業主は，2022(令和4)年4月から義務化。セクハラ等の防止対策の強化の内容については，事業の規模を問わず，2020(令和2)年6月から施行)。

正解 問題21……1

本試験問題

社会福祉士国家試験

第37回（令和6年度）

Check ✓	1回目	月	日	／129問
Check ✓	2回目	月	日	／129問
Check ✓	3回目	月	日	／129問

社会福祉士国家試験
第37回（令和6年度）
〈共通科目〉

医学概論

問題1 思春期・青年期における心身の特徴に関する次の記述のうち，正しいものを1つ選びなさい。

1 思春期には，男女ともに緩やかな身体の変化がみられる。

2 思春期における心理的特徴としては，自意識過剰がある。

3 思春期には，アイデンティティは形成されている。

4 第二次性徴に性差はみられない。

5 青年期の死亡原因としては心疾患が最も多い。

問題2 高齢者における薬害有害事象の発生予防や発生時の対処方法に関する次の記述のうち，最も適切なものを1つ選びなさい。

1 服用法を複雑にする。

2 定期的に処方内容を見直す。

3 若年者と同じ投与量にする。

4 投与薬剤の数はなるべく8剤以下にする。

5 新規症状が出現した場合に薬剤を追加する。

問題3 筋骨格系に関する次の記述のうち，正しいものを1つ選びなさい。

1 筋肉は骨格筋と心筋の2種類からなる。

2 筋組織にはカルシウムを貯蔵する働きがある。

3 人体は約400個の骨からなる。

4 骨量は小児期に最大となり，青年期以降は減少する。

5 骨には血球をつくる働きがある。

問題4 難病に関する次の記述のうち，正しいものを２つ選びなさい。

1 発病の機構が明らかでない疾患であることは，「指定難病」の要件の一つである。

2 「指定難病」では，客観的な診断基準が定まっている。

3 「指定難病」の患者数は我が国において人口の１％程度に達する。

4 「障害者総合支援法」の対象疾患は，「指定難病」より対象範囲が狭い。

5 小児の難病については，法律に基づく難病対策はない。

(注) 1 「指定難病」とは，「難病の患者に対する医療等に関する法律」に基づき，厚生労働大臣が指定する疾病をいう。

　　 2 「障害者総合支援法」とは，「障害者の日常生活及び社会生活を総合的に支援するための法律」のことである。

問題5 肺炎に関する次の記述のうち，最も適切なものを１つ選びなさい。

1 市中肺炎の起因菌は肺炎球菌が最も多い。

2 誤嚥性肺炎は若年者に多い。

3 口腔ケアによって増悪する。

4 経皮的酸素飽和度（SpO_2）が上昇する。

5 肺炎の診断には発熱が必須である。

問題6 事例を読んで，Ａさんに最も適切な入院形態を１つ選びなさい。

〔事例〕

　B市に住むＡさん（21歳）は，大学４年生で就職活動中であったが，なかなかうまくいかず，次第に抑うつ気分，意欲の低下，思考制止，不安，不眠を呈するようになった。同居する両親（両親ともに50歳代で共働き）とともに，精神科のクリニックを受診し，うつ病の診断となり治療開始となった。しかし，自宅では生活が乱れ，家に閉じこもりがちになり，定期的な受診や薬物治療が困難な状況となった。自傷行為や家族に対する他害行為はみられないが，なかなか抑うつ症状は改善を認めなかったため，主治医が入院加療の必要性があると判断した。主治医が本人及び両親に入院加療の必要性を説明したところ，本人は入院加療を希望した。その後，紹介状を持参のうえで，入院病床を有する精神科病院に受診した。

1 医療保護入院

2 措置入院

3 緊急措置入院

4 任意入院

5 応急入院

心理学と心理的支援

問題7 次の記述のうち，エピソード記憶の事例として，最も適切なものを1つ選びなさい。

1 暗算をする際に，途中の計算結果を覚えておきながら計算を進めた。

2 相手の電話番号を聞いて，携帯電話に登録するまで覚えていた。

3 カナダは北アメリカ大陸にある国だと覚えていた。

4 昔，練習して乗れるようになった自転車に，今でもうまく乗ることができた。

5 昨日の晩御飯にとんかつを食べたことを思い出した。

問題8 職場における人間関係や意思決定に関する課題が生じたときに，その原因を理解したうえで，対応策を考えることが重要である。次の記述のような課題が職場で生じたときに，社会的抑制による事例として，最も適切なものを1つ選びなさい。

1 上司があまり成長を期待していなかった職員よりも，期待をしていた職員の方が次第に業績が向上するようになった。

2 会議中，本当は反対したかったが，他の多くの参加者が賛成したので賛成してしまった。

3 一人で考えていた内容よりも，全員が参加した会議で決めた内容の方が極端な結論になった。

4 上司が仕事上の指導をするときに非常に近い距離まで接近してくるため，強い不快感が生じた。

5 個室で一人で作業に取り組んだときよりも，大勢が一緒にいる部屋で取り組んだときの方が，他人の目が気になって効率が悪くなってしまった。

問題9 エリクソン(Erikson, E.)の発達段階説における青年期の心理社会的危機として，正しいものを1つ選びなさい。

1 基本的信頼　対　基本的不信

2 同一性　対　同一性混乱

3 勤勉性　対　劣等感

4 自発性　対　羞恥心

5 ジェネラティビティ　対　停滞

問題10 レジリエンスに関する次の記述のうち，最も適切なものを1つ選びなさい。

1 ストレスをもたらす原因となる出来事のことである。

2 強いストレスや心理的傷つきを伴う経験から，個人が持つ回復していく力のことである。

3 ストレスに伴って生じた不快な情動を，意識的に低減する方略のことである。

4 心的外傷となった過去の出来事を，あたかも今生じているかのように経験することである。

5 社会的な関係の中で行われる支え合いや支援のことである。

問題11 事例を読んで，マイクロカウンセリングのかかわり行動や基本的傾聴技法に基づいた面接の最初の段階の応答として，最も適切なものを1つ選びなさい。

〔事例〕

認知症のある親の介護について負担を感じている相談者が，地域包括支援センターを訪れ，社会福祉士が面接を行った。相談者は「何度も同じことを聞いてくるのでイライラして，つい強い口調で怒ってしまう」と訴えた。

1 「同じことを聞かれても，いつも初めてのように答えるといいですよ」

2 「それは適切な行動ではないですよね」

3 「私もあなたと同じような経験をしたので，あなたの気持ちがよくわかります」

4 「その状況について，もう少し詳しく話してもらえませんか」

5 「正確に記録したいので，ゆっくり話してもらえませんか」

問題12 認知行動療法に関する次の記述のうち，最も適切なものを1つ選びなさい。

1 不安を「生の欲望」と捉え，不安にとらわれずに行動するよう指導する。

2 クライエントが記憶や夢などを語る自由連想法が用いられる。

3 抑圧されていることによって，対象者が気づいていない無意識への気づきを促す。

4 不適応を生み出している行動や思考を，適応的なスタイルに変化させるように働きかける。

5 クライエントの行動に焦点を当てて，強化因子を用いて介入するため，感情面の変化は目標としない。

社会学と社会システム

問題13 社会集団などに関する次の記述のうち，最も適切なものを1つ選びなさい。

1 大衆とは，利害関心に基づき意図的に選択された集団のことである。

2 外集団とは，そこに属していながら，帰属感や愛着心をもてない集団のことである。

3 アソシエーションとは，特定の目的を達成するための集団のことである。

4 ゲゼルシャフトとは，伝統的な地縁，血縁，友愛などによって形成された集団のことである。

5 準拠集団とは，敵意を持ち嫌悪や軽蔑の対象となる集団のことである。

問題14 都市に関する次の記述のうち，最も適切なものを1つ選びなさい。

1 サムナー（Sumner, W.G.）は，都市に特徴的な生活様式をアーバニズムとした。

2 ジンメル（Simmel, G.）は，都市では多様な下位文化が形成されるとした。

3 フィッシャー（Fischer, C.）は都市を人間生態学的に分析した。

4 倉沢進は，都市は同心円状的に形成されるとした。

5 鈴木榮太郎は，都市は結節機関を持つ聚落社会であるとした。

問題15　「過疎関連法」及び「令和４年度版 過疎対策の現況」(総務省)に関する次の記述のうち，最も適切なものを１つ選びなさい。

1　2020年(令和２年)国勢調査時点の過疎地域の産業別就業人口割合は，第一次産業就業者数が５割を超えている。

2　2020年(令和２年)国勢調査時点の過疎地域の人口は，全人口の２割に満たない。

3　2023年(令和５年)４月１日時点の過疎地域の市町村数は，全市町村数の４割に満たない。

4　2020年(令和２年)国勢調査時点の過疎地域の高齢化率は，全国平均よりも低い。

5　過疎地域とは，人口減少率によって定義されてきた。

(注)　「過疎関連法」とは，現行の「過疎地域の持続的発展の支援に関する特別措置法」に至る一連の過疎関連の法律である。

問題16　次の記述のうち，2022(令和４)年の国民生活基礎調査の結果(「2022(令和４)年国民生活基礎調査の概況」(厚生労働省))についての説明として，最も適切なものを１つ選びなさい。

1　１世帯当たり平均所得金額は300万円を下回っている。

2　現在の暮らしの状況が「大変苦しい」「やや苦しい」とした世帯は，50％を超えている。

3　相対的貧困率は20％を超えた。

4　子ども(17歳以下)の相対的貧困率は25％を超えた。

5　公的年金・恩給を受給している高齢者世帯の中で「公的年金・恩給の総所得に占める割合が100％の世帯」は，90％を超えている。

問題17　差別や偏見に関する次の記述のうち，適切なものを２つ選びなさい。

1　ゴッフマン(Goffman, E.)は，主に身体に付随し，それが他者にとっての偏見を呼び起こす「印」として機能するものをスティグマと呼んだ。

2　オルポート(Allport, G.)は，民族的偏見を「誤った，柔軟性のない一般化に基づいた反感」と定義づけた。

3　リップマン(Lippmann, W.)は，人々の知覚や認識を単純化して理解することをダブル・コンティンジェンシーと呼んだ。

4　コールマン(Coleman, J.)は，政治・経済・軍事などの分野のトップが社会の権力を握るとするパワーエリート論を展開した。

5　ミルズ(Mills, C.)は，一次的逸脱と二次的逸脱という概念を用いて，逸脱的アイデンティティが形成されるメカニズムを説明した。

問題18　災害時におけるレジリエンスの意味として，最も適切なものを１つ選びなさい。

1　災害の発生から復旧・復興に加え，次の災害に備えていくための諸活動を一つのサイクルとして捉えることである。

2　支援ニーズに対して支援者側から積極的に働きかけて情報や支援を提供することである。

3　被災者並びに被災地が被害から立ち直っていく際に持つ力のことである。

4　予期しない出来事に遭遇した際に，事態が悪化しているにもかかわらず楽観的な見方を維持する態度のことである。

5　大規模災害の後に一時的な現象として発生する理想郷的コミュニティのことである。

社会福祉の原理と政策

問題19 次の人物のうち，英国において「福祉国家」から「小さな政府」への転換を図った首相として，最も適切なものを1つ選びなさい。

1 ウィンストン・チャーチル（Churchill, W.）

2 クレメント・アトリー（Attlee, C.）

3 マーガレット・サッチャー（Thatcher, M.）

4 トニー・ブレア（Blair, T.）

5 ゴードン・ブラウン（Brown, G.）

問題20 大正期の社会事業に関する次の記述のうち，最も適切なものを1つ選びなさい。

1 感化法が制定された。

2 中央慈善協会が設立された。

3 恤救規則が制定された。

4 大阪府で方面委員制度が創設された。

5 石井十次によって岡山孤児院が設立された。

問題21 次の記述のうち，ニィリエ（Nirje, B.）が示したノーマライゼーションの考え方に基づく支援として，最も適切なものを1つ選びなさい。

1 知的障害者と知的障害児を同じ施設で生活できるように支援する。

2 要保護児童に対しては，大規模な入所型施設で専門的なケアを提供する。

3 障害のある成人は，同性だけで生活するように支援する。

4 知的障害者の生活を，ノーマルな生活状態に近づけることを目指す。

5 知的障害者の自己選択よりも，支援者の決定を優先する。

問題22 「持続可能な開発目標」（SDGs）がターゲットとしている「極度の貧困」の参照基準として，最も適切なものを1つ選びなさい。

1 ラウントリー（Rowntree, B. S.）が貧困調査で使用した「第1次貧困」

2 経済協力開発機構（OECD）で使用される「相対的貧困率」

3 国連開発計画（UNDP）で使用される「人間開発指数」

4 世界銀行で使用される「国際貧困線」

5 タウンゼント（Townsend, P.）が貧困調査で使用した「相対的剥奪指標」

問題23 多文化共生社会の実現に向けた取組に関する次の記述のうち，最も適切なものを1つ選びなさい。

1 「在留支援のためのやさしい日本語ガイドライン」では，外国人に情報を伝えるときは，外来語（カタカナ語）を多く使用するよう示している。

2 「地域における多文化共生推進プラン（改訂）」では，外国人材の都市部への居住を促すことを目指している。

3 多文化共生に取り組もうとする地方自治体への情報提供等のために，総務省は多文化共生アドバイザーの名簿を作成することとなっている。

4 災害時外国人支援情報コーディネーターは，外国語を母語とする者を充てることとされている。

5 「ヘイトスピーチ解消法」では，本邦外出身者も，日本文化の理解に努めなければならないと規定している。

（注） 1 「在留支援のためのやさしい日本語ガイドライン」とは，出入国在留管理庁と文化庁が2020年（令和2年）8月に作成したガイドラインのことである。

2 「地域における多文化共生推進プラン（改訂）」とは，総務省が2006年（平成18年）3月に策定し，2020年（令和2年）9月に改訂したプランのことである。

3 「ヘイトスピーチ解消法」とは，「本邦外出身者に対する不当な差別的言動の解消に向けた取組の推進に関する法律」のことである。

問題24 次の記述のうち，「国民の健康の増進の総合的な推進を図るための基本的な方針」で示された内容として，適切なものを2つ選びなさい。

1 平均寿命の延伸に関する具体的な数値目標を設定する。

2 女性については，ライフステージごとに女性ホルモンが劇的に変化するという特性等を踏まえ，人生の各段階における健康課題の解決を図ることが重要である。

3 健康管理は個人の自己責任である。

4 生活習慣病の発症予防や重症化予防よりも，再発や後遺症の予防を重視する。

5 地域の人々のつながりや様々な社会参加を促すことを目標として設定する。

（注） 「国民の健康の増進の総合的な推進を図るための基本的な方針」とは，「国民の健康の増進の総合的な推進を図るための基本的な方針の全部を改正する件（令和5年厚生労働省告示第207号）」として公表されたものである。これを踏まえ健康日本21（第三次）が示された。

問題25 福祉の措置に関する次の記述のうち，最も適切なものを1つ選びなさい。

1 福祉サービスにかかる費用は全額国の負担となる。

2 被措置者とサービス提供事業者との間で，サービス提供に関する契約を結ばなければならない。

3 行政処分として福祉サービスの提供が決定される。

4 介護保険法の施行により，老人福祉法による措置入所は廃止された。

5 「障害者総合支援法」の施行に伴い，身体障害者福祉法及び知的障害者福祉法にかかる施設入所の措置を都道府県が採ることとなった。

（注）「障害者総合支援法」とは，「障害者の日常生活及び社会生活を総合的に支援するための法律」のことである。

問題26 社会福祉法に定められた福祉に関する事務所(福祉事務所)についての次の記述のうち,最も適切なものを1つ選びなさい。

1 市町村は,福祉事務所を設置しなければならない。

2 現業を行う所員については,社会福祉主事を充てるよう努めなければならない。

3 現業を行う所員の数については,事務所ごとに標準数が定められている。

4 指導監督を行う所員は,社会福祉士でなければならない。

5 都道府県が設置する福祉事務所は,老人福祉法に定める福祉の措置に関する事務を行わなければならない。

問題27 次のうち,日本において,法令に照らして「間接差別」となる事例として,最も適切なものを1つ選びなさい。

1 男女同数の職場にもかかわらず,法人内の管理職がほとんど男性のため,次の昇任人事では女性職員を優先して管理職に登用することにした。

2 職場内で複数の職員が集まって,同僚の職員Aの私生活を噂し,それを聞いた職員Bが不快に思った。

3 広域にわたり展開する施設・事業所がなく,新規展開の計画がないにもかかわらず,転居を伴う転勤を要件として職員を募集し,男性だけを採用した。

4 車いすを利用する障害者が,正当な理由がないにもかかわらず公共交通機関の利用を拒否された。

5 特定の民族や国籍の人々に対し,その民族や国籍のみを理由として,地域社会からの排除を煽動する言動がなされた。

社会保障

問題28 事例を読んで,社会保険制度の加入に関する次の記述のうち,正しいものを1つ選びなさい。

〔事例〕

Aさん(23歳)は常勤の国家公務員である。Aさんの配偶者であるBさん(18歳)は無職であり,Aさんに扶養されている。

1 Aさんは厚生年金保険の被保険者である。

2 Aさんは介護保険の第二号被保険者である。

3 Aさんは雇用保険の被保険者である。

4 Bさんは健康保険の被保険者である。

5 Bさんは国民年金の第三号被保険者である。

問題29 日本の社会保障の歴史に関する次の記述のうち，最も適切なものを1つ選びなさい。

1 第二次世界大戦後間もなく，児童福祉法，身体障害者福祉法，老人福祉法が制定され，福祉三法の体制が確立した。

2 厚生年金保険法の改正により，1961年（昭和36年）に国民皆保険が実現した。

3 ひとり親世帯を対象とする手当の支給のために，1971年（昭和46年）に児童手当法が制定された。

4 老人医療費の無料化が1982年（昭和57年）の老人保健法の制定により行われた。

5 2000年度（平成12年度）から，新しい社会保険制度として，介護保険法が施行された。

問題30 「令和3年度社会保障費用統計」（国立社会保障・人口問題研究所）による社会保障の費用等に関する次の記述のうち，正しいものを1つ選びなさい。

1 2021年度（令和3年度）の社会保障給付費の総額は，160兆円を超過している。

2 2021年度（令和3年度）の部門別（「医療」，「年金」，「福祉その他」）の社会保障給付費のうち，「福祉その他」の割合は，2割を超過している。

3 2021年度（令和3年度）の政策分野別社会支出の割合が最も大きいのは「家族」である。

4 2021年度（令和3年度）の社会保障財源における公費負担の割合は，社会保険料の割合よりも大きい。

5 2020年度（令和2年度）の日本の社会支出は，対国内総生産比でみると，OECD加盟国の中で最も大きい。

問題31 社会保障の給付に係る国の負担に関する次の記述のうち，最も適切なものを1つ選びなさい。

1 基礎年金の給付費の3分の2を負担する。

2 年金生活者支援給付金の費用の2分の1を負担する。

3 介護保険の給付費の2分の1を負担する。

4 児童扶養手当の費用の3分の1を負担する。

5 生活保護費の2分の1を負担する。

問題32 事例を読んで，社会保険の適用に関する次の記述のうち，最も適切なものを1つ選びなさい。

〔事例〕

　Aさん（47歳）は，大学卒業と就職氷河期が重なったことにより，正社員として就職することができず，現在に至るまでアルバイトとして働いている。Aさんは7歳の子と二人で暮らしている。被用者保険の適用拡大によって，それまで国民健康保険の被保険者だったAさんは初めて健康保険の被保険者となった。これにより，Aさんの状況はどのように変化するか。

1 新たに，国民年金の第二号被保険者となる。

2 児童手当の支給額が増額される。

3 新たに，労働者災害補償保険が適用される。

4 新たに，介護保険の第二号被保険者となる。

5 健康保険の保険料を，Aさんが3分の2，事業主が3分の1を負担することになる。

問題33 公的年金の給付に関する次の記述のうち，最も適切なものを1つ選びなさい。

1 老齢厚生年金は，受給権者が請求の手続きをとらなくても，支給開始年齢に達すれば自動的に支給が開始される。

2 老齢厚生年金を受給しながら就労する場合，収入によっては老齢厚生年金の一部又は全部の支給が停止される場合がある。

3 老齢基礎年金は，繰上げ受給又は繰下げ受給を選択できるが，いずれを選択しても受給額は変わらない。

4 障害基礎年金の受給者が遺族基礎年金の受給要件を満たした場合，両方の年金を受給することができる。

5 国民年金には，第三号被保険者を対象とする独自の給付として，付加年金がある。

問題34 事例を読んで，Ａさんに適用される社会保険制度に関する次の記述のうち，最も適切なものを1つ選びなさい。

〔事例〕 Ａさん（55歳）は配偶者のＢさんと離婚した。Ａさんは離婚以前，国民年金の第三号被保険者及び健康保険の被扶養者であった。二人の間に子はおらず，Ａさんは，現在，単身で暮らしている。離婚時に年金分割の手続きは済ませている。

1 離婚前は，Ｂさんが，Ｂさん自身の厚生年金保険料に加えて，Ａさんの国民年金保険料を納付していた。

2 Ａさんは，離婚前に被扶養者の認定を受けていた健康保険の任意継続被保険者となることができる。

3 Ａさんは，離婚の前後を通じて，介護保険料を市町村から直接徴収されている。

4 Ａさんは，分割した年金記録に基づく老齢厚生年金を，自身の支給開始年齢に達するまでは受給できない。

5 Ａさんは，国民年金保険料の納付猶予制度を利用することができる。

問題35 雇用保険制度に関する次の記述のうち，最も適切なものを1つ選びなさい。

1 基本手当の支給に係る失業の認定は，労働基準監督署において行われる。

2 基本手当の所定給付日数は，被保険者期間には関係なく決定される。

3 高年齢求職者給付金は，失業し，一定の要件を満たした高年齢被保険者に支給される。

4 介護休業給付金では，介護休業開始時の賃金の50％相当額が支給される。

5 出生時育児休業給付金は，産後休業中の労働者に対して支給される。

問題36 諸外国における公的医療と公的年金の制度に関する次の記述のうち，最も適切なものを1つ選びなさい。

1 フランスの公的医療保険は，制度創設以来，外来診療については現物給付を原則としている。

2 ドイツの公的年金制度は，全国民共通の一元的な所得比例年金の構造となっている。

3 スウェーデンの公的年金制度は，完全積立の財政方式をとっている。

4 イギリスでは，租税を主財源とする医療サービスにより公的医療を保障している。

5 アメリカでは，連邦政府運営の公的医療保険によって国民皆保険を実現している。

権利擁護を支える法制度

問題37 次のうち，三親等の親族として，正しいものを１つ選びなさい。

1 祖母

2 配偶者の姉

3 いとこ

4 弟

5 甥の配偶者

問題38 事例を読んで，障害者福祉施設従事者等による障害者虐待への対応に関する次の記述のうち，適切なものを２つ選びなさい。

〔事例〕

　Ａ県Ｂ市に所在するＣ障害者支援施設に勤務するＤ生活支援員は，同僚のＥ生活支援員が知的障害のある利用者のＦさんに対して，著しい暴言を投げかけている場面を目撃した。

1 Ｄは，Ｆさんの同意の有無にかかわらずＢ市に通報する。

2 Ｄは，施設長の許可を得てからＢ市に通報する。

3 Ｂ市は，知的障害者福祉法に基づき立入調査を実施する。

4 Ｂ市は，Ｄからの通報であることを施設に伝える。

5 Ｂ市はＡ県に，Ｃ施設での障害者虐待に関する事項を報告する。

問題39 「障害者差別解消法」に関する次の記述のうち，正しいものを１つ選びなさい。

1 都道府県知事は，障害を理由とする差別の解消に関する施策の総合的かつ一体的な実施のため，基本方針を定めなければならない。

2 市町村長は，障害を理由とする差別の禁止に関して，事業者が適切に対応するために必要な指針を定めなければならない。

3 事業者は，障害を理由とする差別の禁止に関する職員対応要領を定める義務がある。

4 事業者は，障害者から社会的障壁の除去につき意思の表明があり，過重な負担でない場合，社会的障壁の除去について必要かつ合理的な配慮をしなければならない。

5 事業主が労働者に対して行う障害を理由とする差別の解消のための措置についても「障害者差別解消法」の定めるところにより実施される。

（注）「障害者差別解消法」とは，「障害を理由とする差別の解消の推進に関する法律」のことである。

問題40 事例を読んで，Ａさんの状態に応じた権利擁護の方針に関する次の記述のうち，最も適切なものを１つ選びなさい。

〔事例〕

　Ｂ県Ｃ町では，Ｃ町の社会福祉協議会が運営する成年後見センターにおいて，随時，成年後見制度の利用に関する判断を兼ねたケース会議を開催している。ある日，身寄りのない高齢者Ａさん（85歳）のケースがこの会議に諮られ，権利擁護の方針を検討した。

1 Ａさんの判断能力に多少問題があるが，他の支援によってＡさんの利益が十分に図られていると認められる場合には，法定後見制度の利用を急がず，引き続き見守る方針を立てた。

2 Ａさんの判断能力に問題はないが，身体的な障害があるので，補助開始の審判を申し立てる方針を立てた。

3 Ａさんの判断能力に問題があるが，成年後見制度の利用をＡさんが拒んでいるので，補助開始の審判を市町村長により申し立てる方針を立てた。

4 Ａさんの判断能力に問題があり，預金の管理に支援が必要と考えられるものの，申立費用の捻出が困難であるために，後見等開始審判の申立てを断念する方針を立てた。

5 Ａさんの判断能力は補助相当と考えられるが，支援者に広い権限を付与した方が職務がしやすいという視点から，成年後見開始の審判を申し立てる方針を立てた。

問題41 成年後見制度の利用促進に関する次の記述のうち，最も適切なものを１つ選びなさい。

1 市町村は，成年後見制度利用促進に係る地域連携ネットワークのコーディネートを担う中核機関を整備していくことが求められている。

2 成年後見制度利用促進のため，都道府県知事による申立てを行うことができることとなった。

3 都道府県は，成年後見制度の利用促進における意思決定支援の浸透を図るため「意思決定支援ガイドライン」の策定をしなければならない。

4 都道府県は，成年後見制度の利用の促進に関し，専門的知識を有する者により構成される成年後見制度利用促進専門家会議の設置をしなければならない。

5 市町村は，毎年一回，成年後見制度の利用の促進に関する施策の実施状況を公表することとされている。

問題42 事例を読んで，成年後見の開始がＡさんに及ぼす影響に関する次の記述のうち，最も適切なものを１つ選びなさい。

〔事例〕

　Ａさん（30歳）は，交通事故の被害に起因する高次脳機能障害で判断力が著しく低下し生活が困難となったので，親族のＢさんが成年後見開始の審判の申立てをすることとなった。Ａさんは，この審判によって自分にどのような影響が及ぶのかを心配している。

1 Ａさんは当然に国政の選挙権を失うこととなる。

2 Ａさんは当然に公務員になることができなくなる。

3 Ａさんは当然に社会福祉法人の理事になることができなくなる。

4 Ａさんは当然に株式会社の役員になることができなくなる。

5 上記１から４までの記述はいずれも不適切である。

地域福祉と包括的支援体制

問題43 市民による福祉の担い手に関する次の記述のうち，最も適切なものを１つ選びなさい。

1 認知症サポーターは，専門職のサポートを行うため，地域包括支援センターに配属される。

2 主任児童委員は，子どもや子育て家庭に関する相談に応じるため，児童家庭支援センターに配属される。

3 労働者協同組合は，地域における多様な需要に応じた仕事を創出するために，組合員自らが出資し事業に従事する。

4 民生委員は，市町村長の推薦によって，都道府県知事から委嘱される。

5 社会的企業は，株主の利益を最優先しながら，ビジネスの手法によって社会課題を解決する。

問題44 「令和６年版地方財政の状況」（総務省）に示された2022年度（令和４年度）の民生費などに関する次の記述のうち，正しいものを１つ選びなさい。

1 市町村の目的別歳出決算額の構成比は，大きい方から，民生費，総務費，教育費の順となっている。

2 目的別歳出決算額において，都道府県では，2012年（平成24年）以降，災害救助費が一貫して増加している。

3 市町村と都道府県の目的別歳出決算額に占める民生費の割合を比較すると，都道府県の方が大きい。

4 目的別歳出決算額において，都道府県の民生費では，社会福祉費の割合が最も大きい。

5 目的別歳出決算額において，市町村の民生費では，生活保護費の割合が最も大きい。

問題45 厚生労働省が発表した「地域福祉（支援）計画策定状況等の調査結果概要」（令和５年４月１日時点）に示された地域福祉（支援）計画の策定状況に関する次の記述のうち，最も適切なものを１つ選びなさい。

1 地域福祉支援計画を策定済みでない都道府県も存在している。

2 地域福祉計画の策定済み市町村の割合は，市部よりも町村部の方が高い。

3 「包括的な支援体制の整備に関する事項」について，いずれかの項目を計画に位置付けている市町村は，８割を超えている。

4 計画期間を３年とする市町村が最も多い。

5 計画の評価実施体制を構築している市町村は全体の２割程度である。

（注）令和６年能登半島地震の影響により調査への対応が困難となった市町については，調査結果に当該市町は含まれていない。

問題46 事例を読んで，A市社会福祉協議会が開催したボランティア養成講座の評価に関する次の記述のうち，最も適切なものを1つ選びなさい。

〔事例〕

A市社会福祉協議会では，数年間にわたり民間企業との連携によるボランティア活動の活性化を目的として，地域住民向けのボランティア養成講座を開催してきた。ボランティア養成講座は，地元企業や地域住民からの寄付金で運営されており，開催目的に即した効果が得られているかを検証するため，B社会福祉士は，プログラム評価を実施することにした。

1 講座の内容が，計画どおりに実施されたかを検証するために，効率性評価を実施する。

2 講座を開催したことにより民間企業との連携によるボランティア活動が活性化しているかどうかを調べるため，アウトカム評価を行う。

3 講座の運営のために用いた寄付金が結果的に効果的・効率的に執行されたかを明らかにするため，プロセス評価を実施する。

4 講座のカリキュラム内容が，開催目的と見合った内容であったかを検証するため，インパクト評価を実施する。

5 ボランティア活動に対する地域住民の意向を明らかにするために，セオリー評価を行う。

問題47 日本における世帯や地域社会などの動向に関する次の記述のうち，最も適切なものを1つ選びなさい。

1 総務省の「令和2年国勢調査」によると，単独世帯が一般世帯に占める割合は約10％となっている。

2 法務省の「在留外国人統計」によると，2022年（令和4年）12月現在，在留外国人が総人口に占める割合は20％を超えている。

3 総務省の「人口推計」によると，2022年（令和4年）10月現在，15歳から64歳までの生産年齢人口が総人口に占める割合は約30％となっている。

4 内閣官房の「孤独・孤立の実態把握に関する全国調査（令和5年）」によると「孤独であると感じることがある」と回答した者の割合は約40％となっている。

5 厚生労働省の「国民生活基礎調査」によると，2022年（令和4年）現在，生活状況を苦しいと感じている母子世帯が母子世帯全体に占める割合は約50％となっている。

（注）「孤独・孤立の実態把握に関する全国調査（令和5年）」とは，「孤独・孤立の実態把握に関する全国調査（令和5年人々のつながりに関する基礎調査）」のことである。また，「孤独であると感じることがある」と回答した者の割合とは，「しばしばある・常にある」「時々ある」「たまにある」と回答した者の割合の合計である。

問題48 包括的支援体制に関する次の記述のうち，最も適切なものを1つ選びなさい。

1 重層的支援体制整備事業によって包括的支援体制の整備に取り組んでいる自治体数は，令和5年度の時点で全体の半数を超えている。

2 包括的相談支援事業とは「複数の支援関係機関が有機的な連携の下，世帯が抱える地域生活課題の解決に資する支援を一体的に行う体制を整備する事業」である。

3 アウトリーチ等を通じた継続的支援事業とは「虐待の防止及びその早期発見のための援助を行う事業」である。

4 重層的支援会議とは「自ら支援を求めることが困難な人への支援について，支援を始める前に関係機関が情報を共有し，協議をする場」である。

5 「地域共生社会推進検討会」では，地域づくりに向けた支援において，多様な人や機関がその都度集い，相談，協議し，学び合う場としてのプラットフォームづくりが重要であると指摘した。

（注）「地域共生社会推進検討会」とは，「地域共生社会に向けた包括的支援と多様な参加・協働の推進に関する検討会」のことである。

問題49 事例を読んで，A市社会福祉協議会の地区担当のB職員（社会福祉士）の今後の対応として，適切なものを2つ選びなさい。

〔事例〕

　Cさん（20歳，知的障害）は，特別支援学校を卒業後，市内にある知的障害者通所施設に通っているが，地域の活動にも参加したいと思っている。そこでCさんの両親は，社会福祉協議会が主催する地区の住民懇談会に参加した際に，息子が参加できるような地域活動はないかとBに相談をした。Bは，この地区では高齢化が進み，地域活動の担い手の減少によって継続が困難となっており，商店も人手不足による閉店が増えていると感じている。

1 Cさんから得意なことや，やってみたいことを聞き，この地区の中で活用できる社会資源を探す。

2 地域住民に対して，知的障害者に対するサービスを立ち上げるように促す。

3 Cさんに対して，施設通所を一時休ませて，地域活動に参加するよう助言する。

4 Cさんに対して，商店の後継者となれるように経営の技術を学んでもらう。

5 地域活動や商店の状況を把握し，Cさんのような人々の力を生かせる活動を地域住民と考える。

問題50 災害時の支援に関する次の記述のうち，適切なものを2つ選びなさい。

1 被災者生活再建支援制度の対象とする自然災害は，市町村において1000世帯以上の住宅全壊被害が発生した場合である。

2 介護保険制度では，全ての介護サービス事業者に対して，業務継続計画（BCP）の策定とその計画に従って必要な措置を講ずることが定められている。

3 災害救助法では，災害ボランティアセンターの設置を市町村社会福祉協議会に義務づけている。

4 厚生労働省の「災害時の福祉支援体制の整備に向けたガイドライン」では，災害派遣福祉チーム（DWAT）の一般避難所への派遣について明記している。

5 内閣府の「福祉避難所の確保・運営ガイドライン」では，指定福祉避難所は受入対象となる者をあらかじめ特定してはならないと定めている。

（注） 1　BCPとは，Business Continuity Planのことである。

　　　 2　DWATとは，Disaster Welfare Assistance Teamのことである。

問題51 事例を読んで，Ａ市で重層的支援体制整備事業を所管するＢ職員（社会福祉士）の対応として，適切なものを２つ選びなさい。

〔事例〕

就労経験のない若者やその家族から「働きたいと思っても，長年ひきこもっていることもあり，心身の状態に合わせて働ける場所がない」との意見が集まっていた。Ｂは，本人達の状態に合わせた多様な就労の機会を確保することを目指して，今後の参加支援事業の実施方法について関係者と検討することとした。

1 一般就労が事業の支援目標であるため，ハローワークの求職票の探し方を学ぶプログラムを導入する。

2 参加支援事業の独自性を明確化するため，地域づくり事業や相談支援事業と切り離して取組を進める。

3 本人や家族の支援ニーズを踏まえ，社会参加に向けた取組を検討するための会議を開催する。

4 中小企業や商店街などに働きかけ，短時間就労や就労体験などの支援メニューを創出する。

5 ひきこもりに関する参加支援は，ひきこもり地域支援センターに対応を委ねる。

障害者福祉

問題52 「令和４年生活のしづらさなどに関する調査」（厚生労働省），「令和５年度障害者雇用実態調査」（厚生労働省）及び「令和５年版障害者白書」（厚生労働省）にみられる障害児・者の実態に関する次の記述のうち，最も適切なものを１つ選びなさい。

1 2012年（平成24年）から2022年（令和４年）の間に，特別支援教育を受ける児童生徒の数は減少した。

2 身体障害者と知的障害者を比較すると，知的障害者の方が身体障害者よりも施設入所者の割合が高い。

3 19歳以上65歳未満の在宅の身体障害者と知的障害者を比較すると，知的障害者の方が身体障害者よりも親との同居率が低い。

4 在宅の身体障害者と知的障害者を比較すると，知的障害者の方が身体障害者よりも65歳以上の者の割合が高い。

5 雇用されている身体障害者と知的障害者を比較すると，知的障害者の方が身体障害者よりも週の所定労働時間が30時間以上である者の割合が高い。

問題53 「障害者総合支援法」における基幹相談支援センターに関する次の記述のうち，最も適切なものを１つ選びなさい。

1 地域における中核的な役割を担う機関として，総合的・専門的な相談支援や成年後見制度利用支援事業の実施等の業務を行う。

2 障害者を通わせ，創作的活動又は生産活動の機会の提供，社会との交流の促進等の便宜を供与する役割を担う。

3 障害者の職業生活における自立を図るため，就業面及び生活面の一体的な相談を行う。

4 矯正施設を退所した障害者に対し，適切な福祉サービスに結び付けるための特別調整を行う。

5 障害児の発達において中核的な役割を担う機関として，障害児の家族等に対し，相談，助言その他の必要な援助を行う。

（注）「障害者総合支援法」とは，「障害者の日常生活及び社会生活を総合的に支援するための法律」のことである。

問題54 事例を読んで，Aさんの状況にあてはまる，「精神保健福祉法」に基づく入院形態として，最も適切なものを1つ選びなさい。

〔事例〕

　統合失調症のAさん(40歳)は，この1週間で絶え間ない幻聴と，常に誰かに監視されているという妄想がひどくなってきた。さらに盗聴器を探して家具を壊すなどの行為が始まったため，同居する母親に付き添われ，かかりつけのB精神科病院を受診した。精神保健指定医であるC医師は診察の結果，入院治療を要すると判断し，Aさんにその旨を説明したが，Aさんはおびえた様子で意味不明な独語を繰り返すのみで，応答は得られなかった。C医師はAさんが入院治療の必要性について納得できるよう丁寧に説明を重ねたが，やはり入院についての同意を得ることはできず，また，症状の緩和も見られなかったため，やむを得ず母親の同意によって即日入院してもらうことになった。

1 措置入院

2 緊急措置入院

3 医療保護入院

4 任意入院

5 応急入院

（注）「精神保健福祉法」とは，「精神保健及び精神障害者福祉に関する法律」のことである。

問題55 「障害者差別解消法」に関する次の記述のうち，最も適切なものを1つ選びなさい。

1 この法律が施行される前から，障害者基本法に「差別の禁止」の規定があった。

2 民間事業者の合理的配慮の提供は，努力義務である。

3 この法律に基づき，市町村障害者虐待防止センターが設けられている。

4 障害者差別をした事業者には，この法律に基づき科料が科される。

5 この法律に基づく障害者の定義は，障害者基本法に規定されている障害者の定義より狭い。

（注）「障害者差別解消法」とは，「障害を理由とする差別の解消の推進に関する法律」のことである。

問題56 「障害者雇用促進法」に関する次の記述のうち，最も適切なものを1つ選びなさい。

1 就労継続支援A型事業は，この法律に基づき就労支援サービスを提供するものである。

2 公共職業安定所(ハローワーク)は，就労を希望した障害者の就職後の助言，指導は行わない。

3 事業主は，障害者である労働者を雇用する事業所において障害者職業生活相談員を外部委託することができる。

4 雇用義務の対象となる障害者であるかどうかの確認は，精神障害者については，精神障害者保健福祉手帳により行う。

5 事業主は，障害者と障害者でない者との機会均等を図るために，過重な負担となるときであっても，合理的配慮を講じなければならない。

（注）「障害者雇用促進法」とは，「障害者の雇用の促進等に関する法律」のことである。

問題57 事例を読んで，大学の学生支援センターのＡ相談員（社会福祉士）のＢさんへの対応に関する次の記述のうち，適切なものを２つ選びなさい。

〔事例〕

統合失調症の診断を受けた大学３年生のＢさんは，周囲から聞こえてくる悪口と薬の副作用に悩み，授業も休みがちである。Ｂさんは，主治医から「悪口は幻聴である。薬物療法で緩和できる」との説明を受けているものの，不安は消えない。悩んだＢさんは，学生支援センターを訪れ「薬の副作用がつらい。今後の就職活動も不安でたまらない。自分と同じ経験をしている学生は他にもいるのか。いるなら話をしてみたい」とＡに訴えた。Ｂさんの不安や焦燥感を受け止めたＡは，Ｂさんにどのように対応すべきかを考えている。

1 主治医に相談するよう伝える。

2 学生支援センターに登録しているピアサポートスタッフの紹介を検討する。

3 地域の指定特定相談支援事業所の相談支援専門員の紹介を検討する。

4 就労移行支援事業所のサービス管理責任者の紹介を検討する。

5 精神障害者保健福祉手帳の取得を勧める。

刑事司法と福祉

問題58 犯罪の成立要件と責任能力に関する次の記述のうち，最も適切なものを１つ選びなさい。

1 正当行為，正当防衛，あるいは緊急避難が認められた場合には，有責性がないものとして，無罪になる。

2 正当防衛とは，正当な侵害に対して，自己または他人の権利を防衛するため，やむを得ずにした行為のことをいう。

3 弁識能力及び制御能力の両方またはいずれかが欠けていれば，心神喪失となり，またどちらかでも能力が著しく減退していれば心神耗弱となる。

4 心神喪失の場合には，刑法上の犯罪が成立せずに無罪となり，心神耗弱の場合には，刑の言渡しが猶予される。

5 16歳未満の者の行為については，一律に責任能力に欠けるものとされており，犯罪は成立しない。

問題59 事例を読んで，次のうち，この手続きを表す名称として，最も適切なものを１つ選びなさい。

〔事例〕

Ａさん（30歳）は，自動車の大幅な速度超過により，道路交通法違反の罪で検挙された。Ａさんの事件は，簡易裁判所が，検察官の請求に基づき，命令により100万円以下の罰金または科料を科することができる手続きで処理されることになった。この手続きがとられるに当たって，Ａさんは，被疑者として異議がないことを示していた。

1 起訴猶予

2 微罪処分

3 簡易送致手続

4 交通反則通告制度

5 略式手続

問題60 事例を読んで，刑の全部執行猶予中の保護観察に関する次の記述のうち，最も適切なものを１つ選びなさい。

〔事例〕

Ａさん（30歳）は，覚醒剤の自己使用により検挙され，懲役１年執行猶予３年保護観察付の判決が確定し，保護観察中である。Ａさんには「薬物再乱用防止プログラムを受けること」という特別遵守事項が設定されている。また，Ａさんには担当保護司が指名されている。

1 Ａさんは，一般遵守事項に違反しても，執行猶予が取り消されることはない。

2 Ａさんは，簡易薬物検出検査を受けなければならない。

3 Ａさんに対する不良措置として，保護観察の期間の延長がある。

4 Ａさんの担当保護司は，Ａさんの補導援護はできるが指導監督はできない。

5 Ａさんが特別遵守事項に違反した場合には，保護観察所長が執行猶予を取り消す。

問題61 更生保護に関わる人または組織に関する次の記述のうち，正しいものを２つ選びなさい。

1 地方更生保護委員会の事務局及び保護観察所に保護観察官を置くこととされている。

2 保護司が備える条件の一つとして「人格及び行動について，社会的信望を有すること」がある。

3 保護司活動の拠点として，各都道府県に１か所ずつ更生保護サポートセンターが設置された。

4 更生保護法人は，厚生労働大臣の許可を受けて設立される。

5 更生保護女性会は，更生保護法の制定に伴い設立された。

問題62 事例を読んで，「医療観察法」に基づく地域処遇に関する次の記述のうち，最も適切なものを１つ選びなさい。

〔事例〕

Ａさん（30歳）は「医療観察法」に基づく入院決定を受け，指定入院医療機関に入院していたが，その後，退院許可の決定を受け，現在は，地域処遇を受けて指定通院医療機関に通院している。

1 Ａさんの精神保健観察は，保護観察所の保護観察官が担当する。

2 Ａさんが「精神保健福祉法」に基づく医療保護入院となることはない。

3 Ａさんの地域処遇が３年を超えて実施されることはない。

4 Ａさんの地域処遇の期間は，保護観察所長の決定により短縮することがある。

5 Ａさんの処遇の実施計画は，保護観察所長が関係機関と協議して定める。

（注） 1 「医療観察法」とは，「心神喪失等の状態で重大な他害行為を行った者の医療及び観察等に関する法律」のことである。

2 「精神保健福祉法」とは，「精神保健及び精神障害者福祉に関する法律」のことである。

問題63 2004年（平成16年）に制定された犯罪被害者等基本法に関する次の記述のうち，正しいものを2つ選びなさい。

1 同法における犯罪被害者等とは，犯罪等により害を被った者及び遺族を除いた家族をいう。

2 同法の目的の一つに，再犯の防止と犯罪による被害を受けることの防止がある。

3 同法に基づき，ストーカー行為を規制するための処罰が整備された。

4 同法の基本的施策の一つに，損害賠償の請求についての援助がある。

5 同法に基づき，政府は犯罪被害者等基本計画を定めなければならない。

ソーシャルワークの基盤と専門職

問題64 次の記述のうち，社会福祉士及び介護福祉士法において社会福祉士が努めなければならないと規定されていることとして，最も適切なものを1つ選びなさい。

1 社会福祉士の信用を傷つけるような行為をしないこと。

2 福祉サービス関係者等との連携を保つこと。

3 相談援助に関する知識及び技能の向上を行うこと。

4 正当な理由がなく，その業務に関して知り得た人の秘密を漏らさないこと。

5 常にその者の立場に立って誠実にその業務を行うこと。

問題65 「ソーシャルワーク専門職のグローバル定義」（2014年）におけるソーシャルワークの知（Knowledge）に関する次の記述のうち，適切なものを2つ選びなさい。

1 ソーシャルワークの理論的基盤及び研究は，専ら医学の知見に基づいて構成されている。

2 ソーシャルワークの研究と理論の独自性は，閉鎖性と応用性にある。

3 人々と作り上げてきたソーシャルワークの知は，それぞれの国や各地域においても，また国を越えて普遍的に，それぞれの形で，より適切に実践されることになる。

4 ソーシャルワークの知は，西洋の理論や知識を根拠としたものであることが期待されている。

5 多くのソーシャルワーク研究と理論は，サービス利用者との双方向性のある対話的過程を通して共同で作られている。

(注) 「ソーシャルワーク専門職のグローバル定義」とは，2014年7月の国際ソーシャルワーカー連盟（IFSW）と国際ソーシャルワーク学校連盟（IASSW）の総会・合同会議で採択されたものを指す。

問題66 事例を読んで、A社会福祉士の発言の基盤となっている考え方を提示した人物として、最も適切なものを1つ選びなさい。

〔事例〕

地域活動支援センターで指導員として勤務するAが、地域自立支援協議会の実務者会議に出席したところ、管轄地域内における今後の生活支援の方向性を問われた。そのため、日頃の相談支援活動を踏まえて「私は、障害のある方々の様々な活動が価値ある役割として、社会に認められていくための取組を、私たちはこれからも続けていくことが大切だと思います」と発言し、出席者から賛同を得た。

1 バンク-ミケルセン（Bank-Mikkelsen, N.）

2 ニィリエ（Nirje, B.）

3 ソロモン（Solomon, B.）

4 ヴォルフェンスベルガー（Wolfensberger, W.）

5 バンクス（Banks. S.）

問題67 事例を読んで、被保護者との関係に苦慮するA現業員に対する査察指導員B（社会福祉士）のスーパービジョンの助言として、適切なものを2つ選びなさい。

〔事例〕

C福祉事務所の査察指導員Bは、生活保護を担当して1年目のAから、単身世帯のDさん（70歳）への対応について相談を受けた。Aによると、Dさんは、Dさんの誤解によるトラブルから近隣とのつきあいはほとんどなく、買い物以外は家に閉じこもっている。私（A）が訪問すると毎回のように「あなたも近所の人たちと同じだ。あなたの話もわからない。福祉は困っている人を助けるためにあるはずだ。なのに、なぜ、もっと自分を助けてくれないのか」と言われる。内容を尋ねるも具体的なことはわからず、どのように応答してよいのか困っているとのことであった。

1 「家庭訪問でのDさんとのやりとりを振り返ってみましょう」

2 「話し相手がいる近隣のサロンを紹介すると伝えてみましょう」

3 「日頃の生活をご近所の方々に尋ねることについてDさんから了解を得てください」

4 「他の事例を適用してDさんへの対応を検討してみましょう」

5 「生活保護担当者としての業務と役割について、一緒に確認してみましょう」

問題68 アメリカにおける初期のセツルメントに関する次の記述のうち、最も適切なものを1つ選びなさい。

1 「施与ではなく友人を」を掲げて友愛訪問活動を行った。

2 貧困を社会的・経済的な問題として捉えた。

3 ケーススタディを通して貧困状態にある人の救済を行った。

4 援助の効率化を図るために「援助に値する貧民」を選別した。

5 シカゴにはトインビーホールが設立された。

問題69 ドルゴフ(Dolgoff, R.)らによって提示された倫理原則に関する次の記述のうち，正しいものを1つ選びなさい。

1 平等と不平等に関する倫理原則では，同じ環境に置かれている人には誰に対しても同じように対応しなければならない。

2 プライバシーと守秘義務に関する倫理原則では，全ての人が自らのプライバシーと守秘義務を強化しなければならない。

3 自律と自由に関する倫理原則では，全ての人々の生活の質を高めるような選択肢を選ばなければならない。

4 最小限の害に関する倫理原則では，あらゆる人の生活や生命を守らなければならない。

5 誠実と情報の開示に関する倫理原則では，クライエントへの関連の有無に関係なく，全ての情報を伝えなければならない。

（注）「ドルゴフ(Dolgoff, R.)ら」とは，2009年にEthical Decisions for Social Work Practice(8th ed.)を著したドルゴフ，ローウェンバーグ(Loewenberg, F. M.)とハリントン(Harrington, D.)のことである。

ソーシャルワークの理論と方法

問題70 事例を読んで，保護観察所がAさんの特別調整の協力を求めた機関について，最も適切なものを1つ選びなさい。

〔事例〕

　Aさん(84歳)は，来月で6回目の刑期を終える。Aさんは帰る先もなく，頼れる人もいない。Aさんは「帰るところも探せないし，お金もない」と話しており，特別調整を希望している。矯正施設では，福祉専門官がAさんと面談し本人の意向を確かめた結果，特別調整対象者として判断したため，保護観察所に通知した。保護観察所長は，Aさんの状況を確認するために特別調整協力の依頼を求めることにした。

1 地域生活定着支援センター

2 養護老人ホーム

3 更生保護施設

4 障害者支援施設

5 福祉事務所

問題71 問題解決アプローチに関する次の記述のうち，最も適切なものを1つ選びなさい。

1 クライエントのもつ主体的な意志の力に注目し，支援機関の活用を図る。

2 クライエントの動機づけ，能力，機会を把握して支援を進める。

3 クライエントが直面している危機状況に対して，短期集中的に働きかける。

4 クライエントへの直接的な支援とともに，個人を取り巻く環境に働きかけを行う。

5 クライエントが解決を望む問題について，目標と期限を設定し課題に取り組む。

問題72 事例を読んで，この段階のＡ病院のＢ医療ソーシャルワーカー（社会福祉士）が行った実践モデルやアプローチに関して，最も適切なものを１つ選びなさい。

〔事例〕

　Ｃさん（46歳，男性）は夫婦で生まれ故郷に戻り，５年前から喫茶店を営んでいる。１か月前に，脳出血を患い，Ａ病院でリハビリテーションを受け，数週間後に自宅退院を控えている。ＢはＣさんと退所に向けた面談を行った。Ｃさんは「左片麻痺があるのは仕方がないとしても，妻もまた一緒にお店をやっていこうと言ってくれているので仕事がしたい。地元の友達も戻ってきたら店に行くよと声をかけてくれているから」と語った。Ｂは「奥様もお友達もＣさんがお店に戻ってこられるのを待っておられるんですね。お店に戻られるまで，どのように暮らしを整えていったら良いか，ご一緒に考えていきましょう」と提案した。

1 行動変容アプローチ

2 治療モデル

3 実存主義アプローチ

4 生活モデル

5 課題中心アプローチ

問題73 事例を読んで，この時点でＡさんを担当する若年性認知症支援コーディネーターが行った支援に関する次の記述のうち，適切なものを２つ選びなさい。

〔事例〕

　総合商社に勤務するＡさん（44歳）は，半年前から商品の発注ミスや大事な商談の約束を忘れてしまうことが度々あり，Ｂ上司と産業医の勧めにより認知症疾患医療センターを受診し，若年性アルツハイマー型認知症と診断された。先日，Ｂ上司から，若年性認知症支援コーディネーターに電話相談があった。「Ａさんから，認知症だと診断されたと報告を受けた。実は，責任のある仕事を一人で任せることも難しくなった。Ａさんが自信なさそうに仕事をしており，時折，休むようになった。落ち込んでいる様子もあり，周りの社員も戸惑っている。私も社員も認知症のことがよくわからないので，今後どのように対応してあげたらよいのか正直わからずに困っている」とのことだった。

1 Ａさんの仕事のミスがなくなるように，諦めずに教えてあげてください。

2 Ａさんの意向を聴いて，仕事のサポート体制の構築を検討してください。

3 Ａさんの家族にはＡさんの自尊心を尊重して今の社内での様子を伝えないようにしてください。

4 Ａさんの短期記憶を活用できる業務への配置転換を検討してください。

5 認知症の理解を進めるために認知症の学習会を実施する場合は，ご相談ください。

問題74 事例を読んで，地域包括支援センターのA社会福祉士がこの段階で行う援助に関する次の記述のうち，最も適切なものを1つ選びなさい。

〔事例〕

Bさん(75歳，女性)は，一人暮らしが不安になり，長男家族と同居することになったが，転居後すぐに自宅に閉じこもるようになった。心配した長男が地域包括支援センターを訪ね「以前は，社交的で友人と外出することもあったが，それがなくなり心配」と相談した。Aは，Bさんと数回の面接を行った。Bさんは「長男家族が食事内容を私に合わせて作ってくれるのが，申し訳ない」「人と話すのが好きで，前に住んでいた地域では毎日楽しかった。きっかけがあれば外に出たい」と語った。Bさんは要支援1の認定を受けている。Aは，得られた情報を踏まえてBさんの支援計画を立てようと考えている。

1 Bさんに元の地域に戻ってみても良いのではないかと助言する。

2 Bさんと長男家族との関係修復を行い，閉じこもりを解消する。

3 Bさんの食事は給食サービスを利用し，食事は家族と別にしても良いのではないかと助言する。

4 Bさんの社交性は強みなので，地域の茶話会への参加を促す。

5 代弁者として，Bさんの意向を長男に伝える。

問題75 ソーシャルワークの事後評価に関する次の記述のうち，最も適切なものを1つ選びなさい。

1 クライエントが望んだ場合においてモニタリングの前に行う。

2 クライエントの状況の変化に応じて行う。

3 ワーカーがクライエントのプランニングに至る前に行う。

4 結果評価の他，クライエントの主観的な満足度や支援者の関わり方について行う。

5 クライエントの希望や望みを聞き，エンゲージメントのプロセスに基づいて行う。

問題76 コノプカ(Konopka, G.)の提唱したグループワークの原則に関する次の記述のうち，適切なものを2つ選びなさい。

1 メンバー個々に新しい体験を付与することよりも，過去の体験を重視する。

2 援助者が積極的にプログラムに参加し，メンバーの問題を解決する。

3 グループ活動のルールを決め，メンバーの成長を阻害する場合には制限を設ける。

4 メンバー個人の相違点，及び当該グループが他のグループとは違う特徴をもつグループであることを認識するために個別化を行う。

5 メンバー間の相互作用の中で生じる葛藤は，表面化しないように働きかける。

問題77 事例を読んで，地域活動支援センターのＡ社会福祉士がＢさんの家族と面談を行った時点で用いた方法として，最も適切なものを１つ選びなさい。

〔事例〕

　Ａは，複数の利用者家族から子どもの自立と今後についての心配があるという声を聞くことが多くなった。このことから，家族同士が不安を話し合い，将来の子どもの生活について考えるグループワークを行うことにした。Ａは，その一環として開催前に参加を決定した利用者家族と個別面談を行った。面談の際，利用者Ｂさんの母親は「皆さんになじめるか不安です」と話した。ＡはＢさんの母親がグループに期待していることや不安に感じていることを聴いた。

1　スクリーニング

2　波長合わせ

3　アイスブレイク

4　集団規範の形成

5　リーダーシップ

問題78 事例を読んで，Ａ相談支援事業所のＢ相談支援専門員が新任のＣ相談支援専門員に行ったスーパービジョンについて，適切なものを２つ選びなさい。

〔事例〕

　Ｂは，一人暮らしのＤさん（60歳）からＣが不在中に電話を受けた。「担当のＣに体調が良くないことを話したら，病院に付き添うから明日一緒に行こうと言ってくれたんですが，先週から保険証（マイナンバーカード）が見あたらなくて病院に行けないんです。明日も無理だと思うので断りたい」というものであった。Ｄさんを担当しているＣに伝えると「Ｄさんは，昨日会った時にどうして言ってくれなかったんだろう」と落ち込み，どうしたらよいかわからない様子だった。Ｂは，Ｃにスーパービジョンを行った。

1　「ＤさんがＣに話せなかったことをＣはどう思っていますか」

2　「Ｄさんの安心のために保険証（マイナンバーカード）を一緒に探してあげてください」

3　「Ｃのような悩みはよくあることなので，あまり気にしすぎないようにしましょう」

4　「Ｄさんと約束した時の状況について詳しく聞かせてもらえますか」

5　「私が対応した類似事例を話すので，同じように対応してみましょう」

社会福祉調査の基礎

問題79 ブース（Booth, C.）のロンドン調査に関する次の記述のうち，最も適切なものを１つ選びなさい。

1　ロンドン市民の人口統計の作成が目的だった。

2　調査対象となった市民の自宅へ調査票を配布する郵送調査だった。

3　当時のロンドン市民の一部を調査対象とする標本調査だった。

4　貧困の主たる原因が，個人的習慣であることを明らかにした。

5　ロンドンの街を経済階層で色分けした貧困地図を作成した。

問題80 調査における倫理に関する次の記述のうち，最も適切なものを1つ選びなさい。

1 調査者と対象者との利害関係についての検討は不要である。

2 調査の目的や対象等に関する倫理審査は，調査終了後に行う必要がある。

3 対象者本人について調べる場合，対象者の認知機能を考慮することは不要である。

4 調査が対象者に及ぼす心理的な影響については，検討する必要がある。

5 想定していた結果と異なるデータは，削除する必要がある。

問題81 A市こども家庭センターでは，担当圏域の地域住民を対象に，児童虐待の発生予防に向けた活動への協力意向について多肢選択法による質問紙調査を実施することにした。その際，用いる質問文として，最も適切なものを1つ選びなさい。

1 「あなたは，児童虐待を防止するための活動や，児童虐待があった家庭を支援するための活動に協力したいと思いますか。あてはまるもの1つを選択してください」

2 「児童虐待を予防するためには地域で協力することが必要不可欠ですが，あなたは，地域での見守り活動に協力したいと思いますか。あてはまるもの1つを選択してください」

3 「あなたは，ネグレクトされている児童の早期発見に向けて，地域でのアセスメント活動に協力したいと思いますか。あてはまるもの1つを選択してください」

4 「あなたは，児童虐待の予防に向けた小学校での取組に協力したいと思いますか。あてはまるもの1つを選択してください」

5 「あなたは，虐待を受けた児童の心理面を支える活動に，地域のニートが協力することについて，どのようにお考えですか。あてはまるもの1つを選択してください」

問題82 事例を読んで，A市地域包括支援センターが実施する調査票の配布・回収の方法として，最も適切なものを1つ選びなさい。

〔事例〕

　A市地域包括支援センターでは，担当圏域における要支援状態の高齢者50名を対象に，高齢者が感じている困りごとの把握を目的とした標本調査を実施することとした。センター長からの「ご家族の困りごとではなく，高齢者ご自身が感じている困りごとの把握が目的である点に注意すること」という指示を踏まえて，調査票の配布・回収方法を検討することとなった。

1 郵送調査

2 留置調査

3 個別面接調査

4 集合調査

5 インターネット調査

問題83 A介護老人福祉施設では，夜間の睡眠時間を十分に確保できていない利用者Bさんへの対応が課題となっていた。検討の結果，日中の水分摂取量が要因のひとつとして取り上げられ，1か月間データを取って調べることとなった。

Bさんの日中の水分摂取量(ml)と夜間の睡眠時間(分)の関係を見るときに用いる方法として，最も適切なものを1つ選びなさい。

1 t検定

2 カイ2乗検定

3 散布図

4 箱ひげ図

5 度数分布表

問題84 面接調査において調査者が行ったことに関する次の記述のうち，最も適切なものを1つ選びなさい。

1 構造化面接において，調査の質問項目に設定していない内容についても自由に回答するよう対象者に求めた。

2 半構造化面接において，インタビューガイドに設定した質問の順番に従って回答するよう対象者に求めた。

3 非構造化面接において，調査開始前に対象者がテーマを設定するよう依頼した。

4 フォーカスグループインタビューにおいて，司会者として最初に基本的なルールを説明した。

5 面接後の逐語録作成において，録音データを聞き取れない部分は会話の流れから想像して記述した。

MEMO

社会福祉士国家試験
第37回（令和6年度）
〈専門科目〉

高齢者福祉

問題85　「令和6年版高齢社会白書」（内閣府）に示された日本の高齢者を取り巻く社会情勢に関する次の記述のうち，最も適切なものを1つ選びなさい。

1　65歳以上人口増大により，死亡数は2006年（平成18年）から2022年（令和4年）まで増加傾向にあるが，2030年（令和12年）以降は減少に転じると見込まれている。

2　65歳以上人口に占める一人暮らしの者の割合は増加傾向にあり，その傾向は，少なくとも2050年（令和32年）までは継続すると見込まれている。

3　2023年（令和5年）現在の高齢化率を都道府県別にみると，最も高いのは島根県であり，最も低いのは埼玉県である。

4　介護保険制度における要介護認定・要支援認定を受けた者は，2021年度（令和3年度）には第一号被保険者の3割を超えている。

5　65歳以上の者について，2023年度（令和5年度）における住宅所有の状況をみると，持家（一戸建て・分譲マンションなどの集合住宅）が5割程度となっている。

問題86　日本の高齢者福祉制度の発展過程に関する次の記述のうち，正しいものを1つ選びなさい。

1　1963年（昭和38年）の老人福祉法の制定によって，デイサービスやショートステイを含む在宅福祉サービスが法定化された。

2　1982年（昭和57年）の老人保健法の制定によって，市町村及び都道府県における老人保健福祉計画の策定義務が法定化された。

3　1997年（平成9年）の介護保険法の制定によって，介護保険の保険者は市町村及び特別区であることが法定化され，併せて広域連合や一部事務組合も保険者になることができるようになった。

4　2005年（平成17年）の「高齢者虐待防止法」の制定によって，使用者（高齢者を雇用する事業主）による虐待が高齢者虐待の定義の一つとして，法定化された。

5　2023年（令和5年）の「認知症基本法」の制定によって，国民に対して，認知症の人を不当に差別する行為を禁止することが法定化された。

（注）　1　「高齢者虐待防止法」とは，「高齢者虐待の防止，高齢者の養護者に対する支援等に関する法律」のことである。

　　　　2　「認知症基本法」とは，「共生社会の実現を推進するための認知症基本法」のことである。

問題87 介護保険制度の介護報酬などに関する次の記述のうち，適切なものを２つ選びなさい。

1 介護サービス事業者は，自己負担分を除いた介護報酬を国民健康保険団体連合会に請求する。

2 介護報酬の額の基準を厚生労働大臣が定めるときには，あらかじめ介護保険審査会の意見を聴かなければならない。

3 介護サービス事業者からの介護報酬の請求などに関する審査の事務は，社会保険診療報酬支払基金が行う。

4 介護保険施設入所者のうち，低所得者など一定の条件に該当する者を対象として，入所中の食費と居住費の負担軽減を図るための補足給付が設定されている。

5 介護報酬の１単位当たりの単価は，介護サービス事業所の所在する地域やサービス種別にかかわらず，全国一律に定められている。

問題88 A社員（社会福祉士）は，B社の総務部門に在籍し，企業内での相談支援を担当している。事例を読んで，AによるCさんへの介護休業制度に関する助言として，最も適切なものを１つ選びなさい。

〔事例〕

Cさん（52歳，無期雇用の正社員，入社後１年４か月）は母親（84歳）との二人暮らしである。この母親は，20日前にインフルエンザにかかり５日間入院した後，現在も自宅療養中であるが，退院後は歩行もできず，排せつや食事摂取に常時の介助が必要となった。要介護認定はまだ受けていない。Cさんは10日前から時間単位で年次有給休暇を取得して母親を介護しているが「仕事を辞めるわけにはいかず，母親の今後の介護はどうすべきか」と悩み，直属の上司からAへの相談を勧められた。なお，Cさんは母親以外に介護が必要な家族・親族はいない。

1 現時点でのCさんの母親の状態は，介護休業制度の対象に該当する可能性があると助言した。

2 介護休業を取得するためには，あと２か月の勤務期間が必要と助言した。

3 介護休業を取得する場合，医療保険制度の介護休業給付が受給可能と助言した。

4 介護休暇の取得は，年度あたり14日間が可能なことを助言した。

5 現在の状況では，所定労働時間の短縮の措置を受けることは難しいと助言した。

問題89 事例を読んで，Ａ介護老人保健施設の支援相談員であるＢ職員（社会福祉士）が，通所介護事業所のＣ生活相談員から受けた情報提供の依頼に回答するにあたり，Ａ施設に勤務する他の職員に専門的な意見を求める際，最も適切な職種を１つ選びなさい。

〔事例〕

　入所後２か月が経過したＤさん（81歳，要介護２）は「介護サービスを利用しながら家族と自宅で暮らしたい」と希望しており，施設内で家庭復帰支援に向けたサービス担当者会議が開かれた。Ｄさんは脳梗塞後遺症で左片麻痺があるが，屋内での日常生活動作は補助具などを使っておおむね自立している。しかし，球麻痺によって食事や飲水の際にむせ込むことがある。Ｂは，数日前にＤさんが退所後に利用を希望している通所介護のＣに連絡をとった際「Ｄさんの嚥下に関する訓練の状況や誤嚥を防ぐ適切な方法を知りたい」と情報提供の依頼を受けており，その情報をこのサービス担当者会議の場で取得しようと考えた。

1　看護師

2　介護福祉士

3　薬剤師

4　作業療法士

5　言語聴覚士

問題90 事例を読んで，地域包括支援センターのＡ社会福祉士が，Ｂさんとともに利用を検討するサービスのうち，最も適切なものを１つ選びなさい。

〔事例〕

　一人暮らしのＢさん（80歳）は，心身の不調を感じたため要介護認定を申請した。その結果は要介護及び要支援ともに非該当であったが「基本チェックリスト」により運動機能の低下と閉じこもりの傾向にあることが示され，介護予防・生活支援サービス事業対象者に該当した。Ｂさんはａと相談した結果「自宅の中だけで過ごすことが多いため，運動や気分転換のために外出の機会をもつ必要があると思う。そうして人と関わる機会が増えれば，今後の生活に向けた意欲も増すかも知れない」と考えるに至った。

1　第１号通所事業（通所型サービス）

2　地域密着型通所介護

3　介護予防通所リハビリテーション

4　小規模多機能型居宅介護

5　居宅介護支援

児童・家庭福祉

問題91 意見表明等支援事業などに関する次の記述のうち，適切なものを２つ選びなさい。

1 意見表明等支援員は，子どもの未熟さを補い，専門知識に基づいて児童を指導するものである。

2 児童福祉に関する知識等を有する者が，児童の意向などを勘案して，児童相談所等の関係機関と連絡調整を行う。

3 児童養護施設等に入所中の児童，里親委託中の児童，一時保護中の児童は，この事業の対象である。

4 児童相談所の児童福祉司は，意見表明等支援員とは別に，単独で児童の意見を聴取することを控えなければならない。

5 児童養護施設の職員や里親は，児童の最善の利益を考慮して，意見表明等支援員に対して，養育についての自分の意見は述べないことが望ましい。

問題92 事例を読んで，Ａ市子育て支援課が最優先すべき初期対応として，最も適切なものを１つ選びなさい。

〔事例〕

　Ｂさん（３歳）は，保育所を利用しているが，週１回も登園していない。父親は病気がちで仕事が続かず，母親は精神疾患があり自宅で寝ていることが多いため就労が難しく，家族は経済的に困窮している。Ｂさんはまだ発語がなく，このまま発育が遅れていくことを保育所は懸念している。Ｂさんがめずらしく登園した日，何日も入浴していないことに気づいた保育所は，Ｂさんがいる間にＡ市の虐待通告窓口にもなっている子育て支援課へ連絡し，ネグレクトの懸念を伝えた。

1 保育所に児童相談所へ通告するよう，働きかける。

2 保育所に児童発達支援センターと相談するよう，助言する。

3 緊急の受理会議を行い，Ｂさんが保育所にいる間に複数の職員で訪問し，児童の状況を把握する。

4 児童相談所へ連絡し，一時保護するように要請する。

5 保育所に父母への生活保護制度の情報提供を依頼する。

問題93 事例を読んで，Ａさんの状況を踏まえ，Ｂ市子育て支援課がＡさん親子の支援のために，この時点で危機介入として速やかに連携すべき機関・施設として，適切なものを２つ選びなさい。

〔事例〕

　Ａさん（32歳）から，これまでも「夫（35歳）から繰り返し暴言を浴びせられ，時に暴力を振るわれている。どうしたらよいか悩んでいる。夫から逃れたい」という相談を受けてきた。ある日「もう限界です」という訴えがあった。Ａさんは，４歳の子を帯同しており，子には母親をかばう様子もみられる。Ａさんの家庭は夫の収入によって生計を立てているが，その収入はほとんど夫が管理しており，Ａさんは手元に所持金が全くない状況である。Ａさんは，子とともに生活したいと望んでいる。Ｂ市子育て支援課は緊急受理会議を行った。

1 児童養護施設

2 母子生活支援施設

3 Ｂ市の女性相談支援員

4 女性自立支援施設

5 女性相談支援センター

問題94 事例を読んで，市で子育て相談を担当するＡ職員（社会福祉士）が保護者に伝える内容に関する次の記述のうち，最も適切なものを１つ選びなさい。

〔事例〕

Ａのもとに保護者から下記の相談があった。

３歳児健診の際に医師から発達に課題があるかもしれないと指摘され，専門医を受診したところ，軽度の発達障害（自閉スペクトラム症）と診断された。しかし両親ともに発達障害や障害児福祉サービスについての知識がなく，不安だとのことだった。両親はともに常勤の会社員で，子どもは現在保育所を利用している。

1 障害児福祉手当の受給が可能である。

2 保育所の利用はできなくなる。

3 児童発達支援の利用が可能である。

4 放課後等デイサービスの利用が可能である。

5 医療型障害児入所施設への入所が可能である。

問題95 こども基本法に関する次の記述のうち，適切なものを２つ選びなさい。

1 「こども」について，18歳に満たない者と定義されている。

2 「こども施策」には，子育てに伴う喜びを実感できる社会の実現に資するため，就労，結婚，妊娠，出産，育児等の各段階に応じて行われる支援が含まれている。

3 基本理念の一つとして，教育基本法の精神にのっとり教育を受ける機会が等しく与えられることとされている。

4 都道府県は，こども大綱を勘案して，都道府県こども計画を定めなければならない。

5 児童虐待を受けたと思われる児童を発見した者の通告義務が明記されている。

問題96 困難な問題を抱える女性への支援に関する法律（女性支援新法）に関する次の記述のうち，正しいものを１つ選びなさい。

1 本法成立前までは，配偶者からの暴力の防止及び被害者の保護等に関する法律に婦人相談所や婦人保護施設が規定されていた。

2 本法における困難な問題を抱える女性とは，障害及び社会的障壁により継続的に日常生活または社会生活に相当な制限を受ける状態にある女性を指す。

3 都道府県は，厚生労働大臣が定めた困難な問題を抱える女性への支援のための施策に関する基本的な方針に即して，基本的な計画を定めることができるとされている。

4 都道府県は，女性相談支援センターを設置しなければならない。

5 都道府県は，困難な問題を抱える女性を入所させて，その保護及び支援を目的とする女性自立支援施設を設置しなければならない。

貧困に対する支援

問題97 生活保護の種類と内容に関する次の記述のうち，最も適切なものを１つ選びなさい。

1 小学生の学校給食費は，生活扶助で行われる。

2 要介護認定を受けた80歳の被保護者の住宅改修費のうち介護給付にかかる自己負担分は，介護扶助で行われる。

3 通院のための交通費（移送費）は，生活扶助で行われる。

4 高等学校の教材代や通学のための交通費は，教育扶助で行われる。

5 就職が確定した40歳の被保護者が，就職のため直接必要とする衣服類の購入費用は，生活扶助で行われる。

問題98 事例を読んで，Ａさんに対する福祉事務所の現業員（社会福祉士）の対応に関する次の記述のうち，最も適切なものを１つ選びなさい。

〔事例〕

　ホームレスの男性Ａさん（55歳）は８年前にギャンブルが原因で多額の借金をつくり，会社を辞めて，その後就労しないままホームレスとして生活していた。婚姻歴はあるが30歳の時に離婚して子どもは妻が引き取りその後音信はない。最近，体調も悪くなったため生活保護を申請したいと考え福祉事務所に来所した。長年のホームレス生活のため，収入，資産に関する書類は所有していない。

1 居住地がないため居住地を定めてから保護申請するように説明する。

2 稼働年齢層なので就労先を決めてから保護申請するように説明する。

3 ギャンブルによる多額の借金がある場合には保護申請はできないと説明する。

4 収入，資産に関する書類がなくても保護申請は可能だとして，申請手続きについて説明する。

5 保護申請に先立って，子どもへの扶養調査が必要だと説明する。

問題99 生活困窮者自立支援法に関する次の記述のうち，正しいものを１つ選びなさい。

1 生活困窮者自立支援法の改正（2018年）により，任意事業に健康管理支援事業が追加された。

2 住居確保給付金の支給審査や支給決定及び支給の業務は，福祉事務所設置自治体が行う。

3 生活困窮者自立支援法では，相談支援とともに飲食物費や光熱水費について金銭給付を行うことを通じて自立を図ることを目的としている。

4 一時生活支援事業は，低所得世帯であって世帯内の高齢者や子どものケアを行っている家族が一時的に休息をとれるようにサポートする事業である。

5 生活困窮者自立支援法は，日本の永住者資格を有する外国籍の人を対象外としている。

問題100　次のうち，生活福祉資金貸付制度の総合支援資金に含まれるものとして，正しいものを２つ選びなさい。

1　生活支援費

2　緊急小口資金

3　教育支援費

4　就学支度費

5　一時生活再建費

問題101　事例を読んで，生活困窮者自立相談支援機関の相談支援員による支援に関する次の記述のうち，最も適切なものを１つ選びなさい。

〔事例〕

　Ａさん（25歳）は，両親と３人で暮らしている。高校卒業後，工場に就職したが職場での人間関係がうまくいかず３か月で離職した。その後も短期間での転職を繰り返し，ここ２年ほどは無職である。仕事上の失敗が続いたことから就労への意欲が低下して，引きこもり状態である。そこで，Ａさんの状況を見かねた両親は，本人とともに社会福祉協議会に設けられている生活困窮者自立相談支援機関の窓口に行って相談した。Ａさんもこのままではいけない，どうにか１歩前に進みたいと意欲を示し，両親からもＡさんを支えていきたいとの気持ちが示された。

1　生活保護を受給する可能性を探るため，資力調査を行う。

2　生活保護の受給に先立って，自立支援プログラムを策定し，参加を勧める。

3　Ａさんの課題を把握し，自立相談支援機関による支援を継続するか，他機関につなげるかを判断する。

4　ハローワークで求職活動を行うよう，生活困窮者自立支援法に基づく指導・指示を行う。

5　自立生活のためのプラン案を策定するため，支援会議の開催を依頼する。

問題102　事例を読んで，退院を控えたＡさんに対する福祉事務所の現業員（社会福祉士）の説明に関する次の記述のうち，適切なものを２つ選びなさい。

〔事例〕

　Ａさん（26歳）は，両親を早くに亡くし，児童養護施設に入所した。退所後は就職した会社の寮に入っていたが病気のため退職し，入院治療となった。収入は途絶え預貯金もなくなったため，生活保護を受けて療養していたところ，医師はそろそろ退院でき，後遺症も残らないという。Ａさんは，退院後は地域で生活したいが，仕事や住まいに不安が大きいため，病院のソーシャルワーカーに相談したところ，現業員を交えて３人で話し合いをすることになった。

1　「退院したら治療が必要なくなるので，医療扶助は廃止になります」

2　「アパートを借りる場合には，敷金や礼金が住宅扶助から支給されます」

3　「地域での生活が落ち着いてからハローワークに行ってはどうですか」

4　「退院後，救護施設に入るよう手続きをしておきます」

5　「退院後，しばらくは児童養護施設で生活できるように施設長にお願いしておきます」

保健医療と福祉

問題103 事例を読んで，A医療ソーシャルワーカー(社会福祉士)によるBさんへの説明に関する次の記述のうち，適切なものを2つ選びなさい。

〔事例〕

C県で暮らすBさん(56歳，会社員)は，1年前より箸が持ちにくい，重いものが持てない等の症状が見られ，1か月前より休職していた。1週間前に自宅の階段から転落し，病院に救急搬送された。大きなケガはなかったものの，両下肢の筋力低下が著しく，歩行が困難となっており，外来の医師より難病の疑いがあるとの説明を受け，D神経内科医師を紹介され受診した。その結果，筋萎縮性側索硬化症(ALS)との診断結果を受けた。今後の療養生活の支援が必要と考えたAは，Bさんへ次のような説明を行った。

1 「難病の治療費については，育成医療が適用されます」

2 「『難病法』による医療費の自己負担は徴収されません」

3 「『難病法』により，医療費は公費優先となります」

4 「一定の条件の下で，『障害者総合支援法』による障害福祉サービスの対象となります」

5 「県内の難病相談支援センターのピアサポーターによる支援があります」

(注) 1 「難病法」とは，「難病の患者に対する医療等に関する法律」のことである。
    2 「障害者総合支援法」とは，「障害者の日常生活及び社会生活を総合的に支援するための法律」のことである。

問題104 事例を読んで，受診した病院のA医療ソーシャルワーカー(社会福祉士)による，この段階でのBさんへの説明として，適切なものを2つ選びなさい。

〔事例〕

Bさん(43歳，正社員)は，健康保険の被保険者であり，勤務する会社の倉庫での機械の入出庫や運搬に従事している。昨日，勤務中に会社の倉庫内でうっかり商品の機械を自分の足の上に落としてしまった。病院を受診した結果，左足の指2本を骨折と診断された。

1 高額療養費制度の説明

2 傷病手当金の説明

3 療養補償給付の説明

4 医療保険と労働者災害補償保険の違いの説明

5 公費負担医療制度の説明

問題105 診療報酬制度に関する次の記述のうち，最も適切なものを1つ選びなさい。

1 介護報酬改定の時期と診療報酬改定の時期が重なることはない。

2 混合診療が行われた場合，診療報酬は減額して支払われる。

3 診療報酬上で，社会福祉士の配置や関与が評価されているものがある。

4 DPC制度(DPC/PDPS)とは，診療報酬の出来高算定制度のことである。

5 診療報酬の全体の改定率は，社会保険診療報酬支払基金が決定する。

問題106 医療倫理の４つの原則に含まれるもののうち，正しいものを２つ選びなさい。

1 人間の尊厳

2 多様性の尊重

3 必要即応

4 正義

5 自律尊重

問題107 「事業場における治療と仕事の両立支援のためのガイドライン（2024年（令和６年）３月改訂版）」（厚生労働省）に沿った治療と仕事の両立支援に関する次の記述のうち，正しいものを１つ選びなさい。

1 ガイドラインでは，短期で治癒する疾病を対象としている。

2 支援は，事業者からの申し出により開始される。

3 医療機関の裁量で，労働者の疾病の情報を事業者へ提供することができる。

4 職場復帰支援プランは，医療ソーシャルワーカーが単独で策定する。

5 主治医等が就労継続困難と判断した場合，事業者は就業禁止の措置を取る必要がある。

問題108 事例を読んで，「医療ソーシャルワーカー業務指針」に基づいた，A医療ソーシャルワーカー（社会福祉士）の実践に関する次の記述のうち，最も適切なものを１つ選びなさい。

〔事例〕

　Bさん（38歳，正社員）は，会社のラグビー同好会の練習で受傷し，病院に救急搬送され入院となった。主治医からBさんに，今後車いす生活となること，回復期リハビリテーション病棟へ転院する必要があることが説明された。しかし，経済的不安を抱えたBさんは自宅退院を訴えている。主治医から依頼を受けたAはBさんとインテーク面接を実施することとなった。

1 まずは面接をリハビリ室で行う。

2 守秘義務の観点から面接内容については主治医に報告しない。

3 転院先の選定については，Aが判断する。

4 入院費，生活費などの問題解決について話し合う。

5 自宅への退院支援を行う。

（注）「医療ソーシャルワーカー業務指針」とは，「医療ソーシャルワーカー業務指針（2002年（平成14年））」（厚生労働省健康局長通知）のことである。

ソーシャルワークの基盤と専門職（専門）

問題109 専門職化に関する次の記述のうち，グリーンウッド（Greenwood, E.）が述べたものとして，最も適切なものを1つ選びなさい。

1 体系的な理論，権威，社会的承認，倫理綱領，専門職文化の5つの属性を示した。

2 公衆の福祉という目的，理論と技術，教育と訓練，テストによる能力証明，専門職団体の組織化，倫理綱領の6つの属性を示した。

3 専門職の目標，知識，及び技術についての認識を示した。

4 専門職の成熟度として，4つの発達段階を示した。

5 他の専門職と比較することによって「準専門職」という概念を確立した。

問題110 認定社会福祉士に関する次の記述のうち，正しいものを2つ選びなさい。

1 地域や外部機関との対応窓口，他職種との連携よりも，所属機関の機能に応じた社会福祉専門職としての高度な支援を行うことが求められる。

2 地域共生社会の実現に向けて求められるより高度な知識や技術等は，認定社会福祉士制度などを通して，継続して学ぶことが望まれる。

3 スーパービジョンの実施にあたっては，スーパーバイザーとスーパーバイジーの両者が，社会福祉士の倫理綱領及び行動規範を遵守しなければならないと定められている。

4 認定社会福祉士を取得するには，社会福祉士として20年以上の相談援助実務経験があることが要件とされている。

5 社会の変化とニーズの多様化・複雑化に対応するため，10年に一度の更新が求められる。

問題111 福祉職の任用または委嘱に関する次の記述のうち，正しいものを1つ選びなさい。

1 社会福祉主事は，社会福祉法に規定されている。

2 児童福祉司は，「児童虐待防止法」に規定されている。

3 身体障害者福祉司は，障害者基本法に規定されている。

4 知的障害者福祉司は，「障害者総合支援法」に規定されている。

5 母子・父子自立支援員は，児童福祉法に規定されている。

（注） 1 「児童虐待防止法」とは，「児童虐待の防止等に関する法律」のことである。

2 「障害者総合支援法」とは，「障害者の日常生活及び社会生活を総合的に支援するための法律」のことである。

問題112 「バークレイ報告」の内容として，最も適切なものを１つ選びなさい。

1 年齢やカテゴリー別の援助ではなく，家族全体を視野に入れた，総合的なアセスメントに基づく家族ソーシャルワークの実施を強調した。

2 地方自治体の議会にソーシャルサービス委員会を設置することが必要であると指摘した。

3 ソーシャルワーカーの任務として，それぞれが責任を持つ地理的範囲やクライエントのためのネットワークを見いだすとともに，必要があれば作り出すことに関心を持たなければならないとされた。

4 地域ケア計画を作成するにあたり，ケースマネジメントの技能を応用し，明確な財源システムを目指すことが期待された。

5 福祉サービスと保健医療改革を一体的に法定化し，継ぎ目のないサービスの提供を目標とした。

（注）「バークレイ報告」とは，1982年の「Social Workers: Their Role and Tasks」のことである。

問題113 事例を読んで，A市社会福祉協議会がソーシャルワーク実践の対象としたシステムとして，最も適切なものを１つ選びなさい。

〔事例〕

　A市社会福祉協議会では，市内の視覚障害者から，行政機関が発信する生活や災害に関する情報が十分に届いていないため困っているという相談が相次いだ。こうした中，A市社会福祉協議会は行政機関と視覚障害者をつなぐ情報伝達経路が不十分であり，その改善が必要であることをA市に要望した。それを受け，A市は視覚障害者への情報提供支援として，点字や音声による情報提供や広報を開始し，情報が広く行き届くようになった。

1 ミクロシステムのみ

2 メゾシステムのみ

3 マクロシステムのみ

4 ミクロシステムとメゾシステム

5 ミクロシステムとマクロシステム

問題114 事例を読んで，A医療ソーシャルワーカー（社会福祉士）のBさんへのアドボカシーを意図した最初の対応として，最も適切なものを１つ選びなさい。

〔事例〕

　脳卒中で４か月入院しているBさん（83歳）は，現在は本人の意思を確認することが困難である。看取りの場を検討するにあたり，妻は可能な限り一緒に過ごしたいため，自宅退院を希望している。しかし，医師や看護師は，心臓に持病を持つ妻の自宅での介護は大変ではないかと妻に伝えた。その後，妻は，看取りの場について相談するために，医療相談室に来室した。Aは，Bさんが病気で入院する前に，看取りの場についてBさんと妻で話し合ったことがあるという話を聞いていた。

1 妻に対して，自宅退院に向けて利用可能な介護サービスについて説明する。

2 医師や看護師が心配する介護負担と妻の病状について，妻の考えを確認する。

3 妻の希望は自宅退院であることを，Aから医師と看護師に再度伝える。

4 妻に対して，Bさんはどこで最期を迎えたいと言っておられましたかと尋ねる。

5 妻に対して，看取りの場としての緩和ケア病棟の機能について説明する。

ソーシャルワークの理論と方法（専門）

問題115 バイステック（Biestek, F.）による援助関係の原則に関する次の記述のうち，適切なものを2つ選びなさい。

1 非審判的態度の原則とは，問題・課題に対してクライエントが負う責任についてワーカーが承認・非承認を決定することである。

2 自己決定の原則とは，クライエントが問題解決の方向などを自分で決める権利とニードをもっていることをワーカーがしっかりと認識し，クライエントの判断を促し，尊重することである。

3 統制された情緒的関与の原則とは，クライエント自らの情緒的感情を意識化することである。

4 意図的な感情表出の原則とは，クライエントの感情を大切にし，クライエントが特にその否定的感情も自由に表現できるよう，ワーカーが促すことである。

5 秘密保持の原則とは，他の個人の権利が侵害される場合においてもクライエントの秘密は保持されることである。

問題116 事例を読んで，A相談支援事業所のB相談支援専門員（社会福祉士）がCさんや同僚とともに取り組んだ実践として，適切なものを2つ選びなさい。

〔事例〕

　Bは，担当するCさん（35歳）から相談を受けた。D市に住むCさんは難病で重度訪問介護を利用しており，自宅から外出することは難しい状態である。Cさんはパソコンスキルには自信があるが，在宅の重度の障害者には就労の機会がほとんどないことをBに訴えた。Bは，同僚とともにCさんと同様の重度の障害がある人達の自宅を訪問して話を聞いた。そして，Cさんらとともに重度障害者の就労の機会を増やしていくことについて行政に協力を呼び掛けた。

1 パーソナライゼーション

2 リファーラル

3 ソーシャルアクション

4 スクリーニング

5 アウトリーチ

問題117 ソーシャルワーカーの面接技法に関する次の記述のうち，最も適切なものを1つ選びなさい。

1 「明確化」によって，クライエントはワーカーから賞賛されたと理解する。

2 「閉ざされた質問」によって，クライエントは面接における応答の自由度を逆に高める。

3 「共感的応答」によって，クライエントはワーカーの持つ価値認識を理解する。

4 「要約」によって，クライエントは今までの面接で自分の語った内容の整理を行う。

5 「焦点化」によって，クライエントは面接で触れたくないテーマを回避することが可能となる。

問題118 事例を読んで，事例分析の視点から見て，クライエントのＡさんに関する事例検討会における参加者からの発言のうち，適切なものを２つ選びなさい。

〔事例〕

　地域の居宅介護支援事業所がケアマネジャーを対象とした定例の事例検討会を開催した。事例提供者のＢ居宅介護支援事業所のＣケアマネジャーから，一人暮らしのＡさん（85歳）の事例が報告された。ＣケアマネジャーはＡさん宅を訪問した際，近隣住民から「Ａさんは約２か月前からゴミ収集のない日にごみ出しをしている」「自分の部屋がわからなくなりマンションの管理人が何度も付き添って帰宅している」という話を聞いていることを参加者に報告し，今後の支援について参加者に意見を求めた。

1　「Ａさんについて近隣住民が困っていることをヒアリングしてはどうでしょうか」

2　「Ｃケアマネジャーは，Ａさんの強みや状態をどのように捉えていますか」

3　「まずは，マンションの管理人にＡさんの今後についての考えを聞いてみてはいかがでしょうか」

4　「一人暮らしの継続は難しいので，グループホームの利用を促してはどうでしょうか」

5　「Ａさん自身は，今の状況についてどのようにお考えなのでしょうか」

問題119 事例を読んで，Ａ社会福祉士が事例検討を行う際に配慮すべきこととして，最も適切なものを１つ選びなさい。

〔事例〕

　Ｂ市高齢福祉課のＡは，ある日後輩のＣ相談員（社会福祉士）から「最近複雑な生活課題を持っているクライエントへの対応に苦慮しているので，事例検討の場を設けてほしい」と依頼を受けた。

1　クライエントも含めて参加者を組織する。

2　参加者は，Ｃと同じ経験年数の者で構成する。

3　時間にとらわれずに，結論が出るまで検討する。

4　Ｃが事例報告をする際には，資料を活用せず口頭で行う。

5　Ｃが他の参加者からのコメントに防衛的にならないようにする。

問題120 事例を読んで，Ａ町社会福祉協議会のＢ職員（社会福祉士）の総合的かつ包括的支援に基づく次の記述のうち，最初の対応として，最も適切なものを１つ選びなさい。

〔事例〕

　Ａ町では，大規模な工業団地が開発された結果，海外から来た労働者とその家族が増加傾向にある。街中を歩く外国人家族の姿が日常的となった。そのような中，民生委員から，Ｂに「慣れない文化に戸惑う外国籍家族の存在が顕著であることや，また一方で，在留外国人との交流を望んでいるものの，どのようにすればよいか困惑している地域住民の声が多く聞かれる」と情報提供があった。

1　教育委員会に外国籍の子どもの生活状況の改善策を講じるよう要望する。

2　在留外国人も加え，学校，自治会等がこの問題を共有化するための懇談の場を企画する。

3　外国の文化や習慣について解説した日本人向けパンフレットを作成し，地域住民に配布する。

4　企業の人事担当者に状況を説明し，問題解決を依頼する。

5　外国籍住民と地域住民の交流の場を設け，広く参加を求める。

問題121 事例を読んで，A市福祉なんでも相談窓口担当のB職員（社会福祉士）がこの時点で行う対応として，適切なものを2つ選びなさい。

〔事例〕

　Cさん（39歳）は3年前夫と離婚し，当時2歳の長男を連れて，それまで一人暮らしをしていた母親（73歳）と同居を始めた。同居開始時，生活全般を母親が支えてくれていたため，Cさんは仕事に専念でき，長男と過ごす時間も確保できていた。しかし数か月前から，母親の物忘れが目立つようになり，会話も成り立たなくなってきたため，家事等も全てCさんが担うようになった。Cさんは心身ともに疲弊し，A市福祉なんでも相談窓口を訪ねた。Cさんは窓口担当のBとの面接において，これまでの経緯を話した後，このまま3人で暮らしていきたいと言った。

1 Cさんの母親に，サービス付き高齢者向け住宅の情報を提供する。

2 Cさんの不安や焦燥感を軽減するため，ピアサポートの会を紹介する。

3 長男への虐待につながる恐れがあるため，近くの児童相談所に通告する。

4 Cさん家族の対応を検討するため，子育て支援課や地域包括支援センターと連携する。

5 長男の発達を優先し，育児に専念するよう勧める。

問題122 事例を読んで，A市社会福祉協議会のB職員（社会福祉士）の会議における発言として，適切なものを2つ選びなさい。

〔事例〕

　Bは自治会役員Cさんから「新型感染症のためここ数年中止していた地域フェスタを再開したい。私としては，子どもをはじめ，高齢者や障害のある人も参加できるようにしたいと考えている。近々，他の自治会役員や関係者も含めて，実行委員会立ち上げのための会議を開催し，その会でご意見をいただきたい」と依頼を受けた。

1 「Cさんを今回の企画・運営のリーダーに指名したいと思います」

2 「社会福祉協議会主催で企画するので，自治会は協力してください」

3 「地域フェスタについて，まずみなさんのお考えをお聞かせください」

4 「今後のスケジュールと協力団体への依頼について，一緒に検討させてください」

5 「子どもがいる家庭を手分けして全戸訪問してください」

問題123 事例を読んで，Aがん拠点病院相談支援センターに勤務するB医療ソーシャルワーカー（社会福祉士）のこの時点での対応として，適切なものを2つ選びなさい。

〔事例〕

　大腸がんの治療後，定期受診中だったCさん（44歳，男性）はBのもとを訪れ「先日の受診で異常が指摘され，詳しい検査をしました。本日，がんの再発と転移が判明し，主治医から積極的な治療をするか，あるいは，緩和ケアに切り替えるかという2つの選択があることを伝えられました。今までなんとか乗り越えてきましたがもう限界です。家族になんて話したら良いか」と語った。

1 今後の生活については，家族でよく話し合うことを勧める。

2 Bの過去の経験から，この先の見通しについて説明する。

3 カウンセリングを含め，心理的支援をすぐにでも受けることが可能であることを説明する。

4 病状について再度説明してもらうよう，主治医への連絡が可能であることを説明する。

5 混乱している気持ちを落ち着かせるため，帰宅を促す。

福祉サービスの組織と経営

問題124 事例を読んで，A特定非営利活動法人がこれから取り組むべきこととして，最も適切なものを１つ選びなさい。

〔事例〕

A特定非営利活動法人は，B県C市において障害福祉事業を実施してきた。地域のニーズにさらに応えることができるよう規模を拡大し，組織を発展させていくため，関係者と協議してA特定非営利活動法人を解散し，社会福祉法人の設立を目指すこととなった。これまでのとおりC市に主たる事務所を置き，C市内でのみ事業を行っていく予定である。なお，C市は指定都市ではない。

1 社会福祉法人の重要事項の議決機関となる評議員会を設置する。

2 社会福祉法人の会員を募り，10名以上の会員名簿を作成する。

3 A特定非営利活動法人の解散を，所轄庁であるC市に届け出る。

4 A特定非営利活動法人の残余財産を，これまでの寄付者個人に分配する。

5 社会福祉法人の設立のため，所轄庁であるB県からの認可を受ける。

問題125 次の記述のうち，2016年（平成28年）の社会福祉法改正により，新たに社会福祉法人が努めなければならないとされたこととして，正しいものを１つ選びなさい。

1 福祉サービスの利用者の利益を保護する仕組みを導入すること。

2 地域における公益的な取組を実施すること。

3 従業員の給与基準を定めて公表すること。

4 第一種社会福祉事業を実施すること。

5 第三者評価を受審すること。

問題126 リーダーシップに関する次の記述のうち，最も適切なものを１つ選びなさい。

1 リーダーシップの行動理論は，リーダーになる人とならない人の差について，人の身体的特徴や性格の特性との関連で明らかにした。

2 フォロワーシップの理論は，チームメンバーがリーダーに対して異議申し立てなどをせずに全面的に従うことの重要性を示した。

3 リーダーシップのコンティンジェンシー理論は，どのような状況においても普遍的なリーダーシップ行動をとることの有効性を示した。

4 サーバント・リーダーシップの考え方は，リーダーのもとにメンバーを従わせることにより，効果的に組織をコントロールすることの重要性を示した。

5 シェアド・リーダーシップの考え方は，各メンバーが持つ情報・資源・スキルなどを必要な場面で効果的に用いて，一人一人がリーダーシップを発揮することの重要性を示した。

問題127 事例を読んで，Ａさんが苦情を申し立てることのできる仕組みとして，最も適切なものを１つ選びなさい。

〔事例〕

　Ｂ障害者支援施設を利用しているＡさんは，日頃からＣ職員の態度が怖いと感じており，そのことについて苦情を申し立てたいと考えている。ただし，事業所の苦情受付担当者がＣ職員自身であるため，相談しづらい。なお，Ａさんは，既に施設の苦情解決にかかわる第三者委員に相談したが，一向に状況が改善していない。

1 障害福祉サービス等情報公表制度

2 運営適正化委員会

3 安全委員会

4 福祉サービス第三者評価事業の評価機関

5 公益通報者保護制度

問題128 「個人情報保護法」に基づく，個人情報取扱事業者である福祉サービス提供組織の情報管理に関する次の記述のうち，最も適切なものを１つ選びなさい。

1 福祉サービスの利用者名簿を作成し活用している団体のうち，ボランティア団体や任意団体は，個人情報取扱事業者から除外されている。

2 個人情報取扱事業者は，包括的な同意があれば，取得した個人情報の利用目的を事業者の都合のよいように自由に変更することができる。

3 利用者本人の信条に関する情報は，支援のために必要があれば，本人の同意を得ずとも，取得し地域の関係機関と共有できる。

4 要配慮個人情報とは，要配慮者の要介護認定や障害支援区分認定に関する情報を指し，犯罪の経歴は含まないとされている。

5 個人データを第三者提供する際の本人からの同意は，人の生命・身体・財産の保護に必要で本人からの同意取得が困難な場合は，例外的に不要である。

（注）「個人情報保護法」とは，「個人情報の保護に関する法律」のことである。

問題129 社会福祉法人の財務に関する次の記述のうち，適切なものを２つ選びなさい。

1 事業活動計算書は，流動資産と流動負債のバランスを見て財務の健全性をチェックすることができる計算書類である。

2 社会福祉事業のほか，公益事業・収益事業を行う社会福祉法人は，法人全体とともに，事業区分ごとに計算書類を作成する必要がある。

3 資金収支計算書とは，毎年資産額を一定のルールで減額させ，その年のコストとして計上して作成した計算書類である。

4 介護サービスの提供に要した費用は，利用者に代わって国から指定介護サービス事業者に支払われる。

5 貸借対照表は，法人全体や事業区分，拠点区分の会計年度末における財務状況を明らかにする計算書類である。

社会福祉士国家試験

第37回（令和6年度）
〈合格基準〉

合格基準としては，次の2つの条件を満たすことが必要とされています。
（1）問題の総得点の60％程度を基準として，問題の難易度で補正した点数以上の得点の者。
（2）（1）を満たした者のうち，以下の6科目群（ただし，注2に該当する者にあっては2科目群）すべてにおいて得点があった者。

①医学概論，心理学と心理的支援，社会学と社会システム，②社会福祉の原理と政策，社会保障，権利擁護を支える法制度，③地域福祉と包括的支援体制，障害者福祉，刑事司法と福祉，④ソーシャルワークの基盤と専門職，ソーシャルワークの理論と方法，社会福祉調査の基礎，⑤高齢者福祉，児童・家庭福祉，貧困に対する支援，保健医療と福祉，⑥ソーシャルワークの基盤と専門職（専門），ソーシャルワークの理論と方法（専門），福祉サービスの組織と経営

注1　配点は，1問1点の129点満点
注2　社会福祉士及び介護福祉士法施行規則第5条の2の規定による試験科目の一部免除を受けた受験者にあっては，配点は，1問1点の45点満点

第36回では，次の2つの条件を満たした人が合格者とされました。

（1）ア　総得点150点に対し，得点90点以上の者（総得点の60％程度を基準とし，問題の難易度で補正。配点は1問1点）。
　　イ　試験科目の一部免除を受けた受験者（社会福祉士及び介護福祉士法施行規則第5条の2）の場合は，総得点67点に対し，得点41点以上の者（総得点の60％程度を基準とし，問題の難易度で補正。配点は1問1点）。

（2）（1）のア又はイを満たした者のうち，（1）のアに該当する者にあっては以下の18科目群，イに該当する者にあっては⑫から⑱の7科目群すべてにおいて得点があった者。
①人体の構造と機能及び疾病　②心理学理論と心理的支援　③社会理論と社会システム
④現代社会と福祉　⑤地域福祉の理論と方法　⑥福祉行財政と福祉計画　⑦社会保障
⑧障害者に対する支援と障害者自立支援制度　⑨低所得者に対する支援と生活保護制度
⑩保健医療サービス　⑪権利擁護と成年後見制度　⑫社会調査の基礎　⑬相談援助の基盤と専門職　⑭相談援助の理論と方法　⑮福祉サービスの組織と経営　⑯高齢者に対する支援と介護保険制度　⑰児童や家庭に対する支援と児童・家庭福祉制度　⑱就労支援サービス，更生保護制度

社会福祉士国家試験

第37回（令和6年度）
〈共通科目　正答・解説〉

出題区分	問題番号	正答番号
① 医学概論	問題 1	2
	問題 2	2
	問題 3	5
	問題 4	1, 2
	問題 5	1
	問題 6	4
② 心理学と心理的支援	問題 7	5
	問題 8	5
	問題 9	2
	問題 10	2
	問題 11	4
	問題 12	4
③ 社会学と社会システム	問題 13	3
	問題 14	5
	問題 15	2
	問題 16	2
	問題 17	1, 2
	問題 18	3
④ 社会福祉の原理と政策	問題 19	3
	問題 20	4
	問題 21	4
	問題 22	4
	問題 23	3
	問題 24	2, 5
	問題 25	3
	問題 26	3
	問題 27	3

出題区分	問題番号	正答番号
⑤ 社会保障	問題 28	1
	問題 29	5
	問題 30	2
	問題 31	4
	問題 32	1
	問題 33	2
	問題 34	4
	問題 35	3
	問題 36	4
⑥ 権利擁護を支える法制度	問題 37	5
	問題 38	1, 5
	問題 39	4
	問題 40	1
	問題 41	1
	問題 42	5
⑦ 地域福祉と包括的支援体制	問題 43	3
	問題 44	1
	問題 45	3
	問題 46	2
	問題 47	4
	問題 48	5
	問題 49	1, 5
	問題 50	2, 4
	問題 51	3, 4
⑧ 障害者福祉	問題 52	2
	問題 53	1
	問題 54	3
	問題 55	1
	問題 56	4
	問題 57	1, 2

出題区分	問題番号	正答番号
⑨ 刑事司法と福祉	問題 58	3
	問題 59	5
	問題 60	2
	問題 61	1, 2
	問題 62	5
	問題 63	4, 5
⑩ ソーシャルワークの基盤と専門職	問題 64	3
	問題 65	3, 5
	問題 66	4
	問題 67	1, 5
	問題 68	2
	問題 69	1
⑪ ソーシャルワークの理論と方法	問題 70	1
	問題 71	2
	問題 72	4
	問題 73	2, 5
	問題 74	4
	問題 75	4
	問題 76	3, 4
	問題 77	2
	問題 78	1, 4
⑫ 社会福祉調査の基礎	問題 79	5
	問題 80	4
	問題 81	4
	問題 82	3
	問題 83	3
	問題 84	4

医学概論

| 問題1 | 思春期・青年期における心身の特徴 | 頻出度 ★★ | 正答 2 |

1　✕　思春期には，男女ともに**急激**な身体の変化がみられる。スキャモン（Scammon, R. E.）の発達曲線をみると，身長や体重，筋肉，骨格などの発達を示す一般型の曲線は，**乳幼児**期と**思春期**に伸びが大きい。

2　◯　思春期になると自意識が強まり，**自意識過剰**になるという心理的特徴がある。**自意識**とは自己意識ともいい，自分自身についての意識や自分への関心のことをいう。

3　✕　思春期には，アイデンティティは**まだ形成されていない**。エリクソン（Erikson, E.）の発達段階説によると，アイデンティティ（自我同一性）の獲得は**青年期**の発達課題であり，青年期より以前の思春期はアイデンティティの形成において**途中段階**である。

4　✕　第二次性徴では，性器以外の身体の各部位に性差が**みられる**。男女の判別の基準となる生物学的な特徴を**性徴**といい，胎児のときに出現する生殖腺及び内外生殖器の性差を**第一次性徴**，思春期に出現する性差を**第二次性徴**と呼ぶ。

5　✕　青年期の死亡原因としては**自殺**が最も多い。厚生労働省「人口動態統計」によると，2023（令和5）年の死因の構成割合は，男性は**10〜44歳**で自殺が最も多く，女性は**10〜34歳**で自殺が最も多かった。

> **POINT!**
> 20歳までの身体の発達については，スキャモン（Scammon, R. E.）の発達曲線を学習しておこう。

| 問題2 | 高齢者における薬害有害事象 | 頻出度 ★ | 正答 2 |

1　✕　服用法は，なるべく**簡便**にすることが大切である。服用法を複雑にすると，誤った方法での服薬（服薬過誤）が生じやすくなり，薬害有害事象が**発生するリスク**が高まる。

2　◯　定期的に処方内容を見直すことが，薬害有害事象の**発生予防**につながる。

3　✕　若年者と同じにするのではなく，**高齢者一人ひとりに適した投与量**にする必要がある。高齢者は薬剤の反応性が若年者と異なり，薬剤の**効果**や**副作用**が強く出やすい傾向がある。

4　✕　投与薬剤の数は，一律の剤数や種類数のみに着目するのではなく，**安全性の確保等からみた処方内容の適正化**が求められる。

5　✕　新規症状が出現した場合には，**薬害有害事象の発生**を疑い，医師や薬剤師に相談する必要がある。

> **POINT!**
> 薬害有害事象とは，薬を投与された人に生じる，好ましくない，または意図しない徴候や症状のことである。多くの薬を服用することにより，薬害有害事象を起こすことをポリファーマシーという。

| 問題3 | 筋骨格系 | 頻出度 ★ | 正答 5 |

1　✕　筋肉は3種類あり，骨格筋，心筋，**平滑筋**からなる。骨格筋は，骨に付着し，意識的に収縮して身体を動かす。心筋は，**心臓壁**をつくる。**平滑筋**は，心臓以外の臓器の筋層や血管壁などを構成する。

2　✕　カルシウムを貯蔵する働きがあるのは，**骨（緻密質）**である。

3　✕　人体は，約**200**個の骨からなる。

4　✕　骨量は**青年期**に最大となり，**中年期**以降は減少する。スキャモン（Scammon, R. E.）の発達曲線によると，骨の発達を含む一般型は**20歳**ごろが最大となる。最大骨量に到達した後は，ほぼ横ばいで推移し，50歳ごろから骨量が減少する。

5　◯　血球は，骨の中心部にある**骨髄**でつくられる。血球は，血液全体の約**45%**を占めており，**赤血球，白血球，血小板**からなる細胞成分である。

> **POINT!**
> 骨の機能には，人体の支持，関節での運動，臓器の保護，血球産出，カルシウムやリンなどの貯蔵があることを確認しておこう。

| 問題4 | 難病 | 頻出度 ★ | 正答 1, 2 |

1 ○ 指定難病とは，難病のうち，**医療費助成の対象**とする疾患のことを指す。発病の機構が明らかでない，つまり発病の原因が不明であることは，指定難病に限らず**難病の定義**の一つである。

2 ○ 客観的な診断基準またはそれに準ずる診断基準が成立していることは，**指定難病の条件**の一つである。

3 × 指定難病の患者数は我が国において人口の1%程度に**達することはない**。なぜなら，指定難病の条件には，患者数が我が国で一定の人数（人口の約**0.1**%程度）に達しないことと定められているからである。

4 × 「障害者総合支援法」の対象疾患は，指定難病より対象範囲が**広い**。2024（令和6年）現在，「障害者総合支援法」の対象となる難病は**369疾病**（2025（令和7）年4月1日からは376疾病）であり，指定難病は**341疾病**である。

5 × 小児の難病については，児童福祉法における障害児の定義に含まれており，法律に基づく難病対策は**ある**。

POINT!

「難病の患者に対する医療等に関する法律（難病法）」では，①～④を満たすものを難病と定義している。①発病の機構が明らかでない，②治療方法が確立していない，③希少な疾病である，④長期にわたり療養を必要とする。指定難病には，さらに⑤と⑥の2つの条件が加わる。⑤患者数が我が国で一定の人数（人口の約0.1%程度）に達しないこと，⑥客観的な診断基準，またはそれに準ずる診断基準が成立していること。

| 問題5 | 肺炎 | 頻出度 ★★ | 正答 1 |

1 ○ 市中肺炎は，**肺炎球菌**によるものが最も多い。市中肺炎とは，**病院の外**で日常生活をしている人に発症する肺炎を指し，病院内で感染する肺炎（院内肺炎）や医療ケアや介護を受けている人に発症する肺炎（医療・介護関連肺炎）は**含まれない**。

2 × 誤嚥性肺炎は**高齢者**に多い。誤嚥性肺炎とは，唾液や飲食物と一緒に**口腔内常在菌**（口腔内の細菌）が気管支や肺に入ることで起こる肺炎である。高齢者は，**嚥下障害**などにより誤嚥を起こしやすい。

3 × 口腔ケアによって**予防**できる。口腔ケアで**口腔内常在菌**を減少させることは，肺炎予防に有効である。

4 × 経皮的酸素飽和度（SpO$_2$）が**低下**する。経皮的酸素飽和度（SpO$_2$）とは，酸素飽和度（赤血球に含まれるヘモグロビンに酸素が結合している割合）を，皮膚を通して調べた値のことである。

5 × 肺炎の診断には発熱が**必須ではない**。肺炎の診断は，発熱，咳，喀痰などの症状のほかにも，胸部X線の所見などから総合的に判断される。

POINT!

肺炎は，肺炎球菌のほか，ウイルスなどの病原微生物が感染して肺に炎症を起こす疾患の総称である。

| 問題6 | 精神科病院の入院形態 | 頻出度 ★ | 正答 4 |

1 × 医療保護入院とは，精神保健指定医1名による診察の結果，医療および保護のため入院の必要があるとされ，任意入院が行われる状態にない者に対して**家族等の同意**で行う入院をいう。

2 × 措置入院とは，精神保健指定医2名による診察が一致した場合，入院させなければ自傷他害のおそれのある者に対して**都道府県知事（指定都市の長）の権限**により行う入院をいう。

3 × 緊急措置入院とは，措置入院の一つで，精神保健指定医1名の診察の結果，直ちに入院させなければ自傷他害のおそれが**著しい者**に対して，**72時間**に限って行う入院をいう。

4 ○ 本人が入院加療を希望していることから，**任意入院**が最も適切な入院形態である。**任意入院**とは，患者本人の同意に基づいて行われる入院のことをいう。

5 × 応急入院とは，**応急入院指定病院**に限定される入院形態である。精神保健指定医1名による診察の結果，医療および保護のため入院の必要があり，家族等の同意を得ることができず，任意入院が行われる状態にない者に対して，**72時間**に限って行う入院をいう。

POINT!

「精神保健福祉法」に規定されている入院形態は，「障害者福祉」の科目において出題されている。

心理学と心理的支援

| 問題7 | エピソード記憶 | 頻出度 ★★★ | 正答 5 |

1 ✕ 設問文は，**ワーキングメモリ**の事例である。**ワーキングメモリ**とは，計算途中の数値のように入力された情報とその処理に関する一時的な記憶のことである。

2 ✕ 設問文は，**短期記憶**の事例である。**短期記憶**とは，相手から聞いた電話番号を登録するまで覚えているような数秒から数分間の短い時間の記憶のことである。

3 ✕ 設問文は，**意味記憶**の事例である。**意味記憶**とは，カナダは北アメリカ大陸にある国といった一般的な知識に関する記憶のことである。

4 ✕ 設問文は，**手続き記憶**の事例である。**手続き記憶**とは，自転車の乗り方のような技能や一連の動作に関する記憶のことである。

5 ○ 設問文は，**エピソード記憶**の事例である。**エピソード記憶**とは，いつ，どこで，なにをしたかといった個人の経験に関する記憶である。

> **POINT!**
> 記憶の種類に関する問題は頻出である。短期記憶や意味記憶，手続き記憶は加齢による影響はほとんどないが，エピソード記憶とワーキングメモリは加齢の影響が顕著にみられることもあわせて覚えておこう。

| 問題8 | 社会的抑制 | 頻出度 ★★ | 正答 5 |

1 ✕ 設問文は，**ピグマリオン効果**の事例である。**ピグマリオン効果**とは，他者から期待をかけられると，学習や作業の成果が上がる現象のことをいう。

2 ✕ 設問文は，**同調**の事例である。**同調**とは，集団において多くの人が一致した行動や意見を示した場合，それが自分の信念や判断に反していても，それに合わせてしまうことをいう。

3 ✕ 設問文は，**集団極性化**の事例である。**集団極性化**とは，集団討議によって意思決定がなされる場合，一人で考えていた内容よりも，極端な結論になることをいう。より危険性の高い決定になることを**リスキーシフト**，より安全性の高い決定になることを**コーシャスシフト**という。

4 ✕ 設問文は，**対人距離**の事例である。**対人距離**とはパーソナルスペースとも呼ばれ，自分と相手との距離を意味する。不快感や緊張感が生じない適切な対人距離は，相手との心理的な距離によって異なる。

5 ○ 設問文は，**社会的抑制**の事例である。**社会的抑制**とは，周囲の他者の存在によって行動が起こりにくくなる現象のことをいう。複雑課題や未学習課題の場合，集団で作業するほうが生産量は**低下**する。

> **POINT!**
> 社会的抑制とは逆に，周囲の他者の存在によって行動が起こりやすくなる現象を社会的促進という。単純課題や機械的作業の場合には，集団で作業するほうが作業の速度や量が向上する。

| 問題9 | エリクソンの発達段階説 | 頻出度 ★★ | 正答 2 |

1 ✕ 基本的信頼　対　基本的不信は，**乳児期**の発達課題と心理社会的危機である。

2 ○ 同一性　対　同一性混乱は，**青年期**の発達課題と心理社会的危機である。同一性とは，**自我同一性（アイデンティティ）**を獲得することを意味する。なお，同一性混乱は，同一性拡散とも訳されている。

3 ✕ 勤勉性　対　劣等感は，**学童期**の発達課題と心理社会的危機である。

4 ✕ 自発性　対　羞恥心は，**幼児前期**の発達課題と心理社会的危機である。自発性は，自立性とも訳されている。

5 ✕ ジェネラティビティ　対　停滞は，**成人期**の発達課題と心理社会的危機である。ジェネラティビティは，世代性や生殖性とも訳されている。

> **POINT!**
> エリクソンの発達段階説には，8つの段階がある。それぞれの段階における発達課題と，その課題が達成できなかったときに生じる心理社会的危機を対にして覚えておこう。

426

| 問題10 | レジリエンス | 頻出度 ★ | 正答 2 |

1 ✕ ストレスをもたらす原因となる出来事のことを**ストレッサー**と呼ぶ。

2 ◯ レジリエンスとは，個人が持つ**精神的回復力**のことである。強いストレスや心理的傷つきを伴う経験から回復していく力，あるいはその過程自体を指す。

3 ✕ ストレスに伴って生じた不快な情動（ストレス反応）を，意識的に低減する方略のことを**情動焦点型コーピング**という。

4 ✕ 心的外傷となった過去の出来事を，あたかも今生じているかのように経験したり，繰り返し思い起こしたりすることを**再体験**という。これは，**心的外傷後ストレス障害（PTSD）**で生じる症状の1つである。

5 ✕ 社会的な関係の中で行われる支え合いや支援のことを**ソーシャル・サポート**という。

> **POINT!**
> 近年では，組織のレジリエンス（組織的な変化への適応能力）や，災害時におけるレジリエンス（被災者や被災地が被害から立ち直っていく力）など，レジリエンスという用語が個人の精神的回復力に限定されることなく使われている。第37回試験では，「社会学と社会システム」の科目で災害時におけるレジリエンスの意味を問う出題があった。

| 問題11 | マイクロカウンセリング | 頻出度 ★ | 正答 4 |

1 ✕ 面接の最初の段階では，安易に助言したり指導したりするのではなく，相談者の訴えを**傾聴**することが大切である。

2 ✕ 相談者の訴えに対して，頭ごなしに評価したり批判したりするのではなく，**受容的態度**で応答することが大切である。

3 ✕ 同じような経験があっても，そのときの自分の気持ちと重ね合わせるのではなく，**相談者の感情**を理解しようとすることが大切である。同じ経験をした人が，必ずしも同じ気持ちになるとは限らない。

4 ◯ 「もう少し詳しく話してもらえませんか」は，マイクロカウンセリングの基本的傾聴技法に含まれる**開かれた質問**を用いた応答である。

5 ✕ 相談者の訴えを正確に記録することは大切であるが，面接中は記録することより**傾聴**することを優先する必要がある。

> **POINT!**
> 面接の最初の段階では，相談者の話を丁寧に傾聴することが基本である。この基本がわかっていれば，マイクロカウンセリングのかかわり行動や基本的傾聴技法を深く理解していなくても，選択肢4が正解であることが導き出せる。

| 問題12 | 認知行動療法 | 頻出度 ★★★ | 正答 4 |

1 ✕ 「生の欲望」は，**森田療法**のキーワードである。森田療法では，**不安や恐怖**は「生の欲望（生きたいという欲望）」と表裏一体であると考える。

2 ✕ 自由連想法は，**精神分析療法**のキーワードである。精神分析療法では，クライエントの心に浮かんだことを**自由**に語ってもらう自由連想法が用いられる。

3 ✕ 抑圧や無意識は，**精神分析療法**のキーワードである。精神分析療法では，抑圧された記憶や感情，葛藤などの**意識化**が治療の焦点となる。

4 ◯ 認知行動療法とは，**行動療法**の技法と**認知療法**の技法を効果的に組み合わせて，不適応を生み出している行動や思考を，適応的なスタイルに変化させようとする治療アプローチの総称である。

5 ✕ 行動や強化因子は，**行動療法**のキーワードである。行動療法では，クライエントの行動に焦点を当てて，強化因子を用いて**適応行動**の強化や**不適応行動**の消去を行う。

> **POINT!**
> 心理療法については，それぞれの基盤となる考え方や治療の方法（技法）などを，特徴的なキーワードとともに学習しておくと記憶に残りやすい。

社会学と社会システム

| 問題13 | 社会集団，組織 | 頻出度 ★★★ | 正答 3 |

1 ✕ **大衆**は，組織的なまとまりを持たないが，共通の文化やメディアの影響を受ける均質的な集団を指す。利害関係に基づく集団ではない。

2 ✕ **外集団**(out-group)は，自分が**所属していない**集団のことである。一方，**内集団**(in-group)は自分が所属している集団であり，外集団に比べ，親しみや協力的な態度を持つ。

3 〇 **アソシエーション**は，特定の目的，共同関心の追求のために構成された集団である。

4 ✕ **ゲゼルシャフト**は，選択意志に基づく**「利害関係による結合」**を特徴とする機械的関係・集団であり，企業や都市・国家などが含まれる。設問文は**ゲマインシャフト**に関する説明である。ゲマインシャフトは，伝統によって結びついた有機的関係・集団であり，家族・村落などが該当する。

5 ✕ **準拠集団**とは，個人の行動や価値観に強い影響を与える集団のことを指す。

> **POINT!**
>
> 社会集団や組織の概念は頻出テーマである。この問題では，集団の種類と特徴の理解が求められるが，提唱者について問われることもあるため，テンニース，クーリー，マッキーバーなどの理論家とその概念を結びつけて覚えておこう。

| 問題14 | 都市化，地域社会 | 頻出度 ★★★ | 正答 5 |

1 ✕ 設問文は**ワース**(Wirth, L.)に関する説明である。サムナーは「内集団」と「外集団」の概念を提唱した。

2 ✕ 設問文は，**フィッシャー**(Fischer, C.)に関する説明である。都市は人口規模が大きく，異質な人々が集まるため，多様なサブカルチャー（下位文化）が生まれると主張した。

3 ✕ 設問文は，**ジンメル**(Simmel, G.)に関する説明である。ジンメルは，都市が人間の心理や社会関係に与える影響を論じ，都市を人間生態学的に分析した。

4 ✕ 設問文は**バージェス**(Burgess, E.)に関連するものである。

5 〇 **鈴木榮太郎**は，1957年に出版した著書『都市社会学原理』の中で，都市を**「結節機関を持つ聚落社会」**と定義した。これは，都市が単なる居住空間ではなく，交通・経済・行政などの機能が集中し，人や情報が結びつく場所であることを意味する。

> **POINT!**
>
> 主要な社会学者の理論と都市の特徴を正確に結びつけることが求められる問題である。ワース，フィッシャー，ジンメル，バージェスなど，それぞれの都市に関する主張を整理し，都市の社会構造やその影響を理解しよう。

| 問題15 | 過疎地域 | 頻出度 ★ | 正答 2 |

1 ✕ 過疎地域の産業別就業人口の中で，第一次産業就業者数の割合は，**2割を満たない**。第二次・第三次産業就業者が8割以上を占めている。

2 〇 過疎地域の人口は，全人口の約1割(9.3%)である。

3 ✕ 過疎地域の市町村数は，**5割以上**である。

4 ✕ 過疎地域では，人口減少とともに高齢化が進んでおり，65歳以上の高齢者層は令和2年に**39.7%**を占めている。これは全国の高齢化率28.0%を**上回る**ものである。若年層が都市部に移住するため，過疎地域では特に高齢化が深刻な問題となっている。

5 ✕ 過疎地域の定義は，単に人口減少率だけでなく，**人口の密度**や**生活環境**など，**複数の要素**を考慮して決められる。

> **POINT!**
>
> 過疎地域は「過疎地域自立促進特別措置法」に基づき，人口が一定数未満であることや，地域の活力を維持するための支援が必要な地域とされる。少子化や高齢化に伴う重要な課題の一つとなっているため，近年の動向を確認しておこう。

| 問題16 | 国民生活基礎調査 | 頻出度 ★★ | 正答 | 2 |

1 ✕ 1世帯当たり平均所得金額は，**545万7千円**である。

2 ◯ 現在の暮らしの状況が「大変苦しい」「やや苦しい」とした世帯は，51.2%である。

3 ✕ **相対的貧困率**とは，貧困線（等価可処分所得の中央値の半分の額）に満たない世帯員の割合を意味する。日本の相対的貧困率は，**15.4%で2割**を超えない。

4 ✕ **子どもの貧困率**は，17歳以下の子ども全体に占める，貧困線に満たない17歳以下の子どもの割合のことで，**11.5%**である。

5 ✕ 公的年金・恩給を受給している高齢者世帯の中で「公的年金・恩給の総所得に占める割合が100％の世帯」は**44.0%**となっている。

POINT!

国民生活基礎調査は，世帯数と世帯人員の状況，各種世帯の所得等の状況，世帯員の健康状況，介護の状況等の結果を提供している。最新のデータを確認するとともに，貧困率や所得などに関する概念も覚えておこう。

| 問題17 | 差別・偏見 | 頻出度 ★★★ | 正答 | 1, 2 |

1 ◯ ゴッフマンは『スティグマの社会学』(1963)の中で，「スティグマ」という概念を用いて差別や偏見がどのように形成されるのかを理解する上で重要な視点を提供している。

2 ◯ オルポートは『偏見の本質』(1954)で，「偏見とは，誤った，または柔軟性のない一般化に基づく反感（あるいは好意）であり，経験的に反証されても修正されにくい」と述べている。

3 ✕ リップマンは，人々の知覚や認識を単純化して理解することを「**ステレオタイプ**」とした。「**ダブル・コンティンジェンシー**」は，**パーソンズ**が提唱した概念で，二者が相互作用する際，互いの行動が予測できず，それでも何らかの形で意思決定しなければならない状況を指す。

4 ✕ パワー・エリート論は，**ミルズ**が提唱した理論である。

5 ✕ 一次的逸脱(Primary Deviance)と二次的逸脱(Secondary Deviance)という概念を提唱したのは，**エドウィン・ラマート**(Edwin Lemert)である。

POINT!

ゴッフマンのスティグマ，リップマンのステレオタイプ，ミルズのパワー・エリート論など，主要な概念と提唱者を正確に結びつけて覚えることが重要である。

| 問題18 | レジリエンス | 頻出度 ★★ | 正答 | 3 |

1 ✕ レジリエンス(Resilience)は回復力・適応力のことであり，「サイクル」という概念とは関係ない。

2 ✕ レジリエンスは，困難や逆境に直面した人がそれを乗り越え，回復する力を指すもので，支援者側からの援助を意味するものではない。

3 ◯ レジリエンスとは，困難やストレスに適応し，回復する力を指すため，被災時におけるレジリエンスの概念として適切である。

4 ✕ レジリエンスは，一貫して楽観的な見方を維持するという意味ではない。

5 ✕ レジリエンスは回復力を指し，「コミュニティ」には関連しない。

POINT!

「回復力」や「立ち直る力」を意味するレジリエンスは，自然災害の増加や気候変動，パンデミック，経済危機など，予想できない状況が続き，多様なリスクに直面する現代社会において，最近注目される概念である。

社会福祉の原理と政策

| 問題19 | サッチャー，小さな政府，第三の道 | 頻出度 ★★★ | 正答 3 |

1 ✕ ウィンストン・チャーチルは，**第二次世界大戦中**のイギリスの指導者として著名な人物である。1940年から1945年と，1951年から1955年に首相を務めた。

2 ✕ クレメント・アトリーはチャーチル敗退後に首相を務めた。1942年の**ベヴァリッジ報告**に基づく戦後のイギリスの福祉国家形成を担った人物として知られる。

3 ◯ 「小さな政府」とは政府の福祉支出の削減や国有企業の民営化，**自由競争**を推奨し，政府の経済介入を最小限にすることで経済成長を目指す政策構想である。代表的な人物として，イギリスの**サッチャー**とアメリカの**レーガン**がよく知られている。

4 ✕ トニー・ブレアは1997年にイギリスの首相に就任した。社会学者**アンソニー・ギデンズ**をブレーンとし，「**第三の道**」という政策路線を打ち出した。これは，従来の社会民主主義とも新自由主義とも異なり，双方が調和するような新しい道を模索するという発想である。

5 ✕ ゴードン・ブラウンは2007年，トニー・ブレアの後継としてイギリスの首相に就任し，2010年に辞任した。13年に及ぶイギリスの**労働党政権**に幕を引いた人物としても知られる。

> **POINT!**
> 「小さな政府」構想についての理解が問われているが，出題頻度としてはブレアとギデンズの「第三の道」を知っているかが問われることのほうが多いため，併せて覚えておきたい。

| 問題20 | 感化法，全社協，方面委員，岡山孤児院 | 頻出度 ★★★ | 正答 4 |

1 ✕ **留岡幸助**の功績が認められ，感化法が制定されたのは1900（明治33）年である。

2 ✕ **全国社会福祉協議会**の前身である中央慈善協会は1908（明治41）年に慈善事業の全国的連絡組織として発足した。初代会長は**渋沢栄一**であった。

3 ✕ 恤救規則は1874（明治7）年に，日本で初めての統一的な基準をもって救貧を行うことを定めた法令である。1932（昭和7）年の**救護法**施行により廃止された。

4 ◯ 1918（大正7）年，大阪府知事の**林市蔵**とその政治顧問だった**小河滋次郎**がドイツの**エルバーフェルト・システム**をもとに方面委員制度を作った。なお，1917（大正6）年に岡山県知事の**笠井信一**が**済世顧問制度**という仕組みを作っている。この両制度がともに現代の日本の**民生委員**の源流といわれている。

5 ✕ 岡山孤児院を創設した石井十次の主な活躍年代は**明治**時代である。イギリスの**バーナード・ホーム**から大きな影響を受けている。**委託制**を導入することにより定員を設けない**無制限収容**を実現し，一時は1,200名以上の児童が在籍していた。そのほか**満腹主義**，**小舎制**などの理念のもと運営されていた。倉敷紡績の**大原孫三郎**による多大な支援を受けていた。

> **POINT!**
> 大正時代は1912年から1926年と短いながらも，関東大震災，米騒動，普通選挙の実現，大正デモクラシーなど象徴的な出来事がいくつも起きた時代であった。

| 問題21 | ニィリエ，ノーマライゼーション | 頻出度 ★★★ | 正答 4 |

1 ✕ スウェーデンのニィリエは，障害があるからといって大規模入所施設に住む必要はないと考えていた。

2 ✕ ニィリエは「社会で主流となっている規範や形態に近づける」ことを重視していた。地域から隔絶し，入所施設で暮らすという形態は我々の社会では一般的とはいえない。

3 ✕ 一般社会ではさまざまな性別や年齢，属性の人々が暮らしている。同性のみで固められた生活は一般的とはいえない。またニィリエは障害の有無に関係なく，良い**性的関係**や**恋愛関係**を結ぶことを重視していた。

4 〇 ニィリエはノーマライゼーションについて，知的障害者が社会の主流となっている規範や形態にできるだけ近い日常生活を送れるようにすることだと考えていた。

5 ✕ ニィリエは個人の**尊厳**や**自己決定権**の尊重を重視していた。

> **POINT!**
> ニィリエのノーマライゼーションの8原則について問われているが，8原則を知らなくても，彼のノーマライゼーションの定義である選択肢4さえ知っていれば正答できる。

| 問題22 | ラウントリー，相対的貧困，相対的剥奪 | 頻出度 ★☆☆ | 正答 4 |

1 ✕ ラウントリーはヨーク市調査を実施し，**ブース**の**ロンドン**調査とならびイギリスの都市部の労働者の貧困を社会問題として認識することに貢献した。彼は，肉体や生命を維持するのにギリギリのラインを**第一次貧困**，嗜好品や贅沢品を抑制すればなんとか維持できるラインを**第二次貧困**と定義した。

2 ✕ 世帯の所得が，その国の等価可処分所得（手取り収入を世帯人数の平方根で割って調整した額）の**中央値**の半分（**貧困線**）に満たない人々の割合を相対的貧困と呼ぶ。日本政府の統計でも採用されている指標。

3 ✕ 人間開発指数（HDI）は，国連開発計画（UNDP）が毎年発表している，各国の**豊かさ**を示す指標である。

4 〇 「持続可能な開発のための2030アジェンダ」は2015年9月の国連サミットで加盟国全会一致で採択された。持続可能な開発目標（SDGs）はそこに記載された国際目標であり，貧困の基準として**国際貧困線**（国際貧困ライン）を採用している。国際貧困線は**世界銀行**が算出している。

5 ✕ タウンゼントは，資源の不足により，その社会で一般的とみなされている生活様式を維持できず社会から締め出されている状態を**相対的剥奪**という指標で表した。このような人々の存在は，戦後の福祉国家においてもなお存在する「**新しい貧困**」として注目された。

> **POINT!**
> 極度に貧しい暮らしをしている人の国際的な基準は，1日1.25米ドル未満で生活していることとされていたが，最新の基準では1日2.15米ドル（約300円／2024年国連レートで計算）になっている。今後も物価や貨幣価値を考慮し随時改定されると予測される。こまめにチェックしておきたい。

| 問題23 | 多文化共生，災害時外国人支援，ヘイトスピーチ解消法 | 頻出度 ★☆☆ | 正答 3 |

1 ✕ 「在留支援のためのやさしい日本語ガイドライン」では，ステップ1として，そもそも日本人にとってわかりやすい文章を作成するように促している。具体的には「3つ以上のことを言うときは，**箇条書き**にする」「外来語（カタカナ語）はできる限り使わない」などの方法が示されている。

2 ✕ 「地域における多文化共生推進プラン」（改訂版）において，「受入れ環境の整備による都市部に集中しないかたちでの外国人材受入れの実現」が掲げられている。

3 〇 多文化共生アドバイザー制度は，多文化共生の取組に関する先進的な知見やノウハウを有する地方自治体の担当部署又は職員を「**多文化共生アドバイザー**」として登録し，多文化共生に取り組もうとする地方自治体がアドバイザーから助言やノウハウの提供等を受けることが可能となる制度である。

4 ✕ 災害時外国人支援情報コーディネーターとは，**地方自治体**や**地域国際化協会**等の職員のうち要件を満たす者が想定されており，外国語を母語とする者とするような定めはない。

5 ✕ ヘイトスピーチ解消法は，本邦外出身者に対する**国民**の義務について規定している法律であり，本邦外出身者に何かを義務付けるような記述はない。

> **POINT!**
> 今回は出題がなかったが，外国人については住宅セーフティネット法をはじめ住宅確保の要支援者という文脈でもよく出題がある。併せて覚えておきたい。

| 問題24 | 健康寿命，ソーシャルキャピタル | 頻出度 ★ | 正答 2, 5 |

1 ✕ 同方針では国が具体的な**数値目標**を掲げるとともにそれらを国民に周知することの重要性が指摘されているが，第2の2の1にあるように，平均寿命ではなく**健康寿命**の延伸を重要視している。

2 ○ 同方針の第2の2の4に，選択肢の内容に加えて，女性に多い**やせ**，**骨粗鬆症**等の健康課題，男性とは異なる傾向にある女性の**飲酒**及び**妊婦**に関する目標を設定することが明記されている。

3 ✕ 健康管理を国民の自己責任とする記載はなく，むしろ，国民の健康のための国としての取り組み方針が述べられている。

4 ✕ 第1の2に「これらの生活習慣の定着等による生活習慣病（NCDs）の発症予防及び合併症の発症や症状の進展等の重症化予防に関し，引き続き取組を進める」と明記されている。

5 ○ 「社会とのつながりについては，**ソーシャルキャピタル**の醸成が健康に影響するとされている。このため，地域の人々とのつながりや様々な社会参加を促すことを目標として設定する」と明記されている。

POINT!

ソーシャルキャピタルは過去にもしばしば問われているため，選択肢5は確実に得点しておきたい。アメリカの政治学者ロバート・パットナム（Robert, D. Putnam）が『孤独なボウリング』という著書の中で説明した概念で，社会的な結びつきや協調を「資本」と捉える。

| 問題25 | 介護保険法，措置，契約 | 頻出度 ★ ★ ★ | 正答 3 |

1 ✕ ほんの一例であるが，介護保険法施行より前の高齢者施設・サービスの利用は措置により決定されていた。利用するサービスの種類や量について，利用者側が選ぶことはできず，基本的には行政が決定する。このような仕組みを**措置**といい，利用料を全額公費でまかなうという意味ではない。

2 ✕ **介護保険法**施行を皮切りに，高齢者福祉や障害者福祉など，さまざまな福祉分野で「**措置から契約へ**」のシフト転換が起こった。契約制度のもとでは利用者がどの事業者のサービスを受けたいか選択することができ，市場における一般消費者と同じように利用者と事業者の間で**直接契約**を交わす。

3 ○ 措置制度下で，たとえば利用者は「特養に入りたい」などの希望を出すことはできるが，「老人ホームAではなくBに入りたい」といったような具体的なことまで**選択**することはできない。入居の可否やどの特養に入るか等はすべて**行政**が決定する。

4 ✕ 老人福祉法第11条に，経済的な事情のある高齢者を**養護老人ホーム**へ入所させる場合や，精神や身体に著しい障害があり常時介護が必要な者で，居宅での生活が困難な高齢者を**特別養護老人ホーム**へ入所させる場合など，やむをえない場合には措置により入所を決定できる旨，記されている。

5 ✕ 「障害者総合支援法」は，原則として措置制度ではなく契約制度に基づいている。また，もちろんすべてではないが，実施の主体は原則として**市町村**となっている。

POINT!

社会福祉基礎構造改革に端を発し，介護保険法施行により具体化した「措置から契約へ」のいきさつやその内容を理解しているかが問われている。なお，児童福祉の保育所利用については需給のバランスがいびつなため，そもそも完全な契約制度ではなく，措置と契約を組み合わせた「選択利用方式」が採られている点に注意したい。

| 問題26 | 福祉事務所　社会福祉主事　現業員 | 頻出度 ★★ | 正答 3 |

1 ✕　社会福祉法14条において，福祉事務所の設置義務があるのは**都道府県及び市**と定められている。

2 ✕　社会福祉法15条に，福祉事務所の「現業を行う所員」は社会福祉主事でなければならない旨が定められている。現業員に社会福祉主事を充てるのは**努力義務ではなく義務**である。

3 ◯　社会福祉法16条に，福祉事務所の現業を行う所員の**標準数**について定められている。

4 ✕　社会福祉法15条に，福祉事務所の「指導監督を行う所員」は社会福祉主事でなければならない旨が定められている。

5 ✕　老人福祉法5条の4に，主たる措置の実施者は**市町村**であると記されている。

> **POINT!**
>
> 社会福祉法第15条第1項について，今回は第一号「指導監督を行う所員」と第二号「現業を行う所員」について出題されたが，実は第三号**「事務を行う所員」**についても規定がある。第三号は社会福祉主事であることが義務付けられていない点に注意したい。

| 問題27 | 男女雇用機会均等法　間接差別　障害者　ヘイトスピーチ | 頻出度 ★★ | 正答 3 |

1 ✕　**男女雇用機会均等法**第8条に，「事業主が，雇用の分野における男女の均等な機会及び待遇の確保の支障となっている事情を改善することを目的として女性労働者に関して行う措置を講ずることを妨げるものではない」と明記されている。

2 ✕　モラルに反する行為を目撃させて不快感を与える行為は，どちらかというと**間接ハラスメント**に近い。

3 ◯　**間接差別**とは，「性別以外の事由を要件とする措置であって，他の性の構成員と比較して，片方の性の構成員に相当程度の不利益を与えるものを，合理的理由がないときに講ずるもの」と定義されている。

4 ✕　車いすユーザーが正当な理由なく公共交通機関の利用を拒否されることは，**バリアフリー法**や**障害者差別解消法**の趣旨に反している。間接差別ではなく直接的な差別である。

5 ✕　特定の民族や国籍の人々に対し，その民族や国籍のみを理由として，地域社会からの排除を扇動するような言動は**ヘイトスピーチ解消法**で禁止されている。間接差別ではなく直接的な差別である。

> **POINT!**
>
> 直接的な差別について説明している選択肢4，5は容易に消去できると思われるが，それ以外は間接差別について知っていないと解けない。男女雇用機会均等法の法文よりも，厚労省『男女雇用機会均等法のあらまし』における間接差別の説明がわかりやすいため，一読をすすめる。

社会保障

| 問題28 | 公務員の社会保険 | 頻出度 ★★ | 正答 1 |

1 ○ 以前，常勤の国家公務員は共済年金に加入していたが，2015（平成27）年のいわゆる「被用者年金一元化」により，国家公務員も**厚生年金保険**に加入することとなっている。

2 ✕ 介護保険第2号被保険者となるのは，**40歳以上65歳未満**の医療保険加入者である。Aさんは23歳であり，介護保険の被保険者とならない。

3 ✕ 常勤の国家公務員は，雇用保険から**適用除外**となる。これは，国家公務員には国家公務員退職手当法に基づく別の制度があるからである。

4 ✕ 国家公務員は，医療保険については，**共済組合**に加入する。

5 ✕ 国民年金第3号被保険者とは，国民年金第2号被保険者の**被扶養配偶者**であり，**20歳以上60歳未満**で国内に居住する者である。Bさんは18歳であり，対象とならない。

> **POINT!**
> 公務員が加入する社会保険制度についての出題は珍しいが，問われているのは基本的な事項である。

| 問題29 | 日本の社会保障の歴史 | 頻出度 ★★★ | 正答 5 |

1 ✕ 福祉三法とは，児童福祉法，身体障害者福祉法と，**生活保護法**である。

2 ✕ 国民皆保険は，1958（昭和33）年の**国民健康保険法**改正により1961（昭和36）年に実現した。

3 ✕ 1971（昭和46）年に児童手当法が制定されたのは正しいが，児童手当の対象はひとり親世帯に限定されない。ひとり親世帯を対象とするのは**児童扶養手当**であり，**1961**（昭和36）年に児童扶養手当法が制定された。ただし，制定当初は母子世帯を対象としており，父子世帯も対象としたのは**2010**（平成22）年からである。

4 ✕ 1982（昭和57）年に老人保健法が制定されたのは正しいが，いわゆる老人医療費の無料化は，**1973**（昭和48）年に老人福祉法の改正によって創設された**老人医療費支給制度**によるものである。

5 ○ 介護保険法が施行されたのは**2000**（平成12）年である。

> **POINT!**
> 日本の社会保障の歴史についての問題である。社会保険，社会福祉，社会手当と幅広い分野が問われているが，正答となる選択肢は極めて基本的なものである。

| 問題30 | 社会保障費用統計 | 頻出度 ★★★ | 正答 2 |

1 ✕ 2021（令和3）年度の社会保障給付費総額は，**138.7兆円**であり，160兆円には達していない。ちなみに2022（令和4）年度は**137.8兆円**（前年比0.7％減）であった。

2 ○ 2021（令和3）年度の部門別の社会保障給付費のうち，「福祉その他」の割合は，**25.6**％であり，2割を超過していた。最も高いのは**年金**（40.2％）であり，次いで**医療**（34.2％）であった。

3 ✕ 2021（令和3）年度の政策分野別社会支出の割合が最も大きいのは，**保健**（42.3％）であった。次いで**高齢**（34.1％）であり，「家族」（9.5％）は3番目に大きい。

4 ✕ 2021（令和3）年度の社会保障財源における公費負担の割合は**40.4**％であり，**社会保険料**（46.2％）のほうが大きい。

5 ✕ 2020（令和2）年度の日本の社会支出の対国内総生産比は**25.36**％であり，アメリカ（**29.67**％）やフランス（**35.62**％）よりも小さい。「社会保障費用統計」ではOECD加盟国全体の比較はされていないが，アメリカやフランスよりも小さいことから，「最も大きい」とはいえない。

> **POINT!**
> 社会保障費用統計についての問題である。これまでに繰り返し問われてきたことも多く，しっかりと理解しておきたい。

| 問題31 | 給付の国庫負担 | 頻出度 ★★★ | 正答 4 |

1 ✕ 基礎年金の給付費の国庫負担割合は**2分の1**である。ただし，20歳前傷病の障害基礎年金については，6割となっている。

2 ✕ 年金生活者支援給付金は，**全額国庫負担**である。本制度は，2012（平成24）年からのいわゆる社会保障・税一体改革の中で，消費税引き上げ分を財源に2019（平成31）年から創設された。

3 ✕ 介護保険の給付費の国庫負担は**4分の1**（25%）である。ただし，施設等給付分については，2割（20%）となっている。

4 ◯ 国が**3分の1**，都道府県・市・福祉事務所設置自治体が**3分の2**を負担している。2006（平成18）年度から国の負担割合が減らされた（4分の3から3分の1）。

5 ✕ 生活保護費の国庫負担は**4分の3**である。

POINT!

各制度の国庫負担割合についての問題である。制度により異なるため複雑だが，正確に理解しておきたい。

| 問題32 | 被用者保険適用拡大の影響 | 頻出度 ★★ | 正答 1 |

1 ◯ 適用拡大により健康保険の被保険者となったことと，年齢（47歳）を踏まえれば，同時に**厚生年金保険**の被保険者（**70歳未満**が対象）になったと考えられる。そして，厚生年金保険の被保険者は原則として国民年金第**2号**被保険者となる。

2 ✕ 被用者保険の適用と児童手当の支給額に関連はない。ただし，厚生年金保険の被保険者になったということで，その分，事業主は児童手当の財源の一部となっている**子ども・子育て拠出金**の負担を求められるようになる。

3 ✕ 労働者災害補償保険は，労働時間の長短に関係なく適用されるため，**変化はない**。

4 ✕ 介護保険の第2号被保険者は**40**歳以上**65**歳未満の医療保険加入者であり，国民健康保険から健康保険に変わっても，第2号被保険者であることに変わりはない。ただし，加入する医療保険が変わることによって，介護保険の**保険料**に変更が生じる。

5 ✕ 健康保険の保険料負担は，原則として**労使折半（2分の1ずつ）**である。健康保険組合では，事業主の負担割合をこれより増やすことは認められているが，減らすことは認められていない。

POINT!

近年進められている被用者保険適用拡大の具体的な影響を問う問題である。出題の切り口は新しいが，問われていることは難しいことではない。

| 問題33 | 公的年金の給付 | 頻出度 ★★★ | 正答 2 |

1 ✕ 公的年金の受給には，申請が**必要である**。そもそも，老齢厚生年金は繰上げ・繰下げ受給を選択できるため，その点を踏まえても仕組み上，申請が必要である。

2 ◯ これは**在職老齢年金**の説明である。2025（令和7）年度からは支給停止の基準額が**51万円**に引き上げられた。

3 ✕ 繰上げ受給の場合は本来の受給額よりも**低く**なり，繰下げ受給の場合は**高く**なる。

4 ✕ 基礎年金を重複して受給することはできず，設題文のような場合は，いずれかの年金を受給者が**選択**する必要がある。

5 ✕ 付加年金は国民年金第**1号**被保険者を対象とする制度である。任意加入であり，付加保険料を支払うことで，老齢基礎年金に上乗せして支給される。

POINT!

公的年金の給付に関する問題である。今後，在職老齢年金や遺族厚生年金など，幅広く制度改正が予定されているので，その動向も把握しておきたい。

問題34　　　　離婚と社会保険

頻出度 ★★★　　正答 **4**

1 ✕ 国民年金第3号被保険者は，国民年金の保険料を支払う必要は**ない**。

2 ✕ 健康保険の任意継続被保険者は，被保険者の**退職**後に任意で適用される制度であり，離婚により適用されるものではない。

3 ✕ 介護保険料を市町村が直接徴収するのは，第**1号**被保険者(65歳以上)の場合である。Aさんは55歳であり，第**2号**被保険者であるので，医療保険保険者が医療保険の保険料に上乗せして徴収し，それが介護給付費交付金等として市町村に送られる。

4 ◯ 分割した年金記録に基づく老齢厚生年金であっても，Aさん本人の**年齢**を基準に支給が判断される。

5 ✕ 納付猶予制度は第1号被保険者のうち，**50歳未満**の者を対象とした制度であり，55歳のAさんは対象とならない。

POINT!

離婚を事例にして，各社会保険制度が横断的に問われた問題である。今回は離婚であったが，それ以外にも育児や介護，休業などを事例に問われることも多いので，制度間の関係についても整理しておきたい。

問題35　　　　雇用保険制度

頻出度 ★★★　　正答 **3**

1 ✕ 失業の認定は，**公共職業安定所**(ハローワーク)において行われる。

2 ✕ 所定給付日数は，**離職理由**や**年齢**，被保険者であった**期間の長さ**により決定される。

3 ◯ 高年齢被保険者とは65歳以上の被保険者を指し，基本手当を含む求職者給付の代わりに，高年齢求職者給付金(一時金)が支給される。

4 ✕ 介護休業給付金では，介護休業開始時の賃金の**67**％相当額が支給される。

5 ✕ 出生時育児休業給付金は**出生時育児休業(産後パパ育休)**中の労働者に対して支給される。そもそも産後休業は，出産した女性が取得するものである。

POINT!

雇用保険も出題例が多い。育児や介護に関連する給付があることもあり，制度改正が激しい制度なので，最新の変更点を把握しておきたい。

問題36　　　　諸外国の社会保障制度

頻出度 ★★　　正答 **4**

1 ✕ フランスの公的医療保険の外来給付，償還払いが原則であったが，2015年に成立した法律により，順次，医療機関への直接払いが実施され，**現物給付**化している。

2 ✕ ドイツの公的年金制度は，**職域**ごとに加入する制度が区分されている。

3 ✕ スウェーデンの公的年金制度は，所得比例年金，プレミアム年金，保証年金，補足年金があるが，積立方式となっているのは**プレミアム年金**のみである。

4 ◯ イギリスの医療制度は，租税を主財源として運営される**国民保健サービス(NHS)**により，公的医療が保障されている。

5 ✕ アメリカで連邦政府運営の公的医療保険としては**メディケア**があるが，これは高齢者と障害者を主な対象とした医療保険である。

POINT!

諸外国の医療制度も出題例は多い。年金制度も含め，ここで出題されている5か国はしっかりと理解しておきたい。

権利擁護を支える法制度

問題37　　　三親等の親族　　　　　　　　　　　　　頻出度 ★　　　正答 5

1 ✕　**祖母**は**2親等**である。

2 ✕　**配偶者の姉**は**2親等**である。

3 ✕　**いとこ**は**4親等**である。

4 ✕　**弟**は**2親等**である。

5 ◯　選択肢は正しい。**甥の配偶者**は**3親等**である。

> **POINT!**
> 民法の親族に関する基礎知識を問う問題。血縁関係がある者を血族，婚姻により親族になった者を姻族という。民法第725条は，6親等以内の血族，配偶者，3親等内の姻族を「親族」と定めている。親族の数え方は，父母および子は1親等，祖父母および兄弟は2親等，孫，甥姪，伯父（父母の兄）叔父（父母の弟），伯母（父母の姉）叔母（父母の妹）は3親等となる。

問題38　　　障害者施設従事者の障害者虐待への初動対応　　　頻出度 ★★　　　正答 1, 5

1 ◯　選択肢は正しい。Dは**障害者虐待防止法**の規定により，虐待を受けたFさんの**同意の有無にかかわらず速やかにB市に通報**する**義務がある**。

2 ✕　虐待を受けたFさんを発見したDは，**施設長の同意にかかわらず速やかにB市へ通報**する義務がある。

3 ✕　B市はDからの通報を受けて，**障害者総合支援法に基づく権限行使**として，**立ち入り調査を行うことができる**。

4 ✕　B市は，**通報後の通報者の保護**の観点から，Dからの通報であることを施設に**伝えてはならない**。

5 ◯　選択肢は正しい。**B市**は，事実確認を行ったあと，**A県に障害者虐待に関する事項を報告**する。

> **POINT!**
> 障害者虐待防止法による初動対応の知識を問う問題。障害者虐待を受けたと思われる障害者を発見した施設従事者は，速やかに通報する義務がある。また，早期発見を促す観点から「受けたと思われる」とは，虐待の疑いがある場合も含むと解釈し，通報義務が生ずることも押さえておきたい。

問題39　　　障害者差別解消法による取り組み　　　　頻出度 ★★　　　正答 4

1 ✕　「**障害を理由とする差別の解消の推進に関する基本方針**」を定めるのは，都道府県知事ではなく**政府**である。

2 ✕　障害を理由とする差別の禁止に関して，**事業所が適切に対応するための指針**を定めるのは，市町村長ではなく**主務大臣**である。主務大臣は**事業分野別に指針（ガイドライン）を定める**。

3 ✕　**事業所や行政機関等**は障害者に対して，**正当な理由なく障害を理由として**，サービスの提供を拒否することや障害のない人には付けない条件を付けること等の**不当な差別的取り扱いは禁止**されている。

4 ◯　選択肢は正しい。事業者や**行政機関等**は，障害者から**社会的障壁の除去**を必要とする意思表明があった場合，過度な負担にならない範囲で，社会的障壁を除去するための**合理的配慮**を行わなければならない。

5 ✕　**事業主が労働者に対して**行う障害を理由とする差別の禁止に関する措置は，「**障害者雇用促進法**」に基づいて講じられる。なお，**2018（平成30）年4月**より，改正障害者雇用促進法が施行され，**雇用分野における障害者差別は禁止，合理的配慮の提供は義務**となっている。

> **POINT!**
> 障害者差別解消法による差別解消のための措置の内容を問う問題。2024（令和6）年4月1日に改正障害者差別解消法が施行され，事業者による障害者への合理的配慮の提供は義務化されている。また，合理的配慮を講ずる目的である社会的障壁とは，障害者にとって日常生活または社会生活を営むうえで障壁となるような社会における事物，制度，慣行，観念その他一切のものを指すことも押さえておきたい。

問題40　　　権利擁護の方針を検討する視点　　　頻出度 ★★★　正答 1

1 ○ 選択肢は正しい。成年後見制度の利用を急がず，Aさんの判断能力の程度，成年後見制度以外のサービス利用によりどの程度**Aさんの利益が充足**しているかを，Aさんの立場を中心に据えて総合的にアセスメントした結果といえる。

2 ✕ 成年後見制度を申立てる要件はAさんの**判断能力の程度**である。身体的な障害の程度は要件に入らない。

3 ✕ 成年後見制度の補助類型の申立ては，**本人の自己決定**を尊重する観点から，**申立ては本人が行い本人の同意が**必要である。この選択肢ではAさんが利用を拒んでいるため，審判は受けられない。

4 ✕ **申立て費用の捻出が困難**な場合は，**成年後見制度利用支援事業**の申立て助成を受ける検討を行うべきで，金銭的条件が直ちに成年後見制度の利用断念の理由にはならない。

5 ✕ Aさんの判断能力の状況を度外視して，支援者側の都合を先行させて3類型の中で最も権利制限が広範囲にわたる「後見」類型の申立てを検討するのは，**意思決定支援の観点**から不適切な判断といえる。

POINT!

正解の選択肢1は，本人の状況を適切にアセスメントしながら，成年後見制度以外の支援も導入し，成年後見制度の申立てを急がずにAさん本人の利益の充足を確認し，権利擁護の方針を立てていることに着目する。選択肢1以外は，成年後見制度の申立てに必要な要件，本人の意思決定支援の視点の欠如，利用が困難な場合の支援制度など，成年後見制度の利用にかかわる基本的知識が不足しているため誤りと理解できる。

問題41　　　成年後見制度の利用促進に関わる施策　　　頻出度 ★★★　正答 1

1 ○ 選択肢は正しい。**成年後見制度利用促進基本計画**において，**市町村**には**地域連携ネットワーク**の**中核機関**の設置や地域連携ネットワークの設立において**積極的な役割を果たすこと**が求められている。

2 ✕ 成年後見制度の申立人には，市区町村長は含まれているが，都道府県知事は含まれていない。

3 ✕ **成年後見制度利用促進のための関連施策**は，家庭裁判所，関係行政機関，都道府県を含む地方公共団体，民間の団体等の**相互の協力，適切な役割分担**のもと行われる。

4 ✕ **意思決定支援を踏まえた後見事務のガイドライン（意思決定支援ガイドライン）**は，2020（令和2）年10月に最高裁判所，厚生労働省，関係専門団体から構成される**意思決定支援ワーキンググループ**が発出した。

5 ✕ 成年後見制度の利用の促進にかかる各施策の実施状況は，国が公表する。

POINT!

成年後見の利用促進に関わる施策は今後も出題が続くことが予想される。特に，市町村単位で設置を目指している地域連携ネットワークと運営を担う中核機関の概要は押さえておきたい。また，中核機関の主な具体的機能は，広報機能，相談機能，成年後見制度利用促進機能としての受任者調整等の支援，担い手育成，後見人支援機能がある。

問題42　　　成年被後見人の権利制限について　　　頻出度 ★★　正答 5

1 ✕ Aさんは選挙権を失わない。公職選挙法が改正され，2013（**平成25年**）**7月以降に公示・告示される選挙から，成年被後見人は選挙権・被選挙権を有する**ことになった。

2 ✕ Aさんは当然に公務員になれないことはない。試験などで個別に判断される。

3 ✕ Aさんは当然に社会福祉法人理事になれないことはない。個別審査などで理事としての適格性が判断される。

4 ✕ Aさんは当然に株式会社の役員になれないことはない。個別審査などで役員としての適格性が判断される。

5 ○ 選択肢は正しい。

POINT!

選択肢1の公職選挙法は先行して改正されたが，2019（令和元）年6月に「成年被後見人等の権利の制限に係る措置の適正化等を図るための関係法律の整備に関する法律」が成立した。この法律により，200近い各種法律の欠格条項の削除等が行われ，成年後見制度利用促進基本計画の目標でもある成年後見制度を安心して利用できる環境整備が進んだ。

地域福祉と包括的支援体制

問題43	地域福祉の担い手／民生児童委員	頻出度 ★★	正答 3

1 ✕ 認知症サポーターは地域の中で認知症の人のちょっとした手助けをするボランティアであり，どこかに配置されるものではない。なお，地域包括支援センターには**認知症地域支援推進員**が配置されている。

2 ✕ 主任児童委員は，担当区域において児童委員の活動支援や関係機関との調整を行う地域のボランティアである。児童家庭支援センターに配属されているわけではなく，地域内にある**自宅を拠点に活動**する。

3 ◯ 労働者協同組合とは，2020（令和2）年の**労働者協同組合法**により設置が可能となった比較的新しい法人形態である。組合員が出資して意見を出し合い，組合員自らが事業に従事することを基本原理としている。

4 ✕ 民生委員は，**都道府県知事**の推薦によって，**厚生労働大臣**から委嘱される。

5 ✕ 社会的企業は，**社会問題の解決**を主たる目的として収益事業を行う組織である。株主の利益を最優先に考える組織は**株式会社**である。

POINT!

「市民による福祉の担い手」という切り口で，認知症サポーターや主任児童委員，民生委員，社会的企業といった本科目で頻出の担い手に関する知識が問われている。労働者協同組合についても基本知識を確認しておこう。

問題44	地方財政／目的別歳出／民生費	頻出度 ★★★	正答 1

1 ◯ 市町村の目的別歳出決算額は**民生費**（37.2％），**総務費**（12.7％），**教育費**（11.8％）の順に大きい。一方，都道府県は教育費（16.3％），民生費（15.0％），商工費（12.5％）の順である。

2 ✕ 災害救助費は，目的別歳出の**民生費**の中に位置づけられている。都道府県における推移を見ると2012（平成24）年は約3455億円（4.7％）であったが2022（令和4）年は約231億円（0.2％）で，近年**減少**している。

3 ✕ 目的別歳出決算額に占める民生費の割合は，**市町村が37.2％**，都道府県が15.0％であり，**市町村のほうが大きい**。これは児童福祉や社会福祉施設の設置・運営，生活保護等の事務を市町村が担っているためである。

4 ✕ 目的別歳出で，都道府県の民生費では**老人福祉費**の構成比が最も大きく，次いで社会福祉費，児童福祉費の順となる。都道府県は後期高齢者医療や介護保険の負担金を多く拠出しているためである。

5 ✕ 目的別歳出で，市町村の民生費では**児童福祉費**の割合が最も大きく，社会福祉費，老人福祉費と続く。生活保護費は4番目である。市町村では児童手当の支給など児童福祉に関わる事務を主に行っているためである。

POINT!

地方財政に関する問題も頻出である。目的別歳出，性質別歳出の各費目の意味合いを押さえた上で，最新の地方財政白書ビジュアル版（概要版）を確認して，民生費など社会福祉に関わる費用を中心に都道府県と市町村それぞれの傾向をつかむとよい。

| 問題45 | 地域福祉計画／地域福祉支援計画 | 頻出度 ★★★ | 正答 3 |

1 ✕ 2023（令和5）年時点で，地域福祉支援計画は**47都道府県すべてで策定済**である。

2 ✕ 地域福祉計画を「策定済み」と回答した市区町村の割合は，**市部が95.9%，町村部が77.1%**となっており，策定済みの割合は**市部のほうが高い**。人口規模の大きな市町村ほど策定率が高いことが指摘されている。

3 ◯ 「包括的な支援体制の整備に関する事項」については**3つの項目のいずれか**を計画に位置付けている市町村が**81.9%**と8割を超えている。また，3つの項目すべてを位置づけている市町村も56.7%と半数を超えている。

4 ✕ 地域福祉計画の期間については「**5年**」が73.2%で最多であり，次いで「6年以上10年未満」（15.8%），「10年以上」（4.6%）の順となっている。

5 ✕ 計画を定期的に点検しているのは1,000市町村（67.0%），さらに**計画の評価実施体制**を構築しているのは627市町村である。調査に回答のあった1736市町村に占める割合は約**36.1%**であり，「2割程度」ではない。

POINT!

地域福祉（支援）計画は本科目で頻出である。基本的な知識をおさえた上で，毎年厚生労働省が公開している「地域福祉計画策定状況等の調査結果概要」を確認しておくとよい。

| 問題46 | 福祉サービスの評価／プログラム評価 | 頻出度 ★★ | 正答 2 |

1 ✕ プログラムが計画どおりに実施されたかを検証するために実施するのは**プロセス評価**である。効率性評価では，投入された費用が効果的・効率的に活用されたかどうかを検証する。

2 ◯ 講座（プログラム）を実施したことによる**短期・中期の成果**を検証する方法として，**アウトカム評価**が正しい。なお，より長期的な成果や影響を調べる場合にはインパクト評価と呼ばれる。

3 ✕ 寄付金などの資金が効果的・効率的に執行されたかを明らかにするために実施するのは**効率性評価**である。プロセス評価ではプログラムが計画どおりに進んだかどうか，計画の実施過程を検証する。

4 ✕ 講座のカリキュラム内容（プログラム）が，目的と見合った内容であったかを検証するのは**セオリー評価**である。インパクト評価とは，プログラムを実施して生じる長期的な効果を検証することを指す。

5 ✕ 地域住民の意向など，地域に潜在しているニーズを明らかにするために実施するのは**ニーズ評価**である。セオリー評価とは，そのプログラムが目的を達成できるよう適切に練られているかを評価するものである。

POINT!

福祉サービスの評価方法の一つである，プログラム評価については本科目で度々出題されている。ニーズ評価→セオリー評価→プロセス評価→アウトカム評価（短期・中期）／インパクト評価（長期）→効率性評価という5段階の流れを把握しておく必要がある。

| 問題47 | 地域社会の変化／地域生活課題 | 頻出度 ★★ | 正答 4 |

1 ✕ 同調査によれば，単独世帯が一般世帯に占める割合は約**38.1%**と4割近くにのぼり，世帯類型別で最多となっている。近年の傾向として2人以下の世帯が増加し，3人以上世帯が減少していることが指摘されている。

2 ✕ 同統計によれば，在留外国人の数は約307万人で，総人口に占める割合は約**2.46%**である。近年，在留外国人の総人口に占める割合は概ね2〜3%となっている。

3 ✕ 同統計によれば，15歳から64歳までの生産年齢人口は総人口の約**59.4%**で，6割弱となっている。なお，15歳未満人口は約11.6%で1割強，65歳以上人口は約29.0%で3割弱を占めている。

4 ◯ 同調査によれば，孤独であると感じることが「しばしばある・常にある」（4.8%），「時々ある」（14.8%），「たまにある」（19.7%）を合わせて**39.3%**と約4割にのぼる。

5 ✕ 同調査によれば，各種世帯の生活意識について母子世帯では「大変苦しい」「やや苦しい」という回答が合わせて**75.2%**と，4分の3を超えている。ただし，2019年調査時（86.7%）に比べるとやや改善がみられている。

POINT!

「地域社会の変化」は新カリキュラムの出題基準に新たに付け加えられた。単独世帯や外国人住民の割合，孤立・孤独や生活困窮に関する意識について，統計の大まかな割合を把握しておくとよい。

| 問題48 | 包括的支援体制／重層的支援体制整備事業 | 頻出度 ★★★ | 正答 5 |

1 ✕ 全国1741市町村のうち，令和5年時点で同事業に取り組んでいるのは189自治体（約10.9%）であり，全体の**1割強**であった。なお，令和6年度は346自治体，令和7年度は473自治体になる見込みである。

2 ✕ 包括的相談支援事業とは，高齢・障害・児童・生活困窮といった分野を超えて**包括的に相談**に応じ，福祉サービスに関する情報提供や関係機関との連絡調整，**虐待の防止・早期発見等**を一体的に行う事業である。設問の記述は**多機関協働事業**に関する説明である。

3 ✕ アウトリーチ等を通じた継続的支援事業とは，**孤立**が長期にわたるなど継続的な支援が必要な者を**訪問**して状況を把握し，サービスに関する情報提供等を行う事業である。設問は包括的支援事業に関する記述。

4 ✕ 重層的支援会議は，**多機関協働事業**の中で行われる。関係機関の連携や**プランの適切さ**，支援の終結，資源の把握や創出等について検討するための会議である。設問文にあるような会議体ではない。

5 ◯ 「地域共生社会推進検討会の最終とりまとめ」（2019年）では，重層的支援体制整備事業の核となる3つの事業を提唱したほか，地域づくりに向けた支援における**プラットフォーム**の重要性を指摘している。

POINT!

重層的支援体制整備事業は，本科目における近年の最頻出項目である。「属性を問わない（包括的）相談支援」「参加支援」「地域づくり支援」の3本柱に加え，その他の事業や自治体の取組み状況もチェックしておきたい。

| 問題49 | 地域活動／社会資源 | 頻出度 ★ | 正答 1, 5 |

1 ◯ 地域活動を探すにあたり，Cさんの得意なことや，やってみたいことなどの強み（**ストレングス**）を把握して適切な**社会資源**とマッチングすることは，本人のモチベーション向上にもつながるため，適切である。

2 ✕ Cさんは新たな知的障害者向けサービスを求めているわけではない。また，この地区では地域活動や商店の人手不足が生じており，自分達で新たなサービスを立ち上げる余裕はないと思われるため不適切である。

3 ✕ 実際に地域活動への参加を始めて施設通所との両立が難しいと感じれば，一時通所を休む判断もあり得るが，現段階で両立ができないと判断するのは時期尚早であり，不適切である。

4 ✕ 商店側に後継者探しのニーズが存在する可能性はあるが，Cさんは地域活動への参加を希望しているのであり，商店の経営を希望しているわけではない。Cさんの**ニーズ**を踏まえておらず不適切である。

5 ◯ 地域活動や商店の状況について**地域アセスメント**を実施して現状を把握することで，Cさんの力を生かせるような地域の強みや社会資源を見つけられる可能性がある。**地域住民と一緒に考える**ことで，Cさん側の一方的な希望を伝えるのではなく，地域のニーズや現状に合った方法も見つけやすくなるため適切である。

POINT!

地域活動への参加希望者と地域の社会資源を結ぶ，社会福祉協議会のコーディネート機能をテーマにした事例問題である。一方的ではなく，双方のニーズや希望に十分配慮した提案ができる選択肢を考えるのがよい。

問題50	災害救助法／業務継続計画(BCP)／福祉避難所	頻出度 ★★	正答 2, 4

1 ✕ 1998(平成10)年制定の被災者生活再建支援法に基づき市町村において**10世帯以上**，都道府県において**100世帯**以上の住宅全壊被害が発生した場合などに同制度の対象となり，被災世帯に支援金が支給される。

2 ○ 2021(令和3)年の介護報酬改定により，すべての介護サービス事業者が2024(令和6)年3月までに**業務継続計画(BCP)**を策定し，必要な措置(従業員への周知，研修及び訓練の実施等)を講ずることが義務化された。

3 ✕ 災害ボランティアセンターの設置については**法的な規定がない**。そのため社会福祉協議会の義務でもない。ただし，災害ボランティアセンターにかかる費用の一部は災害救助法の国庫負担の対象となっている。

4 ○ 高齢者や障害者などの災害時要配慮者が長期の避難生活で健康状態を悪化させる二次被害を防ぐため，**都道府県**による一般避難所への災害派遣福祉チーム(**DWAT**)の派遣がガイドラインに明記されている。

5 ✕ 福祉避難所は高齢者や障害者，妊婦など一般避難所での生活に困難を抱えやすい人達のための場所であることから，事前に**受入対象者を特定**し，特定された要配慮者と家族だけが避難する施設であることを公示できる。

> **POINT!**
> 災害時の支援は新カリキュラムの出題基準で本科目の大項目の一つに位置づけられており，重要性が増している。本問題で出題された項目の基礎知識に加え，災害対策基本法や個別避難計画等についても確認しておく。

問題51	重層的支援体制整備事業／参加支援	頻出度 ★	正答 3, 4

1 ✕ 参加支援事業の目標は**社会とのつながりを作ること**であり，本人のニーズを踏まえた様々な「参加」の形がある。一般就労は必ずしも事業の支援目標ではないため，不適切である。

2 ✕ 重層的支援体制整備事業では，包括的相談支援事業と参加支援事業，地域づくり事業の3つを**一体的に実施**することが必須となっているため，「切り離して取組を進める」ことは不適切である。

3 ○ 本人や家族のニーズを踏まえた検討会議(**重層的支援会議**)を開催することで，様々な可能性を探ることができる。適切である。

4 ○ 短時間就労や就労体験などの支援メニューを創出することは，本人達の状態に合わせた**多様な就労の機会**を確保することにつながり，参加支援事業の趣旨に鑑みて適切である。

5 ✕ 必要に応じて，ひきこもり地域支援センターと**連携・協働**することは大切であるが，「対応を委ねる」のは他機関に丸投げしている形となってしまうため不適切である。

> **POINT!**
> 重層的支援体制整備事業における参加支援事業の目的を理解して，事例の文章にもある「多様な就労の機会を確保する」ことを意識すれば，比較的容易に正答を選び取ることができる。

障害者福祉

問題52　　障害児・者の生活実態　　　　　　　　頻出度 ★★★　正答 2

1 ✕ 義務教育段階の全児童生徒の数は，10年間で0.9倍に減少しているが，特別支援教育を受ける児童生徒の数は2.0倍と**倍増**している。

2 ◯ 「令和5年版障害者白書」によれば，身体障害者における施設入所者の割合は1.7%であるのに対して，知的障害者における施設入所者の割合は**12.1%**である。精神障害者（4.7%）を含めて比較しても，**知的障害者の施設入所の割合が最も高い**。

3 ✕ 19歳〜64歳の在宅障害者のうち，身体障害者の親との同居率は47.5%であるのに対して，知的障害者の親との同居率は，**91.2%**である。

4 ✕ 在宅障害者のうち，65歳以上の者の割合は知的障害者よりも**身体障害者のほうが割合は高い**。

5 ✕ 週の所定労働時間が30時間以上である者の割合は，知的障害者が64.2%であるのに対して，身体障害者は**75.1%**であり，高い割合となっている。

POINT!

厚生労働省の統計資料に基づく障害児・者の生活実態に関しては，出題頻度が高いため必ず最新のデータを確認しておこう。

問題53　　基幹相談支援センターの役割　　　　　　頻出度 ★☆☆　正答 1

1 ◯ 設問のとおりである。基幹相談支援センターは，2012（平成24）年の障害者総合支援法の施行に伴い，**相談支援の充実**に向けた取り組みの1つとして位置づけられている。

2 ✕ 創作的活動または生産活動の機会の提供，社会との交流等の便宜を供与する役割を担っているのは，**地域活動支援センター**である。

3 ✕ 就業面及び生活面の一体的な相談，支援を行っているのは，**障害者就業・生活支援センター**である。

4 ✕ 矯正施設を退所した障害者に対して，適切な福祉サービスに結びつけるための特別調整等の役割を担っているのは，**地域生活定着支援センター**である。

5 ✕ 地域の障害児の発達において，中核的な役割を担っているのは，**児童発達支援センター**である。

POINT!

基幹相談支援センターの役割だけでなく，各障害福祉サービス及び相談支援のサービス内容をおさえておくことができれば，解答を導き出すことが可能。

問題54　　精神保健福祉法による入院形態　　　　　頻出度 ★☆☆　正答 3

1 ✕ 措置入院は，自傷他害のおそれがある者に対して，都道府県知事（指定都市の長）の権限により強制入院させる制度であり，精神保健指定医2名以上の判断の一致が原則である。本事例では**母親の同意を得ている**ため，該当しない。

2 ✕ 緊急措置入院は，自傷他害のおそれが著しく急を要する場合に**精神保健指定医1名の判断**により強制入院させる制度である。本事例では該当しない。

3 ◯ 医療保護入院は，患者本人は入院に同意していないが，入院が必要であると精神保健指定医が判断した場合に，**家族等の同意を得て行われる強制入院の制度**であるため，本事例の入院形態に該当する。

4 ✕ 任意入院は，**患者本人の同意**に基づく入院形態のことであり，本事例では該当しない。

5 ✕ 応急入院は，**措置入院，医療保護入院，任意入院のいずれも不可**である場合で，入院が必要であると精神保健指定医が判断した場合，**72時間**に限り入院させることができる。

POINT!

精神保健福祉法による入院形態は，一般的な入院形態とは異なる入院制度が規定されているため，各入院形態の特徴をおさえておこう。

問題55　障害者差別解消法　　頻出度 ★★　正答 1

1 ○ **2004（平成16）年障害者基本法改正**において，「何人も，障害者に対して，障害を理由として，**差別することそ**の他の権利利益を侵害する行為をしてはならない」と規定された。

2 × 民間事業者の合理的配慮の提供は，**2024（令和6）年4月から義務**となっている。

3 × 市町村障害者虐待防止センターの設置は，**障害者虐待防止法**に基づいている。

4 × 障害者差別をした事業者には，**科料は科されない**ことになっている。

5 × 障害者差別解消法と障害者基本法に規定されている**障害者の定義は同一**である。

> **POINT!**
> 障害者差別に関して，障害者基本法と障害者差別解消法の基本的な内容をおさえておくことが求められる。あわせて，障害者虐待防止法についても整理しておこう。

問題56　障害者雇用促進法　　頻出度 ★★★　正答 4

1 × 就労継続支援A型事業は，**障害者総合支援法**に基づき提供される障害福祉サービスである。

2 × 公共職業安定所（ハローワーク）では，障害者の就職後の一定期間，職場訪問や職場環境について相談に応じ，的確な助言をする**職場定着支援**を行っている。

3 × 障害者の職場適応の向上や障害適性に配慮した雇用管理を行うために，障害者職業生活相談員は事業者が**雇用する労働者から選任される必要がある**ため，外部委託をすることはできない。

4 ○ 雇用義務の対象となる障害者のうち，精神障害者については，**精神障害者保健福祉手帳所持者**で，症状が安定し，就労できる人が対象となっている。

5 × 事業主による合理的配慮の提供義務は，事業主に対して過重な負担を及ぼす場合は**除外**される。ただし，障害者の意向を尊重した上で，**過重な負担にならない範囲**で合理的配慮の提供が求められる。

> **POINT!**
> 障害者雇用促進法に関する基本的な内容をおさえておくことが求められる。また，障害者総合支援法の就労系サービス（就労移行支援，就労継続支援A型・B型）の内容及び違いについても整理しておこう。

問題57　相談員の対応　　頻出度 ★　正答 1, 2

1 ○ Bさんの訴えの1つに，**薬の副作用の辛さ**があるため，主治医に副作用について相談するよう伝えることは，適切な対応である。

2 ○ 自分と同じ経験をしている学生と話をしてみたいという訴えを受けて，**ピアサポートスタッフ**の紹介を検討することは，適切な対応である。

3 × 指定特定相談支援事業所の相談支援専門員は，障害福祉サービスの利用に伴う**ケアマネジメント業務**を主に行うため，現時点で紹介する必要はない。

4 × 今後の就職活動に不安を感じているが，**就労移行支援事業所の利用を希望していない**ため，現時点で紹介する必要はない。

5 × 精神障害者保健福祉手帳取得による経済的支援や障害者雇用枠での就労が可能となるなど，メリットは多いものの，Bさん自身は**手帳取得を希望していない**ため，現時点では手帳の取得を勧める必要はない。

> **POINT!**
> 相談員による相談援助場面における事例問題である。相談者の主訴を確認し，何を希望しているのかを整理することで，解答を導き出すことが可能。

刑事司法と福祉

問題58　犯罪の成立要件と責任能力　　頻出度 ★★　正答 3

1　✕　**無罪**とは，刑事裁判で審理を行った結果，被告人の行為が罪にならないことであり，**正当行為，正当防衛，緊急避難**が成立する場合には，**違法性阻却事由**として，罪に問われることはない。

2　✕　**正当防衛**とは，**急迫不正の侵害**に対して，自己または他人の権利を防衛するため，やむを得ずにした行為のことである（刑法36条1項）。

3　○　**心神喪失**とは，事理弁識能力と行動抑制能力の両方またはどちらかが**失われた状態**のことであり，**心身耗弱**とは，事理弁識能力・行動制御能力のいずれかが**著しく減退**した状態のことである。

4　✕　**心神喪失者**の行為は，**罰しない**（刑法第39条1項）と定められており，**心神耗弱者**の行為は，その刑を**減軽**する（刑法第39条2項）と定められている。

5　✕　刑法では，**責任能力**について**14歳に満たない者**の行為は，**罰しない**（刑法41条）と定められており，14歳以上は責任能力があるものとされている。

> **POINT!**
>
> 犯罪の成立要件と責任能力についての知識を問われた問題である。刑法の法文よりポイントを整理し，理解しておくことが必要である。

問題59　刑事手続　　頻出度 ★★　正答 5

1　✕　**起訴猶予**とは，犯人の性格，年齢及び境遇，犯罪の軽重及び情状並びに犯罪後の情況により訴追を必要としないときは，公訴を提起しない（刑事訴訟法第248条）とする**検察官**が行う**不起訴処分**である。

2　✕　**微罪処分**とは，全件送致の原則の例外であり，警察が検挙した犯罪事実が極めて軽微な刑事事件を，検察官（検察庁）へ送致せず事件を終了させる手続きである。

3　✕　**簡易送致手続**とは，捜査した少年事件について，極めて軽微であるなど一定の条件を満たした場合，少年審判を行わず，他の複数の事件とまとめて毎月一括して家庭裁判所に送致する手続きである。

4　✕　**交通反則通告制度**は，運転者が反則行為（比較的軽微な道路交通法違反行為）をした場合，一定期間内に反則金を納めると，刑事裁判や家庭裁判所の審判を受けないで事件が処理されるという制度である。

5　○　**略式手続**とは，検察官が簡易裁判所に対し，正式な公判を行わず検察官が提出した書面の審理のみで罰金もしくは科料の刑罰の言い渡しを求める被疑者に異議がない場合に行われる手続きである。

> **POINT!**
>
> 刑事手続についての知識を問われた問題である。刑事手続については，法務省のホームページやパンフレットの刑事司法手続の流れ等を参考に整理し，理解しておくとよい。

問題60　保護観察　　頻出度 ★★★　正答 2

1　✕　遵守事項に違反した場合，**保護観察官**から面接調査などにより措置が検討され，場合により，保護観察官が身柄を拘束し，刑務所や少年院に収容するための手続（執行猶予の取り消し）をとることがある。

2　○　**保護観察所**では，**薬物依存**のある保護観察対象者に対し，通常の指導・支援に加え，**薬物処遇プログラム**や**簡易薬物検出検査**を実施することで，薬物を断つ意思の維持・強化を図っている。

3　✕　**不良措置**とは，保護観察対象者に遵守事項違反または再犯等があった場合に執られる措置であり，釈放者に対する**仮釈放の取消し**及び保護観察付執行猶予者に対する**刑の執行猶予の言渡し**の取消しがある。

4　✕　**保護観察官**と**保護司**とで実施する**保護観察**は，保護観察対象者の改善更生を図ることを目的として，指導（**指導監督**）及び支援（**補導援護**）を行う。

5　✕　**執行猶予の取り消し**には，一定の事由が発生した場合に必ず執行猶予が取り消される必要的取消しと，一定の事由が発生したものの取り消すかどうかは**裁判所**の裁量に委ねられる裁量的取消しがある。

> **POINT!**
>
> 保護観察に関する知識，指導監督と補導援護に関する基礎的な知識が問われている。保護観察官や保護司の役割や業務内容については出題頻度が高いため，保護観察所の役割や業務内容と合わせて押さえておく必要がある。

| 問題61 | 更生保護制度 | 頻出度 ★★★ | 正答 1, 2 |

1 ○ **保護観察官**は，更生保護法第31条により，**地方更生保護委員会**事務局と**保護観察所**に置かれる国家公務員で，犯罪をした人や非行のある少年に対して指導・監督を行う**社会内処遇**の専門家である。

2 ○ **保護司**は，人格及び行動について，社会的信望を有すること，職務の遂行に必要な熱意及び時間的余裕を有すること，生活が安定していること，健康で活動力を有することの条件を全て具備する者から法務大臣が委嘱される。

3 ✕ 全国886の**保護区**ごとに，更生保護の諸活動の拠点として**更生保護サポートセンター**が設置されている。

4 ✕ **更生保護法人**は，更生保護事業を営む目的で，**法務大臣**の認可を受け設立された法人である。

5 ✕ **更生保護女性会**は，1949（昭和24）年に更生保護制度が発足したことに伴い，戦前から少年保護などの活動を行っていた女性団体が前身となる地区更生保護婦人会として全国に組織された。

POINT!

更生保護を支える団体や専門職，民間協力者等の役割について知識を問う問題である。更生保護に係る人や組織の役割や業務内容は出題頻度が高いため，法務省のホームページや犯罪白書等を参考に理解しておくとよい。

| 問題62 | 医療観察法 | 頻出度 ★★★ | 正答 5 |

1 ✕ 医療観察法の通院決定を受けた者及び退院許可決定を受けた者は，継続的な医療を確保することを目的として，**保護観察所**に配置されている**社会復帰調整官**による**精神保健観察**を受けることになる。

2 ✕ 地域社会における処遇を受けている期間中は，原則として，医療観察法と精神保健福祉法の双方が適用され，必要かつ相当と判断される場合，医療保護入院を含め精神保健福祉法に基づく入院等も行われる。

3 ✕ **社会復帰調整官**が中心となり**作成**する処遇の実施計画に基づいて，原則として**3年間**（必要があれば**2年延長可**），地域において**厚生労働大臣**が指定した医療機関（**指定通院医療機関**）による医療を受ける。

4 ✕ 地域処遇の期間の決定は，**地方裁判所**が行う。なお，指定通院医療機関の通院継続（延長）の必要があると判断した場合，保護観察所長が地方裁判所に申し立てを行う。

5 ○ 医療観察法による地域社会における処遇は，**保護観察所長**が**定める**処遇の実施計画に基づき実施されるものである。

POINT!

医療観察制度についての理解を問う問題である。医療観察法や社会復帰調整官については出題頻度が高いため，医療観察法の概要とともに社会復帰調整官の役割や業務内容を合わせて理解しておくとよい。

| 問題63 | 犯罪被害者等基本法 | 頻出度 ★★☆ | 正答 4, 5 |

1 ✕ 犯罪被害者等とは，犯罪やこれに準ずる心身に有害な影響を及ぼす行為の被害者及びその家族または遺族のことである（第2条第2項）。

2 ✕ **犯罪被害者等の権利利益の保護**を図ることを目的としている。なお，再犯防止については**再犯の防止等の推進に関する法律**により定められている。

3 ✕ ストーカー行為を処罰するなどストーカー行為について必要な規制を行い，危害の発生を防止し，国民の生活の安全と平穏を守ることを目的としているのは**ストーカー規制法**である。

4 ○ 犯罪等による被害に係る損害賠償の請求の適切かつ円滑な実現を図るため，国及び地方公共団体が損害賠償の請求についての援助等を行うことが定められている（第12条）。

5 ○ **犯罪被害者等基本計画**は，犯罪被害者等のための施策の総合的かつ計画的な推進を図るため，**政府**が犯罪被害者等のための施策に関する基本的な計画を**定める**ことが法律で定められている（第8条）。

POINT!

犯罪被害者等基本法の理解を問う問題である。犯罪被害者支援に関する法律や制度については，法務省のホームページやパンフレットを参考に理解しておくとよい。

446

ソーシャルワークの基盤と専門職

問題64　　社会福祉士及び介護福祉士法の条文　　頻出度 ★★★　正答 3

1 ✕ 「社会福祉士及び介護福祉士法」の45条に「**信用を傷つける**ような行為をしてはならない。」とあり**義務規定**である。

2 ✕ 「社会福祉士及び介護福祉士法」の47条に「**福祉サービス関係者等との連携**を保たなければならない」という条文があり，義務規定である。

3 〇 「社会福祉士及び介護福祉士法」の47条2に「**相談援助又は介護等に関する知識及び技能**の向上に努めなければならない」との記載があるが，**努力義務規定**である。

4 ✕ 「社会福祉士及び介護福祉士法」の46条に「**正当な理由**がなく，**その業務に関して知り得た人の秘密**を漏らさないこと」という条文はあるが，義務規定である。

5 ✕ 「社会福祉士及び介護福祉士法」の44条2に「その担当する者が**個人の尊厳**を保持し，**自立した日常生活**を営むことができるよう，常に**その者の立場に立って**，**誠実**にその業務を行わなければならない」と義務規定としての記載がある。

POINT!

本問題は毎年定番の社会福祉士及び介護福祉士法の条文からの出題である。問題文にある「努めなければならないと規定されていること」がポイントである。条文には義務規定と努力義務規定がある。本問では努力義務規定が問われている。義務規定の条文は限られるので，それを覚えるのが解法の近道である。

問題65　　ソーシャルワークのグローバル定義　　頻出度 ★★★　正答 3, 5

1 ✕ グローバル定義「知」では「ソーシャルワークは，**複数の学問分野をまたぎ，その境界を超えていくもの**であり，広範な科学的諸理論および研究を利用する」とある。医学の知見のみではない。

2 ✕ グローバル定義「知」では「ソーシャルワークの研究と理論の独自性は，その**応用性と解放志向性**にある」とある。閉鎖性ではない。

3 〇 グローバル定義「注釈」には「このグローバル定義を基に，**それに反しない範囲で**，それぞれの置かれた**社会的・政治的・文化的状況に応じた独自の定義**を作ることができることとなった」と記載がある。

4 ✕ グローバル定義「知」では「この定義は，ソーシャルワークは特定の実践環境や西洋の諸理論だけでなく，**先住民を含めた地域・民族固有の知**にも拠っていることを認識している」とある。

5 〇 グローバル定義「知」では「多くのソーシャルワーク研究と理論は，**サービス利用者との双方向性のある対話的過程**を通して共同で作り上げられてきたもの」と記載がある。

POINT!

本問も毎年，定番の出題である。ソーシャルワークのグローバル定義を読みこなし，キーワードを覚えておけば決して難問ではない。選択肢1，3，4，5は過去に数回出題されている。

| 問題66 | 社会福祉士の考えの基盤の事例 | 頻出度 ★★★ | 正答 4 |

1 ✕ デンマーク出身で**バンクーミケルセン(Bank-Mikkelsen, N.)**は「年齢や障がいの有無などにかかわらず，地域において，皆が基本的な権利や普通の生活が保障されている状態を作るべきだ」という，**ノーマライゼーションの原理**の提唱者である。問題文のAの発言とは違う内容である。

2 ✕ スウェーデンの**ニィリエ(Nirje, B.)**もノーマライゼーションの原理の提唱者の一人であり，「**ノーマライゼーションの8つの原理**」としてまとめ上げている。

3 ✕ **ソロモン(Solomon, B.)**は，ソーシャルワークにおいてクライエントが本来所持している力を引き出す，**エンパワメントアプローチ**の概念の提唱者となる。

4 〇 **ヴォルフェンスベルガー(Wolfensberger, W.)**は「**価値ある社会的役割**」を目標とした**ソーシャルロール・バロリーゼーション**の提唱者である。ノーマライゼーションをより推し進めた活動を推進した。

5 ✕ **バンクス(Banks,S.)**は，社会正義の実現，および，社会から抑圧された立場の人々をその生活の社会的・経済的構造の背景から構造的不平等の是正を目指す**ラディカル・ソーシャルワーク**の提唱者の一人である。代表著書に『ソーシャルワークの倫理と価値』がある。

> **POINT!**
>
> 出題形態は事例であるが，内容は実質，ソーシャルワークにおける歴史上の重要人物とその実績に対する設問である。それら重要人物の氏名と実績を覚えることが肝要である。問題文の「価値ある役割」の文言が解法の肝となる。1，2，4は「ノーマライゼーション」に関連する人物である。3は久し振りの出題，4については本科目では全くの初めて出題の人物である。

| 問題67 | 査察指導員から現業員に対するスーパービジョン事例 | 頻出度 ★★ | 正答 1, 5 |

1 〇 支援者にとって自分の実施した支援における言動を振り返り**自己覚知**を促すことは非常に大切である。支援対象者にとって支援において何が有効か支援において，何を改善するべきか再考する機会となる**スーパービジョンの支持的機能**となる。

2 ✕ Dさん自身が近隣とトラブルがあり，付き合いがほとんどない現状で，話し相手となる人がいるとはいえ，近隣のサロンの紹介は相応しくない。

3 ✕ 2と同様に，Dは近隣とうまく付き合えていない中，わざわざ，Dさんの日頃の生活振りを近所の方々に尋ねることをDさんに了解を得ることは，Dさんの反感を買うだけである。

4 ✕ 仮に他の事例の支援成功例であっても，そのまま適用するのは他の事例と同様の結果をもたらすとは限らない。**個別性**を度外視するのは危険が伴う可能性がある。類似事例として参考程度に留めるようにしたい。

5 〇 生活保護担当者として，その業務内容と範囲，役割を確認することはDさんとの関係づくりに役立つ**スーパービジョンの管理的機能**とされる。生活保護担当者として，できないことは他の社会資源の活用等を検討したい。

> **POINT!**
>
> スーパービジョンの本科目の出題は久し振りである。スーパービジョンの機能には3つあり，教育的機能，管理的機能，支持的機能がある。各機能の特性をよく理解して該当する選択肢を検討してみたい。

| 問題68 | 米国における初期セツルメント | 頻出度 ★★★ | 正答 2 |

1 ✕ 友愛訪問活動(COS)とセツルメントとは全く異なる運動である。明らかに間違いの選択肢である。

2 〇 アメリカにおける初期のセツルメントは貧困を**社会的・経済的問題**として捉えて実施された。

3 ✕ **友愛訪問活動(COS)**はケーススタディを通した貧困者の救済を行い、後の**ケースワークの手法の源流**となった。

4 ✕ 貧困者支援の効率化と適正化を目標として「**救済に値する貧民**」「**救済に値しない貧民**」を分別する選別主義的な**活動はセツルメントではなく**、友愛訪問活動(COS)にて実施された。

5 ✕ **トインビーホール**はシカゴではなく、1884年サミュエル・バーネットによりイギリスの**ロンドンのスラム街イースト・エンド**に建設された**世界で最初のセツルメントホール**である。アメリカでは1877年にバッファローにて最初の慈善組織協会(COS)が設立された。

POINT!

過去に何度も出題されているセツルメント運動の問題であるが、よく比較される友愛訪問活動(COS)の内容を混合させた選択肢となっている。両方の活動特性の違い、そして、キーワードを理解していれば、解くのは難しくはない。

| 問題69 | ドルゴフらの7つの倫理原則の優先順位 | 頻出度 ★ | 正答 1 |

1 〇 「**平等と不平等に関する倫理原則**」は同じ環境におかれている人には**誰にでも同じように対応**しなければならない。

2 ✕ 「**プライバシーと守秘義務に関する倫理原則**」では、ソーシャルワーカーは**プライバシーの保護及び守秘義務**を強化させていくように決定すべきである。

3 ✕ 「**自律と自由に関する倫理原則**」とあるが、文面は「**生活の質の倫理原則**」のものとなっている。整合性がとれていない選択肢である。

4 ✕ 「**最小限の害に関する倫理原則**」では、クライエントに何か危害が起きそうな場面に遭遇する可能性がある場合、その受ける被害の可能性を**予防**、**回避**、または極力小さい段階に留めるようにしないといけない。生命を守るのは「生命保護の倫理原則」である。

5 ✕ 「**誠実に情報の開示に関する倫理原則**」では、ソーシャルワーカーは状況により、クライエントやその関係者に誠実に関わり真実を告げ、すべての情報を開示しないといけない。

POINT!

本科目のおけるドルゴフらの倫理原則の7つの優先順位の出題はかなり久し振りである。その原則内容をしっかり理解することが解法の正道であるが、もし、理解しきれていない場合、各選択肢の文面の整合性を確認して矛盾がないか検討するのは一方法である。

ソーシャルワークの理論と方法

問題70　保護観察所の特別調整協力　　頻出度 ★　正答 1

1 ○ 地域生活定着支援センターでは，適当な帰省先の確保を含め，**出所後の福祉サービス等**について特別に調整を行っている。

2 × 養護老人ホームは，環境上や経済的理由により**自宅での生活が困難な高齢者**の養護を行う機関であるが，協力機関としては適切ではない。

3 × 更生保護施設は，出所者等に住居や食事を提供し，**就労や自立などに向けた指導や援助**を行う機関であるが，協力機関としては適切ではない。

4 × 障害者支援施設は，**障害者の治療や生活介護，生活訓練**などのサービス提供を行う機関であるが，協力機関としては適切ではない。

5 × 福祉事務所は，**福祉六法に定める援護，育成または更生**の措置に関する事務を行う機関であるが，協力機関としては適切ではない。

POINT!
保護観察所の所長による刑期を終えた者への特別調整協力の依頼機関について問われている。具体的な特別調整の内容とともに，サービスを行う機関の特徴についても着目したい。

問題71　問題解決アプローチ　　頻出度 ★★　正答 2

1 × クライエントの主体的な意志の力や能力に注目し，機関等の活用を促していくのは，**機能的アプローチ**の特徴である。

2 ○ 問題解決アプローチでは，クライエントの持つ問題解決への動機づけや問題解決の能力（ワーカビリティー）を高めるよう働きかける。

3 × クライエントの直面する危機的な状況に対して早い段階で集中的に働きかけていくのは，**危機介入アプローチ**の特徴である。

4 × クライエント個人への直接的支援とともに取り巻く環境に働きかけていくのは，**心理社会的アプローチ**の特徴である。

5 × クライエントの望む課題の解決に向けて具体的な目標や期限を設定していくのは，**課題中心アプローチ**の特徴である。

POINT!
問題解決アプローチの特徴や適用方法について問われている。他のアプローチとともに，注目する視点や働きかける対象，その方法などについても着目したい。

問題72　実践モデル・アプローチ　　頻出度 ★★★　正答 4

1 × 行動変容アプローチでは，望ましい行動を増加させ，**望ましくない行動を減少**させていくことを重視しているが，この事例ではみられない。

2 × 治療モデルでは，問題の原因を特定して**原因を取り除いて治療**していくことを重視しているが，この事例ではみられない。

3 × 実存主義アプローチでは，自己の肯定感を高め，**疎外感を低減していけるよう**働きかけていくが，この事例ではみられない。

4 ○ 生活モデルでは，事例のように周囲の人々との関係などをも含めて，生活環境との接触面を整えていくことになる。

5 × 課題中心アプローチでは，解決すべき**課題**を短期課題として細かく切り分けて解決を目指していくが，この事例ではみられない。

POINT!
病院の医療ソーシャルワーカーの職員（社会福祉士）が行う実践モデル・アプローチの適用方法について問われている。基本となる理論の内容とともに，具体的な行動への介入方法についても着目したい。

問題73　認知症者への初期段階の対応　　　頻出度 ★★　　正答 2, 5

1 ✕ **認知機能の低下や実行機能障害**といった症状を踏まえると，諦めずに教えるということが仕事のミスを減らすことに繋がるとは考えにくい。

2 ◯ 本人の意向を聞きながらサポート体制を構築していくことは，初期段階に生じてくる**自発性の低下などを防いでいく**ためにも効果的な対応である。

3 ✕ 抑うつ状態となっている可能性も高いことから，むしろ家族には社内での**様子を伝えて支えとなっていただく**よう図っていくべきである。

4 ✕ 急に環境を変えることで**症状が悪化する可能性もある**ことから，この段階で配置転換を検討するということが効果的であるとは考えにくい。

5 ◯ 認知症の学習会を開いて周囲の認知症の理解を進めることは，初期段階に生じてくる**不安感などを軽減させる**ためにも効果的な対応である。

> **POINT!**
> 若年性認知症支援コーディネーターの行った初期段階の支援の方向性について問われている。若年認知症の特徴や症状とともに，初期段階での周囲の行うべき対応についても着目したい。

問題74　要支援高齢者への計画段階の対応　　　頻出度 ★★　　正答 4

1 ✕ 同居の背景として**一人暮らしへの不安が存在**してきたことから，元の地域に戻る方向で助言していくことは適切であるとはいえない。

2 ✕ 閉じこもりの原因が家族との関係が**悪化しているからであるとは考えにくい**ことから，関係修復を図ることが適切であるとはいえない。

3 ✕ 閉じこもりの原因が**食事をともにすることそのものとは考えにくい**ことから，給食サービスの利用で食事を別にすることが適切であるとはいえない。

4 ◯ アセスメントにおいて得られた**クライエントの強みを活かす取り組み**を考えることは，支援計画作成段階において重要なことである。

5 ✕ アセスメントで得られた情報から，代弁するよりむしろ**家族とのコミュニケーションを活性化**させていく必要があると考えられる。

> **POINT!**
> 地域包括支援センターの社会福祉士による要支援高齢者への支援計画段階での対応について問われている。得られている情報を踏まえながら取るべき効果的な対応について考察したい。

問題75　事後評価での対応　　　頻出度 ★★　　正答 4

1 ✕ 事後評価は，クライエントが望んだ場合に限らず，**モニタリング時も含めて支援実施後**に行っていくものである。

2 ✕ クライエントの状況の変化に応じていきながら，支援の調整や再アセスメント等を行うのは**モニタリングの段階**である。

3 ✕ ソーシャルワーカーがプランニングの前に行うのは，クライエントの**情報を収集して分析を行うアセスメント**である。

4 ◯ 事後評価は，支援終結後の結果評価も含めて，クライエントの**ニーズ充足や問題解決，支援効果**などを検証していく段階である。

5 ✕ エンゲージメントとは，ソーシャルワーカーが初期段階に行うクライエントの主訴を確認し**支援の方向性の同意**を得ていく段階である。

> **POINT!**
> ソーシャルワーカーの展開する過程における事後評価の対応について問われている。事後評価の時期や目的，その方法等についても着目したい。

問題76　　グループワークの原則　　　頻出度 ★★★　正答 3, 4

1 ✕ 経験の原則は，メンバーに人間関係を持つことや物事を成就することなどにおいて，**多くの新しい経験を与えていく**原則である。

2 ✕ 参加の原則は，**メンバー個々人が能力の段階に応じて参加**するよう励まし，さらに高めるよう援助する原則である。

3 ◯ 制限の原則は，メンバー個人及びグループ全体の状況に対する**診断的評価に基づいて制限を巧みに用いる**原則である。

4 ◯ 個別化の原則には，メンバー個々人の特性を把握して対応する**グループ内の個別化**と，グループそれぞれの特性を把握して対応する**グループの個別化**がある。

5 ✕ 葛藤解決の原則は，葛藤が生じた際に内容を適切に**表面化させながらグループ内で解決**できるように支援していく原則である。

POINT!
コノプカの提唱したグループワークの原則の内容について問われている。コノプカの提唱したグループワーカーが対応すべき14の基本原則について，その具体的な援助内容についても着目したい。

問題77　　地域活動支援センターでのグループワーク　　　頻出度 ★★　正答 2

1 ✕ グループワークを必要としているか否かを整理していくスクリーニングを行うのは，このグループワークを行う**前の段階**である。

2 ◯ 準備期ではメンバーとの予備的接触を図り，参加への緊張や不安を取り除いていくため，**感情や状況を理解していく波長合わせ**を行う。

3 ✕ メンバーの不安や緊張をほぐしてリラックスしてもらえるよう行うアイスブレイクは，**プログラムの開始期**に行う。

4 ✕ メンバーが共有する判断の枠組みや思考様式となる集団規範が形成され，ワーカーが**活用していくのは作業期**である。

5 ✕ 援助者がグループを主導していくリーダーシップを発揮するのではなく，**メンバーが主体的に取り組んでいく**よう側面的に関わる。

POINT!
地域活動支援センターの社会福祉士によるグループワークの事例での対応について問われている。各期での利用者家族の状況を踏まえたワーカーの対応について着目したい。

問題78　　相談支援専門員によるスーパービジョン　　　頻出度 ★★　正答 1, 4

1 ◯ スーパーバイジーの推察を尋ねることで，冷静にクライエントの心情の再把握を行えるよう**教育的機能が発揮**されている。

2 ✕ マイナンバーカードを一緒に探すことを促すことは，クライエントとの**関係性を振り返ることには繋がらない**ため，この段階では適切とはいえない。

3 ✕ よくあることとで気にしないよう励ますことは，援助者としての**あり方や役割等を振り返ることに繋がらない**ため，この段階では適切とはいえない。

4 ◯ クライエントとの約束状況を尋ねることで，援助者としての役割を再確認できるよう**管理的機能が発揮**されている。

5 ✕ スーパーバイザーと同じ対応を促すことは，援助を振り返り**自己覚知を進めることに繋がらない**ため，この段階では適切とはいえない。

POINT!
相談支援事業所の相談支援専門員によるスーパービジョンにおいての対応について問われている。スーパービジョンの基本的な機能とともに，経緯や状況についても着目したい。

社会福祉調査の基礎

問題79　ブースのロンドン調査　　　頻出度 ★★☆　　正答　5

1　✕　ブースのロンドン調査の目的は，産業化した社会における人びとの貧困の実態を明らかにし，その**原因**を探るとともに，**社会改革**のための基礎資料を作成することにあった。

2　✕　ロンドン調査は聞き取り調査や観察といった**質的調査**によって行われた。聞き取り調査では，学校訪問官，工場の所有者と労働者，労働組合代表者，宗教団体や慈善団体など，さまざまな人びとにインタビューを行っている。

3　✕　ロンドン調査は標本調査ではなく，一部地域（居住者の少ないシティ・オブ・ロンドン）を除くロンドン市内全域での**悉皆調査**である。

4　✕　当時のイギリスにおいては，貧困の主たる原因は飲酒や怠惰といった個人的習慣であると考えられていたが，ブースはロンドン調査の結果をもとにそうした考えを否定し，貧困の原因が労働や環境といった**社会経済的要因**によるものであったことを明らかにした。

5　○　ブースは，人びとの生活を8階層に分類し，（上位2階層を合体させて）7色の色を用いて貧困地図を描いた。

> **POINT!**
> 旧カリキュラムでは「現代社会と福祉」領域で出題されていたブースの貧困調査。頻出問題であるため，しっかり復習しておこう。

問題80　調査倫理　　　頻出度 ★★★　　正答　4

1　✕　調査者と対象者との間に利害関係がある場合，対象者はそうした関係性への影響を恐れて，調査者に**迎合的**な回答をしてしまうことがある。そのため，調査者と対象者の間には利害関係がないことが最も望ましく，それが難しい場合には，調査によって私生活に影響が出ることは絶対にないことを事前に**説明**し，**合意**を得なくてはならない。

2　✕　調査の目的や対象等に関する倫理審査は，調査**開始前**に行う必要がある。

3　✕　対象者の認知機能が十分ではないと思われる場合には，その度合いに合わせて，対象者本人が理解しやすい言葉で**説明**を行い，**合意**を得る必要がある。対象者本人が説明を理解したり，同意を示すことが難しかったりする場合には，対象者の**家族**等にも調査について説明し，合意を得る必要が生じる。

4　○　調査を実施する際には，調査における**侵襲性**について事前に説明を行った上で，調査協力の同意を得なくてはならない。ここでいう侵襲性とは，対象者にとって「調査に協力することで起こりえる良くないこと全般」を指しており，主に，調査に協力することで消費される時間や，心理的負担などを指す。

5　✕　社会調査では，調査結果を調査対象者や社会へと還元する義務が生じる。したがって，仮説と異なるデータもまた公表されなければならない。

> **POINT!**
> 調査倫理については，第33回以降，ほとんど毎年出題されている。今後も出題頻度は高いと思われるため，過去問などをしっかり見ておこう。

453

| 問題81 | 質問紙作成 | 頻出度 ★★ | 正答 4 |

1 × 複数の事柄を1つの質問文で尋ねると、「児童虐待防止活動には協力したいが家庭支援活動には協力できない人」などが回答を迷ってしまうため、分けて尋ねるのがよい。このように、複数の事柄を1つの質問文で尋ねる方法は「**ダブル・バーレル**」と呼ばれ、避けるべき質問文の典型とされる。

2 × 「児童虐待を予防するためには地域で協力することが必要不可欠ですが」のように、質問文の冒頭に何らかの説明を加えてしまうと、その説明の仕方によって、回答者の回答が特定の回答へと誘導されてしまうことがある。このような効果を「**威光暗示効果**」といい、質問文作成時には避ける必要がある。

3 × 「ネグレクト」や「アセスメント」という用語は、福祉に携わる人びとにとっては身近な言葉であるが、一般の人びとの中には意味を知らない人も多くいる。質問文作成時には、**専門用語**や**難しい言葉**の使用はなるべく避けるのがよい。

4 ○ 特に問題のない質問文である。

5 × 「ニート」という用語は、社会的にあまり印象の良くない「**ステレオタイプ言葉**」である。質問文にステレオタイプ言葉を使用すると、その印象に引きずられて、回答者の回答が特定の回答へと誘導されてしまうことがある。

POINT!

質問紙作成に関する問題は、おおよそ2年に一度の頻度で出題されている。難易度は高くないため、テキスト等で基本事項をしっかりおさえておこう。

| 問題82 | 調査票の配布と回収 | 頻出度 ★★★ | 正答 3 |

　本問題では、「高齢者」を対象とした調査方法として適切で、かつ、「身代わり回答ができない調査方法」を選択できるかどうかが問われている。高齢者調査においては（年齢や、体力・認知能力などにもよるが）、インターネットには苦手意識をもつ人も多く、また、自身で文章を読む郵送調査や留置調査は「しんどい」と感じる人も多い。

　また、「家族の困り事ではなく、高齢者自身の困り事の把握が目的」という言葉から、身代わり回答（家族が高齢者に代わって回答すること）が容易にできない他記式の調査を選ぶのが難しい。

　したがって、以上の条件をすべて考え合わせると選択肢**3**の個別面接調査一択に絞られる。

POINT!

出された条件に合わせて適切な調査方法を選択する必要があるため、難易度は比較的高い。しかし、実際に調査をする立場になった際には、こうした判断ができるかどうかが重要であるため、良問といえるだろう。

| 問題83 | 量的調査の分析 | 頻出度 ★ | 正答 3 |

　調査によって得られた2変数の組み合わせによって、適切な分析方法が選択できるかどうかが問われている。

　日中の水分摂取量および睡眠時間は、ともに**量的変数**である。量的変数同士の関係性を見る場合に最もオーソドックスな分析方法は、相関図＝散布図を描き、相関分析を行うことである。そのため、選択肢**3**が正答となる。

　箱ひげ図は量的変数（1変数）の分布を、度数分布表は主に質的変数（1変数）の分布を見る際に使用され、t検定は質的変数×量的変数の分析に、カイ2乗検定は質的変数×質的変数の分析に使用される。

POINT!

t検定やカイ2乗検定について出題されるのは10年以上ぶり。長年出題されていなかったため、学習を後回しにしていた人も多いと思われるが、今後も出題される可能性があるため、これを機会にしっかり復習しておこう。

| 問題84 | 面接法 | 頻出度 ★★ | 正答 | 4 |

1 ✕ 構造化面接では，質問項目として設定した質問以外の回答は求めない。質問項目に設定していない内容についても自由に回答するように求めるのは**半構造化面接**の場合である。

2 ✕ 半構造化面接では，その場の状況に合わせて適宜質問順を変更する。インタビューガイドに設定した質問の順番にしたがって回答するよう求めるのは，**構造化面接**である。

3 ✕ **非構造化面接**では，調査前に何かを設定することはなく，その場の状況に合わせて適宜，質問を考えていく。一方，構造化面接や半構造化面接では，事前にテーマを設定しておく必要がある。

4 〇 フォーカスグループインタビューでは，参加者に対し，最初に基本的なルール（参加者が**自由に**発言を行うために必要なルール）を説明し，ルールを共有してから始めると混乱が少なく，スムーズである。

5 ✕ 聞き取れなかった部分を想像で補うと事実とは異なる場合があるため，逐語録においては，聞き取れなかったことを明確に示す**記号**等（「●●［人名？］が」のように，聞き取れなかった部分を黒塗りで示す等）を使用するのがよい。

POINT!

面接法については，2年に一度くらいの間隔で出題されている。質的調査の方法としては観察法と並んで出題されやすく，過去問に似た問題が多数あるため，過去問を中心に学習しよう。

社会福祉士国家試験

第37回（令和6年度）

〈専門科目　正答・解説〉

出題区分	問題番号	正答番号
⑬ 高齢者福祉	問題 85	2
	問題 86	3
	問題 87	1, 4
	問題 88	1
	問題 89	5
	問題 90	1
⑭ 児童・家庭福祉	問題 91	2, 3
	問題 92	3
	問題 93	3, 5
	問題 94	3
	問題 95	2, 3
	問題 96	4
⑮ 貧困に対する支援	問題 97	2
	問題 98	4
	問題 99	2
	問題 100	1, 5
	問題 101	3
	問題 102	2, 3

出題区分	問題番号	正答番号
⑯ 保健医療と福祉	問題 103	4, 5
	問題 104	3, 4
	問題 105	3
	問題 106	4, 5
	問題 107	5
	問題 108	4
⑰ ソーシャルワークの基盤と専門職（専門）	問題 109	1
	問題 110	2, 3
	問題 111	1
	問題 112	3
	問題 113	5
	問題 114	4
⑱ ソーシャルワークの理論と方法（専門）	問題 115	2, 4
	問題 116	3, 5
	問題 117	4
	問題 118	2, 5
	問題 119	5
	問題 120	2
	問題 121	2, 4
	問題 122	3, 4
	問題 123	3, 4

出題区分	問題番号	正答番号
⑲ 福祉サービスの組織と経営	問題 124	1
	問題 125	2
	問題 126	5
	問題 127	2
	問題 128	5
	問題 129	2, 5

高齢者福祉

問題85　高齢者を取り巻く社会情勢　頻出度 ★★★　正答 2

1 ✕　65歳以上人口の増大により死亡数は2006年から2040年までは増加傾向にあるが，その後，2070年にかけて減少傾向となる。

2 ○　65歳以上の一人暮らし高齢者は年々増加傾向にあるが，2050年までは継続すると見込まれている。

3 ✕　2023（令和5）年現在，高齢化率が最も高い都道府県は秋田県である。一方で，最も低い都道府県は東京都となっている。

4 ✕　2021（令和3）年度における第一号被保険者の要介護要支援認定割合は18.9%であり，約2割程度である。

5 ✕　2023（令和5）年度における65歳以上の住宅所有状況は，持家（一戸建て）が76.2%，持家（分譲マンション等の集合住宅）が8.3%となっており，持家が8割以上である。

> **POINT!**
> 毎年出題される「高齢社会白書」からの出題である。最新版の「高齢社会白書」を一読することが望まれる。

問題86　高齢者福祉制度　頻出度 ★★★　正答 3

1 ✕　老人福祉法の制定により，在宅福祉サービスのみではなく老人福祉施設も法定化された。

2 ✕　老人保健福祉計画は，1990（平成2）年の老人福祉法および老人保健法の改正により策定義務化された。

3 ○　介護保険の保険者は，市町村および特別区に加え一部事務組合と広域連合も含まれる。

4 ✕　高齢者虐待の定義には養護者および養介護施設従事者等は含まれるが，使用者（高齢者を雇用する事業主）は含まれていない。

5 ✕　認知症基本法は2023（令和5）年に制定され，国民の責務として「認知症の人に関する正しい理解を深める」などと定めているが，差別の禁止については触れていない。なお，本法では，政府に対して認知症施策推進基本計画の策定を義務付けている。

> **POINT!**
> 高齢者福祉領域における基本的な法制度を問う問題である。出題頻度が高い。

問題87　意見表明等支援事業　頻出度 ★★　正答 1, 4

1 ○　国民健康保険団体連合会は，介護保険法176条1項1号に基づき，介護保険者から受託し居宅サービス事業者や居宅介護支援事業者，介護保険施設等から提出される介護給付費請求書の審査及び支払を行っている。

2 ✕　介護報酬は，介護保険法に基づき，厚生労働大臣が社会保障審議会（介護給付費分科会）の意見を聞き，定めることとなっている。

3 ✕　介護サービス事業者からの介護報酬請求に関する審査事務は，国民健康保険団体連合会が行う。

4 ○　設問は，特定入所者介護サービス費（補足給付）のことである。低所得者に対して，食費や居住費，生活費を補足的に給付する仕組みである。

5 ✕　介護報酬の1単位あたりの単価は，全国一律ではない。地域区分が設定されている。地域区分は1〜7級地に分類され，「そのほか」の区分も含めると8つに分類される。

> **POINT!**
> 介護報酬等に関する基本的な問題である。まずは教科書等を読み込むことが必要となる。

問題88　　　介護休業制度　　　頻出度 ★★　　正答 1

1 ○　介護休業制度は，労働者が要介護状態(負傷，疾病または身体上もしくは精神上の障害により，2週間以上の期間にわたり常時介護を必要とする状態)にある対象の家族を介護するための休業制度である。

2 ×　介護休業制度は，日々雇用以外のすべての労働者が該当する。

3 ×　介護休業給付は雇用保険制度の失業等給付に含まれる給付である。

4 ×　介護休暇は，年度あたり5日間である。

5 ×　所定労働時間の短縮の措置とは，労働者が要介護状態(負傷，疾病または身体上もしくは精神上の障害により，2週間以上の期間にわたり常時介護を必要とする状態)にある対象家族を介護するためのものである。

POINT!

介護休業制度の関する基本的な問題である。厚生労働省のホームページなども閲覧し，学習することが効果的である。

問題89　　　介護老人保健施設における多職種連携　　　頻出度 ★★　　正答 5

1 ×　介護老人保健施設の看護師は，主に入居者の健康管理を行う。医療的ケアADL(日常生活動作)の維持・改善に向けたサポートも行っている。

2 ×　介護老人保健施設の介護福祉士は，移動・食事・清潔などに関する日常的なケアを提供している。

3 ×　介護老人保健施設の薬剤師は，調剤・服薬管理を行っている。

4 ×　介護老人保健施設の作業療法士は，入居者の医療ケアや，食事・入浴などの日常生活動作(ADL)だけでなく，個別リハビリを実施している。体力の向上や体の柔軟性の向上，認知機能の維持向上などを目指す機能回復訓練から，食事や排泄，入浴動作の介助量の軽減や安定性の向上を目指すADL訓練などである。

5 ○　介護老人保健施設の言語聴覚士は，在宅復帰を目的として，「言語障害」「聴覚障害」「摂食・嚥下障害」などに対するリハビリテーションを行う。在宅復帰を目指すには，適切に栄養を摂取して体力をつけることが必要であり，摂食・嚥下リハビリテーションに関与することが多い。

POINT!

介護老人保健施設における各専門職の役割を理解することが必要となる。

問題90　　　地域包括支援センターにおける社会福祉士の役割　　　頻出度 ★★　　正答 1

1 ○　第1号通所介護事業の対象者は，要支援認定を受けた者と基本チェックリスト該当者となる。自主的な通いの場として，体操教室や運動等の活動，レクリエーションや趣味の活動等を通じた居場所づくり，サロン活動や会食会なども行っている。

2 ×　地域密着型通所介護は，利用者の定員が18人以下の小規模事業所がおこなうサービスであり，食事や入浴の介助，レクリエーション，リハビリといったサービスが提供される。

3 ×　介護予防通所リハビリテーションは，介護予防を目的としている。介護老人保健施設，病院または診療所，介護医療院に通い，理学療法士，作業療法士，言語聴覚士等の専門スタッフによる機能の維持回復訓練や日常生活動作訓練が受けられるリハビリテーション中心のサービスである。

4 ×　小規模多機能型居宅介護は，「通い」「訪問」「泊まり」という3つのサービスを提供しているところが特徴的である。

5 ×　居宅介護支援は，要介護の認定を受けた人に対してケアマネジャーが心身の状態や本人・家族の希望などをもとにケアプランを作成し，ケアプランに位置づけたサービスを提供する事業所等との連絡・調整などを行うものである。ケアマネジメントとも呼ばれている。

POINT!

高齢者福祉領域における各サービスについて理解を深めることで簡単に解ける問題である。

児童・家庭福祉

問題91　　意見表明等支援事業　　頻出度 ★★☆　　正答 2, 3

1　✕　児童福祉法6条の3　17項に，「意見表明等支援事業とは，（中略）意見聴取等措置の対象となる児童の措置を行うことに係る意見又は意向及び（中略）措置その他の措置が採られている児童その他の者の当該措置における処遇に係る意見又は意向について，児童の福祉に関し知識又は経験を有する者（意見表明等支援員）が，意見聴取その他これらの者の状況に応じた適切な方法により把握するとともに，これらの意見又は意向を勘案して児童相談所，都道府県その他の関係機関との連絡調整その他の必要な支援を行う事業をいう」と規定されている。**意見表明等支援員は，こどもの未熟さを補い，専門知識に基づいて指導するとはされていない。**

2　〇　児童福祉法6条の3　17項に**選択肢の通り規定されている。**

3　〇　児童福祉法6条の3　17項にある「**措置が採られている児童**」には，児童養護施設等に入所中の児童，里親委託中の児童，一時保護中の児童が該当するため，**この事業の対象となる。**

4　✕　児童福祉法33条の3の3には，「都道府県知事又は児童相談所長は，（中略）児童の最善の利益を考慮するとともに，児童の意見又は意向を勘案して措置を行うために，あらかじめ，年齢，発達の状況その他の当該児童の事情に応じ意見聴取その他の措置（意見聴取等措置という）をとらなければならない」と規定されている。児童相談所長と同様に，**児童相談所の児童福祉司は，意見表明等支援員とともに，児童の意見を聴取しなければならないと**いえる。

5　✕　意見表明等支援員は，児童養護施設や里親家庭等へ定期的に訪問したり，こどもから電話やSNS等の連絡を受け求めに応じた訪問支援などを行う。**児童養護施設の職員や里親**は，児童の最善の利益を考慮して，意見表明等支援員と意思疎通を図る必要があり，**養育についての自分の意見を述べることもあり得る。**

> **POINT!**
> 2024（令和6）年4月1日からスタートした意見表明等支援事業についての出題であるが，子どもの意見表明を支援する仕組みについて，広く理解しておきたい。

問題92　　子育て支援課の初期対応　　頻出度 ★★★　　正答 3

1　✕　2004（平成16）年の児童福祉法改正により，**市町村は児童虐待通告の一義的窓口**となっている。保育所はすでにA市子育て支援課に連絡し，同課はすでに通告を受理している。保育所からさらに児童相談所に通告するのではなく，同課による状況確認などの初期対応がとられ，必要な場合には，**児童相談所へ送致**される。

2　✕　Bさんはまだ発語がなく，このまま発育が遅れていくことも保育所は懸念しており，児童発達支援センターと相談することも考えられるが，この段階でA市子育て支援課が最優先すべきは，ネグレクトの懸念への対応として**児童の状況を把握する**ことであるといえる。

3　〇　保育所はBさんが何日も入浴していないことに気づいており，緊急の受理会議を行い，Bさんが保育所にいる間に複数の職員で訪問し，**児童の状況を把握する**のは，A市子育て支援課が最優先すべき初期対応として，**最も適切である**といえる。

4　✕　児童福祉法33条に規定されているとおり，**児童相談所長または都道府県知事が必要と認める場合には一時保護が行われる**が，リスクを客観的に把握するために，児童の状況を把握することがA市子育て支援課が最優先すべき初期対応であり，適切とはいえない。

5　✕　家族は経済的に困窮しており，生活保護の検討も考えられようが，**保育所に生活保護制度の情報提供を依頼するのは適切とはいえない。**また，この段階で，A市子育て支援課が最優先すべきは，ネグレクトの懸念への対応として児童の状況を把握することであるといえる。

> **POINT!**
> 本事例のように，複数の課題を抱える子どもと家族に対しての初期対応について，日頃からよく考えておく必要がある。

| 問題93 | 子育て支援課の相談員 | 頻出度 ★★ | 正答 3, 5 |

1 ✕ **児童養護施設**は，保護者のない児童，虐待されている児童その他環境上養護を必要とする児童を入所させる施設である。Aさんが帯同している4歳の子に入所の理由はなく，**Aさんも子とともに生活したいと望んでいるため，適切とはいえない。**

2 ✕ **母子生活支援施設**は，配偶者のない女子又はこれに準ずる事情にある女子及びその者を保護するとともに，これらの者の自立のためにその生活を支援し，併せて退所した者について相談その他の援助を行う施設である。DV被害者保護において，一時保護施設としては，母子生活支援施設の利用が最も多くなっており，DV被害者保護から自立支援を進めるための重要な施設となっている。ただし，子育て支援課が緊急受理会議を行った段階であり，まずは，B市の女性相談支援員や女性相談支援センターとの連携が先決であるといえる。

3 ○ **女性相談支援員**（旧婦人相談員）は，DVやセクシャル・ハラスメント，家庭関係の問題など，困難な問題を抱える女性に対して，本人の立場に寄り添って切れ目のない包括的な支援を行う役割を担っている。都道府県には設置が義務づけられているが，市には任意で設置できる。B市に女性相談支援員が設置されていれば，Aさん親子の支援のために**速やかに連携すべきである**といえる。

4 ✕ **女性自立支援施設**は，様々な事情により社会生活を営むうえで困難な問題を抱えている女性を保護の対象としており，DV被害を受けた女性の保護を行うことができる施設である。**女性相談支援センターを通じて保護が行われる**ことになっているため，この時点では，女性相談支援センターとの連携が先決であり，適切とはいえない。

5 ○ **女性相談支援センター**は，DV被害を受けた女性を含め，困難な問題を抱える女性に関する様々な相談に応じている。**一時保護**については，女性相談支援センターが自ら行うか，女性自立支援施設など，一定の基準を満たす者に行うことになっており，危機介入として速やかに連携すべき機関・施設として**適切であるといえる**。

POINT!

2024（令和6）年4月1日に施行された困難な問題を抱える女性を支援する法律（女性支援新法）に基づく女性支援事業についての出題はしばらく続くと思われるため，詳細に整理しておきたい。

| 問題94 | 市で子育て相談を担当する職員（社会福祉士）が保護者に伝える内容 | 頻出度 ★★★ | 正答 3 |

1 ✕ **障害児福祉手当**は，特別児童扶養手当等の支給に関する法律17条に規定されており，**重度障害児**を対象とする手当のため，軽度の発達障害（自閉スペクトラム症）の場合は，**受給が可能ではない。**

2 ✕ **保育所**は，保育を必要とする乳児・幼児を日々保護者の下から通わせて保育を行うことを目的とする施設である。事例の保護者については，両親ともに常勤の会社員であり，利用が可能である。また，一般の保育所でも障害をもつ子どもを受け入れており，**保育所の利用ができなくなるということはない。**

3 ○ **児童発達支援**は，児童福祉法6条の2の2 2項に規定され，児童発達支援センターその他の内閣府令に定める施設に通わせ，日常生活における基本的な動作及び知識技能の習得並びに集団生活への適応のための支援を供与し，またはこれに併せて児童発達支援センターにおいて治療を行うことをいう。主に**就学前の障害のあるこどもまたはその可能性のあるこども**が対象となっており，児童発達支援の利用が可能であることを保護者に伝えるのは**適切である**といえる。

4 ✕ **放課後等デイサービス**は，児童福祉法6条の2の2 3項に規定され，学校教育法に規定する学校または専修学校等に**就学している障害児**につき，授業の終了後または休業日に児童発達支援センターその他の内閣府令に定める施設に通わせ，生活能力の向上のために必要な支援，社会との交流の促進その他の便宜を供与することをいう。事例の子どもは**就学前**のため，放課後等デイサービスの利用は**可能ではない。**

5 ✕ **医療型障害児入所施設**は，障害児を入所させて，保護，日常生活の指導，独立自活に必要な知識技能の付与及び治療を行うもので，**第1種自閉症児（病院で治療する必要がある自閉症児）・肢体不自由児・重症心身障害児**が対象となる。事例の子どもは軽度の発達障害（自閉スペクトラム症）のため，**通所による児童発達支援のほうが適切である**といえる。

POINT!

年齢や障害の状況に応じて，どのようなサービスを利用可能かについて問う問題である。それぞれの施設やサービスの内容について，よく整理しておきたい。

| 問題95 | こども基本法 | 頻出度 ★★★ | 正答 2, 3 |

1 ✕ こども基本法2条の1で，「こども」とは，「**心身の発達の過程にある者**」と定義している。

2 〇 こども基本法2条の2項2号に，**選択肢の内容が規定されている**。

3 〇 こども基本法3条2号に，**選択肢の内容が規定されている**。

4 ✕ こども基本法10条1項に，「都道府県は，こども大綱を勘案して，当該都道府県におけるこども施策についての計画（以下「**都道府県こども計画**という。」）を**定めるよう努めるものとする**」と規定されている。

5 ✕ 児童虐待を受けたと思われる児童を発見した者の通告義務が明記されているのは，**児童虐待の防止等に関する法律（児童虐待防止法）**6条1項においてである。

POINT!

2023（令和5）年4月1日に施行されたこども基本法の基本理念については，これからも出題が予想されるため，よく整理しておきたい。

| 問題96 | 困難な問題を抱える女性への支援に関する法律（女性支援新法） | 頻出度 ★★ | 正答 4 |

1 ✕ 困難な問題を抱える女性への支援に関する法律（女性支援新法）成立前までは，**売春防止法に婦人相談所や婦人保護施設**が規定されていた。

2 ✕ 困難な問題を抱える女性への支援に関する法律（女性支援新法）2条に，「**困難な問題を抱える女性**」とは，「**性的な被害，家庭の状況，地域社会との関係性その他の様々な事情により日常生活又は社会生活を円滑に営む上で困難な問題を抱える女性（そのおそれのある女性を含む。）**」と規定している。

3 ✕ 困難な問題を抱える女性への支援に関する法律（女性支援新法）8条1項に，「都道府県は，厚生労働大臣が定めた困難な問題を抱える女性への支援のための施策に関する基本的な方針に即して，当該都道府県における困難な問題を抱える女性への支援のための施策の実施に関する基本的な計画（以下「**都道府県基本計画**」という。）を**定めなければならない**」と規定されている。

4 〇 困難な問題を抱える女性への支援に関する法律（女性支援新法）9条1項に，**選択肢の内容が規定されている。女性相談支援センター**は，都道府県に必ず1か所設置されることになっており，政令指定都市にも設置できると規定されている。

5 ✕ 困難な問題を抱える女性への支援に関する法律（女性支援新法）12条の1に，「**都道府県**は，困難な問題を抱える女性を入所させて，その保護を行うとともに，その心身の健康の回復を図るための医学的又は心理学的な援助を行い，及びその自立の促進のためにその生活を支援し，あわせて退所した者について相談その他の援助を行うこと（以下「自立支援」という。）を目的とする施設（以下「**女性自立支援施設**」という。）を**設置することができる**」と規定されている。

POINT!

困難な問題を抱える女性を支援する法律（女性支援新法）を繰り返し学習していれば正解できる問題である。次回以降も要注意であり，よく確認しておきたい。

貧困に対する支援

問題97	生活扶助，生業扶助，教育扶助	頻出度 ★★★	正答 2

1 ✕ 生活保護の被保護者世帯の小学生の学校給食費は，**教育扶助**から給付される。生活保護受給世帯の子どものうち，**義務教育**以外の教育機関に通うための費用は教育扶助からは給付されないので注意したい。

2 ◯ **40歳以上65歳未満**の生活保護受給者が介護保険の被保険者である場合，医療保険の加入の有無により生活保護上の取り扱いが異なる。医療保険に入っている場合は**第2号被保険者**として，介護保険の自己負担1割が生活保護から給付され，医療保険未加入者は10割が生活保護から給付される。しかし，65歳以上の生活保護受給者については，医療保険加入の有無に関係なく全員が**第1号被保険者**となり，介護保険の自己負担分1割が生活保護の介護扶助から給付される。

3 ✕ 生活保護の被保護者の通院のための交通費（移送費）は**医療扶助**から給付される。

4 ✕ 生活保護の被保護者世帯の高等学校の教材代や通学のための交通費は，**生業扶助**から給付される。教育扶助は主に義務教育に適用される。

5 ✕ 就職するために直接必要となる物品の購入費は**就職支度費**と呼ばれ，**生業扶助**から給付される。

> **POINT!**
>
> 義務教育にかかる費用が教育扶助，高校などについては生業扶助，という点を理解しているかは頻繁に出題があるため，必ず得点できるようにしておきたい。

問題98	現在地保護，借金の返済，生活保護の申請	頻出度 ★★★	正答 4

1 ✕ 生活保護制度には，いわゆる「**現在地保護**」というルールが存在する。生活保護を申請しようとする者の住所がない場合や，不明な場合などは現在地の自治体が保護を実施する。

2 ✕ 生活保護の要否は，就労の有無ではなく，現状の生活が最低生活水準を下回っているか否かで判断される。Aさんは現時点ですでにホームレス状態にあり，**最低生活水準**を下回る生活を送っていると判断される。仮に就労先が決まったとしても，最初の給与が支払われるまでの間の生活費も必要と思われる。

3 ✕ 借金があっても生活保護を受けることができるが，返済義務は免除されない。返済義務は受給中も残存するが，制度上，**生活保護費**からの借金返済は禁止されている。

4 ◯ 生活保護法の「**申請保護の原則**」は，その名前から「申請がないと保護を受けられない」と誤解されがちであるが，特別な事情のある場合は申請書がなくても保護を申請できる点に注意したい。

5 ✕ 長期間の**音信不通**などで親族からの扶養が期待できない場合は，扶養照会が行われない場合がある。

> **POINT!**
>
> 生活保護費から借金を返済する行為は保護費の不正受給とみなされ，保護費の返還が求められることもあるため絶対に行ってはならない。借金の督促等で悩んでいる場合には，担当ワーカーにきちんと相談し，適切な法的対応を取ることが望ましい。

| 問題99 | 住居確保給付金，一時生活支援事業，健康管理支援事業 | 頻出度 ★★ | 正答 2 |

1 ✕ **生活保護法**の改正により，**必須事業**として被保護者健康管理支援事業が新設された。

2 ◯ 住居確保給付金の支給事務（審査，決定，支給）は**福祉事務所設置自治体**が行い，相談・受付，受給・中断中の面談等は**自立相談支援機関**が行う（平成27年3月6日社援地発0306第1号「住居確保給付金の支給に係る事務の手引き」）。

3 ✕ **生活困窮者自立支援法**第1条に，「この法律は，生活困窮者自立相談支援事業の実施，生活困窮者住居確保給付金の支給その他の生活困窮者に対する自立の支援に関する措置を講ずることにより，生活困窮者の自立の促進を図ることを目的とする」と規定されており，生活保護のように直接的な金銭給付は目的としていない。

4 ✕ 住居のない生活困窮者であって，収入等が一定水準以下の者に対して，一定期間（原則3か月）内に限り，宿泊場所の供与や衣食の供与などを実施する事業を**生活困窮者居住支援事業**という。

5 ✕ 「生活に困窮する外国人に対する生活保護の措置について」（社発第382号）によると，**永住権**を持つ外国人から生活保護の申請があった際には，日本国民と同様の調査・審査を経たのちに生活保護制度が準用される。永住者だけでなく，定住者，日本人の配偶者等，永住者の配偶者等，特別永住者，難民認定された者なども生活保護を申請できる。ちなみに，その逆はきわめて難しい。つまり，永住権の取得の要件に「独立生計」があり，生活保護の受給中に永住許可を申請し取得することは非常に難しい。

POINT!

住宅確保給付金に関する出題は，新型コロナ感染症の流行による経済困窮が社会問題化して以降，特に出題が増えた。確実に得点できるよう，申請や相談先，主な対象や内容などを覚えておきたい。

| 問題100 | 生活福祉資金貸付制度，総合支援資金，福祉資金 | 頻出度 ★★★ | 正答 1, 5 |

1 ◯ **生活支援費**は総合支援資金の中の一種であり，生活再建までの間に必要な生活費用を貸し付ける。そのほか，敷金，礼金など住宅の賃貸契約を結ぶために必要な費用である**住宅入居費**や，**一時生活再建費**がある。この3つが，生活福祉資金のうち**総合支援資金**にあたるものである。

2 ✕ 主に休業などにより，一時的に生活が困難になったほうに生活資金を緊急で貸し付けるものを**緊急小口資金**という。そのほか，生業を営むために必要な経費，病気療養に必要な経費，住宅の増改築や補修などに必要な経費，福祉用具などの購入経費，介護サービスや障害者サービスを受けるために必要な経費などを一時的に貸し付ける**福祉費**も存在する。この2つが，生活福祉資金のうち**福祉資金**にあたるものである。

3 ✕ 生活福祉資金には，**教育支援資金**というカテゴリーも存在する。そのうち，低所得者世帯の子どもが高校や高専，大学などに修学するために必要な経費である**教育支援費**と，低所得者世帯の子どもが高校や高専，大学などへ入学する際に必要な経費である**就学支度費**がある。

4 ✕ 低所得者世帯の子どもが高校や高専，大学などへ入学する際に必要な経費は**就学支度費**といい，**教育支援資金**に属する。

5 ◯ 一時生活再建費は総合支援資金の一種である。生活を再建するために一時的に必要かつ日常生活費でまかなうことが困難である費用（就職・転職のための技能習得，債務整理をするために必要な費用など）が該当する。

POINT!

生活福祉資金貸付制度は大きく分けて，総合支援資金，福祉資金，教育支援資金，不動産担保型生活資金の4つからなる。その一つ一つが，選択肢の解説のようにさらに細かい種類に分かれているため，全体像を把握しておきたい。また，今回は出題がなかったが，連帯保証人の有無や利子の有無なども頻出である。

| 問題101 | 自立支援プログラム，支援会議 | 頻出度 ★★ | 正答 3 |

1 ✕ 現状，Aさんが生活に困窮しているという記述はない。また，Aさんは両親と同居している。生活保護は個人ではなく世帯を単位に要否を判定するため，もしも申請するならばAさんのみならず，両親の経済状態も総合して判断しなければならない。

2 ✕ 自立支援プログラムで行われる自立支援として，主に3種類の「自立」が定義されている。そのうち「**経済的自立**」については，どちらかというと稼働能力（働くための技術やスキル，能力等）や就労意欲が不十分な人への支援がイメージされており，Aさんにはあまり当てはまらない。

3 ◯ 社会人としての就労経験も就労意欲もあるAさんが就職活動に踏み切れない理由を探り，支援する必要がある。そのためには，Aさん及びAさんを取り巻く環境に関して**アセスメント**を行う必要がある。

4 ✕ すでに述べた解説とも重複するが，Aさんには稼働能力や就労意欲もある。したがって，求職活動ができるのであれば，すでに自発的に行っているはずである。Aさんが踏み切れない要因を探り，寄り添い，適切な関係機関につなげて支援する必要がある。

5 ✕ **支援会議**は，主に，地域や社会から孤立し自ら情報にアクセスすることが困難な人，日々の生活に追われ気力や自尊感情が低下している人，過去の経験等から行政機関へ相談することに心理的な抵抗感がある人など，従来の生活困窮者の支援制度につながっていない生活困窮者のために，2018（平成30）年改正法で創設された（社援地発1001第15号平成30年10月1日「生活困窮者自立支援法第9条第1項に規定する支援会議の設置及び運営に関するガイドラインについて」）。Aさんは該当しないと思われる。

POINT!

「平成17年における自立支援プログラムの基本方針について」においては，身体や精神の健康を回復・維持し，自分で自分の健康・生活管理を行うなど日常生活において自立した生活を送ることを目指す「日常生活自立」，人間関係を適切に結び社会の中に居場所を確保することができる「社会生活自立」，就労等による「経済的自立」という，3種類の自立について述べられている。

| 問題102 | 一時扶助，生活扶助，救護施設 | 頻出度 ★★★ | 正答 2, 3 |

1 ✕ 医療を受ける必要がある人々のうち，多くの人々は入院せずに通院して治療を受けている。生活保護受給中の医療費は公費負担となり，入院の有無は関係がない。

2 ◯ 敷金や礼金，引っ越し費用など，アパートを借りる際にはやむをえない初期費用がかかる。生活保護受給者の場合，これらは住宅扶助からの**一時扶助**という形で支給される。

3 ◯ ソーシャルワーカーは，相談者のニーズをすべて同列に扱うのではなく，緊急度や重要度によってスクリーニングや**優先順位**付けを行い，計画的に支援をすすめていく。就労と住居の両方に不安を抱いているAさんに対して，先に住居の面を整え，生活基盤を整えてから他の課題を解決するように促している。

4 ✕ **救護施設**は，精神や身体に著しい障害などがあり日常生活を送ることが困難な人のための施設である。Aさんには該当しない。

5 ✕ 事例文には「Aさんは地域で生活したい」とはっきり記されている。ここでの「地域」とは入所施設以外を指しているものと思われる。社会人経験もあるAさんに対して，合理的な理由なく，それ以前に入所していた児童養護施設への再入所を促すのは適切とはいえない。

POINT!

問題文には「福祉事務所の現業員」と記されているが，生活保護制度について最低限の知識があれば平易な問題である。受給中の医療費の扱いや8種の扶助，救護施設の目的など，出題頻度の高い項目の集合でできている問題のため，落ち着いて正答したい。

保健医療と福祉

問題103　難病法，障害者総合支援法　　　　　頻出度 ★　　正答 4, 5

1 ✕ 難病法の指定難病に指定された疾病（2025（令和7）年4月1日時点348疾病）の場合は，医療費助成の対象となる。なお，育成医療は，障害児（18歳未満）を対象としており，児童福祉法を根拠としている。

2 ✕ 特定医療費（指定難病の医療費助成）の支給認定を受けた場合は，難病指定医療機関での窓口負担は，自己負担限度額（月額）までとなる。

3 ✕ 特定医療費（指定難病の医療費助成）の支給にあたっては，医療保険制度・介護保険制度による給付が優先されます（保険優先制度）。

4 ◯ 難病法の指定難病は，障害者総合支援法に基づく障害福祉サービス等の対象となっている。2025（令和7）年4月時点の障害福祉サービス等の対象となる対象疾病は376疾病である。

5 ◯ 難病相談支援センターは，難病の患者や家族，関係者からの療養生活に関する相談に応じ，必要な情報の提供及び助言等を行うため都道府県及び指定都市に設置されている。

> **POINT!**
> 難病法や障害者総合支援法に関する知識を問う問題である。難病対策の概要については，最新の厚生労働白書の資料編（保健医療）や難病情報センターのホームページを確認する必要がある。

問題104　医療保険制度　　　　　頻出度 ★★★　　正答 3, 4

1 ✕ 高額療養費制度は，同一月にかかった医療費の自己負担額が高額になった場合，一定の金額（自己負担限度額）を超えた分が，払い戻される制度であり，年齢や所得に応じた上限額が定められている。

2 ✕ 傷病手当金は，病気休業中に被保険者とその家族の生活を保障するために設けられた制度であり，病気やけがのために会社を休み，事業主から十分な報酬が受けられない場合に支給される。

3 ◯ 労働者が，業務または通勤が原因での負傷や病気による療養を必要とするとき，治療費，入院料，移送費などの療養補償給付が支給される。

4 ◯ 労働者災害補償保険とは，労働者の業務上の事由または通勤による労働者の傷病等に対して必要な保険給付を行い，あわせて被災労働者の社会復帰の促進等の事業を行う制度である。

5 ✕ 公費負担医療制度とは，社会的弱者の救済や難病，公衆衛生等のため，国や地方公共団体が医療費の全部や一部を負担する制度で公費優先と保険優先がある。

> **POINT!**
> 医療保険制度の知識を問う問題であり，医療保険は出題頻度の高い問題である。なお，医療保険制度については，厚生労働白書等を参考に整理し，理解しておくことが重要である。

問題105　診療報酬制度　　　　　頻出度 ★★★　　正答 3

1 ✕ 診療報酬は2年に1度改定，介護報酬と障害福祉サービス等報酬は3年に1度改定があり，6年に1度は3つの報酬が同時に改定されるトリプル改定の年がある。

2 ✕ 保険診療と保険外診療（自由診療）の併用（混合診療）は，原則として禁止しており，全体について，自由診療として整理され，全額自己負担となる。

3 ◯ 診療報酬上，専従の社会福祉士等の配置を要件とすることなどが施設基準として定められている項目がある。

4 ✕ DPC制度（DPC/PDPS）とは，急性期入院医療の診療報酬を包括評価制度として実施する制度であり，診断群分類に基づく1日あたりの包括支払制度である。

5 ✕ 診療報酬全体の改定率は，内閣が決定し，それをもとに，厚生労働大臣の諮問機関である中央社会保険医療協議会に個々の診療行為に対する点数の見直しについての意見を求める。

> **POINT!**
> 診療報酬制度に関する理解が問われた問題である。診療報酬に関する問題は出題頻度が高く，診療報酬制度についての基礎的な理解とともに，診療報酬の改定時には，改定内容を整理し，理解しておくことが必要である。

問題106　医療倫理の4原則

頻出度 ★　　　**正答**　4, 5

1 ✕　人間の尊厳は，ソーシャルワーカーの倫理綱領に，すべての人々をかけがえのない存在として尊重するとして定められている項目である。

2 ✕　多様性の尊重は，ソーシャルワーカーの倫理綱領に，個人，家族，集団，地域社会に存在する多様性を認識し，それらを尊重する社会の実現を目指すとして定められている項目である。

3 ✕　必要即応は，生活保護法の要保護者の年齢別，性別，健康状態等その個人または世帯の実際の必要の相違を考慮して有効かつ適切に行うものとするとした4原則の1つである。

4 〇　医療倫理の4つの原則とは「自律尊重」「善行」「無危害」「正義」であり，「正義」とは，患者に公平・公正に対応すること，また，限りある医療資源を適切に配分することなどに関わる原則である。

5 〇　「自律尊重」は，患者自身の価値観や意思を尊重する原則である。「善行」は，患者のため最善を尽くし，患者の考える善行を行うという原則，「無危害」は，危険や危害を予防・回避するという原則である。

> **POINT!**
> 医療倫理の4原則は，トム・L・ビーチャムとジェイムズ・F・チルドレスが「生命医学倫理の諸原則」で提唱したもので，医療従事者が倫理的な問題に直面したときに，どのように解決すべきかを判断する指針となっている。

問題107　治療と仕事の両立支援

頻出度 ★　　　**正答**　5

1 ✕　ガイドラインが対象とする疾病は，がん，脳卒中，心疾患，糖尿病，肝炎，その他難病など，反復・継続して治療が必要となる疾病であり，短期で治療する疾病は対象としていない。

2 ✕　労働者本人から支援を求める申出がなされたことを端緒に取り組むことが基本となる。本人からの申出が円滑に行われるよう，申出が行いやすい環境を整備することも重要である。

3 ✕　労働安全衛生法に基づく健康診断において把握した場合を除いては，事業者が本人の同意なく取得してはならない。

4 ✕　職場復帰支援プランの策定に当たっては，産業医等や保健師，看護師等の産業保健スタッフ，主治医と連携するとともに，必要に応じて，医療ソーシャルワーカー等の支援を受けることも考えられる。

5 〇　主治医や産業医等の医師が，労働のため病勢が著しく増悪するおそれがあるとして就業継続は困難であると判断した場合には，事業者は，労働安全衛生法に基づき，就業禁止の措置を取る必要がある。

> **POINT!**
> 「事業場における治療と仕事の両立支援のためのガイドライン」についての理解を問う問題である。近年，産業保健領域において社会福祉士が活躍の場が広がっていることからも産業保健領域の動向を押さえておく必要がある。

問題108　医療ソーシャルワーカー業務指針

頻出度 ★★　　　**正答**　4

1 ✕　プライバシーの保護という点において，面接や電話は，独立した相談室で行う等第三者に内容が聞こえないようにすることが必要であり，リハビリ室でインテーク面接を行うことは適切ではない。

2 ✕　チームの一員として連携を密にすることが重要で，医師に相談し，医師の指示を受けて援助を行うとともに，受診・受療援助の過程においても，適宜医師に報告し，指示を受ける必要がある。

3 ✕　患者の主体性の尊重として，患者が自らの健康を自らが守ろうとする主体性をもって予防や治療及び社会復帰に取り組むことが重要であるため，転院先の選定をAが判断することは誤りである。

4 〇　医療ソーシャルワーカー業務指針の業務の範囲「経済的問題の解決，調整援助」に基づいた支援である。

5 ✕　回復期リハビリテーション病棟への転院が必要と判断されている現段階において，自宅への退院支援は適切ではない。

> **POINT!**
> 医療ソーシャルワーカー業務指針に基づいた経済的不安への対応を問う事例問題である。医療ソーシャルワーカー業務指針は，ポイントを整理し，理解しておくことが必要である。

ソーシャルワークの基盤と専門職（専門）

問題109　　グリーンウッドの専門職化　　　　　　　頻出度 ★★☆　　正答 1

1 ◯　**体系的な理論，権威，社会的承認，倫理綱領，専門職文化**の5つの属性は**グリーンウッド（Greenwood, E.）**が述べたものである。

2 ✕　公衆の福祉という目的，理論と技術，教育と訓練，テストによる能力証明，専門職団体の組織化，倫理綱領の6つの属性は**ミラーソン（Mllerson, G.）**が述べたものである。

3 ✕　本選択肢における専門職の目標，知識及び技術についての認識を示した研究者は不明だが，1によるグリーンウッドの述べた事柄とは明らかに相違がある。

4 ✕　**カー - ソンダーズ（Carr-Saunders, A.）**は専門職が成立する属性というより，専門職を歴史的発展過程のプロセスによって捉えており，段階別に「完成専門職（医師，法律家，聖職者）」，「新生専門職（エンジニア，化学者，会計士）」，「準専門職（教師，看護師，ソーシャル ワーカー）」，「可能的専門職（病院マネージャー，セールスマネージャー）」の**4段階**に分類している。

5 ✕　**エツィオーニ（Etzioni, A.）**はすでに確立している専門職とソーシャルワーカーを比較することより，**準専門職**の概念を明確にした。

POINT!

専門職化についての出題は数年振りである。ミラーソン，グリーンウッドは出題されやすいので，この二人の理論をしっかり覚えていれば，選択肢3，4，5がわからない場合でも消去法によって正しい選択肢を絞ることが可能である。

問題110　　認定社会福祉士　　　　　　　　　　　頻出度 ★★☆　　正答 2, 3

1 ✕　認定社会福祉士認定規則第2条には「**認定社会福祉士**とは，（中略）所属組織を中心にした分野における福祉課題に対し，倫理綱領に基づき高度な専門知識と熟練した技術を用いて個別支援，他職種連携及び地域福祉の増進を行うことができる能力を有することを認められた者といい」とあり，**他職種連携及び地域福祉**より所属組織が優先されるわけではない。

2 ◯　専門社会福祉士制度の創設の趣旨には，厚生労働省の社会保障審議会福祉部会福祉人材確保専門委員会の報告書「ソーシャルワーク専門職である社会福祉士に求められる役割等について」（平成30年3月27日）において，**地域共生社会の実現**を目的として「なお，社会状況の変化やニーズの多様化・複雑化に伴い，社会福祉士の活躍の分野は拡がってきており，実践力を向上させていくためには，資格取得後の不断の自己研鑽が必要である。（中略）職能団体が中心となって取り組んでいる認定社会福祉士制度を活用することが考えられる」と記載されている。

3 ◯　認定社会福祉士として，スーパーバイザーとスーパーバイジーの両者が倫理綱領や行動規範を遵守するのは当然のことである。

4 ✕　「認定社会福祉士認定規則」第9条（3）には「**相談援助実務経験が5年以上**あること」と記載されている。

5 ✕　「認定社会福祉士認定規則」第18条には「認定審査の合格日の翌年度の4月1日から**5年ごとに**これを**更新**しなければならない」と記載されている。

POINT!

本科目では認定社会福祉士制度については数年振りの出題である。制度の概要についての出題であるので，過去，あまり出題されてこなかったことや受験生に馴染みが薄い現状を考えると，やや難問である。

467

問題111　　社会福祉行政職の根拠法

頻出度 ★★　　　**正答** 1

1 ○　**社会福祉主事**は**社会福祉法**に規定されている。

2 ×　**児童福祉司**は**児童福祉法**に規定されている。

3 ×　**身体障害者福祉司**は**身体障害者福祉法**に規定されている。

4 ×　**知的障害者福祉司**は**知的障害者福祉法**に規定されている。

5 ×　**母子・父子自立支援員**は**母子及び父子並びに寡婦福祉法**に規定されている。

POINT!

本科目では数年おきに出題される社会福祉行政職とその根拠法を問う出題である。5つの選択肢すべてが過去，出題済である。難易度は高くないが，職種名と根拠法をセットで覚えておくべきである。

問題112　　バークレイ報告

頻出度 ★　　　**正答** 3

1 ×　「**バークレイ報告**」は家族が対象ではなく，地域を対象としたコミュニティケアの実践を提唱している。明らかに正しくない。アメリカのアン・ハートマン（Hartmann, A.）は家族全体を視野に入れた家族ソーシャルワークを実施した。

2 ×　1968年，イギリスの「**シーボーム報告**」では地方自治体で不統一の状態で進行されている社会福祉事業を一つの統合された部局で総合的に運営されるべきと指摘をしている。

3 ○　1982年に発表された「**バークレイ報告**」はソーシャルワーカーの役割と任務が再検討された報告書でもある。

4 ×　「**バークレイ報告**」は「明確な財源システムを目指す」というわけではなくコミュニティを基盤としたカウンセリングと社会的ケア計画を統合した**コミュニティソーシャルワーク**に言及している。

5 ×　「**バークレイ報告**」では法定化はしていない。イギリスでは1999年「**国民保健サービス及びコミュニティケア法**」施行により福祉サービスと保健医療改革を一体的に法定化した。

POINT!

本科目ではあまり出題されていないバークレイ報告についての出題である。イギリスの第二次大戦後の福祉政策の経緯を学ぶとともに，バークレイ報告の内容にも踏み込んだ出題である。選択肢3か4か迷いやすい。難問の範疇と考えられる。

問題113　　ソーシャルワークのマクロ・メゾ・ミクロ

頻出度 ★★★　　　**正答** 5

1 ×　**ミクロシステム**のみだと，ソーシャルワーク実践の対象は視覚障害者のみ，と限定される。

2 ×　**メゾシステム**のみだと，本事例ではソーシャルワーク実践の対象は存在しない。

3 ×　**マクロシステム**は国，自治体レベルの実践が対象となるが，本事例はミクロレベルの視覚障害者も対象のシステムとなる。

4 ×　ソーシャルワーク実践の対象はマクロレベルのA市への支援実践とミクロレベルの視覚障害者を繋ぐ情報伝達経路の改善である。メゾシステムが対象とはいいがたい。

5 ○　選択肢2，4で述べたように，メゾレベルシステムの該当はない。

POINT!

本科目では定番化しつつあるソーシャルワークのマクロ・メゾ・ミクロの出題である。マクロ・メゾ・ミクロの用語の意味を正しく理解することが必要である。

| 問題114 | クライエントのアドボカシー上の意思尊重に関する事例問題 | 頻出度 ★★★ | 正答 4 |

1 ✕ 事例の段階では，これから看取りの場の話し合いをするところである。Aは入院前に看取りの場をBさんが妻と話し合ったことがあると聞いている。まず最初に，その話し合いの内容を確認すべきである。いきなり，自宅退院に向けて利用可能な介護サービスについて説明するのは適切ではない。

2 ✕ 選択肢1と同様，最初の対応としては介護負担と妻の病状について妻の考えを確認するのは適切ではない。ただし，その後の面談の展開では介護負担と妻の病状の話が出てくることは予測される。

3 ✕ 妻の希望だけを聞き取るのはBさんの意思を尊重しているとはいえない。看取りの場をBさんが妻と話し合ったことを聞き取りたい。

4 ◯ **支援対象者**であるBさんの**意思の尊重**は最重要である。Aは妻に対してBさんはどこで最期を迎えたいと言っているか確認をすべきである。

5 ✕ これから看取りの場の話し合いをするところである。Aは入院前に看取りの場をBさんが妻と話し合ったことがあると聞いている。まず，その話し合いの内容を確認すべきである。Aが妻やBさんの意思も確認せず，いきなり，緩和ケア病棟の話をするのは早合点であり，望ましくない。

POINT!

医療ソーシャルワーカーの初期対応の事例問題である。問題文にある「アドボカシーを意図した最初の対応」が解法の肝となる。つまり，「支援対象者の意思の尊重」ができているかが重要となる。支援者側が支援対象者の意向を度外視して支援を進めるべきではない。

ソーシャルワークの理論と方法（専門）

| 問題115 | ソーシャルワークの援助関係 | 頻出度 ★★★ | 正答 2, 4 |

1 ✕ 非審判的態度の原則は，クライエントの行動や思考に対して，**ワーカーが善悪の判断を一方的にしない**というものである。

2 ◯ 問題を解決していくための**行動を決定する主体はあくまでクライエント**自身であることから，そうした行動も含めて尊重していくものである。

3 ✕ 統制された情緒的関与の原則は，クライエントではなく**ワーカー自らが感情を統制し**，偏らないようにしていくものである。

4 ◯ 課題を抱えているクライエントは，**独善的な考えや否定的な感情も**持ちやすいが，そうした感情も含めて表出されるよう図っていくものである。

5 ✕ 秘密保持の原則は，知り得たことを漏らさないという原則であるが，他の個人の権利が侵害される場合など**必要な場合に共有することもある。**

POINT!

ソーシャルワーカーの援助関係におけるバイステックの原則の内容について問われている。バイステックの提唱した原則それぞれの留意すべき点について具体的に理解したい。

問題116　　相談支援専門員の行政への対応

頻出度 ★★　　**正答** 3, 5

1 ✕ パーソナライゼーションとは，**必要な支援を個々人向けに最適化していく**ことなどを指すが，この状況の取り組みではない。

2 ✕ リファーラルとは，支援が望まれる人々を**支援提供機関などに紹介し，送致していく**ことなどを指すが，この状況の取り組みではない。

3 〇 ソーシャルアクションとは，制度やサービスの**改善，創設を目指し，議会や行政機関などに対応を求めていく**取り組みである。

4 ✕ スクリーニングとは，**支援の要否を判断し，優先順位や適切な方法**などを整理していくことを指すが，この状況の取り組みではない。

5 〇 アウトリーチは，ニーズの表出や認識などができていない人のところへ積極的に**出向いて，表出や認識を促していく**取り組みである。

POINT!

相談支援事業所の相談支援専門員（社会福祉士）による事例での行政への対応について問われている。ソーシャルワーカーの行うニーズの把握や行政に働きかけていく方法についても着目したい。

問題117　　ソーシャルワークの面接技法

頻出度 ★★★　　**正答** 4

1 ✕ 「明確化」によって，クライエントはワーカーから自分が話して伝えたいと**思っていたことを明確にしてもらえた**と理解する。

2 ✕ 「閉ざされた質問」とは，「はい」「いいえ」など面接における応答の**自由度を狭めていくような質問**のことである。

3 ✕ 自身のことのように感じながら理解しようとする「共感的応答」によって，**ワーカーがクライエントの持つ価値認識を理解**する。

4 〇 話の要点をまとめて返していく「要約」によって，ワーカーはクライエントが**伝えようとしていることの整理を手助け**する。

5 ✕ 「焦点化」は，触れたくないテーマを回避するのではなく，あえて**正面から取り上げて向き合い，変容を促していく**ものである。

POINT!

ソーシャルワーカーの用いる面接技法の内容について問われている。基本的な技法の理解とともに，クライエントのどのような側面に焦点を当てているのかについても着目したい。

問題118　　事例分析

頻出度 ★★　　**正答** 2, 5

1 ✕ クライエントの**思いや近隣住民との関係性がみえていない**現段階で，近隣住民が困っていることをヒアリングするよう勧めるのは適切な意見とは考えにくい。

2 〇 クライエントの持つ強みや状態をどう捉えているかを問う質問をすることで，事例提供者が**Aさんの強みや応じた支援を改めて考える**ことに繋がる。

3 ✕ **直接的な繋がりや関係性のみられない**マンションの管理人に，一人暮らしの継続が難しくグループホーム利用を促すのは適切な意見とは考えにくい。

4 ✕ クライエントの**心情や背景が把握できていない**現段階で，Aさんの今後についての考えを聞いてみるよう勧めるのは適切な意見とは考えにくい。

5 〇 クライエント自身の状況への認識を問う質問をすることで，事例提供者が**Aさんの病識や効果的な支援を改めて考える**ことに繋がる。

POINT!

居宅介護支援事業所が開催した事例検討会での事例提供者への参加者の意見内容について問われている。事例検討会の目的とともに，具体的な支援に繋がる意見交換の意義についても着目したい。

| 問題119 | 事例検討 | 頻出度 ★★ | 正答 | 5 |

1 ✕ **クライエントの対応に苦慮する相談員の事例**を検討する場であるので，クライエントを含めずに組織することが望ましい。

2 ✕ 事例検討の際には，さまざまな視点からの検討が行えるよう，**経験年数も含めてより多様な参加者で構成**することが望ましい。

3 ✕ 事例検討の際には，組織した参加者の状況も踏まえ，**限られた時間の中で効果的な検討**が行えるよう進行することが望ましい。

4 ✕ 事例を報告する際には，**参加者がクライエントの状況をより理解**していけるよう資料を活用していくことが望ましい。

5 ◯ 過度な防衛や攻撃などにならないよう留意し，**さまざまな視点からの意見が活発に交わされ**ていくことが望ましい。

> **POINT!**
> 市の高齢福祉課の社会福祉士が行う事例検討に関する内容について問われている。事例検討の意義や方法とともに，具体的な進め方についても着目したい。

| 問題120 | 社会福祉協議会での外国籍住民への対応 | 頻出度 ★★ | 正答 | 2 |

1 ✕ 教育委員会との連携をしていくことも重要であるが，まずは**外国籍の子どもや家族の生活状況を把握**することが求められる。

2 ◯ 懇談の場を設けるなどして，まずさまざまな人々や機関の**情報や問題の共有化を図ること**は，この段階の包括的支援において適切である。

3 ✕ 外国の文化や習慣について理解をしていくことは重要であるが，**外国籍住民向けのものも含めて相互理解を**図っていけるよう考えるべきである。

4 ✕ 企業の担当者と連携していくことは大切であるが，**地域で一体となって就労者や家族のケア**をしていけるよう図っていくことが必要である。

5 ✕ 外国籍住民と地域住民の交流の場を設けていくことも大切であるが，まずは**双方の思いや状況を総合的に把握すること**が求められる。

> **POINT!**
> 社会福祉協議会の職員（社会福祉士）による外国籍住民を含めた地域住民への対応について問われている。総合的かつ包括的支援に基づく対応の在り方や方法，関係性についても着目したい。

| 問題121 | 市相談窓口での介護家族への対応 | 頻出度 ★ | 正答 | 2, 4 |

1 ✕ **母親の症状や生活実態の把握ができていない**この段階で，サービス付き高齢者住宅の情報提供を行うのは適切とはいえない。

2 ◯ ピアサポートの会を紹介していくことは，**同様の状況を持つ方々との交流**によってその不安の軽減に繋がると考えられる。

3 ✕ **長男への接し方や発育状況なども把握ができていない**この段階で，児童相談所に通告していくのは適切とはいえない。

4 ◯ 子育てや母親のケアに関する対応について両機関との連携を図ることにより，**それぞれのより専門的対応に繋がる**と考えられる。

5 ✕ 母親や長男を含めた**家族全体の状況把握ができていない**この段階で，長男の育児に専念するよう勧めるのは適切とはいえない。

> **POINT!**
> 市の福祉何でも相談室窓口担当の職員（社会福祉士）による介護家族への対応について問われている。家族の状況や思いを踏まえるとともに，適切な社会資源についても理解したい。

| 問題122 | 社会福祉協議会での会議 | 頻出度 ★ | 正答 3, 4 |

1 ✕ これから**実行委員会を立ち上げて主体的に取り組もうとする**中で，社会福祉協議会がCさんをリーダーに指名するのは適切とはいえない。

2 ✕ 地域フェスタの意義や社会福祉協議会の役割から考えても，**自治会や地域住民が主体的に企画していくよう図る**ことが望ましい。

3 〇 まず地域フェスタに関しての考えを聞いていくのは，**より主体的に進めていくために**も望ましいと考えられる。

4 〇 一緒に検討していこうとすることは，それぞれの**特性を活かした協力体制を築いていくために**も望ましいと考えられる。

5 ✕ 自治会が**地域フェスタへの自主的な参加を促そうとする**中で，社会福祉協議会が全戸訪問するよう指示するのは適切とはいえない。

> **POINT!**
> 市の社会福祉協議会職員（社会福祉士）による会議での自治会役員からの依頼への対応について問われている。会議の在り方や協議内容とともに，社会福祉協議会としての役割についても着目したい。

| 問題123 | がん拠点病院相談支援センターでの対応 | 頻出度 ★ | 正答 3, 4 |

1 ✕ 家族にどう話したらよいか不安を抱えるクライエントに対して，この段階で家族でよく話し合うことを勧めるのは望ましいとはいえない。

2 ✕ クライエントの**詳細な病状や治療の方向性について把握できていない**この段階で，今後の見通しを話していくことは望ましいとはいえない。

3 〇 心理的支援も含め，**この段階でのクライエントの状況に最も適した専門職につないでいく**のも，ソーシャルワーカーの重要な役割である。

4 〇 まだ**十分に治療について理解できていない面もある**と考えられることから，再度主治医に尋ねることも不安解消に繋がると考えられる。

5 ✕ 混乱している気持ちを落ち着かせるためにも，帰宅を促すのではなく，まずは**思いや状況について傾聴**していくことが望ましい。

> **POINT!**
> がん拠点病院相談支援センターの医療ソーシャルワーカー（社会福祉士）によるがん患者への対応について問われている。がん患者の病状や思いとともに，ソーシャルワーカーとしての役割についても着目したい。

福祉サービスの組織と経営

問題124　【事例】特定非営利活動法人　頻出度 ★★★　正答 1

1 ○ 社会福祉法人を設立しようとする者は，定款をもって**評議員及び評議員会に関する事項**他を定め，当該定款について所轄庁である**C市の認可**を受けなければならない（社会福祉法31条）。

2 × **10名以上の社員の氏名や住所を記載した書面**は，特定非営利活動法人の設立の際の書類の一部であり，所轄庁である**B県の認証**を受けなければならない（特定非営利活動促進法10条）。

3 × **C市のA特定非営利活動法人の解散**は，所轄庁である**B県の認定**がなければ効力を生じない（同法31条2項）。

4 × **A特定非営利活動法人の残余財産**は，定款で定めるところにより，その**帰属すべき者に帰属**する。規定がない場合は，所轄庁である**B県の認証**を得て，**国又は地方公共団体に譲渡**することができる。規定により処分されない財産は，**国庫に帰属**する（同法32条）。

5 × 社会福祉法人の設立に関して，定款を定め，**所轄庁であるC市の認可**を受けなければならない。所轄庁は，主たる事務所の所在地の**都道府県知事**，もしくは主たる事務所の市の区域内で事業が当該市内の区域を超えないものは**市長**，もしくは主たる事務所が指定都市の区域内は**指定都市の長**となる（社会福祉法30条）。

> **POINT!**
> 社会福祉法人，特定非営利活動法人は，頻出問題である。設立の要件，所轄庁の整理，解散手続き，残余財産の処理他，法律の条文規定から出題されるため，各条文を整理しよう。

問題125　2016年（平成28年）の社会福祉法改正　頻出度 ★★★　正答 2

1 × **2000（平成12）年6月の社会福祉法改正**による福祉サービスの利用者の利益を保護する仕組みを導入することとして，Ⅰ．利用者の立場に立った社会福祉制度の構築（(1)福祉サービスの利用制度化，(2)利用者保護の制度の創設（①日常生活自立支援事業，②苦情解決の仕組みの導入，③利用契約についての書面交付の義務づけ））・Ⅱ．サービスの質の向上（(1)サービスの質の評価に関する制度の創設（①事業者によるサービスの質の自己評価，②福祉サービス第三者評価事業），(2)利用者がサービスを選択するための情報の提供等）・Ⅲ．社会福祉事業の充実・活性化・Ⅳ．地域福祉の推進等がある。

2 ○ **2016（平成28）年の社会福祉法改正**による規定である（社会福祉法24条2項）。

3 × 社会福祉法人の従業員の給与基準は，**各法人の就業規則**で定める。

4 × 社会福祉法人の第一種の実施に関しては，**1951（昭和26）年の社会福祉事業法**で規定された。

5 × 社会福祉法人の第三者評価の受審についての規定は，前述の**2000（平成12）年6月の社会福祉法改正**による。

> **POINT!**
> 2000（平成12）年の社会福祉法改正は，福祉サービスの利用者の利益を保護する仕組みを導入した。福祉サービスの利用制度化，利用者保護，苦情解決の仕組み，利用契約時の書面交付，サービスの質の向上，情報提供，地域福祉の推進等重要な論点を整理して理解しよう。

| 問題126 | リーダーシップ | 頻出度 ★★★ | 正答 5 |

1 × リーダーシップの**行動理論**は，成功するリーダーの**行動様式に着眼**し，集団や組織が機能するために有効となるリーダーの行為行動を具体的に特定したものである。

2 × **フォロワーシップの理論**は，チームの成果を最大化させるために，「自律的かつ主体的にリーダーや他メンバーに働きかけ支援すること」であり，リーダーの意思決定や行動に誤りがあると感じた場合は，**臆することなく提言を行ったり**，チームがより良い方向に進むようメンバーに働きかけたりする。

3 × リーダーシップの**コンティンジェンシー理論**は，**組織の状況**がリーダーの行動に影響を与える程度に応じて，**有効なリーダーシップは異なる**とする理論である。

4 × **サーバント・リーダーシップ**の考えは，チームメンバーに奉仕をした上でチームメンバーを指導していく，部下を支え，チームに奉仕するためにリーダーが存在するという考えを重視した**支援型または奉仕型**のリーダーシップである。

5 ○ **シェアド・リーダーシップ**は，「組織内の複数の人間，時に全員がリーダーシップを取る」という理論で，従来のリーダーシップの関係性は「垂直型」であるが，シェアド・リーダーシップは「水平型」の関係性となる。

> **POINT!**
> リーダーシップの問題は，頻出問題である。行動理論，フォロワーシップ論，コンティンジェンシー理論，サーバント・リーダーシップ，シェアド・リーダーシップ等，各理論の特徴やキーワードを押さえよう。

| 問題127 | 【事例】苦情を申し立てることのできる仕組み | 頻出度 ★★ | 正答 2 |

1 × **障害福祉サービス等情報公表制度**とは，2016（平成28）年5月に成立した障害者総合支援法及び児童福祉法の一部を改正する法律において①事業者に対し障害福祉サービスの内容等を**都道府県知事へ報告**することを求めるとともに，②都道府県知事が報告された**内容を公表する**仕組みで，利用者による個々のニーズに応じた良質なサービスの選択に資すること等を目的とする（2018（平成30）年4月施行）。

2 ○ 都道府県の区域内において，福祉サービス利用援助事業の**適正な運営を確保**するとともに，福祉サービスに関する**利用者等からの苦情を適切に解決**するため，**都道府県社会福祉協議会**に，**運営適正化委員会を置く**ものとする（社会福祉法83条）。

3 × 事業者は，業種及び規模の事業場ごとに，次の事項を調査審議させ，事業者に対し意見を述べさせるため，**安全委員会**を設けなければならない。1.労働者の**安全を防止**するための基本となる対策，2.**労働災害の原因及び再発防止対策**で，安全に係るもの，3.**労働者の危険の防止の重要事項**（労働安全衛生法17条）

4 × 福祉サービス第三者評価事業の評価機関とは，中立的な第三者である評価機関であり，事業者と契約を締結し，**サービスの内容，組織のマネジメント力等の評価**を行い，その結果を**公表する機関**である。

5 × **公益通報者保護制度**は，企業などの事業者による**一定の違法行為**を，労働者・退職後1年以内の退職者・役員が，不正の目的でなく，組織内の通報窓口，権限を有する行政機関や報道機関などに**通報すること**である。

> **POINT!**
> 苦情を申し立てる仕組みとしては，事業所の苦情受付担当者，施設内の第三者委員，都道府県社会福祉協議会に運営適正化委員会の設置等，福祉サービスの利用者の利益の保護の視点から理解を深めよう。

| 問題128 | 「個人情報保護法」に基づく情報管理 | 頻出度 ★★☆ | 正答 5 |

1 ✕ 個人情報保護法では，「**個人情報取扱事業者**」を「個人情報データベース等を事業の用に供している者をいう」と定義している（個人情報保護法16条2項）。「個人情報データベース等を事業の用に供している者」とは，一般企業のような営利事業を行う者のみならず，**NPO法人，ボランティア団体や任意団体**も含まれる。

2 ✕ 個人情報取扱事業者は，個人情報を取得した場合は，あらかじめその利用目的を公表している場合を除き，速やかに，その**利用目的**を，**本人に通知**し，または**公表**しなければならない。利用目的を変更した場合は，**変更された利用目的**について，**本人に通知**し，または**公表**しなければならない（同法21条1項，3項）。

3 ✕ 本人の**信条**に関する情報は，**個人情報の中の「要配慮個人情報」**に含まれ，個人情報取扱事業者は，あらかじめ本人の同意を得ないで，特定された利用目的の達成に**必要な範囲を超えて**，個人情報を取り扱ってはならない（同法18条）。

4 ✕ 「**要配慮個人情報**」は本人の**人種，信条，社会的身分，病歴，犯罪の経歴**，犯罪により害を被った事実その他本人に対する**不当な差別**，偏見その他の不利益が生じないようにその取扱いに特に配慮を要するものとして政令で定める記述等が含まれる個人情報を指す（同法2条3項）。

5 ◯ 個人データを第三者へ提供する際の本人からの同意は，**人の生命・身体・財産の保護に必要で本人からの同意取得が困難な場合**は，例外的に不要である（同法27条1項2号）。

> **POINT!**
> 「個人情報保護法」における，個人情報取扱事業者，個人情報の利用目的，要配慮個人情報，第三者への提供する際の本人の同意等，条文内容の規定を理解しよう。

| 問題129 | 社会福祉法人の財務 | 頻出度 ★★★ | 正答 2, 5 |

1 ✕ **事業活動計算書**は，「当該会計年度における全ての**純資産の増減の内容**を明瞭に表示するもの」で，法人全体，事業区分，拠点区分，サービス区分ごとに作成される（法令の名称は「社会福祉法人会計基準」19条）。

2 ◯ 社会福祉法人は，社会福祉事業ごとに会計を区分し，それぞれの実施顛末を解明することとされている。具体的には，**公益事業・収益事業を行う社会福祉法人**は，計算書類の作成に関して，**法人全体とともに事業区分及び拠点区分，サービス区分**を設けなければならない（同省令10条）。

3 ✕ **資金収支計算書**は，「当該会計年度における全ての**支払資金の増加及び減少の状況**を明瞭に表示するもの」で，法人全体，事業区分，拠点区分，サービス区分ごとに作成される（同省令12条）。

4 ✕ **介護サービスの提供に要した費用**は，利用者負担分を除き**市町村**から指定介護サービス事業者に支払われる。

5 ◯ **貸借対照表**は，「当該会計年度末現在における**全ての資産，負債及び純資産の状態**を明瞭に表示するもの」で，法人全体や事業区分，拠点区分ごとに作成される（同省令25条，27条）。

> **POINT!**
> 社会福祉法人の財務管理は頻出問題である。財務諸表の貸借対照表，事業活動計算書，資金収支計算書の各理解，それぞれ法人全体，事業区分，拠点区分別に作成されることを整理しよう。

執筆者紹介（科目順）【執筆科目名】

■大谷佳子（おおや・よしこ）

【担当科目：医学概論／心理学と心理的支援】

NHK学園社会福祉士養成課程講師，日本知的障害者福祉協会社会福祉士養成所講師（「心理学理論と心理的支援」他，担当）。コロンビア大学大学院教育心理学修士課程修了。修士（教育心理学）。昭和大学保健医療学部講師などを経て2023年4月より現職。

主な著書に『最新介護福祉士養成講座1　人間の理解』（中央法規出版，分担執筆），『最新介護福祉士養成講座11　こころとからだのしくみ』（中央法規出版，分担執筆），『対人援助のスキル図鑑』（中央法規出版），『対人援助の現場で使える　傾聴する・受けとめる技術便利帖』（翔泳社），『心理学に基づく質問の技術』（翔泳社）　など。

■柳 采延（リュウ・チェヨン）

【担当科目：社会学と社会システム】

常葉大学外国語学部准教授。東京大学大学院総合文化研究科国際社会科学専攻修士課程・博士課程修了。博士（学術）。

主な著書に『専業主婦という選択』（勁草書房，2021年），『ジェンダーとセクシュアリティで見る東アジア』（勁草書房，共著，2017年）　など。

■高柳瑞穂（たかやなぎ・みずほ）

【担当科目：社会福祉の原理と政策／貧困に対する支援】

愛知県立大学教育福祉学部講師。東京都立大学大学院修士課程・博士後期課程修了。埼玉・東京・神奈川などの4年制大学で非常勤講師，専任助手，専任講師，准教授として社会福祉士養成に従事したのち2023年4月より現職。

主に知的障害児者やその家族の福祉の歴史，ドイツの福祉史について研究している。2018年，虐待や貧困，不登校等で苦しむ若者を支援する「一般社団法人学生福祉サポートセンター Marici」を設立し，2022年12月に女性やシングルマザーの法的支援部門を新設。同団体代表理事・相談員。博士（社会福祉学），社会福祉士，重度訪問介護従業者（修了）。

■佐々木貴雄（ささき・たかお）

【担当科目：社会保障】

日本社会事業大学社会福祉学部准教授。一橋大学大学院社会学研究科博士後期課程修了。博士（社会学）。

主な著書に『就労支援政策にみる福祉国家の変容　7カ国の分析による国際的動向の把握』（ミネルヴァ書房，分担執筆，2024年），『「厚生（労働）白書」を読む 社会問題の変遷をどう捉えたか』（ミネルヴァ書房，分担執筆，2018年）がある。主な論文に「市町村国保の保険料（税）における資産割賦課の動向」（週刊社会保障3204，2023年）　など。

■高橋修一（たかはし・しゅういち）

【担当科目：権利擁護を支える法制度】

立命館大学法学部法学科法律コース卒業。社会福祉士。北海道社会福祉士会所属。これまで同会において権利擁護センターぱあとなあ北海道の運営，会員の成年後見受任案件の調整等に携わる。北海道社会福祉協議会に従事。

■佐藤 惟（さとう・ゆい）

【担当科目：地域福祉と包括的支援体制】

淑徳大学総合福祉学部准教授。日本社会事業大学大学院社会福祉学研究科博士後期課程満期退学。博士（社会福祉学）。社会福祉士，介護福祉士，保育士，介護支援専門員。

主な著書に『人生会議とソーシャルワーク』（風鳴舎，2025年），主な論文に「地域福祉ボランティアとしての市民後見人の位置づけに関する検討」（茶屋四郎次郎記念学術学会誌12，2022年）　など。

■望月隆之（もちづき・たかゆき）

【担当科目：障害者福祉】

聖学院大学心理福祉学部心理福祉学科准教授。東洋大学大学院福祉社会デザイン研究科福祉社会システム専攻修了。障害者グループホーム職員（世話人・サービス管理責任者），社会福祉協議会専門員，生活介護事業所生活支援員，田園調布学園大学子ども未来学部助教，専任講師を経て現職。神奈川県意思決定支援専門アドバイザー。東京家政大学人文学部教育福祉学科非常勤講師。修士（社会福祉学）。社会福祉士。

主な著書に『つながり，支え合う福祉社会の仕組みづくり』（中央法規出版，共著，2018年），『共生社会のための障害者福祉』（クリエイツかもがわ，共著，2025年）がある。

■馬場さやか（ばば・さやか）

【担当科目：刑事司法と福祉／保健医療と福祉】

国際医療福祉大学東京事務所企画部主事。一般社団法人cafe bloom38代表理事。国際医療福祉大学医療福祉学部卒業後，病院に勤務し，職員教育担当主任や医療ソーシャルワーカーとして業務に従事後，大学での実習助手を経て現職。社会福祉士，精神保健福祉士，公認心理師。

■関　秀司（せき・しゅうじ）

【担当科目：ソーシャルワークの基盤と専門職／ソーシャルワークの基盤と専門職（専門）】

東洋大学大学院修士課程福祉社会システム専攻修了。知的障害者通所更生施設生活指導員，特別養護老人ホームケアワーカー，路上生活者自立支援センター生活相談員，早稲田速記医療福祉専門学校講師を経て，現在はフリーランスで福祉活動を行う。成年後見人活動等にも携わる。神奈川県にある介護保険事務所（株）青龍の特別顧問。障害者認定委員会委員。社会福祉士，介護福祉士，精神保健福祉士，介護支援専門員。

■水島正浩（みずしま・まさひろ）

【担当科目：ソーシャルワークの理論と方法／ソーシャルワークの理論と方法（専門）】

東京福祉大学社会福祉学部／社会福祉学・教育学研究科教授。日本社会事業大学社会福祉学部児童福祉学科卒業，東京福祉大学大学院社会福祉学研究科博士前期課程修了・同博士後期課程単位取得満期退学。博士（社会福祉学）。教育実践としては，東京福祉保育専門学校教務主任・専任教員，群馬大学非常勤講師，東京福祉大学通信教育課長・講師・国家試験対策室長・准教授等を経て，福祉実践としては，特別養護老人ホーム介護職，障害者在宅生活支援，神奈川県教育委員会スクールソーシャルワーカー等を経て現職。茶屋四郎次郎記念学術学会理事，日本学校ソーシャルワーク学会関東・甲信越ブロック運営委員等も務める。社会福祉士，介護福祉士。主な共著書に，『社会福祉概論』（勁草書房），共編著書に『はじめてのソーシャルワーク演習』（ミネルヴァ書房）等がある。

■佐藤麻衣（さとう・まい）

【担当科目：社会福祉調査の基礎】

名寄市立大学保健福祉学部社会福祉学科講師。岩手大学人文社会学部卒業，淑徳大学大学院総合福祉研究科にて博士号（社会学）取得。専門社会調査士。

■馬場康徳（ばば・やすのり）

【担当科目：高齢者福祉】

城西国際大学福祉総合学部専任助教，淑徳大学長谷川仏教文化研究所嘱託研究員，田園調布学園大学・聖学院大学兼任講師。立正大学大学院社会福祉学研究科修士課程・博士後期課程修了。博士（社会福祉学）。

■大門俊樹（だいもん・としき）

【担当科目：児童・家庭福祉】

東京福祉大学社会福祉学部社会福祉学科准教授。早稲田大学社会科学部・第二文学部英文学専修卒業後，私立中学・高等学校教諭，東洋大学大学院社会学研究科福祉社会システム専攻修了，専門学校専任教員を経て現職。社会福祉士国家試験受験指導に携わる（児童・家庭福祉論，福祉科指導法，スクールソーシャルワーク演習等も担当），日本学校ソーシャルワーク学会関東・甲信越ブロック運営委員も務める。社会福祉士，精神保健福祉士。

主な著書に『福祉社会を創る―社会人学生たちの挑戦―』（学文社，共著），『スクールソーシャルワーカー養成テキスト』（中央法規出版，共著），『学校福祉とは何か』（ミネルヴァ書房，共著）。

■山本恭久（やまもと・やすひさ）

【担当科目：福祉サービスの組織と経営】

山本社会福祉士事務所所長。日本社会事業大学大学院福祉マネジメント研究科卒業。修士（福祉マネジメント）。特別養護老人ホーム生活相談員を経て現職。公益社団法人日本社会福祉士会会員，公益社団法人東京社会福祉士会会員も兼ねる。社会福祉士国家試験対策講座講師，東京アカデミー関東ブロック講師，アルファ医療福祉専門学校講師，社会福祉法人千代田区社会福祉協議会講師，株式会社サンシャイン講師。社会福祉士。

著者紹介

社会福祉士試験対策研究会

社会福祉士養成の履修科目・試験対策研修の講師や，実務経験が豊富な社会福祉士又は医療関係者の有志で構成される研究会。社会福祉に造詣が深く，質の高い保健医療福祉職の合格に向けて尽力している。
試験対策テキスト作成のコンセプトは，効率のよい勉強ができるテキストであり，合格してからも活用できるテキストの両立を目指すことである。

装丁デザイン	小口 翔平＋村上 佑佳 （tobufune）
装丁イラスト	ハヤシ フミカ
本文イラスト	フクモト ミホ
DTP	株式会社 トップスタジオ

■会員特典データのご案内
会員特典データは，以下のサイトからダウンロードして入手いただけます。
第34 ～ 36回社会福祉士国家試験の問題と解答・解説
（解説内容は，それぞれ『福祉教科書 社会福祉士 完全合格問題集』2023 ～ 2025年版に掲載したものとなります）
https://www.shoeisha.co.jp/book/present/9784798191096
●注意
※会員特典データのダウンロードには、SHOEISHA iD（翔泳社が運営する無料の会員制度）への会員登録が必要です。詳しくは、Webサイトをご覧ください。
※会員特典データに関する権利は著者および株式会社翔泳社が所有しています。許可なく配布したり、Webサイトに転載することはできません。
※会員特典データの提供は予告なく終了することがあります。あらかじめご了承ください。

福祉教科書

社会福祉士 完全合格問題集 2026年版

2025年　4月24日　初版第1刷発行

著　　　者	社会福祉士試験対策研究会
発 行 人	臼井 かおる
発 行 所	株式会社 翔泳社 （https://www.shoeisha.co.jp）
印刷・製本	日経印刷 株式会社

©2025 Yoshiko Oya, Cheyon Ryoo, Mizuho Takayanagi, Takao Sasaki, Shuichi Takahashi, Yui Sato, Takayuki Mochizuki, Sayaka Baba, Shuji Seki, Masahiro Mizushima, Mai Sato, Yasunori Baba, Toshiki Daimon, Yasuhisa Yamamoto

本書は著作権法上の保護を受けています。本書の一部または全部について（ソフトウェアおよびプログラムを含む）、株式会社 翔泳社から文書による許諾を得ずに、いかなる方法においても無断で複写、複製することは禁じられています。

本書へのお問い合わせについては、xxxivページに記載の内容をお読みください。

造本には細心の注意を払っておりますが、万一、乱丁（ページの順序違い）や落丁（ページの抜け）がございましたら、お取り替えいたします。03-5362-3705までご連絡ください。

ISBN978-4-7981-9109-6　　　Printed in Japan